Direitos Reais

Direitos Reais

2019 • 8ª Edição

Luís Manuel Teles de Menezes Leitão
Doutor e Agregado em Direito
Professor Catedrático da Faculdade de Direito de Lisboa
Advogado e Jurisconsulto

ALMEDINA

DIREITOS REAIS

AUTOR
Luís Manuel Teles de Menezes Leitão
1ª Edição, Setembro, 2009
EDITOR
EDIÇÕES ALMEDINA, S.A.
Rua Fernandes Tomás, nºs 76, 78 e 80
3000-167 Coimbra
Tel.: 239 851 904 · Fax: 239 851 901
www.almedina.net · editora@almedina.net
DESIGN DE CAPA
FBA.
PRÉ-IMPRESSÃO
EDIÇÕES ALMEDINA, S.A.
IMPRESSÃO E ACABAMENTO
PENTAEDRO, LDA.

fevereiro, 2019
DEPÓSITO LEGAL
451646/19

ALMEDINA | GRUPOALMEDINA

BIBLIOTECA NACIONAL DE PORTUGAL – CATALOGAÇÃO NA PUBLICAÇÃO
LEITÃO, Luís Meneses, 1963-
Direitos reais. – 8ª ed. – (Manuais universitários)
ISBN 978-972-40-7826-7
CDU 347

Ao Professor Doutor José de Oliveira Ascensão

ABREVIATURAS

AAFDL	Associação Académica da Faculdade de Direito de Lisboa
BCNP	Boletim do Conselho Nacional do Plano
BFD	Boletim da Faculdade de Direito de Coimbra
C. Expr.	Código das Expropriações
CEF	Centro de Estudos Fiscais da Direcção-Geral dos Impostos
CIMI	Código do Imposto Municipal de Imóveis
CIMT	Código do Imposto Municipal sobre Transacções Onerosas de Imóveis
CIS	Código do Imposto de Selo
CPC	Código de Processo Civil
CRP	Código do Registo Predial
CRCSS	Código dos Regimes Contributivos do Sistema Previdencial de Segurança Social
CT	Código do Trabalho
CT 2003	Anterior Código do Trabalho de 2003
CTF	Ciência e Técnica Fiscal
LS	Lei dos Solos
NRAU	
RAU	Antigo Regime do Arrendamento Urbano, de 1990
RDCiv	Rivista di Diritto Civile
RDES	Revista de Direito e Estudos Sociais
RDP	Revista de Derecho Privado
RDProc	Rivista di Diritto Processuale.
RJHP	Regime Jurídico da Habitação Periódica
RJUA	Revista Jurídica do Urbanismo e do Ambiente
RJUE	Regime Jurídico da Urbanização e da Edificação
RLJ	Revista de Legislação e Jurisprudência

ROA	Revista da Ordem dos Advogados
QL	Questões Laborais
UCE	Universidade Católica Editora
ZNR	Zeitschrift für Neuere Rechtsgeschichte

Introdução

Secção I
Os Direitos Reais

1. A categoria de Direitos Reais

Os Direitos Reais consistem num ramo do Direito Civil, a par do Direito das Obrigações, Direito da Família e Direito das Sucessões. Fazendo o Direito Português parte dos sistemas jurídicos romano-germânicos – por oposição aos sistemas da *common law* – vem buscar os seus quadros jurídicos essencialmente ao antigo Direito Romano, o mesmo sucedendo com a categoria "Direitos Reais".

Efectivamente essa categoria tem essencialmente uma origem histórica. No Direito Romano vigorava a tipicidade da tutela judicial, ultrapassada nos Direitos Modernos. Tal levava a que se contrapusessem duas categorias principais de acções, as *actiones in personam* e as *actiones in rem*. As primeiras destinavam-se a formular uma pretensão contra uma pessoa, que deveria em consequência ser individualmente determinada, não podendo a pretensão extravasar da relação obrigacional existente. As segundas, pelo contrário, dirigiam-se contra uma coisa, visando estabelecer a sua defesa contra qualquer pessoa que de alguma forma perturbasse o seu aproveitamento pelo titular, podendo em consequência o titular perseguir essa coisa, onde quer que ela se encontrasse. É de notar, desde já, que a posse escapava a esta contraposição, na medida em que assentava noutra categoria processual, os *interdicta possessionis*.

Esta contraposição romana entre categorias de acções está na origem de outra construção, esta agora em relação a direitos, estabelecida pelos juristas medievais, a partir do momento em que se abandonou a base processual em que assentava o Direito Romano. As acções romanas deram assim lugar a categorias de direitos subjectivos, falando-se em *iura in personam* e *iura in rem*, os quais deram origem aos modernos direitos de crédito e direitos reais. Fala-se, por isso, hoje em direitos reais, que incidem sobre coisas, por contraposição a direitos de crédito, que são direitos dirigidos contra pessoas.

A categoria de Direitos Reais tem assim origem nas *actiones in rem*, correspondendo actualmente aos direitos que incidem sobre coisas. A sua actual caracterização unitária corresponde à denominada *eficácia real*, que consiste na eficácia do direito contra qualquer pessoa[1], o que atribui ao direito real cariz absoluto por contraposição com o direito de crédito, que possui apenas cariz relativo.

2. Objecto e características dos Direitos Reais

Inicialmente, os Direitos Reais correspondiam a uma categoria de direitos subjectivos, mas não a um ramo de direito objectivo. A sua configuração como um ramo de direito objectivo resulta apenas da pandectística alemã, a partir da classificação germânica do Direito Civil, instituída por Gustav Hugo e Friedrich Karl Von Savigny[2]. Conforme se sabe, esta classificação distingue, além de uma parte geral, entre dois ramos de características estruturais, as Obrigações e os Direitos Reais, e dois ramos de características institucionais, o Direito da Família e o Direito das Sucessões. A autonomização do ramo dos Direitos Reais tem assim uma base estrutural: a distinção entre direitos de crédito e direitos reais, herdeira da velha contraposição romana entre as *actiones in rem* e as *actiones in personam*.

É essa classificação que está na base da sistematização do Código Civil, que regula o Direito das Coisas no seu Livro III, nos arts. 1251º a 1575º. O Livro III do Código Civil não regula, no entanto, todo o sistema de Direitos Reais, uma vez que se limita, além da posse, a referir vários direitos reais de gozo, ficando os direitos reais de garantia e de aquisição dispersos por outros livros do Código.

Efectivamente, o Livro III do Código Civil, relativo ao Direito das Coisas, abrange sucessivamente a posse (arts. 1251º a 1301º), a propriedade (arts. 1302º a 1438º), o usufruto (arts. 1439º-1483º), o uso e habitação (arts. 1484º-1490º), a enfiteuse, hoje abolida (art. 1491º-1523º), a superfície (arts. 1524º-1542º), e as servidões prediais (arts. 1543º-1575º). Assim, conforme se pode verificar, além da posse, esse Livro III apenas abrange a matéria dos direitos reais de gozo, não tratando, nem dos direitos reais de garantia, nem dos direitos reais de aquisição. Os direitos reais de garantia, atenta a sua função de garantia das obrigações, são incluídos no Livro II, relativo ao Direito das Obrigações, num capítulo denominado "Garantias Especiais das Obrigações", onde são sucessivamente examinadas a consignação de rendimentos (arts. 656º-665º), o penhor (arts. 666º-685º), a

[1] Considerando igualmente a eficácia real como o traço unitário comum a todos os direitos reais, cfr. Luís de Carvalho Fernandes, *Lições de Direitos Reais*, 6ª ed., Lisboa, Quid Juris, 2009, p. 18.

[2] Gustav Hugo, *Institutionen des heutigen römischen Rechts*, Berlin, Mylius, 1789, passim, apresentava uma sistematização que distinguia entre direitos reais, direito das obrigações, direito da família, direito das sucessões e processo. É Friedrich Karl Von Savigny, *System des heutigen römischen Rechts*, I, Berlin, 1840, reimp. Scientia Verlag Aalen, 1981, §§ 52 e ss., pp. 331 e ss., que reformula a sistematização, suprimindo o processo.

hipoteca (arts. 686º-732º), os privilégios creditórios (arts. 733º-753º) e o direito de retenção (arts. 754º-761º). Já os direitos reais de aquisição se encontram dispersos pelos dois livros (arts. 413º, 421º, 1409º e 1535º).

O Direito das Coisas consiste assim no direito que regula a atribuição das coisas corpóreas com eficácia real, ou seja eficácia absoluta perante terceiros[3]. Conforme se referiu, o Direito das Coisas é considerado um ramo de Direito Civil, o qual constitui, como se sabe, o Direito Privado Comum. No âmbito do Direito Civil, o Direito das Coisas caracteriza-se, por ter natureza patrimonial, ou seja, dizer respeito a situações jurídicas avaliáveis em dinheiro.

O Direito das Coisas constitui um ramo do Direito Civil pelo que partilha das suas características fundamentais: a liberdade e a igualdade, por oposição ao Direito Público que tem antes como características a competência e a autoridade.

Por esse motivo, ficam fora dos Direitos Reais as situações jurídicas em que a atribuição das coisas não se realize sob estes parâmetros, como sucede com as servidões administrativas, as concessões dos bens do domínio público, ou a expropriação por utilidade pública, reguladas pelo Direito Administrativo. Ficam ainda de fora dos Direitos Reais as restrições ou vinculações efectuadas ao titular do direito real por normas de Direito Público, como sucede com a regulação da actividade da construção ou edificação, abrangida pelo Direito do Urbanismo, ou os impostos sobre a propriedade, regulados pelo Direito Fiscal.

Sendo um ramo do Direito Civil, por razões de especialidade, ficam de fora do âmbito dos Direitos Reais as matérias abrangidas pelo Direito Comercial, como sucede com o penhor mercantil, os privilégios creditórios e as hipotecas mercantis, reguladas nos arts. 397º e ss. e 574º e ss. CCom.

Nas palavras de Oliveira Ascensão, o Direito das Coisas é assim aquele ramo da ordem jurídica que disciplina a atribuição das coisas em termos reais[4]. Esta formulação constitui, no entanto, uma perífrase para referir a óbvia conclusão de que o Direito das Coisas regula a atribuição de direitos reais sobre coisas corpóreas. Trata-se consequentemente de um ramo de Direito cuja unidade não resulta de uma semelhança funcional ou material entre as relações da vida que regula, mas antes de uma semelhança de consequências jurídicas geradas a partir da atribuição de direitos reais sobre coisas corpóreas. Sempre que surja estruturalmente a atribuição de coisas corpóreas a determinadas pessoas, essa situação é potencialmente regulada pelo Direito das Coisas, o que só não se verificará se ocorrer a sua absorção por uma instituição pertencente a outro ramo do Direito[5].

[3] Cfr. Oliveira Ascensão, *Direito Civil. Reais*, 5ª ed., Coimbra, Coimbra Editora, 1993, p. 1.

[4] Cfr. Oliveira Ascensão, *Reais*, p. 11.

[5] Assim, por exemplo, enquanto que o Direito das Coisas regula a comunhão de direitos reais, o regime da comunhão conjugal já é tratado antes pelo Direito da Família.

Os Direitos Reais têm, no entanto, uma natureza bastante heterogénea, que dificulta a construção de esquemas comuns, necessária à elaboração de uma teoria geral. Por esse motivo alguns autores têm abdicado de realizar essa construção. MANUEL GOMES DA SILVA salientava que ao contrário do que sucedia nas Obrigações, em que é possível estabelecer uma teoria geral, porque embora com particularidades de regime todas as obrigações se reconduzem a um esquema genérico, nos Direitos Reais tal não seria possível por não haver dois direitos reais iguais. Efectivamente, a propriedade e a hipoteca são realidades estruturalmente tão diferentes, que essa heterogeneidade impossibilitaria a construção de uma teoria geral[6]. Essa posição é hoje igualmente seguida por PINTO DUARTE[7].

Pensamos, no entanto, haver toda a vantagem em estabelecer uma teoria geral dos direitos reais, onde se podem estudar a um nível mais geral e abstracto todas as características comuns a essa categoria. Tal não invalida, no entanto, que depois se estudem com precisão as especificidades de cada direito real.

3. A tutela constitucional dos Direitos Reais

Os Direitos Reais são objecto de tutela constitucional, dado que o art. 62º, nº 1, da Constituição, estabelece que "a todos é garantido o direito à propriedade privada e à sua transmissão em vida ou por morte, nos termos da Constituição", acrescentando o seu nº 2 que "a requisição e a expropriação por utilidade pública só podem ser efectuadas com base na lei e mediante o pagamento de justa indemnização". Existe assim uma *garantia constitucional da propriedade*, a qual se deve considerar como análoga à dos direitos, liberdades e garantias, beneficiando por isso, nos termos do art. 17º da Constituição, do regime estabelecido no seu art. 18º[8].

A tutela constitucional da propriedade deve considerar-se extensiva a todos os direitos reais, e mesmo a todos os direitos patrimoniais privados, como é jurisprudência constante do Tribunal Constitucional, o qual tem afirmado repetidamente que a tutela do direito de propriedade a que se refere o artigo 62º da Constituição "não abrange apenas a *proprietas rerum*, os direitos reais menores, a propriedade intelectual e a propriedade industrial, mas também outros direitos que normalmente não são incluídos sob a designação de «propriedade», tais como, designadamente, os direitos de crédito e os «direitos sociais»"[9].

[6] Cfr. MANUEL DUARTE GOMES DA SILVA, *Curso de Direitos Reais*, Lições publicadas por Maria de Jesus Lamas Moreira e Maria Teresa Pires Vicente, Lisboa, AAFDL, 1955, p. 11

[7] Cfr. RUI PINTO DUARTE, *Curso de Direitos Reais*, 3ª ed., Lisboa, Principia, 2013, pp. 45-46.

[8] Cfr. JOSÉ LUÍS BONIFÁCIO RAMOS, *Direitos Reais*, Lisboa, AAFDL, 2017, pp. 20 e ss.

[9] Cfr. especialmente os acórdãos TC nº 491/02, de 26 de Novembro de 2002 (PAULO MOTA PINTO) publicado no *Diário da República*, II Série, de 22 de Janeiro de 2003, 374/03, de 15 de Julho de 2003 (MÁRIO TORRES), publicado no *Diário da República*, II Série, de 3 de Novembro de 2003, e 273/04, de 20 de Abril de 2004 (GIL GALVÃO).

Essa garantia constitucional da propriedade visa essencialmente permitir aos cidadãos um espaço de liberdade, no âmbito do qual eles podem desenvolver livremente a sua vida, através do pleno aproveitamento dos bens de que são titulares. A protecção da propriedade envolve assim tanto uma componente estática, no âmbito da qual é permitida aos cidadãos a titularidade dos bens, como uma componente dinâmica, no âmbito da qual se permite aos cidadãos o seu pleno aproveitamento, designadamente através do uso, fruição, transformação e alienação do bem.

Ao tutelar a propriedade privada – e por extensão todos os direitos patrimoniais privados – a Constituição assume a protecção desta na sua dupla vertente de instituto jurídico e direito invidual. O legislador fica assim impedido, não apenas de afectar a propriedade individual, enquanto instituto jurídico geral, mas também de pôr em causa os direitos que competem a cada proprietário em particular, designadamente através de medidas como o confisco, constitucionalmente proibido, ou a requisição e a expropriação, fora dos termos constitucionais em que são admissíveis (cfr. art. 62º, nº 2).

A protecção constitucional da propriedade não é, porém, absoluta, existindo alguma margem de liberdade conferida ao legislador ordinário na conformação do regime jurídico dos bens.

Efectivamente, começa por se salientar que o legislador não é obrigado a afectar todo e qualquer bem ao regime jurídico da propriedade privada, podendo instituir diversos regimes jurídicos para os bens. O próprio legislador constitucional prevê no 84º Const. o regime do domínio público, fazendo ainda referência o art. 82º Const. a diversas formas de propriedade dos meios de produção.

Por outro lado, a protecção jurídica da propriedade não é unitária, variando a mesma em função do tipo de bem em causa, o que permite estabelecer protecções distintas em função das diversas categorias de bens. Efectivamente, o legislador constitucional não seguiu uma concepção monista do direito de propriedade, mas antes uma concepção pluralista, admitindo várias formas de propriedade, sujeitas a regimes distintos[10]. Assim, por exemplo, os bens de produção podem ser tutelados de forma distinta dos bens de consumo e, dentro destes, os bens de consumo destinados à satisfação de necessidades essenciais podem merecer uma protecção especial[11]. A propriedade do solo abrangida por medidas de urbaniza-

[10] Na concepção monista, a propriedade é considerada como um instituto unitário, objecto enquanto tal da garantia constitucional. Já na concepção dualista, a protecção constitucional da propriedade não é unitária, devendo antes ser diferenciada em relação às diversas categorias de bens, em virtude da função que os mesmos desempenham na sociedade.

[11] Pense-se, por exemplo, no estatuto de impenhorabilidade, atribuído aos bens referidos nos arts. 736º e ss. CPC.

ção pode ter um regime diferente daquele que vigora para a propriedade rural. Finalmente, a propriedade empresarial pode ter uma protecção distinta da propriedade singular.

A garantia constitucional da propriedade não impede ainda o legislador ordinário de estabelecer limites à propriedade individual, desde que respeite os termos da Constituição (cfr. art. 62º, nº 1, *in fine*, Const.). A própria Constituição estabelece, aliás, alguns limites ao direito de propriedade, sendo alguns explícitos como o sancionamento do abandono dos meios de produção (cfr. art. 88º Const.) e outros implícitos, como o dever de pagar impostos.

Em virtude da garantia constitucional da propriedade, a mesma só pode ser restringida nos casos expressamente previstos na lei, devendo a restrição ser efectuada de forma proporcional para salvaguardar direitos e interesses legalmente protegidos (art. 18º, nº 2, Const.), tendo ainda as restrições que operar por via geral e abstracta e respeitar o núcleo fundamental do direito (art. 18º, nº 3, Const.).

Secção II
Princípios gerais dos Direitos Reais

1. Generalidades

Os princípios dos Direitos Reais correspondem às ideias gerais que subjazem às normas deste ramo de Direito e que, embora não permitam a subsunção directa para a resolução de casos concretos, como sucede com as normas, podem, enquanto critérios lógicos, sistemáticos e teleológicos servir como auxiliar de interpretação dessas mesmas normas[12]. Conforme refere José Alberto Vieira, a autonomização de um ramo de Direito depende da existência de princípios jurídicos próprios, que lhe permitam constituir um subsistema autónomo dentro do sistema geral da ordem jurídica[13]. É precisamente o que sucede com os Direitos Reais, cujos princípios próprios iremos analisar em seguida.

Neste âmbito, verifica-se alguma divergência na doutrina portuguesa, relativamente aos princípios que devem ser identificados como típicos deste ramo de Direito. Henrique Mesquita apresenta como tais o princípio da tipicidade, o princípio da consensualidade e o princípio da causalidade[14]. Orlando de Carvalho indica o princípio da coisificação, o princípio da actualidade ou da imediação, o princípio da especialidade ou da individualização, o princípio da compatibilidade ou da exclusão, o princípio da elasticidade ou da consolidação, o princípio da tipicidade, o princípio do *numerus clausus* ou da taxatividade, o princípio da causalidade, o princípio da consensualidade e o princípio da publicidade[15]. Carlos Mota Pinto refere os princípios da especialidade, da transmissibilidade, da elasticidade, da tipicidade, da publicidade, e da consen-

[12] Cfr. Jan Wilhelm, *Sachenrecht*, 4ª ed., Berlin/New York, de Gruyter, 2010, nº 12, p. 6.

[13] Cfr. José Alberto Vieira, *Direitos Reais*, 2ª Coimbra, Coimbra Editora, 2018, p. 10.

[14] Cfr. Henrique Mesquita, *Direitos Reais*, Coimbra, polic., 1967, pp. 49 e ss.

[15] Cfr. Orlando de Carvalho, *Direito das Coisas*, Coimbra, polic., 1969, pp. 148 e ss.

sualidade[16]. PINTO DUARTE menciona os princípios da oponibilidade *erga omnes*, da publicidade, da sequela, da tipicidade, da elasticidade ou da consolidação, da especialidade ou individualização, da imediação e actualidade, da compatibilidade ou exclusão, da prevalência e da consensualidade[17]. SANTOS JUSTO indica os princípios da coisificação, da especialidade (ou individualização), da totalidade da coisa, da compatibilidade (ou da exclusão), da elasticidade (ou da consolidação), da transmissibilidade, da consensualidade, da tipicidade e da publicidade[18]. JOSÉ ALBERTO VIEIRA refere os princípios da tipicidade ou do *numerus clausus*, da inerência, da especialidade, da consensualidade, da causalidade e da unidade, da boa fé, da territorialidade e da publicidade[19]. Finalmente JOSÉ LUÍS BONIFÁCIO RAMOS menciona os princípios da tipicidade, da elasticidade, da publicidade e da boa fé ética[20].

Entendemos que devem ser distinguidos os princípios gerais dos ramo do Direito das Coisas, que correspondem aos seus fundamentos dogmáticos específicos, do que são características dos direitos reais, enquanto direitos subjectivos. Assim a coisificação não constitui um princípio do Direito das Coisas, na medida em que se limita a referir qual é o objecto dos direitos reais. O carácter absoluto, a inerência, a sequela e a prevalência não devem ser elevados a princípios gerais do Direito das Coisas, na medida em que representam antes características dos direitos reais. A consensualidade e a causalidade são princípios relativos aos negócios reais[21], ainda que se lhes deva fazer referência no âmbito do princípio da transmissibilidade. Apontamos por isso, os seguintes princípios do Direito das Coisas:

a) o princípio da tipicidade;
b) o princípio da especialidade;
c) o princípio da elasticidade;
d) o princípio da transmissibilidade;
e) o princípio da publicidade;
f) o princípio da boa fé.

Examinemos sucessivamente estes princípios.

[16] Cfr. CARLOS MOTA PINTO, *Direitos Reais*, por Álvaro Moreira e Carlos Fraga, Coimbra, Almedina, 1971, pp. 95 e ss.

[17] Cfr. PINTO DUARTE, *Direitos Reais*, pp. 37 e ss.

[18] Cfr. A. SANTOS JUSTO, *Direitos Reais*, 3ª ed., Coimbra, Coimbra Editora, 2011, pp. 27 e ss.

[19] Cfr. JOSÉ ALBERTO VIEIRA, *Direitos Reais*, pp. 193 e ss.

[20] Cfr. BONIFÁCIO RAMOS, *Direitos Reais*, pp. 78 e ss.

[21] Cfr. sobre estes princípios, MENEZES LEITÃO, *Direito das Obrigações*, III – *Contratos em especial*, 12ª ed., Coimbra, Almedina, 2018, pp. 20 e ss.

2. O princípio da tipicidade

Um dos princípios característicos dos direitos reais é o princípio da tipicidade[22], ou do *numerus clausus* dos direitos reais. Este encontra-se previsto no art. 1306º do Código Civil, que proibe a constituição de restrições ao direito de propriedade ou de figuras parcelares desse direito fora dos casos previstos na lei. Com uma formulação manifestamente infeliz, esta norma visa simplesmente estabelecer a proibição da existência de direitos reais que não se encontrem previstos na lei[23]. Efectivamente, o Código pretendeu limitar o elenco dos direitos reais àqueles que a lei reconhece e abolir todos aqueles que não correspondam aos tipos legais, designadamente os constantes de costumes. Se, as partes ao abrigo da sua autonomia privada quiserem criar novos direitos reais, a lei nega-lhes a pretendida eficácia real, atribuindo-lhes apenas natureza obrigacional[24].

A tipicidade implica assim uma limitação do número de realidades que podem ser qualificadas como direitos reais, não podendo os mesmos resultar do costume ou da autonomia privada, tendo que ser a lei a criar os direitos inseridos nessa categoria[25]. A tipicidade restringe-se, no entanto, à criação de direitos reais, não abrangendo os negócios reais. Efectivamente, nada impede as partes de criar direitos reais reconhecidos pela lei através de contratos atípicos.

[22] Cfr. sobre o mesmo, Pires de Lima/Antunes Varela, *Código Civil Anotado*, III, 2ª ed., com a colaboração de M. Henrique Mesquita, Coimbra, Coimbra Editora, 1987, sub art. 1306º, pp. 95 e ss., Oliveira Ascensão, *A tipicidade dos direitos reais*, Lisboa, s.e., 1968 e *Reais*, pp. 153 e ss., Carvalho Fernandes, *Direitos Reais*, pp. 78 e ss., e Elsa Sequeira Santos, "Analogia e tipicidade em Direitos Reais", em António Menezes Cordeiro/Luís Menezes Leitão/Januário da Costa Gomes, *Estudos em homenagem ao Prof. Doutor Inocêncio Galvão Telles*, IV – *Novos Estudos de Direito Privado*, Coimbra, Almedina, 2003, pp. 466-494 (478 e ss.). Na doutrina alemã, cfr. Jan Wilhelm, *Sachenrecht*, nºs 13 e ss., pp. 7 e ss.

[23] Para uma crítica contundente ao texto da lei, cfr. Oliveira Ascensão, *Reais*, pp. 157 e ss. Pires de Lima/Antunes Varela, *op. cit.*, sub art. 1306º, nºs 3 a 5, pp. 96-98, responderam à crítica em termos que, embora violentos, não são minimamente convincentes.

[24] Conforme refere Carvalho Fernandes, *Direitos Reais*, p. 79: "Do que se trata, quando qualquer situação jurídica não é enquadrável em algumas das normas definidoras dos tipos legais, é que ela não existe como situação jurídica real. Em rigor, quando num sistema jurídico domine o princípio da tipicidade (...), falar-se em direito real atípico envolve uma contradição nos próprios termos".

[25] Oliveira Ascensão, *Reais*, pp. 161 e ss., e Carvalho Fernandes, *Direitos Reais*, p. 82, admitem, porém, que o costume possa criar direitos reais, dando como exemplo o facto de não ter sido efectiva a abolição da colonia na Madeira, o que os leva a considerar que a tipicidade é normativa e não legal. Trata-se de posição que não podemos acompanhar, em virtude de esvaziar consideravelmente o princípio da tipicidade, e não corresponder à correcta interpretação do art. 1306º. O facto de a lei não ter conseguido abolir em termos práticos certos direitos reais costumeiros não implica que o princípio da tipicidade abranja esses direitos reais. A tipicidade instituída no art. 1306º é uma tipicidade legal e não costumeira. Ao costume, por natureza, é absolutamente estranha qualquer tipicidade.

A tipicidade não implica igualmente que o intérprete tenha que seguir as qualificações legais, apenas reconhecendo carácter real aos direitos que a lei considere expressamente como direitos reais. Efectivamente, a tipicidade restringe-se à exigência da criação legal desses direitos, não abrangendo a respectiva qualificação, que não vincula o intérprete. Pode, por isso, o intérprete qualificar como reais direitos que a lei não reconhece expressamente como tais, como sucede com o direito do locatário, ou considerar como um direito real autónomo situações que a lei qualifica como de propriedade, como sucede com a propriedade horizontal[26].

Há várias razões que justificam a consagração do princípio da tipicidade dos direitos reais. Em primeiro lugar, o cariz absoluto dos direitos reais pode constituir um entrave à circulação dos bens, na medida em que permite ao titular do direito opô-lo eficazmente a qualquer adquirente de boa fé. Depois, não se apresenta adequado permitir a sobreposição sucessiva de direitos sobre as coisas, que pode dar origem aos mais variados litígios, que afectam a possibilidade de exploração dos bens. Por último, representando os direitos reais a ordenação jurídica dos bens, parece mais correcto que seja o Estado a instituí-la, em vez de a deixar ao livre critério dos particulares[27].

A tipicidade não deixa, porém, de ser sujeita a críticas[28]. Efectivamente, devido à sua consagração, as normas em matéria de Direitos Reais constituem a parte mais rígida e menos mutável do Direito Privado Patrimonial. Enquanto o Direito das Obrigações oferece aos privados um instrumento adaptável às mais variadas exigências práticas, e dá uma ampla possibilidade de inserir nos seus esquemas gerais os fenómenos sempre novos da vida económica, o sistema de Direitos Reais pode aparecer como que congelado e cristalizado nas formas clássicas oriundas da tradição romanística. Assim, em lugar de um esquema de conteúdo variável, como a obrigação, encontramos um conjunto limitado de tipos fixos, destinados em grande parte aos mesmos fins desde tempos assaz remotos[29].

A infracção à regra da tipicidade implica nos termos do art. 1306º, nº 1, *in fine*, que aos novos direitos assim criados não seja atribuída eficácia real, mas eficácia meramente obrigacional, sendo este um caso de conversão legal, que foge aos pressupostos do art. 293º[30].

[26] Cfr. Carvalho Fernandes, *Direitos Reais*, pp. 79-80.

[27] Cfr. Pires de Lima/Antunes Varela, *op. cit.*, sub art. 1306º, nº 5, pp. 97-98.

[28] Oliveira Ascensão, *Reais*, pp. 154 e ss., considera mesmo *de iure constituendo* o sistema aberto como preferível.

[29] Cfr. Giovanni Cattaneo, "Riserva della proprietà e aspettativa reale", na *RTDPC* 19 (1965), pp. 945-1004 (952).

[30] Cfr. Oliveira Ascensão, Reais, pp. 159 e ss. Pires de Lima/Antunes Varela, *op. cit.*, sub art. 1306º, nºs 6 e 7, pp. 98-100, sustentam, porém, que a conversão legal apenas abrangerá as restrições

3. O princípio da especialidade

Um outro princípio dos direitos reais é o princípio da especialidade[31], o qual exige que se possa individualizar concretamente a coisa que constitui objecto do direito real. Efectivamente, vimos já que os direitos reais têm necessariamente por objecto coisas corpóreas. O princípio da especialidade refere-nos que, para se poder constituir um direito real, as coisas corpóreas sobre que o mesmo incide têm que se encontrar determinadas, ter existência presente, e ser autónomas de outras coisas. Se tomarmos em consideração separadamente estas três exigências poderemos dividir este princípio em três sub-princípios: o sub-princípio da determinação, o sub-princípio da actualidade, e o sub-princípio da autonomização ou da totalidade.

O *sub-princípio da determinação* exige que, para que possa ocorrer a constituição do direito real, a coisa sobre que o mesmo incide se encontre determinada. Efectivamente, se o titular tiver apenas direito a receber coisas genéricas não possui um direito real, mas apenas um direito de crédito (cfr. art. 539º), só se constituindo o direito real a partir do momento em as coisas sejam determinadas (art. 408º, nº 2). Pelo mesmo motivo, não existem direitos reais autónomos sobre universalidades, incidindo o direito individualmente sobre cada uma das coisas que compõem a universalidade[32].

O *sub-princípio da actualidade* exige que a coisa tenha existência presente para poder ser objecto de direitos reais. Ao contrário da prestação que pode ser relativa a coisas futuras (art. 399º) e constitui ela própria uma conduta futura do

ao direito de propriedade, uma vez que apenas para estas a lei presume que as partes quiseram criar um vínculo obrigacional em substituição do direito real. Já a constituição de figuras parcelares desse direito será nula nos termos gerais (art. 294º), sem prejuízo da possibilidade de aplicação do regime geral da conversão (art. 293º). Esta posição mereceu o apoio parcial de CARVALHO FERNANDES, *Direitos Reais*, pp. 86-87, que apenas exclui a aplicação do regime da conversão comum, entendendo que a conversão legal nos casos de desmembramento dependerá de o legislador indicar os termos em que se poderá verificar. Não nos parece, porém, que haja base para estabelecer essa distinção. Está em causa sempre a constituição de um novo direito real, pelo que o tratamento legal deve ser idêntico.

31 Cfr. HENRIQUE MESQUITA, *Direitos Reais*, p. 13, nota (1), ORLANDO DE CARVALHO, *Direito das Coisas*, pp. 157 e ss., MOTA PINTO, *Direitos Reais*, pp. 98 e ss., SANTOS JUSTO, *Direitos Reais*, pp. 28-29, e JOSÉ ALBERTO VIEIRA, *Direitos Reais*, pp. 201 e ss. Na doutrina alemã, cfr. FRITZ BAUR/ROLF STÜRNER, *Sachenrecht*, 18ª ed., München, Beck, 2009, § 4 III, nºs, 17 e ss., pp. 39-40 e JAN WILHELM, *Sachenrecht*, nº 20, pp. 12-13. Esste último autor qualifica, no entanto, este princípio como sendo apenas relativo à transmissão dos direitos reais.

32 Neste sentido, cfr. HENRIQUE MESQUITA, *Direitos Reais*, p. 13, nota (1), MOTA PINTO, *Direitos Reais*, pp. 99 e ss., e JOSÉ ALBERTO VIEIRA, *Direitos Reais*, pp. 203 e ss. Essa situação ocorre mesmo no usufruto sobre universalidades de animais, onde existe apenas uma obrigação de ir substituindo as cabeças que vierem a faltar (art. 1462º, nº 1).

devedor, as coisas têm que ter existência presente para poder ser objecto dos direitos reais. Assim, um direito a coisas futuras não constitui um direito real, mas antes um direito de crédito, apenas se podendo transmitir o direito quando a coisa é adquirida pelo alienante (art. 408º, nº 2). Da mesma forma, não existe um direito real sobre coisas passadas, implicando a perda da coisa a extinção do direito que sobre ela incidiu.

O *sub-princípio da autonomização ou da totalidade* estabelece que para existir um direito real, o mesmo não poderá incidir apenas sobre partes de uma coisa, tendo que incidir sobre coisas autónomas[33]. Assim, não se poderá constituir um direito real relativamente a coisas ligadas materialmente a outras, exigindo-se a sua prévia separação (cfr. art. 408º, nº 2, *in fine*). Da mesma forma, se coisa vier a ser unida e incorporada noutra coisa, verificar-se-á a extinção do direito e a sua aquisição *ex novo* por acessão (arts. 1325º e ss.). Por esse motivo, nem sequer é possível manter a reserva de propriedade (art. 409º, nº 1), a partir do momento em que as coisas passem a constituir partes integrantes dos prédios[34]. O princípio da totalidade sofre, no entanto, alguma atenuação em matéria de servidões, em relação às quais se pode estabelecer a parte do prédio sobre que podem ser exercidas[35].

Em consequência do princípio da especialidade os negócios sobre direitos reais são considerados como negócios de disposição, e não como negócios obrigacionais.

4. O princípio da elasticidade

Um outro princípio relativo aos direitos reais consiste na elasticidade, o qual exprime a admissibilidade da sua compressão, em virtude da constituição de um novo direito real que onere a coisa, bem como da sua expansão, em caso de extinção posterior desse direito. O conteúdo do direito real não é assim imutável, variando à medida que se vão constituindo e extinguindo os direitos reais que incidem sobre a coisa.

[33] Esta solução é, no entanto, excepcionada pelo facto de em certos casos se poderem constituir direitos reais autónomos sobre partes de coisa, como na propriedade horizontal, que incide sobre fracções autónomas de um prédio (art. 1414º) ou na superfície, em que alguém é titular de um implante em prédio alheio (art. 1524º). Pode igualmente ocorrer a possibilidade de hipotecas separadas das partes do prédio susceptíveis de propriedade autónoma (art. 688º, nº 2). Nesse caso, no entanto, o legislador autonomiza essas partes como objecto autónomo do direito real, o que não afecta a solução geral de o direito real ter que abranger a totalidade.

[34] Cfr. Henrique Mesquita, *Direitos Reais*, p. 14. Estabeleceu o STJ em Assento datado de 31 de Janeiro de 1996 (*BMJ*, 453, p. 46) que "a cláusula de reserva de propriedade de fornecimento e instalação de elevadores em prédios urbanos torna-se ineficaz logo que se concretize a respectiva instalação".

[35] Cfr. Pires de Lima, "Anotação ao Ac. RC 25/6/1965", na *RLJ* 98 (1965-1966), pp. 172-176 e 179--180 (174 e ss.), e Henrique Mesquita, *Direitos Reais*, p. 13, nota (2).

A propósito desta solução, alguma doutrina tem feito referência a um princípio de compatibilidade (ou da exclusão), referindo que só pode existir um direito real sobre determinada coisa que seja compatível com outro direito que a tenha por objecto[36]. Não parece, porém, que se possa falar de um princípio com essas características. É manifesto que, em caso de sobreposição de direitos sobre a mesma coisa, se torna necessário que a lei restrinja um deles ou ambos, para que todos se possam harmonizar, como sucede com a compressão da propriedade, perante a constituição do usufruto, ou com o regime da compropriedade, em caso de pluralidade de titulares do mesmo bem. Os direitos são, porém, potencialmente incompatíveis entre si, como se vê pela necessidade de compressão que a lei estabelece. Não é naturalmente possível constituir sucessivamente duas propriedades sobre a mesma coisa, mas tal resulta da falta de legitimidade para a realização de uma segunda disposição do mesmo direito, e não de uma falta de compatibilidade dos direitos entre si.

Como resultado do princípio da elasticidade, em consequência da extinção de um direito real menor, o direito real maior pode retomar o seu conteúdo originário, como sucede com a propriedade, em caso de extinção do usufruto, ou com o usufruto em caso de extinção das servidões que o oneravam.

5. O princípio da transmissibilidade

O princípio da transmissibilidade não é específico dos direitos reais, na medida em que a regra dos direitos patrimoniais é a de que eles são em princípio transmissíveis, tanto em vida como por morte. É, no entanto, nos direitos reais que a transmissibilidade atinge maior importância, sendo incluída mesmo na garantia constitucional da propriedade privada (art. 62º, nº 1, Const.).

A transmissibilidade implica, em primeiro lugar, que os direitos reais possam ser objecto de sucessão por morte (art. 2024º). Há, no entanto, alguns direitos reais, em relação aos quais se exclui a hereditabilidade, como o usufruto e o uso e habitação, que não podem exceder a vida do titular (cfr. art. 1443º).

Em segundo lugar, a transmissibilidade implica que o direito real possa ser transmitido por acto *inter vivos*. Essa solução é, no entanto, exceptuada pela existência de direitos reais inalienáveis, como o uso e habitação (art. 1488º). O regime da transmissibilidade negocial dos direitos reais encontra-se regulado no art. 408º, sendo a transmissão negocial dos direitos reais regulada entre nós pelos princípios da consensualidade e da causalidade[37].

[36] Cfr. a este propósito, ORLANDO DE CARVALHO, *Direito das Coisas*, pp. 231 e ss., e SANTOS JUSTO, *Direitos Reais*, p. 31.

[37] Cfr. MENEZES LEITÃO, *Obrigações*, III, pp. 20 e ss.

O princípio da consensualidade significa que para a constituição ou transmissão do direito real basta normalmente o acordo das partes, pelo que a celebração do contrato acarreta logo a transferência do direito real (arts. 408º, nº 1, e 1317º a))[38]. A transferência ou constituição do direito real é consequentemente *imediata e instantânea*. Logo no momento da celebração do contrato, o adquirente torna-se titular do direito objecto desse mesmo contrato. Assim, ao contrário do que sucede com os efeitos obrigacionais, que exigem o posterior cumprimento das respectivas obrigações, o efeito real verifica-se automaticamente no momento da formação do contrato, sendo, por isso, a propriedade transmitida apenas com base no simples consenso das partes, verificado nesse momento.

Ligado ao princípio da consensualidade está *o princípio da causalidade*, nos termos do qual a existência de uma *justa causa de aquisição* é sempre necessária para que o direito real se constitua ou transmita. Como a existência de *título* é necessária para a constituição ou transmissão do direito real, a validade ou regularidade da causa de aquisição é imprescindível para que essa constituição ou transmissão se opere, pelo que qualquer vício no negócio causal afectará igualmente a transmissão da propriedade.

6. O princípio da publicidade

O princípio da publicidade significa que os factos jurídicos relativos aos direitos reais devem ser dados a conhecer ao público em geral[39]. A publicidade pode realizar-se por várias formas.

A forma mais comum de assegurar a publicidade dos direitos reais é a posse. A posse desempenha uma função importante para assegurar a publicidade dos direitos reais, principalmente no caso das coisas móveis não sujeitas a registo. A lei atribui mesmo ao possuidor a presunção da titularidade do direito (art. 1268º, nº 1), na medida em que pressupõe, até prova em contrário, que a realidade possessória coincide com a realidade substantiva. Em certos casos, a transferência da posse é mesmo necessária para que o direito real se constitua, como sucede no penhor (art. 669º, nº 1).

A forma mais perfeita de assegurar a publicidade dos direitos reais é, no entanto, através do registo, a que estão sujeitos genericamente os bens imóveis (registo predial), assim como certos móveis (automóveis, navios e aeronaves). Examinaremos adiante mais detalhadamente a matéria do registo predial.

[38] Sobre o princípio da consensualidade, cfr. detalhadamente Maria Clara Sottomayor, *Invalidade e registo. A protecção do Terceiro Adquirente de Boa Fé*, Coimbra, Almedina, 2010, pp. 165 e ss.

[39] Cfr. Santos Justo, *Direitos Reais*, pp. 43 e ss.

7. O princípio da boa fé

A boa fé constitui um princípio geral do Direito Civil tendo, por isso, igualmente aplicação em Direitos Reais. No entanto, nesta disciplina a boa fé tem um campo de aplicação bastante mais restrito do que o que sucede em Direito das Obrigações. Tal resulta de o nosso legislador não ter consagrado o princípio posse vale título, que protege o possuidor de boa fé contra a reivindicação de móveis.

Pode encontrar-se, no entanto, alguma aplicação da protecção do adquirente de boa fé no caso de coisa comprada a comerciante (art. 1301º), bem como no regime da aquisição tabular (arts. 5º, nº 1, 17º, nº 2, e 122º do CRP, e art. 291º do Código Civil).

A boa fé tem ainda relevo para efeitos da posse (arts. 1260º, 1269º e ss.), da usucapião (arts. 1295º e 1298º) e da acessão industrial (arts. 1333º e ss. e 1340º e ss.).

Em todos estes institutos, o legislador adopta uma concepção subjectiva da posse, contrastando com a concepção objectiva primordialmente vigente em Direito das Obrigações. Há, no entanto, certos institutos gerais relativos à boa fé objectiva que têm igualmente aplicação no âmbito dos Direitos Reais, como sucede com o abuso de direito (art. 334º). Por outro lado, por vezes a lei estabelece deveres específicos de protecção, informação e lealdade no âmbito das relações entre titulares de direitos reais, como sucede com o usufruto (art. 1475º).

Secção III
Conceito e estrutura do direito real

1. Generalidades

Cabe agora examinar o conceito e estrutura do direito real[40]. Trata-se de uma questão bastante discutida no âmbito da evolução do direito, e cujo debate se tem repetido ciclicamente. De uma forma geral, a discussão tem assentado entre centrar o conceito de direito real na relação com a coisa que é seu objecto, ou antes na sua eficácia *erga omnes*, expressa através das acções reais, ou dos deveres de respeito que incidem sobre terceiros, havendo ainda posições que procuram conciliar as diversas vertentes.

Examinaremos as diversas posições no quadro dessa evolução histórica.

2. A teoria clássica do direito real como relação entre uma pessoa e uma coisa

Inicialmente, o jusracionalismo estabeleceu a divisão entre os direitos reais e os direitos de crédito com base na natureza ontológica das relações que estabelecem, considerando que os direitos reais se estruturam com base na relação de uma pessoa com uma coisa, enquanto que os direitos de crédito tomam antes por base relações entre pessoas. A contraposição das *actiones in rem* e *in personam* corresponderia assim a uma consequência da natureza destes direitos. Uma vez que o direito de crédito assentava na *obligatio* e esta era vista como uma vinculação de uma pessoa em relação ao seu credor, o exercício desta era tutelado por

[40] Cfr. Oliveira Ascensão, *Reais*, pp. 597 e ss., Menezes Cordeiro, *Direitos Reais*, pp. 224 e ss., Carvalho Fernandes, *Direitos Reais*, pp. 39 e ss., Augusto da Penha Gonçalves, *Curso de Direitos Reais*, Lisboa, Universidade Lusíada, 1993, pp. 33 e ss., Pinto Duarte, *Direitos Reais*, pp. 16 e ss., Rui Pinto, *Direitos Reais de Moçambique*, Coimbra, Almedina, 2006, pp. 29 e ss., Santos Justo, *Direitos Reais*, pp. 47 e ss., José Alberto Vieira, *Direitos Reais*, pp. 67 e ss., Henrique Sousa Antunes, *Direitos Reais*, Lisboa, UCE, 1917, pp. 52 e ss. e Bonifácio Ramos, *Direitos Reais*, pp. 59 e ss.

uma *actio in personam*. Pelo contrário, o direito real estruturava-se na relação entre a pessoa e a coisa, através da qual esta era afectada ao sujeito, o que implicava que a mesma fosse tutelada pela *actio in rem*, a qual poderia ser dirigida contra qualquer pessoa, bastando que se encontrasse na posse da coisa[41]. Como expoente dessa concepção temos GROTIUS, para quem "o direito real é um direito de propriedade entre uma pessoa e uma coisa, sem relação necessária com outra pessoa"[42].

3. A crítica à teoria clássica e a configuração do direito real como uma relação absoluta

A concepção clássica do direito real como relação de uma pessoa com uma coisa, veio a ser, no entanto, posta em causa ainda no jusracionalismo, quando passou a prevalecer a doutrina de que, quer as relações jurídicas, quer os direitos subjectivos, não se poderiam estabelecer entre pessoas e coisas, antes se estabelecendo necessariamente entre pessoas. Esta foi logo a concepção de PUFENDORF[43] que salientou que, sendo a propriedade uma qualidade moral, apenas poderia ser estabelecida em relação a pessoas, atribuindo ao titular o direito a dispor da coisa e aos não titulares a obrigação de se absterem de intervir sobre a mesma. Já com as coisas não se estabeleceria qualquer relação, sendo estas simples objectos dos direitos e obrigações[44]. Assim, a propriedade seria uma relação exclusivamente

[41] Cfr. HEINRICH DÖRNER, *Dynamisch Relativität*, München, Beck, 1985, pp. 13-14.

[42] Cfr. HUGO GROTIUS, *The Jurisprudence of Holland*, trad. inglesa de R. W. LEE, I, Oxford, Clarendon Press, 1926, p. 75, nº 58: "a real right is a right of property between a person and a thing without necessary relation to another person". Sobre a doutrina da propriedade em GROTIUS, cfr. STEPHEN BUCKLE, *Natural law and the theory of property. Grotius to Hume*, Oxford, Clarendon Press, 1993, pp. 1 e ss.

[43] Cfr. SAMUEL PUFENDORF, *De iure naturae et gentium*, Libri octo (1672), ed. Francofurti et Lipsiae, Knochio-Eslingeriana, 1759. Veja-se ainda a recensão de BRUNO HUWILLER, *Der Begriff der Zession in der Gesetzgebung seit dem Vernunftrecht; zugleich ein Beitrag zur Entwicklung der vermögensrechtlichen Lehren*, Zurich, Schultess, 1975, pp. 41 e ss. e STEPHEN BUCKLE, *op. cit.*, pp. 53 e ss.

[44] Cfr. PUFENDORF, *De iure naturae et gentium*, 1, 1, § 16, p. 16: "Enimvero ut *res*, quatenus sub objectum iuris veniunt in censum entium moralium proprie referamus, opus non videtur. Non enim, quemadmodum homines ob diversum statum aut munus tanquam diversae personae concipiuntur; ita res quoque aliter concipimus, prout nostrae, aut alienae, aut nullius intelliguntur. Scilicet quando quaedam res dominium subierunt, reliquae dominio vacuae fuerunt relictae, non nova qualitas ipsis rebus imposita debet intelligi, sed potius introducta rerum proprietate moralis aliqua qualitas inter homines coepit existere, quae hos quidem afficeret, in rebus autem dumtaxat terminarentur. Ut enim quum res in communionem primaeva forent, homini ius erat, in medio posita occupando usibus adplicare: ita dominio constituto ius peculiare fuit datum, domino de re disponendi et in reliquis non dominis enata obligatio ab eadem re abstinendi. Res autem ipsae non nisi denominationem aliquam extrinsecam inde sunt sortitae, prout istius iuris et obligationis obiectum constituunt".

entre pessoas, dado que a vontade humana nunca pode ter coisas como objecto directo, antes se estabelece em conjugação com outras vontades, ou seja com outras pessoas, com as quais entra em relação. A propriedade não seria uma qualidade natural, mas antes uma instituição, dado que a substância física das coisas não seria alterada, independentemente das mutações que a propriedade das mesmas viesse a suportar[45]. A propriedade das coisas resultaria assim sempre de uma convenção, expressa ou tácita, entre pessoas[46].

Também KANT na sua *Metafísica dos Costumes* considerou que, embora nos direitos reais parecesse existir uma relação da pessoa com uma coisa, na verdade o que existia efectivamente era uma vinculação dos outros para com o proprietário da coisa, na medida que este, através da *vindicatio*, poderia exigir a qualquer possuidor dela que procedesse à sua entrega[47]. Desta formulação de KANT resulta logo a importância da reivindicação para a configuração do direito real, sendo abandonada a doutrina que o via como um direito sobre a coisa, para passar a ser visto como um direito contra qualquer possuidor da coisa, passando assim a oponibilidade *erga omnes* a constituir a característica distintiva do direito real[48].

[45] Cfr. PUFENDORF, *De iure naturae et gentium*, 4, 4, § 1, pp. 512-513: "proprietatem & communionem esse qualitates morales, quae ipsas res non physice & intrinsece afficiant, sed effectum duntaxat moralem producant in ordine ad alios homines; easque qualitates, uti reliquae eius generis, incunabula sua ad impositionem referre. Unde inepte quaeritur; utrum proprietas rerum sit a natura, an vero ex instituto? Nam manifestum est, eandem provenire ab impositione hominum; ac sive accedat rebus proprietas, sive detrahatur, physicam earundem substantiam nihil mutationis sentire".

[46] Cfr. PUFENDORF, *De iure naturae et gentium*, 4, 4, § 4º, p. 518: "Ergo proprietas rerum immediate ex conventione hominum, tacita aut expressa profluxit".

[47] Cfr. IMMANUEL KANT, *Die Metaphysik der Sitten*, 1797, em WILHELM WESCHEIDEL (org.). *Immanuel Kant: Werke in zwölf Banden*, Frankfurt am Main, Suhrkamp, 1977, t. 8, pp. 309-632 (§ 11, p. 370): "Die gewöhnliche Erklärung des Rechts in einer Sache (*ius reale, ius in re*), "es sei das Recht gegen jeden Besitzer derselben", ist eine richtige Nominaldefinition. – Aber was ist das, was da macht, daß ich mich wegen eines äußeren Gegenstandes an jeden Inhaber desselben halten und ihn (*per vindicationem*) nöthigen kann, mich wieder in Besitz desselben zu setzen? Ist dieses äußere rechtliche Verhältniß meiner Willkür etwa ein unmittelbares Verhältniß zu einem körperlichen Dinge? So müßte derjenige, welcher sein Recht nicht unmittelbar auf Personen, sondern auf Sachen bezogen denkt, es sich freilich (obzwar nur auf dunkele Art) vorstellen: nämlich, weil dem Recht auf einer Seite eine Pflicht auf der andern correspondirt, daß die äußere Sache, ob sie zwar dem ersten Besitzer abhanden gekommen, diesem doch immer verpflichtet bleibe, d. i. sich jedem anmaßlichen anderen Besitzer weigere, weil sie jenem schon verbindlich ist, und so mein Recht gleich einem die Sache begleitenden und vor allem fremden Angriffe bewahrenden Genius den fremden Besitzer immer an mich weise. Es ist also ungereimt, sich Verbindlichkeit einer Person gegen Sachen und umgekehrt zudenken, wenn es gleich allenfalls erlaubt werden mag, das rechtliche Verhältniß durch ein solches Bild zu versinnlichen und sich so auszudrücken".

[48] Cfr. DÖRNER, *op. cit.*, 14. Cfr. ainda HUWILER, *op. cit*, p. 99.

4. O debate entre THIBAUT e FEUERBACH sobre a importância da *actio* para a configuração do direito real.

Extremamente importante para a configuração do direito real veio a ser a polémica entre THIBAUT e FEUERBACH no início do séc. XIX[49].

THIBAUT abandona a concepção tradicional, que distinguia o *ius in re* e o *ius in personam* pelo facto de que o primeiro seria um direito sobre uma coisa, enquanto que o segundo teria por objecto a acção de uma pessoa, para estabelecer essa distinção apenas com base na ligação à *actio* que os tutelava, baseando-a assim na contraposição romanística entre as *actiones in rem* e *in personam*. Neste enquadramento, o direito real seria aquele que era tutelado por uma *actio in rem*, enquanto que o direito de crédito seria aquele que era tutelado por uma *actio in personam*[50]. O que caracterizaria assim o direito real seria apenas o facto de ser tutelado pela acção de reivindicação, o que implicava que o mesmo não se restringisse a coisas, podendo abranger situações relativas a pessoas tuteladas por essa acção, como o poder paternal, tutelado pela *vindicatio filii*[51]. Desta construção retirou THIBAUT a configuração do direito real como "direito absoluto", dado o facto de ser tutelado por uma "acção absoluta"[52].

A tese de THIBAUT veio a ser criticada por FEUERBACH[53]. Para este autor, o estabelecimento da distinção entre direitos reais e direitos de crédito apenas com base na classificação romana das *actiones* conduziria a estabelecer uma distinção meramente formal, vazia e sem qualquer utilidade para o direito alemão, onde essas fórmulas já não existiriam[54]. Ora, mesmo no Direito Romano, seria possível

[49] Cfr., sobre esta, DÖRNER, *op. cit.*, pp. 15 e ss.

[50] Cfr. ANTON FRIEDRICH JUSTUS THIBAUT, *System des Pandektenrechts*, 9ª ed., I, Jena, 1846, § 64, p. 52: "Is ein Recht mit einer *actio in rem* verbunden, so heißt es ein dingliches (*ius in re, in rem*), wo nicht, ein personliches (*ius in personam, ad rem*)". Cfr. ainda § 240, pp. 191 e ss. Sobre o tema, o autor escreveu ainda o artigo "Über dingliches und persönliches Recht", em ID, *Versuche über einzelne Theile der Theorie des Rechts*, II, 2ª ed., Jena, 1817, pp. 23-66, ao qual não conseguimos ter acesso.

[51] Cfr. THIBAUT, *op. cit.*, I, § 64, p. 52: "Zu dem ersten gehören denn nicht bloß die Rechte an Sachen, welche durch unbeschränkten Klagen, sondern alle andern Rechte, welche durch *vindicationes* geschützt werden können, wie väterliche Gewalt".

[52] Cfr. DÖRNER, *op. cit.*, p. 17.

[53] Cfr. PAUL JOHANN ANSELM FEUERBACH, "Ueber actio in rem und actio in personam, jus in rem und jus in personam. Gegen Hrn. Prof. Thibaut" em ID, *Civilistische Versuche*. Erster Theil, Gießen, Tasché et Müller, 1803, pp. 213-274. Cfr. ainda a recensão de DÖRNER, *op. cit.*, pp. 17 e ss.

[54] Cfr. FEUERBACH, *op. cit.*, p. 253: "Der ganze Unterschied dinglicher und persönlicher Klagen als solcher, abgesehen von einem *sie bestimmenden* Unterschied der Rechte selbst, ist wie, wie bisher gezeigt worden, ein bloßer Formel-Unterschied. Wir haben in Deutschland die römischen Formeln nicht. Sagen wir also nur, dingliches Recht ist ein solches, wo eine dingliche Klage statt findet, so machen wir (vorausgesetzt, daß man dem Römer nichts unterschiebt eine römische

estabelecer uma distinção entre os direitos reais e direitos de crédito, que seria a causa das respectivas acções e que por isso seria independente das mesmas[55]. Uma acção pessoal resultaria de uma obrigação, que vincularia uma pessoa para com outra à realização de determinada conduta, positiva ou negativa, e que por isso apenas contra essa pessoa teria validade[56]. Pelo contrário, uma acção real seria aquela que resultaria de um direito que se situaria exteriormente a uma obrigação, permitindo que alguém diga em relação a um objecto que este lhe pertence[57]. Consequentemente, o direito real seria um direito sobre determinado objecto, que teria validade contra todas as pessoas, mediante o qual o seu titular poderia ser considerado em relação com todos os outros seres humanos[58]. O direito real estabeleceria assim exigências jurídicas em relação a sujeitos indeterminados: qualquer pessoa teria o dever de reconhecer esse direito, não perturbar o seu titular, contestando-o, e não limitar por qualquer forma o seu exercício[59].

5. A discussão doutrinária em torno do direito real após a pandectística alemã

5.1. Generalidades

Após a pandectística alemã, o debate em torno do direito real centra-se em função das seguintes teses:

a) a teoria do poder directo e imediato sobre uma coisa;
b) a teoria do poder absoluto;
c) as teorias mistas;
d) novas orientações.

Klage formel zum Merkmal des Rechts, das aber nun eben so leer und nutzlos ist als jene Klagformel selbst".

[55] Cfr. FEUERBACH, *op. cit.*, p. 252: "*Sollte nicht vielmehr der wahre Unterschied zwischen dinglichen und persönlichen Klagen auch nach römischen Recht von einem Unterschied zwischen einem dinglichen und persönlichen Recht abhängen, das als Grund jener Klagen, vor diesem und unabhängig von denselben aus der Eigenthümlichkeit seines Wesen zu bestimmen und zu erklären ist?*".

[56] Cfr. FEUERBACH, *op. cit.*, pp. 261 e ss. (263).

[57] Cfr. FEUERBACH, *op. cit.*, p. 260: "die dingliche Klage findet statt wegen eines Rechts, das uns *außerhalb einer obligatio zusteht*, durch welches wir von irgend etwas sagen können: *hoc meum est*".

[58] Cfr. FEUERBACH, *op. cit.*, p. 265: "*Dingliches Recht (dominium, jus in rem)* ist *ein Recht in Ansehung eines gewissen Gegenstandes, welches gegen alle Menschen* (gegen *unbestimmte* Personen) *Gültigkeit hat*, mit anderen Worten, *durch welches ich mit allen andern Menschen in einem Rechstverhältnisse gedachte werde*".

[59] Cfr. FEUERBACH, *op. cit.*, p. 269: "in diesem, daß jeder Mensch, wer er auch immer sey, mein Recht anerkennen und durch Nichtanerkennung meines Rechts mich nicht beleidige und in der Ausübung desselben beschränke".

5.2. A teoria do poder directo e imediato sobre uma coisa

A *teoria do poder directo e imediato sobre uma coisa* considera que o que caracteriza o direito real consiste na circunstância de ele recair directa e imediatamente sobre uma coisa corpórea, ou seja, não necessitar da colaboração de ninguém para ser exercido, contrariamente ao direito de crédito que não se pode exercer sem a colaboração do devedor. No direito real, o seu titular teria poderes que exerceria directa e imediatamente sobre a coisa, dispensando a colaboração de qualquer outro sujeito para o fazer.

Esta concepção foi defendida na pandectística por WÄCHTER, que define a propriedade como um poder jurídico imediato sobre uma coisa corpórea, que se estabelecia independentemente de quaisquer outras relações existentes[60]. A esta tese veio aderir DERNBURG, que sustentou que os direitos reais implicam a atribuição imediata de uma coisa aos seus titulares, implicando que estes a tenham em sentido jurídico, mesmo quando a mesma se encontre na posse de um terceiro[61]. A doutrina do poder imediato foi seguida igualmente por PUCHTA[62], VANGEROW[63], ARNDTS[64],

[60] Cfr. CARL GEORG VON WÄCHTER, *Pandekten*, II – *Besonderer Teil. 1. Sachenrecht. 2. Obligationenrecht. 3. Familienrecht. 4. Erbrecht*, Leipzig, Breitkopf und Härtel, 1881, p. 2-3: "Eigenthum (*proprietas, rei dominium* oder *dominium proprietatis*) ist die unmittelbare rechtliche Herrschaft über eine Sache, also dasjenige dingliche Recht vermöge dessen Jemanden die rechtliche Herschaft über eine Sache (d. h., über eine körperliches Ding) oder über einem Theil einer Sache zusteht, und zwar die (unmittelbare) rechtliche Herrschaft überhaupt, nicht bloß, wie bei den *iura in re*, eine Herrschaft in gewissen Beziehungen".

[61] Cfr. HEINRICH DERNBURG, *Pandekten*, 1,2 – *Sachenrecht*, 6ª ed., com a colaboração de Johannes Biermannm, Berlin, Müller, 1900, § 192, p. 53: "Dingliche oder Sachenrechte theilen uns die körperliche Sachen, an denen sie haften, unmittelbar zu. Diese Sachen gehören uns, auch wenn sie in fremdem Besitze stehen. Wir "haben" sie in Rechtssinne, selbst wenn uns das thatsächliche Haben fehlt".

[62] Cfr. CARL GEORG FRIEDRICH PUCHTA, *Pandekten*, 12ª ed., com base na anterior de A. F. Rudorff por Th. Schirmer, Leipzig, Johann Ambrosius Barth, 1877, § 140, p. 209: "Unter diese s. g. *iura in rem* giebt es aber solche, die sich unmittelbar auf eine Sache beziehen...".

[63] Cfr. KARL ADOLPH VON VANGEROW, *Lehrbuch des Pandekten*, 7ª ed., I, Marburg, Elwert, 1863, p. 170: "Jedes dingliche Recht besteht wesentlich darin, daß der Berechtigte unmittelbar selbst Handlungen befugt ist". A pp. 167 e ss., o autor critica contundentemente a tese de THIBAUT que associava os direitos reais à *actio in rem*.

[64] Cfr. KARL LUDWIG ARNDTS RITTER VON ARNESBERG, *Lehrbuch der Pandekten*, 11ª ed., por L. Pfaff e F. Hofmann, Stuttgart, Cotta, 1883, § 22, p. 26: "Die einer Person vom Recht verliehene Willensmacht kann sich auf einer Sache, d. h., einen unpersonlichen körperlichen Gegenstand der Außenwelt beziehen; daher Recht an einer Sache, Sachenrecht, unmittelbares Sachenrecht (*ius in re*)". No § 126, p. 209, o autor escreve: "Die eine Hauptclasse der Vermögensrechte unterscheidet sich wesentlich dadurch von andern Rechten, daß jene zum Gegenstande unmittelbar eine Sache haben (§ 48), welche kraft derselben der Willensherrschaft einer Person unterworfen ist. Diese Rechte heißen daher Sachenrechte, auch dingliche Rechte (§ 22). Sie bestehen ihren Wesen nach, eben weil sie eine Sache zum Gegenstande haben, unabhängig von besonderer Ver-

e Neuner[65], e esteve na base do Código Civil Alemão, em cujos trabalhos preparatórios é expressamente adoptada[66].

Em Portugal a teoria clássica veio a ser adoptada por Guilherme Moreira[67], José Tavares[68], Jose Gabriel Pinto Coelho[69], Luís Pinto Coelho[70], Fernando Pessoa Jorge[71] e Henrique Sousa Antunes[72].

A teoria do poder imediato tem sido, porém, criticada com o argumento de que é excessivamente empírica, na medida em que baseada na relação com a

pflichtung einer bestimmten andern Person und können daher durch dingliche Klage geltend gemacht werden (§ 97)".

[65] Cfr. Georg Karl Neuner, *Wesen und Arten der Privatrechtsverhältnisse*, Kiel, Schwer, 1866, p. 53: "Sachenrecht ist dasjenige Vermögensrecht, welches bei Ausübung seines Inhalts eine Herrschaft über ein sachliches Gut giebt, und zwar eine ummittelbare Herrschaft über dasselbe, sodaß der Berechtigte die Ausübung des Inhalts seines Recht unmittelbar der Sache gegenüber und lediglich durch sich selber realisirt, nicht erst vermittelt durch ein auf besonderem Verpflichtungsgrunde beruhendes Thätigwerden (*facere*) oder Unthätigbleiben (*non facere* oder *pati*) einer anderen Person".

[66] Cfr. *Motive zu dem Entwurf eines Bürgerlichen Gesetzbuchs*, III – *Sachenrecht*, Berlin und Leipzig, Guttentag, 1888, p. 2: "Das Wesen der Dinglichkeit liegt in der unmittelbaren Macht der Person über die Sache".

[67] Cfr. Guilherme Moreira, *Instituições de Direito Civil Português*, III – *Dos Direitos Reais*, pré-edição, s.l., s.e., s.d. (mas 1901), p. 1: "*direitos reais* são as faculdades de que uma pessoa é investida sobre uma coisa, que lhe fica sujeita no todo ou em parte, e relativamente a todas ou algumas das utilidades que pode produzir". Respondendo às críticas que a teoria clássica sofreu, o autor afirmava a pp. 3 que "não pode, pois, definir-se o direito real, atendendo só à relação que se estabelece entre as pessoas. É necessário determinar qual o conteúdo desse direito, e é pela relação que se dá entre as coisas e as pessoas que o direito real se forma".

[68] Cfr. José Tavares, *Os princípios fundamentais do Direito Civil*, I, Coimbra, Coimbra Editora, 1922, nº 59, p. 277: "o direito real (*jus in re*) recai directa e imediatamente sobre uma cousa, de modo que entre o sujeito do direito e o seu objecto não aparece intermediário algum, podendo por isso exercer-se contra toda e qualquer pessoa".

[69] Cfr. José Gabriel Pinto Coelho, *Direito Civil. Noções fundamentais*, por João Rui P. Mendes de Almeida e José Agostinho de Oliveira, I, Lisboa, s.e., 1937, pp. 245-246, o qual considera que nos direitos reais se estabelece "uma relação entre as pessoas e as coisas", já que estes se caracterizam "pela relação de dependência ou de subordinação em que certas coisas ficam ao poder de uma pessoa".

[70] Cfr. Luís Pinto Coelho, *Direitos Reais*. Lições publicadas por Pedro da Câmara Rodrigues de Freitas e Carmindo Sousa Ferreira, Lisboa, FDUL, 1940 p. 24 e ss. (32): "são direitos reais os poderes que recaiem directa e imediatamente sobre as coisas".

[71] Cfr. Fernando Pessoa Jorge, *Direito das Obrigações*, Lisboa, AAFDL, 1976, p. 132: "o direito real consiste no <u>poder imediato sobre uma coisa</u>, ou seja, <u>num poder que, para se exercer não necessita da colaboração de ninguém</u>".

[72] Cfr. Henrique Sousa Antunes, *Direitos Reais*, pp. 55 e ss. (57): "o direito real é assim o poder atribuído pela ordem jurídica para a satisfação dos interesses de uma pessoa mediante o aproveitamento direto e imediato das utilidades de uma coisa corpórea".

coisa, não explica a forma como são juridicamente atribuídos ao titular os poderes que sobre ela tem.

5.3. A teoria do poder absoluto

A teoria do poder absoluto considera, pelo contrário, que o que caracteriza o direito real não é a relação com a coisa, mas antes a relação com os outros sujeitos da ordem jurídica, através da qual o titular teria a faculdade de exigir dos outros sujeitos que se abstenham de, por alguma forma, perturbar o exercício de poderes sobre a coisa. Haveria assim uma relação entre o titular do direito real e todos os outros sujeitos da ordem jurídica, ou pelo menos todos aqueles que se encontrem em condições de lesar o seu gozo sobre a coisa, sendo essa relação que explicaria juridicamente os seus poderes sobre a coisa.

A teoria do poder absoluto tem raízes em PUFENDORF e KANT, fundando-se modernamente na crítica de WINDSCHEID à teoria clássica. Para WINDSCHEID não faria sentido configurar o direito real como um direito sobre uma coisa. Efectivamente, a relação jurídica não pode existir entre uma pessoa e uma coisa, uma vez que as relações estabelecem-se sempre entre pessoas[73]. Em consequência, o conteúdo do direito real só poderia ser negativo, valendo para outras pessoas como obrigação de não impedir a actuação do titular do direito. O direito real não estabeleceria por isso poderes, mas apenas atribuiria deveres de abstenção a terceiros, determinando-os a respeitar o gozo da coisa por parte do seu titular[74]. O direito real seria assim um dever universal de respeito ou uma obrigação passiva universal.

Na Alemanha, a tese de WINDSCHEID vem a ser expressamente adoptada por FUCHS que, em crítica à exposição de motivos do Código Civil Alemão, sustenta igualmente que o direito real nunca poderia consistir num poder imediato sobre uma coisa, já que tal não passaria de um facto, uma vez que todos os direitos se

[73] Cfr. BERNHARD WINDSCHEID/THEODOR KIPP, *Lehrbuch des Pandektenrechts*, I, 9ª ed., Frankfurt a. M., 1906, reimp. Scientia Verlag Aalen, 1963, § 38, pp. 166-167: "Dingliche Rechte sind diejenigen Rechte, kraft deren der Wille der Berechtigten maßgebend ist für eine Sache. Das ist nicht so zu vertstehen, als ob es die Sache sei, welcher die Rechtsordnung in der Verleihung eines dinglichen Rechts Unterwerfung gebietet. Das hätte keinen Sinn. Alle Rechte bestehen zwischen Personen und Sache".

[74] Cfr. WINDSCHEID/KIPP, *op. cit.*, I, § 38, p. 167: "Der Inhalt der das dingliche Recht ausmachenden Willensmacht aber ist ein negativer: die dem Berechtigten Gegenüberstehenden sollen sich der Einwirkung auf die Sache – alle oder einer bestimmten – enthalten, und sie sollen durch ihr Verhalten zur Sache die Einwirkung des Berechtigten auf die Sache – eine beliebige oder eine bestimmte nicht verhindern".

baseiam numa relação entre pessoas, havendo apenas que distinguir se se dirigem contra uma pessoa determinada ou contra uma infinidade de pessoas[75].

Esta tese foi igualmente seguida por REGELSBERGER, para quem qualquer direito subjectivo se basearia numa vinculação de pessoas, havendo apenas que distinguir se apenas uma, várias ou todas as pessoas estariam vinculadas ao titular[76].

Uma variante extrema desta teoria é a concepção de THON para quem nos direitos reais não existem faculdades, mas apenas proibições, sendo imposta pela ordem jurídica a todos os sujeitos, menos ao titular do direito, uma proibição de ingerência nas coisas que constituem o objecto do direito. O autor defende consequentemente que a propriedade não consiste num direito contra os outros sujeitos da ordem jurídica, mas apenas numa proibição de ingerência nas coisas alheias, cuja violação desencadeia as acções reais, não tendo o titular qualquer pretensão contra terceiros antes dessa violação. O proprietário seria assim apenas aquele que estaria protegido por normas contra o gozo da coisa por terceiros, não representando o direito de propriedade nada mais que essa protecção normativa[77].

A doutrina do poder absoluto veio a ser seguida na França por DEMOGUE, o qual sustenta a inexistência de uma diferença de natureza entre os direitos absolutos e relativos, sendo apenas antes duas variantes da mesma situação, sendo que numa se estabelece um conteúdo forte e na outra um conteúdo fraco[78]. Para o autor seria falsa a concepção de que os direitos reais se distinguem dos direitos de crédito por incidirem sobre coisas, uma vez que tal implicaria confundir o

[75] Cfr. EUGEN FUCHS, *Das Wesen der Dinglichkeit*, Berlin, Heymanns, 1889, p. 7 e ss. (14): "Wie alles Recht von Menschen kommt, so geht es auch nur gegen Menschen und zwar gegen bestimmte Personen oder gegen eine unbestimmte Vielheit; alles Recht kann nur relativ oder absolut sein".

[76] Cfr. FERDINAND REGELSBERGER, *Pandekten*, I, Leipzig, Duncker & Humblot, 1893, p. 75: "Die im subjektiven Recht dem Inhaber zukommende Macht hat immer eine Beziehung auf andere Personen; das Recht des Einen erzeugt eine Pflicht, sei es eines Andern, mehrerer Andrer, aller Andern, und zwar die Pflicht etwas zu thun oder etwas zu unterlassen".

[77] Cfr. AUGUST THON, *Rechtsnorm und subjectives Recht. Untersuchung zur allgemeinen Rechtslehre*, 1878, Weimar, Hermann Böhlau, 1878, pp. 154 e ss. A pp. 161 escreve: "Eigenthümer einer Sache ist derjenige, welcher gegen der Genuss der Sache Seitens dritter Personen in relativ weitesten Umfang durch Normen geschützt wird. Eigenthum im sinne von Eigenthumsrecht bezeichnet den also gewährten Schutz".

[78] Cfr. RENÉ DEMOGUE, *Les notions fondamentales de droit privé. Essai critique*, Paris, Arthur Rousseau, 1911, p. 405: "... la prétendue difference de nature entre le droit absolut et le droit relatif n'existe pas, que ce ne sont que des variantes d'une même chose, et que le législateur peut à son grés reconnaître tel droit comme absolut ou relatif, que cela dépend seulement de la securité qu'il veut donner à son titulaire. Le droit absolu, c'est le droit à contenu fort; le droit relatif, le droit à contenu faible".

direito com o seu objecto. Não haveria efectivamente direitos sobre coisas, resultando o direito antes de acções e omissões humanas, e servindo a coisa apenas para especificar o seu conteúdo[79]. Os direitos seriam assim sempre relações entre pessoas, distinguindo-se o direito real do direito de crédito por ser, enquanto direito absoluto, uma relação mais forte, já que é oponível a todos e não apenas a uma pessoa[80].

Em França esta teoria teve como expoente máximo PLANIOL, que considerou o direito real como uma relação jurídica entre o titular do direito e todos os outros sujeitos da ordem jurídica[81].

A doutrina do poder absoluto veio igualmente a ser seguida em Portugal de CAEIRO DA MATTA[82] e, ainda que com alguma hesitação por MANUEL DE ANDRADE[83].

[79] Cfr. RENÉ DEMOGUE, *op. cit.*, p. 411: "La prétendue difference n'est donc guère fondée. Voici d'ailleurs l'explication de cette erreur: les droits s'exerçant directement sur la chose sans l'intermédiaire de personne, cela n'est qu'une forme nouvelle de la confusion du droit avec son objet. Le droit suppose la vie en société, et alors il existe nécessairement à l'égard de quelqu'un. Ainsi un droit n'existe pas à l'égard d'un bien. De même que'il n'existe pas entre deux choses. Si les choses interviennent dans le droit, ce n'est pas à titre unique, car il y a les actes et les abstentions qui y jouent un rôle au moins aussi considérable. Elles n'interviennent que pour préciser le contenu du droit, celui-ci se réfère à tel ou tel objet matériel, qui peut grandement contribuer à son existence, à son étendue et à sa physionomie spéciale, à sa disparition, mais à vrai dire *les droits ne portent pas sur les choses*".

[80] Cfr. DEMOGUE, *op. cit.*, p. 413: "Le droit absolu est donc un droit de même nature quue le droit relatif, seulement il y a entre eux cette différence sur laquelle nous reviendrons, que le second est opposable dans une mesure spéciale à une personne ou à quelques-unes seulement, tandis que le prémier est opposable également à tous".

[81] Cfr. MARCEL PLANIOL, *Traité élémentaire du droit civil*, I, 6ª ed., Paris, LGDJ, 1911, pp. 658-659: "Un rapport d'*ordre juridique* ne peut pas exister entre une *personne* et une chose: ce serait un non-sens. Par definition *tout droit est un rapport entre les personnes* (...). En d'autres termes, le droit réel, comme tous les autres, a nécessairement un *sujet actif*, un *sujet passif*, et un *objet* (...). Appliquóns ces idées au droit de proprieté: il y a une personne qui nous fournit déjà un des deux termes du rapport, c'est le propriétaire; il ne reste plus que'à trouver l'autre terme et il n'est pas difficile à découvrir: c'est *tout le monde*, excepté lui. Un droit réel quelconque est doc un rapport juridique établi entre *une personne* comme *sujet actif* et *tous les autres comme sujet passifs*. Ce rapport est d'ordre obligatoire, c'est-à-dire qu'il a la même nature que les obligations proprement dites".

[82] Cfr. CAEIRO DA MATA, *O Direito de propriedade e a utilidade pública. Das expropriações*, Coimbra, Imprensa da Universidade, 1906, pp. 33-34. Citando PLANIOL, o autor afirma que "todo o direito, tendo como correlativo inseparável um dever, ou mais juridicamente, uma obrigação, pressupõe necessariamente um sujeito activo, titular do direito, e um sujeito passivo, adstrito à obrigação. O vínculo entre a pessoa e a coisa é um facto económico e social, que só se torna jurídico pelos efeitos que o direito lhe garante: estes efeitos compendiam-se na possibilidade de relações com todos. Nisto consiste a característica diferencial dos direitos reais e pessoais. Como estes, os direitos reais resolvem-se em uma relação entre sujeitos".

A teoria do poder absoluto também tem sido criticada desta vez pela sua excessiva abstracção. Considera-se que é fantasioso pretender a existência de uma relação entre um sujeito e todos os outros sujeitos da ordem jurídica, além de que esta concepção faz esquecer o núcleo fundamental do direito real que é precisamente a relação com a coisa.

5.4. As teorias mistas

As teorias mistas procuram fazer a junção das duas concepções, considerando que o direito real tem um lado interno, que consiste no poder directo e imediato sobre a coisa e um lado externo, que consiste na relação com todos os outros sujeitos da ordem jurídica.

As teorias mistas constituem a posição claramente dominante, na doutrina portuguesa podendo invocar-se como seus defensores JAIME DE GOUVEIA, PIRES DE LIMA, INOCÊNCIO GALVÃO TELLES, HENRIQUE MESQUITA, ANTUNES VARELA, ORLANDO DE CARVALHO, MOTA PINTO, PINTO DUARTE e SANTOS JUSTO.

JAIME DE GOUVEIA criticou tanto a teoria clássica como as doutrinas monistas que identificavam o direito real com a obrigação, acabando por aderir à concepção mista, reconhecendo a existência de um lado interno e externo no direito real. No entender deste autor, o direito real seria "*a relação jurídica que se estabelece entre o titular do direito e todas as outras pessoas que se obrigam a repeitar o poder que o titular tem de tirar da coisa, objecto do direito, todas as utilidades que a ordem jurídica consente*[84]. Também PIRES DE LIMA sustentava a existência nos direitos reais de um lado externo e de um lado interno, ainda que fosse com base neste último que estabelecia a sua distinção em relação aos direitos de crédito[85]. Da mesma forma INOCÊNCIO GALVÃO TELLES sustentava que "nos direitos reais, além do elemento *interno*, consistente no poder sobre a coisa, há o elemento *externo*, consistente no dever para as outras pessoas, de respeitar o exercício desse poder"[86]. Também

[83] Cfr. MANUEL DE ANDRADE, *Teoria geral das obrigações*, 3ª ed., com a colaboração de Rui de Alarcão, Coimbra, Almedina, 1966, pp. 55 e ss. O autor exclui a existência de qualquer relação entre a pessoa e uma coisa, considerando que toda a relação se estabelece entre pessoas, e adere expressamente à posição de que "toda a essência jurídica do direito real estaria concentrada no poder de exclusão que compete ao seu titular. O poder sobre a coisa seria um simples resultado *prático* desse poder de exclusão". Não podemos concordar com JOSÉ ALBERTO VIEIRA, *Direitos Reais*, p. 75, nota (356), quando, embora reconhecendo alguma ambiguidade, insere este autor entre os defensores das teses mistas.

[84] Cfr. JAIME DE GOUVEIA, *Direitos Reais*, Lições publicadas por António de Castro Guimarães, Emídio Pires da Cruz e João Lima Amaral Marques, Lisboa, s.e., 1935, pp. 3 e ss. (12).

[85] Cfr. PIRES DE LIMA, *Lições de Direito Civil (Direitos Reais)*, 4ª ed., por David Augusto Fernandes, Coimbra, Coimbra Editora, 1958, pp. 50 e ss.

[86] Cfr. INOCÊNCIO GALVÃO TELLES, *Direito das Obrigações*, 7ª ed., Coimbra, Coimbra Editora, 1997, p. 20.

Henrique Mesquita defendeu expressamente a existência de um lado interno e de um lado externo dos direitos reais[87]. Em seu seguimento, Antunes Varela referia que "ao elemento *externo*, há (...) que juntar o lado *interno* do direito, se quisermos dar do estatuto real um retrato em corpo inteiro"[88]. Da mesma forma Orlando de Carvalho escrevia que"como em todos os direitos, é preciso atender, no direito real, à sanção e ao conteúdo, à *protectio* e ao *licere*, ao *lado externo* e ao *lado interno*, ou com mais precisão, ao seu lado instrumental e ao seu lado essencial"[89]. Carlos Mota Pinto definia o direito real como "o poder de exigir de todos os outros indivíduos uma atitude de respeito pela utilização da coisa em certos termos por parte do titular activo", o que corresponderia ao lado externo do direito. Mas para delimitar os termos da utilização da coisa, haveria que determinar conteúdo dos poderes atribuídos ao seu titular, que variam consoante o direito real em questão, o que corresponderia ao lado interno do direito[90]. Pinto Duarte, embora considere "inútil pretender estabelecer, sobretudo à partida, *o* conceito de direito real", entende "tomar como instrumento de trabalho a concepção eclética, que (...) é dominante". O autor enfatiza que "os chamados lado interno e lado externo do direito real são incindíveis: os poderes sobre a coisa (lado interno) só têm a chamada natureza real na medida em que a sua oponibilidade a terceiros (lado externo) também seja protegida pelo direito"[91]. Finalmente também Santos Justo considera que "a doutrina eclética retrata com maior fidelidade o regime jurídico dos direitos reais"[92].

A estas teorias tem-se apontado como crítica o facto de, juntando as duas concepções, poderem ser sujeitas às mesmas críticas de qualquer das anteriores.

6. As novas orientações na doutrina portuguesa

A doutrina portuguesa mais recente tem vindo a adoptar novas formulações para explicar a configuração do direito real.

Como pioneiro destas novas orientações temos Manuel Duarte Gomes da Silva, defensor de uma nova concepção de direito subjectivo como "a situação resultante da afectação de um bem a um fim", considerando que a mesma não se confunde com o poder, que se refere apenas à "licitude do agir"[93]. Este autor definia consequentemente o direito real a partir do objecto do direito subjectivo,

[87] Cfr. Henrique Mesquita, *Direitos Reais*, p. 9.

[88] Cfr. Antunes Varela, *Das Obrigações em geral*, I, 10ª ed., Coimbra, Almedina, 2000, pp. 182 e ss. (184).

[89] Cfr. Orlando de Carvalho, *Direito das Coisas*, pp. 128-129.

[90] Cfr. Mota Pinto, *Direitos Reais*, pp. 37 e ss.

[91] Cfr. Pinto Duarte, *Direitos Reais*, p. 19.

[92] Cfr. Santos Justo, *Direitos Reais*, pp. 52-53.

[93] Cfr. Gomes da Silva, *Direitos Reais*, p. 62.

considerando que "só pode ser direito real o que representa a afectação da coisa a um fim. Neste sentido temos a inerência do direito à coisa. O bem afectado pela lei à realização do fim é a própria coisa"[94]. A posição de GOMES DA SILVA viria a ter grande influência na doutrina posterior.

OLIVEIRA ASCENSÃO, opõe-se, porém, a esta definição, considerando que dela resulta apenas uma definição do direito real segundo o seu objecto, quando o essencial é o seu conteúdo[95]. Mas a definição apresentada pelo autor não assenta no conteúdo do direito real, mas antes nas suas características. Os direitos reais seriam, a seu ver, em primeiro lugar direitos absolutos, uma vez que seriam oponíveis *erga omnes*, o que os permitiria distinguir dos direitos de crédito, em que falta essa característica[96]. Para além disso, os direitos reais seriam direitos inerentes a uma coisa, uma vez que produzem uma ligação de tal forma intensa entre o direito e a coisa, que leva a que o direito real siga a coisa onde quer que ela se encontre e prevaleça sobre eventuais direitos de crédito que à mesma se refiram[97]. O autor reconhece, porém, que a inerência também existe fora dos direitos reais, como nos ónus reais[98], o que o leva a apontar ainda uma outra característica, a funcionalidade, a qual consiste na estruturação do direito por forma a fazer o titular participar nas vantagens da coisa[99]. O autor define assim os direitos reais como "direitos absolutos, inerentes a uma coisa e, funcionalmente dirigidos a outorgar vantagens intrínsecas desta ao titular"[100] ou como "direitos absolutos, inerentes a uma coisa e funcionalmente dirigidos à afectação desta aos interesses do sujeito"[101].

MENEZES CORDEIRO, mostrando-se bastante influenciado pela definição de direito subjectivo de GOMES DA SILVA, definiu inicialmente o direito real como "a afectação jurídico-privada de uma coisa corpórea aos fins de pessoas individualmente consideradas"[102]. Posteriormente, viria a reformular essa concepção,

[94] Cfr. GOMES DA SILVA, *Direitos Reais*, p. 65.

[95] Cfr. OLIVEIRA ASCENSÃO, *Reais*, p. 44.

[96] Cfr. OLIVEIRA ASCENSÃO, *Reais*, pp. 45 e ss. O autor admite, porém, a eficácia externa das obrigações, mas considera que ela não afecta a qualificação do direito de crédito como direito relativo.

[97] Cfr. OLIVEIRA ASCENSÃO, *Reais*, pp. 49 e ss.

[98] Cfr. OLIVEIRA ASCENSÃO, *Reais*, pp. 51 e ss.

[99] Cfr. OLIVEIRA ASCENSÃO, *Reais*, pp. 53 e ss.

[100] Cfr. OLIVEIRA ASCENSÃO, *Reais*, p. 54. Cfr. também a p. 20.

[101] Cfr. OLIVEIRA ASCENSÃO, *Reais*, p. 44. Salienta com razão CARVALHO FERNANDES, *Direitos Reais*, p. 45 que "não deixa de ser curioso verificar que a noção de direito real apresentada por Oliveira Ascensão assenta em três elementos, dos quais nenhum seria exclusivo da figura. O próprio Autor o reconhece explicitamente quanto à absolutidade e à inerência, mas não deixa de o aceitar quanto ao aspecto funcional, Este verifica-se, afinal, também nos direitos pessoais de gozo".

[102] Cfr. MENEZES CORDEIRO, *Direitos Reais*, Lisboa, Lex, 1993, reprint 1979, p. 255.

definindo o direito real como "uma permissão normativa específica de aproveitamento de uma coisa corpórea"[103].

A posição de MENEZES CORDEIRO influenciou a doutrina posterior. Assim, CARVALHO FERNANDES define o direito real como "o poder jurídico absoluto, atribuído a uma pessoa determinada para a realização de interesses jurídico-privados, mediante o aproveitamento imediato de utilidades de uma coisa corpórea"[104]. PENHA GONÇALVES define o direito real como "situação activa de vantagem que, tendo por seu núcleo um poder jurídico inerente a certa coisa, faculta ao respectivo titular o aproveitamento, directo e exclusivo, das suas utilidades"[105]. RUI PINTO define o direito real como "uma situação jurídica activa através da qual se faz a afectação de coisas de modo inerente aos interesses de uma pessoa individualmente considerada"[106]. Também JOSÉ ALBERTO VIEIRA define o direito real como "o direito subjectivo que, tendo por objecto uma coisa corpórea, atribui ao seu titular um determinado aproveitamento dela"[107].

7. Posição adoptada

Tem razão MENEZES CORDEIRO, quando sustenta que o direito real representa uma permissão normativa específica de aproveitamento de uma coisa corpórea. Só que esta definição não é, porém, suficiente para caracterizar os direitos reais, uma vez que a permissão do aproveitamento de coisas corpóreas também existe em certos direitos não reais, como os direitos reais de gozo. É necessário acrescentar outros traços distintivos como o carácter absoluto e a inerência.

Efectivamente, pode entender-se que o direito real é um direito absoluto, no sentido de poder ser oponível a qualquer pessoa, e incide imediatamente sobre uma coisa corpórea, à qual é inerente. Mas ao contrário do que defendeu THIBAUT no séc. XIX, a realidade não depende hoje da ligação a uma *actio in rem*, como a reivindicação, dado que a realidade também existe nos direitos reais de garantia e nos direitos reais de aquisição, os quais não se exercem através da reivindicação, mas antes respectivamente através de uma acção executiva, ou de uma acção atípica[108].

A realidade depende, no entanto, sempre da existência de um aproveitamento jurídico de uma coisa corpórea. Esse aproveitamento, que existe, em todos os direitos reais pode ser igualmente material, como se verifica nos direitos reais

[103] Cfr. MENEZES CORDEIRO, *Direitos Reais. Sumários*, Lisboa, AAFDL, 2000, p. 59.

[104] Cfr. CARVALHO FERNANDES, *Direitos Reais*, pp. 47 e ss. (50).

[105] Cfr. PENHA CONÇALVES, *Direitos Reais*, p. 71.

[106] Cfr. RUI PINTO, *Direitos Reais de Moçambique*, p. 57.

[107] Cfr. JOSÉ ALBERTO VIEIRA, *Direitos Reais*, p. 89.

[108] Cfr. JOSÉ ALBERTO VIEIRA, *Direitos Reais*, pp. 87-88.

de gozo, ou meramente jurídico, como sucede com os direitos reais de garantia e de aquisição[109]. Já nos direitos pessoais de gozo, como a locação e o comodato, verifica-se um aproveitamento material de uma coisa corpórea, mas não um aproveitamento jurídico da mesma, uma vez que o direito se estrutura antes com base numa relação com o locador ou comodante.

Pensamos assim poder tentar qualificar o direito real como *um direito absoluto e inerente a uma coisa corpórea, que permite ao seu titular determinada forma de aproveitamento jurídico desta.*

[109] Cfr. José Alberto Vieira, *Direitos Reais*, p. 88.

Secção IV
Características dos direitos reais

1. Generalidades

A doutrina tem vindo a apontar as seguintes características dos direitos reais[110]:

a) o carácter absoluto;
b) a inerência:
c) a sequela;
d) a prevalência.

Examinemos sucessivamente estas características:

2. O carácter absoluto

A primeira característica que tem sido apontada em relação aos seus direitos reais corresponde ao seu carácter absoluto.

A posição comum na doutrina considera que o direito real tem carácter absoluto, em virtude de ser oponível *erga omnes*, enquanto que o direito de crédito apenas seria oponível em relação ao devedor[111]. Numa formulação diferente, Oliveira Ascensão considera que o direito real tem carácter absoluto porque não assenta em nenhuma relação, ao contrário do que sucede com o direito de crédito que se estrutura com base numa relação jurídica entre credor e devedor[112]. Pelo contrário, Menezes Cordeiro considerando idêntica a oponibilidade dos

[110] Cfr. Rui Pinto, *Direitos Reais de Moçambique*, pp. 57 e ss. e Bonifácio Ramos, *Direitos Reais*, pp. 87 e ss.

[111] Assim, Henrique Mesquita, *Direitos Reais*, pp. 9-10, faz corresponder esta característica à eficácia absoluta dos direitos reais, em contraste com a eficácia relativa dos direitos de crédito.

[112] Cfr. Oliveira Ascensão, *Reais*, pp. 45-46.

direitos reais e dos créditos em relação a terceiros, entende que "a absolutidade nunca é característica dos direitos reais"[113].

É manifesto que, quer seja visto por um prisma estrutural, quer por um prisma de oponibilidade, o direito real tem carácter absoluto, na medida em que não se estrutura com base em qualquer relação jurídica, e por isso pode ser oposto *erga omnes*.

Como consequência do carácter absoluto do direito real resulta o facto de existir um dever genérico de respeito desse direito por parte dos outros sujeitos, aos quais o titular do direito pode sempre opor eficazmente o seu direito. Na verdade, ao contrário do que sucede com as obrigações, que pretendem estabelecer relações de cooperação entre os sujeitos, os direitos reais abstraem de qualquer relação, atribuindo ao titular um domínio reservado de actuação, que todos os outros sujeitos têm que respeitar[114]. É neste sentido que se exprime que os direitos reais têm carácter absoluto, na medida em que são oponíveis a qualquer pessoa que se pretenda ingerir no domínio reservado ao seu titular.

Nos direitos reais de gozo, a oponibilidade *erga omnes* resulta das acções reais, como a acção de reivindicação (arts. 1311º a 1315º), que podem ser utilizadas para defesa do direito, independentemente da demonstração da irregularidade da aquisição por parte do possuidor ou detentor da coisa. Nos direitos reais de garantia a oponibilidade consiste na faculdade de satisfação do crédito a partir dos rendimentos da coisa (consignação de rendimentos) ou do produto da sua venda (restantes direitos reais de garantia) contra quem não tenha direito preferente. Nos direitos reais de aquisição, como a promessa real ou as preferências reais, o carácter absoluto resulta de a aquisição pode ser desencadeada independentemente do actual titular do bem (cfr., para a preferência o art. 1410º).

3. A inerência

A *inerência* significa que o direito real está de tal forma ligado à coisa que é o seu objecto, que a ela inere e não pode dela ser desligado[115], tendo assim a coisa que ser existente, certa e determinada para poder ser objecto do direito real. Por esse motivo, as vicissitudes que afectam a coisa determinam modificações no conteúdo do direito e qualquer transmissão do direito para outra coisa é juridicamente impossível[116].

[113] Cfr. MENEZES CORDEIRO, *Direitos Reais*, pp. 301 e ss. (316). Posteriormente, cfr. ID, *Direitos Reais. Sumários*, pp. 63 e ss.

[114] Cfr. OLIVEIRA ASCENSÃO, *Reais*, p. 613.

[115] Cfr. OLIVEIRA ASCENSÃO, *Reais*, pp. 49 e ss., e CARVALHO FERNANDES, *Direitos Reais*, pp. 63 e ss.

[116] Assim, se alguém tiver um usufruto sobre o prédio X e quiser que esse usufruto passe antes a incidir sobre o prédio Y não o poderá fazer, tendo antes que extinguir o usufruto sobre o primeiro prédio para constituir um novo sobre o segundo.

Conforme acima se referiu, os direitos reais têm por objecto coisas corpóreas. Estabelecem, no entanto, com a coisa uma ligação especialmente intensa, na medida em que não podem ser dela separados, designadamente para passarem a ter outra coisa como objecto.

Há, no entanto, alguma discussão que se pode estabelecer a propósito da figura da sub-rogação, a qual pode ser geral, como na restituição dos bens do ausente (art. 119º) ou especial, como no caso de perecimento ou diminuição de valor do objecto hipotecado (art. 692º). No caso de sub-rogação geral, a questão não se coloca, pois não há um direito real, dado que estes não incidem sobre complexos de direitos, mas antes um crédito à restituição de bens. Já no caso de sub-rogação especial, é manifesto que o direito real se extingue quando se altera o seu objecto, constituindo-se um outro[117].

4. A sequela

A *sequela* significa que o direito persegue a coisa, onde quer que ela se encontre, mesmo que tenha sido transmitida para outra pessoa (*ubi rem invenio, ibi vindico*)[118]. A sequela é assim uma manifestação dinâmica da inerência, significando que o titular pode ir buscar a coisa, independentemente de qual o seu actual possuidor ou detentor, mesmo que ela venha a ser objecto de uma cadeia de transmissões. Assim, quer a acção de reivindicação nos direitos reais de gozo, quer a execução nos direitos reais de garantia, quer a aquisição nos direitos reais de aquisição são sempre possíveis, independentemente da quantidade de vezes que o bem tenha sido transmitido para terceiro de boa fé. Pelo contrário, nos direitos de crédito, o credor não pode atingir a coisa, a partir do momento em que ela sai do património do devedor.

A sequela é característica de todos os direitos reais, e apenas destes. Não existe sequela nos títulos de crédito, uma vez que a posse do título determina apenas o sujeito activo da obrigação, mas não o sujeito passivo, ao contrário do que se exigiria nos direitos reais. Também a nosso ver, não existe sequela na locação uma vez que o direito do locatário não é defendido por acções reais, mas antes por acções pessoais, ainda que se lhes confira tutela possessória. A regra *emptio non tollit locatum* (art. 1057º) assenta antes num fenómeno de sub-rogação legal forçada.

De notar que alguma doutrina estrangeira tem considerado como excepção à sequela a regra posse vale título. Uma vez que essa solução não vigora entre nós, dado que a lei admite perfeitamente a reinvindicação de móveis, mesmo

[117] Cfr. Oliveira Ascensão, *Reais*, p. 634-635 e Carvalho Fernandes, *Direitos Reais*, pp. 66-67.

[118] Cfr. Henrique Mesquita, *Direitos Reais*, p. 15, Oliveira Ascensão, *Reais*, pp. 622 e ss., Menezes Cordeiro, *Direitos Reais*, pp. 317 e ss., e Carvalho Fernandes, *Direitos Reais*, pp. 68 e ss,

contra terceiro de boa fé, não se poderá falar nesse caso de excepção à sequela. Entre nós, a reivindicação pode amplamente exercer-se mesmo contra terceiros de boa fé, que só são protegidos em casos especiais (designadamente por força das regras do registo).

5. A prevalência

A *prevalência* significa que o direito real que primeiro se constituir prevalece sobre todos os direitos reais de constituição ou registo posterior, bem como sobre todos os direitos de crédito que se venham a constituir[119]. A prevalência caracteriza-se assim por uma maior força dos direitos reais sobre os direitos de crédito – se A emprestar uma coisa a B, e depois a vender a C, este último não tem que respeitar o crédito de B sobre A –, bem como pela circunstância de os direitos reais que não se possam compatibilizar sobre a mesma coisa se hierarquizarem por uma ordem de precedência, que pode ser conferida pela prioridade na constituição ou pela prioridade no registo. Assim, se A vender uma coisa a B e depois a vender segunda vez a C, é B que fica com a propriedade da coisa, salvo se, tratando-se de um bem sujeito a registo, C proceder primeiro ao seu registo. Da mesma forma, se um prédio for hipotecado por duas vezes, a primeira hipoteca prevalece sobre a segunda, só tendo o segundo credor hipotecário direito a ser pago, após estar pago o primeiro credor.

Este entendimento da prevalência corresponde à sua noção clássica, a qual veio a ser sustentada por PIRES DE LIMA, para quem "o direito real confere ao seu titular o direito de excluir em primeiro lugar todos aqueles que têm um direito de crédito e em seguida todos os que têm um direito real posterior (*qui prior est tempore potior iure*)"[120]. A prevalência não existiria assim apenas nos direitos reais de garantia, mas também nos direitos reais de gozo, designadamente em caso de dupla alienação do mesmo direito, sendo "um atributo natural de todos os direitos reais de gozo ou de garantia"[121]. O autor reconhecia, porém, a existência de limitações à aplicação da prevalência, como no caso dos privilégios creditórios que prevalecem sobre garantias reais anteriores[122], admitindo ainda que a mesma também pudesse existir nos direitos de crédito, quando eles fossem garantidos por privilégios gerais[123].

[119] Cfr. HENRIQUE MESQUITA, *Direitos Reais*, pp. 16 e ss., e CARVALHO FERNANDES, *Direitos Reais*, pp. 71 e ss.

[120] Cfr. PIRES DE LIMA, *Lições*, pp. 54-55.

[121] Cfr. PIRES DE LIMA, *Lições*, pp. 55 e ss. (57).

[122] Cfr. PIRES DE LIMA, *Lições*, p. 57.

[123] Cfr. PIRES DE LIMA, *Lições*, p. 58.

A esta posição veio, no entanto opor-se Luís Pinto Coelho, para quem a noção de prevalência deve ser restrita às situações em que exista uma pluralidade de direitos sobre a mesma coisa, o que nem sempre acontece nos exemplos referidos por Pires de Lima[124].

No entender de Pinto Coelho, não faria sentido falar de prevalência entre direitos de natureza diferente, como direitos reais e direitos de crédito, uma vez que estes se ordenam segundo a sua natureza. Também não faria sentido falar de prevalência entre direitos da mesma natureza, mas de espécie diversa, como a servidão, o usufruto, e a hipoteca, uma vez que estes coexistem entre si, sem qualquer conflito. Finalmente, também não faria sentido falar de prevalência no caso de conflito entre direitos da mesma natureza que fossem compatíveis entre si, como sucederia relativamente aos direitos dos comproprietários[125].

No entanto, no caso de dupla alienação de direitos da mesma natureza, de acordo com Pinto Coelho, também não faria sentido falar de prevalência, uma vez que, dado que com a primeira alienação o alienante perdeu a legitimidade para voltar a dispor do bem, não existiria um verdadeiro conflito entre direitos reais, mas antes um conflito entre um direito e um não-direito[126]. A prevalência, segundo o autor, seria assim restrita aos direitos reais de garantia, único caso em que seria necessário hierarquizar direitos reais da mesma natureza incidentes sobre a mesma coisa[127].

A tese de Pinto Coelho veio a ter bastante influência nos diversos Professores da Faculdade de Direito de Lisboa. Assim, em primeiro lugar, Paulo Cunha veio igualmente sustentar a tese da limitação da prevalência aos direitos reais de garantia, considerando, no entanto, que a ordenação desses direitos se fazia segundo critérios que não tinham necessariamente a ver com a antiguidade dos direitos[128]. Em sentido contrário, Dias Marques manteve a prevalência como característica geral dos direitos reais, considerando-a mesmo ligada à sequela, como consequência da inerência, já que seria em virtude da inseparabilidade do direito real em relação ao seu objecto, que não o só o seguiria, mas prevaleceria sobre outros direitos ulteriormente constituídos[129].

Posteriormente Oliveira Ascensão aderiu expressamente à tese de Luís Pinto Coelho de que não haveria prevalência nos direitos reais de gozo, uma vez que só se poderia falar de prevalência quando existisse um conflito de direi-

[124] Cfr. Luís Pinto Coelho, *Direitos Reais*, pp. 51 e ss.

[125] Cfr. Luís Pinto Coelho, *Direitos Reais*, pp. 52 e ss.

[126] Cfr. Luís Pinto Coelho, *Direitos Reais*, pp. 56 e ss.

[127] Cfr. Luís Pinto Coelho, *Direitos Reais*, pp. 59 e ss.

[128] Cfr. Paulo Cunha, *Curso de Direito Civil: Direitos Reais*, por Maria Fernanda Santos e João de Castro Mendes, Lisboa, FDL, 1950, pp. 64-66 e 71-73.

[129] Cfr. Dias Marques, *Direitos Reais (Parte Geral)*, Lisboa, s.e., 1960, pp. 37-38.

tos, enquanto que na dupla alienação o segundo acto de alienação é nulo (art. 892º), pelo que nunca se chega a adquirir um direito real que pudesse entrar em conflito com o direito do primeiro adquirente. Mas o autor vai mais longe, negando que exista prevalência nos direitos reais de garantia, considerando a situação como uma mera questão de relações dos direitos reais entre si. Em consequência, OLIVEIRA ASCENSÃO limita a prevalência aos conflitos entre direitos reais e direitos de crédito, considerando que a mesma exprime apenas a maior força dos direitos reais sobre os créditos[130].

Mais longe ainda foi, porém, MENEZES CORDEIRO, que negou que a prevalência seja em absoluto característica dos direitos reais. Seguindo as posições de PINTO COELHO e de OLIVEIRA ASCENSÃO, o autor nega que exista prevalência nos direitos reais de gozo e nos direitos reais de garantia, mas vai mais longe, negando que a prevalência se verifique sequer nos conflitos entre direitos reais e direitos de crédito. A seu ver, dado que o direito de crédito se extingue por impossibilidade quando a coisa é alienada a um terceiro, estar-se-ia assim perante um ex-direito de crédito, o que impede que se possa falar de prevalência, dado que esta pressupõe um conflito entre direitos[131]. A esta posição veio posteriormente aderir RUI PINTO[132].

Na escola de Coimbra não se aceitou, porém, a crítica de LUÍS PINTO COELHO em relação à negação da prevalência como característica dos direitos reais. Assim, HENRIQUE MESQUITA recusou expressamente essa crítica, considerando que o conflito entre dois ou mais adquirentes de pretensos direitos reais incompatíveis sobre a mesma coisa é resolvido atribuindo prevalência ao primeiro adquirente[133]. CARLOS MOTA PINTO manteve a opinião de que a prevalência funcionaria como regra geral de conflitos entre direitos reais, ainda que funcionasse de maneira diferente. Nos direitos reais de gozo, a prevalência funcionaria como condição de existência do direito, enquanto que nos direitos reais de garantia funcionaria como uma condição de exercício do direito, dado que um direito só poderia ser satisfeito após a satisfação do outro[134]. Esta posição parece vir a ser igualmente seguida por SANTOS JUSTO[135]. Na Universidade Católica aderiram igualmente a esta posição LUÍS CARVALHO FERNANDES[136] e HENRIQUE SOUSA ANTUNES[137]. Autores mais recentes como RUI PINTO DUARTE e JOSÉ ALBERTO VIEIRA não

130 Cfr. OLIVEIRA ASCENSÃO, *Reais*, pp. 627 e ss,

131 Cfr. MENEZES CORDEIRO, *Direitos Reais*, pp. 324-325.

132 Cfr. RUI PINTO, *Direitos Reais de Moçambique*, p. 70.

133 Cfr. HENRIQUE MESQUITA, *Direitos Reais*, pp. 17-18.

134 Cfr. MOTA PINTO, *Direitos Reais*, pp. 64-65.

135 Cfr. SANTOS JUSTO, *Direitos Reais*, pp. 21 e ss.

136 Cfr. CARVALHO FERNANDES, *Direitos Reais*, pp. 75 e ss.

137 Cfr. HENRIQUE SOUSA ANTUNES, *Direitos Reais*, pp. 74-75.

tomam posição sobre esta questão[138]. Já JOSÉ LUÍS BONIFÁCIO RAMOS mantém a prevalência como característica dos direitos reais[139].

A nosso ver, não há qualquer justificação para pôr em causa a prevalência como característica dos direitos reais, apresentando a posição contrária argumentos formalistas para pôr em causa uma característica óbvia dos direitos reais, e que permite claramente distingui-los dos direitos de crédito, independentemente da forma como a lei resolve o problema.

É manifesto que os direitos de crédito não possuem prevalência, uma vez que se regem pela regra da igualdade entre credores, participando todos no concurso de credores, independentemente da data de constituição dos seus créditos (art. 604º, nº 1). Essa situação já não se verifica se forem constituídos direitos reais, uma vez que para estes não vigora a mesma solução, sendo antes dada prioridade ao direito primeiramente constituído (*prior in tempore, potior in iure*), sendo esta uma primeira aproximação à prevalência (art. 604º, nº 2).

Nos direitos reais de gozo, é verdade que a prevalência vai implicar que apenas o direito resultante da primeira alienação se constitua, não se chegando o segundo direito a constituir (salva a hipótese de aquisição tabular). Não há, porém, nenhum motivo para não configurar essa situação como prevalência, uma vez que se a primeira disposição prevalece sobre a segunda (sendo esta afectada de nulidade) *é precisamente porque está em causa a constituição de um direito real*. Se se tratasse da constituição de um direito de crédito, o segundo negócio seria absolutamente válido. Neste sentido, se pode falar em prevalência na constituição dos direitos reais de gozo.

Já nos direitos reais de garantia, a prevalência não vai implicar a não constituição desses direitos, mas apenas que um só seja satisfeito após o outro o ser. É verdade que esta situação se reconduz a um conflito entre direitos reais, mas a solução legal passa pela prevalência de um deles, ao contrário do que sucede nos direitos de crédito, em que os credores são colocados em pé de igualdade. Nesse sentido, também se pode falar em prevalência nos direitos reais de garantia.

Finalmente, é manifesta a existência de prevalência na relação entre os direitos reais e os direitos de crédito. É verdade que, a partir do momento em que é constituído um direito real, o direito de crédito se extingue por impossibilidade, mas essa extinção resulta precisamente de ter sido constituído um direito real incompatível que sobre ele prevalece, o que justifica que se fale em prevalência.

[138] Cfr. RUI PINTO DUARTE, *Direitos Reais*, passim, e JOSÉ ALBERTO VIEIRA, *Direitos Reais*, passim.

[139] Cfr. BONIFÁCIO RAMOS, *Direitos Reais*, pp. 90-91.

A prevalência é assim característica dos direitos reais, ainda que funcione em termos divergentes. Ela pode conduzir à não constituição de um direito real de gozo incompatível, à limitação da satisfação do titular de um direito real de garantia após a satisfação do outro, ou à extinção de um direito de crédito incompatível. É possível unificar, no entanto, estas situações numa característica comum de hierarquização dos direitos reais, a que reconduzimos a prevalência.

Há, no entanto, por vezes algumas excepções à regra da prevalência nos direitos reais, resultantes do facto de a lei por vezes estabelecer em seu lugar critérios de prioridade baseados na natureza do direito real em questão. É o que acontece com os privilégios creditórios, uma vez que o concurso entre privilégios é resolvido, não com base na ordem da sua constituição, mas antes com base na natureza do privilégio (cfr arts. 745º e ss.), efectuando-se o rateio dos bens se se verificar a concorrência de créditos igualmente privilegiados (art. 745º, nº 2). Para além disso, no caso de privilégio imobiliário especial, este prefere à consignação de rendimentos, à hipoteca ou ao direito de retenção, ainda que estas garantias sejam anteriores (art. 751º). Também o direito de retenção que incide sobre coisa imóvel prevalece sobre a hipoteca, ainda que esta tenha sido registada anteriormente (art. 759º, nº 2).

Embora seja característica dos direitos reais, a prevalência pode ser extensiva a direitos não reais. Assim, por exemplo, os privilégios gerais, embora não constituam direitos reais, mas antes garantias especiais sobre universalidades, beneficiam igualmente de prevalência sobre os créditos comuns (art. 733º). No caso dos privilégios gerais previstos no art. 736º, os mesmos até prevalecem sobre privilégios especiais, que são direitos reais (art. 747º, nº 1, a)). A prevalência é igualmente característica de certos direitos de crédito, como os direitos pessoais de gozo, os quais não são sujeitos à regra do rateio, sendo hierarquizados pela ordem da sua constituição ou do seu registo (art. 407º)[140].

6. Conclusão

Ficamos assim com quatro características dos direitos reais: o carácter absoluto, a inerência, a sequela e a prevalência.

O carácter absoluto consiste no facto de os direito reais não se estruturarem com base em qualquer relação jurídica, podendo por isso ser opostos *erga omnes*.

A inerência consiste no facto de os direitos reais estabelecerem com a coisa uma ligação especialmente intensa, não podendo ser dela separados, designadamente para passarem a ter outra coisa como objecto.

[140] Cfr. HENRIQUE MESQUITA, *Direitos Reais*, pp. 19-20.

A sequela constitui uma manifestação dinâmica da inerência, significando que o titular pode ir buscar a coisa, independentemente de qual o seu actual possuidor, mesmo que ela venha a ser objecto de uma cadeia de transmissões.

Finalmente, a prevalência significa que o direito real que primeiro se constituir prevalece sobre todos os direitos reais de constituição ou registo posterior, bem como sobre todos os direitos de crédito que se venham a constituir.

Secção V
Objecto dos direitos reais: as coisas corpóreas e os animais

1. Delimitação do conceito de coisa corpórea

Conforme acima se referiu, o Direito das Coisas ou Direitos Reais é o direito que regula a atribuição das coisas com eficácia real. Por esse motivo, o conceito de direito real pode ser essencialmente delimitado em função do seu objecto: as coisas[141].

A definição de coisa consta do art. 202º, nº 1, do Código Civil que nos refere que é "coisa tudo aquilo que pode ser objecto de relações jurídicas". É uma definição que a doutrina tem considerado demasiado vasta, porque nem tudo o que é objecto de relações jurídicas pode ser qualificado como uma coisa, dado que os direitos e até as pessoas podem ser objecto de relações jurídicas. Efectivamente, direitos como os créditos podem ser ojecto de negócios jurídicos e admitem-se relações jurídicas que têm por objecto pessoas, como por exemplo as relações jurídicas familiares.

Mas o conceito é também demasiado restrito, porque não deixam de constituir coisas situações que não podem ser objecto de relações jurídicas. Assim, o art. 202º, nº 2, vê-se logo na necessidade de considerar fora do comércio todas as coisas que não podem ser objecto de direitos privados, tais como as que se encontram no domínio público e as que são, por natureza, insusceptíveis de apropriação individual.

Na classificação de coisas, a mais importante que nos aparece respeita à distinção entre coisas corpóreas e coisas incorpóreas. Coisas corpóreas são aquelas que existem no mundo natural, tendo consequentemente existência física, indepen-

[141] Sobre as coisas, cfr. Pires de Lima, "Das coisas", no *BMJ* 91 (Dezembro 1959), pp. 207-222, Carvalho Fernandes, *Direitos Reais*, pp. 195 e ss., Santos Justo, *Direitos Reais*, pp. 123 e ss., José Alberto Vieira, *Direitos Reais*, pp. 117 e ss. e José Luís Bonifácio Ramos, *Direitos Reais*, pp. 30 e ss.

dentemente de revestirem a natureza de matéria (terrenos, edifícios, objectos, líquidos, gases e outros elementos materiais) ou de energia (como a electricidade ou a energia nuclear)[142]. Coisas incorpóreas são aquelas que têm mera existência social entre elas se incluindo os bens intelectuais (obras literárias e artísticas, invenções e marcas). A classificação entre coisas corpóreas e incorpóreas deve-se a GAIUS que utiliza o critério de serem ou não apreensíveis pelos sentidos, qualificando como coisas incorpóreas os direitos[143]. Actualmente, no entanto, o critério da apreensão pelos sentidos não pode ser seguido, já que muitas coisas com existência física, como os gases ou a electricidade, não são apreensíveis pelos sentidos. Por outro lado, os direitos não podem ser vistos como coisas incorpóreas, uma vez que não se admitem direitos sobre direitos[144]. As coisas incorpóreas abrangem assim apenas os bens intelectuais, objecto do Direito de Autor e da Propriedade Industrial[145].

O art. 1302º, nº 1, estabelece que só as coisas corpóreas, móveis ou imóveis, podem ser objecto do direito de propriedade regulado no Código, na sequência do § 90 do BGB, que refere que "coisas no sentido da lei são somente os objectos corpóreos". Em consequência desta opção legislativa refere o art. 1303º, nº 1, que os direitos de autor e a propriedade industrial estão sujeitos a legislação especial. Efectivamente, coisas incorpóreas, como a obra literária ou artística, os bens industriais (invenção, modelo, desenho, marca, logótipo) ou quaisquer outras coisas incorpóreas, não são abrangidos pelo Direito das Coisas, sendo sujeitos a outros regimes. O Direito das Coisas é, porém, objecto de aplicação subsidiária aos direitos de autor e à propriedade industrial em tudo o que se harmonize com a natureza daqueles direitos e não contrarie o regime especial para eles estabelecido (art. 1303º, nº 2).

A aplicação subsidiária é, porém, bastante limitada, uma vez que grande parte dos institutos relativos aos direitos reais como a posse, a ocupação, a acessão, a

142 OLIVEIRA ASCENSÃO, *Teoria Geral do Direito Civil*, I – *Introdução. As pessoas. Os bens*, 2ª ed., Coimbra, Coimbra Editora, 2000, p. 352, distingue a este propósito nas coisas corpóreas as coisas materiais e as coisas imateriais, incluindo nestas últimas a electricidade. Já JOSÉ ALBERTO VIEIRA, *Direitos Reais*, p. 133, nota (519), recusa o conceito de coisas imateriais, por entender que leva a perder compreensibilidade ao conceito de coisa corpórea, atenta a imaterialidade que caracteriza as coisas incorpóreas. Por esse motivo, preferimos estabelecer a subdivisão antes entre matéria e energia, sendo manifesto que ambas constituem entidades físicas, sendo por isso coisas corpóreas.

143 Cfr. GAIUS, *Institutiones*, 2.12-14: "Quaedam praeterea res corporales sunt, quaedem incorporales. Corporales hae (*sunt*) quae tangi possunt, veluti fundus homo vestis aurum argentum et denique aliae res innumerabiles. Incorporales sunt quae tangi non possunt, qualia sunt ea quae (*in*) iure consistunt, sicut hereditas ususfructus obligatione quoque modo contractae".

144 Neste sentido, OLIVEIRA ASCENSÃO, *Teoria Geral*, I, pp. 354 e ss.

145 Cfr. OLIVEIRA ASCENSÃO, *Teoria Geral*, I, pp. 352 e ss., e JOSÉ ALBERTO VIEIRA, *Direitos Reais*, p. 132.

usucapião, a tradição, e a aquisição tabular são de aplicação quase inconcebível fora do âmbito das coisas corpóreas[146]. Essa aplicação é, por outro lado, limitada ao conteúdo patrimonial desses direitos, uma vez que os mesmos possuem um cariz pessoal, ligado à determinação da sua titularidade originária, que nunca se coloca em relação aos direitos reais sobre coisas corpóreas[147].

Resulta assim que só as coisas corpóreas podem ser objecto de direitos reais, sendo os outros bens objectos de direitos de natureza diferente[148].

2. Classificações de coisas corpóreas

2.1. Generalidades

Ao longo dos séculos, os juristas têm elaborado várias classificações de coisas corpóreas. No art. 202º, nº 2, encontra-se logo a classificação entre as coisas no comércio e fora do comércio. Depois, o art. 203º distingue ainda as coisas em "imóveis ou móveis, simples ou compostas, fungíveis ou não fungíveis, consumíveis ou não consumíveis, divisíveis ou indivisíveis, principais ou acessórias, presentes ou futuras".

Examinemos sucessivamente estas classificações.

2.2. Coisas no comércio e coisas fora do comércio

2.2.1. Generalidades

No art. 202º, nº 2, estabelece-se a clássica distinção entre coisas no comércio (*res in commercio*) e coisas fora do comércio (*res extra commercium*). Classificam-se como coisas fora do comércio aquelas que não podem ser objecto de direitos privados como as coisas que se encontram no domínio público e as que são, por natureza, insusceptíveis de apropriação individual.

As coisas fora do comércio não podem ser consequentemente objecto de direitos reais. Em seguida, indicaremos exemplos de coisas que se encontram no domínio público e coisas insusceptíveis por natureza, de ser objecto de apropriação individual.

2.2.2. Coisas no domínio público

Os bens no domínio público encontram-se referidos no art. 84º, nº 1, Const. e correspondem aos seguintes:

[146] Cfr. GAIUS, em D.41.1.43.1.: "Incorporales res traditionem et usucapionem non recipere manifestum esse".

[147] Cfr. JOSÉ ALBERTO GONZÁLEZ, *Direitos Reais e Direito Registal Imobiliário*, 3ª ed., Lisboa, Quid Juris, 2005, p. 23.

[148] Cfr. OLIVEIRA ASCENSÃO, *Reais*, p. 39. Não podem ser assim objecto de direitos reais as entidades que não constituam coisas corpóreas, como os bens intelectuais e as universalidades de direito.

a) as águas territoriais, com os seus leitos e os fundos marinhos contíguos, bem como os lagos, lagoas e cursos de água, navegáveis ou flutuáveis, com os respectivos leitos;
b) as camadas aéreas superiores ao território acima do limite reconhecido ao proprietário ou superficiário;
c) os jazigos minerais, as nascentes de águas mineromedicinais, as cavidades naturais subterrâneas existentes no subsolo, com excepção das rochas, terras comuns e outros materiais habitualmente usados na construção;
d) as estradas;
e) as linhas férreas nacionais;
f) outros bens como tal classificados por lei.

O respectivo nº 2 remete para a lei ordinária a definição dos bens que são objecto do domínio público do Estado, das regiões autónomas ou das autarquias locais. Daqui resulta a variabilidade dos bens sujeitos ao regime do domínio público, ficando a respectiva extensão dependente do que for estabelecido em lei ordinária.

Os bens no domínio público encontram-se necessariamente na titularidade de pessoas colectivas de direito público, pelo que não podem pertencer a pessoas singulares ou colectivas de direito privado. A atribuição de direitos a particulares sobre os bens do domínio público apenas é possível através da figura da concessão. Os particulares têm, no entanto, habitualmente direito ao uso comum dos bens do domínio público, ainda que em certos casos tenham que pagar uma taxa pela sua utilização.

2.2.3. Coisas insusceptíveis de apropriação individual

Encontram-se igualmente fora do comércio as coisas que sejam por natureza insusceptíveis de apropriação individual. Entre estes encontram-se o ar, os oceanos, os planetas e as estrelas, as relativamente às quais a apropriação individual não se mostra viável.

2.3. A classificação das coisas em móveis e imóveis

2.3.1. Generalidades

No âmbito da classificação das coisas corpóreas reveste importância especial a sua classificação entre coisas móveis e imóveis.

Em termos gerais, esta classificação releva para efeitos da forma negocial, uma vez que se exige a forma especial de escritura pública ou documento particular autenticado nos contratos sobre imóveis (arts. 875º e 947º, na redacção do D.L. 116/2008, de 4 de Julho, e art. 22º deste diploma). Para além disso, a classificação é importante para efeitos da qualificação de certos negócios jurídicos (art.

1023º)). Finalmente, a classificação releva ainda para delimitação dos poderes de administração e disposição de certos bens (arts. 1682º e 1682º-A) e da competência dos órgãos de sociedades (art. 246º, nº 2, c) CSC).

Mas é no caso específico dos direitos reais que a classificação entre móveis e imóveis assume natureza fundamental.

Em primeiro lugar, a classificação é relevante para efeitos do objecto necessário de certos direitos reais. Efectivamente, embora os direitos reais possam habitualmente abranger indistintamente móveis e imóveis, há certos direitos reais que apenas têm por objecto coisas imóveis, como a propriedade horizontal (art. 1414º), o direito de habitação (art. 1484º, nº 2), a superfície (art. 1524º), as servidões prediais (art. 1543º) e o direito real de habitação periódica (art. 1º do RJHP). Outros direitos reais só podem ter por objecto as coisas imóveis e as coisas móveis sujeitas a registo, como a consignação de rendimentos (art. 656º, nº 1), a hipoteca (art. 686º, nº 1), a promessa real (art. 413º) e a preferência real (art. 421º). Inversamente, há um direito real que apenas pode ter por objecto coisas móveis, o penhor de coisas (art. 666º, nº 1).

Em segundo lugar, a classificação entre coisas móveis e imóveis releva para efeitos de aquisição dos direitos reais. A ocupação apenas vigora para os móveis (arts. 1318º e 1345º), enquanto que a acessão natural é privativa dos imóveis (art. 1327º). Os prazos para a usucapião são mais extensos nos imóveis (arts. 1293º e ss.) do que nos móveis (arts. 1298º e ss.). O regime da acessão industrial é distinto em relação aos móveis (art. 1333º) e imóveis (art. 1339º).

Em terceiro lugar, a classificação entre coisas móveis e imóveis releva para efeitos do regime dos direitos reais. Efectivamente, os imóveis estão sujeitos a um regime particular em termos de limitações negativas (arts. 1344º e ss.), existindo igualmente um regime especial para as águas (arts. 1385º e ss.). Existe, para além disso, um regime especial para os privilégios consoante sejam mobiliários (arts. 736º e ss.) ou imobiliários (arts. 743º e ss.). O direito de retenção também varia de regime consoante incida sobre coisa móvel (art. 758º) ou imóvel (art. 759º).

Finalmente, os direitos reais sobre a mais importante categoria de imóveis (os prédios) são sujeitos à publicidade registal (art. 1º CRP), que só em certos casos vigora para as coisas móveis (art. 205º, nº 2).

2.3.2. A enumeração legal

Nos termos do art. 204º do Código Civil são coisas imóveis:

a) os prédios rústicos e urbanos;
b) as águas;
c) as árvores, arbustos e os frutos naturais, enquanto estiverem ligados ao solo;

d) os direitos inerentes aos imóveis mencionados nas alíneas anteriores;
e) as partes integrantes dos prédios rústicos e urbanos.

Pelo contrário, são coisas móveis todas as que não recaiam em nenhuma destas categorias (art. 205º).

Apesar da formulação legal, a doutrina tem discutido se o elenco de coisas imóveis se deve considerar taxativo ou meramente exemplificativo. Para Oliveira Ascensão, a enumeração é meramente exemplificativa, dado que são igualmente imóveis coisas integradas no terreno, mas socialmente autónomas, como minas, estradas e monumentos, em relação às quais seria uma violência qualificá-las como prédios rústicos e urbanos[149]. A esta posição vieram igualmente aderir Menezes Cordeiro[150] e José Alberto Vieira[151]. Já Castro Mendes pronunciou-se no sentido do carácter taxativo da enumeração, referindo que os exemplos referidos cabem na enumeração do art. 204º, dado que as minas constituem formas especiais de aproveitamento dos terrenos, as estradas ou são coisas públicas ou partes de um terreno, e os monumentos, ou constituem partes integrantes do terreno, ou construções nele existentes[152]. A esta posição, veio aderir ainda que por razões nem sempre coincidentes Carvalho Fernandes, ressalvando, no entanto, o caso particular das fracções autónomas dos prédios urbanos, o que o leva a considerar a enumeração como taxativa, mas insuficiente[153].

A nosso ver, é manifesto o carácter taxativo da enumeração constante do art. 204º, o qual, no entanto, não abrange os bens do domínio público nem prejudica a existência de direitos autónomos sobre partes dos prédios. Assim, bens do domínio público como estradas, portos, aeroportos, ou monumentos nacionais não são naturalmente compreendidos no art. 204º, nº 1, uma vez que a classificação entre móveis e imóveis refere-se apenas a categorias de *res in commercium*. Em relação a estas, a classificação do art. 204º, nº 1, não exclui a possibilidade de partes dos prédios serem objecto autónomo de direitos, sem que tal implique que as mesmas sejam aditadas à enumeração de coisas imóveis, sendo, no entanto, a sua natureza imobiliária manifesta, dado que constituem partes destas. É o que

[149] Cfr. Oliveira Ascensão, *Teoria Geral*, I, pp. 359-360.

[150] Cfr. Menezes Cordeiro, *Tratado*, III – *Parte Geral. Coisas*, 3ª, ed., Coimbra, Almedina, 2013, reimp. 2016, p. 120, revendo posição anteriormente defendida em *Direitos Reais*, pp. 196-197.

[151] Cfr. José Alberto Vieira, *Direitos Reais*, p. 141.

[152] Cfr. Castro Mendes, *Teoria Geral do Direito Civil*, I, Lisboa, AAFDL, 1978, reed. 1983, p. 395, nota (930).

[153] Cfr. Luís Carvalho Fernandes, *Teoria Geral do Direito Civil*, I, 3ª ed., Lisboa, UCE, 2001, pp. 680 e ss. Era esta a posição anteriormente defendida por Menezes Cordeiro, *Direitos Reais*, pp. 196-197.

sucede com as minas, com as estradas, e com as fracções autónomas dos prédios urbanos.

Nas páginas seguintes, procurar-se-á esclarecer os conceitos legais relativos às coisas imóveis.

2.3.3. As coisas imóveis

2.3.3.1. Os prédios rústicos e urbanos

A primeira categoria de coisas imóveis corresponde aos prédios rústicos e urbanos. Nos termos do art. 204º, nº 2, "entende-se por prédio rústico uma parte delimitada do solo e as construções nele existentes que não tenham autonomia económica e por prédio urbano qualquer edifício incorporado no solo, com os terrenos que lhe sirvam de logradouro". Desta classificação resulta que enquanto que o prédio rústico é o solo ou terreno, já o prédio urbano é o edifício ou casa incorporada no solo. Outras construções que não sejam edifícios, como os muros, cercas ou colunas, já não corresponderão a prédios urbanos[154]. Face à exigência de incorporação no solo parece que também não constituirão prédios urbanos as casas desmontáveis[155].

As dependências dos prédios rústicos e urbanos fazem igualmente parte dos mesmos, desde que não desempenhem uma função autónoma, o que permite a um terreno fazer parte de um prédio urbano e a uma edificação integrar um prédio rústico. Assim, os terrenos que servem de logradouro, jardim ou pátio a um prédio urbano fazem parte do mesmo, dado que colaboram na sua função. Da mesma forma, as construções existentes num prédio rústico que estejam subordinadas à sua finalidade económica, como os abrigos, adegas, celeiros ou armazéns, destinados a recolher trabalhadores, gado, alfaias ou produtos agrícolas, têm igualmente natureza rústica[156].

A lei fiscal prevê outros conceitos de prédios rústicos e urbanos, admitindo ainda que o prédio possa ser misto, sempre que tenha uma parte rústica e urbana e nenhuma possa ser considerada predominante em relação à outra (art. 5º, nº 2, do CIMI). Esses conceitos não têm correspondência no direito civil, que não admite que os prédios possam ser mistos, nem sequer pode ser considerado relevante para fins civis qual a qualificação fiscal atribuída a um prédio.

Questiona-se, por isso, como resolver os casos duvidosos. A doutrina e a jurisprudência têm defendido neste âmbito *a teoria da afectação económica*. Assim, em relação a qualquer prédio composto por edificações e terrenos terá que se veri-

[154] Assim, Pires de Lima, *BMJ* 91 (Dezembro 1959), p. 211.

[155] Neste sentido, Henrique Mesquita, *Direitos Reais*, p. 23.

[156] Cfr. Pires de Lima/Antunes Varela, *Código Civil Anotado*, I, 4ª ed., com a colaboração de M. Henrique Mesquita, Coimbra, Coimbra Editora, 1987, sub art. 204º, nº 3, p. 196.

ficar se a afectação económica predominante é a utilização do terreno, à qual se subordinam as edificações existentes, ou se pelo contrário, o terreno é um mero logradouro, destinado a permitir o melhor aproveitamento do edifício, tendo carácter complementar e subordinado em relação a este[157]. Com base neste critério tem-se qualificado como prédio rústico uma herdade agrícola, com casa de habitação, já sendo, porém, urbano um hotel com campo de golfe, ou uma quinta destinada a turismo de habitação[158].

Em relação aos prédios rústicos e urbanos, não há dúvida sobre a extensão horizontal do direito do proprietário, a qual coincide com a área do solo, delimitada pelas respectivas extremas. Questiona-se, porém, ainda qual a sua extensão vertical em termos de altura e de profundidade, o que tem sido designado pela questão dos limites verticais dos prédios.

A doutrina clássica defendia a este propósito que a altura e a profundidade dos prédios não tinham quaisquer limites, o que era expresso através da fórmula medieval: *qui dominus est soli dominus est usque ad coelos usque ad inferos*. O prédio estendia-se consequentemente tanto até aos céus como até aos infernos.

A doutrina clássica ainda está na base do art. 552 do Código Civil francês, que igualmente atribui ao proprietário do solo a propriedade de tudo o que esteja acima ou abaixo dele[159]. O art. 2288º do Código Civil português de 1867 mostra, porém, já alguma evolução, restrigindo os poderes do proprietário sobre o subsolo pelas disposições relativas a minas e limitando o seu direito sobre o espaço aéreo à altura susceptível de ocupação[160].

Na pandectística alemã, a doutrina clássica viria a ser expressamente rejeitada por Dernburg e Jhering. Para Dernburg, a propriedade apenas se estenderia até onde pudesse chegar a acção do homem[161]. Para Jhering a propriedade apenas se estenderia até onde houvesse um interesse prático do proprietário a proteger[162].

[157] Cfr. Menezes Cordeiro, *Tratado*, III, pp. 173 e ss, José Alberto Vieira, *Direitos Reais*, pp. 155 e ss., e, na jurisprudência, Ac. STJ 31/1/1991 (Ricardo Velha), em *BMJ* 403 (1991), pp. 416-422 e Ac. STJ 28/2/2006 (Fonseca Ramos), em *CJ-ASTJ* 16 (2008), 1, pp. 129-133.

[158] Cfr. Henrique Mesquita, *Direitos Reais*, pp. 163-164.

[159] Cfr. o art. 552, I, do *Code Civil* francês: "La propriété du sol emporte la proprieté du dessus et du dessous".

[160] Cfr. o art. 2288º CC 1867: "O direito de fruição do solo abrange não só o mesmo solo em toda a sua profundidade, salvas as disposições da lei em relação a minas, mas também o espaço aéreo correspondente ao mesmo solo, na altura suscetível de ocupação.

[161] Cfr. Heinrich Dernburg, *Pandekten*, I-2, § 198, p. 74, nota (4): "Die Herrschaft des Eigenthumers findet ihr natürliches Ende, wo die Möglichkeit menschlicher Beherrschung aufhört".

[162] Cfr. Rudolf Von Jhering, "Zur Lehre von den Beschränkungen des Grundeigenthümers im Interesse der Nachbarn", em *JhJb* 6 (1883), pp. 81-130. A pp. 89-90 escreve: "Ich kann meine Ansicht in den einem Satz zusammenfassen: das Recht an dem Luftraum oder sagen wir die Eigentu-

O Código Civil alemão, no seu § 905, manteve a atribuição ao proprietário do espaço aéreo e do subsolo referindo-se à formulação de JHERING apenas em termos negativos, proibindo o proprietário de impedir os actos de terceiro onde não haja interesse nesse impedimento[163]. Já o Código Civil suíço, no seu art. 667 formulou-a antes em termos positivos, entendendo que os limites dos prédios se estendem até onde existir para o proprietário interesse em exercê-los[164].

O art. 1344º adopta a formulação absoluta, restringindo-a, no entanto, de acordo com a formulação de JHERING, em termos negativos conforme o previsto no § 905 BGB. Esta disposição deve ser, no hoje sujeita a uma intepretação em conformidade com a Constituição, dado que o seu art. 84º, nº 1, b) e c) estabelecem a existência de um limite aéreo reconhecido ao proprietário ou superficiário, colocando no domínio público o espaço acima desse limite, e colocam igualmente no domínio público os jazigos minerais, nascentes de águas minero-medicinais, e as cavidades naturais subterrâneas, com excepção das rochas, terras comuns e materias de construção, não tendo assim o proprietário quaisquer direitos sobre aquelas entidades. Deverá assim ser assim interpretado o art. 1344º no sentido da existência de limites verticais à propriedade, estabelecidos em função do interesse prático do proprietário no espaço aéreo, e da colocação de áreas do subsolo no domínio público. Assim o proprietário não pode proibir os aviões de passarem por cima do seu terreno, nem adquire direito à exploração dos jazigos minerais, que não sejam rochas, terras comuns ou outros materiais utilizados na construção. Dentro desses limites, tem, no entanto, direito ao espaço aéreo e ao subsolo, podendo naturalmente impedir qualquer intervenção de terceiros que venham a perturbar qualquer futuro aproveitamento que pretenda fazer dessas áreas[165].

2.3.3.2. As águas

São também consideradas coisas imóveis as águas[166]. Efectivamente, embora as mesmas sejam habitualmente partes componentes dos prédios rústicos, assim

msatmosphäre reicht nicht weiter, als das practische Bedürfniß, das dadurch befriedigt werden soll".

[163] Cfr. § 905 BGB: "Das Recht des Eigentümers eines Grundstücks erstreckt sich auf den Raum über der Oberfläche und auf den Erdkörper unter der Oberfläche. Der Eigentümer kann jedoch Einwirkungen nicht verbieten, die in solcher Höhe oder Tiefe vorgenommen werden, dass er an der Ausschließung kein Interesse hat".

[164] Cfr. art. 667 ZGB: "Das Eigentum an Grund und Boden erstreckt sich nach oben und unten auf den Luftraum und das Erdreich, soweit für die Ausübung des Eigentums ein Interesse besteht".

[165] Decidiu por isso bem o Ac. RC 20/9/2011 (BEÇA PEREIRA), em *CJ* 36 (2011), 4, pp. 19-21 ter o proprietário o poder de se opor à invasão do espaço aéreo do mesmo pelas pás de um aerogerador.

[166] Sobre as águas, cfr. ainda hoje TEIXEIRA DE ABREU, *Das águas*, Coimbra, França e Arménio, 1917, e GUILHERME MOREIRA, *As águas no Direito Civil Português*. I – *Propriedade das águas*, Coimbra, França e Arménio, 1921, e II – *Das servidões de águas. O regime das águas no Decreto 5.787 IIII*, Coimbra,

como a terra e as pedras, a verdade é que podem ser desintegradas da propriedade destes, adquirindo autonomia como objecto de direitos reais, caso em que, embora imóveis, não correspondem já a prédios. Por esse motivo, a lei sentiu necessidade de as incluir expressamente na categoria de coisas imóveis[167].

A lei distingue em relação às águas entre as que são públicas e as que são particulares. O Código Civil regula apenas o regime das águas particulares, previstas nos arts. 1385º e ss. Em relação às águas públicas, as mesmas são reguladas por legislação especial, tendo-se mantido vigente ao longo do tempo o Decreto 5787-IIII, de 10 de Maio de 1919, com vasta legislação complementar. Mais recentemente, no entanto, surgiu a Lei da Água, constante da Lei 58/2005, de 29 de Dezembro, que estabelece as bases e o quadro institucional para a gestão sustentável das águas.

Essa lei é complementada pela Lei 54/2005, de 15 de Novembro, que rege sobre a titularidade dos recursos hídricos, a qual acabou por revogar o art. 1º do Decreto 5787-IIII (art. 29º). Os recursos hídricos são classificados como dominiais, quando pertencem ao domínio público hídrico, o qual compreende o domínio público marítimo, o domínio público lacustre e fluvial e o domínio público das restantes águas (arts. 4º e ss.), e patrimoniais ou particulares, quando pertencem a entidades públicas e particulares (art. 18º).

O regime é ainda complementado pelo D.L. 226-A/2007, de 31 de Maio, alterado pelo D.L. 391-A/2007, de 21 de Dezembro, que estabelece o regime de utilização dos recursos hídricos, pelo D.L. 97/2008, de 11 de Junho, que fixa o regime económico e financeiro dos recursos hídricos, e pelo D.L. 100/2008, de 16 de Junho, que define regimes de utilização e reafectação do domínio público hídrico e de reafectação de certos bens do domínio público marítimo[168].

Nos termos do art. 1386º, nº 1, as águas particulares compreendem as segintes situações:

a) as águas que nascerem em prédio particular e as pluviais que nele cairem, enquanto não transpuserem, abandonadas, os limites do mesmo prédio ou daquele para onde o dono dele os tiver conduzido, e ainda as que, ultrapassando esses limites e correndo por prédios particulares, forem consumidas antes de se lançarem no mar ou em outra água pública;
b) as águas subterrâneas existentes em prédios particulares;

França e Arménio, 1922. Mais recentemente, veja-se Mário Tavarela Lobo, *Manual do Direito das Águas*, I e II, 2ª ed., Coimbra, Coimbra Editora, 1999.

[167] Cfr. Pires de Lima, *BMJ* 91 (Dezembro 1959), p. 211 e Henrique Mesquita, *Direitos Reais*, pp. 23-24.

[168] Cfr. Carvalho Fernandes, *Direitos Reais*, p. 31, e nota (1).

c) os lagos e lagoas existentes dentro de um prédio particular, quando não sejam alimentados por corrente pública;
d) as águas originariamente públicas, que tenham entrado no domínio privado até 21 de Março de 1868, por preocupação, doação régia ou concessão;
e) as águas públicas concedidas perpetuamente para regas ou melhoramentos agrícolas;
f) as águas subterrâneas existentes em terrenos públicos, municipais ou de freguesia, exploradas mediante licença e destinadas a regas ou melhoramentos agrícolas.

O art. 1387º, nº 1, faz acrescer a esta enumeração:

a) os poços, galerias, canais, levadas, aquedutos, reservatórios, albufeiras e demais obras destinadas à captação, derivação ou armazenamento de águas públicas ou particulares;
b) o leito ou álveo das correntes não navegáveis nem flutuáveis que atravessam terrenos particulares.

Verifica-se assim que as águas particulares compreendem tanto as que surgem originariamente no prédio privado, enquanto dele não saírem (art. 1386º, nº 1, a)), as águas subterrâneas nele existentes (art. 1386º, nº 1, b)) e os lagos e lagoas aí presentes que não sejam alimentados por corrente pública (art. 1386º, nº 1, c)), mas também as águas públicas que tenham sido objecto de certos actos de concessão ou licença a privados (art. 1386º, nº 1, d), e) e f)). Neste último caso, a lei determina, no entanto, que se o acto não fixar o volume das águas, entende-se que há direito apenas ao caudal necessário para o fim a que as mesmas se destinam (art. 1386º, nº 2). Para além disso, essas águas são inseparáveis dos prédios a que se destinam e o direito sobre elas caduca, revertendo as águas ao domínio público, se forem abandonadas, ou não se fizer delas um uso proveitoso correspondente ao fim a que eram destinadas ou para que foram concedidas (art. 1397º).

Para além disso, são ainda particulares as obras para armazenamento ou derivação de águas (art. 1387º, nº 1, a)), e o leito das correntes não navegáveis nem flutuáveis (art. 1387º, nº 1, b))[169]. Se a corrente passar entre dois prédios, pertence

[169] O art. 1387º, nº 2, estabelece que se entende "por leito ou álveo a porção do terreno que a água cobre sem transbordar para o solo natural, habitualmente enxuto", acrescentando o nº 4 que "as faces ou rampas e os capelos dos cômoros, valados, tapadas, muros de terra, alvenaria ou enrocamentos seguidos sobre a superfície natural do solo marginal não pertencem ao leito ou álveo da corrente, mas fazem parte da margem".

a cada proprietário o tracto compreendido entre a linha marginal e a linha média do leito ou álveo, sem prejuízo do diposto nos arts. 1328º e ss. (art. 1387º, nº 3).

2.3.3.3. As árvores, arbustos e frutos naturais enquanto estiverem ligados ao solo

O art. 204º, nº 1, c) inclui ainda no conceito de coisas imóveis, as árvores, arbustos e frutos naturais, enquanto estiverem ligados ao solo. Incluem-se assim na categoria de coisas imóveis, as coisas produzidas naturalmente pelos prédios, a título periódico ou não. A natureza imobiliária depende, porém, da manutenção da sua ligação material ao solo, sendo estas coisas consideradas móveis, a partir do momento que essa ligação cessa.

2.3.3.4. Os direitos inerentes aos imóveis

O art. 204º, nº 1, d) faz incluir no conceito de imóvel os direitos inerentes às coisas imóveis. Trata-se, no entanto, de uma formulação manifestamente incorrecta, uma vez que as coisas imóveis constituem o objecto desses direitos e não os próprios direitos. A qualificação dos direitos inerentes aos imóveis como coisas resulta do conceito amplíssimo de coisa, constante do art. 202º, que já defendemos dever ser restringido. Da norma resulta apenas a sujeição ao regime das coisas imóveis de todos os direitos reais menores respeitantes aos imóveis.

2.3.3.5. As partes integrantes dos prédios rústicos e urbanos

Nos termos do art. 204º, nº 3, é parte integrante de um prédio rústico ou urbano toda a coisa móvel ligada materialmente ao prédio com carácter de permanência. Trata-se assim de coisas móveis que perderam a sua autonomia em virtude da incorporação numa coisa imóvel. Essa incorporação, desde que seja duradoura e não meramente transitória, leva a coisa móvel a perder a sua individualidade, passando a fazer parte do imóvel, e adquirindo consequentemente natureza imobiliária.

2.3.4. As coisas móveis

Nos termos do art. 205º, nº 1, são coisas móveis todas as que não se encontram compreendidas na enumeração taxativa de coisas imóveis. Compreender-se-ão aqui toda a espécie de objectos, utensílios, produtos, veículos, etc. Também a energia deve ser considerada como uma coisa móvel, apesar de estar sujeita a regimes especiais[170]. Finalmente têm natureza mobiliária as coisas representa-

[170] Cfr. Menezes Cordeiro, *Tratado*, III, pp. 201 e ss., José Alberto Vieira, *Direitos Reais*, p. 153.

tivas de valor, como o dinheiro, os títulos de crédito e os cartões de crédito ou débito[171].

O legislador tem o cuidado de especificar que as coisas móveis sujeitas a registo público (como os automóveis, navios, embarcações e aeronaves) são sujeitas ao regime das coisas móveis em tudo o que não esteja especialmente regulado (art. 205º, nº 2). Assim, as coisas sujeitas a registo apenas se afastarão do regime dos móveis na questão da publicidade que, em vez de ser dada pela posse, é regulada pelo registo.

O regime dos móveis caracteriza-se por ser bastante mais simplificado do que o dos imóveis. Assim, em primeiro lugar, os negócios sobre móveis estão sujeitos normalmente à liberdade de forma (art. 219º). Depois os requisitos de capacidade e legitimidade para a celebração dos negócios sobre móveis são menos exigentes do que se estiverem em causa imóveis. Por último, a aquisição da propriedade por usucapião é sujeita a prazos mais curtos se estiverem em causa coisas móveis. Também a acessão opera de forma diferente em relação às coisas móveis.

2.4. A classificação das coisas em simples e compostas

Uma outra classificação das coisas distingue entre coisas simples e compostas (cfr. art. 206º). Esta classificação tem origem no Direito Romano que, de acordo com um trecho de Pomponius (D.41.3.30.pr.[172]), agrupava as coisas em três categorias: a) as coisas simples (*quod continetur uno spiritu*), que existiam na natureza como individualidade orgânica unitária e não podiam ser decompostas noutras coisas, como uma trave ou uma pedra; b) as coisas compostas *ex contingentibus*, que correspondiam a uma coisa nova, formada pela junção de outras coisas simples, que assim perdiam a sua autonomia, como o edifício ou o navio; c) e as coisas compostas *ex distantibus*, as quais eram compostas por coisas fisicamente separadas designadas por um nome comum, e tratadas como um único objecto, como, por exemplo, sucede com a biblioteca ou o rebanho[173].

Posteriormente, na Idade Média, a categoria de coisas compostas *ex distantibus* veio a ser substituída pelo conceito de universalidade (*universitas*). A universalidade constitui uma unidade complexa, que tanto poderia corresponder a

[171] Cfr. Menezes Cordeiro, *Tratado*, III, pp. 204 e ss.

[172] Cfr. D.41.3.30.pr.: "Rerum mixtura facta an usucapionem, cuiusque praecedentem interrumpit, quaeritur. tria autem genera sunt corporum, unum, quod continetur uno spiritu et Graece *ηνωμενον* vocatur, ut homo tignum lapis et similia: alterum, quod ex contingentibus, hoc est pluribus inter se cohaerentibus constat, quod *ουνμμενον* vocatur, ut aedificium navis armarium: tertium, quod ex distantibus constat, ut corpora plura non soluta, sed uni nomini subiecta veluti populus legio grex. primum genus usucapione quaestionem non habet, secundo et tertium habet".

[173] Cfr. Biondo Biondi, "Cosa semplice e composta (Diritto romano)", em *NovissDI* IV, pp. 1039-1041, e José Alberto Vieira, *Direitos Reais*, pp. 158 e ss.

um colectivo nominal, quando reúne um conjunto de coisas simples, como a um colectivo universal, quando por ficção o conjunto de coisas separadas é tratado como uma só. As universalidades poderiam ser de facto (*universitates facti*) ou de direito (*universitates iuri*), correspondendo as primeiras a conjuntos de coisas corpóreas e as segundas a complexos de direitos (como a herança, o dote, a taberna e depois o feudo)[174].

O Código civil, no art. 206º, não faz referências às coisas simples, nem às coisas compostas *ex contingentibus*, limitando-se a tratar as coisas compostas *ex distantibus*, que faz corresponder às universalidades de facto. A formulação legal não parece, porém, a melhor. Será conveniente distinguir antes entre *coisas simples*, que correspondem a coisas que não se podem decompor noutras coisas, sob pena de perderem a sua identidade, e *coisas compostas*, que resultam da união de outras coisas que isoladamente possuem identidade própria, mas que em virtude dessa união passam a ser consideradas apenas como partes componentes de uma outra coisa. Assim, um animal ou um prato constituem uma coisa simples, enquanto que um automóvel é um coisa composta, que inclui estrutura, portas, vidros, motor, pneus, etc. Neste caso, em virtude da incorporação, as coisas simples que integram a coisa composta deixam de poder ser objecto de direitos reais autónomos, só voltando a ocorrer essa possibilidade se forem separadas pelo proprietário da coisa composta (cfr. art. 408º, nº 2, *in fine*).

Já as universalidades de facto não correspondem a coisas mas antes a pluralidades de coisas móveis pertencentes a uma mesma pessoa, que por terem um destino unitário, se admite que possam ser enquanto tal objecto de um único negócio jurídico (art. 206º, nº 1), sem prejuízo de as coisas que compõem a universalidade poderem ser igualmente objecto de negócios individuais (art. 206º, nº 2)[175]. Assim, o proprietário de uma colecção de moedas ou de uma biblioteca pode vendê-los em conjunto, assim como pode dispor individualmente de uma das moedas ou de um dos livros. Por outro lado, a inclusão na universalidade de coisas da mesma categoria pertencentes a outro proprietário, como a colocação de livro alheio na biblioteca, ou de outra moeda na colecção, não faz perder ao dono a propriedade destes objectos, a menos que se verifique a confusão.

2.5. A classificação das coisas em fungíveis e infungíveis

Distingue-se também entre coisas fungíveis e infungíveis. As coisas fungíveis são aqueles que apenas estão determinadas pelo seu género, qualidade e quantidade (art. 207º), como por exemplo, no caso, de alguém ter direito a receber

[174] Cfr. BIONDO BIONDI, "Cosa semplice e composta (Diritto intermedio)", em *NovissDI* IV, p. 1041.

[175] Normalmente é mais vantajoso ao dono dispor unitariamente dos seus bens, dado que, por exemplo, uma colecção completa costuma valer mais do que a soma das coisas que a compõem.

vinte sacas de trigo. As coisas infungíveis são aquelas que estão individualmente determinadas. Trata-se, porém, de um atributo jurídico e não físico, dado que as mesmas coisas poderão ser fungíveis ou infungíveis consoante o negócio em questão[176].

Se não estiverem totalmente determinadas, as coisas não podem ser objecto de direitos reais mas apenas de direitos de crédito, razão pela qual o art. 408º nº 2, estabelece que, caso o contrato verse sobre coisa indeterminada, o direito só se transfere quando a coisa for adquirida pelo alienante. Inversamente, também quando alguém faz uma dação de coisas fungíveis, a propriedade das mesmas transfere-se para o receptor dessas coisas, ficando o autor da dação apenas com um direito de crédito a receber outro tanto do mesmo género e qualidade (cfr. arts. 1144º, para o mútuo e art. 1451º, nº 1, *in fine*, para o usufruto de coisas consumíveis).

2.6. A classificação das coisas em consumíveis e não consumíveis

O art. 208º qualifica como consumíveis as coisas cujo uso regular importa a sua destruição ou a sua alienação, estando nesta situação, por exemplo, os alimentos, combustíveis, a energia e o dinheiro. As coisas que não revistam essa característica ter-se-ão por não consumíveis.

As coisas consumíveis colocam um problema que é a dificuldade de distinguir entre uso e disposição da coisa, uma vez que, importando o uso regular a sua destruição ou alienação, é manifesto que dificilmente se podem estabelecer direitos de gozo limitados sobre essas coisas. Efectivamente, se o aproveitamento da coisa se reconduz normalmente ao exercício de poderes de disposição sobre ela, haverá que possuir um direito real de gozo pleno, ou seja, a propriedade, sobre essas coisas (art. 1305º). No entanto, a lei admite a possibilidade de as coisas consumíveis serem objecto de usufruto (art. 1451º), o qual obriga a restituir o valor das coisas entregues ou a restituir outras do mesmo género, qualidade ou quantidade, devendo ser prestada caução para esse efeito (art. 1468º, b)).

Dentro da categoria das coisas não consumíveis, deverá ainda distinguir-se entre coisas duradouras e coisas deterioráveis[177]. As coisas duradouras são aquelas que não se degradam pelo uso regular, como as estátuas, os edifícios e os terrenos. Coisas deterioráveis são aquelas cujo uso regular importa a sua deterioração, como o vestuário, os electrodomésticos e os automóveis.

A lei faz referência às coisas deterioráveis em algumas disposições, especialmente para estabelecer a possibilidade da sua alienação por parte dos administradores de bens alheios, atendendo ao prejuízo que a perda ou deterioração dos

[176] Assim, Pires de Lima, *BMJ* 91 (Dezembro 1959), p. 216.

[177] Cfr. Menezes Cordeiro, *Tratado*, III, p. 213, e José Alberto Vieira, *Direitos Reais*, p. 177.

bens causaria ao seu titular (cfr. arts. 94º, nº 4, 1889º, nº 1, a) e 2090º, nº 1). Por outro lado, ao contrário do que sucede nas coisas consumíveis, no caso de incidirem direitos reais menores ou direitos pessoais de gozo sobre coisas deterioráveis, o titular do direito não é obrigado no fim do contrato a restituir o valor das coisas ou entregar coisas idênticas, bastando-lhe restituí-las no estado em que se encontrarem (arts. 1452º, nº 1, 1038º i), 1043º, nº 1, e 1135º i)). Em consequência, esse titular é sujeito a obrigações específicas relativas ao uso da coisa para o fim que lhe é próprio e de uma forma prudente (arts. 1452º, nº 1, *in fine*, 1038º, c) e d), 1135º c) e d)), sob pena de responder pelos danos causados (arts. 1468º, b), *in fine*, 1044º e 1136º).

2.7. A classificação das coisas em divisíveis e indivisíveis

A qualificação das coisas em divisíveis e indivisíveis consta do art. 209º, que qualifica como divisíveis "as coisas que podem ser fraccionadas sem alteração da sua substância, diminuição de valor, ou prejuízo para o uso a que se destinam". *A contrario*, sempre que o fraccionamento da coisa provoque uma alteração da sua substância, a diminuição do seu valor, ou envolver prejuízo para o seu uso, a coisa considerar-se-á indivisível. Para que se verifique a indivisibilidade basta assim que se verifique apenas um desses requisitos.

Como exemplo de coisas divisíveis teremos os terrenos ou os edifícios susceptíveis de divisão em fracções autónomas (arts. 1414º e ss.). Pelo contrário, serão indivisíveis, uma vez que a divisão produz alteração da sua substância, as árvores e as plantas. São por sua vez indivisíveis por se verificar diminuição do seu valor os livros e os quadros. Finalmente, são indivisíveis, dado que a divisão prejudica o seu uso, os automóveis e as televisões.

Uma das hipóteses mais frequentes de divisão das coisas corresponde à situação da comunhão nos direitos reais, dado que os co-titulares não são, em princípio, obrigados a permanecer na indivisão (art. 1412º, nº 1). A divisão da coisa pode ser feita amigavelmente ou nos termos da lei do processo (art. 1413º, nº 1). A divisão amigável está sujeita à forma prevista para a alienação da coisa (art. 1413º, nº 2). Já a divisão nos termos da lei do processo obedece aos trâmites dos arts. 925º e ss. CPC, podendo proceder-se à sua divisão em substância ou à adjudicação ou venda da coisa com repartição do respectivo valor.

Em consequência da inerência que caracteriza os direitos reais, a divisão da coisa vai afectar o direito sobre ela, o qual se extingue, sendo atribuídos novos direitos sobre as coisas resultantes da divisão[178]. Há, porém, situações em que o direito é indivisível pelo que permanece inalterado, independentemente da

[178] Neste sentido, José Alberto Vieira, *Direitos Reais*, p. 175.

divisão que afectou a coisa. É o que acontece com a hipoteca (art. 696º) e com as servidões prediais (art. 1546º).

Mesmo que a coisa seja divisível, a lei e as partes podem estabelecer limites à sua divisibilidade. Existem limites legais à divisibilidade dos prédios rústicos, que não podem ser fraccionados em parcelas de área inferior à unidade de cultura (art. 1376º, nº 1). Em relação à comunhão de direitos reais, o art. 1412º admite igualmente a possibilidade de se convencionar que a coisa permanecerá indivisa por um prazo não superior a cinco anos, o qual pode ser renovado, uma ou mais vezes, por nova convenção[179].

2.8. A classificação das coisas em principais e acessórias ou pertenças

A classificação das coisas em principais e acessórias ou pertenças resulta do art. 210º. As *coisas principais* correspondem àquelas que não se encontram subordinadas a qualquer outra coisa. Pelo contrário, são *coisas acessórias*, ou *pertenças*, as coisas móveis que, não constituindo partes integrantes, estão afectadas por forma duradoura ao serviço ou ornamentação de uma outra coisa, dita principal. São exemplos desta situação os instrumentos de cultivo agrícola, nos prédios rústicos, e as mobílias e instrumentos de limpeza, nos prédios urbanos. Nestes casos, existe uma ligação de uma coisa à outra, mas essa ligação não é material, ao contrário do que sucede com as partes integrantes, mas meramente económica ou funcional.

Tradicionalmente, entendia-se que o conceito de coisa acessória era mais amplo do que o de pertença, compreendendo, além destas, as partes integrantes, os frutos, as benfeitorias e eventualmente o tesouro[180]. O Código fez corresponder as duas realidades, pelo que se torna hoje injustificado fazer essa distinção. As partes integrantes não são coisas, mas partes de coisa. Também as benfeitorias não são coisas mas melhoramentos de uma coisa. Em relação aos frutos, enquanto não são separados são considerados como parte do imóvel (art. 204º, nº 1, c)), passando, após a separação, a constituir objectos autónomos, em relação aos quais não se verifica qualquer acessoriedade[181].

Em relação ao regime das coisas acessórias ou pertenças, vigorava anteriormente a regra *accessorium sequitur principale*, nos termos do qual os negócios relativos à coisa principal deveriam igualmente estender-se às coisas acessórias. Essa

[179] José Alberto Vieira, *Direitos Reais*, pp. 175-176 considera estas situações como casos de indivisibilidade legal ou convencional, o que não consideramos correcto. Os prédios rústicos são legalmente divisíveis, existindo apenas um limite em relação à dimensão resultante da divisão. Também a convenção relativa à indivisão não torna a coisa comum indivisível, apenas adiando a possibilidade de as partes recorrerem à sua divisão.

[180] Oliveira Ascensão, *Teoria Geral*, I, p. 379 mantém ainda hoje esta enumeração, embora depois a abandone, em obediência à formulação legal.

[181] Cfr. José Alberto Vieira, *Direitos Reais*, p. 166.

é, ainda hoje, a solução do § 97 BGB e do art. 818 do Código italiano. Diferentemente, o nosso art. 210º, nº 2, estabelece que "os negócios jurídicos que têm por objecto a coisa principal não abrangem, salvo declaração em contrário, as coisas acessórias". Esta disposição tem sido, no entanto, objecto de bastantes críticas na nossa doutrina.

Castro Mendes sustentou que, por força do princípio da boa fé (art. 762º, nº 2), que prevalece sob o art. 210º, nº 2, a mesma não se poderia aplicar às coisas acessórias sem valor autónomo, ligadas só economicamente à coisa principal, como a bainha da espada, nem às coisas sem as quais não se pode utilizar a coisa principal, como a chave do relógio de corda, para as quais reservava a definição de pertenças. Estariam assim em causa no art. 210º, nº 2, apenas as coisas com valor autónomo, desafectáveis da coisa principal sem que esta perca com isso a sua utilização normal, como os móveis ou as alfaias agrícolas[182].

Oliveira Ascensão seguiu esta posição, considerando, no entanto, que igualmente se deveriam incluir nos negócios relativos à coisa principal outro tipo de coisas acessórias com valor autónomo, como o equipamento de uma fábrica ou certos acessórios dos automóveis, designadamente o pneu sobresselente, entendendo que neste caso um costume *contra legem* teria derrogado a lei[183].

Já Menezes Cordeiro, contestando que um costume *contra legem* tenha derrogado a lei, propõe, no entanto, a integração sistemática do disposto no art. 210º, nº 2, entendendo que o mesmo poderá ser afastado através das seguintes quatro vias: a) o alargamento do conceito de partes integrantes, em detrimento do de coisas acessórias; b) o regime da interpretação (arts. 236º e ss.) e da integração (art. 239º) dos negócios jurídicos; c) os deveres acessórios resultantes da boa fé (art. 762º, nº 2); d) o regime especial dos negócios jurídicos de consumo (art. 4º da LDC)[184].

As vias ensaiadas por Menezes Cordeiro não nos parecem adequadas. As coisas acessórias não são partes integrantes, não fazendo por isso sentido a extensão deste conceito. Já as regras gerais de interpretação e integração negociais cedem perante disposição interpretativa especial, como é o caso do art. 210º, nº 2. Quanto aos deveres acessórios resultantes da boa fé, eles correspondem a deveres de protecção, informação e lealdade, não permitindo a extensão do negócio a outros objectos. Da mesma forma, também o art. 4º da LDC respeita à idoneidade dos bens e serviços destinados ao consumo, segundo as normas legalmente estabelecidas, e não à sua extensão a coisas acessórias, sendo que a norma legalmente estabelecida refere precisamente essa não extensão.

[182] Cfr. Castro Mendes, *Teoria Geral*, I, p. 415.

[183] Cfr. Oliveira Ascensão, *Teoria Geral*, I, pp. 381-382.

[184] Cfr. Menezes Cordeiro, *Tratado*, III, p. 230.

Entendemos que a solução deve ser resolvida com base numa interpretação restritiva do art. 210º, nº 2, limitando-o às coisas acessórias com valor autónomo em relação à coisa principal e que não são essenciais à sua utilização[185]. Apenas estas exigirão assim uma declaração especial para ser abrangidas pelo negócio. Todas as outras serão ainda abrangidas.

2.9. A classificação das coisas em presentes e futuras

Uma outra classificação de coisas é a que distingue entre coisas presentes e futuras. São *coisas presentes* as que existem naquele momento e pertencem a um determinado titular. São *coisas futuras* as que ainda não existem ou não pertencem ainda ao disponente (art. 211º). Para se poder constituir um direito real é necessária a existência da coisa que é objecto desse direito; daí que as coisas futuras não possam ser objecto de direitos reais, mas apenas em certos casos, de direitos de crédito (art. 399º).

Em relação aos contratos transmissivos de direitos, a lei admite que as coisas futuras possam ser objecto de venda (art. 880º), mas já não de doação (art. 942º, nº 1). No entanto, o art. 408º, nº 2, estabelece que, no caso de o contrato se referir a coisas futuras, a transmissão dos direitos reais sobre as mesmas apenas ocorre quando estas são adquiridas pelo alienante, o que implica que só nesse momento o contrato adquira eficácia real.

2.10. Frutos

A lei define como fruto de uma coisa tudo o que ela produz periodicamente, sem prejuízo da sua substância (art. 212º, nº 1). Os frutos correspondem ao rendimento de um capital, sendo partes da coisa que dela se podem destacar ou bens que ela permite adquirir, sem que a sua essência seja afectada. A qualificação do fruto relaciona-se assim com a afectação da coisa, nos termos em que ela é considerada.

A lei distingue entre *frutos naturais* e *frutos civis*. Consideram-se frutos naturais todos os que provêm directamente da coisa (art. 212º, nº 2), compreendendo não apenas os frutos orgânicos da coisa, como os frutos das árvores, a erva, os ramos, as matas, e as próprias árvores de corte, mas também os frutos inorgânicos, como as pedras e o minério retirado de pedreiras e minas, em que ocorre destruição da sua substância, mas lenta e em períodos longos, não se podendo por isso considerar que a mesma fique prejudicada. Já em relação aos frutos civis, estão em causa as rendas e interesses que a coisa produz em virtude de uma relação jurídica (art. 212º, nº 2), abrangendo assim a fruição indirecta da coisa resultante da percepção

[185] Ao contrário do que sustenta Oliveira Ascensão, consideramos o pneu sobresselente essencial à utilização do automóvel, até por força das regras legais.

de quantias periódicas em resultado da constituição de um direito real (usufruto, superfície) ou pessoal de gozo (locação) sobre aquele bem[186].

Distingue-se ainda entre frutos a produzir, frutos pendentes, frutos separados, frutos percebidos, e frutos percipiendos. *Frutos a produzir* são aqueles que podem ser produzidos pela coisa num certo lapso de tempo, correspondendo assim a coisas futuras. *Frutos pendentes* são aqueles que já foram produzidos pela coisa, mas que ainda não foram separados desta, pelo que nela se integram (art. 204º, nº 1, c)), pertencendo a quem for o proprietário da coisa principal. *Frutos separados* são aqueles que já se autonomizaram da coisa, quer por acção humana, quer por factos naturais. *Frutos percebidos* são aqueles que foram separados da coisa por acção humana, distinguindo-se neste caso ainda entre *frutos estantes*, se ainda se encontrarm no património do autor da colheita, e *frutos consumidos*, se já foram objecto de alienação ou destruição. *Frutos percipiendos* são aqueles que poderiam ter sido percebidos, mas não o foram[187].

A lei estabelece um regime geral relativo à atribuição dos frutos. Nos termos do art. 213º, nº 1, os que têm direito aos frutos naturais até um momento determinado ou a partir de certo momento fazem seus todos os frutos percebidos durante a vigência do seu direito, sendo que, quanto aos frutos civis, a partilha faz-se proporcionalmente à duração do direito (art. 213º, nº 2). Mas quem colher prematuramente frutos naturais é obrigado a restituí-los, se vier a extinguir-se o seu direito antes da época das colheitas (art. 214º).

O art. 215º, nº 1, estabelece que quem for obrigado por lei à restituição de frutos percebidos tem direito a ser indemnizado das despesas de cultura, sementes e matérias-primas e dos restantes encargos de produção e colheita, desde que não sejam superiores ao valor desses frutos. Já quando se trate de frutos pendentes, o que é obrigado à entrega da coisa não tem direito a qualquer indemnização, salvo nos casos especialmente previstos na lei (art. 215º, nº 2).

2.11. Benfeitorias

O art. 216º, nº 1, considera *benfeitorias* todas as despesas feitas para conservar ou melhorar a coisa, distinguindo entre benfeitorias necessárias, úteis ou voluptuárias (art. 216º, nº 2). De acordo com a definição do art. 216º, nº 3, são *benfeitorias necessárias* "as que têm por fim evitar a perda, destruição ou deterioração da coisa", como sejam as obras de conservação ou de reparação e o pagamento dos encargos a ela relativos, como os impostos ou as taxas. São *benfeitorias úteis* "as que, não sendo indispensáveis para a sua conservação, lhe aumentam, todavia, o valor". Estão neste caso as obras de beneficiação, destinadas a valorizar o objecto

186 Cfr. Manuel Rodrigues, *A posse*, p. 305.

187 Cfr. Menezes Cordeiro, *Tratado*, III, p. 234.

ou a aumentar o seu rendimento, e as despesas relativas à extinção de ónus ou encargos que incidem sobre a coisa. Finalmente, são *benfeitorias voluptuárias* "as que, não sendo indispensáveis para a sua conservação nem lhe aumentando o valor, servem apenas para recreio do benfeitorizante". Nesta situação encontram-se os melhoramentos de luxo, e as pinturas e decorações realizadas apenas por motivos estéticos.

3. Requisitos das coisas como objecto de direitos reais

Conforme acima se referiu, por força do princípio da especialidade, as coisas, para serem objecto de direitos reais, têm que ser corpóreas, com existência presente, autónomas de outras coisas e determinadas. Sempre que as coisas não possuam essas características, não têm idoneidade para ser objecto de um direito real, podendo no entanto corresponder a uma prestação, objecto de um direito de crédito.

Assim, para determinar a existência ou não de um direito real, são importantes as classificações acima referidas. Não há naturalmente direitos reais privados sobre coisas fora do comércio. Também o direito real não subsiste em relação às coisas que se tornam partes integrantes de prédios. Também não existe um direito real sobre coisas fungíveis ou sobre coisas futuras, correspondendo o direito a estas a um direito de crédito.

4. Os animais como objecto de direitos reais

Outro objecto dos direitos reais são os animais[188]. Tradicionalmente os animais eram vistos como coisas, uma vez que cabem na definição do art. 202º do Código Civil, dado que podem ser objecto de relações jurídicas. O movimento de protecção aos animais procurou, porém, melhorar o seu estatuto no âmbito do Direito Civil. Neste aspecto foi pioneiro o Direito Alemão, surgindo em 20 de Agosto de 1990 a *Gesetz zur Verbesserung der Rechtsstellung des Tieres im bürgerlichen Recht* (TierVerbG) que alterou o BGB, autonomizando os animais em relação às coisas (§ 90a) BGB) e limitando os poderes do proprietário de animais (§ 903 BGB).

Por influência clara desta lei, ainda que com 27 anos de atraso, surge em Portugal a Lei 8/2017, de 3 de Março, que alterou o Código Civil, autonomizando igualmente os animais em relação às coisas. Foi assim aditado um Subtítulo I-A – Dos animais, ao título II do Código Civil, intercalado entre o Subtítulo I – Das Pessoas e o Subtítulo II – Das coisas, parecendo assim o legislador passou a considerar os animais como um *tertium genus* entre as pessoas e as coisas[189]. A regu-

[188] Cfr. Bonifácio Ramos, *Direitos Reais*, pp. 49 e ss.

[189] Não foi tão longe o BGB que se limitou a alterar a designação do título das "coisas" (*Sachen*) para "coisas e animais" (*Sachen und Tiere*).

lação é, no entanto, muito parca, já que abrange apenas uma definição legal (art. 201º-B), uma disposição remissiva para a legislação já existente (art. 201º-C) e a determinação da aplicação subsidiária do regime das coisas (art. 201º-D)[190].

Em qualquer caso, resulta da actual lei que os animais deixaram de ser coisas, passando a ser qualificados como "seres vivos dotados de sensibilidade e objeto de proteção jurídica em virtude da sua natureza" (art. 201º-B). A sua autonomização em relação às coisas resulta assim da protecção especial de que beneficiam, seja no Código Civil ou em legislação especial (art. 201º-C), ainda que sejam sujeitos subsidiariamente ao regime das coisas em tudo o que não seja incompatível com a sua natureza (art. 201º-D). Assim, por exemplo, o art. 1302º, nº 2, na redacção da Lei 8/2017, de 3 de Março, estabelece que "podem ainda ser objecto de propriedade os animais, nos termos regulados neste código e em legislação especial", consagrando os animais como objecto possível dos direitos reais. As disposições relativas às coisas, designadamente o regime dos frutos (arts. 212º e ss.) e das benfeitorias (arts. 216º e ss.) são assim naturalmente aplicáveis aos animais.

Há, no entanto, uma especialidade do regime dos animais relativamente aos frutos. No caso de um animal, naturalmente que, para além do leite ou lã, os seus principais frutos são as crias. Estando em causa, porém, uma universalidade de animais o conceito de fruto altera-se para abranger apenas as crias novas que excedam o número dos animais falecidos, uma vez que a não substituição dos animais que pereceram afecta a substância da coisa. São ainda frutos dessas universalidades os despojos e todos os proventos auferidos, ainda que a título eventual (art. 212º, nº 3).

[190] Pode dizer-se que o legislador português precisou de três artigos para referir o que o BGB diz apenas num, já que o §90a) acaba por referir a mesma coisa de forma muito mais simples: "*Tiere sind keine Sachen. Sie werden durch besondere Gesetze geschützt. Auf sie sind die für Sachen geltenden Vorschriften entsprechend anzuwenden, soweit nicht etwas anderes bestimmt ist*".

Secção VI
Outros efeitos resultantes dos direitos reais: as situações jurídicas *propter rem*

1. Generalidades

As situações jurídicas *propter rem* correspondem àquelas situações jurídicas cujo sujeito activo ou passivo é determinado em virtude da titularidade de um direito real. Correspondem assim a situações em que a existência do direito real atribui ao seu titular direitos ou obrigações em relação a outrem.

Examinaremos neste âmbito sucessivamente as obrigações *propter rem*, os ónus reais e as pretensões reais.

2. As obrigações *propter rem*

2.1. Generalidades

Como primeiro exemplo de situações jurídicas *propter rem* temos as denominadas obrigações *propter rem*[191], as quais correspondem a obrigações em que o respectivo devedor é determinado pela titularidade de um direito real[192]. Trata-se assim de obrigações cujo sujeito passivo é variável, correspondendo ao que for titular

[191] Cfr. sobre elas Francisco Hernandez-Gil, "Concepto y naturaleza jurídica de las obligaciones «propter rem»", em *RDP* 46 (1962), pp. 850-875, Antunes Varela, *Obrigações*, I, pp. 193 e ss., Oliveira Ascensão, *Reais*, pp. 233 e ss., Menezes Cordeiro, *Direitos Reais*, pp. 373 e ss., Henrique Mesquita, *Obrigações reais*, pp. 265 e ss., e 300 e ss., e passim, Carvalho Fernandes, *Direitos Reais*, pp. 183 e ss., Rui Pinto Duarte, *Direitos Reais*, pp. 22 e ss., Santos Justo, *Direitos Reais*, pp. 83 e ss., José Alberto Vieira, *Direitos Reais*, pp. 101 e ss., e Henrique Sousa Antunes, *Direitos Reais*, pp. 61 e ss.

[192] Esta corresponde à definição mais comum na doutrina. Já para Hassen Aberkane, *Contribution à l'étude de la distinction des droits de créance et des droits réels. Essai d'une théorie générale de l'obligation "propter rem" en droit positif français*, Paris, LGDJ, 1957, pp. 18 e ss. (22), e 265-266, as obrigações *propter rem* constituem um meio técnico de resolver um conflito entre titulares de direitos reais, resultante da sua sobreposição sobre a mesma coisa, ou das relações de vizinhança, o que o autor considera uma mera especificidade da obrigação passiva universal, que a seu ver caracteriza qualquer direito real.

naquele momento de determinado direito real, o que justifica sua qualificação como obrigações ambulatórias[193].

2.2. Evolução histórica

A figura da obrigação *propter rem* tem origem no Direito Romano, correspondendo às situações que eram tuteladas por uma *actio in rem scripta*, acção que poderia ser dirigida contra qualquer pessoa que se encontrasse em determinada situação, o que implicava que o nome do demandado não figurasse na *intentio*. Apesar disso, no entanto, estas acções não eram vistas como tendo carácter real, mas antes pessoal, uma vez que a respectiva pretensão tinha por base não um direito real do demandante, mas antes um direito de crédito[194].

2.3. Regime jurídico

Existem inúmeras situações em que surgem obrigações *propter rem* no âmbitos dos direitos reais. Assim, os comproprietários têm o dever de contribuir, em proporção das respectivas quotas, para as despesas necessárias à conservação ou fruição da coisa comum (art. 1411º, nº 1). Da mesma forma, os condóminos têm o dever de pagar, na proporção do valor das suas fracções, as despesas necessárias à conservação e fruição das partes comuns do edifício e ao pagamento de serviços de interesse comum (art. 1424º, nº 1). Igualmente o usufrutuário tem o dever de realizar as reparações ordinárias na coisa usufruída (art. 1472º, nº 1), bem como pagar os impostos e outros encargos anuais (art. 1474º), sendo estas obrigações extensíveis no todo ou em parte ao usuário e ao morador usuário (art. 1489º). Por sua vez o titular do direito de superfície pode ser obrigado a pagar uma prestação anual, perpétua ou temporária, denominada cânon superficiário (art. 1530º, nº 1). Finalmente, nas servidões prediais, o proprietário do prédio dominante pode ser obrigado a custear a realização de obras no prédio serviente (art. 1567º, nº 1). As obrigações *propter rem*, embora constituam verdadeiras obrigações, sujeitas nesse âmbito ao Direito das Obrigações, integram o conteúdo do direito real, não tendo existência isolada do mesmo[195].

[193] Conforme refere Francisco Hernandez-Gil, *RDP* 46 (1962), p. 858, a variabilidade do sujeito passivo existente nas obrigações *propter rem* não implica que nestas exista indeterminação do sujeito, sendo este antes individualizado por um elemento extrínseco, que é a sua posição jurídica em relação a uma coisa. Apesar de essa determinação se efectuar *per relationem*, não há nenhum momento na vida da obrigação em que o sujeito passivo não esteja determinado.

[194] Cfr. Francisco Hernandez-Gil, *RDP* 46 (1962), p. 854.

[195] Por esse motivo, as obrigações *propter rem* não estão sujeitas a registo, bastando-se com o registo do direito real a que respeitam. Cfr. Ac. RP 29/5/2008 (Fernando Baptista), em *CJ* 33 (2008), 3, pp. 177-181.

Tem sido controvertido na doutrina se as obrigações *propter rem* têm necessariamente um conteúdo positivo ou se poderão ter ainda conteúdo negativo, consistindo num *non facere* ou num *pati*. Henrique Mesquita pronunciou-se no sentido de que as obrigações *propter rem* teriam essencialmente um conteúdo positivo, uma vez que os deveres negativos correspondem antes a uma delimitação do próprio conteúdo do direito real[196], posição que foi acolhida por Henrique Sousa Antunes[197]. Em sentido contrário, José Alberto Vieira considera não haver justificação para tal restrição, qualificando como obrigações *propter rem* a situação do usufrutuário ter que tolerar as obras e melhoramentos efectuados pelo proprietário (art. 1471º), que se traduz num *pati*, ou a vinculação por ele assumida de não semear o terreno a cada três anos, em ordem a manter a terra em pousio, que corresponde a um *non facere*[198]. Pensamos ser esta última a melhor posição.

Não devem ser confundidas com as obrigações *propter rem* os casos de responsabilidade civil atribuídos ao proprietário que exigem um facto culposo para se poderem constituir. Não é assim obrigação *propter rem* a responsabilidade do proprietário do imóvel por vício de construção ou defeito de conservação, estabelecida no art. 492º[199], nem a responsabilidade resultante das escavações realizadas pelo proprietário, prevista no art. 1348º[200].

As obrigações *propter rem* fazem parte do conteúdo do direito real, uma vez que este, como situação jurídica complexa, além do seu núcleo essencial, que consiste na faculdade de aproveitamento de uma coisa corpórea, pode incluir outros elementos, entre estes se incluindo essas obrigações. Em certos direitos reais, a lei confere uma certa amplitude para a constituição de obrigações *propter rem* por via negocial, como se verifica no usufruto (art. 1445º), uso e habitação (art. 1485º), superfície (art. 1530º) e servidões prediais (art. 1564º). Nestas, é inclusivamente possível alterar o sujeito passivo da respectiva obrigação (cfr. art. 1567º). Apesar disso, no entanto, as obrigações *propter rem* são sujeitas ao princípio da tipicidade (art. 1306º, nº 1), apenas se podendo constituir nos casos previstos na lei. Efectivamente, uma vez que as obrigações *propter rem* vinculam o titular do direito real enquanto tal, não são sujeitas ao princípio da autonomia privada, dado que não seria adequado estabelecer encargos sobre os bens fora do âmbito em que a lei o permite, e em relação aos quais não seria possível conferir

[196] Cfr. Henrique Mesquita, *Obrigações Reais*, pp. 29 e ss.

[197] Cfr. Henrique Sousa Antunes, *Direitos Reais*, p. 62.

[198] Cfr. José Alberto Vieira, *Direitos Reais*, p. 103.

[199] Cfr. Henrique Mesquita, *Obrigações Reais*, pp. 273-274, e Carvalho Fernandes, *Direitos Reais*, p. 186.

[200] Considerando expressamente como não ambulatória a responsabilidade prevista nesta disposição, cfr. Ac. STJ 13/11/2008 (Custódio Montes), em *CJ-ASTJ* 16 (2008), 3, pp. 130-131.

a necessária publicidade. Caso venham a ser constituídas obrigações *propter rem* fora das hipóteses em que a lei o admite, as mesmas serão consideradas obrigações pessoais comuns, não adquirindo a natureza *propter rem* (art. 1306º, nº 1, *in fine*)[201].

As obrigações *propter rem* acompanham o direito real de que fazem parte nas suas vicissitudes, permanecendo ligadas a este. Em consequência dessa ligação, as obrigações *propter rem* são transmitidas em caso de transmissão do direito real, passando a vincular o novo adquirente desse direito. Assim, por exemplo, a obrigação de fazer reparações ordinárias de que o prédio necessite (art. 1472º) é transmitida para o novo usufrutuário em caso de trespasse do usufruto[202]. No entanto, se a obrigação *propter rem* se venceu enquanto a coisa estava na titularidade do alienante, já não parece que aquela seja transmitida com o direito real, uma vez que o vencimento da mesma implicou que ela passasse a vincular pessoalmente o titular do direito. Assim, o adquirente de uma fracção autónoma não está obrigado a liquidar dívidas de condomínio do anterior proprietário, nem a custear as obras que tenham sido realizadas em data anterior à sua aquisição[203].

Em virtude da ligação das obrigações *propter rem* ao titular do direito real, as mesmas extinguem-se em consequência da extinção desse direito. É aliás possível em certos casos ao titular do direito real extinguir intencionalmente o direito, precisamente no intuito de se exonerar da obrigação *propter rem*. É o que sucede em caso de renúncia liberatória ao direito, que se encontra prevista paa a compropriedade (art. 1411º, nº 3), para o usufruto (art. 1472º, nº 3), e para as servidões prediais (art. 1567º, nº 3). Não parece, porém, que a renúncia liberatória possa

[201] Cfr. Henrique Mesquita, *Obrigações Reais*, pp. 282 e ss., Carvalho Fernandes, *Direitos Reais*, pp. 186-187, e José Alberto Vieira, *Direitos Reais*, pp. 107 e ss.

[202] Efectivamente, conforme escreve Henrique Mesquita, *Obrigações Reais*, p. 333, não faria sentido manter o alienante vinculado à obrigação, uma vez que este "em virtude de ter cessado a sua soberania sobre a coisa, fica impossibilitado de realizar a prestação debitória. Mesmo que ele, não obstante a alienação, se dispusesse a fazê-lo, só lograria efectuar o cumprimento, caso o novo titular do direito real o autorizasse a interferir na *res*". No mesmo sentido, na jurisprudência, cfr. Ac. RP 29/5/2008 (Fernando Baptista), em *CJ* 33 (2008), 3, pp. 177-181

[203] Neste sentido, Antunes Varela, *Obrigações*, I, p. 194, Henrique Mesquita, *Obrigações Reais*, pp. 338 e ss., Henrique Sousa Antunes, *Direitos Reais*, p. 63 e nota (84), e Penha Gonçalves, *Direitos Reais*, pp. 138-139, e na jurisprudência o Ac. RP 10/2/2011, em *CJ* 36 (2011), 1, pp. 210-212 e o Ac. RP 10/2/2016 (Aristides Rodrigues de Almeida), processo 2648/13.4 TBLLE-A.P1, na *CJ* 41 (2016), 1, pp. 170-176. Em sentido contrário, veja-se, porém, José Alberto Vieira, *Direitos Reais*, pp. 106-107 e Miguel Assis Raimundo "Responsabilidade do adquirente de fracção autónoma por prestações de condomínio já vencidas. Ac. do TRP de 9.7.2007, Proc. 0753550", em *CDP* nº 26 (Abril/Junho 2009), pp. 48-63.

exonerar o titular em relação a obrigações *propter rem* já vencidas, mas apenas em relação àquelas que no futuro se vencerem.

As obrigações *propter rem* podem ainda extinguir-se por ter sido constituído, por via negocial ou por usucapião, um direito real com elas incompatível, como sucede com as servidões desvinculativas. Assim, por exemplo, as obrigações *propter rem* relativas à distância de abertura de portas, janela e varandas (art. 1360º) e ao não gotejamento de águas sobre o prédio vizinho (art. 1365º, nº 1) podem extinguir-se, respectivamente, em virtude da constituição de uma servidão de vistas (art. 1362º), ou de uma servidão de estilicídio (art. 1365º, nº 2).

Em virtude da ligação das obrigações *propter rem* aos direitos reais não parece possível a sua extinção por prescrição[204].

2.4. Natureza jurídica

Em relação à natureza jurídica das obrigações *propter rem*, têm surgido na doutrina as seguintes construções[205]:

a) a teoria realista;
b) a teoria personalista;
c) a teoria mista;
d) a teoria relativa.

Para a *teoria realista*, as obrigações *propter rem* correspondem a verdadeiros direitos reais, uma vez que não há obstáculo a que o direito real tenha por objecto um *facere*, podendo haver direitos reais *in faciendo*. Não se trataria de obrigações, uma vez que são geradas pela propriedade, resultando de uma oneração dessa mesma propriedade. O facto de essas obrigações poderem ser extintas pela renúncia liberatória ao direito demonstraria que as mesmas não podem ser qualificadas como obrigações pessoais, uma vez que são inerentes às coisas e não às pessoas. Próximo desta teoria encontra-se entre nós HENRIQUE MESQUITA, para quem o conceito de direito real compreende não apenas os poderes conferidos ao seu titular e as restrições e limites a que está sujeito mas também as vinculações de conteúdo positivo (as obrigações reais) que sobre ele recaiam[206]. A sua posi-

[204] Cfr. neste sentido CARVALHO FERNANDES, *Direitos Reais*, p. 189 e SANTOS JUSTO, *Direitos Reais*, p. 87.

[205] Seguimos nesta enumeração, FRANCISCO HERNANDEZ-GIL, *RDP* 46 (1962), pp. 863 e ss. Cfr. ainda MENEZES CORDEIRO, *Direitos Reais*, p. 368.

[206] Cfr. HENRIQUE MESQUITA, *Obrigações Reais*, pp. 101 e ss. O autor reconhece que "estruturalmente é de verdadeiras obrigações que se trata", mas "que estas se encontram enxertadas, incluídas ou incrustadas no conteúdo de um *ius in re* de cujo estatuto promanam".

ção foi seguida por José Alberto Vieira que defende explicitamente a natureza real desta figura[207].

Para a *teoria personalista*, as obrigações *propter rem* correspondem a verdadeiras obrigações, uma vez que nelas existe o dever de uma pessoa realizar uma prestação, sendo consequentemente submetidas ao regime geral das obrigações. Existe efectivamente a especialidade de a pessoa do devedor ser determinada através da relação com uma coisa, mas tal não corresponde a um direito real, uma vez que não há atribuição de um direito sobre essa coisa, servindo a mesma apenas para determinar o sujeito passivo da obrigação. Esta teoria foi defendida entre nós por Antunes Varela, Menezes Cordeiro, Pinto Duarte, Santos Justo e Henrique Sousa Antunes[208].

Para a *teoria mista*, as obrigações *propter rem* têm uma natureza mista, dado que recolhem elementos tanto dos direitos reais como dos direitos de crédito, podendo considerar-se como um *tertium genus* entre estas duas categorias de direitos patrimoniais. As obrigações *propter rem* consistiriam assim numa relação de natureza complexa, participando em certa medida tanto do regime dos direitos reais como do regime dos direitos de crédito. Esta posição parece ser defendida entre nós por Penha Gonçalves[209].

Para a *teoria relativa*, formulada por Giorgianni, as obrigações *propter rem* corresponderiam a direitos reais ou direitos de crédito, consoante o critério que se adoptasse. Efectivamente, os conceitos de direito real e de direito de crédito corresponderiam a uma classificação dos direitos patrimoniais, que poderia obedecer a dois critérios distintos. Num primeiro critério, a classificação basear-se-ia na diferente estrutura dos direitos, tendo os direitos reais carácter imediato e absoluto, o que não sucederia com os direitos de crédito. Num segundo critério, estaria antes em causa a vinculação e pertença do titular em relação a uma coisa determinada, que lhe atribuiria inerência, o que implica que o titular possa obter a satisfação do seu interesse com independência das relações de facto ou jurídicas que afectem a coisa. Na primeira valoração, as obrigações *propter rem* corresponderiam a direitos de crédito, enquanto que na segunda já seriam direitos reais[210].

[207] Cfr. José Alberto Vieira, *Direitos Reais*, p. 105.

[208] Cfr. Antunes Varela, *Obrigações*, I, p. 70, Menezes Cordeiro, *Direitos Reais*, p. 368, Pinto Duarte, *Direitos Reais*, pp. 22-23, Santos Justo, *Direitos Reais*, pp. 89-90, e Henrique Sousa Antunes, *Direitos Reais*, p. 65.

[209] Cfr. Penha Gonçalves, *Direitos Reais*, pp. 132 e ss. (134).

[210] Cfr. Michele Giorgianni, *La obligación (La parte general de las obligaciones)*, trad. espanhola de Evelio Verdera y Tuells, Barcelona, Bosch, 1958 pp. 81 e ss.

A natureza real da obrigação *propter rem* deve ser rejeitada, dado que as mesmas têm por objecto prestações e não coisas, sendo as prestações objecto de direitos de crédito e não de direitos reais.

A teoria mista deve igualmente ser rejeitada, uma vez que não há inclusão do regime da realidade na obrigação *propter rem*. Efectivamente, a pretensa realidade refere-se-ia apenas à origem da obrigação *propter rem* e não à sua natureza, uma vez que, com exclusão dessa origem, as obrigações *propter rem* seguem integralmente o regime dos direitos de crédito. Essa situação não deve por isso ser vista como inerência, uma vez que a ligação com a coisa constitui apenas uma forma de determinação do sujeito passivo da obrigação. Falta, por outro lado, às obrigações *propter rem* o carácter absoluto que caracteriza os direitos reais, uma vez que estas não são oponíveis *erga omnes*, mas antes se estruturam com base numa relação para com um devedor, independentemente da forma como se procede à sua determinação.

A teoria relativa não é aceitável, na medida em que não toma posição sobre a distinção entre direitos reais e direitos de crédito, o que constitui uma operação prévia indispensável a qualquer tentativa de classificação.

Por esse motivo, damos a nossa adesão à teoria personalista, inserindo as obrigações *propter rem* no âmbito dos direitos de crédito.

3. Os ónus reais

3.1. Generalidades

Um outro exemplo é constituído pela figura dos ónus reais[211], expressão que a lei utiliza por vezes sem o adequado rigor. Em sentido jurídico, o ónus real constitui uma prestação de *dare*, em dinheiro ou em géneros, única ou periódica, imposta ao titular de determinados bens, que atribui ao respectivo credor preferência no pagamento sobre esses bens[212]. Tradicionalmente o melhor exemplo de ónus real é o censo, vigente no Código de Seabra. Hoje em dia podem considerar-se como ónus reais, no âmbito do Direito Privado, o direito a certa quantia sobre os bens

[211] Cfr. Oliveira Ascensão, *Reais*, pp. 586 e ss., Menezes Cordeiro, *Direitos Reais*, pp. 362 e ss., Henrique Mesquita, *Obrigações Reais*, pp. 397 e ss., Carvalho Fernandes, *Direitos Reais*, pp. 190 e ss., Pinto Duarte, *Direitos Reais*, pp. 25 e ss., Santos Justo, *Direitos Reais*, pp. 95 e ss., José Alberto Vieira, *Direitos Reais*, pp. 109 e ss., e Henrique Sousa Antunes, *Direitos Reais*, pp. 64-65.

[212] Neste sentido, Antunes Varela, *Obrigações*, I, p. 196, Henrique Mesquita, *Obrigações reais*, pp. 454 e ss., e Carvalho Fernandes, *Direitos Reais*, p. 191. Contestam, no entanto, que nos ónus reais seja atribuída qualquer preferência no pagamento, Oliveira Ascensão, *Direitos Reais*, pp. 590-591 e José Alberto Vieira, *Direitos Reais*, p. 112. A verdade, porém, é que a ligação da obrigação à coisa que ocorre nos ónus reais implica necessariamente a atribuição de preferência no pagamento sobre essa coisa, sendo essa a razão da sujeição dos mesmos a registo.

doados (art. 959º) e o apanágio do cônjuge sobrevivo (art. 2018º). A lei refere expressamente a qualificação como ónus real da redução das doações sujeitas a colação (art. 2118º), mas a doutrina tem questionado essa solução[213]. No âmbito do Direito Fiscal constitui ainda claramente um ónus real o imposto municipal de imóveis, uma vez que a obrigação recai sobre o proprietário, usufrutuário ou titular do direito de superfície sobre o prédio (art. 8º CIMI), beneficiando os créditos de um privilégio imobiliário (arts. 122º CIMI e 744º).

3.2. Evolução histórica

Os ónus reais tiveram grande importância histórica[214]. No Direito Romano, o ónus real surge no Direito Público em virtude da imposição do pagamento de certas prestações (cânones) ao povo romano, representado pelo Senado, ou ao imperador, por parte dos cultivadores de terrenos (*fundi*) nas províncias senatoriais ou imperiais. Esse cânon, denominado *stipendium* nas províncias senatoriais e *tributum* nas províncias imperiais funcionava como reconhecimento da propriedade (*dominium*) do povo romano ou do imperador sobre esses terrenos, ao mesmo tempo que permitia a sua exploração exclusiva por terceiro. Com o tempo veio, porém, a ser reconhecida a atribuição da propriedade ao cultivador, tendo o ónus real adquirido a natureza de imposto.

No direito privado tem natureza de ónus real o cânon enfitêutico que o titular do domínio útil (enfiteuta) deve pagar ao titular do domínio directo (senhorio), assim como o direito deste último a receber 2% do preço da alienação do domínio útil (*laudemium*) se não quiser preferir na sua aquisição. É também considerado ónus real o cânon anual (*pensium* ou *solarium*) pago pelo superficiário ao proprietário do solo.

Na Idade Média ocorreu uma generalização dos ónus reais, dado que a organização feudal da propriedade e a ausência de registo predial tornavam extremamente comum a proliferação de vínculos sobre os imóveis para garantia do direito a prestações por parte de certos credores. Era habitual que os senhores feudais reclamassem dos titulares de prédios rústicos prestações de *facere* consistentes em trabalho não retribuído. Da mesma forma, os dignitários eclesiásticos tinham direito a receber dos mesmos prestações em géneros e posteriormente em moeda, que ficaram conhecidas pelo nome de dízimos. Essas prestações eram sempre devidas pelo titular dos prédios rústicos, independentemente de quem

213 Cfr. Oliveira Ascensão, *Direito Civil. Sucessões*, 5ª ed., Coimbra, Coimbra Editora, 2000, pp. 537 e ss., Henrique Mesquita, *Obrigações Reais*, pp. 459 e ss., e Paula Barbosa, *Doações entre cônjuges. Enquadramento jus-sucessório*, Coimbra, Coimbra Editora, 2008, pp. 276 e ss.

214 Cfr., sobre esta, Antunes Varela, *Obrigações*, I, pp. 196 e ss., Menezes Cordeiro, *Direitos Reais*, pp. 363 e ss. e Santos Justo, *Direitos Reais*, pp. 96 e ss.

ele fosse, sendo por isso consideradas obrigações ambulatórias, uma vez que se transmitiam com o prédio.

Com a Revolução Francesa os ónus reais vieram a ser abolidos na noite de 4 de Agosto de 1789, o que provocou que, quer o Código Civil francês, quer os Códigos por este influenciados não contemplassem a figura. Tal não ocorreu, no entanto, com os Códigos de matriz germânica, que conservaram a figura dos ónus reais, os quais se encontram previstos, quer nos §§ 1105 a 1112 do Código Alemão, quer nos arts. 782º a 792º do Código Civil Suíço.

Em Portugal, com a Revolução Liberal de 1820 e principalmente a partir do Decreto de 13 de Agosto de 1832, da autoria de Mousinho da Silveira, procedeu-se à extinção dos numerosos encargos que incidiam sobre os prédios rústicos, como os foros, pensões, quotas, censos, rações, jugadas, teigas de Abraão, laudémios, lutuosas e quaisquer outros direitos ou prestações (art. 6º) bem como os prazos da Coroa, relegos, reguengas, senhorios das terras e alcaidarias mores, salvo a conservação honorífica dos títulos (art. 7º). Essa orientação seria continuada pelo Código Civil de 1867 que proibiu, na enfiteuse, a estipulação de qualquer encargo extraordinário ou casual, a título de lutuosa, laudémio ou qualquer outro (art. 1657º). Esse Código conservava, no entanto, como ónus reais, o censo consignativo (art. 1644º[215]) e o censo reservativo (art. 1706º[216]).

A abolição do censo pelo Código Civil de 1966 viria a restringir ainda mais os ónus reais, hoje restritos às figuras acima referidas.

3.3. Regime jurídico

Os ónus reais distinguem-se das obrigações *propter rem* por não fazerem parte do conteúdo de direitos reais, embora sejam igualmente constituídos em virtude da titularidade de determinados bens, aos quais permanecem ligados.

Por esse motivo, enquanto que nas obrigações *propter rem*, o titular só fica vinculado ao cumprimento das prestações que se constituiram na vigência do seu direito, nos ónus reais o adquirente dos bens responde mesmo pelo cumprimento das prestações anteriores à sua aquisição, uma vez que sucede na titularidade da coisa a que essa obrigação se encontra unida[217].

[215] Dispunha o art. 1644º do Código de 1867: "Contrato de censo consignativo ou renda é aquele pelo qual uma pessoa presta a outra certa soma ou capital, para sempre, obrigando-se aquele que o recebe a pagar certo interesse anual, em géneros ou em dinheiro, consignando em alguns, certos e determinados imóveis, a obrigação de satisfazer o encargo".

[216] O art. 1706º do Código de 1867 referia que "diz-se censo reservativo o contrato por que certa pessoa cede algum prédio, com a simples reserva de certa pensão ou prestação, anual, que deve ser paga pelos frutos e rendimentos do mesmo prédio".

[217] Cfr. ANTUNES VARELA, *Obrigações*, I, p. 195.

Por outro lado, conforme se referiu, os ónus reais atribuem preferência no pagamento sobre a coisa que gravam, estando assim acopulados a uma garantia real, enquanto que nas obrigações *propter rem* não existe qualquer garantia, respondendo o património do devedor em caso de incumprimento, nos termos gerais[218].

Apesar de se encontrarem acopulados a uma garantia real, os ónus reais não se podem considerar como meros direitos reais de garantia, uma vez que não se limitam a atribuir preferência no pagamento a um credor, vinculando ainda o dono da coisa a uma verdadeira obrigação, que surge em virtude da titularidade dessa mesma coisa.

3.4. Natureza jurídica

A doutrina tem discutido a natureza dos ónus reais. Podemos apontar as seguintes posições:

1) os ónus reais teriam a natureza de direitos reais;
2) os ónus reais teriam a natureza de obrigações *propter rem*;
3) os ónus reais teriam a natureza de obrigações *propter rem*, acopuladas a um direito real de garantia:
4) os ónus reais seriam uma figura complexa, incluindo elementos reais e elementos obrigacionais.

A primeira posição foi defendida entre nós por MENEZES CORDEIRO. Para este autor, os ónus reais seriam verdadeiros direitos reais, uma vez que neles existe inerência, dado que se produziria uma afectação jurídica de uma coisa a outrem, independentemente das situações materiais e jurídicas que afectem a coisa. Para além disso, os ónus reais possuiriam as características dos direitos reais, como a tipicidade, a sujeição a registo e a defesa através das acções reais. Uma vez que visam a aquisição de créditos, poderiam ser qualificados de direitos reais de aquisição, uma vez que aquisição de coisas pode ser (em sentido amplo) de realização pecuniária[219]. A tese da natureza real dos ónus reais foi seguida posteriormente por RUI PINTO, que no entanto defende a sua qualificação como direitos reais de gozo[220].

[218] O Código Civil Suíço estabelece no art. 782 ZGB inclusivamente uma separação de patrimónios no ónus real, declarando que o titular do imóvel responde apenas com o mesmo pelo cumprimento do ónus. Já o § 1108 BGB consagra antes a responsabilidade pessoal do devedor, embora admita convenção em contrário.

[219] Cfr. MENEZES CORDEIRO, *Direitos Reais*, pp. 370 e ss.

[220] Cfr. RUI PINTO, *Direitos Reais de Moçambique*, pp. 99 e ss.

A segunda posição é defendida por Oliveira Ascensão, José Alberto Vieira e Henrique Sousa Antunes. Para Oliveira Ascensão, os ónus reais, embora sejam inerentes a uma coisa, não seriam direitos reais por não serem funcionalmente dirigidos a propiciar o aproveitamento da coisa[221]. Para José Alberto Vieira, os ónus reais não são verdadeiros direitos reais, porque não incidem sobre coisas, sendo antes direitos a prestações, em que a ligação a coisa serve para determinar o respectivo devedor, o que apenas significa uma determinação da obrigação *propter rem*, não podendo ser confundida com a inerência que caracteriza os direitos reais[222]. Também Henrique Sousa Antunes sustenta que "os ónus reais divergem dos reais por terem natureza pessoal: o credor beneficia da relação com a coisa emrazão de uma titularidade alheia[223].

A terceira posição é defendida por Manuel Henrique Mesquita, para quem o ónus real seria uma figura composta, englobando uma obrigação *propter rem* e uma garantia imobiliária[224].

Finalmente, a quarta posição é seguida por Carvalho Fernandes, que qualifica o ónus real como uma figura complexa, que participa de elementos obrigacionais e de elementos reais de garantia, mas estes reagem uns sobre os outros, criando um regime particular, correspondente a um *ius mixtum*[225]. Esta posição foi igualmente seguida por Santos Justo[226].

Parece-nos de subscrever a terceira posição. Efectivamente, os ónus reais não podem ser qualificados como direitos reais, uma vez que não têm coisas corpóreas como objecto, sendo antes verdadeiras obrigações, cuja especialidade consiste em o devedor ser determinado em função da titularidade de um direito real. Só que essa situação não pode ser confundida com a inerência nos direitos reais, uma vez que não permite ao titular do ónus qualquer aproveitamento da coisa, mas apenas a possibilidade de exigir a realização de uma prestação ao seu titular[227]. No entanto, conforme se referiu, aos ónus reais encontra-se associada uma garan-

[221] Cfr. Oliveira Ascensão, *Direitos Reais*, pp. 592 e ss.

[222] Cfr. José Alberto Vieira, *Direitos Reais*, pp. 112 e ss.

[223] Cfr. Henrique Sousa Antunes, *Direitos Reais*, p. 65.

[224] Cfr. Manuel Henrique Mesquita, *Obrigações Reais*, pp. 439 e ss. (455).

[225] Cfr. Carvalho Fernandes, *Direitos Reais*, p. 194.

[226] Cfr. Santos Justo, *Direitos Reais*, p. 100.

[227] Conforme salienta Antunes Varela, *Obrigações*, I, p. 196, a expressão tradicional constante das fontes romanas de quem deve é a coisa e não o obrigado (D.39.4.7.pr: "in vectigalibus ipsa praedia, non personas conveniri" e D.50.4.14.2: "Viarum munitiones, praediorum collationes, non personae, sed locorum munera sunt"), não é rigorosa, uma vez que quem efectivamente deve é a pessoa, enquanto for titular da coisa. Daí que não se possa falar em inerência, a qual pressupõe o exercício de poderes sobre a coisa, e não apenas a constituição de uma obrigação.

tia real, que incide sobre a coisa gravada com o ónus, o que implica que os ónus reais devam ser qualificados como créditos constituídos *propter rem*, acopulados a uma garantia real.

4. As pretensões reais

Examinemos finalmente as pretensões reais[228]. Conforme se referiu, os direitos reais, tendo carácter absoluto, são essencialmente tutelados por deveres genéricos de respeito, o que exclui que o titular do direito possa exigir de outrem qualquer prestação, ao contrário do que sucede nos direitos de crédito. A situação altera-se, no entanto, a partir do momento em que se verifique a violação do direito real, a qual atribui ao seu titular o direito de exigir a cessação da violação, a restituição da coisa, e uma indemnização pelos danos causados. Daqui resulta que os direitos reais, tendo carácter absoluto, permitem, no entanto, atribuir pretensões de carácter relativo, com natureza obrigacional. São as denominadas *pretensões reais.*

As pretensões reais são direitos relativos, que têm apenas a especialidade de ser originadas pelo direito real, estando consequentemente a ele ligadas. Não fazem, no entanto, parte do conteúdo desse direito real, o qual pode ser plenamente exercido, sem que alguma vez dê origem a uma pretensão dessa natureza.

Sendo direitos relativos, as pretensões reais são sujeitas primordialmente ao regime dos direitos de crédito, salvo quando existam disposições específicas relativas aos direitos reais, ou a aplicação do regime obrigacional não se harmonize com os princípios gerais do direito das coisas.

Assim as pretensões reais estão sujeitas às normas sobre o cumprimento das obrigações (arts. 762º e ss.), sendo-lhes igualmente aplicável o regime da mora do devedor (arts. 804º e ss.) e da mora do credor (arts. 813º e ss.).

Mas as pretensões primárias resultantes dos direitos reais, como a acção de reivindicação ou a acção negatória, não podem ser cedidas a terceiro, sendo apenas possível atribuir procuração para o seu exercício[229]. Já as pretensões secundárias, como o direito de indemnização por responsabilidade civil, podem ser objecto de cessão, nos termos gerais (arts. 577º e ss.).

[228] Cfr., sobre estas, HENRIQUE MESQUITA, *Direitos Reais*, pp. 10 e ss., e HENRIQUE SOUSA ANTUNES, *Direitos Reais*, pp. 65 e ss.

[229] Hesitante, quanto a esta questão, HENRIQUE MESQUITA, *Direitos Reais*, p. 11, nota (1). No sentido defendido BAUR/STÜRNER, *Sachenrecht*, § 11, nºs 43 e ss., pp. 128 e ss. Admitindo genericamente a cessão das pretensões reais, cfr. PHILIPP HECK, *Grundriß des Sachenrechts*, Tübingen, 1930, reimp. Scientia Verlag Aalen, 1970, § 32, nº 9, p. 129, e Exkurs 3, pp. 493 e ss.

A mesma solução deve ser adoptada em relação à prescrição, a que só estão sujeitas as pretensões secundárias (art. 498º). Já as pretensões primárias, como a reivindicação, são imprescritíveis, sem prejuízo dos direitos adquiridos por usucapião (art. 1313º)[230].

Não é aplicável, por outro lado, às pretensões reais o regime da indemnização por incumprimento, constante dos arts. 798º e ss.[231] Efectivamente, a indemnização por incumprimento pressupõe a violação de uma obrigação previamente constituída, enquanto que as pretensões reais surgem directamente em resultado da violação do direito real.

[230] Em sentido contrário, generalizando a prescrição a todas as pretensões reais, por força do art. 298º, nº 1, mesmo que o direito real em questão não se possa extinguir pelo não uso ao abrigo do art. 298º, nº 3, cfr. Henrique Mesquita, *Direitos Reais*, p. 11, nota (1).

[231] Cfr. Baur/Stürner, *Sachenrecht*, § 11, nº 44, p. 128. Em sentido contrário veja-se, porém, entre nós Henrique Sousa Antunes, *Direitos Reais*, p. 67.

Secção VII
Classificações de direitos reais

1. Generalidades

O conceito unitário de direito real, que acima expusémos, não implica que a categoria dos direitos reais não deva ser objecto de várias classificações, as quais permitem autonomizar regimes distintos em relação aos direitos reais[232]. Efectivamente, depois de uma definição conceptual do direito real em geral, a metodologia de exposição aconselha que se procure arrumar os vários direitos reais de acordo com os traços comuns aos seus diversos sectores, antes de se passar ao estudo analítico de cada direito real em particular.

Neste caso, a tarefa é dificultada pelo facto de a classificação dos direitos reais variar muito consoante o critério que se adopte, sendo que algumas classificações têm relevo legal efectivo, enquanto que o relevo de outras é meramente doutrinal.

Iremos examinar em seguida as classificações mais importantes.

2. Direitos reais de gozo, de garantia e de aquisição

A classificação mais importante dos direitos reais é a que distingue entre:

a) Direitos reais de gozo;
b) Direitos reais de garantia;
c) Direitos reais de aquisição.

Os *direitos reais de gozo* são aqueles em que são atribuídos ao seu titular as faculdades de uso ou fruição ou disposição de uma coisa corpórea. Apenas o direito real máximo, que é a propriedade, compreende todas estas faculdades. Os outros

[232] Cfr. principalmente Dias Marques, *Direitos Reais*, pp. 93 e ss., Oliveira Ascensão, *Direitos Reais*, pp. 164 e ss., Menezes Cordeiro, *Direitos Reais*, pp. 344 e ss., Rui Pinto, *Direitos Reais de Moçambique*, pp. 107 e ss., e José Alberto Vieira, *Direitos Reais*, pp. 96 e ss.

direitos reais menores, como o usufruto, uso e habitação, enfiteuse (hoje abolida), superfície ou servidão, atribuem ao seu titular apenas algumas destas faculdades. A propósito dos direitos reais de gozo, faz-se ainda referência à posse, em que é controvertida a sua qualificação como direito real. A nosso ver, a posse não constitui um direito real, pelo que deve ser tratada autonomamente, no âmbito da ordenação jurídica provisória das coisas.

Os *direitos reais de garantia* são aqueles em que é conferida a um credor uma preferência no pagamento pelo valor de certa coisa, podendo assim esse credor ser pago à frente dos outros credores, evitando os riscos de o património do devedor não chegar para a liquidação de todos os créditos. Entre esses direitos reais de garantia situam-se a consignação de rendimentos, o penhor, a hipoteca, o privilégio e o direito de retenção.

Finalmente, os *direitos reais de aquisição* são aqueles em que é conferida ao seu titular a possibilidade de pelo seu exercício vir a adquirir um direito real sobre determinada coisa[233]. Entre eles encontram-se os direitos do beneficiário de um contrato promessa com eficácia real ou do beneficiário do pacto de preferência com eficácia real e ainda o titular de um direito legal de preferência.

Tem sido controvertida a inserção dos direitos reais de garantia e de aquisição no âmbito desta disciplina. José Tavares recusou que as garantias reais pudessem qualificar-se como direitos reais em sentido próprio, uma vez que constituiriam meros acessórios de direitos de crédito[234]. Parte da doutrina recusa a qualificação como direitos reais dos chamados direitos reais de aquisição, considerando que se trata antes de direitos de crédito oponíveis a terceiros[235]. A nosso ver, no entanto, são verdadeiros direitos reais, uma vez que partilham da mesma eficácia real que caracteriza os direitos reais de gozo, ainda que sejam exercidos através de acções distintas.

3. Direito real maior e direitos reais menores

Outra classificação corresponderia à distinção entre o direito real maior (que atribui ao titular todas as faculdades relativas à coisa) e os direitos reais menores (que não atribuem todas essas faculdades). Neste sentido, o direito real

[233] Cfr. Dias Marques, *Direitos Reais*, p. 101, estende, no entanto, o conceito de direitos reais de aquisição a toda a aquisição de novos direitos relacionados com a mesma coisa, incluindo direitos de crédito.

[234] Cfr. José Tavares, *Os princípios*, I, p. 601.

[235] Assim, em relação ao direito do beneficiário da promessa com eficácia real, cfr. Antunes Varela, *Sobre o contrato-promessa*, 2ª ed., Coimbra, Coimbra Editora, 1989, p. 61, e nota (2), Almeida Costa, *Direito das Obrigações*, 12ª ed., Coimbra, Almedina, 2009, pp. 129 e 412, Pessoa Jorge, *Obrigações*, I, p. 185, e Henrique Mesquita, *Obrigações reais*, pp. 252 e ss.

maior é a propriedade, enquanto que todos os outros direitos serão direitos reais menores[236].

Quanto à relação do direito real maior com os direitos reais menores, têm sido admitidas duas teorias: a teoria do desmembramento e a teoria da oneração.

Para a *teoria do desmembramento*, nos direitos reais menores ocorre uma divisão da propriedade em vários direitos distintos. A constituição dos direitos reais menores implicaria assim sempre uma fragmentação da propriedade em dois direitos diferentes, sendo uma parte do conteúdo da propriedade transferida para o direito real menor e ficando esta privada desse mesmo conteúdo. Esta teoria deve-se a POTHIER[237], tendo vindo a influenciar consideravelmente o código civil francês, cujo livro II se denomina *"des biens et des différentes modifications de la proprietè"*, tratando assim todos os direitos reais menores como fenómenos de modificação da propriedade. Entre nós, esta posição foi defendida por PIRES DE LIMA e ANTUNES VARELA[238].

Pelo contrário, para a *teoria da oneração*, na constituição de um direito real menor não se verifica qualquer desmembramento do direito da propriedade em dois direitos distintos, nem o direito real menor recebe uma parte dos direitos que a lei atribui ao proprietário. A constituição de um direito real menor implica antes o surgimento de um direito novo em termos de conteúdo, o qual comprime a propriedade, levando a que esta temporariamente se reduza, ainda que, por força da sua elasticidade, possa recuperar o conteúdo primitivo com a extinção do direito real menor. Enquanto vigorar o direito real menor, há, porém, uma sobreposição de direitos sobre a mesma coisa, tendo o proprietário que suportar o exercício do direito real menor, mas podendo continuar a aproveitar da coisa em tudo o que não contenda com esse exercício. Esta teoria foi defendida inicial-

[236] JOSÉ ALBERTO VIEIRA, *Direitos Reais*, p. 97 utiliza, porém, esta classificação em termos relativos considerando que um direito é maior em relação a outro, sempre que atribui maior aproveitamento da coisa ao titular. Assim, a propriedade seria um direito maior que o usufruto, enquanto que este seria maior que a servidão. Rejeitamos este critério, porque por essa via deixa de se estar perante uma classificação de direitos reais.

[237] Cfr. ROBERT-JOSEPH POTHIER, *Traité du droit de domaine de proprieté*, em *Oeuvres de R.-J. POTHIER contenant les traités du Droit Français*, nova edição por M. Dupin, V, Bruxelles, H. Tarlier, 1831, p. 2: "Il y a plusieurs espèces de *ius in re*, qu'on appelle aussi droits réels. La principale est le droit de domaine de propriété. Les autres espèces de droits réels qui émanent de celui-ci, et qui sont comme des démembrements sont les droits de domaine de supériorité, tels que les droits de seigneuries féodales ou censuelles; le droit de rente foncière, les droits de servitudes, tant ceux des servitudes personnelles, ceux des servitudes prédiales; le droit d'hypothèque".

[238] Cfr. PIRES DE LIMA/ANTUNES VARELA, *op. cit.*, III, sub art. 1306º, nº 4, pp. 96-97.

mente por WINDSCHEID[239]. Entre nós, é a concepção defendida, entre outros por DIAS MARQUES, OLIVEIRA ASCENSÃO e MENEZES CORDEIRO[240].

A teoria correcta é a teoria da oneração. Efectivamente, os direitos reais menores não podem ser vistos como simples desmembramentos da propriedade, até porque possuem aspectos novos do regime, como determinadas obrigações e causas próprias de extinção, que não existem na propriedade. Por outro lado, a teoria do desmembramento implicaria que a recuperação da totalidade do domínio só se pudesse fazer com um acto de retransmissão do direito real menor ao proprietário, quando essa recuperação se verifica automaticamente sempre que ocorra a extinção do direito real menor.

4. Direitos reais sobre coisa própria e sobre coisa alheia

Uma outra classificação distingue entre direitos reais sobre coisa própria ou sobre coisa alheia, consoante seja atribuída a propriedade sobre a coisa ao titular ou outro direito real. Efectivamente, uma vez que qualquer outro direito real teria sempre que coexistir com a propriedade do titular, aqueles são configurados como direitos reais sobre coisa alheia (*iura in re aliena*). Já a propriedade, incluindo a compropriedade, consiste num direito real sobre coisa própria[241].

Sendo clássica, esta classificação falha na sua aplicação aos novos direitos reais que têm vindo a surgir. Efectivamente, quer o usufruto, quer a servidão podem ser qualificados pacificamente como direitos reais sobre coisa alheia. O mesmo não sucede, porém, na superfície, em que o implante existente no solo alheio não pode deixar de ser visto como coisa própria do superficiário. Também na propriedade horizontal o direito sobre as fracções autónomas incide sobre coisa própria.

5. Direitos reais de protecção definitiva e de protecção provisória

Deve-se a PAULO CUNHA a classificação entre direitos reais de protecção definitiva e direitos reais de protecção provisória. Para este autor, a posse formal seria um direito real de protecção provisória, uma vez que apenas seria tutelada até o momento em que o verdadeiro titular do direito real o fizesse valer ele próprio, pondo termo à protecção conferida ao possuidor. Todos os outros direitos reais

[239] Cfr. WINDSCHEID/KIPP, *op. cit.*, I, § 200, pp. 1022 e ss., nota (3).

[240] Cfr. DIAS MARQUES, *Direitos Reais*, pp. 105-106, OLIVEIRA ASCENSÃO, *Direitos Reais*, pp. 276 e ss., e MENEZES CORDEIRO, *Direitos Reais*, pp. 348-349.

[241] Cfr. JOSÉ ALBERTO VIEIRA, *Direitos Reais*, pp. 97.

seriam direitos de protecção definitiva[242]. Esta classificação foi depois seguida por DIAS MARQUES[243], MOTA PINTO[244], e PENHA GONÇALVES[245].

Esta classificação veio, no entanto, a ser criticada por MENEZES CORDEIRO. Para este autor, a protecção da posse é tão definitiva como a de qualquer outro direito real, só cessando essa protecção quando a posse cessa, o que ocorre no caso de alguém adquirir melhor direito. Mas isso sucederia com qualquer direito real, sendo todos estes vistos como provisórios pelo prisma do eterno devir dos factos humanos[246]. Esta crítica foi depois seguida por RUI PINTO[247].

A crítica não procede. É manifesto que a tutela da posse formal se reveste de provisoriedade, tendo o possuidor que abdicar da coisa se vier a ser convencido na questão da titularidade do direito real. A classificação faria assim todo o sentido se a posse pudesse ser qualificada como direito real. A razão para a rejeitarmos reside apenas no facto de contestarmos que a posse tenha essa natureza, conforme explicaremos *infra*.

6. Direitos reais simples e complexos

A classificação entre direitos reais simples e complexos deve-se a OLIVEIRA ASCENSÃO. Este autor considera existir um direito real simples se a afectação da coisa é realizada por uma forma determinada e um direito real complexo se há uma conjugação de formas de afectação da coisa. Esta última figura é ainda objecto de uma subdivisão em direitos reais colectivos e compostos. São colectivos aqueles conjuntos de direitos reais, que não perdem autonomia entre si, como sucederia com certas universalidades de direito. São compostos aqueles em que se verifica essa perda de autonomia. Um exemplo de direito real composto é a superfície, em que o fundeiro tem a propriedade do solo e, ao mesmo tempo, uma expectativa de aquisição do edifício[248].

A classificação veio a ter a adesão de MENEZES CORDEIRO, ainda que este autor conteste a subdivisão entre direitos reais colectivos e compostos, por contestar que as universalidades de direito possam ser objecto de direitos reais[249].

A classificação tem um interesse meramente doutrinário, uma vez que, por força do princípio da tipicidade (art. 1306º), não é possível às partes conjugar várias formas de afectação da coisa, apenas a lei o podendo fazer. A classificação

[242] Cfr. PAULO CUNHA, *Direitos Reais*, pp. 100 e ss.
[243] Cfr. DIAS MARQUES, *Direitos Reais*, pp. 97 e ss.
[244] Cfr. MOTA PINTO, *Direitos Reais*, p. 129.
[245] Cfr. PENHA GONÇALVES, *Direitos Reais*, pp. 167-168.
[246] Cfr. MENEZES CORDEIRO, *Direitos Reais*, p. 345.
[247] Cfr. RUI PINTO, *Direitos Reais de Moçambique*, p. 119.
[248] Cfr. OLIVEIRA ASCENSÃO, *Reais*, pp. 166 e ss.
[249] Cfr. MENEZES CORDEIRO, *Direitos Reais*, p. 350.

serve assim apenas para explicar analiticamente os denominados direitos reais complexos.

7. Direitos reais autónomos e subordinados

Uma outra classificação de direitos reais distingue entre direitos reais autónomos e subordinados[250]. São autónomos os direitos reais cuja existência não depende de nenhum outro direito como a propriedade e o usufruto. Pelo contrário, são subordinados os direitos reais de garantia, que estão dependentes da existência do direito de crédito que garantem, assim como os direitos legais de preferência, que são atribuídos aos titulares de certos direitos reais ou de crédito, cessando com a sua extinção.

8. Direitos reais de titularidade imediata e de titularidade mediata

Uma outra classificação distingue entre os direitos reais de titularidade imediata ou de titularidade mediata[251]. Os direitos reais são normalmente de titularidade imediata, uma vez que são atribuídos directamente a sujeitos determinados, que se tornam assim seus titulares. Certos direitos reais são, porém, de titularidade mediata, uma vez que a sua atribuição depende da atribuição de outro direito real. É o que sucede com as servidões prediais, que são atribuídas a quem for titular do prédio dominante.

[250] Cfr. Dias Marques, *Direitos Reais*, p. 107, e Penha Gonçalves, *Direitos Reais*, p. 174.

[251] Cfr. Dias Marques, *Direitos Reais*, pp. 107-108.

Parte I

A Ordenação Jurídica Provisória das Coisas: A Posse

Secção I
Generalidades

O art. 1251º do Código Civil define a posse como "o poder que se manifesta quando alguém actua por forma correspondente ao exercício do direito de propriedade ou de outro direito real"[252]. A posse corresponde assim à situação em que ocorre o exercício fáctico de poderes sobre as coisas, o qual é objecto de protecção pelo Direito, independentemente da averiguação da efectiva titularidade do direito sobre essa coisa. Através da posse tutela-se, no fundo, a exteriorização do direito, independentemente da averiguação sobre a sua titularidade.

As razões dessa protecção prendem-se com a defesa da paz pública e da continuidade do exercício das posições jurídicas. Efectivamente, se alguém, pela violência, resolve perturbar a utilização duradoura de uma coisa por outrem ou mesmo subtrair-lhe essa coisa, o Direito, para reprimir essa situação, não necessita da efectiva demonstração de que o lesado é titular de direitos reais sobre a coisa. O simples facto de se encontrar a exercer poderes sobre ela é suficiente para que a ordem jurídica lhe permita exigir a manutenção ou restituição da

[252] Sobre a posse cfr. principalmente, MANUEL RODRIGUES, *A Posse. Estudo de Direito Civil Português*, Coimbra, Almedina, 1981, passim, com prefácio de FERNANDO LUSO SOARES, "Ensaio sobre a posse como fenómeno social e instituição jurídica", pp. XI-CXXI, ORLANDO DE CARVALHO, "Introdução à posse", na *RLJ* 122 (1989-1990), pp. 65-69, 104-108, 262-266, e 292-294, *RLJ* 123 (1990-1991), pp. 72-74 e 353-355, e *RLJ* 124 (1991-1992), pp. 259-264 e 292-294, MENEZES CORDEIRO, *A Posse: perspectivas dogmáticas actuais*, 3ª ed., Coimbra, Almedina, 2000 e PAULA COSTA E SILVA, *Posse ou posses?*, Coimbra, Coimbra Editora, 2004. No âmbito das obras gerais, cfr. MOTA PINTO, *Direitos Reais*, pp. 177 e ss., OLIVEIRA ASCENSÃO, *Reais*, pp. 59 e ss., J. FRANÇA PITÃO/J. BORGES PINTO, *Direito das Coisas*, Coimbra, polic., 1976, pp. 33 ess., MENEZES CORDEIRO, *Direitos Reais*, pp. 602 e ss., CARVALHO FERNANDES, *Direitos Reais*, pp. 279 e ss., SANTOS JUSTO, *Direitos Reais*, pp. 147 e ss., PINTO DUARTE, *Direitos Reais*, pp. 321 e ss., JOSÉ ALBERTO VIEIRA, *Direitos Reais*, pp. 453 e ss., e *A Posse. Estudo sobre o seu objecto e extensão. Perspectiva histórica e de Direito Português*, Coimbra, Almedina, 2018. HENRIQUE SOUSA ANTUNES, *Direitos Reais*, pp. 289 e ss. BONIFÁCIO RAMOS, *Direitos Reais*, pp. 130 e ss. Na doutrina alemã, veja-se JAN WILHELM, *Sachenrecht*, nºs 435 e ss., pp. 209 e ss.

coisa, independentemente da discussão sobre a efectiva titularidade do direito. O facto de a posse sobre uma coisa ser protegida, independentemente da titularidade do direito sobre ela, leva a que se distinga entre *posse formal*, quando o exercício fáctico de poderes sobre a coisa não é acompanhado da titularidade do direito, e *posse causal*, em que esse exercício se encontra a ser realizado pelo titular do direito. Para efeitos de tutela possessória, no entanto, é irrelevante o facto de o possuidor ser ou não titular do direito.

Aliás, a posse como situação de facto só pode ter como objecto uma coisa, dado que não se possuem direitos. Não obstante, a referência ao direito pode funcionar como delimitação dos termos em que o possuidor possui a coisa. Daí que se refira que a coisa é possuída nos termos de um direito. Efectivamente, o possuidor pode actuar não como efectivo proprietário da coisa, mas também como seu usufrutuário ou titular de outro direito real, sendo importante essa referência ao direito, para se verificar em que termos a posse é exercida.

Na posse é comum distinguir duas situações: a situação de facto que está na sua origem e que corresponde ao simples exercício material de poderes sobre a coisa e a situação jurídica, em que, além da situação de facto, ocorre a atribuição dos efeitos jurídicos da posse ao seu titular. A posse é, no entanto, sempre uma situação jurídica, uma vez que sempre que ocorra o exercício fáctico de poderes sobre a coisa, o titular passa a beneficiar da protecção possessória.

Secção II
O fundamento da protecção possessória

1. As diversas teorias
1.1. Generalidades

Numa das sua obras fundamentais sobre a posse, Jhering sistematiza as teorias existentes sobre a posse em absolutas e relativas. A seu ver, as teorias relativas corresponderiam àquelas que buscam o fundamento da protecção possessória, não na posse em si, mas antes em circunstâncias, objectivos ou proposições jurídicas exteriores a ela, considerando que a posse serve para defender outros institutos que, sem ela, não poderiam ser plenamente exercidos. Já as teorias absolutas corresponderiam àquelas em que o fundamento da protecção possessória é encontrado no próprio instituto da posse[253].

Jhering efectua a seguinte enumeração de teorias relativas:

1) Proibição da violência, porque:
   a) a turbação da posse é um delito contra o possuidor (Savigny);
   b) ou contra a ordem pública (Rudorff);
2) Princípio jurídico segundo o qual ninguém pode ultrapassar juridicamente outrem sem apresentar um fundamento prevalecente para o seu direito (Thibaut);
3) Preferência pela ilibação, segundo a qual, a menos que seja apresentada contraprova em sentido contrário, a posição do possuidor deve ser protegida (Röder);
4) Defesa da propriedade, porque:
   a) constitui uma propriedade provável (tese clássica);
   b) corresponde a uma propriedade inicial (Gans);

[253] Cfr. Rudolf Von Jhering, *Über den Grund des Besitzesschutzes. Eine Revision der Lehre vom Besitz*, 2ª ed., Jena, Mauke, 1869, pp. 4 e ss. Vide ainda as recensões de Manuel Rodrigues, *op. cit.*, pp. 23 e ss., e, em termos mais completos, de Menezes Cordeiro, *A posse*, pp. 47 e ss.

c) existe interesse necessário num complemento da tutela da propriedade (JHERING).

Já as teorias absolutas na opinião de JHERING corresponderiam às seguintes:

a) a vontade do possuidor na sua incorporação fáctica (GANS, PUCHTA, BRUNS);
b) a preservação do controle fáctico da coisa, atento o valor económico representado pelo mesmo (STAHL).

Examinemos sucessivamente estas concepções[254]:

1.2. As teorias relativas

Conforme se referiu, *a tese da proibição da violência* admite duas versões, sendo uma protagonizada por SAVIGNY e outra por RUDORFF. Para SAVIGNY, dado que a posse não constitui uma relação jurídica, a sua turbação ou esbulho não pode consistir numa violação de um direito, a menos que esse direito exista concomitantemente com a posse. No entanto, dada a proibição geral da violência, a turbação da posse ou esbulho constitui um delito contra o possuidor, em virtude da sua forma, que o legitima a recorrer aos interditos possessórios, que lhe são conferidos com base no direito que o possuidor tem de que ninguém exerça violência contra ele[255]. SAVIGNY considera que o possuidor não é titular de qualquer direito independente, afirmando que o ilícito consiste neste caso na violência contra as pessoas, que a ordem jurídica reprime, não permitindo em consequência a alteração de qualquer situação fáctica resultante do seu exercício[256]. Já RUDORFF afasta-se de SAVIGNY por considerar que a justificação da protecção possessória não reside na tutela do próprio possuidor contra ilícitos mas antes nas consequências públicas da actividade violenta, considerada como violação da ordem pública, sendo a protecção possessória uma consequência da proibição da autotutela dos direitos[257].

[254] Cfr. RUDOLF VON JHERING, *Über den Grund*, pp. 6 e ss.

[255] FRIEDRICH CARL VON SAVIGNY, *Das Recht des Besitzes: Eine civilistische Abhandlung*, 7ª ed., póstuma por Adolf Friedrich Rudorff, Wien, Gerold, 1865, pp. 30-31. Conforme salienta FERNANDO LUSO SOARES, "Ensaio sobre a posse", p. L, nota (3), para SAVIGNY, "circunscrito o conceito de posse ao determinado pelo âmbito dos *interdicta*, o fundamento da protecção possessória não é senão o dos interditos. Este é talvez o aspecto mais divulgado da sua majestosa teoria possessória".

[256] Cfr. SAVIGNY, *Das Recht des Besitzes*, p. 56.

[257] Citamos a posição de RUDORFF *apud* JHERING, *Über den Grund*, p. 7. Cfr. ainda MANUEL RODRIGUES, *A Posse*, p. 27.

A *tese da exigência de um fundamento jurídico prevalecente* deve-se a THIBAUT. Para este autor existe necessariamente um princípio imposto pela razão, segundo o qual ninguém pode ultrapassar juridicamente outrem, a menos que possua uma causa jurídica mais forte para o seu direito prevalecente. Assim, aquele que, com base numa simples situação fáctica, exerce juridicamente um direito, deve ser provisoriamente protegido até que alguém, exibindo um direito melhor, o obrigue a abdicar dessa mesma situação fáctica[258].

A tese da preferência pela ilibação deve-se a RÖDER. Para este autor, o fundamento da protecção possessória reside num direito originário à ilibação, expresso na regra "*quilibet praesumitur iustus donec probetur contrarium*". Dessa regra resultaria que o possuidor deve ser protegido, uma vez que a existência de uma relação exterior, ligando uma pessoa à coisa que ela possui, corresponde possivelmente a um direito para cujo exercício a coisa é necessária, que assim existe por força dessa relação, a qual não é por isso ilícita[259].

A tese da presunção da propriedade constitui a posição clássica nesta matéria, tendo sido defendida por SAVIGNY até à 5ª ed. da sua *Das Recht des Besitzes*[260]. Para esta tese, a protecção do possuidor resulta do facto de se presumir que quem possui uma coisa é igualmente proprietário dela. Assim, a posse é vista como uma sombra da propriedade, como uma propriedade presumida, o que constitui, no entanto, apenas a fundamentação do instituto da posse em geral e não do direito concreto de cada possuidor.

A tese que vê a justificação da protecção possessória no facto de a posse constituir o início da propriedade deve-se a GANS. A justificação para esta doutrina reside no facto de a posse poder conduzir à usucapião, tendo assim a protecção possessória como justificação o facto de ela poder permitir uma aquisição da propriedade. A tese é, no entanto, criticável uma vez que apenas se aplica à posse boa para usucapião, não atribuindo qualquer explicação para o fundamento da tutela da posse que não reveste estas características[261].

Já a tese que vê o fundamento da tutela possessória na existência de um interesse em complementar a protecção da propriedade deve-se ao próprio JHERING. Para este autor, a protecção possessória é um complemento necessário da tutela da propriedade, uma facilidade de prova a favor do proprietário que, por exten-

[258] Cfr. THIBAUT, *op. cit.*, § 212, p. 166. Cfr. ainda a recensão de JHERING, *Über den Grund*, pp. 21 e ss., que salienta que THIBAUT não parte da posse como situação de facto, mas antes a vê como o exercício de um direito, acabando por não esclarecer se a mesma é protegida enquanto situação de facto ou enquanto direito.

[259] Citamos a posição de RÖDER *apud* JHERING, *Über den Grund*, pp. 23 e ss.

[260] FRIEDRICH CARL VON SAVIGNY, *Das Recht des Besitzes: Eine civilistische Abhandlung*, 5ª ed., Giessen, Heyer, 1827, p. 10. Cfr. a recensão desta tese em JHERING, *Über den Grund*, pp. 25 e ss.

[261] Citamos a posição de GANS *apud* JHERING, *Über den Grund*, pp. 27-28.

são, é aproveitada por aquele que não é proprietário. Efectivamente, uma vez que a prova da propriedade nem sempre é possível, a defesa da mesma contra as turbações e esbulhos exige que seja concedido ao possuidor um meio de defesa através da posse, o qual obriga a que seja o esbulhador a apresentar um título relativo ao seu direito. O facto de a posse poder proteger igualmente quem não é proprietário não é para JHERING objecção à sua tese, dado que, sendo a posse a exteriorização do direito de propriedade, é em função desse mesmo direito que é concedida a sua protecção. O facto de poder beneficiar um não titular constituirá uma consequência necessária da protecção legal da propriedade, semelhante ao que sucede nos títulos de crédito em que é considerado credor aquele que apresenta o título. A posse funciona assim como uma guarda avançada da propriedade, como num terreno em que os exércitos das primeiras linhas combatem apenas com armas leves, sem usar os canhões [262].

1.3. As teorias absolutas

De entre as teorias absolutas, cabe examinar em primeiro lugar *a teoria da vontade*, defendida por BRUNS. Para esta teoria, haverá que distinguir se a detenção está de acordo com a vontade universal, ou seja, com a lei, ou se é um mero acto de vontade individual. No primeiro caso, existiria um direito de propriedade sobre a coisa, protegido por lei. No segundo caso, já não existiria qualquer direito mas continuaria a haver uma protecção legal, uma vez que todo o acto de vontade individual deve ser protegido pelo Estado, enquanto não for demonstrado que ele ofende a vontade universal, ou seja, o direito. Assim, para BRUNS, embora a posse ser adquirida em contrariedade ao direito, a vontade que nela se manifesta é merecedora de protecção, atenta a liberdade que ela representa e que constitui a base do sistema jurídico. A coacção e a violência contra essa vontade representam por isso ilícitos que a lei deve reprimir. Não sendo a posse um direito, mas um facto, não deixa por isso de ser protegida contra a violência, uma vez que é manifestação positiva de uma vontade. A protecção possessória representa assim a tutela dos direitos gerais da vontade, como seja, a personalidade e a liberdade das pessoas[263].

Já a tese da preservação do controlo fáctico da coisa deve-se a STAHL[264]. Para este autor, a razão da protecção possessória reside no facto de ela constituir uma forma de apropriação das utilidades proporcionadas pelas coisas. Efectivamente,

[262] Cfr. JHERING, *Über den Grund*, pp. 45 e ss. Cfr. igualmente a recensão de MANUEL RODRIGUES, *A posse*, pp. 28 e ss.

[263] Cfr. CARL GEORG BRUNS, *Das Recht des Besitzes im Mittelalter und in der Gegenwart*, Tübingen, Laupp & Siebeck,1848, pp. 490 e ss. Cfr. ainda a recensão de MANUEL RODRIGUES, *A Posse*, p. 25.

[264] Citado *apud* MANUEL RODRIGUES, *A posse*, pp. 25-26.

na base da posse existiria um estado de facto criador de utilidades, que beneficiaria da protecção legal, atento o valor económico que representa. Dado, no entanto, que a essência da posse não reside na própria coisa, mas na aparência, num estado de facto, a protecção da posse não garante o domínio da coisa em relação a todos os sujeitos da ordem jurídica, assegurando apenas em termos provisórios o estado de facto existente contra aquele que o pretende fazer cessar.

2. Posição adoptada

As teorias que fundamentam a posse na propriedade têm hoje que ser rejeitadas, uma vez que a posse extravasa do âmbito da propriedade, sendo hoje a sua tutela concedida inclusivamente no âmbito dos direitos pessoais de gozo. A defesa da paz pública é um elemento importante na justificação da tutela possessória, mas não parece ser o elemento decisivo, uma vez que está em causa antes de tudo uma protecção dada ao possuidor na conservação da sua situação.

A razão da protecção possessória resulta assim da circunstância de o controlo fáctico sobre a coisa exercido no próprio interesse constituir um valor económico, que deve ser disciplinado e protegido como tal[265].

[265] Neste sentido, cfr. MANUEL RODRIGUES, *A posse*, p. 32, e ORLANDO DE CARVALHO, *RLJ* 122 (1989-1990), p. 66.

Secção III
Posse e detenção

1. Generalidades

A distinção entre a posse e a detenção ocorre logo no âmbito do Direito Romano, em que ao lado da *possessio civilis* apareceu uma denominada *possessio naturalis* depois denominada detenção, em que se verifica um exercício efectivo de poderes sobre a coisa, mas em que por algum motivo não se poderia atribuir a quem exerce esses poderes os efeitos da posse. Em consequência distingue-se no direito moderno entre a posse e a detenção, consoante quem exerce o controlo material sobre a coisa beneficie ou não dos efeitos da posse.

2. A distinção entre a formulação subjectivista de Savigny e a formulação objectivista de Jhering

Em relação à distinção entre a posse e a detenção, o debate ainda hoje é centrado na contraposição entre a formulação subjectivista de Savigny e a formulação objectivista de Jhering[266].

Para Savigny, é essencial à posse a detenção, ou seja, a possibilidade física de exercer contrôlo sobre uma coisa, com exclusão de todos os outros, o que, por exemplo, o navegador tem em relação ao seu barco, mas já não em relação à água sobre a qual ele se encontra[267]. Só que a detenção não seria um conceito jurídico,

[266] Cfr. sobre os termos deste debate as recensões de José Tavares, *Os princípios*, I, pp. 631 e ss., Menezes Cordeiro, *Direitos reais*, pp. 386 e ss. e *A posse*, pp. 23 e ss. e José Alberto Vieira, *A Posse*, pp. 319 e ss. e 352 e ss.

[267] Cfr. Friedrich Carl Von Savigny, *Das Recht des Besitzes: Eine civilistische Abhandlung*, 7ª ed., póstuma por Adolf Friedrich Rudorff, Wien, Gerold, 1865, p. 26: "Alle denken sich unter dem Besitz einer Sache den Zustand, in welchem nicht nur die eigne Einwirkung auf die Sache physisch möglich ist, sonder auch jede fremde Einwirkung verhindert werden kann. Sob besitz der Schiffer sein Schiff, aber nicht das Wasser, auf welchem er fährt, obgleich er sich beider zu seinen Zwecken bedient".

já que se limitaria ao exercício fáctico de poderes sobre uma coisa (*corpus*), sendo assim uma situação de facto, embora relacionada com o exercício do direito correspondente, que atribui juridicamente esses poderes[268]. Assim, para se obter a posse, exigir-se-ia para além da detenção um elemento psicológico, o *animus*, cuja caracterização transforma a detenção em posse[269]. Efectivamente, o *animus possidendi* corresponde à intenção de actuar como proprietário (*animus domini*), o qual seria essencial à posse. O detentor, que se limita a exercer um direito de propriedade alheio, não possui o correspondente *animus possidendi*, possuindo antes o *animus* correspondente a deter a coisa em nome alheio (*animus detinendi*), não tendo por isso posse[270]. Como exemplo de detentor teríamos o locatário que, não considerando a coisa como sua, possui-a *nomine alieno* e não *nomine proprio*, não tendo por isso *animus domini*[271]. Em consequência, o detentor não beneficiaria das acções conferidas pelo pretor para tutela da posse (*interdicta possessonis*), o que se explicaria por só a posse ser juridicamente tutelada, não beneficiando a detenção de qualquer tutela. Contraditoriamente, no entanto, o autor admite a existência de posse no penhor de coisas, apesar de reconhecer que o credor pignoratício não possui *animus domini*, porque não pretende exercer a coisa como sua, defendendo que nesse caso a atribuição dos *interdicta* resulta de ocorrer uma alienação do *ius possessionis* por parte do devedor aquando da constituição do penhor, existindo nesse caso uma posse derivada, em que o *animus domini* é aquele que existia no

[268] Cfr. SAVIGNY, *Das Recht des Besitzes*, pp. 26-27: "Dieser Zustand, welchen man Detention nennt, und welcher allem Begriff des Besitzes zum Grunde liegt, ist an sich durchaus kein Gegenstand der Gesetzgebung und der Begriff desselben kein juristischer Begriff; allein es zeigt sich sogleich eine Beziehung desselben auf einen juristischen Begriff, wo durch er selbst Gegenstand der Gesetzgebung wird. Da nämlich das Eigenthum die rechtliche Möglichkeit ist, auf eine Sache nach Willkür einzuwirken, und jeden andern von ihrem Gebrauch auszuschliessen, so liegt in der Detention dier Ausübung des Eigenthums, und sie ist die factische Zustand, welcher dem Eigenthum, als einem rechtlichen Zustand, correspondirt".

[269] Cfr. SAVIGNY, *Das Recht des Besitzes*, p. 109: "Es müss namlich jed Detention, wenn sie als Besitz gelten soll, absichtlich sein, d. h. man muss, um Besitzer zu sein, die Detention nicht blos haben, sondern haben wollen. Dieses der Detention correspondirende Wollen (animus possidendi) ist jetzt genauer zu bestimmen".

[270] Cfr. SAVIGNY, *Das Recht des Besitzes*, p. 109: "Folglich besteht der animus possidendi in der Absicht, das Eigenthum auszuüben. Allein diese Bestimmung ist noch nicht hinreichend, indem derjenige, welcher die Detention hat, diese Absicht auf eine zweifache Weise haben kann: entweder um fremdes, oder um eigenes Eigenthum auszuüben. Hat er die Absicht, fremdes Eigenthum auszuüben, welches er also eben jetzt anerkennt, so liegt darin kein animus possidendi, durch welchen die Detention zum Besitz erhoben würde".

[271] Cfr. SAVIGNY, *Das Recht des Besitzes*, p. 109: "... wie dieser dem Pachter, entgegen gesetz, welcher keinen Besitz hat, weil er die Sache nicht als seine eine eigene Sache behandelt".

alienante[272]. A mesma explicação é dada pelo autor em relação aos casos do precarista e do sequestratário, ainda que considere que a atribuição dos interditos corresponde nestes casos a uma anomalia do sistema possessório[273].

Em oposição à doutrina de SAVIGNY, veio JHERING na sua obra *Der Besitzwille* construir uma teoria objectivista da posse[274]. Para este autor, a vontade não é relevante para distinguir a posse da detenção, pelo que o elemento distintivo entre as duas não poderia ser o *animus*. Efectivamente, a vontade é sempre necessária em ambas as situações, uma vez que sem vontade existe apenas a justaposição material da coisa a uma pessoa, a qual não tem qualquer significado jurídico, como no exemplo de alguém colocar um objecto na mão de uma pessoa que se encontra a dormir[275]. Fundamental para a posse é antes a existência de um interesse que a lei disciplina, podendo a relação possessória ser vista como a constatação de um interesse de uma pessoa sobre a coisa[276]. Por esse motivo, a vontade nem sequer teria utilidade para estabelecer a distinção entre posse da coisa em nome alheio ou em nome próprio, havendo antes que averiguar se o detentor da coisa actua no seu interesse próprio ou antes no interesse alheio[277]. Para JHERING, o que é essencial à posse é a relação material com a coisa, acompanhada de querer manter essa relação, pelo que em princípio a detenção conduz sempre à posse, uma vez que esta se basta com a existência de um poder físico sobre a coisa voluntariamente mantido e exercido, que se traduz em termos positivos no exercício de poderes sobre a coisa, e em termos negativos, na exclusão dos outros em relação a ela[278]. Por esse motivo tanto na detenção como na posse existiriam sempre *corpus e animus*, uma vez que estes são elementos essenciais de qualquer relação com a coisa, dado que esta exige sempre a materialização de uma vontade pelo que o *animus* não poderia existir sem o *corpus*, nem o *corpus* sem o *animus*[279].

[272] Cfr. SAVIGNY, *Das Recht des Besitzes*, pp. 119-120: "Der animus possidendi nämlich, welcher bei dem ursprünglichen Besitz gedacht werden musste, geht bei dem abgeleiteten auf das von den bisherigen übertragene jus possessionis. So hat z. B. der creditor den juristischen Besitz des Pfandes, obgleich er kein Eigenthum ausüben will, denn der Schuldner, der den vollen Besitz der Sache hatte, hat ihm mit der Detention zugleich das jus possessionis übertragen".

[273] Cfr. SAVIGNY, *Das Recht des Besitzes*, pp. 131-132 (132): "Deshalbe habe ich diese Fäle von jeher als Anomalien betrachtet und mit dem gemeinschaftlichen Namen des abgeleiteten Besitzes bezeichnet".

[274] Cfr. RUDOLF JHERING, *Der Besitzwille. Zugleich eine Kritik der herrschenden juristischen Methode*, Jena, 1889, reimp. Scientia Verlag Aalen, 1968.

[275] Cfr. JHERING, *Der Besitzwille*, pp. 21 e ss.

[276] Cfr. JHERING, *Der Besitzwille*, p. 24: "*das Besitzverhältnis ist Constatirung des Interesses der Person an der Sache*".

[277] Cfr. JHERING, *Der Besitzwille*, p. 27.

[278] Cfr. JHERING, *Der Besitzwille*, pp. 27 e ss.

[279] Cfr. JHERING, *Der Besitzwille*, pp. 36 e ss.

A detenção não é por isso concebível sem a vontade[280]. A razão para a sua existência não reside consequentemente em si própria, mas antes num interesse estranho a ela, devendo por isso o conceito de detenção ser qualificado como um efeito jurídico reflexo[281]. A detenção não resulta por isso da configuração da vontade do detentor, mas antes da necessidade de protecção de outrem, a quem se pretende atribuir em seu lugar a posição de possuidor[282]. Em princípio, toda e qualquer apreensão da coisa deve-se presumir corresponder à posse, a menos que ocorra uma contraprova em sentido contrário[283]. Para a detenção não conduzir à posse exige-se assim apenas que a ordem jurídica desqualifique a relação do detentor com a coisa, retirando-lhe a tutela interdital, em virtude de não considerar a *causa possessionis* como merecedora dessa tutela, passando esta assim a ser qualificada como mera detenção. É o que se verifica, a seu ver, nas situações do locatário, comodatário, depositário e do mandatário, aos quais é recusada a tutela interdital[284]. Mas já não seria o caso do credor pignoratício, sequestratário, e precarista, que beneficiam dessa tutela, tendo consequentemente posse[285].

JHERING expressou através de fórmulas algébricas a distinção entre a sua tese e a de SAVIGNY[286]:

Se designarmos por *x* a posse, por *y* a detenção, por *c* o *corpus*, por *a* o *animus*, por α a intenção particular que qualifica o *animus possidendi*, e por *n* a disposição legal que exclui certas relações possessórias da protecção interdital, na doutrina de SAVIGNY, a distinção entre a posse e a detenção estabelecer-se-ia pela forma seguinte:

$$x = a + \alpha + c$$
$$y = a + c$$

Já na tese de JHERING, a fórmula seria antes a seguinte:

$$x = a + c$$
$$y = a + c - n$$

280 Cfr. JHERING, *Der Besitzwille*, pp. 59 e ss., que qualifica a detenção como uma grandeza negativa, de direito positivo, prática e com carácter objectivo.

281 Cfr. JHERING, *Der Besitzwille*, pp. 64: "der Detentionsbegriff ist hier nichts als *Reflexwirkung*".

282 Cfr. JHERING, *Der Besitzwille*, p. 65.

283 Cfr. JHERING, *Der Besitzwille*, p. 167.

284 Cfr. JHERING, *Der Besitzwille*, pp. 72 e ss. e 98 e ss.

285 Cfr. JHERING, *Der Besitzwille*, pp. 199-200, 369-370, 382-384, e 390 e ss. JOSÉ TAVARES, *Os princípios*, I, p. 633, chama a atenção para "como é profunda a divergência das duas teorias: enquanto para Savigny constitui excepção a protecção interdital concedida ao credor penhoratício, ao precarista e ao sequestratário, para Ihering a excepção está em serem dela excluídos o locatário, o comodatário e o depositário".

286 Cfr. JHERING, *Der Besitzwille*, pp. 52 e ss.

Apesar de muito difundida, esta formulação algébrica não é inteiramente exacta, uma vez que a concepção de *animus* dos dois autores é radicalmente diferente. Em SAVIGNY o *animus possidendi* corresponde necessariamente a um *animus domini*, ou seja, à intenção de possuir como dono, pelo que, sempre que alguém tiver o contrôle material da coisa com a intenção de actuar como dono dela, é considerado seu possuidor e beneficia dos interditos. O autor reconhece a ausência de *animus domini* no credor pignoratício e sequestrário, vendo-se por isso obrigado a criar o conceito de posse derivada para explicar o facto de serem estes, e não o proprietário, a poder utilizar os interditos. Pelo contrário, em JHERING, o *animus* é apenas um *animus possessionis*, referindo-se unicamente à mera consciência do controlo da coisa por parte do possuidor, pelo que também existiria no credor pignoratício, precarista e sequestratário. JHERING ultrapassa o problema da diferença de configuração do *animus*, acrescentando um elemento alfa (α) na explicação da doutrina de SAVIGNY, mas essa autonomização não corresponde minimamente ao pensamento deste autor, que por isso não admite a existência de *animus* na detenção.

Assim, na *concepção subjectiva* de SAVIGNY, para a ocorrência de posse, exigir-se-ia, além do *corpus* – contrôlo fáctico sobre a coisa – um *animus*, que corresponderia a uma intenção específica do possuidor, o qual teria que consistir na intenção de agir como proprietário (*animus domini*). A detenção corresponderia a um *corpus* desacompanhado de *animus*, enquanto na posse ocorreriam as duas situações.

Na *concepção objectiva* de JHERING, tanto na posse como na detenção ocorreria a verificação do *corpus* e *animus*, distinguindo-se uma da outra pelo facto de na detenção ocorrer uma disposição legal que descaracteriza a situação como posse, retirando os interditos ao possuidor.

3. A solução da lei portuguesa

Não é possível negar que a lei portuguesa se inspirou intencionalmente na doutrina subjectivista de SAVIGNY, continuando a maioria da doutrina e da jurisprudência a defender essa solução. Efectivamente, o art. 1253º a) e c) introduzem no âmbito da detenção o exercício do poder de facto sem intenção de agir como beneficiário do direito, e o exercício da posse em nome alheio, o que corresponde à exigência do *animus domini* para caracterizar a posse, qualificando como detenção os casos em que não se tem a intenção de possuir a coisa para si, designadamente quando a intenção é de a possuir para outrem (*nomine alieno*), o que corresponde à formulação subjectivista. Recorde-se que para JHERING tanto há *animus* na posse como na detenção, sendo irrelevante se se possui em nome próprio ou em nome alheio. Não admira, por isso, que a maioria da doutrina portuguesa continue a defender a concepção subjectivista de SAVIGNY[287].

Há uma parte da doutrina que qualifica a lei portuguesa como objectivista, na esteira de JHERING[288]. Como justificação para essa posição, sustenta-se que, além de prever expressamente uma definição de posse em que não se faz referência ao *animus* (art. 1251º), refere no art. 1253º as situações que considera não corresponderem à posse, mas antes à mera detenção, o que corresponde precisamente à teoria objectivista, segundo a qual toda a detenção deve considerar-se posse, desde que seja voluntariamente exercida e a lei não determine o contrário.

Ora, as alíneas b) e c) correspondem, quer aos actos de mera tolerância, quer à existência de posse em representação de outrem, as quais são pela lei qualificadas como mera detenção. Nestes dois casos, a lei não retira a qualidade de possuidor ao detentor por lhe faltar uma vontade específica, mas antes por que pretende atribuir a posse a outrem, ou por não pretender penalizar a mera tolerância com a perda da posse, ou por considerar que a posse deve ser atribuída à pessoa em nome de quem é exercida. Por esse motivo, dado que uma dupla posse não é possível, ao detentor é retirada a tutela possessória no interesse de outrem a quem a lei pretende atribuir a posse[289].

A alínea a) tem, no entanto, motivado alguma controvérsia na doutrina portuguesa, atento o facto de a referência nela à intenção ser dificilmente compatível com uma orientação objectivista. Para OLIVEIRA ASCENSÃO, ela corresponde às situações em que o agente declara não querer ser possuidor[290], tendo posterior-

[287] Esta era, desde logo a posição de GUILHERME MOREIRA, *Instituições*, III, p. 11. No mesmo sentido CUNHA GONÇALVES, *Da propriedade e da posse*, Lisboa, Ática, 1952, pp. 184-185, MANUEL RODRIGUES, *A posse*, pp. 88 e ss., 191 e ss. e 222 e ss., PIRES DE LIMA/ANTUNES VARELA, *op. cit.*, III, sub art. 1251º, nºs 6 e 7, pp. 5-6, HENRIQUE MESQUITA, *Direitos Reais*, p. 68, MOTA PINTO, *Direitos Reais*, pp. 189 e ss. (ainda que o autor reconheça que a lei chega a resultados coincidentes com a doutrina objectivista), J. FRANÇA PITÃO/J. BORGES PINTO, *Direito das Coisas*, pp. 47-48 (sustentando, porém, que o Código "é quase objectivista"), ORLANDO DE CARVALHO, *RLJ* 122 (1989-1990), pp. 68-69, SANTOS JUSTO, *Direitos Reais*, pp. 157-158, PENHA GONÇALVES, *Direitos Reais*, pp. 245-246, PAULA COSTA E SILVA, *Posse ou posses?*, pp. 13 e ss., RUI PINTO DUARTE, *Direitos Reais*, pp. 326-328, RUI PINTO, *Direitos Reais de Moçambique*, pp. 501 e ss. e HENRIQUE SOUSA ANTUNES, *Direitos Reais*, p. 299.

[288] Foi esta a posição de JOSÉ TAVARES, *Os princípios*, I, p. 635, DIAS MARQUES, *Precrição aquisitiva*, I, Lisboa, s.e, 1960, pp. 31-32, MENEZES CORDEIRO, *Direitos Reais*, pp. 395 e ss. e *A Posse*, pp. 51 e ss., CARVALHO FERNANDES, *Direitos Reais*, pp. 287 e ss., JOSÉ ALBERTO VIEIRA, *Direitos Reais*, pp. 536 e ss., PEDRO DE ALBUQUERQUE, *Direito das Obrigações. Contratos em especial*, I-1, Coimbra, Almedina, 2008, pp. 120 e ss. RUI ATAÍDE, *Posse e detenção*, Lisboa, AAFDL, 2015, e BONIFÁCIO RAMOS, *Direitos Reais*, pp. 144-145.

[289] É esta precisamente a formulação de JHERING, *Der Besitzwille*, p. 65.

[290] Cfr. OLIVEIRA ASCENSÃO, *Reais*, p. 88.

mente aderido à sua posição CARVALHO FERNANDES[291]. MENEZES CORDEIRO, depois de numa primeira fase ter considerado que aí estariam em causa os actos facultativos[292], veio depois defender que essa norma se referiria às situações em que a própria lei exclui a existência de posse, como na hipótese de exercício de poderes sobre bens do domínio público (cfr. art. 1267º, nº 1, b)), ou de sonegação de bens da herança (art. 2096º, nº 2)[293]. A esta posição veio posteriormente aderir PEDRO DE ALBUQUERQUE[294]. Já RUI ATAÍDE considera-se tratar-se de uma "norma vazia" e de uma "norma redundante", uma vez que abrangeria apenas casos que outras disposições já tratariam como detenção[295]. Já JOSÉ ALBERTO VIEIRA defende que esta disposição abrange a situação do constituto possessório, quando ocorre a transmissão de um direito real para o adquirente, continuando o alienante a deter a coisa[296].

Há que reequacionar os termos em que o debate tem sido colocado. Recorde-se que a discussão entre SAVIGNY e JHERING relativamente à distinção entre a detenção e a posse resulta do facto de os textos romanos negarem os interditos possessórios ao locatário, comodatário e depositário, ainda que os conferissem ao credor pignoratício, o que justifica a distinção entre a detenção e a posse. Sucede, porém, que a nossa ordem jurídica concede as acções possessórias em todas estas situações, o que implica que entre nós a distinção entre a posse e a detenção tenha que ser estabelecida em termos distintos[297].

Em primeiro lugar, parece-nos hoje indubitável a formulação objectivista da lei portuguesa. Efectivamente, o art. 1251º não define a posse como uma detenção a que tem que acrescer o *animus*, não partindo assim da detenção para chegar à posse, como exige a teoria subjectivista. Antes pelo contrário, a posse é genericamente atribuída em todos os casos em que alguém actua por forma correspondente ao exercício de um direito real e, como vimos, igualmente em certos direitos pessoais de gozo, independentemente da intenção do possuidor. A detenção é vista como uma posse legalmente descaracterizada, dado que

291 Cfr. CARVALHO FERNANDES, *Direitos Reais*, pp. 290-291.

292 Cfr. MENEZES CORDEIRO, *Direitos Reais*, pp. 398 e ss.

293 Cfr. MENEZES CORDEIRO, *A Posse*, p. 65.

294 Cfr. PEDRO DE ALBUQUERQUE, *Obrigações*, I-1, pp. 124 e ss.

295 Cfr. RUI ATAÍDE, *Posse e detenção*, pp. 42 e ss., e 44 e ss.

296 Cfr. JOSÉ ALBERTO VIEIRA, *A Posse*, pp. 448 e ss., e *Direitos Reais*, pp. 480-481.

297 Isso mesmo referia DIAS FERREIRA, *Código Civil Portuguez Annotado*, I, 2ª ed. Coimbra, Imprensa da Universidade, 1894, p. 633, reconhecendo que "não tem direito a fructos quem não possui em nome próprio, nem póde prescrever quem possui em nome alheio", mas que "não são exclusivo do possuidor em nome próprio as acções possessórias, pois tambem os que possuem em nome alheio podem usar d'ellas". Mais recentemente, veja-se J. FRANÇA PITÃO/J. BORGES PINTO, *Direito das Coisas*, p. 48.

haverá posse sempre que alguém não se encontre em alguma das situações em que a lei recuse a tutela possessória, nomeadamente o art. 1253º.

Neste sentido, a alínea a) do art. 1253º não pode ser encarada como uma formulação subjectivista, na medida em que a sua referência à intenção não serve para converter toda a detenção em posse, sendo antes um dos casos legais da qualificação de uma situação aparentemente possessória como mera detenção[298]. As explicações utilizadas para esta norma não têm sido porém suficientes. A ideia de Oliveira Ascensão de que se exigiria uma intenção declarada esbarra com a irrelevância da *protestatio facta contraria*. Mas a formulação de Menezes Cordeiro é também insuficiente, dado que o art. 1253º a) não pode ser interpretado como mera referência a outros casos legais em que a lei nega a tutela possessória, dado que tal implicaria converter o preceito numa mera norma remissiva, sem conteúdo útil. Já a tese de José Alberto Vieira de que esta norma se referiria ao constituto possessório implica uma configuração subjectivista do mesmo e da própria detenção, enquanto que, de acordo com a posição que perfilhamos, o constituto possessório pressupõe a estipulação de uma causa jurídica para a detenção, recaindo consequentemente no art. 1253º, c) e não no art. 1253º, a).

Uma interpretação possível é a de que esta norma pretendeu abranger os actos facultativos. Esta expressão tem sido entendida com os seguintes significados[299]:

a) exercício pelo proprietário de um poder incluído no seu direito, que poderia igualmente integrar um direito sobre coisa alheia;
b) exercício de poderes sobre bens do domínio público;
c) não exercício pelo proprietário de faculdades que a este assistem, beneficiando-se assim indirectamente outrem, mas não podendo este, por não ter posse, adquirir por usucapião servidões negativas[300];
d) o acto facultativo corresponderia ao acto de mera tolerância, podendo distinguir-se deste por envolver uma permissão expressa, enquanto que no acto de mera tolerância a permissão seria tácita.

Qualquer desta situações não parece, porém, corresponder ao disposto no art. 1253º, a). Na primeira situação, a questão coloca-se, não em termos possessórios, mas antes em termos de conflito entre titulares de direitos reais, sendo objecto

[298] Neste sentido, já Carvalho Fernandes, *Direitos Reais*, pp. 290-291, e José Alberto Vieira, *Direitos Reais*, p. 478.

[299] Seguimos Menezes Cordeiro, *A Posse*, p. 59. Cfr. ainda Manuel Rodrigues, *A posse*, pp. 195 e ss.

[300] Assim, por exemplo, se alguém não constrói no seu terreno, o vizinho pode aproveitar da vista, mas, por não ter posse, não pode adquirir por usucapião uma servidão *altius non tollendi*.

de tratamento em outras disposições (cfr. art. 1406º, nº 2). Quanto à segunda situação, esta é especificamente regulada no art. 1267º, nº 1, b). Relativamente à terceira situação, não é naturalmente posse o não exercício por outrem de poderes correspondentes ao seu direito, uma vez que tal não se adequa à definição de posse do art. 1251º. Finalmente, a última hipótese cabe perfeitamente no art. 1253º, b), pelo que não se justifica que a ela façamos corresponder à alínea a).

Só assim uma explicação adequada para o art. 1253º a): *ele corresponde a situações em que há exercício de poderes de facto sobre a coisa, mas os mesmos correspondem ao conteúdo de um direito ao qual a lei não reconhece a tutela possessória*. Assim, por exemplo, a lei reconhece a tutela possessória ao credor pignoratício, locatário e comodatário, mas não a reconhece ao hóspede no contrato de hospedagem, nem ao titular do direito real de habitação periódica (cfr. art. 21º, nº 1, c), do RJHP). Será então a estas situações que se refere o art. 1253º, a).

Já o art. 1253º, b) refere-se aos actos de mera tolerância. Esta disposição deve ser interpretada em termos amplos, em ordem a poder extravasar da simples relação de simpatia e obsequiosidade entre vizinhos, abrangendo todos os casos em que o exercício de poderes sobre a coisa resulta de uma autorização expressa ou tácita, emanada do proprietário, sem que no entanto essa autorização vise conceder algum direito ao detentor[301].

Finalmente, o art. 1253º, c) refere-se aos representantes ou mandatários do possuidor e, de um modo geral, a todos os que possuem em nome de outrem. Nesta alíneas abrangem-se as situações dos titulares de direitos reais menores ou de direitos pessoais de gozo, que possuem, simultaneamente com a posse em nome próprio do seu próprio direito, a posse em nome alheio do direito de propriedade. Para além disso, estará aqui em causa o exercício da posse por em representação doutrem (cfr. art. 1252º, nº 2), como o que é exercido por procuradores ou mandatários com representação do possuidor, devendo ainda a disposição ser extensiva aos seus auxiliares com *contemplatio domini*[302]. Já os mandatários sem representação não poderão ser considerados como detentores, uma vez que são possuidores em nome próprio[303].

[301] Cfr. Menezes Cordeiro, *A Posse*, p. 60 e Pedro de Albuquerque, *Obrigações*, I-1, p. 126.

[302] Cfr. Menezes Cordeiro, *A Posse*, p. 61 e Pedro de Albuquerque, *Obrigações*, I-1, p. 126.

[303] Cfr., neste sentido Menezes Cordeiro, *A Posse*, p. 61 e Pedro de Albuquerque, *Obrigações*, I-1, p. 127. Efectivamente, conforme salientam estes autores, o mandatário sem representação adquire os direitos e as obrigações decorrentes dos actos que celebra (art. 1180º), pelo que adquire a posse. Acrescentamos que, embora o mandatário seja obrigado a transmitir para o mandante os direitos adquiridos por essa via (art. 1181º, nº 1), tal só atribui ao mandante um direito de crédito a essa transmissão, insusceptível de conferir. A mesma só se transmitirá ou com a tradição da coisa (art. 1263º, b)), ou eventualmente com a celebração do negócio de transmissão, em virtude do constituto possessório (art. 1263º, c) e 1264º).

Secção IV
O âmbito da posse

1. As coisas sobre as quais se pode exercer a posse

Nos termos do art. 1251º, a posse é relacionada com o exercício do direito de propriedade ou de outro direito real. Desta formulação resulta que em princípio a posse só pode ter por objecto coisas adequadas a constituirem objecto dos direitos reais.

A posse incide apenas sobre coisas corpóreas (art. 1302º). Assim, não constituirão objecto de posse nem os bens intelectuais, nem as quotas em sociedades. Já o estabelecimento comercial, na medida em que, além de uma universalidade de direito, é também uma universalidade de facto, poderá ser objecto de posse[304].

A posse não pode incidir sobre coisas fora do comércio, como os bens do domínio público e as coisas insuceptíveis de apropriação individual (art. 202º, nº 2)[305]. Efectivamente, a posse é uma instituição do comércio jurídico privado pelo que o uso de bens públicos é insusceptível de atribuir posse. Em consequência, a posse é perdida se a coisa for colocada fora do comércio (art. 1267º, b)).

A posse incide tanto sobre coisas imóveis como sobre coisas móveis, só sendo a distinção entre estas coisas relevante para efeitos dos prazos de usucapião (arts.

[304] Neste sentido, cfr. José Maria Barbosa de Magalhães, *Do estabelecimento comercial. Estudo de Direito Privado*, 2ª ed., Lisboa, Ática, 1964, pp. 158-159, Orlando de Carvalho, *Critério e estrutura do estabelecimento comercial*, I – *O problema da empresa como objecto de negócios*, Coimbra, Atlântida, 1967, p. 202 e *RLJ* 122 (1989-1990), p. 107, Oliveira Ascensão, *Reais*, p. 64. Menezes Cordeiro, *A posse*, p. 81, considera que a tutela possessória do estabelecimento comercial resulta da aplicação analógica do regime possessório. Já José Alberto Vieira, *Direitos Reais*, pp. 135 e 492, e *A posse*, pp. 515 e ss. sustenta não se poder falar em posse do estabelecimento comercial, uma vez que este constituiria uma coisa incorpórea, defendendo assim a não aplicação ao estabelecimento comercial das acções possessórias e da usucapião. Na jurisprudência, a tutela possessória do estabelecimento comercial é reconhecida no Ac. RC 27/5/2008 (Jorge Arcanjo), em *CJ* 33 (2008), 3, pp. 20-22.

[305] Cfr. Manuel Rodrigues, *A Posse*, pp. 119 e ss.

1293º e ss. e 1298º e ss.). Entre nós, não se encontra consagrada a regra da posse vale título dos móveis, ao contrário do que se estabelece no art. 2279º do Código Civil Francês, que atribui a propriedade ao possuidor de boa fé de coisas móveis, apenas admitindo consequentemente neste caso as acções de restituição de posse ou de reivindicação das coisas móveis em caso de má fé do possuidor.

Qualquer coisa móvel ou imóvel pode ser objecto de posse.

Em relação aos prédios rústicos e urbanos (art. 204º, nº 1, a)), a posse estende-se a todos os seus limites, sejam estes horizontais ou verticais,pelo que haverá naturalmente turbação ou esbulho parcial da posse se for invadido o espaço aéreo ou o subsolo do prédio. Assim, a colocação de gruas sobre o prédio ou a sua invasão por túneis ou canalizações traduzir-se-ão naturalmente num esbulho parcial da posse.

Em relação às águas (art. 204º, nº 1, b), a posse das mesmas refere-se não à quantidade específica do líquido, mas antes à sua massa indistinta a qual, embora constantemente se renove, permanece individualizada pela sua localização[306]. Tratando-se de fontes ou nascentes, a lei exige, para permitir a usucapião, que existam obras visíveis e permanentes relativas à captação da água (art. 1390º, nº 1), mas não parece que a simples posse necessite dessas mesmas obras, bastando o aproveitamento da água.

Já em relação à energia, a mesma pode ser objecto de posse por parte de quem controla a sua fonte emissora ou utiliza uma instalação destinada à sua condução. Quem interromper ou desviar o fluxo de energia lesará assim a posse.

2. Direitos abrangidos pela tutela possessória

O art. 1251º refere que a posse se limita ao exercício do direito de propriedade ou de outros direitos reais. A referência legal é, no entanto, objecto de controvérsia. Efectivamente, em primeiro lugar, há direitos reais que não conferem a posse da coisa, como a hipoteca e os privilégios creditórios. Por outro lado, há direitos de crédito que atribuem, pelo menos, a defesa da posse da coisa ao seu titular, como nos arts. 1037º, 2 (locação), 1125º (parceria), 1133º (comodato) e 1188º, 2 (depósito). Torna-se por isso importante examinar quais são os direitos cujo exercício pode dar lugar a uma situação possessória.

É manifesta a existência de posse nos direitos reais de gozo, uma vez que os mesmos conferem sempre ao seu titular alguma forma de aproveitamento da coisa, podendo o gozo ser pleno, como sucede na propriedade, ou limitado, como ocorre nos restantes direitos reais. Entendemos, no entanto, que há um direito real de gozo de tal forma limitado no tempo que o seu exercício não permite

[306] Cfr. Ettore Protetti, *Le azione possessorie. La responsabilità e il procedimento in materia possessoria*, 3ª ed., Milano, Giuffrè, 1968, p. 158.

atribuir ao titular a tutela possessória, que é o direito real de habitação periódica (cfr. art. 21º, nº 1, c), RJHP)[307]. Pode assim existir posse, quer em termos de propriedade plena, quer em termos de usufruto, uso e habitação, superfície e servidões prediais.

A posse pode naturalmente exercer-se em termos de usufruto, caso em que o usufrutuário reunirá a qualidade de detentor em relação ao direito de propriedade e de possuidor em nome próprio em relação ao usufruto, podendo interpor acções possessórias contra qualquer pessoa perturbe ou esbulho o exercício do seu direito. A tutela possessória do usufrutuário não impedirá o nu proprietário de continuar a beneficiar das acções possessórias, podendo igualmente reagir perante o esbulho da coisa por terceiro, ou mesmo contra actos do próprio usufrutuário que ultrapassem os seus poderes sobre a coisa[308].

Também em relação ao uso e habitação, o facto de estes não poderem ser adquiridos por usucapião (art. 1293º, b)) não impede que beneficiem de tutela possessória, nos mesmos termos que o usufruto[309].

A tutela possessória da superfície apresenta-se como mais complexa, na medida em que esta abrange não apenas o direito sobre as construções e plantações realizadas em terreno alheio, mas também a própria faculdade de construir ou plantar. Ora, se é indubitável a possibilidade de existência de posse sobre as construções e plantações, já parece de rejeitar, em face do art. 1251º e do art. 1263º, b) que se possa possuir a mera faculdade de construir ou plantar, devendo exigir-se que se tenha iniciado a construção ou as plantações para que se possa conceder a tutela possessória[310].

Também as servidões prediais, sejam elas aparentes ou não aparentes, contínuas ou descontínuas, positivas, negativas ou desvinculativas, são sempre susceptível de tutela possessória. O facto de as servidões não aparentes não poderem ser adquiridas por usucapião (art. 1263º, a)) não exclui a sua tutela possessória,

[307] Em sentido contrário, defendendo a existência de posse no direito real de habitação periódica, cfr. José Alberto Vieira, *A posse*, pp. 588 e ss.

[308] Cfr. Protetti, *Le Azione*, p. 127.

[309] Protetti, *Le Azione*, p. 126, salienta mesmo que a posse neste caso pode ser adquirida por tradição da coisa efectuada pelo titular do direito (art. 1263º, b)), apesar de este não poder transmitir o próprio direito (art. 1488º).

[310] Poderá assim recorrer à tutela possessória da superfície o possuidor em termos desse direito que tenha iniciado a construção e vê a mesma passar a ser realizada por outro. Já não parece, porém, admissível essa tutela se, tendo sido adquirida a faculdade de construir, antes de o titular iniciar qualquer construção, é surpreendido com a realização da construção por outrem, já que nesses casos apenas se poderá recorrer à tutela petitória. Em sentido contrário, concedendo a tutela provisória nos dois casos, cfr. Protetti, *Le Azione*, p. 128.

exigindo-se, no entanto, para a concessão das acções possessórias, um título provindo do proprietário do prédio serviente ou de quem lho transmitiu (art. 1280º).

Em relação aos direitos reais de garantia, o seu exercício apenas permite conferir a tutela possessória se se verificar alguma forma de apreensão material da coisa por parte do credor respectivo (como ocorre no penhor e no direito de retenção). Direitos reais de garantia em que essa situação não se verifica (como a hipoteca e os privilégios creditórios) não são naturalmente susceptíveis de posse. É manifesto que direitos reais de garantia, como o penhor e o direito de retenção, são susceptíveis de posse, atento o facto de a lei lhes atribuir as acções possessórias (arts. 670º, a) e 758º), o que pressupõe naturalmente a existência de posse[311]. Já em relação à consignação de rendimentos a discussão sobre a posse do credor será equivalente à discussão em torno da posse do locatário, em torno da equiparação a que a lei procede (art. 661º, b)). Da mesma forma, em caso de penhora e arresto a questão terá que ser colocada nos mesmos termos do que em relação à posse do depositário, atenta a situação de depósito judicial, que é por essa via instituída (arts. 756º e ss. e 764º e ss. CPC).

Relativamente aos direitos pessoais de gozo, entendemos que os mesmos são susceptíveis de posse[312], na medida em que atribuem poderes sobre a coisa, que a lei tutela através das competentes acções possessórias (cfr. arts. 1037º, nº 2, 1125º, nº 2, 1133º, nº 2 e 1188º, nº 2). A existência de posse nestes direitos não implica, porém, a sua qualificação como direitos reais (ao contrário do que poderia ser sustentado através de uma argumentação conceptualista a partir do art. 1251º), uma vez que neste caso o direito ao gozo da coisa é obtido a partir de uma prestação do devedor, resultando, portanto, de um direito de crédito. Efectivamente, o titular apenas adquire o direito a uma prestação do devedor, que consiste em assegurar o gozo de uma coisa corpórea, tutelável através da acção de cumprimento. A satisfação dessa prestação pressupõe, porém, a atribuição ao credor um direito à posse das coisas entregues, o que justifica que a lei lhe atribua as acções possessórias para defesa dessa situação jurídica[313].

Pelas mesmas razões também nos parece existir posse no caso do promitente--comprador que obteve a tradição da coisa a que se refere o contrato prometido. Efectivamente, nessa situação o promitente-comprador exerce antecipadamente

[311] Cfr. neste sentido, Manuel Rodrigues, *A posse*, pp. 158 e ss., Orlando de Carvalho, *RLJ* 122 (1989-1990), pp. 106-107, e José Alberto Vieira, *A posse*, pp. 593 e ss. e 599 e ss.

[312] Cfr. neste sentido, Manuel Rodrigues, *A posse*, pp. 166 e ss. e José Alberto Vieira, *A posse*, pp. 604 e ss.

[313] Defendemos já esta posição em Menezes Leitão, *O enriquecimento sem causa no Direito Civil*, Lisboa, CEF, 1996, p. 753, nota (93), reed., pp. 725-726, nota (1956) e em *Direito das Obrigações*, I – *Introdução. Da constituição das obrigações*, 15ª ed., Coimbra, Almedina, 2018, p. 109.

os poderes correspondentes ao exercício do direito de propriedade, o que justifica que beneficie da tutela possessória[314].

3. O concurso de posses

Cabe agora falar do concurso de posses, fenómeno que se verifica sempre que várias pessoas tenham posse sobre a mesma coisa. Podemos neste âmbito distinguir entre a sobreposição, a comunhão e o conflito de posses.

Consideramos existir *sobreposição de posses*, sempre que a mesma coisa seja possuída nos termos de direitos com âmbito distinto. Já a *comunhão de posses*, ou composse, ocorre se a coisa for possuída por vários titulares com base num direito ou num acordo comum. Finalmente, o *conflito de posses* verifica-se sempre que existam duas posses em conflito sobre a mesma coisa, o qual terá que ser resolvido com a atribuição da posse a um dos litigantes.

A *sobreposição de posses* ocorre em virtude de a posse ser possível em relação aos direitos reais de gozo, a vários direitos reais de garantia, e também aos direitos pessoais de gozo, os quais concorrerão naturalmente com a posse do proprietário. Assim, nesses casos pode ocorrer um fenómeno de sobreposição de posses sobre a mesma coisa. Se o proprietário, que tem a posse da coisa, constituir um usufruto sobre a mesma, passarão a subsistir duas posses sobre o mesmo objecto: a posse em termos de direito de propriedade e a posse em termos de usufruto. No entanto, se apenas o usufrutuário exercer os poderes de facto sobre a coisa, ele terá posse em nome próprio em relação ao usufruto, exercendo também em nome alheio a posse relativa à propriedade.

A *comunhão de posses*, ou composse, ocorre quando é atribuída a posse da coisa simultaneamente a vários titulares, com base num direito ou acordo comum, ficando assim todos eles na situação de compossuidores. Essa hipótese encontra-se prevista genericamente no art. 1286º e pode ocorrer no caso de a posse se referir a um direito real exercido em comunhão (arts. 1403º e ss.) ou ainda, no

[314] Aparentemente em sentido contrário, cfr. Pires de Lima/Antunes Varela, *op. cit.*, III, sub art. 1251, nº 7, pp. 6-7, com o argumento subjectivista de que se o promitente-comprador "obtém a entrega da coisa antes da celebração do negócio translativo, adquire o *corpus* possessório, mas não adquire o *animus possidendi*, ficando, pois, na situação de mero detentor ou possuidor precário". Este autores reconhecem, porém, que "são concebíveis situações em que a posição jurídica do promitente-comprador preenche excepcionalmente todos os requisitos de uma verdadeira *posse*", como na hipótese de ser paga a totalidade do preço e não ser celebrada a escritura apenas para evitar o pagamento da sisa ou o exercício do direito de preferência, passando por isso o promitente-comprador a comportar-se como proprietário após receber a coisa. No sentido que defendemos, cfr. José Alberto Vieira, *A posse*, pp. 630 e ss. Na jurisprudência, cfr. o Ac. STJ 19/11/2009 (Fonseca Ramos), na *CJ-ASTJ* 17 (2009), 3, pp. 148-152, que considerou o promitente-comprador como possuidor de boa fé para efeitos de restituição de benfeitorias.

caso de penhor, ser acordada a atribuição meramente da composse ao credor pignoratício (art. 669º, nº 2).

No caso de *conflito de posses*, existiu a aquisição da posse por um novo possuidor, mas a posse do anterior não se extingue imediatamente, uma vez que ele apenas a perde ao fim de um ano (art. 1267º, nº 1, d)). Nesse caso, o antigo possuidor poderá recorrer à acção de manutenção ou de restituição da posse, sendo normalmente resolvido o conflito a seu favor enquanto não for convencido da titularidade do direito (art. 1278º, nº 1). No entanto, se a sua própria posse não tiver mais de um ano, a manutenção ou restituição está dependente da inexistência de melhor posse (art. 1278º, nº 2). Nesse caso, o conflito resolve-se atribuindo prioridade à posse titulada sobre a não titulada, à posse mais antiga em caso de falta de título, ou à posse actual, sem ambas tiverem a mesma antiguidade (art. 1278º, nº 3).

Secção V
Classificações da posse

1. Generalidades

Para além da distinção fundamental entre a detenção e a posse, a que já fizemos referência, a posse é susceptível de ser objecto de várias classificações, consoante o regime que lhe está associado. O art. 1258º faz referência a estas classificações, referindo que "a posse pode ser titulada ou não titulada, de boa ou de má fé, pacífica ou violenta, pública ou oculta". Acrescentaremos a estas, na esteira de MENEZES CORDEIRO, as classificações entre posse causal e formal, posse civil e interdictal e posse efectiva e não efectiva[315].

Examinemos sucessivamente estas classificações:

2. Posse causal e posse formal

A posse causal é aquela que é acompanhada da titularidade do direito. A posse formal é aquela em que a titularidade do direito não se verifica.

Actualmente qualquer titular de um direito real pode invocar a generalidade dos efeitos da posse a seu favor, desde que seja simultaneamente possuidor. Não está, por isso, o titular do direito obrigado a recorrer à defesa petitória, que implicaria a demonstração da sua efectiva titularidade, podendo utilizar para o efeito as acções possessórias. A posse não decorre, no entanto, automaticamente da titularidade do direito exigindo-se um efectivo controlo material da coisa. A titularidade do direito nem sequer atribui qualquer presunção de posse.

3. Posse civil e interdictal

Esta distinção tem por base a contraposição romanística entre a *possessio civilis* e a *possessio ad interdicta*. A posse civil permitiria atribuir todos os efeitos possessórios, incluindo a usucapião. Já a posse interdictal significaria apenas a atribuição

[315] Cfr. MENEZES CORDEIRO, *A posse*, pp. 85 e ss.

das acções possessórias e, eventualmente, de alguns outros efeitos da posse, mas nunca da usucapião.

Actualmente, no nosso direito, poderemos considerar como posse civil aquela que se exerce nos termos dos direitos reais de gozo, sendo considerada como posse interdictal aquela que corresponda a direitos reais de garantia ou direitos pessoais de gozo. Efectivamente, estes direitos nunca se adquirem por usucapião (art. 1287º), mas permitem o uso das acções possessórias (art. 670º, a), 758º, 1037º, nº 2, 1125º, nº 2, 1133º, nº 2, e 1188º, nº 2). Normalmente a posse destes direitos não atribui direito aos frutos da coisa (art. 1132º), ainda que em certos casos o possa fazer (cfr. art. 672º e 758º). Salvo no caso do depositário (art. 1189º), atribui, no entanto, a faculdade de usar a coisa. Em certos casos, há ainda lugar ao reembolso de benfeitorias (arts. 670º, b) e 758º). No caso dos direitos pessoais de gozo, o reembolso das benfeitorias é efectuado nos termos da posse de má fé (art. 1046º, nº 1), 1138º, nº 2), sendo que em certos casos nem se admite esse reembolso (arts. 1046º, nº 2 e 1138º, nº 2).

4. Posse efectiva e não efectiva

Posse efectiva é aquela em que existe um contrôlo material sobre a coisa. Posse não efectiva é aquela em que a situação possessória resulta apenas da lei. Efectivamente, a lei por vezes mantém a situação possessória, apesar de já se ter perdido o contrôlo material sobre a coisa (exs: arts. 1278º, nº 1, e 1282º do Código Civil).

5. Posse titulada e não titulada

Posse titulada é aquela que se funda num modo legítimo de adquirir, independentemente do direito do transmitente ou da validade substancial do negócio jurídico (art. 1259º, nº 1). Posse não titulada é aquela que não derivou desse modo legítimo de adquirir. Assim, quem compra um objecto terá uma posse titulada ainda que o contrato seja substancialmente inválido, enquanto que quem o furta terá uma posse não titulada. Uma vez que a lei apenas considera titulada a posse independentemente da validade *substancial* do negócio jurídico, parece que não será titulada a posse fundada em negócio formalmente inválido, como na hipótese de venda de um terreno por escrito particular (art. 220º). Mas já será titulada a posse no caso de venda de um bem por quem não é seu legítimo proprietário, apesar de a lei considerar igualmente nulo o negócio em questão (art. 892º)[316].

Nos termos do art. 1259º, nº 2, o título não se presume, tendo a sua existência que ser provada por quem o invoca, cabendo assim ao possuidor fazer a prova dos factos relativos ao título, sob pena de a posse se ter por não titulada. Consequentemente, também não será relevante o título meramente putativo, que só exista

[316] Cfr. Oliveira Ascensão, *Reais*, p. 97 e Carvalho Fernandes, *Direitos Reais*, pp. 299-300.

na convicção do possuidor. Mesmo que este esteja convencido erradamente de que adquiriu por título legítimo a posse, quando tal não ocorreu, a posse não deixa de se considerar como não titulada.

6. Posse de boa fé e posse de má fé

Posse de boa fé é aquela em que o possuidor ignorava, ao adquiri-la, que lesava o direito de outrem (art. 1260º, nº 1). Posse de má fé é aquela em que não se verificava essa ignorância, no momento de aquisição da posse. A lei refere-se aqui à boa fé em sentido subjectivo, o que, de acordo com a posição actualmente dominante, deve ser interpretado num sentido ético e não meramente psicológico, considerando-se de boa fé apenas o possuidor que ignorava sem culpa que se encontrava a lesar o direito de outrem[317].

O legislador tem o cuidado de referir que a posse titulada se presume de boa fé e a não titulada de má fé (art. 1260º, nº 2), referindo ainda que a posse adquirida por violência é sempre considerada de má fé, ainda que seja titulada (art. 1260º, nº 3). A duas primeiras presunções são naturalmente ilidíveis, podendo ser demonstrada a existência de má fé, mesmo perante título aparentemente legítimo, ou a existência de boa fé, por parte de quem adquiriu a posse sem qualquer título. Pelo contrário, a última presunção é inilidível, destinando-se a sancionar a actuação violenta por parte do possuidor.

Uma vez que a lei se refere ao momento da aquisição para caracterizar a boa fé a posse não deixa de se considerar de boa fé pelo facto de o possuidor adquirir em momento posterior a consciência de lesar o direito de outrem, de acordo com o brocardo *mala fides superveniens non nocet*. Exceptua-se, porém, o regime dos frutos em relação aos quais a cessação da boa fé em momento posterior impede o possuidor de os fazer seus a partir dessa data (art. 1270º, nº 1)[318]. Para além deste caso, a citação para a acção faz cessar a boa fé do possuidor (art. 564º, a) CPC), pelo que a sua posse deixa de poder ser considerada de boa fé a partir desse momento.

[317] Semelhante debate já existia perante o art. 476º do Código de 1867, com DIAS MARQUES, *Prescrição aquisitiva*, II, Lisboa, s.e., 1960, p. 21 a defender que toda e qualquer ignorância do possuidor constitui boa fé e MANUEL GONÇALVES SALVADOR, *Terceiro e os efeitos dos actos ou contratos. A boa fé nos contratos*, Lisboa, s.e., 1962 a sustentar que só estaria de boa fé o possuidor que tivesse agido diligentemente. Perante o actual art. 1260º, nº 1, ORLANDO DE CARVALHO, *RLJ* 122 (1989-1990), p. 292, defendeu uma configuração puramente psicológica da posse de boa fé. Pelo contrário, a configuração ética da boa fé subjectiva na posse foi propugnada por MENEZES CORDEIRO, *Da Boa Fé*, p. 437, o que constitui a tese 16ª da sua dissertação a p. 1289. À posição de MENEZES CORDEIRO vieram posteriormente aderir OLIVEIRA ASCENSÃO, *Reais*, pp. 98-99 e CARVALHO FERNANDES, *Direitos Reais*, p. 302.

[318] Cfr. BONIFÁCIO RAMOS, *Direitos Reais*, p. 166.

7. Posse violenta e posse pacífica

Posse violenta é aquela em que para adquiri-la o possuidor usou de coacção física ou de coacção moral (art. 1261º, nº 2). Pelo contrário, posse pacífica é aquela que foi adquirida sem violência (art. 1261º, nº 1). Conforme se referiu, a posse violenta é sempre qualificada de má fé, ainda que seja titulada (art. 1260º, nº 3).

A violência na aquisição da posse tanto pode ser exercida contra coisas como contra pessoas, devendo considerar-se como posse violenta não apenas a situação daquele que coage outrem a entregar-lhe um objecto, mas também a daquele que entra em casa alheia por arrombamento, mesmo que nesse momento a casa estivesse vazia[319]. A violência na posse não se confunde, no entanto, com a ilicitude na sua aquisição, já que quem furta um objecto não usa de violência, sendo por isso a sua posse pacífica.

A violência na aquisição da posse permite ao possuidor interpor o procedimento cautelar de restituição provisória de posse (arts. 1279º e 377º e ss. CPC).

A posse violenta não pode ser registada (art. 1295º, nº 2) e não permite a contagem do prazo para a usucapião (arts. 1297º e 1300º, nº 1).

8. Posse pública e posse oculta

A posse pública é a que se exerce de forma a ser conhecida de todos os interessados (art. 1262º). Pelo contrário, posse oculta é aquela em que esse conhecimento não seja possível.

A posse tomada ocultamente implica que o prazo para o possuidor intentar as acções correspondentes apenas se inicie após o conhecimento do esbulho (art. 1282º, *in fine*).

Para além disso, a posse oculta não pode ser registada (art. 1295º, nº 2) e não permite a contagem do prazo para a usucapião (arts. 1297º e 1300º, nº 1).

[319] Neste sentido, PIRES DE LIMA/ANTUNES VARELA, *op. cit.*, III, sub art. 1261º, nº 3, pp. 23-24 e SANTOS JUSTO, *Direitos Reais*, p. 175. Já MENEZES CORDEIRO, *A posse*, p. 99, entende que a violência tem necessariamente que ser exercida sobre as pessoas, ainda que para isso se ameace ou danifique uma coisa.

Secção VI
Vicissitudes da posse

1. Generalidades

Cabe agora examinar as vicissitudes da posse. Estas correspondem aos fenómenos que determinam a constituição da posse, a sua manutenção, a sua modificação, a sua transmissão para outrem e a sua extinção.

Examinemos sucessivamente estas situações.

2. A constituição da posse

2.1. Generalidades

Nos termos do art. 1263º, a posse adquire-se:

a) Pela prática reiterada, com publicidade, dos actos materiais correspondentes ao exercício do direito;
b) Pela tradição material ou simbólica da coisa, realizada pelo antigo possuidor;
c) Pelo constituto possessório;
d) Por inversão do título da posse.

2.2. O apossamento

A primeira causa de aquisição da posse é assim o apossamento. Este consiste na prática em relação à coisa, de actos materiais, por forma repetida, e com publicidade (art. 1263º a)). Em relação ao anterior possuidor, o apossamento traduz-se num esbulho da coisa.

Para se poder verificar o apossamento, têm que ser praticados actos materiais em relação à coisa, correspondendo consequentemente a um aproveitamento directo da mesma (*uti, frui, consumere*). Já a simples prática de actos jurídicos relativos à coisa (como a sua alienação ou oneração), dado que corresponde a um mero aproveitamento indirecto da mesma, não é susceptível de consubstanciar apossamento. Efectivamente, todos podem praticar actos jurídicos relativas às coisas, como a sua venda, doação, e locação, sem que tal implique o exercício de quaisquer poderes sobre a mesma[320].

Os actos materiais que caracterizam o apossamento devem traduzir uma forma de apreensão da coisa, cujo significado varia consoante se trate de coisas móveis ou imóveis. No âmbito das coisas móveis, a apreensão implica a deslocação da coisa móvel do lugar em que se encontra para ser colocada na esfera de acção do novo possuidor. Já no caso de coisas imóveis, a apreensão implica a prática de actos que consubstanciem um efectivo aproveitamento do imóvel, como a sua habitação, realização de modificações, cultivo do terreno, colheita de frutos, demarcação e vedação[321].

Os actos materiais têm que corresponder ao exercício de determinado direito sobre a coisa, resultando da extensão desse exercício qual o direito nos termos do qual se possui. Assim, aquele que passa por um prédio rústico não pode invocar a sua posse em termos de propriedade, na medida que apenas exerce uma servidão de passagem. Mas, para se possuir como proprietário, não é necessário que o possuidor simultaneamente use, frua e transforme a coisa, bastando o exercício de algum desses poderes, uma vez que se deve presumir que a posse corresponde ao exercício do direito de propriedade, apenas se limitando a mesma a outros direitos se houver indícios nesse sentido[322].

A prática de actos materiais correspondentes ao exercício do direito tem que ser reiterada, já que a posse pressupõe uma certa duração da relação com a coisa. Assim, aquele que se limita a atravessar uma vez um terreno, ou recolhe momentaneamente um objecto para o colocar outra vez no mesmo sítio, não chega a adquirir a posse.

Finalmente, a lei refere que a prática dos actos materiais deve ser realizada com publicidade. Este requisito corresponde à formulação tradicional, que sustentava que os actos clandestinos não poderiam determinar a aquisição da posse, uma vez que o *animus celendi* lhes retiraria o carácter de afirmação de um direito, para os qualificar como delitos, furtos e usurpações[323]. Hoje, em dia, no entanto,

[320] Nas palavras de MANUEL RODRIGUES, *A posse*, p. 183, "por sua própria natureza estes actos são insuficientes para demonstrar a existência de um poder de facto sobre as coisas, porque recaem exclusivamente não sobre a própria coisa, mas sobre os elementos espirituais dos direitos, e por isso podem ser praticados por qualquer pessoa, ainda que esta não tenha qualquer poder sobre a coisa". No mesmo sentido, cfr. na jurisprudência, o Ac. STJ 13/1/2009 (AZEVEDO RAMOS), em *CJ-ASTJ* 17 (2009), 1, pp. 41-43.

[321] Cfr. MANUEL RODRIGUES, *A posse*, pp. 184-185.

[322] Cfr. MANUEL RODRIGUES, *A posse*, pp. 184-185.

[323] Cfr. MANUEL RODRIGUES, *A posse*, pp. 189 e ss. Esta posição é igualmente seguida hoje por SANTOS JUSTO, *Direitos Reais*, p. 194.

a lei tanto admite a posse pública, como a posse oculta (cfr. art. 1262º), determinando apenas que esta última, assim como a posse violenta, não pode conduzir à usucapião (arts. 1297º e 1300º). Resulta, por outro lado, claramente do art. 1267º, nº 2, que a posse se pode iniciar ocultamente, exigindo-se apenas nesse caso que se verifique o conhecimento do antigo possuidor para que se inicie o prazo de caducidade das acções possessórias (art. 1282º)[324]. A referência à publicidade neste preceito deve por isso ser interpretada no sentido de que esta é exigida apenas para a constituição da posse civil, permanecendo a posse como meramente interdictal até que essa publicidade se verifique.

2.3. A tradição material ou simbólica da coisa

A segunda causa de aquisição da posse é a tradição (*traditio*) da coisa. A tradição é composta por um elemento negativo, correspondente à cedência da coisa pelo anterior possuidor, e um elemento positivo, correspondente à sua apreensão pelo novo, o qual denuncia a aquisição de poderes sobre o objecto da posse[325].

A tradição pode ser *material* ou *simbólica*.

Na *tradição material* há uma entrega e recebimento físicos da coisa. No âmbito dos imóveis, exigir-se-ia uma deslocação do adquirente ao imóvel, entrando efectivamente nele. Em relação aos móveis, seria necessário o transporte das coisas, como no caso de elas serem levadas pelo adquirente ou seu representante, entregues no seu domicílio ou colocadas sobre vigilância de guardas seus.

Já na *tradição simbólica* a transmissão da posse dá-se com base num acordo entre as partes nesse sentido, dispensando-se o contacto material do adquirente com a coisa. Não basta para esse efeito, no entanto, o contrato relativo à transmissão do direito susceptível de posse, sendo necessário um acordo específico relativamente à transmissão da própria posse[326].

Nesse âmbito, tem-se distinguido, de acordo com a tradição romanística entre a *traditio longa manu, a traditio ficta* e a *traditio brevi manu*. Na *traditio longa manu,* também denominada *oculis et affectu,* as partes à distância procedem à entrega da coisa por simples acordo sem contacto com ela, como no caso de alguém trans-

[324] Em sentido diferente, MENEZES CORDEIRO, *A posse*, p. 101, pretende resolver esta contradição de preceitos legais, defendendo que para se constituir a posse tem que ser tomada publicamente, mas que pode permanecer posteriormente oculta, caso em que não conduz à usucapião. A solução introduz, no entanto, uma absurda disparidade com o regime da posse violenta, em que a exclusão da usucapião não impede que a posse se constitua em virtude do esbulho. Por outro lado, é manifesto que a lei admite o facto de a posse ser tomada ocultamente, atenta a prorrogação do prazo de caducidade das acções possessórias, que institui nesse caso.

[325] Cfr. MANUEL RODRIGUES, *A posse*, p. 203.

[326] Isto em virtude da antiga regra *"traditionibus (...) dominia rerum, non nudis pactis transferentur"* (C.2.3.20), que se mantém aplicável à posse. Cfr. MANUEL RODRIGUES, *A posse*, p. 202.

mitir a posse de um terreno, indicando qual é numa torre nas suas proximidades, ou se uma das partes indicasse à outra para ir buscar um cavalo apontando para ele[327]. Na *traditio ficta* as partes procedem à entrega da coisa através de um objecto que a simboliza, como a entrega dos seus documentos (*traditio chartae*) ou das chaves da mesma (*traditio clavium*). Na *traditio brevi manu* as partes acordam transformar a situação de detenção em posse, como na hipótese de quem já é detentor da coisa celebrasse com o antigo possuidor um contrato destinado a transmitir-lhe a posse.

2.4. O constituto possessório

A terceira causa de aquisição da posse consiste no constituto possessório, previsto no art. 1264º. Este é o inverso da *traditio brevi manu*, e consiste na passagem do possuidor a mero detentor, continuando a ter a coisa consigo, enquanto que a posse se transmite para outrem. Essa situação verifica-se sempre que o possuidor contrata com a outra parte a transmissão do direito sobre a coisa, sendo que simultaneamente as partes acordam numa causa jurídica para a detenção da mesma. É o que sucede se, por exemplo, o vendedor de uma coisa acorda com o comprador ficar locatário ou depositário da mesma.

O constituto possessório exige assim os seguintes requisitos:

a) a celebração de um contrato transmissivo de um direito real que confira a posse da coisa;
b) que o transmitente do direito real seja possuidor;
c) a existência de uma causa jurídica para a detenção da coisa[328].

O primeiro requisito do constituto possessório é a existência de *um contrato transmissivo de um direito real que confira a posse da coisa*. Efectivamente, neste caso a aquisição da posse resulta de um contrato de transmissão de um direito à posse.

O segundo requisito do constituto possessório é que *o transmitente do direito real seja possuidor*. Efectivamente, o constituto possessório pressupõe a existência de posse no alienante pelo que, se ele não for possuidor, não se poderá verificar a constituição da posse no adquirente, ainda que o alienante seja o efectivo titular do direito transmitido.

Finalmente, o constituto possessório exige que *as partes estipulem uma causa jurídica para a detenção*, que leve a que o alienante possa passar a ser considerado

[327] É de notar que MANUEL RODRIGUES, *A posse*, p. 204, não considera esta forma de tradição como simbólica, qualificando-a como uma tradição real, onde se verifica uma atenuação do elemento positivo da *traditio*. Já MENEZES CORDEIRO, *A posse*, pp. 107-108 inclui esta figura no âmbito da tradição simbólica.

[328] Cfr. JOSÉ ALBERTO VEIRA, *Direitos Reais*, p. 601.

como possuidor em nome alheio. Efectivamente, a posse não se transmite por mero consenso das partes, ao contrário do que sucede genericamente com os direitos reais (art. 408º), sendo a forma comum de transmissão a tradição material ou simbólica da coisa (art. 1263º b)). Por outro lado, devido à configuração objectiva da posse, o alienante do direito real deve ser considerado possuidor enquanto não entregar a coisa, apenas passando a detentor se as partes assim configurarem a situação[329].

2.5. A inversão do título da posse.

A quarta causa de aquisição da posse é a inversão do título da posse (*interversio possessionis*), prevista no art. 1265º. A inversão do título da posse consiste na passagem de uma situação de detenção (posse em nome alheio), a uma situação de verdadeira posse. Em relação ao possuidor primitivo, a inversão do título da posse traduz-se num esbulho da coisa[330].

A inversão do título da posse pode ocorrer por duas vias: a oposição (*contraditio*) do detentor do direito contra aquele em cujo nome possuía ou a verificação de um acto de terceiro capaz de transmitir a posse.

Na primeira situação, o detentor pratica actos que contradizem a situação de estar a possuir em nome alheio, opondo-se assim à posse daquele em cujo nome possuía. Tal basta para aquirir ele mesmo à posse, cabendo ao anterior possuidor reagir contra o esbulho da sua posse[331]. A inversão do título da posse terá que resultar de actos que indiciem inequivocamente que o detentor quer doravante passar a possuir em nome próprio, não se podendo inferir essa inversão de simples omissões. Assim, a cessação da relação de administração de bens alheios (v.g. mandato ou tutela), sem que a coisa seja restituída não implica a inversão do título da posse. Da mesma forma, o facto de o arrendatário não pagar as rendas não constitui inversão do título. Mas já constituirá inversão do título o facto

[329] Neste sentido, já MENEZES LEITÃO, *Obrigações*, III, p. 30, nota (46). Posteriormente, veja-se JOSÉ ALBERTO VIEIRA, *Direitos Reais*, p. 602. Em sentido contrário, defendendo que a transferência da posse ocorre neste caso por mero efeito do contrato, como a transmissão de qualquer direito real, cfr. OLIVEIRA ASCENSÃO, *Reais*, p. 116, PEDRO DE ALBUQUERQUE, *Obrigações*, I-1, pp. 135 e ss., e HENRIQUE SOUSA ANTUNES, *Direitos Reais*, pp. 325 e ss. O argumento invocado de que assim o adquirente é mais protegido em caso de esbulho da coisa por terceiro se convencionar uma causa de detenção do que na hipótese contrária em nada altera a questão. O esbulhador priva da posse a quem se encontra a exercer o controlo fáctico da coisa, sendo este o alienante, só sendo privado da posse o adquirente se o alienante se encontrar a possuir em nome alheio. Ora, para que tal suceda tem que existir uma causa jurídica para a detenção, sem o que alienante se manterá como possuidor.

[330] Neste sentido, cfr. PROTETTI, *Le Azione*, pp. 192 e ss.

[331] Não se exige assim, ao contrário do que previa o art. 510º do Código Civil de 1867, que a oposição do possuidor precário não fosse repelida por aquele em cujo nome possuía.

de o arrendatário comunicar ao proprietário de que a razão por que não paga as rendas resulta de ter passado a considerar-se a ele próprio como proprietário[332].

Na segunda situação, verifica-se um acto de terceiro capaz de transferir a posse, o que leva a que o detentor adquira um título distinto para a sua situação possessória, diferente daquele pelo qual possuía em nome alheio. Para poder dar-se a inversão o novo título:

a) terá que provir de terceiro;
b) representar uma causa jurídica suficiente para uma transferência da posse;
c) traduzir exteriormente uma nova posse do detentor.

A exigência de que o novo título provenha de terceiro permite distinguir a inversão do título da posse da *traditio brevi manu*, caso em que a posse resulta de transmissão pelo antigo possuidor. A exigência de que a causa jurídica seja suficiente para a transferência de posse resulta da necessidade de substituição do anterior título por outro idóneo. É o que sucede na hipótese de o arrendatário comprar a coisa a terceiro, caso em que a situação anterior de arrendamento é substituída por uma nova posse resultante da compra entretanto efectuada a pessoa distinta do possuidor. Esta nova posse tem, no entanto, que se traduzir exteriormente, pelo que, se o arrendatário continuar naquele caso a pagar a renda ao seu senhorio, a inversão já não se verificará[333].

3. Manutenção na posse

Uma vez adquirida a posse, questiona-se o que é necessário para que ela se mantenha em quem a adquiriu[334]. Neste caso, mais uma vez se verifica uma discussão entre as posições de SAVIGNY e JHERING.

Para SAVIGNY, a posse exige sempre um *corpus* e um *animus*, pelo que será conservada enquanto não desaparecer qualquer destes elementos, o que só ocorrerá caso se verifique um *corpus* ou um *animus* de sinal contrário (*in contrarium actus*) àquela posse. O *corpus* em sentido contrário corresponderá a qualquer elemento que retire ao possuidor a faculdade de dispor do objecto possuído, enquanto que o *animus* de sinal contrário existirá sempre que o possuidor deixe de querer possuir[335]. Assim, a posse, uma vez adquirida, manter-se-á sempre que o possuidor possa repetir o acto de apreensão, já que essa faculdade só se perde com a

[332] Cfr. MANUEL RODRIGUES, *A posse*, pp. 232 e ss.
[333] Cfr. MANUEL RODRIGUES, *A posse*, pp. 234-235.
[334] Cfr. MANUEL RODRIGUES, *A posse*, pp. 257 e ss.
[335] Cfr. SAVIGNY, *Das Recht des Besitzes*, pp. 328 e ss.

existência de uma nova posse, ou com a destruição legal ou natural da coisa[336]. A posse extinguir-se-ia, porém, igualmente no caso de o possuidor manifestar expressamente a intenção de não possuir[337].

A posição de SAVIGNY veio a ser objecto da crítica da JHERING. Para este autor, uma vez que a posse corresponde à exteriorização da propriedade, a manutenção da posse pressupõe que os poderes fácticos sobre a coisa continuem a ser exercidos[338]. Não seria assim suficiente que o possuidor possa repetir o acto de apreensão, exigindo-se antes que ele adopte um comportamento que evidencie o interesse em ser dono da coisa, designadamente através da sua utilização ou da sua protecção contra eventuais riscos que a ameacem. Consequentemente, a posse deve ser considerada perdida a partir do momento em que o possuidor vê perturbada a sua relação sobre a coisa, e não adopta a diligência habitual num proprietário para recuperar essa relação, sendo a diligência do proprietário assim o elemento indispensável para a conservação da posse. Uma vez que a posse exige sempre uma actuação por parte do possuidor, a mesma cessará sempre que o possuidor não proceda em relação à coisa como o faria um proprietário diligente[339].

A contraposição entre estas duas doutrinas tem sido explicada com base num exemplo. Para SAVIGNY, se o possuidor deixasse uma coisa numa floresta, conservaria a sua posse enquanto a pudesse ir lá buscar de volta, mesmo que só voltasse à floresta meses ou anos depois. Já para JHERING, a posse estaria imediatamente perdida quando a coisa é largada na floresta, uma vez que essa não é uma conduta típica de um proprietário diligente[340].

A nossa lei refere, no art. 1257º, nº 1, que a posse se mantém enquanto durar a actuação correspondente ao exercício do direito ou a possibilidade de o continuar, o que parece corresponder à doutrina de SAVIGNY. Esta solução, já consignada no art. 474º, § 2º do Código de Seabra, veio, no entanto, a ser considerada inaplicável por MANUEL RODRIGUES em relação aos direitos reais susceptíveis de extinção pelo não uso, para evitar que pudessem continuar a beneficiar da tutela possessória após a sua extinção. A não ser essa a solução, por exemplo, o titular de uma servidão que se extinguisse pelo não uso continuaria a beneficiar da tutela possessória, após a extinção do seu direito[341]. Mas já PIRES DE LIMA e ANTUNES VARELA rejeitaram essa posição, entendendo que enquanto não fosse

[336] Cfr. SAVIGNY, *Das Recht des Besitzes*, pp. 349 e ss. A pp. 353-354, o autor estabelece, porém, uma excepção em relação aos terrenos, considerando que a simples impossibilidade da sua utilização não determina a perda da posse, até que a mesma seja conhecida do possuidor.

[337] Cfr. SAVIGNY, *Das Recht des Besitzes*, pp. 354 e ss.

[338] Cfr. JHERING, *Über den Grund*, pp. 160 e ss.

[339] Cfr. JHERING, *Über den Grund*, pp. 209 e ss.

[340] Cfr. JHERING, *Über den Grund*, p. 210.

[341] Cfr. MANUEL RODRIGUES, *A posse*, pp. 262-263.

judicialmente declarada a extinção da servidão pelo não uso, faz todo o sentido que o seu titular continue a beneficiar da tutela possessória[342]. Menezes Cordeiro admitiu que o não uso possa extinguir a posse, nos mesmos termos em que extingue o direito respectivo[343].

A nosso ver, não faz sentido considerar a mera possibilidade de repetição do acto de apossamento como suficiente para a conservação da posse, ao contrário do que defendia Savigny, nem nos parece que a expressão legal deva ser interpretada nesse sentido. Mas também não nos parece, como sustenta Jhering, que se exija a conduta normal de um proprietário diligente para se poder conservar a posse, uma vez que a mesma se caracteriza pelo exercício de poderes correspondentes àquele direito, independentemente da diligência com que são exercidos[344]. Interpretamos assim a referência legal à possibilidade de continuação do exercício do direito no sentido de que basta assegurar um certo controlo sobre a coisa para conservar a posse sobre ela. Assim, quem deixa a coisa numa floresta perde a posse por abandono, constituindo o acto de a ir buscar de volta uma repetição do apossamento. Mas já não perde a posse quem estaciona um automóvel na via pública, uma vez que o condutor mantém o controlo da coisa enquanto conservar as chaves. Neste enquadramento, não se justifica defender a extinção pelo não uso, dado que é a cessação do controlo sobre a coisa que implica a perda da posse, a qual se verifica no momento dessa cessação.

O art. 1257º, nº 2, estabelece ainda que se presume que a posse continua em nome de quem a começou. Desta disposição resulta de que basta provar a constituição da posse para que a lei presuma a sua continuação, não sendo assim exigível, designadamente para efeitos de usucapião que se demonstre a prática constante de actos relativos à posse[345].

4. Modificação da posse

Verifica-se a modificação da posse sempre que ocorrer alteração das características da mesmas, o que tem relevância para os efeitos da posse. Assim, a posse pode deixar de ser de boa fé e passar a ser de má fé, passando a partir desse momento a vigorar o regime desta em relação a frutos (art. 1271º), benfeitorias (art. 1273º) e prazo para a aquisição por usucapião. Da mesma forma, a posse pode deixar

[342] Cfr. Pires de Lima/Antunes Varela, *op. cit.*, III, sub art. 1257º, nº 2, pp. 15-16.

[343] Cfr. Menezes Cordeiro, *Direitos Reais*, pp. 541 e 554.

[344] Neste sentido, Manuel Rodrigues, *A posse*, p. 261, que salienta que "para se demonstrar que uma relação material entre um indivíduo e um prédio rústico, por exemplo, existe, não é necessário que aquele o cultive normalmente, como faria um proprietário prudente, mas basta que com certa regularidade, pratique no prédio actos de retenção, uso ou fruição, adequados ou não ao conveniente aproveitamento das suas utilidades".

[345] Neste sentido, cfr. Ac. RC 15/11/2011 (Vicente Ruço), em *CJ* 36 (2011), 5, pp. 16-20.

de ser violenta, a partir do momento em que cessa a violência, ou deixar de ser oculta quando passa a ser exercida publicamente, caso em que se inicia o prazo para usucapião (arts. 1297º e 1300º)[346].

5. A sucessão na posse

Sendo uma situação jurídica patrimonial, a posse pode ser objecto de sucessão nos termos gerais (art. 2024º). No caso de morte do possuidor, a lei determina que a sucessão na sua posse é automática, e ocorre independentemente da apreensão material da coisa (art. 1255º). A doutrina tem, no entanto, discutido se este fenómeno apenas se verifica no caso de os sucessores serem herdeiros do *de cujus*[347] ou se também ocorre no caso de legatários seus[348]. Entendemos ser preferível a segunda posição, pois vemos justificação para distinguir em relação à sucessão na posse entre herdeiros e legatários (art. 2030º, nº 1), uma vez que essa distinção se baseia apenas em a sucessão ocorrer na totalidade ou numa quota do património ou antes em bens determinados (art. 2030º, nº 2). Ambos estão sujeitos ao mesmo regime de aceitação e repúdio (arts. 2050º e ss. e 2249º), pelo que a sucessão na posse deve ocorrer em ambos os casos.

6. A acessão na posse

Diferente da sucessão é o caso de acessão na posse, que pode ocorrer quando se verifica uma aquisição derivada da posse, por título distinto da sucessão por morte (art. 1256º). Nesse caso a junção da posse do anterior titular é facultativa, ainda que possa ser vantajoso proceder a ela, em ordem a permitir atingir o prazo da usucapião. Nesse caso, porém, a junção da posse só se pode dar nos limites da posse com menor âmbito (art. 1256º, nº 2). Assim, o possuidor a título de usufrutuário pode invocar a posse do anterior proprietário, mas apenas para efeitos da posse do seu usufruto. Da mesma forma, se o transmitente tinha uma posse não titulada e de má fé, a acessão na posse apenas pode ocorrer nesse âmbito, mesmo que, para o adquirente, ela já fosse titulada e de boa fé.

[346] Cfr. Carvalho Fernandes, *Direitos Reais*, p. 317.

[347] Para Oliveira Ascensão, *Reais*, p. 122, nota (1), em caso de sucessão só os herdeiros e não os legatários sucedem na posse, acarretando consequentemente a morte do possuidor a perda da posse, no caso de aqueles não existirem, como na hipótese de distribuição de toda a herança em legados. No mesmo sentido, Menezes Cordeiro, *A posse*, p. 110, entende que "não é possível, ao legatário, "suceder" numa posse, quando ele terá que dar um específico acordo, à assunção dos ónus possessórios".

[348] Neste sentido Pires de Lima/Antunes Varela, *op. cit.*, III, sub art. 1255º, nº 2, pp. 12-13 e Carvalho Fernandes, *Direitos Reais*, pp. 314-315.

Tem sido, porém, questionado na doutrina se, para se poder operar a acessão na posse, o título pelo qual se operou a transmissão tem que ser válido, ou se a acessão pode ocorrer independentemente da validade do título.

A exigência da validade do título é defendida por MANUEL RODRIGUES que sustenta que, "se o acto de transmissão do direito não é válido, não há transmissão do *jus possidendi* que aqui é a causa da junção dos *jus possessionis*, embora o negócio jurídico nulo caracterize, como se disse, a posse"[349]. Esta posição foi seguida por SANTOS JUSTO sustenta que "o direito romano considerou a *acessio possessionis* com grande rigor, exigindo que o anterior e o actual possuidor realizassem um negócio jurídico real"[350].

Já PIRES DE LIMA e ANTUNES VARELA limitam-se a exigir a validade *formal* do título, excluindo a acessão na posse, por exemplo, no caso da venda de imóveis por mero acordo verbal[351]. Parecem assim admitir essa acessão em caso de negócios substancialmente inválidos.

Diferente é a posição de MENEZES CORDEIRO. Este autor considera "que, para transmitir a posse, não é preciso qualquer contrato válido: basta a tradição ou o constituto, um e outro ínsitos (eventualmente) num qualquer esquema abstractamente idóneo para transmitir direitos, ainda que concretamente, o não sejam". O autor sustenta, por outro lado, que a tese contrária "iria impedir a usucapião nos casos de falta de título e de boa fé", o que se apresentaria como contrário ao art. 1296º[352]. No mesmo sentido pronunciou-se JOSÉ ALBERTO VIEIRA[353].

Influenciada pela posição de PIRES DE LIMA e ANTUNES VARELA, a nossa jurisprudência manteve-se durante muito tempo constante no sentido de exigir um título válido para permitir a acessão na posse[354], levando inclusivamente ao surgimento de apelos no sentido dessa alteração[355]. Recentemente surgiram por

[349] Cfr. MANUEL RODRIGUES, *A posse*, pp. 252-253.

[350] Cfr. SANTOS JUSTO, *Direitos Reais*, pp. 199-200.

[351] Cfr. PIRES DE LIMA/ANTUNES VARELA, *op. cit.*, sub art. 1256º, nº 3, p. 14.

[352] Cfr. MENEZES CORDEIRO, *A posse*, p. 136.

[353] Cfr. JOSÉ ALBERTO VIEIRA, *Direitos Reais*, pp. 372 e ss. e 529-530.

[354] Cfr. neste sentido, o Ac. STJ 22/11/2005 (SOUSA LEITE), processo 3304/05, publicado no *CDP* 21 (2008), pp. 41-45, com anotação desfavorável de PAULO SOBRAL DO NASCIMENTO, "Acessão da posse e posse não titulada. Invocação, pelo herdeiro, de usucapião consumada em vida do *de cujus*. Acórdão do Supremo Tribunal de Justiça de 22.11.205, proc. 3304/05", *ibid*, pp. 45-53, o Ac. STJ 7/4/2011 (FONSECA RAMOS), proc. 956/07.2TBVT.G1.S1 e o Ac. RP 26/1/2012 (PINTO DE ALMEIDA), processo 5978/08.3TBMTS.P1.

[355] Cfr. ABÍLIO VASSALO ABREU, "A necessidade de uma mudança jurisprudencial em matéria de acessão da posse (art. 1256º do Código Civil)", na *ROA* 72 (2012), pp. 1247-1322 (maxime 1295 e ss.).

isso decisões jurisprudenciais dispenso a exigência da título válido para se poder operar a acessão na posse[356].

A nosso ver, é manifesto que a acessão da posse não depende da validade do negócio jurídico, seja a título formal, seja a título substancial, bastando-se com a sua celebração. Efectivamente, o art. 1256º não exige a validade (substancial ou formal) do negócio para permitir a acessão na posse, mas apenas que a sucessão na posse de outrem resulte de um título diverso da sucessão por morte, como a tradição ou o constituto possessório. Por outro lado, não há qualquer razão para excluir a acessão em caso de posse não titulada, como necessariamente ocorreria se se exigisse a validade formal do negócio transmissivo da posse (art. 1259º, nº 1). A tese contrária implicaria assim que a posse não titulada só conduziria à usucapião se o seu prazo decorresse integralmente na esfera do mesmo possuidor, o que constituiria uma exigência desproporcionada, que a lei não estabelece em lugar nenhum. Nada impede assim a acessão na posse em caso de invalidade do negócio transmissivo.

Conforme foi salientado por José Alberto Vieira, existe, no entanto, um limite manifesto à acessão na posse, que é o facto de esta não poder operar mediante a junção da posse daquele contra quem a usucapião funciona[357]. Efectivamente não se pode permitir que a acessão na posse funcione em prejuízo daquele que transmitiu a posse ao actual possuidor, sob pena de se pôr em causa a exigência da forma nos negócios, já que que, após um negócio transmissivo inválido, o adquirente poderia vir sempre invocar a acessão na posse e consequentemente a usucapião, contra a outra parte nesse negócio. Ao se restringir a possibilidade de invocar a acessão na posse contra aquele em relação ao qual se pretende que a usucapião funcione em seu prejuízo evita-se essa situação, a todos os títulos indesejável.

7. Perda da posse

7.1. Generalidades

Examinemos agora o regime da perda da posse[358]. Nos termos do art. 1267º, a perda da posse pode ocorrer em virtude de qualquer destas situações:

a) abandono;

[356] Neste sentido, cfr. Ac. STJ 2/12/2014 (Garcia Calejo), processo 94/07.8TBSCD.C1.S1 em *CJ-ASTJ* 22 (2014), 3, pp. 146-150, Ac. STJ 29/11/2016 (Nuno Cameira), processo 322/13.0TBTND.C1.S1, e Ac. RC 21/2/2017 (Catarina Gonçalves), processo 642/14.7T8GRD, em *CJ* 42 (2017), 1, pp. 25-31.

[357] Cfr. José Alberto Vieira, *Direitos Reais*, p. 375, e na jurisprudência Ac. RC 21/2/2017 (Catarina Gonçalves), processo 642/14.7T8GRD, em *CJ* 42 (2017), 1, pp. 25-31.

[358] Cfr. Menezes Cordeiro, *A posse*, pp. 137.

b) perda ou destruição material da coisa ou esta ser colocada fora do comércio;
c) cedência;
d) posse de outrem, mesmo contra a vontade do anterior titular, se a nova posse houver durado mais de um ano.

Em todas estas situações se verifica a cessação do elemento material (*corpus*) ou do elemento intencional (*animus*) em que se traduz a posse, podendo em certos casos ocorrer a cessação de ambos os elementos.

7.2. O abandono

O abandono consiste na situação inversa do apossamento. Neste caso o possuidor abdica da sua posse sobre a coisa, o que lhe é lícito fazê-lo, em virtude da admissibilidade genérica da renúncia aos direitos privados. O abandono não se confunde, no entanto, com a renúncia, dado que implica um acto material, por virtude do qual o *corpus* deixa de existir. Mas, para além desse acto material, terá que existir um *animus* contrário à manutenção da posse, sem o que se verificará uma mera inacção, a qual não chega para se considerar perdida a posse[359].

O abandono tem, no entanto, uma configuração diferente, consoante se trate de móveis ou imóveis.

Em relação aos móveis, para que exista abandono, basta que cesse voluntariamente o contrôlo da coisa por parte do seu anterior possuidor. Esse acto não apenas extingue a posse, mas também qualquer outro direito real que o possuidor detivesse sobre ela, o que pode tornar a coisa *nullius* e em consequência susceptível de ocupação (art. 1318º).

Já em relação aos imóveis, tem sido controvertido se poderá extinguir-se por abandono a posse relativa a direitos reais sobre imóveis, que a lei não admite que se possam extinguir por renúncia, como sucede com a propriedade e o direito de superfície. Manuel Rodrigues defendia que a posse nos termos do direito de propriedade não era susceptível de se extinguir por abandono[360]. Pires de Lima e Antunes Varela sustentam essa doutrina em relação ao direito de propriedade e à superfície, entendendo que a posse desses direitos não se perde enquanto não se constituir uma posse de ano e dia a favor de terceiro[361].

[359] Cfr. Manuel Rodrigues, *A posse*, pp. 266 e segs.
[360] Cfr. Manuel Rodrigues, *A posse*, p. 267.
[361] Cfr. Pires de Lima/Antunes Varela, *op. cit.*, III, sub art. 1267, nº 3, p. 33.

7.3. A perda ou destruição da coisa ou a sua colocação fora do comércio

A perda ou destruição da coisa consiste igualmente numa situação de perda da posse, uma vez que neste caso deixa de existir o controlo material sobre a coisa. Da mesma forma, se a coisa for colocada fora do comércio como, por exemplo, na hipótese de expropriação por utilidade pública ocorre igualmente a perda da posse. Em ambos os casos se verifica a cessação do *corpus* por impossibilidade de continuar a exercer poderes de facto sobre a coisa, sendo no primeiro caso essa impossibilidade física e no segundo caso jurídica. Essa cessação do *corpus* determina a perda da posse, independentemente da subsistência eventual do *animus* nesse caso.

7.4. A cedência

A cedência constitui outro caso de perda da posse. Efectivamente, se o novo possuidor recebe a posse do anterior, este vem a perdê-la. A cedência pode resultar quer de tradição material ou simbólica da coisa (art. 1263º b)), quer de constituto possessório (art. 1263º c)), uma vez que em ambos os casos o titular da posse fica privado dela por decidir atribuí-la a outrem[362]. Pode igualmente considerar-se como cedência a inversão do título da posse em sentido inverso ao previsto na lei, quando o possuidor, passando a estar convencido de que a coisa afinal pertence a outrem, passar a actuar como mero possuidor em nome alheio, designadamente pagando rendas, ou prestando contas da sua administração[363].

7.5. A posse de outrem por mais de um ano

A última causa de perda da posse consiste na posse de outrem por mais de um ano. Nos termos do art. 1267º, nº 2, essa nova posse conta-se desde o início, se foi tomada publicamente, ou desde que é conhecida do esbulhado, se foi tomada ocultamente. Se foi tomada por violência, só se conta a partir da cessação desta. Durante o ano após o início da nova posse, haverá uma sobreposição de posses sobre a coisa, pois o novo possuidor já tem a posse e o anterior só a perderá ao fim de um ano.

[362] Cfr. neste sentido, OLIVEIRA ASCENSÃO, *Reais*, p. 121. Considerando o constituto possessório como um caso de perda da posse *solo animo*, veja-se MANUEL RODRIGUES, *A posse*, p. 270.

[363] Cfr. PIRES DE LIMA/ANTUNES VARELA, *op. cit.*, III, sub art. 1265º, nº 5, p. 31.

Secção VII
Efeitos da posse

1. Generalidades

A posse caracteriza-se por atribuir determinados benefícios ao possuidor, habitualmente designados por *commoda possessionis*, o que levava os autores clássicos a classificar como felizes aqueles que possuem as coisas (*beati possidentes*). Efectivamente, a posse pode atribuir ao seu titular os seguintes direitos:

a) Atribuição de uma presunção da titularidade do direito;
b) Direito aos frutos percebidos da coisa, no caso de a posse ser de boa fé.
c) Direito ao pagamento dos encargos da coisa, em caso de não atribuição dos frutos.
d) Direito ao reembolso de benfeitorias realizadas na coisa.
e) Direito de indemnização em caso de turbação ou esbulho.
f) Aquisição da propriedade, após a sua manutenção por certo lapso de tempo (usucapião).

A posse atribui, no entanto, também certos deveres ao possuidor como sejam:

a) Responsabilidade pela perda ou deterioração da coisa;
b) Responsabilidade pelos frutos que um proprietário diligente teria obtido, em caso de posse de má fé
c) Obrigação de pagamento dos encargos da coisa, em caso de atribuição dos frutos.

Examinemos sucessivamente estes efeitos, distinguindo entre os direitos e os deveres do possuidor:

2. Direitos do possuidor

2.1. Presunção da titularidade do direito

Relativamente à presunção da titularidade do direito, esta consta do art. 1268º. Conforme já se referiu, o sistema português não adopta a regra "posse vale título", não atribuindo assim a propriedade apenas em função da posse de boa fé das coisas móveis. No entanto, o facto de alguém estar na posse de uma coisa implica que a lei presuma que ele é igualmente titular do direito sobre a mesma, dispensando-o de ter que provar essa titularidade para exercer a posse (*possideo quia possideo*[364]). Consequentemente, a menos que se prove a existência de um direito real sobre a coisa, o possuidor verá conservada a sua posse[365]. A posse implica assim a presunção da propriedade, o que dá uma importante vantagem ao possuidor. Como se refere num célebre adágio da velha *common law* inglesa "*possession is 9/10 of the law*".

Esta presunção só não se aplicará que houver outra pessoa que tenha registado a sua aquisição com data anterior ao início da posse, pois neste caso a presunção conferida pelo registo prevalecerá sobre a presunção conferida pela posse.

2.2. Direito de uso da coisa

Outro direito que é reconhecido ao possuidor é o direito de usar a coisa, o que corresponde ao exercício da posse sobre ela. A licitude do uso da coisa possuída ocorre tanto na posse de boa fé como na posse de má fé, uma vez que mesmo nesta última a responsabilidade do possuidor, ainda que objectiva, só ocorre em caso de perda ou deterioração da coisa (art. 1269º, *a contrario*), o que significa que o possuidor não é responsável pelo seu uso, se ele não tiver essas consequências. O simples uso da coisa não constitui por isso o possuidor no dever de indemnizar[366].

2.3. Direito aos frutos percebidos da coisa, em caso de boa fé

Outro efeito da posse diz respeito à atribuição do direito aos frutos da coisa. No âmbito do art. 1270º determina-se que o possuidor de boa fé tem direito a fazer seus os frutos por ele percebidos até ao momento em que cessa a sua boa fé. Pelo contrário, o possuidor de má fé não apenas deve restituir os frutos que a coisa produziu até ao termo da posse como ainda responde por aqueles que um proprietário diligente teria obtido (art. 1271º).

[364] Este brocardo tradicional deve ter tido origem no texto de D.5.2.12: "Qui interrogatus cur possideat, responsurus sit "quia possideo"".

[365] Cfr. C.4.7.2: "...in pari causa possessoris melior condicio habeatur".

[366] Neste sentido, CARVALHO FERNANDES, *Direitos Reais*, pp. 306-307.

O regime legal compreende-se, atendendo ao facto de o poder de fruição competir ao titular do direito, o que legitima este a reclamar, não apenas os frutos pendentes, mas também os percebidos ou que o poderiam ter sido durante a posse, nos termos do art. 1271º. Essa solução é apenas exceptuada no caso de existir boa fé, dada a protecção que merece aquele que, desconhecendo sem culpa que se encontra a lesar o direito de outrem, investe na coisa o seu trabalho ou capital, contando com os rendimentos dela, nos mesmos termos do que qualquer proprietário. É assim a tutela da boa fé que legitima a atribuição dos frutos percebidos ao possuidor[367].

Refere o art. 1270º, nº 1, que o possuidor de boa fé faz seus os frutos naturais percebidos até ao dia em que souber que está a lesar com a sua posse o direito de outrem e os frutos civis correspondentes ao mesmo período. O direito do possuidor já não se estende aos frutos pendentes, que devem ser atribuídos ao titular do direito (art. 1270º, nº 2). Este regime compreende-se pelo facto de os frutos, enquanto não forem separados, não constituirem um objecto próprio, mantendo-se a sua titularidade no proprietário. Apenas a percepção dos frutos permite a sua atribuição ao possuidor de boa fé.

O art. 1270º, nº 3 determina ainda que, se o possuidor tiver alienado frutos antes da colheita e antes de cessar a boa fé, a alienação subsiste, mas o produto da colheita pertence ao titular do direito deduzida a indemnização pelas despesas de cultura, sementes ou matérias-primas e, em geral, por todas as despesas de produção. Apesar da atribuição dos frutos pendentes ao proprietário, a lei não considera nula a alienação realizada de boa fé, como resultaria da aplicação do regime da venda de bens alheios, determinando a sua subsistência, ainda que o produto da colheita seja atribuído ao titular do direito, adquirindo o possuidor apenas essa indemnização. A nossa doutrina parece entender que nesta norma se prevê a restituição do *commodum ex negotiatione*, devendo o possuidor entregar ao titular do direito o produto da alienação[368]. Não parece ser essa, porém, a melhor interpretação desta disposição. Efectivamente, a lei refere expressamente "o produto da colheita" e não o produto da alienação, estando assim em causa o valor gerado pela colheita e não os ganhos resultantes da sua alienação pelo possuidor. O art. 1270º, nº 3 remete para o art. 1270º, nº 2 e este refere-se expressamente ao "valor dos frutos", sendo a indemnização deduzida apenas a respeitante a despesas de produção destes. Caso se tratasse de uma restituição do *commodum ex negotiatione*, a indemnização a deduzir deveria também abranger as despesas resultantes da alienação, o que a lei não prevê. Parece assim que esta norma se destina apenas a fazer funcionar o limite do enriquecimento à hipótese de alienação de frutos,

367 Cfr. Menezes Cordeiro, *Da Boa Fé*, I, pp. 446 e ss.

368 Cfr. Pires de Lima/Antunes Varela, *op. cit.*, III, p. 39.

continuando o objecto da restituição a ser o valor deles (art. 479º, nº 1), limitado ao produto da venda, enquanto enriquecimento subsistente em virtude da boa fé do possuidor (art. 479º, nº 2). O possuidor nada tem assim que restituir acima do valor dos frutos alienados, podendo conservar os ganhos resultantes da alienação que excedam esse valor[369].

2.4. Direito ao pagamento dos encargos da coisa, em caso de não atribuição dos frutos

Nos termos do art. 1272º, os encargos com a coisa são pagos pelo titular do direito e pelo possuidor, na medida dos direitos de cada um deles sobre os frutos no período a que respeitam os encargos. Esta solução é igualmente estabelecida pela proibição do enriquecimento sem causa, já que aquele a que são atribuídos os frutos relativos a determinado período tem naturalmente que suportar os encargos com a coisa durante com a coisa durante este período, sem o que se enriqueceria injustificadamente à custa de outrem.

Assim, o possuidor de boa fé, na medida em que tem direito a fazer seus os frutos percebidos, também tem igualmente que suportar os encargos com a coisa relativamente a esse período. Pelo contrário, o possuidor de má fé é obrigado a restituir todos os frutos percebidos, o que lhe dá direito a ser indemnizado das despesas de cultura, sementes e matérias-primas e dos restantes encargos de produção e colheita, desde que não sejam superiores ao valor desses frutos (art. 215º, nº 1). Em derrogação ao art. 215º, nº 2, a mesma situação ocorre em relação à atribuição dos frutos pendentes ao proprietário, no caso de boa fé. Efectivamente, se ao tempo em que cessa a boa fé estiverem pendentes frutos naturais, é o titular obrigado a indemnizar o possuidor das despesas de cultura, sementes ou matérias primas e, em geral, de todas as despesas de produção, desde que não sejam superiores ao valor dos frutos que vierem a ser colhidos (art. 1270º, nº 2). Trata-se, em ambos os casos, de uma situação de enriquecimento por despesas efectuadas, uma vez que o possuidor faz uma despesa mas o benefício que a despesa produz é atribuído pela lei ao proprietário, o que implica que a despesa não tenha causa jurídica e, portanto, a lei determine a sua restituição nos limites do enriquecimento (o valor dos frutos)[370].

2.5. Direito ao reembolso de benfeitorias

A posse atribui ainda direito ao reembolso pelas benfeitorias realizadas pelo possuidor na coisa, direito esse que pode ser exercido perante o respectivo proprietá-

[369] Defendemos já esta posição em MENEZES LEITÃO, *O enriquecimento*, pp. 780-781, reed., pp. 752--753.

[370] Cfr. MENEZES LEITÃO, *O enriquecimento*, p. 828, reed., p. 799.

rio. Esse direito compreende-se em função da proibição do enriquecimento sem causa (art. 473º, nº 1), estando-se aqui perante a categoria de enriquecimento por despesas, na modalidade de enriquecimento por incrementos de valor em coisa alheia[371]. Efectivamente, se o proprietário não tivesse que restituir as benfeitorias, ficaria enriquecido à custa do possuidor, consistindo o enriquecimento na poupança de despesas, no caso de benfeitorias necessárias, e no *ius tollendi* ou na restituição do seu valor, no caso de benfeitorias úteis[372]. Daí que se atribua ao possuidor o direito ao reembolso das benfeitorias, direito que igualmente se verifica no caso de má fé, já que se o possuidor de má fé não tivesse direito a esse reembolso, tenderia a deixar deteriorar-se o objecto possuído, o que acabaria por reverter em prejuízo do proprietário[373].

O regime legal varia, no entanto, consoante se trate de benfeitorias necessárias, úteis ou voluptuárias (cfr. art. 216º). Em relação às benfeitorias necessárias é sempre possível ao possuidor reclamar indemnização pela sua realização. Quanto às benfeitorias úteis, elas podem ser levantadas pelo possuidor, desde que o levantamento não provoque a deterioração da coisa, caso em que apenas haverá lugar à restituição do seu valor, segundo o enriquecimento sem causa (art. 1273º). Já quanto às benfeitorias voluptuárias, o possuidor de boa fé tem o direito de as levantar se o puder fazer não se dando detrimento da coisa. No caso contrário, não pode levantá-las nem reclamar o seu valor. Já o possuidor de má fé perde, em qualquer caso, as benfeitorias voluptuárias que haja feito (art. 1275º).

Em caso de boa fé, o direito do possuidor ao reembolso ou restituição das benfeitorias beneficia da garantia do direito de retenção (art. 754º). Em caso de má fé, essa garantia é excluída (art. 756º, c)).

2.6. Direito de indemnização em caso de turbação ou esbulho da coisa

A posse é entre nós tutelada pela responsabilidade civil delitual (art. 483º), pelo que o possuidor mantido ou restituído tem direito a ser indemnizado pelos prejuízos que lhe tenha causado a turbação ou o esbulho (art. 1284º)[374].

2.7. Aquisição da propriedade por usucapião

A posse pode permitir a aquisição da propriedade por usucapião (arts. 1287º). Dessa situação falaremos no entanto *infra*.

[371] Cfr. Menezes Leitão, *O enriquecimento*, pp. 827 e ss., reed., pp. 798 e ss.

[372] Cfr. Menezes Leitão, *O enriquecimento*, pp. 828-829, nota (2), reed., pp. 799-800, nota (2163).

[373] Cfr. Manuel Rodrigues, *A posse*, p. 309.

[374] Cfr. Menezes Leitão, *Obrigações*, I, pp. 289-290. No sentido da qualificação da responsabilidade possessória como responsabilidade delitual, cfr. Protetti, *Le azione*, pp. 3 e ss.

3. Deveres do possuidor

3.1. Responsabilidade pela perda ou deterioração da coisa

O possuidor é igualmente sujeito à responsabilidade pelo perecimento ou deterioração da coisa, a qual varia consoante esteja de boa ou de má fé. Se estiver de boa fé o possuidor só é responsável se tiver procedido com culpa (art. 1269º). Já em caso de má fé o possuidor fica sujeito a uma responsabilidade pelo risco (art. 1269º *a contrario*) como devedor em mora (art. 807º, nº 1), uma vez que adquiriu a posse por facto ilícito (art. 805º, nº 2 b)). Fica, no entanto, salva ao possuidor a possibilidade de provar que o proprietário teria igualmente sofridos os danos se a coisa estivesse na sua posse (art. 807º, nº 2).

3.2. Responsabilidade pelos frutos que um proprietário diligente teria obtido, em caso de posse de má fé

Ocorrendo má fé do possuidor, este é obrigado a restituir os frutos que a coisa produziu até ao termo da posse, devendo ainda responder pelo valor daqueles que um proprietário diligente teria obtido (art. 1271º). Trata-se de uma solução que se explica em virtude do enriquecimento sem causa obtido pelo possuidor de má fé (art. 473º), devendo esta disposição ser vista com uma concretização das regras de restituição do enriquecimento sem causa, previstas nos arts. 479º e 480º[375].

3.3. Obrigação de pagamento dos encargos da coisa, em caso de atribuição dos frutos

O art. 1272º estabelece que os encargos da coisa são pagos pelo titular do direito e pelo possuidor, na medida dos direitos de cada um deles sobre os frutos no período a que respeitam os encargos. Desta disposição resulta que, no caso de serem atribuídos os frutos ao possuidor, o que ocorre na hipótese de boa fé, até ao momento em que esta cessa, este ficará obrigado a suportar os encargos da coisa correspondentes.

[375] Esta conclusão é claramente demonstrada por RODOLFO SACCO, *L'arricchimento ottenuto mediante fatto ingiusto*, Torino, UTET, 1959, p. 27, que demonstra que a responsabilização do possuidor de má fé pelos frutos que um proprietário diligente poderia ter obtido não se harmoniza com o regime da obrigação da indemnização, que só imporia ao lesante a obrigação de restituir os lucros cessantes (art. 564º, nº 1), mas antes no seu direito ao factor produtivo (capital) coincidente com a coisa-mãe que veio a ser objecto de aproveitamento pelo interventor.

Secção VIII
Defesa da posse

1. Generalidades

Conforme se referiu, a concessão de tutela possessória visa acautelar a paz jurídica e a continuação do valor que representa a utilização da coisa. Por esse motivo a lei confere ao possuidor os seguintes meios para a defesa da posse:

a) acção de prevenção (art. 1276º);
b) acção de manutenção (art. 1278º);
c) acção de restituição (art. 1278º);
d) procedimento cautelar de restituição provisória no caso de esbulho violento (art. 1279º);
e) embargos de terceiro (art. 1285º);
f) acção directa (arts. 1277º e 336º).

A acção directa corresponde a uma forma de autotutela da posse. As acções de prevenção, manutenção e restituição, incluindo o procedimento cautelar em caso de esbulho violento, destinam-se a reagir contra actuações materiais susceptíveis de lesar a posse. Já os embargos de terceiro destinam-se a reagir contra lesões da posse causada por actos jurídicos.

2. Legitimidade activa para as acções possessórias

Só pode recorrer às acções possessórias quem detenha a posse da coisa nos termos de um direito real (art. 1251º), incluindo os direitos reais de garantia susceptíveis de posse (art. 670º a) e 758º) ou nos termos de um direito pessoal de gozo que beneficie dessa tutela (arts 1037º, nº 2, 1125º, nº 2, 1133º, nº 2, e 1188º, nº 2). Estando em causa direitos de outra natureza, como os direitos familiares ou os direitos relativos a concessões do domínio público, já não será admissível o recurso à tutela possessória.

As acções possessórias não podem igualmente ser usadas para tutela das servidões não aparentes, salvo quando a posse se funde em título provindo do proprietário serviente ou de quem lho transmitiu (art. 1280º). A razão para esta exclusão resulta do facto de as servidões não aparentes poderem ser confundidas com actos de tolerância do proprietário, exigindo a lei por isso um título específico para lhes conferir a tutela possessória. É controvertido, no entanto, o significado a dar à expressão título, devendo considerar-se como tal o facto jurídico, fonte da servidão, o qual pode ser o contrato, testamento, ou a destinação do antigo proprietário[376]. Já em relação à pessoa de quem provém, o Código refere-se apenas ao actual proprietário do prédio serviente e àquele imediatamente anterior[377], não admitindo que títulos provindos de proprietários mais distantes legitimem a defesa possessória das servidões não aparentes.

Por outro lado, as acções possessórias não podem ser usadas para tutela de situações de mera detenção. O detentor não terá por isso legitimidade para recorrer à defesa possessória. Nos casos de detenção a tutela possessória deve ser exercida por parte da pessoa em cujo nome se possui.

Em caso de falecimento do possuidor, a legitimidade para instaurar as acções possessórias é transmitida aos seus herdeiros (art. 1281º), o que está em conformidade com o carácter automático da sucessão na posse (art. 1255º).

3. Legitimidade passiva para as acções possessórias

Uma vez que as acções possessórias têm sempre por fundamento uma conduta que perturba ou viola a relação do possuidor com a coisa objecto da posse, é naturalmente o autor dessa conduta que tem legitimidade passiva para a acção possessória.

Por isso, em relação às acções de prevenção e manutenção da posse, a lei restringe naturalmente a legitimidade passiva para a acção em relação ao perturbador, apenas admitindo, em caso de turbação efectiva, uma acção de indemnização contra os seus herdeiros (art. 1281º, nº 1).

Já em relação às acções de esbulho, as mesmas podem ser instauradas não apenas contra o perturbador e seus herdeiros, mas também contra quem esteja na posse da coisa e tenha conhecimento do esbulho. Verifica-se assim uma extensão da legitimidade passiva em relação aos herdeiros do esbulhador, e também aos possuidores da coisa que tenham conhecimento do esbulho (art. 1281º, nº 2).

376 Cfr. Manuel Rodrigues, *A posse*, pp. 157-158.

377 Cfr. Pires de Lima/Antunes Varela, *op. cit.*, III, sub art. 1280º, nº 3, pp. pp. 53-54.

4. Processamento das acções possessórias

Anteriormente à Reforma do Processo Civil de 1995/1996, os meios de defesa da posse eram objecto de processo especial, relativo às acções possessórias propriamente ditas (arts. 1033º a 1036º CPC 1961) e aos embargos de terceiro (arts. 1037º a 1043º CPC 1961), existindo ainda um processo especial de natureza controvertida, a posse ou entrega judicial (arts. 1044º-1051º CPC 1961). Conforme se lê no Relatório do D.L. 329-A/95, de 12 de Dezembro, essa sujeição a processo especial foi abolida por se considerar que a única justicação que para tal existia era a invocação da questão da propriedade e essa poderia ser sujeita às regras gerais do pedido reconvencional. Outra inovação da Reforma foi retirar aos embargos de terceiro a natureza exclusiva de meio de defesa da posse, passando a configurá-los como um incidente de oposição de terceiros, utilizável não apenas para defesa da posse, mas também de qualquer outro direito incompatível com a diligência judicialmente ordenada (nova redacção art. 351º CPC 1961, hoje art. 342º CPC).

Não obstante esta modificação, as acções possessórias conservaram a sua natureza típica nos arts. 1276º e ss. do Código Civil, ainda que actualmente não lhes corresponda qualquer forma de processo especial, sendo assim sujeitas ao processo comum. Caso o réu queira suscitar a questão da propriedade terá que instaurar um pedido reconvencional, nos termos do art. 266º CPC.

O art. 595º, nº 5, CPC esclarece, no entanto, quais as consequências da invocação pelo réu do direito de propriedade nas acções possessórias, variando estas, consoante seja ou não impugnada a posse do autor[378] e consoante haja ou não reconhecimento do direito de propriedade pelo réu.

Se o réu invocar a titularidade do direito de propriedade, mas não impugnar a posse do autor, e houver elementos no processo, que permitam conhecer logo da propriedade, o juiz reconhece logo essa propriedade a favor do réu, indeferindo o pedido do autor, em virtude da prevalência da reivindicação da propriedade sobre as acções possessórias. Já se não puder apreciar-se logo a questão da propriedade, o juiz ordena a imediata manutenção ou restituição de posse, sem prejuízo do que venha a decidir-se a final quanto à questão da titularidade do direito (art. 510º, nº 5). Ou seja, a acção é provisoriamente decidida no saneador a favor do autor, prosseguindo depois o processo para discussão da reconvenção do réu relativa à propriedade.

Se o réu invocar a titularidade do direito de propriedade, impugnando ao mesmo tempo a posse do autor, tanto a acção relativa à posse como a reconvenção relativa à pro-

[378] Cfr. Carvalho Fernandes, *Direitos Reais*, pp. 327-328.

priedade não poderão ser decididas logo no saneador, sendo as mesmas objecto de julgamento.

Se, porém, o autor reconhecer a propriedade do réu, a acção terá que ser naturalmente decidida a favor do réu, em face da referida prevalência dos meios petitórios sobre os meios possessórios. Tal só não se verificará se o réu for titular de um direito real ou pessoal de gozo sobre a coisa, que lhe permita recusar a sua entrega (art. 1311º, nº 2).

5. Regime específico das acções possessórias

5.1. A acção de prevenção

A acção de prevenção encontra-se prevista no art. 1276º, o qual estabelece que "se o possuidor tiver justo receio de ser perturbado ou esbulhado por outrem, será o autor da ameaça, a requerimento do ameaçado, intimado para se abster de lhe fazer agravo, sob pena de multa e responsabilidade pelo prejuízo que causar". A acção de prevenção tem assim por fundamento o justo receio do possuidor de que vai ser perturbado ou esbulhado da sua posse, podendo esse receito resultar de palavras ou actos. No entanto, os actos em questão terão que ser materiais, uma vez que, se estiverem em causa actos judiciais, a forma adequada de reacção é através dos embargos de terceiro com função preventiva (art. 350º CPC).

Não basta, para se poder recorrer à acção de prevenção, uma mera apreensão do possuidor, exigindo-se que o seu receio seja justo, o que só ocorre quando a violação da sua posse for uma futura consequência lógica dos factos já praticados por outrem ou houver sérias razões para crer que o autor vai executar as ameaças que fez.

A acção de prevenção permite igualmente a utilização do procedimento cautelar comum, nos termos dos arts. 362º e 379º CPC. O caso especial de o justo receio decorrer de obra, trabalho ou serviço é especificamente tutelado através do embargo de obra nova (arts. 397º e ss. CPC).

5.2. As acções de manutenção e de restituição de posse

As acções possessórias mais comuns correspondem às acções de manutenção e de restituição de posse. A acção de manutenção pressupõe a existência de alguma turbação da posse, ainda que o possuidor não tenha ficado dela privado, pedindo este assim a sua permanência na posse. Já a acção de restituição pressupõe que já se tenha consumado o esbulho da posse, pelo que o possuidor solicita a restituição do objecto à sua posse. A questão não é, no entanto, decisiva em termos processuais, dado que o art. 609º, nº 3, CPC, estabelece que "se tiver sido requerida a manutenção em lugar da restituição da posse, ou esta em vez daquela, o juiz conhecerá do pedido correspondente à situação realmente verificada".

A turbação pressupõe, de acordo com a sua definição clássica, um acto material que afecte o exercício da posse, em virtude de uma pretensão contrária à posse de outrem, e a conservação dessa posse na esfera do possuidor. Já o esbulho pressupõe a privação da posse por parte do possuidor, em resultado de um acto material (apossamento) ou jurídico (inversão do título da posse) de outrem com a finalidade de constituir uma posse própria. Em ambos os casos ocorre uma violação da posse, que deve ser dirigida à constituição de uma nova situação possessória, sem o que ocorrerá apenas um dano na esfera do possuidor. As duas figuras distinguem-se porque a turbação pressupõe a manutenção da posse, enquanto que o esbulho implica a sua perda. É de notar, porém, que o esbulho pode ser parcial, quando apenas uma parte do objecto possuído é subtraído ao seu anterior possuidor[379].

A lei estabelece que, no caso de recorrer ao tribunal o possuidor perturbado ou esbulhado será mantido ou restituído enquanto não for convencido da titularidade do direito (art. 1278º, nº 1), bastando assim a demonstração da posse e da turbação ou esbulho para que a acção seja julgada procedente. No caso, porém, de a posse não ter mais de um ano, exige-se, para que a acção seja julgada procedente, que a parte contrária não tenha melhor posse (art. 1278º, nº 2), sendo considerada melhor posse a que for titulada ou, na falta de título, a mais antiga, ou ainda, em caso de idêntica antiguidade, a posse actual (art. 1278º, nº 3).

A acção de manutenção e restituição da posse deixam, porém, de poder ser instauradas e, se o tiverem sido, tornam-se supervenientemente inúteis a partir do momento em que haja decisão sobre a titularidade do direito, de acordo com o princípio *petitorium absorbet possessorium*[380].

As acções de manutenção e de restituição de posse têm um prazo especial para ser instauradas, já que o art. 1282º estabelece que estas caducam se não forem instauradas no prazo de um ano após a turbação ou esbulho, ou do seu conhecimento, quando tenha sido praticado às ocultas. A razão para este prazo resulta do facto de a apreciação da turbação ou esbulho ser difícil se passar muito tempo após esses factos. Por outro lado, se o perturbador não repete a turbação no prazo de um ano é de presumir que desistiu dos seus intentos e, se o esbulhado não reage dentro do mesmo prazo, é porque reconhece direito ao esbulhador[381].

Caso as acções de manutenção ou de restituição da posse venham a ser julgadas procedentes, o possuidor é havido como nunca perturbado ou esbulhado

[379] Cfr. MANUEL RODRIGUES, *A posse*, pp. 360 e ss.

[380] Cfr. MANUEL RODRIGUES, *A posse*, pp. 351-352.

[381] Cfr. MANUEL RODRIGUES, *A posse*, p. 347.

(art. 1283º), o que implica não haver afectação da contagem do prazo da posse, designadamente para efeitos da usucapião. Para além disso, o possuidor mantido ou restituído tem direito a ser indemnizado do prejuízo que tenha sofrido em consequência da turbação ou do esbulho (art. 1284º, nº 1), sendo a restituição da posse feita à custa do esbulhador e no lugar do esbulho (art. 1284º, nº 2).

Da mesma forma que a acção de prevenção, também as acções de manutenção e restituição de posse admitem hoje o recurso ao procedimento cautelar comum, nos termos dos arts. 362º e 379º CPC, bem como, no caso de a violação da posse resultar de obra, trabalho ou serviço, ao embargo de obra nova (arts. 397º e ss. CPC).

5.3. A acção de restituição no caso de esbulho violento

A acção de restituição no caso de esbulho violento encontra-se prevista no art. 1279º, o qual estabelece que "sem prejuízo do disposto nos artigos anteriores, o possuidor que for esbulhado com violência tem o direito de ser restituído provisoriamente à sua posse, sem audiência do esbulhador". Esta solução tem origem no facto de o esbulho violento merecer uma forte repressão da ordem jurídica, que justifica a criação de um procedimento cautelar expedito para determinar imediatamente a restituição da posse, sem audiência do esbulhador (*spoliatus ante omnia restituendus*)[382].

A acção de restituição em caso de esbulho violento é tutelada através do procedimento cautelar de restituição provisória de posse, o qual, nos termos do art. 377º CPC, tem como pressupostos a posse, o esbulho e a violência. Exige-se assim, em primeiro lugar, como é regra geral nas acções possessórias uma situação possessória, não bastando a mera detenção. Depois, é necessário que o possuidor tenha sido esbulhado da posse, não bastando a mera turbação. Finalmente, o esbulho tem que ter sido violento, o que abrange não apenas a coacção física, mas também a coacção moral nos termos do art. 255º (art. 1261º, nº 2)[383].

O ónus da prova dos factos compete ao requerente do procedimento, nos termos gerais, ainda que, nos termos gerais, a prova seja meramente sumária (art. 368º, nº 1, CPC), bastando para o decretamento da providência a existência de uma probabilidade séria de existência do direito (art. 368º, nº 1, CPC)[384]. Ao contrário do que é regra geral nos procedimentos cautelares (art.

[382] Cfr. Manuel Rodrigues, *A posse*, p. 364.

[383] Cfr. Manuel Rodrigues, *A posse*, pp. 365 e ss.

[384] O art. 368º, nº 3, CPC, admite genericamente a substituição da providência por caução adequada, a pedido do requerido, sempre que a caução oferecida, ouvido o requerente, se mostre sufi-

366º, nº 1, CPC), a providência da restituição provisória de posse é decretada sem audiência da parte contrária (art. 1279º, *in fine*, CC e art. 378º CPC), sendo esta derrogação ao princípio do contraditório justificada pela violência do esbulho[385].

5.4. Os embargos de terceiro

O art. 1285º inclui os embargos de terceiro entre os meios relativos à defesa da posse. Efectivamente, antes da reforma do processo civil de 1995/1996, os embargos de terceiro encontravam-se incluídos entre os meios processórios, sendo então regulados nos arts. 1037º-1043º CPC 1961, posteriormente revogados. A reforma de 1995-1996 passou a qualificar os embargos de terceiro como um incidente da instância, no quadro da intervenção de terceiros, sendo qualificados como uma forma de oposição de terceiros, e regulada nos arts. 351º a 359º CPC 1961. No CPC de 2013 essa forma de oposição é regulada nos arts. 342º-350º.

Nos termos do art. 342º, nº 1, CPC os embargos de terceiro destinam-se a reagir contra qualquer acto judicialmente ordenado, de apreensão e entrega de bens, que ofender a posse ou qualquer outro direito incompatível com a realização ou o âmbito da diligência, de que seja titular quem não é parte na causa. Actualmente, os embargos de terceiro não se limitam assim à defesa da posse, podendo abranger qualquer outro direito, o qual pode ser invocado cumulativamente com a posse. No entanto, os embargos de terceiro continuam a ser a única forma de defesa da posse contra actos judiciais, não sendo possível neste caso recorrer aos outros meios possessórios[386].

Nos termos do art. 342º, nº 2, CPC não é, no entanto, admitida a dedução de embargos de terceiro relativamente à apreensão de bens efectuada em processo de insolvência. Efectivamente, nesta hipótese, o possuidor deverá requerer a restituição de separação de bens da massa insolvente, nos termos dos arts. 141º e ss. CIRE.

A legitimidade para a dedução de embargos de terceiro é ampla, bastando que se tenha a posse ou algum direito ofendido com a diligência, e que não se seja parte no processo em que a respectiva diligência foi ordenada (art. 342º,

ciente para prevenir a lesão ou repará-la integralmente. No caso, porém, da restituição provisória de posse, a jurisprudência tem entendido que essa substituição tem cariz excepcional, só devendo ocorrer nas situações em que se verifiquem interesses e razões do esbulhador, que possam superar o interesse de reprimir a violência deste.

[385] Cfr. Carvalho Fernandes, *Direitos Reais*, p. 323.

[386] Cfr. Manuel Rodrigues, *A posse*, pp. 370-371.

nº 1, CPC). A lei admite inclusivamente que o cônjuge que tenha a posição de terceiro possa utilizar os embargos para defesa dos seus direitos relativamente aos bens próprios e aos bens comuns que hajam sido indevidamente atingidos pela diligência (art. 343º CPC).

Em relação ao processamento dos embargos, o mesmo ocorre por apenso à causa em que haja sido ordenado o acto ofensivo do direito do embargante (art. 344º, nº 1, CPC). O embargante deduz a sua pretensão, mediante petição, nos 30 dias subsequentes àquele em que a diligência foi efectuada ou em que o embargante teve conhecimento da ofensa, mas nunca depois de os respectivos bens terem sido judicialmente vendidos ou adjudicados, oferecendo logo as provas (art. 344º, nº 2, CPC).

Os embargos de terceiro compreendem uma fase introdutória e uma fase subsequente. A fase introdutória inicia-se se não houver razões para o indeferimento liminar da petição, designadamente por ela ter sido interposta fora de tempo (art. 345º, *in principio*, CPC). Essa fase decorre sem oposição da parte contrária, destina-se a averiguar se os embargos devem ou não ser recebidos. Para esse efeito, realizam-se as diligências probatórias necessárias, sendo os embargos recebidos ou rejeitados conforme haja ou não probabilidade séria da existência do direito invocado pelo embargante (art. 345º, *in fine*, CPC).

Caso ocorra rejeição dos embargos, a mesma não obsta a que o embargante proponha acção em que peça a declaração da titularidade do direito que obsta à realização ou ao âmbito da diligência, ou reivindique a coisa apreendida (art. 346º CPC). Já o recebimento dos embargos determina a suspensão dos termos do processo em que se inserem, quanto aos bens a que dizem respeito, bem como a restituição provisória da posse, se o embargante a houver requerido, podendo, todavia, o juiz condicioná-lo à prestação de caução por parte deste (art. 347º CPC).

Inicia-se então a fase subsequente dos embargos de terceiro, sendo notificadas para contestar as partes primitivas, e seguindo-se os termos do processo ordinário ou sumário de declaração, conforme o valor (art. 348º, nº 1, CPC). Quando os embargos se fundam apenas na invocação da posse, pode qualquer das partes primitivas, na contestação, pedir o reconhecimento quer do seu direito de propriedade sobre os bens, que de que tal direito pertence à pessoa contra quem a diligência foi promovida (art. 348º, nº 2, CPC).

A sentença de mérito proferida nos embargos constitui, nos termos gerais, caso julgado quanto à existência e titularidade do direito invocado pelo embargante ou por algum dos embargados, caso eles tenham solicitado o reconhecimento do seu direito de propriedade (art. 349º CPC).

Os embargos de terceiro podem ainda ser deduzidos a título preventivo, antes de realizada mas depois de ordenada a diligência processual ofensiva da posse ou do direito em questão (art. 350º, nº 1, CPC). Nesse caso, aplicam-se os termos anteriormente referidos com as necessárias adaptações, não sendo, no entanto, a diligência "efectuada antes de proferida decisão na fase introdutória dos embargos e, sendo estes recebidos, continuará suspensa até à decisão final, podendo o juiz determinar que o embargante preste caução" (art. 350º, nº 2, CPC).

Secção IX
Natureza da posse

Em relação à natureza da posse, suscita-se a controvérsia entre aqueles que consideram a posse um facto, e aqueles que a vêm como um direito, havendo ainda posições que as vêm simultaneamente como um facto e um direito.

A *tese que vê a posse como um mero facto* corresponde à formulação tradicional tendo sido defendida na pandectística entre outros por WINDSCHEID. Para este autor, quer no Direito Romano, quer no Direito Alemão, a posse reconduz-se a um mero facto, o qual, embora produza consequências jurídicas, não é em si uma posição jurídica, pois a protecção do possuidor não resulta de ele ter um direito, mas antes de ser vedado aos outros o recurso à força. Por esse motivo, a posse não seria direito, mas antes um mero facto, não fazendo sentido incluir no âmbito da posse as consequências jurídicas da mesma. No entanto, dado que estabelece uma relação jurídica com a coisa, a mais directa e simples relação possível, a posse deve ser incluída no sistema dos Direitos Reais[387].

A tese que vê a posse simultaneamente como um facto e um direito deve-se a SAVIGNY. Para este autor, na sua configuração primitiva a posse apresenta-se apenas como um facto, uma vez que é independente de todas as regras estabelecidas para a aquisição e perda de direitos. Efectivamente, a posse pode ser adquirida pela força e ser transmitida por negócio a que faltem os requisitos legais. Por outro lado, nunca ocorre uma verdadeira sucessão na posse, na medida em que a posse do novo possuidor é sempre uma posse nova, independente daquele que anteriormente possuiu. Por estes motivos, a posse seria um mero facto. No entanto, a evolução da posse teria permitido que a mesma fosse sendo objecto de negócios jurídicos, sendo atribuída em situações em que não há apreensão material da coisa, caso em que a mesma teria que ser configurada como um direito, sendo

[387] Cfr. WINDSCHEID/KIPP, *op. cit.*, I, § 150, pp. 752 e ss.

assim simultaneamente facto e direito[388]. Mas para a configuração da posse como direito não seria relevante o facto de a mesma poder conduzir à usucapião, uma vez que aí a posse seria apenas um elemento de um processo de aquisição da propriedade. A configuração da posse como um direito resultaria por isso apenas da concessão dos interditos, em caso de turbação ou esbulho. Por esse motivo, SAVIGNY defende que a posse se inclua no Direito das Obrigações e não nos Direitos Reais, uma vez que os *interdicta* teriam na base um facto ilícito, a turbação ou o esbulho, o que implicaria que a posse devesse ser considerada como uma *obligatio ex maleficio*[389].

A posição actualmente maioritária configura, porém, a posse como um direito, sendo objecto de controvérsia qual a natureza desse mesmo direito.

A tese de que a posse é um direito real é defendida entre nós por MANUEL RODRIGUES, CARVALHO FERNANDES e BONIFÁCIO RAMOS. MANUEL RODRIGUES configurou a posse como um direito real, uma vez que não apenas consiste num poder directo e imediato sobre uma coisa, como também atribui ao seu titular a faculdade de exigir de todos os indivíduos uma abstenção que lhe permita exercer todos os elementos constitutivos do direito que exterioriza[390]. Para CARVALHO FERNANDES, a natureza real da posse é demonstrada pela inserção legislativa da posse entre os direitos reais, quer na sistematização do Código, quer nas normas de conflitos (cfr. art. 46º, nº 1), e pelo facto de a posse atribuir ao seu titular as faculdades de uso e fruição de uma coisa. O autor considera que o facto de a acção de restituição da posse não poder ser instaurada contra terceiro de boa fé (art. 1281º, nº 2) não exclui a existência de sequela na posse, uma vez que se trata apenas de uma situação de inoponibilidade do direito real[391]. No mesmo sentido se pronuncia BONIFÁCIO RAMOS considerando que a aquisição por terceiro de boa fé como uma causa extintiva da posse, que não afectaria a sua natureza real[392].

A posição de que a posse é um direito subjectivo sem natureza real é defendida entre nós por OLIVEIRA ASCENSÃO e presentemente por MENEZES CORDEIRO. Para OLIVEIRA ASCENSÃO, "a posse é um direito, mas não é um direito real", na medida em que não constitui um direito inerente à coisa, nem absoluto, dado que o art. 1281º, nº 2, não admite a interposição de restituição de posse contra quem não tenha conhecimento do esbulho da coisa. Por isso, o autor sustenta que "a defesa da posse funda-se em razões relativas": o esbulho ou o conhecimento do mesmo. O autor reconhece, porém, que "a posse não é um puro direito rela-

[388] Cfr. SAVIGNY, *Das Recht des Besitzes*, pp. 43 e ss.

[389] Cfr. SAVIGNY, *Das Recht des Besitzes*, pp. 48 e ss.

[390] Cfr. MANUEL RODRIGUES, *A Posse*, p. 39.

[391] Cfr. CARVALHO FERNANDES, *Direitos Reais*, pp. 283 e ss.

[392] Cfr. BONIFÁCIO RAMOS, *Direitos Reais*, pp. 203-204.

tivo", pois "não assenta numa relação, nomeadamente na relação entre o titular e um eventual titular do direito definitivo" e que existe na posse a funcionalidade, "pois a situação é sempre dirigida ao aproveitamento da coisa". O possuidor não tem, no entanto, "a possibilidade de acompanhar a coisa, que é dada pela inerência. A posse é assim uma figura híbrida: não é direito relativo, mas tem meios de defesa próprios de direito relativo[393]. Já Menezes Cordeiro, depois de ter inicialmente defendido a natureza real da posse[394], defende hoje que a posse não se pode integrar por razões histórico-culturais no sistema dos direitos reais, uma vez que não era tutelada no Direito Romano por *actiones in rem*, mas antes pelos *interdicta possessionis*. O autor entende que por isso a posse não é um direito real de gozo constituindo antes um "direito de gozo diferenciado[395].

Entendemos dever acompanhar esta última concepção configurando a posse como um direito de gozo sem natureza real. Efectivamente, o art. 1281º, nº 2, demonstra a ausência de inerência na posse, uma vez que a acção de restituição não pode ser instaurada contra terceiro de boa fé. Por outro lado, ao contrário do que sucede nos direitos reais a tutela possessória não resulta da atribuição prévia de um direito sobre a coisa, surgindo *a posteriori* em virtude da situação de facto criada, que é o que determina a atribuição dos interditos[396]. Não podemos dizer consequentemente que existe na posse uma permissão normativa de aproveitamento de uma coisa corpórea, uma vez que apenas existe apenas uma tutela provisória da continuação do aproveitamento da coisa, que já vinha sendo realizado pelo titular. Por esse motivo, a posse não pode ser qualificada como um direito real.

393 Cfr. Oliveira Ascensão, *Reais*, pp. 130-132.

394 Cfr. Menezes Cordeiro, *Direitos Reais*, pp. 614.

395 Cfr. Menezes Cordeiro, *A Posse*, p. 163-164.

396 Sustenta por isso, Protetti, *Le Azione*, p. 38, que as acções possessórias têm natureza pessoal e não real, uma vez que têm por fundamento e a lesão da situação possessória, são dirigidas contra o autor material ou moral dessa lesão, e determinam o ressarcimento dos danos causados, incluindo em forma específica com a recuperação da coisa.

Parte II

Teoria Geral dos Direitos Reais

Secção I
O conteúdo dos direitos reais

1. Generalidades

Definimos supra o direito real como um direito absoluto e inerente a uma coisa corpórea, que permite ao seu titular determinada forma de aproveitamento jurídico desta. Neste momento, cabe examinar o conteúdo dos direitos reais, ou seja, as faculdades em que se traduz esse aproveitamento da coisa[397]. Por força do princípio da tipicidade (art. 1306º), as partes não gozam de liberdade em relação à atribuição dessas faculdades, pelo que o conteúdo do direito real terá que resultar da lei, através da análise dos diversos tipos legalmente consagrados.

Os tipos legais possuem, no entanto, normalmente um conteúdo injuntivo, que as partes não podem derrogar, e um conteúdo supletivo, que as partes podem derrogar no título constitutivo do direito real em questão. O conteúdo do direito real pode assim resultar, quer da lei, quer do seu título constitutivo, nos casos em que este seja admitido a derrogar as normas supletivas legais.

Naturalmente que o conteúdo dos direitos reais variará profundamente, não apenas consoante o direito real em questão, mas também de acordo com a categoria em que este se insere. No âmbito da teoria geral dos direitos reais, cabe-nos agora distinguir o conteúdo geral dos direitos reais de gozo, de garantia e de aquisição. Na parte especial, examinaremos detalhadamente o conteúdo específico de cada direito real.

2. Exclusão da posse do âmbito do conteúdo dos direitos reais

Menezes Cordeiro insere a posse no âmbito do conteúdo de certos direitos reais, especialmente os direitos reais de gozo. Para o autor esses direitos permitem ao seu titular fazer incidir a sua actividade sobre uma coisa, em termos

[397] Cfr. Menezes Cordeiro, *Direitos Reais*, pp. 382 e ss., Carvalho Fernandes, *Direitos Reais*, pp. 199 e ss., e José Alberto Vieira, *Direitos Reais*, pp. 289 e ss.

de poder beneficiar das vantagens respectivas. Ora, o exercício dessa actividade, que se manifesta exteriormente, é a posse, que é por isso uma constante normal nos direitos reais de gozo, fazendo parte do seu conteúdo. Os arts. 1251º e ss., ao disciplinarem a posse, corresponderiam assim a uma regulamentação geral daquilo que os direitos de gozo têm de mais claramente em comum: o exercício de poderes materiais sobre coisas corpóreas[398].

Não nos parece, porém, que esta posição possa ser aceite. Efectivamente, a posse pode ser causal, nos casos em que o possuidor é igualmente titular do respectivo direito sobre a coisa. Só que mesmo nesse caso, conforme refere o art. 1251º, a posse não resulta da atribuição do direito, mas antes do seu exercício. No conteúdo do direito real de gozo apenas se incluem os poderes relativos à coisa, sendo o seu exercício efectivo que atribui a posse.

Também no caso dos direitos reais de garantia, como o penhor e a retenção, a posse não faz parte do conteúdo do direito, sendo antes um pressuposto da sua constituição e conservação. Em consequência, os titulares desses direitos reais de garantia podem recorrer às acções possessórias, mas tal não é uma consequência do seu direito, mas antes da própria posse.

Podemos assim concluir que, *não sendo a posse um direito real, também não faz parte do conteúdo dos direitos reais*. A posse liga-se, no entanto, intensamente aos direitos reais, não só porque resulta do exercício destes, mas também porque em certos casos pode ser pressuposto da sua constituição e manutenção.

3. O conteúdo dos direitos reais de gozo

O conteúdo dos direitos reais de gozo tem vindo a ser explicado através da clássica fórmula romana, que definia a propriedade como o *ius utendi, fruendi et abutendi*, com base na qual o art. 1305º se refere às faculdades de uso, fruição e disposição das coisas. Efectivamente, todos os direitos reais de gozo conferem pelo menos uma destas faculdades. Assim, por exemplo, as servidões negativas e desvinculativas, embora funcionem como restrições no prédio serviente, acabam por reforçar os poderes de uso e fruição do prédio dominante. Mesmo a nua propriedade deve ser qualificada como um direito real de gozo, mesmo que o gozo da coisa fique totalmente excluído durante a vigência do usufruto. Efectivamente, a nua propriedade é uma situação temporária, já que, na sua feição típica, a propriedade atribui o gozo da coisa, e virá a recuperar essa configuração com a extinção do usufruto[399].

A faculdade de uso da coisa (*ius utendi*) corresponde a uma permissão de se servir dela para qualquer fim em que a coisa possa ser utilizada. No caso da pro-

[398] Cfr. MENEZES CORDEIRO, *Direitos Reais*, pp. 382-383.

[399] Neste sentido, cfr. OLIVEIRA ASCENSÃO, *Reais*, pp. 178 e nota (1).

priedade, o uso é pleno (art. 1305º), sendo atribuída ao titular a possibilidade de usar a coisa para qualquer fim em que ela possa ser utilizada. Já nos outros direitos reais de gozo, o uso pode ser limitado pelo destino económico atribuído à coisa (art. 1446º), pelas necessidades do titular (art. 1484º) ou por uma utilidade específica, susceptível de ser gozada por intermédio de um prédio (art. 1544º).

A faculdade de fruição da coisa (*ius fruendi*) consiste na permissão de retirar dela os rendimentos que ela possa proporcionar periodicamente, sem prejuízo da sua substância. A fruição pode ser natural, quando se refira aos frutos naturais das coisas, ou civil, consoante abranja as rendas ou interesses que a coisa produz em virtude de uma relação jurídica. A fruição não é, no entanto, essencial ao conteúdo dos direitos reais de gozo, uma vez que nem todas as coisas são susceptíveis de produzir frutos. Em qualquer caso, quem obtenha frutos a partir das coisas, mesmo que os frutos sejam meramente civis, encontra-se a exercer o direito real correspondente, pelo que adquire a posse da coisa, podendo adquiri-la por usucapião se não for titular do direito, e não se poderá operar a sua extinção por não uso na hipótese contrária[400].

Já a faculdade de disposição da coisa (*ius abutendi*) compreende os poderes de a consumir, transformá-la, aliená-la, deteriorá-la ou mesmo destruí-la. Esses poderes podem ser materiais, como na hipótese de transformação, deterioração ou destruição, ou jurídicos, como na hipótese de alienação, oneração ou renúncia ao direito. Em princípio só o proprietário tem poderes de disposição integrais sobre a coisa, limitando-se a disposição nos outros direitos reais à alienação ou renúncia do direito, quando estas sejam permitida, e em certos casos, à sua transformação. Nos casos do direito de superfície, o conteúdo do direito reside precisamente na transformação da coisa.

4. O conteúdo dos direitos reais de garantia

Os direitos reais de garantia caracterizam-se por atribuirem ao seu titular a preferência na satisfação de um direito de crédito em confronto com os restantes credores, sobre determinada coisa, pertencente ao devedor ou a terceiro. O titular do direito real de garantia tem sempre assim duas faculdades: a de executar a coisa, em caso de incumprimento do seu crédito, e de reclamar o pagamento à frente dos restantes credores do devedor pelo produto da venda da coisa sobre que incide o seu direito.

Os direitos reais de garantia encontram-se assim funcionalmente afectos à satisfação de um direito de crédito, permitindo a execução da coisa sobre que incidem e o pagamento sobre esta, com prioridade em relação aos demais credores. Precisamente por esse motivo, em caso de execução movida em relação

[400] Cfr. Oliveira Ascensão, *Reais*, p. 179.

ao devedor a penhora inicia-se logo pelos bens sobre que incide a garantia, só podendo incidir sobre outros vens em caso de insuficiência daqueles (art. 752º, nº 1, CPC). Por outro lado, os credores que dispõem de garantia real têm direito de reclamar os seus créditos, em caso de execução movida por terceiro relativa a esses bens (art. 788º, nº 1, CPC), devendo ser citados para o efeito (art. 786º CPC).

Em virtude dessa ligação, os direitos reais de garantia são acessórios em relação ao crédito, apenas o garantindo na medida deste, e extinguindo-se caso ocorra a sua extinção (arts. 730º, a), 664º, 677º, 753º e 761º). A garantia estende-se ainda, no entanto, a certos acessórios do crédito, como os juros (arts. 656º, nº 2, 666º, nº 1, 693º, 734º).

Em certos casos, os direitos reais de garantia atribuem ao credor limitadamente as faculdades de uso (arts. 661º, nº 1, b), 671º, b) *in fine*, 758º e 759º, nº 3) e de fruição da coisa (arts. 661º, nº 1, c) e nº 2, 672º, 758º e 759º, nº 3). Nesse caso, os direitos reais de garantia são associados à posse da coisa, sendo tutelados pelas acções possessórias (arts. 661º, nº 1, b) e 1037º, nº 2, 670º, a) e 758º e 759º, nº 3.

5. O conteúdo dos direitos reais de aquisição

Os direitos reais de aquisição possibilitam a aquisição de direitos sobre a coisa, com prevalência sobre outras disposições que realize o seu titular. O seu conteúdo esgota-se assim totalmente nessa faculdade de aquisição.

Secção II
As limitações aos direitos reais

1. Generalidades

Os direitos nunca são ilimitados, o mesmo sucedendo com os direitos reais. Neste âmbito, para além da limitação geral em virtude da função social atribuída à propriedade, traduzida no abuso de direito, existem diversas restrições aos direitos reais. Essas restrições têm sido consideradas de direito público, caso sejam motivadas pelo intervenção de uma entidade dotada de *ius imperii*, ou de direito privado, quando haja que compatibilizar direitos privados de outros titulares.

Examinemos sucessivamente estas limitações:

2. A limitação da propriedade pela sua função social: o abuso do direito

A ideia da existência de limites ao direito de propriedade é relativamente nova na evolução do Direito. Efectivamente, a concepção romanística proclamava o carácter ilimitado da propriedade. Esta ilimitação da propriedade verificava-se quer devido à inexistência de limites em relação à extensão vertical do direito (*qui dominus est soli, dominus est usque ad coelum usque ad inferos*), quer devido à inexistência de limitações ao exercício desse mesmo direito (*qui suo iure utitur neminem laedit*). Haveria, no entanto, uma excepção, uma vez que o Direito Romano já proibia os actos emulativos.

Esta concepção vem a ter influência no art. 544º do Código Civil Francês, de 1804, que concebe a propriedade como "*le droit de jouir et disposer des choses de la manière la plus absolue, pourvu qu'on n'en fasse pas un usage prohibé par les lois ou par les réglements*". O proprietário tinha assim um poder absoluto sobre a coisa em tudo o que não infrigisse as leis ou regulamentos. Esta doutrina vem a ser, no entanto, atenuada em virtude do surgimento no espaço jurídico francês da doutrina do abuso de direito, a qual representou, ainda no liberalismo, o primeira reconhecimento da existência de limites ao exercício dos direitos do proprietário.

Posteriormente, foi-se ainda mais longe, passando a ser defendida a função social da propriedade, no sentido de que os poderes do proprietário se encontram limitados pela utilidade social proporcionada pelo bem. Essa posição tem sido defendida pela doutrina social da Igreja desde a Encíclica *Rerum Novarum*, de Leão XIII, com raízes em S. Tomás de Aquino, e foi expressamente consagrada no art. 14º, nº 2 da Lei Fundamental da Alemanha, e no art. 42º da Constituição Italiana.

Em Portugal, e apesar de profundamente influenciado pelo Código Civil francês de 1804, o Código Civil Português de 1867 não consagrou, ao contrário deste, uma definição tão enfática da propriedade como direito absoluto. O Código de Seabra limitava-se a defini-la de forma elegante no art. 2167º como "a faculdade, que o homem tem, de aplicar à conservação da sua existência, e ao melhoramento da sua condição, tudo quanto para esse fim legitimamente adquiriu, e de que, portanto, pode dispor livremente". No entanto, o art. 2170º não deixava de referir que "o direito de propriedade, e cada um dos direitos especiais que esse direito abrange, não têm outros limites senão aqueles que lhes forem assinados pela natureza das coisas, por vontade do proprietário, ou por disposição expressa da lei"[401].

A Constituição de 1933 já consagrou, porém, expressamente a doutrina da *função social da propriedade*, ao estabelecer que a mesma, tal como o capital e o trabalho, desempenhava "uma função social, (...) podendo a lei determinar as condições do seu emprego ou exploração conformes com a finalidade colectiva". Em consequência, o Estatuto do Trabalho Nacional, aprovado pelo D.L. 23048, de 23 de Setembro, de 1933, estabelecia no seu art. 13º que "o exercício dos poderes do proprietário é garantido quando em harmonia com a natureza das coisas, o interesse individual e a utilidade social expressa nas leis, podendo estas sujeitá-lo às restrições que sejam exigidas pelo interesse público e pelo equilíbrio e conservação da colectividade". Ficou assim consagrada a limitação da propriedade pela sua *função social*, em detrimento da concepção liberal do carácter ilimitado deste direito.

Ainda durante o período corporativo, o Código Civil Português de 1966, veio representar um certo retrocesso em relação à consagração da função social da

[401] A nossa doutrina tem sustentado, no entanto, existir no Código de 1867 uma concepção finalista da propriedade, que a limita a uma função pessoal específica, proibindo o seu exercício arbitrário. Cfr. Oliveira Ascensão, *Reais*, p. 193, Menezes Cordeiro, *Direitos Reais*, p. 413, e Carvalho Fernandes, *Direitos Reais*, p. 204. Achamos dificilmente sustentável essa posição, que parte apenas da definição legal da propriedade, quando o regime do art. 2170º torna a vontade do proprietário apenas limitada pela natureza das coisas ou por disposição expressa da lei.

propriedade, passando o art. 1305º a proclamar que "o proprietário goza de modo pleno e exclusivo dos direitos de uso, fruição e disposição das coisas que lhe pertencem, dentro dos limites da lei, e com observância das restrições por ela impostas". Em relação aos limites verticais dos prédios, conforme se referiu, o art. 1344º, nº 2, apenas faz referência ao interesse do proprietário, sendo apenas a ausência de interesse deste em proibir actos a certa altura ou profundidade que legitima a sua realização por terceiros.

A Constituição de 1976, ao contrário do que sucedia com a Constituição anterior, também não faz qualquer referência à função social da propriedade, como limite aos poderes do proprietário. A doutrina tem, no entanto, considerado implícito esse limite na referência ao interesse geral da iniciativa económica privada no art. 61º, nº 1, bem como nas consequências gravosas da colocação de bens de produção em abandono, previstas no art. 88º, nº 2[402].

É manifesto que a propriedade possui uma função social, como se compreende pelas limitações legais que são estabelecidas em relação aos poderes do proprietário. A função social da propriedade não pode, porém, ser argumento para estabelecer uma funcionalização absoluta dos poderes do proprietário, apenas o admitindo a exercer os poderes cuja utilidade social a lei reconheça. Efectivamente, como qualquer direito subjectivo, a propriedade é um espaço de liberdade, que permite ao proprietário antes de tudo a sua própria realização pessoal, a qual é por ele decidida.

É natural que esse espaço de liberdade seja compatibilizado com as exigências da vida social, e daí o reconhecimento da função social da propriedade. Mas essa função social da propriedade não permite ao Estado estabelecer medidas legislativas que atinjam o núcleo essencial desse direito. Efectivamente, sempre que esse núcleo seja atingido por qualquer medida legislativa, deve ser reconhecida a esta natureza expropriatória, susceptível de envolver a atribuição de justa indemnização.

Pensamos, por isso, que a função social da propriedade pode e deve ser explicada através da proibição do abuso de direito. Efectivamente, o art. 334º considera ilegítimo o abuso do direito em contrariedade com o seu fim sócio-económico, pelo que não será permitido o exercício do direito de propriedade em termos manifestamente disfuncionais ao sistema jurídico[403].

[402] Cfr. Oliveira Ascensão, *Reais*. pp. 194 e ss., Menezes Cordeiro, *Direitos Reais*, pp. 411 e ss., e Carvalho Fernandes, *Direitos Reais*, p. 207, que invoca ainda, em apoio desta orientação, as disposições dos arts. 81º, c) a e), 93º, nº 1, d) e 100º, a) e c) da Constituição.

[403] Neste sentido, cfr. Oliveira Ascensão, *Reais*, pp. 198 e ss., e Menezes Cordeiro, *Direitos Reais*, pp. 411 e ss.

3. As limitações de direito público

3.1. A expropriação

A mais importante limitação ao direito de propriedade é representada pelo instituto da expropriação, prevista no art. 62º, nº 2, da Constituição[404].

Tradicionalmente distingue-se entre expropriação por utilidade pública ou particular, consoante o interesse que esta visa servir (cfr. art. 1310º), mas a Constituição, no seu art. 62º, nº 2, apenas prevê a expropriação por utilidade pública, o que torna controversa a admissibilidade constitucional da expropriação por utilidade particular[405]. A lei actual prevê, no entanto, alguns casos de expropriação por utilidade particular como sucede, com a possibilidade de estabelecer comunhão forçada sobre as paredes e muros de meação, nos termos do art. 1370º[406].

A expropriação por utilidade pública é especialmente regulada pelo Código das Expropriações. Nos termos do art. 1º do C. Expr., "os bens imóveis e os direitos a eles inerentes podem ser expropriados por causa de utilidade pública compreendida nas atribuições, fins ou objecto da entidade expropriante, mediante o pagamento contemporâneo de uma justa indemnização". Nas palavras de Marcello Caetano, ela consiste "na relação jurídica pela qual o Estado, considerando a conveniência de utilizar determinados bens imóveis em um fim específico de utilidade pública, extingue os direitos subjectivos constituídos sobre eles e determina a sua transferência definitiva para o património da pessoa a cujo cargo esteja a prossecução desse fim, cabendo a este pagar ao titular dos direitos extintos uma indemnização compensatória"[407]. A expropriação consiste assim na sub-

[404] Sobre a expropriação, cfr. Caeiro da Matta, *op. cit.*, passim, Oliveira Ascensão, *Reais*, pp. 222 e ss., Carvalho Fernandes, *Direitos Reais*, pp. 211 e ss., e José Alberto Vieira, *Direitos Reais*, pp. 302-303.

[405] Carvalho Fernandes, *Direitos Reais*, p. 211, e José Alberto Vieira, *Direitos Reais*, p. 303, admitem que excepcionalmente a lei possa estabelecer casos de expropriação por utilidade particular.

[406] Em França, o *Conseil Constitutionnel* na decisão 2010-60 QPC, de 12 de Novembro de 2010, disponível em http://www.conseil-constitutionnel.fr, considerou conforme à protecção constitucional da propriedade a disposição do art. 661 do *Code Civil*, que atribui ao proprietário a possibilidade de obter comunhão sobre as paredes e os muros de meação, por considerar que a mesma se funda em razões de interesse geral, pela necessidade de utilização racional do espaço, e pela realização mais económica das construções, sendo assegurada a indemnização ao proprietário. Entre nós, no acórdão TC nº 205/2000, de 4 de Abril de 2000 (Maria dos Prazeres Beleza), publicado no *DR*, II série, de 30 de Outubro de 2000, não se considerou como expropriação por utilidade particular a aquisição por acessão industrial imobiliária, prevista no art. 1340º, nº 1, sendo antes qualificada como uma forma de resolução de um conflito entre direitos.

[407] Cfr. Marcello Caetano, *Manual de Direito Administrativo*, II, 10ª ed., reimp. Coimbra, Almedina, 1991, p. 1020.

tracção de um bem imóvel ao seu proprietário, em virtude da utilidade pública que esse bem representa, o qual é atribuído a uma entidade que prossegue esses fins, mediante o pagamento ao anterior proprietário de uma justa indemnização.

Em virtude da gravosa lesão que representa para o direito de propriedade, a lei estabelece que a expropriação deve limitar-se ao necessário para a realização do seu fim (art. 3º, nº 1, C. Expr.), sendo inclusivamente estabelecido um direito de reversão a favor do proprietário se, no prazo de dois anos, os bens não forem afectos a esse fim (art. 5º, nº 1, a) C. Expr.) ou se, entretanto, tiverem cessado as finalidades da expropriação (art. 5º, nº 1, b) C. Expr.). Para além disso, estabelece-se que a entidade interessada, antes de requerer a declaração de utilidade pública, deve diligenciar no sentido de adquirir os bens por via de direito privado (art. 11º, nº 1, C. Expr.).

A expropriação implica sempre, nos termos constitucionais (art. 62º, nº 2, Const.) e legais (arts. 1310º e 23º e ss. C. Expr.) o pagamento de uma justa indemnização ao proprietário e aos titulares de outros direitos reais afectados. Nos termos do art. 23º, nº 1, C. Expr., "a justa indemnização não visa compensar o benefício alcançado pela entidade expropriante, mas ressarcir o prejuízo que para o expropriado advém da expropriação, correspondente ao valor real e corrente do bem de acordo com o seu destino efectivo ou possível numa utilização económica normal, à data da publicação da declaração de utilidade pública, tendo em consideração as circunstâncias e condições de facto existentes naquela data".

3.2. A requisição

A requisição era definida por MARCELLO CAETANO como "o acto administrativo pelo qual um órgão competente impõe a um particular, verificando-se as circunstâncias previstas na lei e mediante indemnização, a obrigação de prestar serviços, de ceder coisas móveis ou semoventes ou consentir na utilização temporária de quaisquer bens que sejam necessários à realização do interesse público e que não convenha procurar no mercado"[408].

A requisição é constitucionalmente sujeita ao mesmo regime da expropriação, só se podendo igualmente fazer com base na lei e mediante o pagamento de justa indemnização (art. 62º, nº 2, Const.). Esta disposição é confirmada no art. 1309º, que nos refere que "só nos casos previstos na lei pode ter lugar a requisição temporária de coisas do domínio privado".

[408] Cfr. MARCELLO CAETANO, *Manual*, II, p. 1016.

Ao contrário do que sucede com a expropriação, que apenas abrange imóveis, a requisição tanto pode abranger móveis como imóveis. Em relação aos móveis, a requisição pode funcionar como um instituto sucedâneo da expropriação, permitindo a aquisição de bens móveis de que as entidades públicas necessitam, ou limitar-se a legitimar a sua utilização por certo período de tempo. Em relação aos imóveis, a requisição caracteriza-se por ter necessariamente carácter temporário, apenas legitimando a sua afectação aos fins da entidade requisitante por certo período de tempo.

Actualmente a requisição de imóveis, encontra-se prevista nos arts. 80º e ss. do Código das Expropriações, dispondo o art. 80º, nº 1, C. Expr. que "em caso de urgente necessidade e sempre que o justifique o interesse público e nacional, podem ser requisitados bens imóveis e direitos a eles inerentes, incluindo os estabelecimentos comerciais ou industriais, objecto de propriedade de entidades privadas, para realização de actividades de manifesto interesse público, adequadas à natureza daqueles, sendo observadas as garantias dos particulares e assegurado o pagamento de justa indemnização". No entanto, "salvo o disposto em lei especial, a requisição, interpolada ou sucessiva, de um mesmo imóvel não pode exceder o período de um ano, contado nos termos do artigo 279º do Código Civil" (art. 80º, nº 2, C. Expr.). A requisição de imóveis determina sempre o pagamento de justa indemnização, nos termos do art. 84º C. Expr.

O Código Civil prevê, por outro lado, no seu art. 1388º, a figura da requisição das águas, dispondo o seu nº 1 que "em casos urgentes de incêndio ou de calamidade pública, as autoridades administrativas podem, sem forma de processo nem indemnização prévia, ordenar a utilização imediata de quaisquer águas particulares necessárias para conter ou evitar os danos". O nº 2 acrescenta, porém, que "se da utilização da água resultarem danos apreciáveis, têm os lesados direito a indemnização, paga por aqueles em benefício de quem a água foi utilizada".

3.3. Nacionalização e colectivização

A nacionalização e a colectivização constituem formas de apropriação pública dos bens[409], as quais se distinguem da expropriação por serem realizadas directamente com base na lei e não num acto administrativo. No caso da nacionalização os bens ficam pertencentes ao Estado, enquanto que na colectivização se verifica uma apropriação colectiva de bens, cujo beneficiário não é o Estado mas, de algum modo, a comunidade. Nos termos do art. 83º da Constituição, compete à lei determinar os meios e as formas de intervenção e de apropriação pública

[409] Cfr. Oliveira Ascensão, *Reais*, p. 221.

dos meios de produção, bem como os critérios de fixação da correspondente indemnização.

As nacionalizações tiverem grande importância em Portugal na altura do período revolucionário de 1974-1975, em que inúmeras empresas foram nacionalizadas, tendo a Constituição chegado a consagrar na sua versão primitiva o princípio da irreversibilidade dessas nacionalizações. Hoje o art. 293º da Constituição limita-se a fixar o regime da reprivatização dessas empresas. Posteriormente, no entanto, a crise financeira internacional iniciada em 2007 voltou a colocar na ordem do dia a necessidade de nacionalizações, como em Portugal ocorreu com o Banco Português de Negócios (BPN), tendo a Lei 62-A/2008, de 11 de Novembro, decretado a nacionalização do BPN, ao mesmo tempo que aprovava em anexo um regime jurídico de apropriação pública de participações sociais em pessoas coelctivas privadas por via da nacionalização[410].

3.4. Confisco

O confisco consiste na apropriação pelo Estado de bens privados, sem pagamento de qualquer indemnização[411]. Tradicionalmente o confisco tem revestido duas modalidades: o confisco-nacionalização e o confisco-sanção.

O confisco-nacionalização verifica-se quando uma nacionalização é decretada, sendo no entanto excluída a atribuição de indemnização ao titular dos bens nacionalizados.

Por sua vez o confisco-sanção consiste na sanção aplicável a certos factos ilícitos, que consiste na apropriação pelo Estado, sem qualquer indemnização, da totalidade (confisco geral) ou de parte (consfisco especial) dos bens do responsável[412]. O confisco geral não é admitido constitucionalmente, mas as leis prevêem certos casos de confisco especial como a perda dos instrumentos do crime a favor do Estado.

3.5. As servidões administrativas

Outra limitação de direito público aos direitos reais resulta das servidões administrativas[413]. Marcello Caetano definia a servidão administrativa como "o encargo imposto, por disposição da lei, sobre certo prédio, em pro-

[410] Cfr. sobre este diploma, Menezes Cordeiro, "Da nacionalização do BPN", em *RDS 1* (2009), nº 1, pp. 57-91.

[411] Cfr. Oliveira Ascensão, *Reais*, p. 220, e José Alberto Vieira, *Direitos Reais*, p. 304.

[412] Cfr. Marcello Caetano, *Manual de Direito Administrativo*, II, p. 990.

[413] Cfr. Marcello Caetano, *Manual de Direito Administrativo*, II, pp. 1052 e ss., Bernardo Azevedo, *Servidão de Direito Público. Contributo para o seu estudo*, Coimbra, Coimbra Editora, 2005, e José Alberto Vieira, *Direitos Reais*, pp. 304 e ss.

veito da utilidade pública de uma coisa"[414]. Podemos assim definir a servidão administrativa como o aproveitamento de utilidades de determinado prédio em benefício de outra entidade, pública ou privada, por razões de interesse público.

As servidões administrativas são sempre legais, dado que resultam da lei e não de negócio jurídico de direito privado. Em certos casos, a lei constitui título bastante para a constituição da servidão, na medida em que determina a submissão genérica e automática de todos os prédios que se encontrem em determinadas condições a um regime pré-determinado. Noutros casos, a constituição das servidões administrativas pressupõe a realização de um acto da Administração, quer através do reconhecimento da utilidade pública que justifica a sua constituição, quer através da definição de certos aspectos do seu regime, como a área sujeito ao encargo.

As servidões administrativas encontram-se igualmente previstas no Código das Expropriações, referindo o art. 8º, nº 1, C. Expr. que "podem constituir-se sobre imóveis as servidões necessárias à realização de fins de interesse público". Nos termos do art. 8º, nº 2, C. Expr. "as servidões, resultantes ou não de expropriações, dão lugar a indemnização quando:

a) Inviabilizem a utilização que vinha sendo dada ao bem, considerado globalmente;
b) Inviabilizem qualquer utilização do bem, nos casos em que estes não estejam a ser utilizados; ou
c) Anulem completamente o seu valor económico".

O art. 8º, nº 3, C. Expr. acrescenta que "à constituição das servidões e à determinação da indemnização aplica-se o disposto no presente Código com as necessárias adaptações, salvo o disposto em legislação especial"[415].

3.6. O *ius aedificandi*

Uma última restrição de direito público aos direitos reais consiste nos condicionalismos administrativos estabelecidos em relação à construção e edificação, o que tem vindo a ser qualificado como o *ius aedificandi*[416]. O *ius aedificandi* compreende assim a faculdade de construir e a de realizar os actos jurídicos e mate-

[414] Cfr. Marcello Caetano, *Manual de Direito Administrativo*, II, p. 1052.

[415] Sobre a indemnização na servidão administrativa, cfr. o Ac. STJ 4/10/2011 (Marques Pereira), em *CJ-ASTJ* 19 (2011), 2, pp. 58-62.

[416] Cfr. Pinto Duarte, *Direitos Reais*, pp. 76 e ss., e José Alberto Vieira, *Direitos Reais*, pp. 305 e ss.

riais indispensáveis à construção, como os loteamentos urbanos e a realização das infra-estruturas urbanísticas necessárias.

A doutrina tem vindo a discutir intensamente a relação do *ius aedificandi* com os direitos reais incidentes sobre o imóvel, podendo distinguir-se entre três teorias:

a) o *ius aedificandi* seria uma faculdade resultante do direito de propriedade ou do direito de superfície sobre o imóvel, sendo consequentemente regulado pelo Direito Civil e abrangido pela protecção constitucional da propriedade;
b) o *ius aedificandi* seria uma concessão jurídico-pública decorrente do sistema de atribuição do plano urbanístico, não sendo consequentemente a faculdade de construção incluída no conceito jurídico-constitucional da propriedade privada, uma vez que seria regulada exclusivamente pelo Direito do Urbanismo.
c) o *ius aedificandi* seria um direito fundamental, a enquadrar no âmbito do Direito Constitucional, podendo enquanto tal ser objecto das restrições inerentes ao interesse colectivo.

Examinemos sucessivamente estas concepções.

A tese que defende a inclusão do ius aedificandi nos direitos de propriedade ou de superfície incidentes sobre o imóvel foi defendida entre nós por Oliveira Ascensão, Freitas do Amaral, Marcelo Rebelo de Sousa e João Caupers[417]. A qualificação do *ius aedificandi* como atributo natural da propriedade do imóvel e do direito de superfície baseia-se no facto de o poder de transformação aparecer incluído nos faculdades atribuídas ao proprietário (art. 1305º), sendo que a propriedade dos imóveis abrange o seu espaço aéreo (art. 1344º), enquanto que o direito de superfície é expressamente definido no art. 1524º como "a faculdade de construir ou manter, perpétua ou temporariamente, uma obra em terreno alheio". Esta posição baseia-se ainda no facto de o art. 25º, nº 1, a) e 26º do Código das Expropriações, determinar para efeitos da indemnização por expropriação um cálculo específico do solo apto para construção. Em consequência, esta tese defende

[417] Cfr. Oliveira Ascensão, "O urbanismo e o direito de propriedade", em aavv, *Direito do Urbanismo*, Oeiras, INA, 1989, pp. 319-344, Freitas do Amaral, "Apreciação da dissertação de doutoramento do licenciado Fernando Alves Correia", em *RFDUL* 32 (1991), pp. 91-105 (99 e ss.), João Caupers, "Estado de direito, ordenamento do território e direito de propriedade", na *RJUA* nº 3 (Junho 1995), pp. 87-115 (94-95, 98 e ss., 109 e ss., e 112) e Marcelo Rebelo de Sousa, "Parecer sobre a constitucionalidade das normas constantes do Decreto-Lei nº 351/93 (Regime de Caducidade dos Actos de Licenciamento de Obras, Loteamentos e Empreendimentos Turísticos)", na *RJUA* nº 1 (Junho 1994), pp. 132-148 (144 e ss.).

que o *ius aedificandi* faz parte da liberdade de utilização da propriedade garantida constitucionalmente (art. 62º, nº 1, Const.), não sendo conferido ou atribuído pelo plano urbanístico, na medida em que este teria apenas como função conformar ou modelar o exercíco daquele direito[418]. Existindo plano, o mesmo não afectaria a liberdade de edificação, que é anterior ao plano mas apenas a tornaria potencial, fazendo-a entrar em estado de latência até aparecer um novo acto de plano, que a tornasse efectiva[419].

A tese que qualifica o ius aedificandi como uma concessão jurídico-pública, resultante do sistema de atribuição do plano urbanístico foi defendida entre nós por Alves Correia, Jorge Miranda, Rui Machete, António Cordeiro, João Miranda e Fernanda Paula Oliveira[420]. Para esta tese, o *ius aedificandi* constituiria antes um direito autónomo, que não resultaria da propriedade privada mas de um acto jurídico concedido pela autoridade pública a certos proprietários, sendo por isso regulado pelo Direito Público. Em consequência, esta tese nega a inclusão da faculdade de construção no conceito jurídico-constitucional da propriedade privada, vendo nela antes uma concessão jurídico-pública decorrente do estabelecido pelo plano urbanístico[421]. Assim, a faculdade de construção não deve ser

[418] Cfr. Oliveira Ascensão, em *Direito do Urbanismo*, pp. 322 e ss. explica que, face à lei portuguesa, "o direito de construir é atributo natural da propriedade imóvel, apesar de estar genericamente sujeito a limitações que podem levar ao caso extremo de retirar em concreto o direito de construir". Apesar de reconhecer que o direito de construir, conteúdo do direito de propriedade, deixou de poder ser actualmente exercido sem uma autorização administrativa nesse sentido e que o proprietário perde a faculdade de determinar por si o destino dos seus prédios, considera que "o direito de construir continua, em abstracto, a compor o seu direito de propriedade" e que "toda a propriedade imóvel continua a albergar o direito de construir, muito embora esse direito esteja já dependente de uma autorização do poder público".

[419] Freitas do Amaral, *RFDUL* 32 (1991), pp. 99-100, afirma mesmo que tal faculdade de edificação existe na ausência de plano urbanístico aprovado na zona, defendendo por isso que o direito do proprietário de construir não é atribuído pelo plano, mas antes constitui uma faculdade inerente ao direito de propriedade e anterior ao plano.

[420] Cfr. Fernando Alves Correia, *O plano urbanístico e o princípio da igualdade*, Coimbra, Almedina, 1989, pp. 372 e ss., e *Manual de Direito do Urbanismo*, 4ª ed., Coimbra, Almedina, 2008, pp. 830 e ss., Rui Machete, "Constitucionalidade do regime de caducidade previsto no D-L nº 351/93 (parecer) na *RJUA* nº 3 (Junho 1995), pp. 241-260 (244-245, 251 e ss., e 258-259), Jorge Miranda, "Ordenamento do território e Constituição (Sobre a constitucionalidade do Decreto-Lei nº 351/93)", em *RMP* ano 16, nº 61 (Janeiro/Março) 1995, pp. 83-101 (100-101), António Cordeiro, *A protecção de terceiros em face das decisões urbanísticas*, Coimbra, Almedina, 1995, pp. 24 e ss., João Miranda, *A dinâmica jurídica do planeamento territorial* (A alteração, a revisão e a suspensão dos planos), Coimbra, Coimbra Editora, 2002, pp. 295 e ss., e Fernanda Paula Oliveira, "O direito de edificar: dado ou simplesmente admitido pelo plano? – Ac. do STA de 1.2.2001", em *CJA* nº 43 (Janeiro/Fevereiro 2004) pp. 52-57.

[421] Para Fernando Alves Correia, *O plano urbanístico*, pp. 372 e ss. e *Manual*, pp. 830 e ss., o direito de construir não pode fazer parte do direito de propriedade do solo, dado que o proprietá-

entendida como um direito subjectivo privado imanente à propriedade do solo, mas antes como um direito subjectivo público, concedido pelo acto de plano. Sem uma concessão do plano não existiria faculdade de construir, já que a reserva do plano implicaria uma proibição de construção preventiva, com reserva de licença.

Finalmente, para outra parte da doutrina, onde se incluem os nomes de Mário Esteves de Oliveira e Reis Novais, o *jus aedificandi* seria um direito fundamental, a enquadrar no âmbito do Direito Constitucional, podendo enquanto tal ser objecto das restrições inerentes ao interesse colectivo[422].

A nossa jurisprudência tem claramente aderido à posição que considera o *ius aedificandi* como um direito subjectivo público, recusando assim a sua integração no direito de propriedade. O Tribunal Constitucional expressou esse ponto de vista em sucessivos acórdãos, defendendo que no direito de propriedade constitucionalmente consagrado no art. 62º da Constituição contém-se apenas o poder de gozo do bem objecto do direito, não se tutelando ali expressamente um *ius aedificandi*, um direito à edificação, como elemento necessário e natural do direito fundiário, o qual só poderá ser atribuído pelo plano[423]. Na sequência dessa posição o Supremo Tribunal Administrativo tem vindo também em sucessivos acórdãos a sustentar que o *ius aedificandi* urbano não é uma faculdade integrante da propriedade privada, tutelada pelo art. 62º da Constituição, sendo antes uma determinação pública realizada pelo plano urbanístico, dado que o proprietário não tem outras possibilidades edificatórias sobre o seu solo a não ser as que o

rio não tem a faculdade de decidir *se* pode construir e *como* pode construir no seu terreno. A seu ver, a opinião que defende a inerência do direito de construir ao conteúdo essencial do direito de propriedade é dificilmente conciliável, tanto do ponto de vista prático, como do ponto de vista lógico, com a regulamentação integral da possibilidade de construir pelo direito público e com a definição pelos planos urbanísticos dos tipos e intensidades de utilização do solo.

[422] Cfr. Mário Esteves de Oliveira, "O direito de propriedade e o *jus aedificandi* no Direito Português", em *RJUA*, nº 3 (Junho 1995), pp. 161-239 (187 e ss.), e Jorge Reis Novais, "Ainda sobre o *jus aedificandi* (...mas agora como problema de direitos fundamentais", em aavv, *Estudos Jurídicos e Económicos em Homenagem ao Prof. Doutor António de Sousa Franco*, Lisboa, Faculdade de Direito da Universidade de Lisboa/Coimbra Editora, 2006, pp. 493-521

[423] Esta posição foi sucessivamente tomada pelo Tribunal Constitucional nos Ac. TC 341/86, de 10/12/1986, publicado no DR II Série, nº 65, de 19/3/1986, Ac. TC 442/87, de 18/11/1987, publicado no DR II Série, nº 39, de 17/2/1988, Ac. TC 131/88, de 8/6/1988 (Martins da Fonseca), publicado no DR I Série, nº 148, de 29/6/1988, Ac. TC 329/99, de 2/6/1999 (Bravo Serra), publicado no D.R. II Série, nº 167, de 20/7/1999, e Ac. TC 517/99, de 22/9/99 (Messias Bento), publicado no D.R. II Série, de 11/11/1999.

plano lhe outorga e na medida precisa em que o faz, com todas as determinações relevantes[424].

A melhor posição parece ser, porém, a que considera o *ius aedificandi* como fazendo parte do direito de propriedade e do direito de superfície, conforme resulta claramente da definição legal destes direitos (arts. 1305º e 1527º). Na verdade, se excluirmos o *ius aedificandi*, os direitos do proprietário ou do superfíciário do imóvel ficariam extremamente limitados[425]. Por outro lado, o facto de o Código das Expropriações admitir indemnização de solo apto para construção nos casos previstos no art. 25º, nº 2, a) e b) C. Expr., ou seja sem que tal resulte de instrumento de gestão territorial (art. 25º, nº 2, c) C. Expr.) ou exista alvará de loteamento ou licença de construção (art. 25º, nº 2, C. Expr.) demonstra claramente que o *ius aedificandi* é um atributo natural desses direitos.

Esta posição veio aliás a ser confirmada na nova Lei dos Solos (Lei 31/2014, de 31 de Maio), cujo art. 4º, nº 1, garante a propriedade privada do solo nos termos da Constituição e da lei, admitindo apenas que "o direito de propriedade privada e os demais direitos relativos ao solo (...) [sejam] ponderados e conformados no quadro das relações jurídicas de ordenamento do território e de urbanismo, com princípios e valores constitucionais protegidos, nomeadamente nos domínios da defesa nacional, do ambiente, da cultura e do património cultural, da paisagem, da saúde pública, da educação, da habitação, da qualidade de vida e do desenvolvimento económico e social" (art. 4º, nº 2, LS). Em qualquer caso, estabelece-se por isso que "a imposição de restrições ao direito de propriedade privada e aos demais direitos relativos ao solo está sujeita ao pagamento da justa indemnização, nos termos e de acordo com o previsto na lei" (art. 4º, nº 3, LS). Reconhece-se consequentemente aos proprietários do solo urbano os direitos de realizar as obras de urbanização e de edificar, nos termos do art. 13º, nº 2, b) e c) LS, tendo os planos territoriais de âmbito intermunicipal ou municipal apenas uma função de conformação desse direito, através da definição de áreas de construção ou, na impossibilidade dessa definição, pela aplicação de parâmetros e índices quantitativos e qualitativos, de aproveitamento ou de edificabilidade (arts. 20º LS).

[424] Cfr. Acs. STA 5/3/1991 (Amâncio Ferreira), publicado no *BMJ* 405 (1991), pp. 258-268, e 1/2/2001 (João Cordeiro), em *CJA* nº 43 (Janeiro/Fevereiro 2004) pp. 49-52.

[425] Conforme refere Fernando Araújo, *A tragédia dos baldios e dos anti-baldios. O problema económico do nível óptimo de apropriação*, Coimbra, Almedina, 2008, p. 42: "quando o direito público, por razões de ordenamento territorial, nega a um proprietário pleno o direito de edificar na sua propriedade, o «*ius aedificandi*», que «acervo de direitos» perdura na titularidade de um «full owner»?".

É manifesto, no entanto, que a actividade de construção civil está actualmente sujeita a um contrôlo preventivo por parte da administração, contrôle esse que foi instituído logo com o Código Administrativo de 18 de Março de 1842 e que actualmente consta do RJUE, sendo as operações de construção sujeitas a uma licença de construção (art. 4º, nº 2, c) e d) RJUE), ou a uma comunicação prévia (art. 4º, nº 4. c), d) e e) RJUE), de que apenas estão isentas as obras referidas nos arts. 6º e ss. RJUE. Assim, fora desses casos, não é legalmente possível a construção sem intervenção prévia da administração. A discussão em torno do *ius aedificandi* tem, no entanto, importância para averiguar se a designada "licença de construção" é uma verdadeira licença, acto pelo qual a administração atribui ao sujeito privado um poder que ele legalmente não possui ou antes uma autorização, acto pelo qual a administração permite ao sujeito privado o exercício de um direito, que este efectivamente possui, mas cujo exercício se encontra condicionado por lei. No primeiro caso, a administração tem um poder discricionário de concessão da licença, enquanto no segundo caso esse poder é vinculado, apenas podendo ser rejeitado se estiverem preenchido fundamentos legais de recusa.

Ora, as licenças apenas podem ser indeferidas quando se verifiquem os pressupostos do art. 24º RJUE havendo assim uma taxatividade dos fundamentos de indeferimento da licença de construção. Nesse sentido, parece de concluir que a atribuição da licença de construção é, em princípio, vinculada. Efectivamente, a discricionariedade na concessão ou recusa das licenças é extremamente reduzida, limitando-se à que resulta da utilização de alguns conceitos indeterminados (art. 24, nº 4, RJUE), e de a lei admitir que certos fundamentos apenas consistam em possibilidades de indeferimento e não na sua obrigação (art. 24º, nºs 2, e 4. RJUE). Noutros casos o indeferimento é imposto (art. 24º, nºs 1 e 5, RJUE). Parece assim que a licença de construção é, no fundo, uma autorização, resultando o *ius aedificandi* da titularidade dos direitos reais sobre o imóvel.

Aderimos, por isso, à posição que considera o *ius aedificandi* como parte integrante do direito de propriedade ou do direito de superfície.

4. As limitações de direito privado

4.1. Generalidades. As relações de vizinhança

Examinadas as limitações de direito público, cabe agora examinar as limitações de interesse privado ao exercício dos direitos reais. Neste âmbito a categoria mais importante de limitações ao exercício dos direitos reais é resultante das relações de vizinhança, que estabelecem limitações ao exercício dos direitos reais sobre os prédios, em benefício do titular do direito real sobre prédio vizinho.

As limitações resultantes das relações de vizinhança podem corresponder à imposição de deveres de conteúdo negativo ou de conteúdo positivo. Os deveres de conteúdo negativo podem corresponder a deveres de abstenção de certas condutas (*non facere*) ou deveres de tolerar o exercício de certos poderes do vizinho sobre o seu prédio (*pati*). Por sua vez, os deveres de conteúdo positivo podem subdividir-se em deveres específicos de prevenção de perigos para o prédio vizinho ou em deveres de participar com o vizinho em actividades de interesse comum[426].

Examinemos sucessivamente estes deveres.

4.2. Deveres de abstenção de certas condutas

4.2.1. O dever de abstenção das emissões

O primeiro dever resultante das relações de vizinhança é o dever de abstenção de emissões prejudiciais. Efectivamente, o art. 1346º vem permitir ao proprietário de um imóvel opor-se à emissão de fumo, fuligem, vapores, cheiros, calor ou ruídos, bem como à produção de trepidação ou outros actos semelhantes provenientes do prédio vizinho, desde que tais actos provoquem um prejuízo substancial para o uso do imóvel ou não resultem da utilização normal do prédio de que emanam[427].

Deve salientar-se, em primeiro lugar, que esta disposição prevê que os requisitos relativamente ao prejuízo substancial do uso do imóvel e não resultar do uso normal do prédio, funcionam não em termos cumulativos mas antes alternativos, o que permite ao proprietário do prédio vizinho, ao contrário do que tem vindo a ser defendido por certa doutrina[428], reagir contra emissões que prejudiquem o uso do seu prédio, mesmo que correspondam à utilização normal do prédio vizinho, ou contra emissões consideradas estranhas à utilização normal do prédio, mesmo que não provoquem um prejuízo substancial[429].

[426] Esta classificação é essencialmente baseada em CARVALHO FERNANDES, *Direitos reais*, pp. 216 e ss.

[427] É de salientar que esta norma concede uma tutela das relações de vizinhança muito mais abrangente do que normalmente se verifica no Direito Comparado. Assim, o art. 884º do Código Civil italiano limita-se a prever que o proprietário de um prédio não pode impedir as emissões se estas não ultrapassarem a normal tolerabilidade, atentas as condições do local.

[428] Efectivamente, MENEZES CORDEIRO, *Direitos Reais*, p. 426, defende que estes requisitos são cumulativos e não alternativos.

[429] Neste sentido, vide PIRES DE LIMA/ANTUNES VARELA, *op. cit.*, III, sub art. 1346º, nº 5, p. 178 e JOSÉ ALBERTO R. LORENZO GONZÁLEZ, *Limitações de Vizinhança (de Direito Privado)*, Lisboa, SPB, 1997, p. 110. Para JOÃO MENEZES LEITÃO, "Instrumentos de Direito Privado para protecção do Ambiente", na *RJUE*, nº 7 (Junho 1997), pp. 29-65 (47-48), será sempre suficiente um uso anormal do prédio, sendo que, face à função social da propriedade, prevista nos arts. 334º do Código Civil e 61º, nº 1 da Constituição, não se poderia considerar haver uso normal do prédio quando as emissões causassem danos ao ambiente. Também JOSÉ CUNHAL SENDIM, *Responsabilidade civil por danos ecológicos. Da reparação do dano através da restauração natural*, Coimbra, Coimbra Editora, 1998, p.

Por outro lado, e conforme tem vindo a ser entendimento da maioria da doutrina, a expressão prédio vizinho não tem necessariamente que ser interpretada no sentido de prédio contíguo, podendo significar prédio próximo, não num sentido geográfico, mas sim num sentido de possibilidade de afectação ou proximidade social, o que permite alargar bastante o âmbito da protecção assegurada por esta importantíssima disposição[430].

Finalmente, a expressão prejuízo substancial tem sido interpretada pela jurisprudência, seguindo uma proposta de VAZ SERRA, como podendo envolver apenas a violação de direitos da personalidade[431], o que permite extravasar consideravelmente o seu âmbito de aplicação.

32, nota, considera alternativa a relação entre os dois pressupostos, referindo que, quando as emissões resultem do uso normal do prédio, a lei exige um prejuízo substancial, enquanto que, no caso contrário, basta-se com qualquer prejuízo. No mesmo sentido, cfr. actualmente CARVALHO FERNANDES, *Direitos Reais*, p. 220 e MIGUEL MESQUITA, "A oposição às emissões nas relações de vizinhança", em DIOGO LEITE DE CAMPOS (org.), *Estudos em Homenagem ao Prof. Doutor Manuel Henrique Mesquita*, II, Coimbra, Universidade de Coimbra/Coimbra Editora, 2009, pp. 197-225 (203 e ss.).

[430] Neste sentido, vide HENRIQUE MESQUITA, *Direitos Reais*, p. 142, MENEZES CORDEIRO, *Direitos Reais*, p. 425, JOÃO MENEZES LEITÃO, *RJUE*, nº 7 (Junho 1997), p. 46 e CUNHAL SENDIM, *op. cit.*, pp. 31 e ss., nota (37). Contra, defendendo que este preceito deve ser interpretado restritivamente, veja-se PIRES DE LIMA/ANTUNES VARELA, *loc. cit.* Estes autores referem, porém, que "seria, todavia, chocante que o dono do imóvel não pudesse reagir eficazmente contra as emissões prejudiciais de prédio próximo, só porque entre eles se meta de permeio um ou dois prédios, podendo bem acontecer que o prédio vizinho, mas não contíguo, seja até mais prejudicado pelas emissões do que o prédio contíguo".

[431] Cfr. ADRIANO VAZ SERRA, "Anotação Ac. 6/5/1989", em *RLJ* 103 (1971), pp. 374-380 (378). Este autor interpreta extensivamente o art. 1346º do Código Civil, referindo que "os danos derivados da vizinhança podem atingir quem não é proprietário de um imóvel vizinho e podem ofender não somente os direitos de propriedade, mas também os direitos de personalidade", e que "à expressão «prejuízo substancial para o uso do imóvel» (art. 1346º) pode dar-se uma interpretação que abranja as lesões dos direitos de personalidade dos habitantes do imóvel: também essas lesões podem ser «prejuízo substancial para o uso do imóvel»". Veja-se, neste sentido, o Ac. RC 25/10/1983, na *CJ* 8 (1983), 4, pp. 60-62, onde se proibiu um estábulo que provoca maus cheiros nos habitantes de prédios próximos, tendo-se admitido que o art. 1346º, não visava apenas a tutela dos direito de propriedade, mas também a dos direitos de personalidade, considerando-se que o estábulo provocava aos autores um prejuízo substancial para o uso do seu imóvel, que se traduzia "na profunda e constante afecção do ambiente, não podendo os lesados respirar livremente a atmosfera envolvente de sua casa, onde procuram repouso e bem-estar". A mesma posição de que o art. 1346º pode ser utilizado para tutela dos direitos de personalidade vem a ser defendida no Ac. STJ 15/10/1985, em *BMJ* 350 (1985), p. 301-304, onde se revogou por esse motivo uma decisão da 1ª instância, que indeferiu liminarmente, por não se ter alegado a propriedade do imóvel, uma acção que pretendia proibir, com base no art. 1346º, a emissão de cheiros provenientes de uma suinicultura no terreno vizinho.

O dever de abstenção das emissões resulta das relações de vizinhança, pelo que o mesmo não é afectado pela existência de autorização administrativa para o exercício da actividade, quando esta dependa de licenciamento. Efectivamente, a autorização administrativa legitima apenas o exercício da actividade nos termos das regras de Direito Público, não pondo em causa eventuais direitos privados que venham a ser afectados por essa actividade. Os privados conservam, por isso, o direito de reagir com base no dever de abstenção das emissões consagrado no art. 1346º, independentemente de a actividade prejudicial ter sido ou não objecto de autorização administrativa[432].

O dever de abstenção das emissões também não se considera respeitado em virtude do cumprimento das normas gerais sobre poluição, uma vez que o que é está em causa é o prejuízo específico causado à utilização do imóvel vizinho, o qual pode igualmente ocorrer em caso de emissões poluentes que se enquadrem dentro dos limites legais[433].

4.2.2. A proibição de perturbar o escoamento natural das águas

Refere o art. 1351º, nº 1, que "os prédios inferiores estão sujeitos a receber as águas que, naturalmente e sem obra do homem, decorrem dos prédios superiores, assim como a terra e entulhos que elas arrastem na sua corrente", acrescentando o nº 2 que "nem o dono do prédio inferior pode fazer obras que estorvem o escoamento, nem o dono do prédio superior obras capazes de o agravar, sem prejuízo da possibilidade de constituição de servidão legal de escoamento, nos casos em que é admitida".

O proprietário do prédio inferior fica assim sujeito a receber as águas que para ele correm naturalmente a partir de um prédio superior, de acordo com o princípio de que as águas devem seguir o seu curso natural (*aliter aquam mittere quam natura solet*). Estas águas correspondem às águas pluviais que caem directamente no prédio superior ou que para ele decorrem de outros prédios superiores a ele, as águas provenientes da liquefacção das neves e gelos, as que se infiltrem no terreno e as das nascentes que brotam naturalmente num prédio[434]. Ao lado da obrigação de receber as águas existe ainda a obrigação de receber a terra e entulhos que elas arrastam na corrente. O prédio inferior já não está, porém, obrigado a receber quaisquer substâncias que se juntem às águas e as tornem nocivas (*aqua*

[432] Cfr. Carvalho Fernandes, *Direitos Reais*, pp. 220-221.

[433] Assim, no Ac. STJ 22/9/2009 (Sebastião Póvoas), em *CJ-ASTJ* 17 (2009), 3, pp. 75-79, considerou-se proibida pelo art. 1346º a emissão de ruídos nocturnos por uma padaria que pertubavam o sono do vizinho, independemente de esses ruídos se encontrarem dentro dos níveis permitidos pela legislação relativa ao ruído.

[434] Cfr. Guilherme Moreira, *As águas*, II, nº 50, pp. 248 e ss.

nocens), valendo aqui igualmente a doutrina legal da proibição das emissões[435]. Efectivamente, o princípio da proibição da perturbação do escoamento apenas se aplica a águas naturais e não a águas inquinadas.

Em consequência desta regra, não pode o dono do prédio inferior fazer obras capazes de perturbar o escoamento, nem o dono do prédio superior obras capazes de o agravar, sendo vedadas todas as obras que perturbem o curso natural da água (*opere facto nihibere aquam, quae naturae fluat, per suum decurrere*). Esta situação constitui uma limitação interna ao direito de propriedade resultante da lei, a qual configura uma situação normal de relação *propter rem* de vizinhança, que se distingue da limitação anormal da propriedade representada pela servidão. É possível, no entanto, constituir uma servidão legal de escoamento, nos termos previstos no art. 1563º, a qual envolve o pagamento de uma indemnização.

4.2.3. Limitações impostas às construções e edificações

Conforme acima se salientou, inclui-se no conteúdo da propriedade dos imóveis a faculdade de proceder à sua transformação, através da realização de construções ou edificações. Há, no entanto, limitações a observar nessa actividade, em ordem à tutela do direito do titular do prédio vizinho, que poderia ser lesado com essas obras. A lei preocupa-se esssencialmente com dois efeitos nocivos sobre o prédio vizinho: a devassa e o gotejamento, estabelecendo em consequência regras a observar na construção e edificação, em ordem a prevenir esses efeitos.

Em ordem a evitar a devassa do prédio vizinho, estabelece o art. 1360º, nº 1, a proibição da abertura de janelas ou portas que deitem directamente sobre esse prédio, sem se deixar entre este e cada uma das obras o intervalo de metro e meio. Idêntica proibição vigora em relação às varandas, terraços, eirados e obras semelhantes, quando sejam servidos de parapeitos de altura inferior a metro e meio em toda a sua extensão ou parte dela (art. 1360º, nº 2). Se os dois prédios forem oblíquos entre si, a distância de metro e meio conta-se perpendicularmente do prédio para onde deitam as vistas até à construção ou edifício novamente levantado. Se, porém, os prédios forem oblíquos em mais de 45º graus, já não se aplica esta restrição (art. 1360º, nº 3).

O art. 1361º estabelece, porém, uma excepção a esta limitação ao determinar que a mesma não é aplicável a prédios separados entre si por estrada, caminho, rua, travessa ou outra passagem por terreno do domínio público. É, no entanto, uma excepção dificilmente aplicável, uma vez que muito raramente estas passagens terão menos de metro e meio de largura.

[435] Cfr. Pires de Lima/Antunes Varela, *op. cit.*, III, sub art. 1351º, nº 4, p. 192.

Nos termos do art. 1362º, nº 1, a existência de janelas, portas, varandas,terraços, eirados ou obras semelhantes em contravenção com o disposto na lei pode implicar, nos termos gerais, a constituição da servidão de vistas por usucapião. Nesse caso, o nº 2, estabelece que ao proprietário vizinho só é permitido levantar edifício ou outra construção no seu prédio, desde que deixe entre o novo edifício ou construção e as referidas obras o espaço mínimo de metro e meio, correspondente à extensão dessas obras. O que é tutelado por esta servidão não é a vista em si, mas antes o facto de ter a varanda, janela ou porta em condições de poder ver ou devassar o prédio vizinho. Em consequência da constituição da servidão, é o proprietário do prédio vizinho que, a partir desse momento, passa a ficar sujeito à proibição de construir sem respeitar o interstício legal de metro e meio[436]. Dado que o objecto da servidão é apenas a existência de varanda, janela ou porta que deite para o prédio nas condições vedadas pelo art. 1360º, a posse necessária à usucapião revela-se pela simples existência dessa obra[437].

Não se consideram abrangidas pelas restrições da lei as frestas, seteiras, ou óculos para luz e ar, podendo o vizinho levantar a todo o tempo a sua casa ou contramuro, ainda que vede tais aberturas (art. 1363º, nº 1)[438]. As frestas, seteiras ou óculos para luz e ar devem, todavia, situar-se pelo menos a um metro e oitenta centímetros de altura, a contar do solo ou do sobrado, e não devem ter, numa das suas dimensões, mais de quinze centímetros; a altura de um metro e oitenta centímetros repeita a ambos os lados da parede ou muro em que essas aberturas se encontram (art. 1363º, nº 2).

Tem sido, porém, questionado o que sucede se as frestas não respeitarem os requisitos do art. 1363º, nº 2. Segundo uma orientação, nesse caso, o proprietário vizinho poderia exigir a sua eliminação, modificação e colocação nos termos regulamentares, ou levantar construção que as tape[439]. Segundo outra, a coloca-

[436] Conforme bem se decidiu no Ac. STJ 8/9/2011 (Fernando Bento), na *CJ-ASTJ* 19 (2011), 3, pp. 19-24, esta proibição mantém-se mesmo que as obras sejam licenciadas pela Câmara Municipal.

[437] Cfr. Pires de Lima/Antunes Varela, *op. cit.*, III, sub art. 1362º, nº 3, p. 219, e Henrique Mesquita, *Direitos Reais*, p. 154. No Ac. RC 12/4/2011 (Alberto Ruço), na *CJ* 36 (2011), 2, pp. 39-44, considerou-se bastar para qualificar a posse como de boa fé a inexistência de litígio entre vizinhos aquando da construção.

[438] Tem sentido controvertida a distinção entre fresta e janela. Segundo Henrique Mesquita, "Anotação Ac. STJ 3/4/1991", na *RLJ* 128 (1995-1996), pp. 126-128 e 149-154 (152), no conceito de janela "devem incluir-se apenas as aberturas através das quais possa projectar-se a parte superior do corpo humano e em cujo parapeito as pessoas possam apoiar-se ou debruçar-se, para descansar, para conversar com alguém que esteja do lado de fora, ou para desfrutar as vistas". Todas as demais aberturas serão qualificadas como frestas.

[439] Cfr. Luiz da Cunha Gonçalves, *Tratado de Direito Civil em comentário ao Código Civil Português*, XII, Coimbra, Coimbra Editora, 1938, pp. 81 e ss., e Ac. STJ 3/4/1991 (Ricardo Velha), em *RLJ* 128 (1995-1996), pp. 119-126 (124-125).

ção nestas condições poderia levar à constituição por usucapião de uma servidão predial, diferente da servidão de vistas, dado que constituem um encargo em benefício de prédio diferente (art. 1543º)[440].

Parece ser a segunda a melhor solução. O proprietário que levante frestas irregulares pode assim adquirir por usucapião uma servidão atípica. É, no entanto, ainda discutido na doutrina se a constituição dessa servidão por usucapião apenas permite ao proprietário manter essas frestas[441] ou se lhe permite ainda reagir contra qualquer acto do proprietário do prédio serviente que estorve o uso dessa servidão, designadamente a realização de construção que desrespeite os limites do art. 1362º, nº 2[442]. A nosso ver é esta última posição a correcta, uma vez que não faria sentido considerar constituída uma servidão e depois recusar ao proprietário do prédio serviente a possibilidade de reagir contra actos que estorvem o seu uso.

O mesmo regime é aplicável, nos termos do art. 1364º, em relação às janelas gradadas, permitindo a lei a realização de aberturas, quaisquer que sejam as suas dimensões, igualmente situadas a mais de um metro e oitenta centímetros do solo ou do sobrado, com grades fixas de ferro ou outro metal, de secção não inferior a um centímetro quadrado e cuja malha não seja superior a cinco centímetros. A exigência de grade fixa explica-se em ordem a evitar a devassa do prédio vizinho, mediante a abertura da janela.

Em ordem a evitar o gotejamento sobre o prédio vizinho, estabelece-se no art. 1365º, nº 1, a proibição do estilicídio, a qual conjuga a regra proibitiva das emissões (art. 1346º) com o princípio do escoamento natural das águas. O proprietário deve assim realizar a edificação por forma a que a beira do telhado ou outra cobertura não goteje sobre o prédio vizinho, tendo, se não puder evitar esse gotejamento de outro modo, pelo menos a obrigação de deixar um intervalo de meio metro entre o prédio e a beira. As modernas técnicas de construção permitem, no entanto, evitar o gotejamento através da instalação de algerozes, que evitam que a água venha a cair sobre o prédio vizinho.

[440] Cfr. Pires de Lima/Antunes Varela, *op. cit.*, III, sub art. 1363º, nº 6, pp. 225-226, e Henrique Mesquita, *Direitos Reais*, p. 155, e *RLJ* 128 (1995-1996), p. 153.

[441] Neste sentido, Henrique Mesquita, *Direitos Reais*, p. 155, que sustenta que com a usucapião apenas se adquire o direito de manter essas frestas irregulares e já não o direito de impor ao proprietário vizinho a observância do disposto no art. 1362º, nº 2. Na jurisprudência esta posição foi seguida pelos Ac. RC 25/9/2007 (Jorge Arcanjo), em *CJ* 32 (2007), 4, pp. 22-25, Ac. RP 22/2/2011 (Maria Cecília Agante), em *CJ* 36 (2011), 1, pp. 217-220, e Ac. STJ 19/5/2011 (João Trindade), em *CJ-ASTJ* 19 (2011), 2, pp. 71-75.

[442] Neste sentido, cfr. Pires de Lima/Antunes Varela, *loc. ult. cit.*, e na jurisprudência, Ac. RC 26/1/2010 (Teles Pereira), em *CJ* 35 (2010), 1, pp. 18-21.

O art. 1365º, nº 2, admite, no entanto, a possibilidade de se constituir por qualquer título uma servidão de estilícidio a qual atribui ao proprietário dominante precisamente o direito de gotejar as águas sobre o prédio serviente. A partir do momento em que é constituída uma servidão de estilicídio o proprietário do prédio serviente deixa de poder colocar entraves ao escoamento das águas, não podendo levantar edifício ou construção que impeça esse escoamento e devendo realizar as obras necessárias para que o mesmo se faça sobre o seu prédio, sem prejuízo para o prédio dominante.

4.2.4. Limitações impostas às plantação de árvores e arbustos

Nos termos do art. 1366º, nº 1, "é lícita a plantação de árvores e arbustos até à linha divisória dos prédios, mas ao dono do prédio vizinho é permitido arrancar e cortar as raízes que se introduzirem no seu terreno e o tronco ou ramos que sobre ele propenderem, se o dono da árvore, sendo rogado judicialmente ou extrajudicialmente, o não fizer dentro de três dias". O proprietário tem assim o direito de plantar árvores e arbustos até à linha divisória do seu prédio, mas o proprietário do prédio vizinho não é obrigado a tolerar a invasão do seu próprio prédio por ramos ou raízes em resultado do crescimento dessas árvores ou arbustos, podendo solicitar o seu corte ao dono da plantação ou realizá-lo ele mesmo, se tal não for feito no prazo de três dias.

Pires de Lima e Antunes Varela entendem que esta disposição "não atribui ao vizinho, prejudicado com as árvores, o direito de pedir uma indemnização ao dono delas (até porque o direito de corte ou arranque não está dependente da existência do dano em concreto e pode, por conseguinte, ser exercido em princípio, antes de tal dano se verificar)"[443]. Não nos parece, porém, que esta interpretação possa ser aceite. O direito de corte e arranque constitui uma forma de autotutela do direito do proprietário, que não está efectivamente dependente da existência de prejuízo, mas tal não exonera o dono das árvores do dever de evitar a ocorrência de danos para os prédios alheios causados pelas coisas que tem em seu poder (art. 493º, nº 1). Assim, se os troncos ou as raízes causarem danos no prédio vizinho, é naturalmente o dono das árvores obrigado a indemnizá-los, não sendo argumento para elidir essa responsabilidade o facto de o vizinho não ter exercido o seu direito de corte e arranque[444].

[443] Cfr. Pires de Lima/Antunes Varela, *Código*, sub art. 1366º, nº 4, p. 231.

[444] Como bem se escreveu no Ac. RC 28/1/2014 (Maria Cristina Gonçalves), em *CJ* 39 (2014), 1, pp. 27-30, "a ser de outro modo, o proprietário em causa sofreria duas agressões no seu direito de propriedade, já que, além de o seu direito de propriedade estar a ser objecto de uma interferência que não é obrigado a tolerar, ainda teria que suportar os custos dos actos necessários para evitar que tal circunstância causasse danos efectivos ao prédio".

O art. 1366º, nº 2, estabelece, porém, que tal "não prejudica as restrições constantes de leis especiais relativas à plantação ou sementeira de eucaliptos, acácias ou outras árvores igualmente nocivas nas proximidades de terrenos cultivados, terras de regadio, nascentes de água ou prédios urbanos, nem quaisquer outras restrições impostas por motivos de interesse público". Nessas situações, a plantação e sementeiras dessas árvores fica assim vedada[445].

As árvores e arbustos nascidos na linha divisória de prédios pertencentes a donos diferentes presumem-se comuns, tendo qualquer dos consortes a faculdade de os arrancar, mas o outro tem direito a haver metade do valor das árvores ou arbustos, ou metade da lenha ou madeira que produzirem, como mais lhe convier (art. 1368º). No entanto, se a árvore ou arbusto servir de marco divisório, não pode ser cortado ou arrancado senão de comum acordo (art. 1369º).

4.2.5. Limitações impostas à tapagem do prédio

A lei reconhece ao proprietário o direito de tapagem do seu prédio, o qual não se perde pelo decurso do tempo. Dispõe consequentemente o art. 1356º que "a todo o tempo o proprietário pode murar, valar, rodear de sebes o seu prédio ou tapá-lo de qualquer modo". O direito de tapagem justifica-se pelo facto de o prédio pretender incrementar a segurança do seu prédio, evitando acessos indesejados, ou para proteger a devassa da sua intimidade, limitando a vista do seu interior por parte de terceiros.

O direito de tapagem não é afectado pela existência de uma servidão de passagem, desde que não haja por parte do proprietário oposição ao exercício da referida servidão[446]. O direito de tapagem pode, no entanto, ser afectado em caso de abuso de direito (art. 334º), ou de colisão de direitos (art. 335º), como na hipótese de a tapagem ser realizada por forma a prejudicar por forma excessiva o uso do prédio vizinho[447].

[445] No Ac. RP 8/7/2008 (Cristina Coelho), em *CJ* 33 (2008), 3, pp. 193-196, considerou-se, porém, que desta proibição não resulta a possibilidade de o vizinho solicitar o corte de eucaliptos nascidos espontaneamente perto da linha divisória, cabendo-lhe apenas a possibilidade de cortar as raízes e ramos que entrem no seu terreno.

[446] Neste sentido, Ac. RC 8/4/2008 (Jorge Arcanjo), em *CJ* 33 (2008), 2, pp. 15-18. Conforme se salientou nessa decisão, o art. 1064, II, do Código Civil italiano é expresso no sentido de que, em caso de vedação, o proprietário do prédio serviente tem obrigação de deixar livre e cómodo o acesso a quem tem um direito de servidão de passagem. A lei portuguesa não faz referência a esta obrigação por a considerar supérflua (Pires de Lima, *BMJ* 64 (1957), p. 27).

[447] Cfr. Pires de Lima/Antunes Varela, *op. cit.*, III, sub art. 1356º, nº 3, p. 204 e Santos Justo, *Direitos Reais*, pp. 252-253. Considerando inadmissível, por virtude da colisão de direitos, o exercício do direito de tapagem que tira a possibilidade de desfrutar da luz solar por parte do proprietário do prédio vizinho, cfr. Ac. STJ 28/10/2008 (Sebastião Póvoas), em *CJ-ASTJ* 16 (2008), 3, pp. 97-101, e Ac. STJ 3/5/2012 (Serra Baptista), processo 10054/07.3TBVNG.P1.S1. Defendendo

A lei estabelece, no entanto, algumas limitações à forma de tapagem.

Assim, o art. 1357º estabelece que "o proprietário que pretenda abrir vala ou regueira ao redor do prédio é obrigado a deixar mota externa de largura igual à profundidade da vala e a conformar-se com o disposto no artigo 1348º; se fizer valado, deve deixar externamente regueira ou alcorca, salvo havendo, em qualquer dos casos, uso da terra em contrário". Caso sejam colocadas valas, regueiras e valados, entre prédios de diversos donos a que faltem essas condições, as mesmas presumem-se comuns, não havendo sinal em contrário (art. 1358º, nº 1). É considerado, no entanto, como "sinal de que a vala ou regueira sem mota externa não é comum o achar-se a terra da escavação ou limpeza lançada só de um lado durante mais de um ano; neste caso, presume-se que a vala é do proprietário de cujo lado a terra estiver" (art. 1358º, nº 2).

Já em relação às sebes vivas, as mesmas não podem ser plantadas nas extremas dos prédios sem previamente se colocarem marcos divisórios (art. 1359º, nº 1). "As sebes vivas consideram-se, em caso de dúvida, pertencentes ao proprietário que mais precisa delas; se ambos estiverem no mesmo caso, presumem-se comuns, salvo se existir uso da terra pelo qual se determine de outro modo a sua propriedade" (art. 1359º, nº 2).

Podem ainda existir limitações à tapagem resultante de regras urbanísticas, como na caso de os regulamentos municipais de urbanização e edificações estabelecerem exigências específicas em relação aos muros de meação.

4.3. Deveres de tolerar o exercício de poderes sobre o prédio

As relações de vizinhança podem determinar deveres de tolerar o exercício de poderes do vizinho sobre o próprio prédio. O exemplo mais comum é o dever de permitir a passagem momentânea, quando este se torne necessária por algum motivo. Assim se referem os arts. 1349º e 1322º à passagem forçada momentânea, que a lei admite em quatro situações:

a) em caso de necessidade de reparação de algum edifício ou construção (art. 1349º, nº 1);
b) para fins de recuperação das próprias coisas, que acidentalmente se encontrem em prédio alheio (art. 1349º, nº 2);

solução contrária na hipótese de o direito de tapagem ter sido determinado pelo facto de o proprietário do prédio vizinho ter violado as restrição legais à abertura de janelas, Ac. RC 14/7/2010 (Gregório Silva Jesus), em *CJ* 35 (2010), 3, pp. 42-45. Também neste sentido, no caso de a tapagem visar tutelar a intimidade da vida privada, evitando a vista do interior do prédio pelos vizinhos, cfr. Ac. STJ 6/9/2016 (João Moreira Camilo), processo 593/11.7TBMNC.G1, na em *CJ-ASTJ* 24 (2016), 3, pp. 30-35.

c) para fim de perseguir e capturar enxame de abelhas, que tenha fugido sobre prédio vizinho (art. 1322º);
d) para fim de permitir a apanha de frutos caídos sobre o prédio alheio (art. 1367º).

Em relação à primeira situação, verifica-se em caso de necessidade de reparação de algum edifício ou construção uma obrigação do proprietário do prédio vizinho em tolerar o necessário para a construção ou reparação de edifício, como a colocação de objectos, andaime, transporte de materiais ou actos análogos (art. 1349º, nº 1). A constituição dessa obrigação depende assim de dois requisitos: a finalidade (construção ou reparação de edifício) e a necessidade (indispensabilidade para o efeito). A doutrina tem entendido que esta faculdade cabe a todo aquele que tenha o direito de fazer obras num prédio, seja em virtude de um direito real (proprietário, usufrutuário, superficiário), seja em virtude de um direito de crédito (arrendatário). Tem-se igualmente entendido que esta faculdade pode ser exercida mediante acção directa (art. 336º).

Em relação à segunda situação, a lei permite igualmente o acesso a prédio alheio a quem pretenda apoderar-se de coisas suas que acidentalmente nele se encontrem; neste caso, no entanto, o proprietário pode impedir o acesso entregando a coisa a seu dono (art. 1349º, nº 2). Verifica-se assim que neste caso a obrigação de permitir a passagem admite uma faculdade alternativa, podendo o proprietário substitui-la por uma obrigação de entrega das coisas que se encontrem no seu prédio.

Em relação à terceira situação, estabelece o art. 1322º, nº 1, que o proprietário de enxame de abelhas tem o direito de o perseguir e capturar em prédio alheio. No entanto, se o dono da colmeia não perseguir o enxame logo que saiba terem as abelhas enxameado, ou se decorrerem dois dias sem que o enxame tenha sido capturado, pode ocupá-lo o proprietário do prédio onde ele se encontre ou consentir que outrem o ocupe (art. 1322º, nº 2).

Finalmente, em relação à quarta situação, determina o art. 1367º que "o proprietário de árvore ou arbusto contíguo a prédio de outrem ou com ele confinante pode exigir que o dono do prédio lhe permita fazer a apanha de frutos, que não seja possível fazer do seu lado". A necessidade de apanha dos frutos gera assim a obrigação de o titular do prédio vizinho permitir a passagem para esse efeito.

Em todas estas situações, no caso de o exercício da faculdade de passagem vier a causar danos ao prédio vizinho, quem exercer esta faculdade fica constituído em responsabilidade objectiva (art. 1349º, nº 3, 1322º, nº 1, *in fine*, e 1367º, *in fine*).

A obrigação de permitir a passagem não corresponde a uma servidão, mas a uma restrição ao direito de propriedade, ainda que possa ser equiparada a uma servidão momentânea, regular ou irregular[448], desencadeada pela necessidade de passagem em virtude da construção ou reparação, da colocação acidental de objectos no terreno alheio, da fuga do enxame de abelhas ou da necessidade de apanha dos frutos. No entanto, em certos casos a lei prevê efectivas servidões legais para regular a situação da passagem, as quais se encontram previstas nos arts. 1550º a 1556º.

4.4. Deveres de prevenção do perigo para o prédio vizinho

4.4.1. Dever de evitar efeitos nocivos resultantes de obras, instalações ou depósitos de substâncias corrosivas ou perigosas

Um dever específico de prevenção do perigo para o prédio vizinho encontra-se previsto no art. 1347º do Código Civil. Determina esta norma que o proprietário não pode construir nem manter no seu prédio quaisquer obras, instalações ou depósitos se for de recear que possam ter sobre o prédio vizinho efeitos nocivos não permitidos por lei. Esta norma tem por fonte o art. 2338º do CC 1867, que se referia especificamente às cloacas, fossas, canos de despejo, chaminés, fogões, fornos, depósitos de sal e outras matérias corrosivas. A lei actual generaliza a situação a todas as obras, instalações ou depósitos que possam ter sobre o prédio vizinho efeitos nocivos não permitidos por lei. O critério é assim o da susceptibilidade de ter efeitos nocivos e de esses efeitos nocivos não serem legalmente permitidos. Efectivamente, há casos em que a lei admite o exercício do direito, independentemente, dos efeitos nocivos, como sucede com o direito de tapagem (art. 1356º).

Numa solução criticável, o nº 2 do art. 1347º vem, porém, consignar que, a partir do momento em que as obras, instalações ou depósitos são autorizadas por autoridade competente ou cumpridas as condições especiais previstas na lei para a sua conservação ou manutenção, a sua inutilização só é admitida partir do momento em que o prejuízo se torne efectivo[449]. Trata-se de uma solução que parte do pressuposto de que os organismos administrativos, ao concederem a autorização, analisaram adequadamente os riscos para os prédios vizinhos, pelo que se exige neste caso a comprovação da existência de prejuízos. É, no entanto, uma regra pouco compatível com o princípio da prevenção, bem como com o

[448] A proximidade com as servidões regulares existe na hipótese de o direito ser exercido exclusivamente pelo titular do prédio vizinho, como na hipótese do art. 1367º. Quando o direito puder ser exercido independentemente dessa titularidade, como na hipótese do art. 1322º, já a proximidade se coloca antes em relação às servidões irregulares, que o nosso actual direito não reconhece (cfr. arts. 1543º e ss.).

[449] Cfr. a crítica realizada por João Menezes Leitão, *op. cit.*, p. 49 a esta diposição.

facto de a autorização administrativa não poder afectar os direitos privados de terceiros.

O art. 1347º, nº 3 estabele, porém, que independentemente da existência ou não de autorização, é sempre devida indemnização pelo prejuízo sofrido. Verifica-se assim, que além de um dever de prevenção do perigo delitual, o legislador estabelece simultaneamente, em caso de violação deste dever uma imputação pelo risco, abrindo assim as portas a um concurso de regimes onde, mesmo que haja cumprimento do dever de prevenção do perigo, desde que se verifiquem danos, ocorre responsabilidade do titular do prédio[450].

4.4.2. Dever de prevenir perigos para o prédio vizinho resultantes de escavações

Atendendo ao facto de a propriedade do imóvel se estender ao subsolo (art. 1344º, nº 1), é direito do proprietário abrir no seu prédio minas e poços e fazer escavações (art. 1348º, nº 1, primeira parte), desde que não ultrapasse a linha divisória do imóvel. A lei pretende, no entanto, evitar que dessa actividade possam resultar riscos para o prédio vizinho, razão pela qual se estabelece um dever de o proprietário não retirar o apoio de terras aos prédios vizinhos (art. 1348º, nº 1, segunda parte). Trata-se neste caso de um dever de prevenção do perigo, cuja inobservância é fonte de responsabilidade

A lei reforça, no entanto, esta imputação delitual com uma previsão de responsabilidade objectiva, em caso de ocorrência de danos (art. 1348º, nº 2). O responsável é, no entanto, sempre o autor das escavações, não tendo essa responsabilidade o cariz de obrigação *proper rem*, pelo que não se transfere para o adquirente do imóvel[451].

4.4.3. Dever de evitar a ruína de edifícios ou outras construções

O proprietário está naturalmente obrigado a evitar a ruína dos seus edifícios ou outras construções. O art. 492º, nº 1, estabelece consequentemente a responsabilidade pelos danos causados pela ruína de edifícios ou outras obras, devida a vício de construção ou defeito de conservação, estabelecendo nesse caso uma presunção de culpa que recai sobre o proprietário ou possuidor do edifício, presunção essa que, no caso de danos devidos exclusivamente a defeitos de conservação, se transfere para a pessoa obrigada, por lei ou negócio jurídico, a conservar o edifício ou obra (nº 2). Trata-se de uma responsabilidade subjectiva fundada na violação dos deveres a observar na construção e na conservação de edifícios ou

[450] Cfr. MENEZES CORDEIRO, *Da Boa Fé*, pp. 835-836.

[451] Cfr. Ac. STJ 13/11/2008 (CUSTÓDIO MONTES), em *CJ-ASTJ* 16 (2008), 3, pp. 130-131.

outras obras (deveres de segurança no tráfego), a qual é agravada através de uma presunção de culpa. Como normalmente sucede nos casos de responsabilidade por culpa presumida, admite-se, porém, a possibilidade de demonstração de que os danos continuariam a verificar-se, mesmo que se tivesse adoptado a diligência devida (relevância negativa da causa virtual).

O art. 1350º confere, porém, ao proprietário do prédio vizinho a faculdade de exigir imediatamente do proprietário ou possuidor do prédio em risco de ruína, que seria responsável pelos danos nos termos do art. 492º, as providências necessárias para evitar o perigo. O perigo de ruína dos edifícios permite assim uma reacção no âmbito das relações de vizinhança, uma vez que a possibilidade de exigir providências destinadas a evitar a ruína insere-se entre as protecção que a lei reserva ao proprietário, em substituição da figura da *cautio damni infectio* romanista. Para aplicação dessas providências exige-se a demonstração de três requisitos: a) perigo de ruína; b) risco de que essa ruína venha a causar dano ao prédio vizinho; c) necessidade e adequação das providências para evitar o dano.

O perigo de ruína de construção é ainda regulado no Direito do Urbanismo. Efectivamente, o art. 89º, nº 1, do RJUE estabelece que "as edificações devem ser objecto de obras de conservação pelo menos uma vez em cada período de oito anos, devendo o proprietário, independentemente desse prazo, realizar todas as obras necessárias à manutenção da sua segurança, salubridade e arranjo estético". Em consequência, nos termos do art. 89º, nº 2 do RJUE tem a câmara municipal a faculdade de oficiosamente ou a requerimento de qualquer intetessado ordenar a realização de obras de conservação necessárias à correcção de más condições de segurança ou de salubridade ou à melhoria do arranjo estético. O art. 89º, nº 3, RJUE atribui ainda à câmara municipal a competência para, oficiosamente ou a requerimento de qualquer interessado, ordenar a demolição total ou parcial das construções que ameacem ruína ou ofereçam perigo para a saúde pública ou segurança das pessoas, podendo inclusivamente tormar posse administrativa do imóvel para determinar a sua execução coerciva (art. 91º RJUE) ou executar um despejo administrativo sumário (art. 92º RJUE).

4.4.4. Dever de manter ou realizar obras defensivas das águas

Outro dever específico de prevenção do perigo em relação ao prédio vizinho é o de manter ou realizar obras defensivas das águas. Efectivamente, estabelece o 1352º, nº 1, que "o dono do prédio onde existam obras defensivas para conter as águas ou, onde, pela variação do curso das águas. seja necessário construir novas obras, é obrigado a fazer os reparos precisos, ou a tolerar que os façam, sem prejuízo dele, os donos dos prédios que padeçam danos ou estejam expostos a danos iminentes". O art. 1352º, nº 2, acrescenta que o mesmo regime é aplicável "sempre que seja necessário despojar algum prédio de materiais cuja acumulação ou queda estorve o curso das águas com prejuízo ou risco de terceiro". Finalmente, o art. 1352º, nº 3, estabelece ainda a obrigação dos proprietários que participam do benefício de contribuir para as despesas na medida do seu interesse.

Esta disposição tem por fonte o art. 915 do Código Civil italiano, tendo suscitado várias interpretações possíveis:

1) De acordo com uma primeira interpretação, o proprietário não teria qualquer obrigação de fazer as obras (*facere*), mas antes a obrigação de tolerar (*pati*) que as mesmas sejam realizadas por outrem.
2) De acordo com uma segunda interpretação, existe uma verdadeira obrigação de realizar as obras, só podendo os interessados fazê-las subsidiariamente, em caso de incumprimento dessa obrigação pelo proprietário.
3) Finalmente de acordo com uma terceira interpretação, o proprietário teria um *direito*, e não um dever, de fazer as obras, e só não querendo usar desse direito, é que poderiam intervir os terceiros.

Pires de Lima e Antunes Varela pronunciaram-se no sentido da última interpretação[452], enquanto que Menezes Cordeiro defendeu a segunda[453], tendo igualmente a ela aderido Carvalho Fernandes[454]. Esta parece-nos efectivamente a melhor posição. Na verdade, a primeira obrigação do proprietário é a de realizar ou manter as obras defensivas das águas, podendo ser

[452] Cfr. Pires de Lima/Antunes Varela, *op. cit.*, III, sub art. 1352º, nº 4, pp. 195-196. Os autores explicitam esse pensamento referindo que "para retratar, com inteiro rigor, a situação descrita, há necessidade de decompô-la em dois momentos essenciais: por um lado, o proprietário do prédio está sujeito a uma *obrigação de prestação alternativa* (fazer os reparos ou tolerar que outrem os faça); por outro, é ele o *titular* da *faculdade* ou *direito potestativo* de escolha entre essas prestações *disjuntivas*. O emprego, na verdade, da disjuntiva *ou* mostra que se quis atribuir ao proprietário a *faculdade* de escolher entre duas soluções: a de *fazer* ele as obras ou de *tolerar* que outrem as faça. Se, portanto, ele as quiser fazer, não podem ser feitas por terceiro".

[453] Cfr. Menezes Cordeiro, *Direitos Reais*, pp. 429-430. Afirma este autor que "não nos parece, contudo, indiferente, do ponto de vista do direito, que o proprietário faça ele próprio as obras ou deixe os terceiros prejudicados fazê-las: quem melhor do que o titular deve verificar a iminência de desastre ou a necessidade das obras? Tanto mais que todos os beneficiários *deverão contribuir para a obra*, na proporção dos interesses respectivos. O proprietário está, pois, obrigado a fazer as obras defensivas das águas, o que, aliás, também se conforma com a letra da lei. Se o não fizer, podem intervir os vizinhos. Esta solução, aparentemente idêntica à que rebatemos, é, porém, diferente, porque, se o proprietário faltar culposamente à sua obrigação de fazer obras e reparos, é responsável pelo suplemento de despesas que essa inércia possa acarretar para os vizinhos e pelos demais danos que daí possam advir".

[454] Cfr. Carvalho Fernandes, *Direitos Reais*, p. 227.

responsabilizado se não as fizer. Apenas no caso de o proprietário incumprir essa obrigação, poderão os vizinhos intervir. Existe consequentemente a obrigação de o proprietário manter a situação de defesa das águas, fazendo para o efeito novas obras ou reparações, devendo, em caso de incumprimento, tolerar que essas obras sejam feitas pelos donos dos prédios que padeçam danos ou estejam sujeitos danos iminentes.

4.5. Deveres de participar em actividades de interesse comum

4.5.1. Dever de concorrer para a demarcação dos prédios

Nos termos do art. 1353º, o proprietário de um prédio pode obrigar os donos dos prédios confinantes a concorrerem para a demarcação das estremas entre o seu prédio e os deles. O art. 1355º esclarece que o direito de demarcação é imprescritível, sem prejuízo dos direitos adquiridos por usucapião.

Verifica-se assim que é reconhecido a qualquer proprietário o direito a proceder em qualquer momento à demarcação do seu prédio. No caso de o proprietário pretender exercer esse direito, os seus vizinhos, por força dos deveres resultantes das relações de vizinhaça, são obrigados a concorrer para essa demarcação.

A forma como se procede à demarcação é regulada pelo art. 1354º. A demarcação é feita normalmente em conformidade com os títulos de cada um (art. 1354º, nº 1, *in principio*). Apenas na falta de títulos suficientes se atende à posse em que estejam os confinantes ou ao que resultar de outros meios de prova (art. 1354º, nº 1, *in fine*). Se os títulos não determinarem os limites dos prédios ou a área pertencente a cada proprietário, e a questão não puder ser resolvida pela posse ou por outro meio de prova, a demarcação faz-se distribuindo o terreno em litígio por partes iguais (art. 1354º, nº 2)[455]. Se os títulos indicarem um espaço maior ou menor do que o abrangido pela totalidade do terreno, atribuir-se-á a falta ou o acréscimo proporcionalmente à parte de cada um (art. 1354º, nº 3).

4.5.2. Deveres relativos às paredes e muros de meação

Resulta do art. 1370º, nº 1, que o proprietário de prédio confinante com parede ou muro alheio pode adquirir nele comunhão, no todo ou em parte, quer quanto à sua extensão, quer quanto à sua altura, pagando metade do seu valor e metade do valor do solo sobre que estiver construído, atribuindo o art. 1370º, nº 2, ainda esse direito ao superficiário. Esta disposição estabelece assim uma espécie de expropriação forçada por utilidade particular, destinada a permitir obter comunhão

[455] Como bem se salienta no Ac. 3/5/2011 (Barateiro Martins), em *CJ* 36 (2011), 2, pp. 5-9, a acção de demarcação nunca pode ser julgada improcedente por o autor não fazer prova dos limites dos prédios, uma vez que, na falta dessa prova, a solução é a divisão do terreno em litígio em partes iguais.

do outro proprietário em relação a parede ou muro confinante, considerando-se como tais aqueles que se encontrarem precisamente encostados à linha divisória do prédio. A lei refere-se exclusivamente a paredes ou muros, exigindo consequentemente uma construção, o que exclui as vedações de madeira, arame ou sebes vivas ou mortas. De notar que a expropriação pode ter lugar quer quanto à totalidade, quer quanto a parte da parede ou muro e respeite esta parte à extensão ou à altura, não deixando, porém, de se exigir o pagamento de metade do valor do solo sobre que incidir a parede ou o muro[456]. Uma vez que se funda na necessidade de utilização do muro como divisão dos prédios, esta faculdade é naturalmente excluída se o vizinho já tiver por sua vez construído um outro muro paralelo no seu terreno[457].

A lei estabelece ainda no art. 1371º uma presunção da compropriedade de paredes ou muros divisórios entre dois edifícios. A presunção de compropriedade aplica-se se os edifícios forem iguais em toda a sua altura, apenas vigorando até à altura do edifício inferior no caso contrário (art. 1371º, nº 1). Se, no entanto, o edifício tiver caído em ruínas ou sido demolido a presunção que existia não é alterada, passando a vigorar para a hipótese da sua reconstrução.

Os muros entre prédios rústicos ou entre pátios ou quintais de prédios urbanos, presumem-se igualmente comuns, não havendo sinal em contrário (art. 1371º, nº 2). A presunção não vigora, no entanto, entre prédios de diferente natureza, pelo que se estiver em causa um muro entre um prédio rústico e um prédio urbano, já não se aplicará esta presunção, uma vez que o normal é que o muro seja pertença do dono do prédio urbano.

Como normalmente sucede com as presunções legais, esta pode ser ilidida por prova em contrário (art. 350º, nº 2). Os nºs 3, 4, e 5 do art. 1371º referem-se, porém, a situações que excluem a presunção de existência da comunhão.

Nos termos do art. 1371º, nº 3, são sinais que excluem a presunção de existência de comunhão: a) a existência de espigão em ladeira só para um lado; b) haver no muro, só de um lado, cachorros de pedra salientes encravados em toda a largura dele; c) não estar o prédio contíguo igualmente murado pelos outros lados. No caso previsto na alínea a), presume-se que o muro pertence ao prédio para que se inclina a ladeira. Nos outros casos, presume-se que o muro pertence àquele de cujo lado se encontrem as construções ou sinais mencionados (art.

456 Se, no entanto, existir uma servidão *altius non tollendi* ou *non aedificandi*, o vizinho continua a poder adquirir essa comunhão, mas não pode, posteriormente, afectar com construções o conteúdo da servidão.

457 Neste sentido, cfr. Ac. RC 15/3/2011 (Judite Pires), em *CJ* 36 (2011), 2, pp. 14-17, recusando consequentemente a aquisição da comunhão forçada para legitimar a colocação de um beirado sobre o muro vizinho.

1371º, nº 4). Também se o muro sustentar em toda a sua largura qualquer construção que esteja só de um dos lados, presume-se do mesmo modo que ele pertence exclusivamente ao dono da construção (art. 1371º, nº 5).

As razões para a exclusão da presunção de comunhão em virtude destes sinais são claras. Em primeiro lugar, quando os espigões deitam só para um lado, se o muro fosse comum, não seria de esperar que o titular do outro prédio aceitasse receber as águas. Também se existem cachorros de pedra salientes apenas de um dos lados, tal significa que só o proprietário ponderou a realização de futuras construções, além de que se o muro fosse comum, não poderia edificar para além da extensão de metade (art. 1373º). Se todo o prédio está murado, sem que o outro o esteja (mesmo que tenha redes de arame ou sebes), também se presume que não há comunhão, uma vez que se verifica que o muro foi construído apenas por um dos proprietários. Finalmente, se o muro sustenta a sua construção apenas de um dos lados, supõe-se que o outro proprietário não teve interesse em concorrer para a sua construção.

Se existirem sinais contraditórios (espigões de pedra para um lado e cachorros para o outro), entendem Pires de Lima/Antunes Varela, que não existirá nem presunção de comunhão nem de propriedade individual, pelo que a questão terá de ser resolvida de acordo com as regras gerais do ónus da prova[458]. Pelo contrário, Henrique Mesquita sustenta que nesse caso renasce a presunção de comunhão[459]. Parece-nos preferível esta última posição.

Em caso de existência de comunhão, é vedado ao proprietário abrir janelas ou frestas, ou fazer outra alteração na parede ou muro, sem o consentimento do seu consorte (art. 1372º). Em relação às janelas a proibição resulta já do art. 1360º, a menos que através delas se constitua por usucapião uma servidão de vistas. As frestas são, no entanto, permitidas pelo art. 1363º, sendo apenas vedadas em consequência da existência de comunhão sobre os muros ou paredes.

A lei permite, no entanto, a qualquer um dos consortes edificar sobre a parede ou muro comum e introduzir nele traves ou barrotes, contanto que não ultrapasse o meio da parede ou do muro (art. 1373º, nº 1). Essa restrição deixa, no entanto, de se aplicar se a parede ou muro tiver espessura inferior a meio metro (art. 1373º, nº 2).

O art. 1374º, nº 1, permite ainda a qualquer dos consortes altear a parede ou muro comum, contanto que o faça à sua custa, ficando a seu cargo todas as despesas de conservação da parte alteada. Naturalmente que esta faculdade não existe, no caso de se ter constituído uma servidão *altius non tollendi*. Se a parede ou muro não estiver em estado de aguentar o alçamento, o consorte que pretender

[458] Cfr. Pires de Lima/Antunes Varela, *op. cit.*, III, sub art. 1371º, nº 8, p. 249.
[459] Cfr. Henrique Mesquita, *Direitos Reais*, pp. 168-169.

levantá-lo tem que reconstruí-lo por inteiro à sua custa e, se quiser aumentar-lhe a espessura, é o espaço para isso necessário tomado do seu lado (art. 1374º, nº 2). O consorte que não tiver contribuído para o alçamento pode adquirir comunhão na parte aumentada, pagando metade do valor dessa parte e, no caso de aumento de espessura, também metade do valor do solo correspondente a esse aumento (art. 1374º, nº 3).

Caso seja necessário proceder à reconstrução ou reparação do muro comum, a lei estabelece que a mesma deve ser feita pelos consortes, em proporção das suas partes (art. 1375º, nº 1). Se, no entanto, o muro for apenas de vedação, a despesa deve ser feita por ambos em partes iguais (art. 1375º, nº 2), salvo se, além da vedação, um dos consortes tirar do muro proveito que não seja comum ao outro, caso em que a despesa é rateada entre eles em proporção do proveito que cada um tirar (art. 1375º, nº 3). Se a ruína do muro provier de facto do qual só um dos condóminos tire proveito, só o beneficiário é obrigado a reconstruí-lo ou repará-lo (art. 1375º, nº 4). Qualquer dos consortes tem, porém, a faculdade de se eximir dos encargos de reparação ou reconstrução da parede ou muro, renunciando ao seu direito nos termos dos nºs 1 e 2 do art. 1411º (art. 1375º, nº 5). O regime relativo à reconstrução ou reparação do muro não é, no entanto, aplicável caso o muro seja destruído por actuação culposa de um dos consortes. Nesse caso, aplicam-se as regras da responsabilidade civil (art. 483º).

Secção III
A contitularidade de direitos reais

1. Generalidades

Os direitos reais podem permanecer simultaneamente a vários titulares, situação que é denominada por contitularidade ou comunhão nesses direitos. A lei regula especificamente a compropriedade nos arts. 1403º e ss., ainda que as regras sobre a mesma sejam aplicáveis com as necessárias adaptações à comunhão de quaisquer outros direitos, sem prejuízo do disposto especialmente para cada um deles (art. 1404º), o que permite que as regras sobre a contitularidade de direitos reais sejam examinadas nessa sede. Há ainda um regime especial para a contitularidade das águas, nos termos dos arts. 1398º e ss.

Examinemos sucessivamente essas situações:

2. A compropriedade

2.1. Generalidades

A compropriedade é-nos definida no art. 1403º, nº 1, que estabelece que "existe propriedade em comum ou compropriedade, quando duas ou mais pessoas são simultaneamente titulares do direito de propriedade sobre a mesma coisa"[460]. Existe assim uma situação de compropriedade sempre que a propriedade seja atribuída a mais de que um titular.

Nesse caso, conforme refere o art. 1403º, nº 2, os direitos dos consortes ou comproprietários sobre a coisa comum são qualitativamente iguais ainda que

[460] Cfr. Luís Pinto Coelho, *Da compropriedade no Direito Português*, Lisboa, s.e., 1939, e *Da compropriedade (comunhão) no Direito Português*, II, Lisboa, 1943, Mota Pinto, "Compropriedade, propriedade horizontal, direito de superfície, servidões prediais, usufruto, uso e habitação (Registo de seis lições)", na *RDES* 21 (1974), pp. 93-197 (93 e ss.), Carvalho Fernandes, *Direitos Reais*, pp. 351 e ss., Rui Pinto, *Direitos Reais de Moçambique*, pp. 226 e ss., Henrique Sousa Antunes, *Direitos Reais*, pp. 156 e ss. e Bonifácio Ramos, *Direitos Reais*, pp. 336 e ss.

possam ser quantitativamente diferentes, presumindo-se, no entanto, como quantitativamente iguais, se o título constitutivo não referir o contrário. Tal implica que o direito de cada comproprietário sobre a coisa não tenha faculdades inferiores ao de outros comproprietários, ainda que possa haver uma diferente repartição do exercício dessas mesmas faculdades e dos encargos da coisa, caso o montante das quotas de cada comproprietário seja distinto. Em conjunto, os comproprietários podem exercer, no entanto, todos os poderes que competem ao proprietário singular (art. 1405º, nº 1).

2.2. Constituição da compropriedade

A compropriedade pode ser constituída por negócio jurídico, por um facto jurídico não negocial, por sentença judicial, ou por disposição da lei.

A compropriedade constitui-se por *negócio jurídico*, sempre que seja atribuída por contrato ou testamento o direito de propriedade sobre uma coisa simultaneamente a vários titulares.

A compropriedade constitui-se em resultado de um *facto jurídico não negocial* nas hipóteses de usucapião, ocupação, achamento ou acessão. Verificar-se-á a aquisição da compropriedade por usucapião sempre que ela seja invocada após uma situação de composse em relação à coisa. A aquisição da compropriedade por ocupação verificar-se-á sempre que várias pessoas procedam em conjunto a esse acto, sendo expressamente imposta a compropriedade no achamento de tesouros, em virtude da atribuição de metade do achado ao proprietário da coisa (art. 1324º). A lei prevê ainda a atribuição da compropriedade, a desfazer através de licitação, em certos casos de acessão industrial (arts. 1333º, nº 2, 1335º, nº 3, e 1340º, nº 2).

A compropriedade constitui-se por *sentença judicial*, quando esta seja solicitada em relação às paredes e muros de meação, nos termos do art. 1370º.

Finalmente, a compropriedade pode resultar directamente da *lei*, quando esta estabelece presunções de comunhão, como sucede nas hipóteses dos arts. 1358º, nº 1, 1359º, nº 2, 1368º, e 1371º.

2.3. Poderes dos comproprietários

2.3.1. Generalidades

Os poderes atribuídos aos comproprietários compreendem o uso da coisa (art. 1406º), a reivindicação da coisa comum (art. 1405º, nº 2), a disposição e oneração da própria quota (art. 1408º), o direito de preferência (arts. 1409º e ss.) e o direito de exigir a divisão da coisa comum (arts. 1412º e ss.).

Examinemos sucessivamente estes poderes.

2.3.2. O uso da coisa comum

Em relação ao uso da coisa comum, dispõe o art. 1406º, nº 1, que na falta de acordo sobre a utilização da coisa comum, a qualquer dos comproprietários é lícito servir-se dela, atribuindo assim isoladamente a cada um deles a faculdade de uso da coisa comum. Essa faculdade de uso é, no entanto, sujeita a dois limites, uma vez que o comproprietário não pode usar a coisa para fim diverso daquele a que ela se destina, nem pode privar os outros consortes do uso a que igualmente têm direito. Existe assim, quer uma restrição funcional, quer uma restrição quantitativa ao poder de uso da coisa em relação a cada comproprietário.

Em relação à *restrição funcional ao poder de uso da coisa*, que obriga a respeitar o fim a que a coisa se destina, trata-se de uma restrição estranha na propriedade, que constitui um direito de gozo pleno (art. 1305º). É, no entanto, compreensível em virtude da necessidade de compatibilização do uso do comproprietário com o uso pelos outros consortes, já que um uso desvirtuado da coisa a poderia deteriorar, lesando assim o seu uso posterior pelos outros.

Em relação à *restrição quantitativa ao poder de uso da coisa*, esta obriga a respeitar o poder que os outros comproprietários igualmente têm de usar a coisa, o qual terá a dimensão corresponde à dimensão quantitativa da quota de cada um (cfr. art. 1403º, nº 2). Cada comproprietário terá assim que limitar o seu uso da coisa, por forma a que todos os outros o exerçam de acordo com a dimensão das suas quotas. Essa limitação poderá fazer-se permitindo o uso simultâneo da coisa (v.g., os comproprietários utilizam simultaneamente o barco comum), ou repartindo esse uso de acordo com um critério temporal (habitação da mesma casa de férias em diferentes períodos) ou espacial (cultivo por cada um de áreas diversas do terreno comum).

O uso da coisa comum envolve naturalmente a posse sobre essa coisa, nos termos gerais (art. 1251º). O art. 1406º, nº 2, vem, no entanto, esclarecer que "o uso da coisa comum por um dos proprietários não constitui posse exclusiva, nem posse de quota superior à dele, salvo se tiver havido inversão do título". Esta solução resulta do facto de, ao usar a coisa, o comproprietário se limitar a exercer o direito que tem em comum com os outros e, portanto, também em nome destes. Assim, a aquisição de uma posse que extravase dessa situação depende da inversão do título, só sendo adquirida em função do facto que desencadeia essa inversão e não do mero uso da coisa comum.

2.3.3. A reivindicação da coisa comum

Outro poder de exercício isolado pelos comproprietários é o de reivindicação da coisa comum. Efectivamente, o art. 1405º, nº 2, estabelece que "cada consorte pode reivindicar de terceiro a coisa comum, sem que a este seja lícito opor-lhe que esta não lhe pertence por inteiro". O comproprietário pode assim solicitar o reconhecimento da compropriedade e a consequente restituição da coisa, sempre que esta se encontre na posse ou detenção de terceiro (art. 1311º).

2.3.4. A alienação ou oneração da quota

Nos termos do art. 1408º, nº 1, o comproprietário pode livremente dispor de toda a sua quota na comunhão ou de parte dela, podendo livremente aliená-la ou onerá-la. Tal compreende-se em virtude de o comproprietário possuir uma posição no direito comum, a qual tem valor económico, em virtude das faculdades que atribui ao seu titular, pelo que pode naturalmente ser colocada no comércio jurídico. A disposição da quota está sujeita à mesma forma exigida para a alienação da coisa (art. 1408º, nº 3).

O comproprietário não tem, no entanto, nenhum direito exclusivo sobre a coisa, ou mesmo sobre parte especificada desta, pelo que não pode aliená-las nem onerá-las (art. 1408º, nº 1, *in fine*). A disposição ou oneração de parte especificada da coisa comum sem consentimentos dos consortes é havida como disposição ou oneração de coisa alheia (art. 1408º, nº 2), regime que se estende, por maioria de razão, a disposição ou oneração de toda a coisa sem esse consentimento. Mais uma vez, essa solução explica-se em virtude do facto de o comproprietário só ser titular de uma posição num direito comum, pelo que a disposição que abranja todo o direito, ou mesmo apenas uma sua parte especificada, não pode deixar de ser vista como disposição de um bem alheio.

2.3.5. O direito de preferência

A lei atribui ainda a cada um dos comproprietários direito de preferência na venda ou dação em cumprimento da quota do seu consorte (art. 1409º, nº 1), em ordem a evitar que terceiros estranhos se imiscuam na titularidade do direito sobre a coisa. Trata-se de um direito de preferência legal, com eficácia real, a que a lei atribui mesmo o primeiro lugar entre os preferentes legais.

Assim, caso o comproprietário pretenda alienar a sua quota deverá realizar previamente a comunicação para preferência aos outros consortes, nos termos dos arts. 416º a 418º (art. 1409º, nº 2). Sendo dois ou mais os preferentes, o art. 1409º, nº 3, manda adjudicar a quota alienada a todos eles na proporção das suas quotas[461].

[461] Esta solução afasta-se bastante do regime do art. 419º. Efectivamente, neste caso embora o direito de preferência pertença a vários titulares, não é de exercício conjunto, ao contrário do que se prevê no nº 1. Deveria assim ser aplicada a licitação prevista no art. 419º, nº 2, mas esta solução é substituída por uma atribuição conjunta da quota aos preferentes na proporção das suas quotas. Assim, o que os diversos preferentes adquirem é um reforço da sua posição relativa no direito comum.

Em caso de violação do direito de preferência, estabelece o art. 1410º, o recurso à acção de preferência, o que se compreende em virtude da eficácia real desta preferência. O comproprietário que preferiu tem o direito de fazer sua a quota alienada, desde que interponha a competente acção judicial contra alienante e adquirente no prazo de seis meses a contar da data em que teve conhecimento dos elementos essenciais da alienação e deposite o preço devido nos quinze dias subsequentes à interposição da acção (art. 1410º, nº 1). O direito de preferência e a respectiva acção não são prejudicados pela modificação ou distrate da alienação, ainda que estes efeitos resultem de confissão ou transacção judicial (art. 1410º, nº 2).

2.3.6. O poder de exigir a divisão

O último poder de cada comproprietário é o poder de exigir a divisão da coisa comum, estabelecido no art. 1412º. Efectivamente, dispõe o art. 1412º, nº 1, que nenhum dos comproprietários é obrigado a permanecer na indivisão, a menos que se tenha convencionado que a coisa deverá permanecer indivisa. Nesse caso, o prazo fixado para a indivisão da coisa não deverá exceder cinco anos, sendo, no entanto, lícito estipular a sua renovação, uma ou mais vezes, por nova convenção (art. 1412º, nº 2). A cláusula de indivisão vale em relação a terceiros, mas deve ser registada para tal efeito se a compropriedade respeitar a coisas imóveis ou a coisas móveis sujeitas a registo (art. 1412º, nº 2).

Não tendo sido estipulada a indivisão, pode naturalmente o comproprietário requerer a divisão da coisa (art. 1412º, nº 1). É, no entanto, manifesto que a divisão da coisa depende de a mesma poder ser fraccionada sem alteração da sua substância, diminuição de valor ou prejuízo para o uso a que se destina (art. 209º), dado que, sendo a coisa indivísivel, não poderá o comproprietário solicitar a respectiva divisão[462]. Também não poderá haver divisão se a lei o impedir, como sucede em relação aos prédios rústicos, que não podem ser fraccionados em parcelas de área inferior à unidade de cultura (art. 1376º, nº 1)[463]. Finalmente, a acção de divisão de coisa comum não pode ser julgada procedente se não estiverem prenchidos os requisitos de natureza administrativa exigidos para a divisão dos prédios, como a prévia concessão de alvará de loteamento ou licença de destaque[464], nos termos do arts. 74º e ss. do RJUE.

462 Decidiu, por isso, o Ac. RC 9/10/2007 (Silvia Pires), em *CJ* 32 (2007), 4, pp. 31-33, que, se a divisão de um prédio urbano em fracções autónomas está dependente da realização de obras economicamente desaconselháveis, não poderá o comproprietário impor aos outras essa divisão, uma vez que tal implicaria uma desvalorização do bem.

463 Cfr. a este propósito o Ac. RG 4/12/2008 (Raquel Rego), em *CJ* 33 (2008), 5, pp. 285-288.

464 Cfr. Ac. STJ 23/9/2008 (Maria dos Prazeres Beleza), em *CJ-ASTJ* 16 (2008), 3, pp. 38-39.

2.4. Obrigações dos comproprietários

Em relação às obrigações dos comproprietários, estabelece o art. 1405º, nº 1, que estes participam nos encargos da coisa na proporção das suas quotas. Mais especificamente, o art. 1411º, nº 1, estabelece que os comproprietários devem contribuir, na proporção das respectivas quotas, para as despesas necessárias à conservação ou fruição da coisa comum. A regra é assim a repartição dos encargos da coisa por todos os condóminos em termos proporcionais às respectivas quotas[465]. As partes poderão, no entanto, acordar outro critério, nomeadamente a utilização efectiva que os comproprietários realizam em relação à coisa.

A lei consagra a possibilidade de renúncia liberatória do comproprietário à sua quota, em ordem a eximir-se do pagamento dos encargos. A renúncia não é, no entanto, válida sem o consentimento dos restantes consortes quando a despesa tenha sido previamente aprovada pelo interessado, e é revogável sempre que as despesas previstas não venham a realizar-se (art. 1411º, nº 2). A renúncia do comproprietário está sujeita à forma prescrita para a doação e aproveita a todos os consortes, na proporção das respectivas quotas (art. 1411º, nº 3).

2.5. A administração da coisa comum

A administração da coisa comum encontra-se prevista no art. 1407º, abrangendo situações como os actos de fruição da coisa comum, a sua conservação ou beneficiação e ainda os actos de alienação de frutos[466]. Em relação ao regime da administração, o art. 1407º remete, com as necessárias adaptações, para os sistemas de administração da sociedade civil, previstos no art. 985º, pelo que haverá que aplicar as respectivas regras[467].

O art. 985º deixa à disponibilidade das partes a estipulação da modalidade de exercício da administração. Esse artigo estabelece, no entanto, com carácter supletivo, o regime da administração disjunta, havendo referências exemplificativas aos sistemas de administração conjunta e maioritária.

No sistema de administração disjunta (art. 985º, nº 1) os poderes de administração concentram-se integralmente em cada um dos comproprietários, podendo estes individualmente praticar todos os actos de administração, sem necessidade do consentimento nem sujeição às directivas dos outros. A actividade dos comproprietários não fica, porém, isenta de controle, uma vez que a lei atribui também

[465] Sustente CARVALHO FERNANDES, *Direitos Reais*, p. 365, que este regime só faz sentido em relação a despesas aprovadas, o que não nos parece de sufragar, uma vez que se trata neste caso de despesas necessárias. A aprovação da despesa pelo interessado tem apenas a consequência de exigir o consentimento dos restantes para ser eficaz a renúncia liberatória, nos termos do art. 1411º, nº 2.

[466] Neste sentido, CARVALHO FERNANDES, *Direitos Reais*, p. 361.

[467] Cfr., sobre estas, MENEZES LEITÃO, *Obrigações*, III, pp. 276 e ss.

a cada comproprietário o direito de oposição aos actos que os outros pretendam realizar, cabendo à maioria decidir sobre o mérito da oposição (art. 985º, nº 2). Neste caso, a maioria legal só é formada com metade do valor das quotas (art. 1407º, nº 1, *in fine*). Se, apesar da oposição, o comproprietário realizar o acto, o mesmo é anulável e torna o seu autor responsável pelo prejuízo a que der causa (art. 1407º, nº 3).

Os comproprietários podem ainda estabelecer nos termos do art. 985º, nºs 3, 4, os sistemas de *administração conjunta* e *maioritária*. No primeiro sistema, a realização de actos de administração necessita do consenso de todos os comproprietários, enquanto no segundo sistema se exige apenas uma deliberação da maioria, a qual, como se referiu, é formada com base no valor das quotas. A lei estabelece, no entanto, que "quando não seja possível formar a maioria legal, a qualquer dos consortes é lícito recorrer ao tribunal, que decidirá segundo juízos de equidade" (art. 1407º, nº 2).

Em qualquer destes dois sistemas os comproprietários isoladamente possuem, porém, competência para praticar os actos urgentes, destinados a evitar um dano iminente que a coisa possa sofrer (art. 985º, nº 5).

2.6. A disposição da coisa comum

Já os actos de disposição da coisa comum apenas podem ser praticados com o consentimento de todos os comproprietários. Aqui se compreende a alienação ou oneração da coisa (cfr. art. 1408º, nº 2), ou a sua transformação ou destruição.

A lei prevê expressamente que se o comproprietário vier a alienar ou onerar parte especificada da coisa comum, sem consentimento dos outros consortes, tal será considerado como alienação ou oneração de coisa alheia (art. 1408º, nº 2). Naturalmente que esta disposição se aplicará, por maioria de razão, aos casos em que o comproprietário resolva alienar toda a coisa comum. Não concordamos, por isso, com a tese defendida por VAZ SERRA, RIBEIRO DE FARIA e CARVALHO FERNANDES, que admitem para estes casos uma conversão e redução simultânea do negócio, convertendo-se a venda da coisa comum na venda da quota ideal e reduzindo-se o contrato à venda dessa quota-parte[468]. Efectivamente, a manutenção do contrato com estas modificações vai implicar uma alteração substancial da posição do adquirente, que o pretendia ser de um bem integral, e é transformado em mero adquirente de uma quota indivisa, o que dificilmente corresponderá à sua vontade, especialmente se ele ignorava o estado de indivisão[469]. Parece-nos,

[468] Cfr. VAZ SERRA, "Anotação Ac. STJ 3/12/1968", na *RLJ* 103 (1970), pp. 55-61 (59-60), RIBEIRO DE FARIA, *Obrigações*, I, p. 79, nota (1), e CARVALHO FERNANDES, *Direitos Reais*, p. 364.

[469] Cfr. JACQUES GHESTIN/JERÔME HUET, *Traité de Droit Civil. Les principaux contrats spéciaux*, Paris, L.G.D.J., 1996, p. 90.

portanto, de aplicar integralmente o regime da venda de bens alheios (arts. 892º e ss.), que implicará a nulidade integral do negócio (art. 894º), salvo se o vendedor vier a adquirir as quotas dos restantes consortes (art. 895º).

A aplicação do regime da venda de bens alheios verifica-se apenas em relação às partes no negócio, sendo em relação aos outros consortes considerado o negócio como ineficaz, a menos que dêem o seu consentimento, pelo que estas não carecem de solicitar a declaração de invalidade do negócio, podendo comportar-se como se não tivesse sido celebrado[470].

2.7. A extinção da compropriedade

Verifica-se a extinção da compropriedade sempre que cessar a situação de contitularidade do direito em relação à coisa. Essa cessação pode resultar ou da aquisição derivada ou originária, por parte de um dos consorte ou de terceiro, da propriedade sobre toda a coisa, ou da divisão da coisa em fracções, com atribuição da propriedade exclusiva ou da propriedade horizontal sobre essas fracções a cada um dos consortes.

Relativamente à *aquisição da propriedade sobre toda a coisa*, esta pode resultar ou de negócio jurídico de aquisição da coisa, ou de usucapião da sua propriedade exclusiva, por parte de um dos comproprietários ou de terceiro. A lei estabelece diversos mecanismos que facilitam a aquisição da propriedade integral da coisa pelos outros comproprietários, como o direito de preferência em caso de alienação da quota (arts. 1409º e ss.) e a renúncia liberatória à quota (arts. 1411º, nºs 2 e 3). Em relação à usucapião da propriedade exclusiva por um dos comproprietários, esta necessita da inversão prévia do título da posse, só começando o respectivo prazo a correr desde essa inversão do título (art. 1406º, nº 2).

Relativamente à *divisão da coisa*, vimos já que esta constitui um direito atribuído aos comproprietários, se não for estipulada convenção de indivisão (art. 1412º, nº 1), a qual não pode, porém, exceder cinco anos (art. 1412º, nº 2). A lei estabelece que divisão é feita amigavelmente ou nos termos da lei de processo (art. 1413º, nº 1), o que implica a sua admissibilidade por convenção ou por acção judicial.

A convenção de divisão da coisa comum está sujeita à forma exigida para a alienação onerosa da coisa (art. 1413º, nº 2). Assim, se a coisa for imóvel, a divisão terá que ser realizada por escritura pública ou documento particular autenticado (art. 875º e art. 22º D.L. 116/2008), salvo disposição especial da lei. Se a coisa

[470] Cfr. Vaz Serra, *RLJ* 103 (1970), p. 58.

for móvel, a menos que exista disposição especial da lei, a divisão não obedece a forma especial, podendo ser realizada consensualmente.

Já a divisão por acção judicial é realizada através do processo especial de divisão da coisa comum (arts. 925º e ss. CPC). O regime é distinto, consoante a coisa seja considerada como divisível ou indivisível. No primeiro caso, a divisão faz-se em substância, em termos proporcionais às respectivas quotas. No segundo caso, a coisa deve ser objecto de adjudicação ou venda, com repartição do respectivo valor pelos consortes (art. 925º, nº 1, CPC).

Sendo a coisa em questão um edifício, e desde que estejam preenchidos os requisitos do art. 1415º, pode a divisão operar-se através da constituição em propriedade horizontal, quer por via de convenção, quer na acção de divisão da coisa comum (art. 1417º).

2.8. A natureza jurídica da compropriedade

A natureza jurídica da compropriedade tem sido controvertida na doutrina[471], tendo sido apontadas as seguintes teorias:

a) teoria do direito sobre quotas;
b) teoria da pluralidade de direitos sobre a mesma coisa;
c) teoria do direito único com pluralidade de titulares;
d) teoria da compropriedade como pessoa colectiva.

A teoria do *direito sobre quotas* foi defendida na doutrina portuguesa por Guilherme Moreira[472], Manuel Rodrigues[473] e Carlos Mota Pinto[474]. Para este tese, cada comproprietário tem direito a uma quota ideal ou intelectual do objecto da propriedade, o que explica a possibilidade de alienação separada dessa quota, bem como o direito de requerer a divisão da coisa comum. O facto de cada um dos consortes ter a possibilidade de uso e administração da coisa comum não constituiria obstáculo a esta configuração, pois incidindo a propriedade sobre uma quota ideal e não sobre uma parte especificada da coisa, compreende-se que os direitos de cada comproprietário se estendam a toda a coisa.

[471] Cfr. Menezes Cordeiro, *Direitos Reais*, pp. 440 e ss., Carvalho Fernandes, *Direitos Reais*, pp. 352 e ss., e José Alberto Vieira, *Direitos Reais*, pp. 346 e ss.

[472] Cfr. Guilherme Moreira, *Instituições*, III, pp. 58 e ss.

[473] Cfr. Manuel Rodrigues, "A compropriedade no Direito Civil Português", em *RLJ* 58 (1925-1926), pp. 17-20, 33-36, 49-51, 65-68, 81-83 e 97-99 (20).

[474] Cfr. Carlos Mota Pinto, *Direitos Reais*, pp. 256-257 e *RDES* 21 (1974), pp. 98.

A teoria da *pluralidade de direitos sobre a mesma coisa* foi defendida na Itália por SCIALOJA[475] e por ALLARA[476] e entre nós por LUÍS PINTO COELHO[477], tendo a ela aderido CUNHA GONÇALVES[478], OLIVEIRA ASCENSÃO[479], MENEZES CORDEIRO[480] CARVALHO FERNANDES[481], RUI PINTO[482], JOSÉ ALBERTO VIEIRA[483], HENRIQUE SOUSA ANTUNES[484] e BONIFÁCIO RAMOS[485]. Para estes autores na compropriedade existe uma pluralidade de direitos da mesma espécie, que recaem sobre a mesma coisa, o que determina uma limitação mútua ao respectivo exercício.

A teoria do *direito único com pluralidade de titulares* foi defendida na doutrina por HENRIQUE MESQUITA[486], tendo depois a ela aderido PIRES DE LIMA e ANTUNES VARELA[487], RUI PINTO DUARTE[488] e SANTOS JUSTO[489]. Para estes autores a referência legal a quotas refere-se a partes do direito e não a partes ideais da coisa, sendo todos os consortes co-titulares do mesmo direito, no qual possuem uma quota. Tal explicaria o facto de o comproprietário poder usar a coisa, desde que não a utilize para fim diverso a que esta se destina e não prive os outros do uso a que também têm direito, mas exigir-se o consentimento dos outros titulares para o exercicio de alguns poderes, em certos casos por maioria e noutros por unanimidade. Para além disso, o facto de o comproprietário ser apenas co-titular do direito explicaria o facto de ele poder alienar ou onerar a sua quota, mas não uma parte especificada da coisa comum.

[475] Cfr. VITTORIO SCIALOJA, "*L'actio ex stipulatu* in casu di evizione parziale e la L. 64. De evictionibus. 21. 2." em *Archivio Giuridico* 30 (1883), pp. 156-195 183-184, e *Teoria della proprietá nel Diritto Romano*, I, Roma, Anonima Romana Editoriale, 1928, p. 432.

[476] Cfr. MARIO ALLARA, *Le nozioni fondamentali del dirittto civil*, I, 5ª ed., Torino, Giapicchelli, 1958, pp. 783-784.

[477] Cfr. LUÍS PINTO COELHO, *Da compropriedade*, 1939, pp. 120 e ss.

[478] Cfr. CUNHA GONÇALVES, *Da propriedade e da posse*, p. 96.

[479] Cfr. OLIVEIRA ASCENSÃO, *Reais*, p. 271.

[480] Cfr. MENEZES CORDEIRO, *Direitos Reais*, pp. 440 e ss.

[481] Cfr. CARVALHO FERNANDES, *Direitos Reais*, pp. 353 e ss.

[482] Cfr. RUI PINTO, *Direitos Reais de Moçambique*, pp. 253 e ss.

[483] Cfr. JOSÉ ALBERTO VIEIRA, *Direitos Reais*, p. 351.

[484] Cfr. HENRIQUE SOUSA ANTUNES, *Direitos Reais*, p. 163.

[485] Cfr. BONIFÁCIO RAMOS, *Direitos Reais*, p. 346.

[486] Cfr. HENRIQUE MESQUITA, *Direitos Reais*, p. 246.

[487] Cfr. PIRES DE LIMA/ANTUNES VARELA, *op. cit.*, III, sub art. 1403, nº 6, pp. 346-347.

[488] Cfr. PINTO DUARTE, *Direitos Reais*, pp. 62-63.

[489] Cfr. SANTOS JUSTO, *Direitos Reais*, p. 309.

A teoria da compropriedade como *pessoa colectiva* foi defendida na Itália por RUGGERO LUZZATTO[490] e MARIO DOSSETTO[491]. Para estes autores na compropriedade existiria na compropriedade uma pessoa colectiva, o que seria comprovado pela existência de uma relação de administração e pelas regras relativas à formação da vontade colectiva, em certos casos sujeitas a deliberação da maioria e noutros casos a deliberação por unanimidade. O direito real seria assim pertença da colectividade dos consortes, considerada como ente distinto dos sujeitos que a compõem.

É manifesto que a lei não personifica a compropriedade, pelo que não faz sentido a sua qualificação como pessoa colectiva. Efectivamente, na compropriedade nem sequer se verifica uma autonomia patrimonial, que constitui o substrato indispensável a qualquer personificação.

Também não parece adequada a concepção que vê a compropriedade como um direito sobre quotas, uma vez que os direitos reais incidem necessariamente sobre coisas corpóreas. Esta tese transformaria a compropriedade na titularidade de um direito incorpóreo, o que não é manifestamente compatível com a sua natureza.

Quanto à tese de que haveria uma pluralidade de direitos sobre a mesma coisa, esta confunde as situações de contitularidade de direitos com as do concurso de direitos. Efectivamente, não faz sentido considerar que o direito de propriedade, enquanto direito pleno e exclusivo sobre a coisa possa concorrer com um direitos idênticos de outros titulares. Para além disso, esta teoria não explica o facto de a maior parte dos poderes atribuídos aos consortes dever ser exercida conjuntamente, nem o facto de o uso da coisa comum pelos comproprietários não lhe atribuir posse exclusiva nem posse de quota superior à dele, a menos que seja invertido o título[492].

Por essa razão, pensamos que a tese do direito único com pluralidade de titulares é a explicação mais adequada para a natureza da compropriedade. Efectivamente, na compropriedade o direito de propriedade mantém-se com todas as suas características, sendo apenas atribuído conjuntamente a mais do que uma pessoa. Tal situação explica o facto de em conjunto os comproprietários poderem sempre exercer todos os poderes relativos à coisa, bem como a circunstância de

[490] Cfr. RUGGERO LUZZATTO, *La comproprietà nel Diritto Civile Italiano*, Torino, Fratelli Bocca, 1908, pp. 25 e ss.

[491] Cfr. MARIO DOSSETTO, *Teoria della comunione. Studio sulla comunione dei diritti reali*, Padova, Cedam, 1948, pp. 15 e ss. (50-51).

[492] Efectivamente, se o comproprietário já fosse titular de um direito sobre a coisa, em concurso com outros titulares, não faria sentido exigir a inversão do título para adquirir posse superior à da sua quota, o que só se compreende se se considerar a existência de uma contitularidade no direito.

a posição de cada comproprietário nesse direito poder ser alienada ou onerada, ainda que seja necessário atribuir preferência aos outros titulares. Finalmente, é essa teoria que explica o facto de uso da coisa comum pelo comproprietário não lhe atribuir posse exclusiva, nem superior à sua quota, uma vez que ele se limita a exercer o direito comum.

3. A contitularidade das águas

As águas podem pertencer em contitularidade a dois ou mais titulares, ou ser aproveitadas por outros co-utentes além do seu titular, situação que a lei qualifica impropriamente como "condomínio das águas" (arts. 1398º e ss.).

A existência de uma situação de "condomínio das águas" obriga, em primeiro lugar, todos os co-utentes, a contribuir para as despesas necessárias ao conveniente aproveitamento delas, na proporção do seu uso, podendo para esse fim executar-se as obras necessárias e fazer-se os trabalhos indispensáveis, quando se reconheça haver perda ou diminuição de volume ou caudal (art. 1398º, nº 1). Trata-se de uma obrigação *propter rem*, que recai não apenas sobre os comproprietários da água, antes de efectuada a divisão desta, mas também sobre os co-utentes, que dela se aproveitam em virtude de um acto de mera tolerância do proprietário do prédio superior[493]. Nesta situação não é admitida por parte dos co-utentes a renúncia liberatória ao seu direito, em benefício de outros co-utentes, desde que haja oposição destes (art. 1398º, nº 2).

Uma vez que as águas dificilmente podem ser aproveitadas simultaneamente por vários comproprietários, a existência de uma situação de contitularidade das águas vai normalmente implicar uma divisão dessas águas, que permita o seu aproveitamento por todos. Nos termos do art. 1399º, sempre que essa divisão deva realizar-se, ela deve ser efectuada, no silêncio do título, na proporção da superfície, necessidades e natureza da cultura dos terrenos a regar, podendo repartir-se o caudal ou o tempo da sua utilização, como mais convier ao seu bom aproveitamento.

A lei admite a relevância dos costumes na divisão das águas, estabelecendo que "as águas fruídas em comum que, por costume seguido há mais de vinte anos, estiverem divididas ou subordinadas a um regime estável e normal de distribuição continuam a ser aproveitadas por essa forma, sem nova divisão" (art. 1400º, nº 1)[494]. Nesse caso, "a obrigatoriedade do costume impõe-se também aos co-utentes que não sejam donos da água, sem prejuízo dos direitos do pro-

[493] Cfr. Pires de Lima/Antunes Varela, *op. cit.*, III, sub art. 1398º, nº 2, p. 334.

[494] Conforme escrevem Pires de Lima, "Anotação Ac. STJ 12/6/1962", na *RLJ* 96º, pp. 25-29 (27) e Pires de Lima/Antunes Varela, *op. cit.*, III, sub art. 1400º, nºs 3 e 4, pp. 338-339, os usos e costumes aqui referidos não permitem atribuir direitos de propriedade sobre as águas, ou simples

prietário, que pode a todo o tempo desviá-la ou reivindicá-la, se estiver a ser aproveitada por quem não tem nem adquiriu direito a ela" (art. 1400º, nº 2). O costume, desde que naturalmente vigore por mais de vinte anos, vale assim igualmente para aqueles que se aproveitam da mera tolerância do titular do direito às águas, sem prejuízo de uma eventual futura reacção deste, nos termos do art. 1391º.

direitos exclusivos à sua utilização, servindo, no entanto, para determinar a medida do direito de cada utente, relativamente a águas apropriadas em comum por outros títulos.

Secção IV
A constituição dos direitos reais

1. A constituição por negócio jurídico

A forma mais comum de constituição dos direitos reais é através do negócio jurídico. Esta forma de constituição encontra-se prevista nomeadamente, nos direitos reais de gozo, em relação à propriedade horizontal (art. 1417º), ao usufruto (art. 1440º), ao uso e habitação (art. 1485º), à superfície (art. 1528º) e às servidões prediais (art. 1547º). Nos direitos reais de garantia, encontram-se referências à constituição negocial na consignação de rendimentos (art. 658º, nº 2), no penhor (art. 667º) e na hipoteca (art. 712º). Em relação aos direitos reais de aquisição, verifica-se a constituição negocial no contrato-promessa com eficácia real (art. 413º) e no pacto de preferência com eficácia real (art. 421º).

Em virtude da tipicidade dos direitos reais, o negócio jurídico não pode criar novos direitos reais, mas apenas aqueles que já se encontram legalmente previstos. Em certos casos, no entanto, a lei reconhece uma certa maleabilidade ao negócio jurídico para conformação do conteúdo dos direitos reais, como sucede na propriedade horizontal (art. 1418º) e no usufruto (art. 1445º).

2. A constituição por lei

Os direitos reais ainda podem ser constituídos por lei, nos casos em que é ela própria a estabelecer o direito, como sucede com os privilégios creditórios (arts. 733º e ss.) e com a hipoteca legal (arts. 704º e ss.).

3. A constituição por sentença judicial

Outra forma de constituição dos direitos reais é através da sentença judicial. Essa forma de constituição encontra-se prevista nos direitos reais de gozo em relação à propriedade horizontal (art. 1417º, nº 2) e às servidões legais (art. 1547º, nº 2). Nos direitos reais de garantia, a sentença judicial é prevista como forma de constituição da consignação de rendimentos (art. 658º) e da hipoteca judicial (arts. 710º e ss.).

Para além desses casos a decisão judicial pode, no entanto, funcionar como forma de aquisição de qualquer direito real, em caso de execução específica relativamente à promessa da sua constituição negocial (art. 830º), ou caso exista previamente um direito real de aquisição (arts. 413º, 421º, e 1410º).

4. A usucapião

4.1. Generalidades

Uma das formas de aquisição do direito de propriedade consiste na usucapião (arts. 1287º e ss.). A usucapião constitui uma forma voluntária de aquisição de certos direitos reais que necessita de uma posse com certas características e mantida pelos prazos legais.

4.2. Capacidade para a usucapião

Para a usucapião apenas se exige a capacidade de gozo de direitos. Efectivamente, o art. 1289º, nº 1, refere que a usucapião aproveita a todos os que podem adquirir, referindo o art. 1289º, nº 2, que os incapazes podem adquirir por usucapião, tanto por si como por intermédio das pessoas que legalmente os representem.

4.3. Direitos que podem ser objecto de usucapião

A usucapião só pode abranger coisas objecto de direitos privados, sejam elas móveis ou imóveis, sendo, no entanto, diferentes os prazos da usucapião nas duas situações. Em consequência, as coisas fora do comércio, como os bens integrantes do domínio público (art. 202º, nº 2), estão naturalmente excluídas da usucapião. Já em relação aos bens do domínio privado do Estado ou de outras pessoas colectivas públicas, os mesmos podem ser objecto de usucapião, mas, nos termos da Lei 54, de 16 de Julho de 1913, mantida em vigor pelo art. 1304º do Código Civil, aos prazos legais acresce metade dos mesmos para que a usucapião possa operar[495].

Por outro lado, o art. 1287º restringe a usucapião aos direitos reais de gozo, deles ainda excluindo as servidões prediais não aparentes e os direitos de uso e habitação (art. 1293º).

Em relação à aquisição por usucapião das servidões prediais não aparentes, reitera o art. 1548º, nº 1, que "as servidões não aparentes não podem ser constituídas por usucapião", considerando como "não aparentes as servidões que não se revelam por sinais visíveis e permanentes". Assim, por exemplo, uma servidão

[495] Considera em vigor esta lei, Carvalho Fernandes, *Direitos Reais*, p. 242, nota (2).

de passagem só poderá ser adquirida por usucapião se houver sinais visíveis e permanentes do seu exercício, como a existência de uma porta ou caminho entre os dois prédios[496]. A razão para a não aquisição por usucapião das servidões não aparentes resulta do facto de em relação às mesmas não ser fácil determinar a existência de uma posse pública, por elas serem facilmente confundíveis com actos de tolerância do proprietário serviente.

Em relação aos direitos de uso e habitação, a razão de estes não poderem ser adquiridos por usucapião resulta da necessidade de restringir a sua constituição, em virtude da limitação dos seus conteúdos e do facto de em termos práticos ser difícil a sua distinção do usufruto[497].

4.4. Requisitos da posse necessária para a usucapião

Para poder ocorrer a usucapião, exige-se a posse da coisa nos termos de um direito real de gozo (art. 1287º), o que exclui da usucapião as situações de mera detenção. O art. 1290º refere expressamente que "os detentores ou possuidores precários não podem adquirir para si, por usucapião, o direito possuído, excepto achando-se invertido o título da posse; mas, neste caso, o tempo necessário para a usucapião só começa a correr desde a inversão do título". Exige-se assim para a usucapião a inversão do título da posse, só se iniciando o respectivo prazo a partir da inversão do título.

No entanto, dado que o art. 1252º, nº 2, presume, em caso de dúvida, a posse em quem exerce o poder de facto, a situação de posse em nome alheio terá que ser demonstrada por quem se opõe à usucapião. Em consequência, o Assento STJ 14/5/1996, no D.R. 24/6/1996, uniformizou a jurisprudência no sentido de que "podem adquirir por usucapião, se a presunção de posse não for elidida, os que exercem o poder de facto sobre uma coisa".

Para poder conduzir à usucapião exige-se uma posse pública e pacífica, sendo por isso a posse oculta ou violenta inidónea para a usucapião. Esta regra resulta dos arts. 1297º e 1300º, nº 1, os quais estabelecem que "se a posse tiver sido constituída com violência ou tomada ocultamente, os prazos da usucapião só começam a contar-se desde que cesse a violência ou a posse se torne pública".

[496] No Ac. RC 15/4/2008 (Barateiro Martins), em *CJ* 33 (2008), 2, pp. 26-30 consideraram-se como sinais visíveis e permanentes de uma servidão de passagem a existência de um trecho de terra batida não cultivada, com sulcos de veículos, e ausência nesse lugar das videiras existentes nos resto da extrema.

[497] Neste sentido, cfr. Menezes Cordeiro, *Direitos Reais*, p. 472, e nota (1041), e Carvalho Fernandes, *Direitos Reais*, p. 242. Já José Alberto Vieira, *Direitos Reais*, p. 691, considera que a solução não tem justificação plausível.

4.5. Prazos da usucapião

Os prazos para a usucapião variam consoante se trate de cosias móveis ou imóveis.

Em relação aos imóveis, a usucapião ocorre nos seguintes prazos:

1) 5 anos, no caso de existir registo da mera posse e boa fé (art. 1295º, nº 1 a)). No entanto, o registo da mera posse só pode ocorrer, comprovando-se mediante sentença transitada em julgado que o possuidor possuía a coisa pública e pacificamente há mais de 5 anos (art. 1295º, nº 2), o que dilata consideravelmente este prazo.
2) 10 anos, no caso de:
   a) Existir registo da mera posse, nos termos acima referidos e má fé (art. 1295º, nº 1 b));
   b) Existir título de aquisição e registo deste e boa fé (art. 1294º a))
3) 15 anos, no caso de:
   a) Existir título de aquisição e registo deste, mas a posse ser de má fé (art. 1294º b))
   b) Não existindo título de aquisição nem registo deste, mas a posse ser de boa fé (art. 1296º)
4) 20 anos, no caso de não existir título de aquisição nem registo deste e a posse ser de má fé (art. 1296º).

Já *em relação aos móveis*, haverá que distinguir entre móveis sujeitos e não sujeitos a registo.

Em relação aos *móveis sujeitos a registo*, os prazos são os seguintes:

1) 2 anos, no caso de existir título de aquisição e registo deste, havendo boa fé (art. 1298º, a)).
2) 4 anos, nas mesmas condições, mas havendo má fé (art. 1298º, a))
3) 10 anos, não havendo registo, independentemente do título ou da boa fé (art. 1298º b))

No caso de *móveis não sujeitos a registo*, os prazos são os seguintes:

1) 3 anos, havendo justo título e boa fé (art. 1299º);
2) 6 anos, independentemente da boa fé ou do título (art. 1299º)

Há ainda um caso especial que diz respeito à posse oculta ou violenta (que não conduz, como se referiu, à usucapião). Efectivamente, se a coisa móvel vier a ser transmitida para um terceiro antes da extinção da violência ou da publicidade da posse, o terceiro pode vir a adquirir direitos sobre essa coisa passados quatro anos, se a posse for titulada, ou sete, na falta de título (art. 1300º, nº 2).

Conforme acima se referiu, estando em causa bens do domínio privado do Estado ou de outras pessoas colectivas públicas, nos termos da Lei 54, de 16 de Julho de 1913, mantida em vigor pelo art. 1304º do Código Civil, aos prazos legais acresce metade dos mesmos para que a usucapião possa operar.

Em relação à forma de contagem dos prazos, o art. 1292º, determina a aplicação à usucapião das regras relativas à suspensão e interrupção da prescrição. Consequentemente, o prazo para a usucapião suspende-se nos casos previstos nos arts. 318º e ss., e interrompe-se nos casos previstos nos arts. 323º e ss. Ocorre a *suspensão do prazo da usucapião* quando a sua contagem é paralisada durante a verificação de certos factos ou situações a que a lei atribui esse efeito, contando-se no entanto após a sua cessação o lapso de tempo anteriormente decorrido (cfr. arts. 318º e ss.). Ocorre a *interrupção do prazo de usucapião* quando não apenas a sua contagem é paralisada em virtude de certos factos ou situações que a lei atribui esse efeito, mas também se inutiliza o prazo anteriormente decorrido (cfr. arts. 323º e ss.).

As causas suspensivas da usucapião podem dizer respeito a todo o curso do prazo ou apenas ao seu termo. No primeiro caso, essas causas impedem que o prazo de usucapião se inicie ou continue a correr; no segundo caso apenas que se complete. Regra geral, a suspensão verifica-se em relação ao curso do prazo (arts. 318º, 319º, 320º, nº 1, *in principio* e nº 3, parte correspondente, e 321º), mas em certos casos prevê-se que ela se verifique apenas em relação ao seu termo (art. 320º, nº 1, *in fine* e nº 3, parte correspondente e 322º).

Entre as causas suspensivas relativas ao curso do prazo da usucapião temos em primeiro lugar as relações de casamento (art. 318º a)); poder paternal, tutela e curatela (art. 318º b)); administração de bens imposta por lei, determinação judicial ou de terceiro (art. 318º c)); administração de pessoa colectiva (art. 318º d)); contrato de trabalho doméstico (art. 318º e)). Já não parece aplicável à usucapião o disposto no art. 318º f), exigindo-se a inversão do título da posse, nos termos gerais. Para além disso, suspendem ainda a usucapião a prestação de serviço militar, em tempo de guerra ou mobilização, ou a adstrição às forças militares (art. 319º); o estado de menoridade, interdição ou inabilitação (art. 320º); a ocorrência de força maior ou dolo por parte do obrigado nos últimos três meses do prazo (art. 321º) e a indeterminação do titular da herança (art. 322º).

Entre as causas interruptivas do prazo da usucapião situa-se em primeiro lugar a citação ou notificação judicial de qualquer acto que exprima, directa ou indirectamente a intenção de exercer o direito, seja qual for o processo a que o acto pertence e ainda que o tribunal seja incompetente (art. 323º, nº 1), sendo equiparada à citação ou notificação qualquer outro meio judicial pelo qual se dê conhecimento do acto àquele contra quem o direito pode ser exercido (art.

323º, nº 4). Se, no entanto, a citação ou a notificação não se fizerem no prazo de cinco dias após terem sido requeridas por causa não imputável ao requerente, a prescrição é interrompida logo que decorram os cinco dias (art. 323º, nº 2). Para além da citação ou notificação judicial, interrompem ainda a usucapião o compromisso arbitral, e, no caso de cláusula compromissória ou julgamento arbitral legalmente imposto, a citação ou notificação para o respectivo processo arbitral (art. 324º), bem como o reconhecimento do direito, efectuado pelo possuidor perante o proprietário, o qual pode ser tácito, desde que resulte de factos que inequivocamente o exprimam (art. 325º)[498]. No caso de a interrupção do prazo da usucapião resultar de citação, notificação ou compromisso arbitral, o novo prazo para a usucapião só se inicia após o trânsito em julgado da decisão que ponha termo ao processo (art. 327º).

Os prazos para a usucapião não são, no entanto, prejudicados pela existência, em algum momento da turbação ou esbulho da posse, se vier a ser julgada procedente a acção de manutenção ou restituição, dado que, nos termos do art. 1283º, "é havido como nunca perturbado ou esbulhado o que foi mantido na sua posse ou a ela foi restituído judicialmente".

O prazo da usucapião também não é prejudicado pela ocorrência da sucessão na posse, continuando a correr na esfera dos sucessores desde o momento da morte, independentemente da apreensão material da coisa (art. 1255º). Já no caso de acessão na posse, é facultativa a junção do prazo da posse do antecessor (art. 1256º, nº 1), sendo que, se as posses forem de natureza diferente, a junção só pode ocorrer nos limites da posse que tiver menor âmbito (art. 1256º, nº 2).

4.6. Invocação da usucapião

A usucapião só é eficaz se for invocada, sendo por isso voluntária (art. 303º, aplicável por força do art. 1292º). No entanto, uma vez invocada, os seus efeitos retroagem ao início da posse (art. 1288º). Como aquisição originária do direito, a usucapião suplanta todos os registos existentes sobre o bem (*usucapio contra tabulas*)[499]. Por esse motivo, o registo da usucapião é meramente enunciativo (art. 5º, nº 2, a) CRP).

A lei considera nulos todos os negócios jurídicos destinados a modificar os prazos legais da usucapião ou a facilitar ou dificultar por outro modo as condições

[498] No Ac. STJ 18/6/2014 (Abrantes Geraldes), em CJ-ASTJ 22 (2014), 2, pp. 158-160, considera-se que não ocorre renúncia à usucapião nem reconhecimento do direito interruptivo da mesma se os possuidores tentaram formalizar escritura de aquisição do imóvel vendido verbalmente seis meses antes de ter decorrido o prazo da usucapião.

[499] Cfr., a este propósito, o Ac. RC 2/2/2010 (Barateiro Martins), em *CJ* 35 (2010), 1, pp. 28-31.

em que a prescrição opera os seus efeitos (art. 300º, aplicável por força do art. 1292º). Mesmo a renúncia à usucapião só é admitida depois de haver decorrido o prazo prescricional (art. 302º, nº 1, aplicável por força do art. 1292º). A renúncia pode ser tácita, não necessitando de ser aceite pelo beneficiário (art. 302º, nº 2, aplicável por força do art. 1292º), só tendo legitimidade para renunciar à usucapião quem puder dispor do direito que a usucapião tenha criado (art. 302º, nº 3, aplicável por força do art. 1292º).

A usucapião tem que ser invocada, judicial ou extrajudicialmente, por aquele a quem aproveita, pelo seu representante ou, tratando-se de incapaz, pelo Ministério Público (art. 303º, aplicável por força do art. 1292º). Pode, no entanto, ser ainda invocada pelos credores e por terceiros com legítimo interesse da sua declaração, ainda que o possuidor a ela tenha renunciado (art. 305º, nº 1, aplicável por força do art. 1292º). No entanto, em caso de renúncia à usucapião, a invocação da mesma pelos credores depende do preenchimento dos requisitos da impugnação pauliana (art. 305º, nº 2, aplicável por força do art. 1292º), não sendo o direito destes prejudicado por caso jugado formado em virtude de o devedor ter sido condenado sem invocar a usucapião (art. 305º, nº 3, aplicável por força do art. 1292º).

A usucapião deve ser invocada através de escritura de justificação notarial, ou decisão proferida pelo Conservador no processo especial de justificação previsto nos arts. 116º e ss. CRP. sendo que, em caso de inexistência de litígio, não podem as partes sequer substituí-la por acção judicial[500]. Esta fica assim reservada para as hipóteses de existir litígio em relação a essa situação (cfr. art. 3º, nº 1, a) CRP).

A escritura de justificação notarial não constitui um negócio jurídico, mas antes um quase-negócio jurídico, uma vez que não cria o direito nela declarado, traduzindo-se apenas numa declaração unilateral do justificante, que o mesmo terá que comprovar, caso a mesma venha a ser impugnada. Por esse motivo, a escritura de justificação notarial não está sujeita aos vícios e limites, que porventura afectassem ou onerassem o direito anterior, dado que a usucapião constitui uma aquisição *ex novo* do direito[501].

[500] Efectivamente, desde o Decreto-Lei 273/2001, de 13 de Outubro, passou a ser da competência exclusiva do Conservador o processo de justificação judicial, o que implica não poderem as partes substituí-la por acção judicial, sendo os tribunais judiciais incompententes para o efeito. Neste sentido, cfr. Ac. RC 18/1/2008 (Arlindo Oliveira), em *CJ* 33 (2008), 1, pp. 5-7, Ac. RL 6/11/2008 (Jorge Leitão Leal), e Ac. RE 16/12/2008 (Mata Ribeiro), em *CJ* 33 (2008), 5, respectivamente a pp. 82-84 e 257-260.

[501] Cfr. neste sentido, Ac. RL 11/9/2007 (Arnaldo Silva), em *CJ* 32 (2007), 4, pp. 81-87, que em consequência considerou válida uma escritura de justificação notarial relativa à aquisição por usucapião de parcelas de terreno objecto de contrato promessa nulos por terem sido celebrados

No acórdão de uniformização de jurisprudência nº 1/2008 do STJ, de 4 de Dezembro de 2007 (Azevedo Ramos), estabeleceu-se que "na acção de impugnação de escritura de justificação notarial prevista nos artigos 116º, nº 1, do Código do Registo Predial e 89º e 101º do Código do Notariado, tendo sido os réus que nela afirmaram a aquisição, por usucapião, do direito de propriedade sobre um imóvel, inscrito definitivamente no registo, a seu favor, com base nessa escritura, incumbe-lhes a prova dos factos constitutivos do seu direito, sem poderem beneficiar da presunção do registo decorrente do artigo 7º do Código do Registo Predial"[502].

5. A acessão
5.1. Generalidades
Uma outra forma de aquisição dos direitos reais consiste na acessão, que nos termos da lei é definida como a situação que ocorre quando a coisa que é propriedade de alguém se une e incorpora com uma coisa que não lhe pertencia (art. 1325º). Neste caso, perante a junção das duas coisas, a lei determina a aquisição da propriedade sobe a coisa que resultou dessa junção apenas por um dos proprietários, com a consequente perda da propriedade pela outro. A acessão não é, no entanto, restrita à aquisição da propriedade, podendo pela mesma via serem adquiridos outros direitos reais, como a lei expressamente refere a propósito do usufruto (art. 1471º, nº 2), e da hipoteca (art. 691º, nº 1, b)).

5.2. Distinção entre a acessão e a realização de benfeitorias
Embora tanto na acessão como nas benfeitorias exista a atribuição de um incremento de valor patrimonial em bens alheios, as duas situações constituem realidades diversas, ainda que a doutrina apresente critérios distintos para estabelecer essa distinção. Para Manuel Rodrigues, na acessão "há, como nas benfeitorias, a valorização do objecto possuído, mas os actos de acessão distinguem-se daquelas, porque alteram a substância do objecto da posse, porque inovam"[503].

Já para Pires de Lima e Antunes Varela, "a *benfeitoria* consiste num melhoramento feito por quem está ligado à coisa em consequência de uma relação

sem licença de loteamento, ao contrário do exigido pelo D.L. 46673, de 29 de Novembro, e que se integraram numa área urbana de génese ilegal.

[502] Publicado no Diário da República, I Série, nº 63, de 31 de Março 2008), pp. 1871-1879 = *CJ-ASTJ* 15 (2007), 3, pp. 33-40 = *CDP* nº 24 (Outubro/Dezembro 2008), pp. 21-35, com anotação desfavorável de José Alberto Vieira, "Registo de usucapião titulada por escritura de justificação notarial e presunção da titularidade do direito. Acórdão de Uniformização de Jurisprudência nº 1 1/2008 de 4.12.2007, Proc. 2464/07", *ibid*, a pp. 35-42, que salienta que a simples impugnação do facto sujeito a registo não pode automaticamente pôr em causa a presunção resultante do registo.

[503] Cfr. Manuel Rodrigues, *A posse*, p. 312.

ou vínculo jurídico, ao passo que a acessão é um fenómeno que vem do exterior, de um estranho, de uma pessoa que não tem contacto jurídico com ela. A aquisição por acessão é sempre subordinada (...) à falta (...) de um título que dê, *de per si*, a origem e a disciplina da situação criada. São assim benfeitorias os melhoramentos feitos na coisa pelo proprietário, pelo antigo enfiteuta, pelo possuidor (arts. 1273º-1275º), pelo locatário (arts. 1046º, 1074º e 1082º), pelo comodatário (art. 1138º) e pelo usufrutuário (art. 1450º); são acessões os melhoramentos feitos por qualquer terceiro não relacionado juridicamente com a coisa, podendo esse terceiro ser um simples detentor ocasional". Assim, "as benfeitorias e a acessão constituem fenómenos paralelos que se distinguem pela existência ou inexistência de uma relação jurídica que vincule a pessoa à coisa beneficiada"[504].

Pelo contrário, VAZ SERRA sustentou que a distinção entre acessões e benfeitorias "deve fundar-se na finalidade e no regime jurídico de ambas as figuras: no caso de simples benfeitorias, atribui a lei ao autor delas um direito de levantamento (*ius tollendi*) ou um direito de crédito contra o dono da coisa benfeitorizada (Cód. Civil, art. 1273º), não, porém, um direito de propriedade sobre a coisa, pois a benfeitoria não se destina senão a conservar ou melhorar a coisa; no caso de acessão, diversamente, não se trata apenas de conservar ou melhorar uma coisa de outrem, mas de construir uma coisa nova, mediante alteração da substância daquele em que a obra, etc., é feita, atribuindo, assim, a lei, em certas condições, ao autor da acessão a propriedade da coisa"[505].

Diferentemente, MENEZES CORDEIRO sustentou que a regra geral é a da acessão, sendo esta aplicável sempre que a coisa incorporada não seja qualificável como benfeitoria, designadamente quando valha mais do que a outra coisa, quando modifique o destino económico do conjunto, ou quando não conserve ou melhore a coisa, nem sirva para recreio do benfeitorizante, antes correspondendo ao normal exercício do direito acedido. Já as benfeitorias seriam aplicáveis quando a lei expressamente o disser, como sucede na locação (art. 1046º), no comodato (art. 1138º) e no usufruto (art. 1450º). Já no caso melindroso da mera posse, que tenderá a surgir em qualquer situação de acessão, a solução deverá ser ponderada em face de cada caso concreto[506].

Já para JOSÉ ALBERTO VIEIRA, o regime das benfeitorias será aplicável sempre que a lei estabeleça essa solução, como sucede nos casos acima referidos, mas tal

[504] Cfr. PIRES DE LIMA/ANTUNES VARELA, *op. cit.*, III, sub art. 1340º, nº, 2, p. 163.

[505] Cfr. ADRIANO VAZ SERRA, "Anotação Ac. STJ 16/7/1974", em *RLJ* 108º (1975-1976), pp. 253-255 e 265-267 (266).

[506] Cfr. MENEZES CORDEIRO, *Direitos Reais*, pp. 516-517.

não deverá acontecer na posse, efectuando-se assim uma restrição ao alcance literal dos arts. 1273º e 1275º[507].

Finalmente, para Bonifácio Ramos, existe uma ampla margem de coincidência entre o regime da acessão e das benfeitorias, só podendo este regime ser aplicado, quando a lei expressamente o determina, como sucede na locação, no comodato e o usufruto. Sempre que a situação não se enquadre nesse regime, deverá ser aplicado o regime da acessão, como sucederá se, apesar da proibição legal, o usufrutuário alterar a forma ou substância da coisa ou o seu destino económico[508].

A nosso ver, o regime das benfeitorias, independentemente de a lei para ele remeter, deve ceder sempre que esteja em causa uma situação de acessão, podendo esta assim ocorrer nos casos em que exista uma relação prévia com a coisa, a menos que esta exclua a aplicação do seu regime[509]. Tal não sucede, no entanto, se a lei se limitar a regular o regime das benfeitorias. Efectivamente, as benfeitorias correspondem apenas a despesas para conservar ou melhorar a coisa (art. 216º, nº 1), havendo assim apenas uma manutenção ou um desenvolvimento do seu valor económico, que gera apenas obrigações de restituição das despesas ou um *ius tollendi*, não criando um conflito de direitos[510]. Já na acessão, vai-se mais longe, efectuando-se uma incorporação de um valor económico novo naquele bem, através da união com outra coisa ou da sua transformação por aplicação de trabalho, o que gera um direito novo sobre a coisa, que entra em conflito com o do proprietário primitivo. Assim, por exemplo, se o locatário de um prédio rústico construir um edifício no terreno, a situação é de acessão e não de benfeitoria.

5.3. Classificações de acessão

5.3.1. Generalidades

Nos termos do art. 1326º distingue-se a acessão entre *natural*, quando resulta exclusivamente das forças da natureza e *industrial*, quando resulta de acção humana, que pode consistir em juntar objectos pertencentes a diferentes donos (*união ou confusão*) ou aplicar o trabalho próprio em matéria pertencente a outrem (*especificação*). A acessão industrial ainda é distinguida entre *acessão industrial mobiliária* e *acessão industrial imobiliária*, consoante respeite apenas a coisas móveis ou

[507] Cfr. José Alberto Vieira, *Direitos Reais*, p. 604.

[508] Cfr. Bonifácio Ramos, *Direitos Reais*, p. 178.

[509] É o que sucede no contrato de empreitada, por força do art. 1212º, ou no direito de superfície, nos termos do art. 1524º.

[510] É apenas atribuído o direito de retenção sobre a coisa, mas somente garantia do crédito ao reembolso das benfeitorias.

envolva também um imóvel, podendo qualquer delas ainda ser considerada de boa ou má fé, consoante a posição em que esteja o possuidor.

Examinemos sucessivamente estas diversas modalidades de acessão.

5.3.2. A acessão natural

A regra geral, prevista no art. 1327º é a de que pertence ao dono da coisa tudo o que a esta acrescer por efeito da natureza, ocorrendo assim uma extensão automática do direito real em relação a tudo o que acrescer à coisa em virtude de fenómenos naturais (art. 1317º d)). Normalmente esses fenómenos poderão ser os terramotos, a acção do vento ou a força das águas.

A lei regula, porém, de forma especial a acessão natural em resultado da força das águas, distinguindo as situações de *aluvião* (art. 1328º), em que a água actua de forma sucessiva e imperceptível, da *avulsão* (art. 1329º), em que a força da água se manifesta de forma imediata e violenta, contemplando os fenómenos de mudança de leito da corrente (art. 1330º), formação de ilhas e mouchões (art. 1331º) e de lagos e lagoas (art. 1332º).

No caso de *aluvião*, estabelece-se a atribuição aos donos dos prédios confinantes com quaisquer correntes de água de tudo o que por acção das águas se lhes unir ou nelas for depositado, sucessiva e imperceptivelmente (art. 1328º, nº 1). A mesma aquisição ocorre em relação ao terreno que insensivelmente se for deslocando por acção das águas, de uma das margens para outra, ou de um prédio superior para outro inferior, sem que o proprietário do terreno perdido possa invocar direitos sobre ele (art. 1328º, nº 2). A justificação para este regime é o facto de, devido à lentidão do processo, ser inviável a identificação dos objectos ou porções de terreno que foram sendo transferidos pelo que se justifica atribuir logo a sua propriedade ao titular da coisa principal[511].

Já no caso de *avulsão*, a lei estabelece que se, por acção natural e violenta, a corrente arrancar quaisquer plantas ou levar qualquer objecto ou porção conhecida de terreno, e arrojar essas coisas sobre prédio alheio, o dono delas tem o direito de exigir que lhes sejam entregues, contanto que o faça dentro de seis meses, se antes não foi notificado para fazer a remoção no prazo judicialmente assinado (art. 1329º, nº 1). Neste caso, uma vez que o carácter súbito e violento da acção permite a identificação de quais os objectos, ainde se concede ao dono dos objectos transferidos um prazo para reclamar a sua restituição, não se dando nesse caso a acessão. Decorrido, no entanto, esse prazo sem que a remoção seja feita, a acessão ocorre nos mesmos termos da aluvião (art. 1329º, nº 2).

O regime da aluvião e da avulsão é aplicável com as necessárias adaptações à *formação de ilhas e mouchões* na corrente de água. Em geral, uma vez que o seu

[511] Neste sentido, cfr. CARVALHO FERNANDES, *Direitos Reais*, p. 341.

processo de formação é lento, estas pertencem ao dono da parte do leito ocupado (art. 1331º, nº 1). Se, porém, as ilhas ou mouchões se formarem por avulsão, o proprietário do terreno onde a diminuição haja ocorrido goza do direito de remoção, nas condições prescritas pelo art. 1329º (art. 1331º, nº 2).

Diferente é, porém, a situação se houver *mudança do leito da corrente*. Dispõe o art. 1330º, nº 1, que se a corrente mudar de direcção, abandonando o leito antigo, os proprietários deste conservam o direito que tinham sobre ele, e o dono do prédio invadido conserva igualmente a propriedade do terreno ocupado de novo pela corrente. O mesmo regime é aplicável no caso de a corrente se dividir em dois ramos ou braços, sem que o leito antigo seja abandonado (art. 1330º, nº 2)[512].

Acrescenta, por fim, o art. 1332º que as disposições anteriores relativas às correntes de águas são aplicáveis aos lagos e lagoas, quando aí ocorrerem factos análogos.

5.3.3. A acessão industrial

5.3.3.1. A acessão industrial mobiliária

A acessão industrial mobiliária pode realizar-se por três vias: *a união*, quando se verifica a junção de dois ou mais objectos num novo, não sendo possível a sua separação sem detrimento da coisa; a *confusão*, quando se dá uma reunião de objectos, os quais perdem por isso a sua individualidade; e a *especificação*, quando alguém modifica com o seu trabalho alguma coisa que pertence a outrem. Em relação a esta última o art. 1338º exemplifica com os exemplos da escrita, pintura, desenho, fotografia, impressão, gravura e outros actos semelhantes feitos com utilização de materiais alheios[513].

A acessão industrial mobiliária tem um pressuposto comum para se poder verificar, que é o de não ser possível fazer reverter as coisas ao estado de separação ou à sua primitiva forma ou, sendo-o, tal implique a produção de prejuízo para uma das partes (arts. 1333º, nº 1, 1334º, nº 1, 1335º, nº 1, e 1336º, nº 1). Sempre que for possível realizar sem prejuízo o regresso das coisas à situação anterior, deixa de se verificar a acessão industrial mobiliária.

[512] Para Carvalho Fernandes, *Direitos Reais*, p. 342, neste caso não há em rigor acessão em relação aos terrenos ocupados pela corrente, antes ou depois da mudança. Mas é manifesto que essa acessão ocorre em relação às águas, que são adquiridas pelo proprietário do terreno invadido.

[513] Oliveira Ascensão, *Reais*, pp. 302-303, Menezes Cordeiro, *Direitos Reais*, pp. 505-506, e Carvalho Fernandes, *Direitos Reais*, p. 345 constentam que ocorra acessão nesta hipótese, pois não ocorre a junção de duas coisas, uma vez que o trabalho não tem essa natureza. Apesar de ser procedente a crítica, não vemos razão para o afastamento da especificação em relação à união ou confusão, uma vez que em ambas é o maior *valor* da coisa ou do trabalho incorporados que permite a atribuição da propriedade.

A lei trata conjuntamente a união e a confusão, distinguindo apenas se estas são realizadas voluntária ou casualmente e, no primeiro caso, se o seu autor estava de boa ou de má fé. A especificação é tratada autonomamente, distinguindo-se igualmente consoante o seu autor estava de boa ou de má fé.

Se a união ou confusão foram realizadas voluntariamente, e ocorre boa fé do seu autor, faz seu o objecto adjunto o dono daquele que for de maior valor, contanto que indemnize o dono do outro ou lhe entregue coisa equivalente (art. 1333º, nº 1). Se ambas as coisas forem de igual valor e os donos não acordarem sobre a atribuição da propriedade, abre-se licitação entre eles, sendo a coisa atrihuída ao que maior valor oferecer, cabendo ao outro a parte correspondente desse valor (art. 1333º, nº 2). Em lugar da licitação, as partes podem optar pela venda a terceiro, cabendo a cada uma delas a sua parte no produto dessa venda (art. 1333º, nº 3). O autor da confusão é, no entanto, obrigado a ficar com a coisa adjunta, ainda que seja de maior valor, se o dono dela preferir a indemnização (art. 1333º, nº 4).

Se a união ou confusão forem realizadas voluntariamente e ocorre má fé do seu autor, deve o autor da união ou confusão restituir o valor da coisa e indemnizar o seu dono, quando este não prefira ficar com ambas as coisas adjuntas e pagar ao autor da união ou confusão o valor que for calculado segundo as regras do enriquecimento sem causa (art. 1334º, nº 2).

Se a união ou confusão se operar casualmente, as coisas ficam pertencentes ao dono da coisa mais valiosa, que pagará o justo valor da outra. Se, porém, este não quiser fazê-lo, assiste idêntico direito ao dono da coisa menos valiosa (art. 1335º, nº 1). Se nenhum deles quiser ficar com a coisa, será esta vendida, e cada um haverá a parte do preço que lhe pertencer (art. 1335º, nº 2). Se ambas as coisas forem de igual valor, realizar-se à licitação ou a venda a terceiro, nos termos já expostos para a união ou confusão voluntárias ou de boa fé (arts. 1335º, nº 3, e 1333º, nºs 3 e 4).

Em relação à especificação, se esta for realizada de boa fé, há que distinguir se é totalmente impossível restituir a coisa à primitiva forma, ou se é possível fazê-lo, embora com perda do valor criado pela especificação. Na primeira hipótese, o autor da especificação faz sempre sua a coisa móvel transformada. Na segunda hipótese, há ainda que distinguir se o valor do trabalho realizado ultrapassa ou não o da matéria utilizada. No primeiro caso, continua a ser atribuída a propriedade da coisa móvel transformada ao autor da especificação. No segundo caso, tem o dono da matéria o direito de ficar com a coisa (art. 1336º, nº 1). No entanto, em todas estas situações, o que ficar com a coisa é obrigado a indemnizar o outro do valor que lhe pertencer (art. 1336º, nº 2).

Já se a especificação tiver sido realizada de má fé, a coisa especificada será restituída a seu dono, no estado em que se encontrar, com indemnização dos danos, sem que o dono da coisa seja obrigado a indemnizar o especificador, se o valor da especificação não tiver aumentado em mais de um terço o valor da coisa especificada. No caso de ter ocorrido um aumento superior, o dono da coisa apenas tem que repor o que exceder o referido terço (art. 1337º).

5.3.3.2. A acessão industrial imobiliária

Na acessão industrial imobiliária, verifica-se a aquisição da propriedade sobre coisas em virtude da realização de obras, sementeiras ou plantações num imóvel, podendo essa aquisição ocorrer quer em relação ao imóvel, quer em relação aos materiais, sementeiras ou plantas utilizados. A lei estabelece um regime distinto consoante a alienidade se verifique em relação aos materiais, sementes ou plantas (art. 1339º), em relação ao imóvel (arts. 1340º e 1341º), ou em relação a ambos (art. 1342º), regulando ainda particularmente a hipótese do prolongamento de edifício por terreno alheio (art. 1343º). Salvo no primeiro caso, o regime varia ainda consoante o autor da incorporação esteja de boa ou de má fé.

Em caso de realização de obra, sementeira ou plantação em terreno próprio com materiais, sementes ou plantas alheias, a lei permite a aquisição pelo autor da incorporação dos materiais, sementes ou plantas utilizados, desde que pague o respectivo valor, além da indemnização a que haja lugar (art. 1339º).

Caso sejam realizadas obras, sementeiras ou plantações em terreno alheio com materiais, sementes, ou plantas próprias, haverá que distinguir se o autor da incorporação estava de boa ou de má fé. Nos termos do art. 1340º, nº 4, "entende-se que houve boa fé, se o autor da obra, sementeira ou plantação, desconhecia que o terreno era alheio, ou se foi autorizada a incorporação pelo dono do terreno". De acordo com a configuração ética da boa fé subjectiva, que temos sustentado, deve entender-se que não basta para existir boa fé o simples desconhecimento da alienidade do terreno, devendo exigir-se ainda que esse desconhecimento não seja culposo. Já relativamente à autorização para a incorporação, deve entender-se que a mesma tem que corresponder a uma autorização pura e simples[514], já que se a mesma for concedida no quadro de determinado negócio ou para um fim específico não se pode considerar existir boa fé para efeitos de acessão[515].

Estando o autor da incorporação de boa fé, caso o valor que as obras, sementeiras ou plantações trouxerem à totalidade do prédio seja maior do que o valor que este tinha antes, o autor da incorporação adquire a propriedade dele, pagando o valor que o prédio tinha antes das obras, sementeiras, e plantações (art. 1340º, nº 1). Já se o valor acrescentado for igual, haverá licitação entre o antigo dono e o autor

[514] A autorização para efectuar a incorporação não atribui posse ao implantador, sendo este considerado possuidor em nome alheio. Neste sentido, cfr. Ac. RE 24/4/2008 (Fernando Bento), em *CJ* 33 (2008), 2, pp. 266-270.

[515] Neste sentido, cfr. Ac. RL 29/3/2011 (Maria do Rosário Morgado), em *CJ* 36 (2011), 2, pp. 112-115.

da incorporação, pela forma estabelecida no nº 2 do art. 1333º (art. 1340º, nº 2). No caso de o valor acrescentado ser menor, as obras, sementeiras ou plantações pertencem ao dono do terreno, com obrigação de indemnizar o autor delas do valor que tinham ao tempo da incorporação (art. 1340º, nº 3).

Já se o autor da incorporação estiver de má fé, a lei atribui ao dono do terreno o direito de exigir que a obra, sementeira ou plantação seja desfeita e que o terreno seja restituído ao seu primitivo estado às custas do seu autor, ou se o preferir, o direito de ficar com a obra, sementeira ou plantação pelo valor que for fixado segundo as regras do enriquecimento sem causa (art. 1341º)[516].

Caso sejam realizadas obras, sementeiras ou plantações em terreno alheio com materiais, sementes ou plantas alheias, a lei atribui antes ao dono dos materiais, sementes, ou plantas os direitos que o art. 1340º reconhece ao autor da incorporação, quer este esteja de boa, quer de má fé (art. 1342º, nº 1). Se, porém, o dono dos materiais, sementes ou plantas tiver culpa, passa a ser sujeito ao mesmo regime que o art. 1341º estabelece para o autor de incorporação de má fé. Neste caso, se este estiver efectivamente de má fé, é solidária a responsabilidade de ambos, e a divisão do enriquecimento é feita em proporção do valor dos materiais, sementes ou plantas e da mão-de-obra (art. 1342º, nº 2).

Finalmente, *no caso de a construção de um edifício em terreno próprio determinar a ocupação, de boa fé, de uma parcela de terreno alheio*, o construtor pode adquirir a propriedade do terreno ocupado, se tiverem decorrido três meses a contar do início da ocupação, sem oposição do proprietário, pagando o valor do terreno e reparando o prejuízo causado, designadamente o resultante da depreciação eventual do terreno restante (art. 1343º, nº 1). O mesmo regime é aplicável em relação a qualquer direito real de terceiro sobre o terreno ocupado (art. 1343º, nº 2).

5.4. Forma de actuação da acessão

Apesar de o art. 1317º d) referir que a aquisição por acessão ocorre no momento da verificação do respectivo facto, a doutrina tem vindo a discutir, especialmente no âmbito da acessão industrial imobiliária, se a aquisição por acessão é automática, ocorrendo no momento da verificação da junção das coisas, ou se é potestativa, dependendo de uma manifestação de vontade do seu titular.

A favor do carácter automático da acessão, manifestaram-se Pires de Lima e Antunes Varela, argumentando com o sentido literal dos arts. 1339º e 1340º, com o facto de estes não terem regulado as consequências de o proprietário não

[516] No Ac. STJ 18/3/2010 (Serra Baptista), em *CJ-ASTJ* 18 (2010), 1, pp. 137-143, considerou-se não envolver abuso de direito a opção do proprietário pela demolição, mesmo quando o edifício construído possui valor consideravelmente superior ao do terreno, por ser o autor da incorporação que dá causa a essa situação.

querer adquirir a propriedade do implante, e ainda com a circunstância de a sua renúncia levar à constituição de um direito de superfície, que teria que observar a forma legal desse acto[517].

Já a tese da aquisição potestativa foi defendida por OLIVEIRA ASCENSÃO. Para este autor, ao se referir a "adquire *pagando*", os arts. 1339º e 1340º consagram o cariz potestativo da acessão, resultando esse carácter ainda mais evidente nos arts. 1333º, nº 1, e 1343º, e sendo mesmo categóricas a favor desse entendimento as disposições que subordinam a aquisição à licitação (arts. 1333º, nº 2 e 1340º, nº 2) ou que prevêem que o beneficiário não queira adquirir (arts. 1333º, nº 3, 1334º, 1335º e 1341º). Para além disso, não faria sentido impor ao beneficiário da acessão o pagamento de uma indemnização, em contrapartida de uma aquisição que ele pode não pretender. Por outro lado, a perda da propriedade só deveria ocorrer com o pagamento da indemnização, o que não se verifica na aquisição automática. Acrescenta-se ainda que a aquisição automática impediria as partes de estipularem solução diferente para o conflito. Finalmente, a aquisição automática atribuiria o risco ao beneficiário da acessão[518]. Esta posição veio a ser seguida por MENEZES CORDEIRO[519], CARVALHO FERNANDES[520], e JOSÉ ALBERTO VIEIRA[521].

Uma posição intermédia foi defendida por HENRIQUE SOUSA ANTUNES para quem a acessão será automática para o interventor, mas potestativa para o proprietário[522]. Também defendendo uma orientação mista BONIFÁCIO RAMOS sustenta que as prescrições legais relativas à acessão consagram nalguns casos uma aquisição automática e noutros uma aquisição potestativa[523].

A acessão deve considerar-se, tal como a usucapião, uma forma de aquisição originária dos direitos reais, adquirindo assim o titular um direito novo, que não está dependente das vicissitudes do direito anterior[524]. No entanto, ao contrário do que sucede na usucapião (art. 5º, nº 2, a) CRP), o registo da acessão não é meramente enunciativo, pelo que, no caso de esta estar sujeita a registo, serão tutelados os direitos adquiridos por terceiro e registados antes da acessão[525].

517 Cfr. PIRES DE LIMA/ANTUNES VARELA, *op. cit.*, III, sub art. 1340º, nº 7, p. 166.

518 Cfr. OLIVEIRA ASCENSÃO, *Reais*, pp. 306 e ss.

519 Cfr. MENEZES CORDEIRO, *Direitos Reais*, pp. 503-504.

520 Cfr. CARVALHO FERNANDES, *Direitos Reais*, pp. 349-350, e "Aquisição do direito de propriedade na acessão industrial imobiliária", em ANTÓNIO MENEZES CORDEIRO/PEDRO PAIS DE VASCONCELOS/PAULA COSTA E SILVA, *Estudos em Honra do Professor Doutor José de Oliveira Ascensão*, I, Coimbra, Almedina, 2008, pp. 637-665 (654 e ss.).

521 Cfr. JOSÉ ALBERTO VIEIRA, *Direitos Reais*, pp. 622 e ss.

522 Cfr. HENRIQUE SOUSA ANTUNES, *Direitos Reais*, pp. 256-257.

523 Cfr. BONIFÁCIO RAMOS, *Direitos Reais*, p. 114.

524 Cfr. OLIVEIRA ASCENSÃO, *Reais*, p. 309.

525 Neste sentido, CARVALHO FERNANDES, *Direitos Reais*, p. 351, e em *Estudos Oliveira Ascensão*, pp. 664-665.

Secção V
A transmissão dos direitos reais

1. A transmissibilidade dos direitos reais

No âmbito da protecção constitucional da propriedade privada, extensivo a todos os direitos reais, encontra-se o direito à sua transmissão em vida ou por morte (art. 62º, nº 1, Const.). Em consequência dessa disposição, os direitos reais são normalmente transmissíveis, quer por acto *inter vivos*, quer *mortis causa*.

Em relação à transmissibilidade *mortis causa*, a regra geral é a de que as situações jurídicas privadas são objecto de sucessão por morte (art. 2024º), com excepção daquelas que devam extinguir-se por morte do seu titular, em virtude da sua natureza ou por disposição da lei (art. 2025º, nº 1). No âmbito dos direitos reais, a transmissibilidade por morte é a regra, havendo, no entanto, algumas excepções em que os direitos reais são apenas vitalícios, como sucede com o usufruto (art. 1476º, nº 1 a)), e o uso e habitação (art. 1490º).

Em relação à transmissibilidade *inter vivos*, a regra geral é a alienabilidade dos direitos reais, subordinada aos princípios da consensualidade e da causalidade. O princípio da consensualidade significa que os direitos reais são transmissíveis apenas através de contrato, sem necessidade de realização de qualquer outro acto, como a tradição ou o registo, conforme se prevê no art. 408º. O princípio da causalidade significa que a transmissão do direito real depende da validade do negócio transmissivo pelo que, no caso de este ser inválido, a transmissão do direito real não chega a ocorrer.

Há, no entanto, algumas excepções em relação à possibilidade de alienação dos direitos reais. Assim, em relação ao uso e habitação, o art. 1488º exclui a possibilidade de o usuário e o morador usuário alienarem o seu direito ou onerarem-no de qualquer modo. Em relação às servidões prediais, o facto de não poderem ser separadas dos prédios a que pertencem (art. 1545º) implica a impossibilidade de a sua alienação ocorrer autonomamente em relação ao prédio dominante. A mesma situação vigora para os direitos de preferência, que não podem naturalmente ser transmitidos isoladamente do respectivo direito (cfr. arts. 1409º e 1535º). Também em relação ao direito de retenção, existe uma proibição parcial de alienação, atendendo ao facto de a lei não permitir a sua transmissão sem o crédito (art. 760º), exigindo assim que a transmissão dos dois seja efectuada conjuntamente. Pelo contrário, em relação à hipoteca, a lei admite expressamente a possibilidade da sua cessão sem o crédito assegurado (art. 727º).

Tem sido discutida a possibilidade de as partes estabelecerem proibições de transmissão dos direitos reais por via negocial, através das denominadas cláusulas de inalienabilidade. Por força do princípio da tipicidade, essas cláusulas só poderão ter eficácia real no caso de estarem incluídos no próprio tipo legal do direito em causa, como sucede com o usufruto, em que se admite que o título possa estabelecer restrições à faculdade de trespasse do respectivo direito (art. 1444º, nº 1, *in fine*) ou estarem legalmente previstas, como sucede nos casos da substituição fideicomissária (arts. 962º e 2286º e ss.) ou na doação com reserva do direito de dispor (art. 959º), em que a lei admite que o autor da liberalidade estabeleça essa restrição com eficácia real[526]. No caso de tal não ocorrer, as cláusulas de inalienabilidade atentarão contra o princípio da tipicidade dos direitos reais, pelo que apenas são admissíveis com eficácia meramente obrigacional (art. 1306º, nº 1, *in fine*)[527]. Neste caso, a transmissão em violação dessas cláusulas não será afectada de nulidade, apenas constituindo o transmitente na obrigação de indemnizar a outra parte (art. 798º). Há, no entanto, um caso em que a lei considera mesmo nula a cláusula de inalienabilidade, mesmo que com eficácia meramente obrigacional, como ocorre na hipoteca (art. 695º).

2. Os contratos reais

Em face da alienabilidade dos direitos reais, inclui-se no âmbito da autonomia privada a possibilidade de celebração de contratos reais, os quais são negócios de disposição de direitos, pressupondo por isso a titularidade do direito que é seu objecto. Os contratos reais são, como se disse, em princípio consensuais, uma vez que a transmissão dos direitos reais se produz por mero efeito do contrato (art. 408º, nº 1), não dependendo de nenhum acto posterior como a tradição ou o registo.

Em certos casos, a lei prevê, no entanto, contratos reais *quoad constitutionem*, os quais necessitam da tradição da coisa de que são objecto para se constituirem.

[526] Cfr. Santos Justo, *Direitos Reais*, p. 34.

[527] Neste sentido, cfr. Oliveira Ascensão, *Reais*, p. 311, Mota Pinto, *Direitos Reais*, pp. 111 e ss., Carvalho Fernandes, *Direitos Reais*, p. 271, e José Alberto Vieira, *Direitos Reais*, p. 387. Na doutrina alemã, cfr. Jan Wilhelm, *Sachenrecht*, A II 2, nºs 18 e ss., pp. 9 e ss.

É o que sucede no penhor de coisas (art. 669º, nº 1), na doação verbal de coisas móveis (art. 947º, nº 2) e no mútuo (art. 1142º).

Os contratos reais são habitualmente não formais, quando incidem sobre coisas móveis (art. 219º). Estando em causa coisas imóveis, após o D.L. 116/2008, de 4 de Julho, os mesmos são obrigatoriamente celebrados por escritura pública ou documento particular autenticado (cfr. o art. 22º deste diploma, bem como a redacção dada pelo mesmo aos art. 660º, 714º, 875º, e 947º, nº 1, CC).

Esta regra admite, no entanto, algumas excepções:

A primeira é respeitante à situação a compra e venda com mútuo, com ou sem hipoteca, referente a prédio urbano destinado a habitação, ou fracção autónoma para o mesmo fim, desde que o mutuante seja uma instituição de crédito autorizada a conceder crédito à habitação, em que basta a celebração de um documento particular, de acordo com um modelo legalmente aprovado (cfr. arts. 1º e 2º, nº 1, do D.L. 255/93, de 15 de Julho). Esse regime é igualmente aplicável aos contratos de mútuo com hipoteca nos quais se titulem novos empréstimos relativos ao mesmo prédio ou fracção, celebrados pelo respectivo proprietário, com instituição de crédito autorizada a conceder crédito à habitação (art. 2º, nº 2, do D.L. 255/93, de 15 de Julho), bem como à sub-rogação nos direitos e garantias do credor hipotecário, nos termos do art. 591º CC, quando o crédito tenha sido concedido para os fins previstos no artigo anterior, por outra instituição de crédito autorizada a conceder crédito à habitação (art. 2º, nº 3, do D.L. 255/93, de 15 de Julho)

A segunda respeita ao procedimento especial de transmissão, oneração e registo de imóveis, constante do D.L. 263-A/2007, de 23 de Julho e da Portaria 794-B/2007, de 23 de Julho, que abrange a compra e venda (art. 2º, nº 1, a) do D.L. 263-A/2007), o mútuo e demais contratos de crédito e de financiamento celebrados por instituições de crédito, com hipoteca, com ou sem fiança (art. 2º, nº 1, b) do D.L. 263-A/2007), as hipotecas (art. 2º, nº 1, c) do D.L. 263-A/2007), a sub-rogação nos direitos e garantias do credor hipotecário, nos termos do art. 591º do Código Civil (art. 2º, nº 1, d) do D.L. 263-A/2007), bem como outros negócios jurídicos, a definir por portaria do membro do Governo responsável pela área da justiça (art. 2º, nº 1, e) do D.L. 263-A/2007). A Portaria 1126/2009, de 1 de Outubro inclui neste negócios a dação em pagamento (art. 1º da Portaria 1126/2009) e estendeu esse regime a todos os tipos de prédios (art. 2º da Portaria 1126/2009). Depois, a a Portaria 1167/2010, de 10 de Novembro, estendeu ainda esse procedimento à constituição de propriedade horizontal, à modificação do título constitutivo da propriedade horizontal, ao mútuo e demais contratos de crédito e de financiamento, com hipoteca, com ou sem fiança. Conforme dispõe o art. 8º, nº 3 do D.L. 263-A/2007, os negócios jurídicos celebrados nos termos deste decreto-lei estão dispensado de formalização por escritura pública quando esta seja obrigatória nos termos gerais. Neste caso, os interessados iniciam o procedimento formulando o seu pedido junto do serviço do registo competente, manifestando a sua opção por um dos modelos de contrato (art. 6º D.L. 263-A/2007), sendo o serviço de registo que procede à elaboração dos documentos que titulam os negócios, de acordo com o modelo previamente escolhido pelos interessados (art. 8º, nº 1, b) D.L. 263-A/2007).

A terceira respeita ao contrato de oneração ou transmissão de direito real de habitação periódica, o qual deve ser celebrado por declaração das partes no certificado predial, com reconhecimento presencial da assinatura do alienante (art. 12º D.L. 275/93, de 5 de Agosto, na redacção do D.L. 180/99, de 22 de Maio[528]).

Nos termos dos arts. 1317º a) e 408º, nº 1, a transmissão do direito real ocorre habitualmente no momento da celebração do contrato, apenas se verificando em momento posterior nas hipóteses previstas no art. 408º, nº 2, relativas a bens futuros, indeterminados, frutos naturais ou partes integrantes ou componentes de uma coisa, devido ao princípio da especialidade que caracteriza os direitos reais. Em consequência, a partir do momento da celebração do contrato, o adquirente suporta o risco relativo à perda ou deterioração da coisa (art. 796º). É possível, no entanto, convencionar que a transmissão da propriedade só ocorra após o pagamento do preço, o que acontece frequentmente nas vendas a crédito para garantia do pagamento do preço. Essa situação denomina-se a cláusula de reserva de propriedade (art. 409º, nº 1) e está sujeita a registo, no caso de abranger bens imóveis ou móveis sujeitos a registo (art. 409º, nº 2).

[528] O diploma foi ainda alterado pelos D.L. 22/2002, de 31 de Janeiro, 76-A/2006, de 29 de Março, 116/2008, de 4 de Julho, e 37/2011, de 10 de Março, que o republicou integralmente.

Secção VI
A modificação dos direitos reais

1. Generalidades

Os direitos reais podem modificar-se, ou por alterações no seu objecto, ou por alterações no seu conteúdo[529]. No primeiro caso, o objecto do direito real sofre alteração, o que afecta naturalmente o direito que sobre este incide em virtude da inerência desse direito à coisa. No segundo caso, o objecto mantém-se o mesmo, mas o conteúdo do direito é alterado, em virtude da modificação das faculdades atribuídas ao seu titular.

2. Alterações no objecto

Em relação às alterações no seu objecto, estas ocorrerão em primeiro lugar na hipótese de serem realizarem benfeitorias (arts. 1273º e 1275º).

Existirá ainda alteração do objecto do direito real no caso da divisão da coisa comum (arts. 1412º e 1413º), em que o direito do comproprietário a uma quota ideal de uma coisa é substituído por um direito a uma coisa autónoma. Essa situação já não ocorre, porém, em relação às servidões prediais, já que devido à sua indivisibilidade o direito não é afectado, mesmo que o prédio sobre que incidem seja dividido (art. 1546º).

Para além disso, pode ocorrer modificação do direito real em caso de perda parcial da coisa (art. 1478º, nº 1) ou transformação desta noutra que tenha valor, ainda que com finalidade económica distinta (art. 1478º, nº 2). Já no caso de sub-rogação real, existirá a extinção do direito real com a constituição de outro direito sobre distinto objecto.

[529] Cfr. Oliveira Ascensão, *Direitos Reais*, pp. 318 e ss., Menezes Cordeiro, *Direitos Reais*, pp. 536 e ss., Carvalho Fernandes, *Direitos Reais*, pp. 248 e ss. e José Alberto Vieira, *Direitos Reais*, pp. 388 e ss.

3. Alterações no conteúdo

Em relação às alterações no seu conteúdo, estas ocorrem nas hipóteses de modificações do seu título constitutivo, o qual rege a situação de certos direitos reais menores, como a propriedade horizontal (arts. 1416º nº 1, 1418º, 1419º), o usufruto (art. 1445º), o uso e habitação (art. 1485º) ou as servidões (art. 1564º).

As alterações ao conteúdo dos direitos reais podem ainda resultar da constituição de direitos reais menores, os quais comprimem o direito real maior. Assim, a propriedade vê o seu conteúdo alterado se sobre ela for contituído um usufruto, o mesmo sucedendo com o usufruto se sobre ele forem constituídas servidões.

Secção VII
A defesa dos direitos reais

1. Generalidades

Essencial para a caracterização do direito real é a sua defesa, que se exerce através das acções reais, as quais compreendem a acção de reivindicação, a acção confessória, a acção negatória e a acção de demarcação. As acções reais caracterizam-se por serem oponíveis contra qualquer pessoa que viole o direito e têm como causa de pedir o facto jurídico de onde emana o direito real (art. 581º, nº 4, CPC). A elas não corresponde, no entanto, qualquer forma de processo especial, seguindo os termos do processo comum de declaração.

As acções reais não constituem, porém, a única forma de tutela dos direitos reais. Efectivamente, sempre que se verifique simultaneamente com o direito uma situação possessória (posse causal) e a violação do direito corresponda igualmente a uma violação dessa posse, o titular do direito poderá reagir apenas com base na defesa possessória. Nesse caso, as acções possessórias poderão ser colocadas ao serviço da defesa do direito real.

A violação dos direitos reais poderá dar igualmente origem a acções pessoais, como sucede quando estiver em causa a responsabilidade civil pela violação do direito ou a condenação na cessação ou abstenção de actos lesivos.

Poderá ainda recorrer-se a procedimentos cautelares sempre que esteja em causa o risco de lesão do direito, os quais podem ser instaurados previamente ou no decurso da acção respectiva.

Finalmente, os direitos reais admitem formas de tutela privada, como sucede com a acção directa (arts. 1314º e 336º).

Restringiremos neste momento a nossa análise às acções reais, referindo sucessivamente a acção de reivindicação, a acção confessória, a acção negatória e a acção de demarcação.

2. Acção de reivindicação

A acção de reivindicação constitui uma acção declarativa de condenação, sujeita a um regime especial previsto nos arts. 1311º e ss.

Nos termos do art. 1311º, nº 1, o proprietário pode exigir de qualquer possuidor ou detentor da coisa o reconhecimento do seu direito de propriedade e a consequente restituição do que lhe pertence, mandando o art. 1315º estender esse regime a qualquer titular de direitos reais, embora se deva considerar esta extensão restrita aos direitos reais que atribuem a posse da coisa[530]. Só tem assim legitimidade activa para recorrer à reivindicação quem seja titular de um direito real que atribua a posse da coisa, mas não tenha essa posse. Por sua vez, tem legitimidade passiva para a acção de reivindicação quem seja possuidor ou detentor da coisa, mas não seja titular do correspondente direito real.

A acção de reivindicação baseia-se em dois pedidos, sendo o primeiro o de reconhecimento do direito real que assiste ao autor e o segundo, como consequência do mesmo, o de restituição da coisa (art. 1311º, nº 1). Uma vez que a acção de reivindicação segue os termos do processo comum, não há obstáculo à cumulação desses pedidos com outros (arts. 555º, nº 1, e 36º CPC), designadamente com o pedido de indemnização pelos danos resultantes da privação da coisa.

Para que possa proceder a acção de reivindicação, é necessário fazer a prova da titularidade do direito real. Para esse efeito, não basta, porém, a demonstração de uma aquisição derivada do direito, uma vez que nada garante que o autor adquiriu a coisa ao seu legítimo proprietário. Para proceder a acção de reivindicação, é assim necessária a demonstração de uma aquisição originária do direito, como a usucapião, por parte do autor ou de anterior titular do direito, a quem aquele tenha adquirido. Essa prova, que pode ser extremamente difícil em concreto (*probatio diabolica*) é, no entanto, dispensada quando existem presunções de propriedade, como a derivada da posse (art. 1268º, nº 1) ou do registo (art. 7º CRP).

Uma vez demonstrada a titularidade do direito real, a defesa na acção de reivindicação é limitada, uma vez que o art. 1311º, nº 1, estabelece que, havendo reconhecimento do direito de propriedade, a restituição só pode ser recusada nos casos previstos na lei. A recusa da restituição ocorrerá sempre que o possuidor ou detentor for titular de algum direito que legitime essa posse ou detenção, designadamente um direito real ou pessoal de gozo relativo à coisa. Nesse caso, o tribunal limitar-se-á a condenar o réu a reconhecer o direito do autor, não ordenando a consequente restituição da coisa.

Nos termos do art. 1313º, a acção de reivindicação é imprescritível, podendo consequentemente ser instaurada a todo o tempo, ainda que naturalmente tenha

[530] Naturalmente que o titular de uma hipoteca não pode recorrer à acção de reivindicação.

que ser julgada improcedente caso ocorra a aquisição por usucapião a favor de outrem.

A acção de reivindicação está sujeita a registo (art. 3º, nº 1, a) CRP). Em consequência, em caso de transmissão da coisa em litígio, a acção não produzirá efeitos em relação ao adquirente, se este tiver registado a sua aquisição antes do registo da acção (art. 263º, nº 3, CPC)[531].

3. Acção confessória

Outra acção destinada à defesa dos direitos reais é a acção confessória. Esta acção distingue-se da reivindicação por não envolver um pedido de entrega da coisa, sendo consequentemente uma acção de simples apreciação positiva (art. 10º, nº 3 a) CPC). No Direito Romano, a acção confessória era essencialmente destinada à defesa dos direitos reais menores, como a servidão e o usufruto, contra actos do proprietário contrários ao exercício desses direitos. O autor solicitava assim que o proprietário fosse condenado ao reconhecimento do seu direito real menor sobre a coisa, o que levaria a que ele levantasse a oposição colocada ao exercício desse direito.

Actualmente, a acção confessória perdeu grande parte da sua utilidade, na medida em que a reivindicação pode ser usada para tutela de qualquer direito real (art. 1315º), nada impedindo assim que a mesma seja usada em defesa dos direitos reais menores contra os actos do proprietário, sendo até essa a solução preferível para se obter a condenação do proprietário a cessar a oposição ao exercício do direito. Nada impede, no entanto, que o titular do direito real menor continue a recorrer à acção confessória, se achar suficiente a condenação no reconhecimento do seu direito.

4. Acção negatória

Constitui igualmente uma acção real a acção negatória. Esta constitui precisamente o inverso da acção confessória, na medida em que é instaurada pelo proprietário, contra quem invoca ter um direito real incidente sobre um bem seu em ordem a obter a declaração de inexistência desse direito. Assim, por exemplo, se alguém invoca ter uma servidão de passagem sobre o prédio de outrem, este pode instaurar uma acção negatória, em obter a declaração judicial de inexistência dessa servidão. A acção negatória constitui assim uma acção de simples apreciação negativa (art. 10º, nº 3, a) CPC). Como tal, é ao réu que compete fazer a prova dos factos constitutivos do direito que se arroga (art. 343º, nº 1).

[531] Cfr. Ac. RP 17/4/2008 (Ataíde das Neves), em *CJ* 33 (2008), pp. 202-205.

5. Acção de demarcação

A última acção real é a acção de demarcação, a qual constitui a acção usada para estabelecer os limites entre os prédios no âmbito das relações de vizinhança (arts. 1353º e ss.).

A acção de demarcação era qualificada como uma acção de arbitramento e sujeita a processo especial pelo art. 1058º CPC 1961, mas a revogação dessa disposição pelo art. 2º, do D.L. 329-A/95, de 12 de Dezembro, leva a que ela siga actualmente a forma de processo comum[532]. O tribunal terá, no entanto, que respeitar o disposto no art. 1354º, nº 1, decidindo a acção em conformidade com os títulos de cada uma das partes. Na falta de títulos suficientes, a demarcação é realizada de harmonia com a posse em que estejam os confinantes ou segundo o que resultar de outros meios de prova. Se, porém, os títulos não determinarem os limites dos prédios ou a área pertencente a cada proprietário, e a questão não puder ser resolvida pela posse ou por outro meio de prova, a demarcação faz-se distribuindo o terreno em litígio em partes iguais (art. 1354º, nº 2)[533]. Se os títulos indicarem um espaço maior ou menor do que o abrangido pela totalidade do terreno, atribuir-se-á a falta ou o acréscimo proporcionalmente à parte de cada um (art. 1354º, nº 3).

A acção de demarcação é imprescritível, sem prejuízo dos direitos adquiridos por usucapião (art. 1355º).

[532] A justificação apresentada no preâmbulo desse diploma era de que as acções de arbitramento abarcavam "situações heterogéneas, amontoadas no artigo 1052º e tendo como único elemento aglutinador comum a realização de um arbitramento, precedendo a decisão judicial, em muitos casos meramente homologatória do laudo dos árbitros". O legislador considerou, porém, que a prova pericial "se revelará perfeitamente idónea para dar resposta, no quadro do processo comum de declaração, às necessidades e interesses tutelados com a instituição da figura do «arbitramento», com a vantagem de outorgar ao juiz o poder-dever de valorar livremente os resultados da perícia a que seja necessário proceder". Trata-se, porém, de uma argumentação questionável uma vez que a acção de demarcação se mantém materialmente como acção de arbitramento, não se vendo razão para não existir uma processo especial mais adequado a essa situação.

[533] Sendo esta a forma correcta de decidir a acção de demarcação em caso de *non liquet* probatório, é absolutamente imprescindível que o tribunal delimite previamente a área do terreno em litígio. Neste sentido, cfr. Ac. RE 4/11/2009 (Mário Mendes Serrano), na *CJ* 34 (2009), 5, pp. 223-227. Efectivamente, e conforme se salienta no Ac. RC 7/2/2012 (Barateiro Martins), em *CJ* 37 (2012), 1, pp. 36-39 a acção de demarcação não pode terminar com uma decisão de improcedência, sob pena de ficar definitivamente comprometido o direito de demarcação, tendo por isso o tribunal que promover oficiosamente as iniciativas necessárias à concretização do arbitramento.

Secção VIII
A extinção dos direitos reais

1. Generalidades

Genericamente em relação à extinção dos direitos reais, ela pode ocorrer em virtude das seguintes situações:

a) expropriação por utilidade pública;
b) perda da coisa;
c) impossibilidade de exercício do direito;
d) abandono
e) renúncia:
f) prescrição;
g) caducidade,
h) não uso;
i) confusão;
j) perda da posse;
k) *usucapio libertatis*
l) constituição de um direito real incompatível;
m) extinção do direito real maior com base no qual o direito se constituiu.

Examinemos sucessivamente estas situações:

2. Expropriação

Uma das formas de extinção dos direitos reais é a expropriação por utilidade pública, a que já fizemos referência. A expropriação por utilidade pública consiste numa causa geral de extinção geral dos direitos reais, fazendo-lhe a lei referência a propósito da propriedade (art. 1308º), usufruto (art. 1480º, nº 2), e superfície (arts. 1536º, f) e 1542º).

O facto constitutivo da relação jurídica de expropriação é a declaração de utilidade pública, mas não é esta que determina a perda da propriedade. Efectivamente, nos termos do art. 51º, nº 5, C. Expr., a aquisição da propriedade pela entidade expropriante ocorre apenas no despacho judicial de adjudicação da posse e propriedade emitido posteriormente. Da mesma forma, no caso de expropriação amigável, a aquisição da propriedade verifica-se com a formalização do acordo por escritura pública ou auto (cfr. art. 36º C. Expr.)[534].

Sendo uma causa de extinção dos direitos reais, a expropriação não implica, no entanto, que as coisas expropriadas fiquem *nullius*, uma vez que se verifica uma aquisição originária dessa propriedade por parte da entidade expropriante. O proprietário expropriado pode em certos casos adquirir um direito de reversão da sua propriedade (cfr. art. 5º C. Expr.), mas tal constitui um novo facto aquisitivo, e não uma anulação da expropriação.

3. Perda da coisa

Por força da inerência do direito real à coisa que é seu objecto, naturalmente que a perda da coisa extingue igualmente o direito real. Esta constitui uma causa genérica de extinção dos direitos reais, fazendo-lhe o Código referência expressa a propósito do usufruto (art. 1476º, nº 1, d)) e da superfície (art. 1536º, nº 1, e)).

A perda da coisa tem que ser total, uma vez que se for parcial, não se verifica a extinção do direito real, mas apenas uma modificação do seu objecto (cfr. art. 1478º, nº 1). A perda da coisa tanto pode ocorrer em virtude do seu desaparecimento como em virtude da sua destruição. Já ocorrendo uma mera deterioração da coisa, o direito mantém-se ainda que a coisa diminua de valor ou perca aptidão para o fim a que se destina.

4. Impossibilidade de exercício do direito

Uma outra causa genérica de extinção dos direitos reais é a impossibilidade de exercício do direito. Efectivamente, destinando-se o direito a ser exercido pelo seu titular a impossibilidade de exercício deve conduzir à extinção do direito. Esta solução encontra-se expressamente consagrada em relação à superfície no art. 1536º, nº 1, e), *in fine*, mas deve considerar-se de aplicação generalizada a todos os direitos reais. Apenas em relação às servidões, determina o art. 1571º que a impossibilidade de exercer a servidão não importa a sua extinção, enquanto

[534] Neste sentido, cfr. Ac. RE 29/5/2008 (Almeida Simões), na *CJ* 33 (2008), 3, pp. 239-240, que consequentemente decidiu que a declaração de utilidade pública não prejudica a alienação do bem.

não decorrer o prazo de 20 anos para a sua extinção por não uso (cfr. art. 1569º, nº 1, b))[535].

A impossibilidade de exercício tem, no entanto, que ser definitiva para produzir a extinção do direito, já que se for temporária ocorre apenas uma suspensão desse direito. A impossibilidade não se confunde com a desnecessidade que constitui uma causa de extinção privativa das servidões constituídas por usucapião (art. 1569º, nº 2) e das servidões legais (art. 1569º, nº 3).

5. Abandono

O abandono (*derelictio*) pressupõe a cessação da relação material com a coisa (*corpus*) em virtude de um acto intencional do seu titular dirigido à extinção da sua propriedade (*animus derelinquendi*). Apesar de ser voluntário, o abandono não constitui um negócio jurídico por ausência de liberdade de estipulação, não assentando numa declaração negocial, mas antes num comportamento material, a que deve ser atribuída a natureza de acto jurídico simples (art. 295º)[536].

O abandono não se encontra genericamente previsto como causa de extinção dos direitos reais, mas apenas como causa de extinção da posse (art. 1267º, nº 1, a)), fazendo-lhe, no entanto, referência o art. 1318º, a propósito da ocupação, e o art. 1397º, a propósito do direito sobre águas originariamente públicas. Parece, consequentemente, que o abandono apenas poderá ocorrer em relação a esse tipo de coisas, vigorando para os outros casos o instituto da renúncia.

6. Renúncia

Uma outra causa de extinção dos direitos reais é a renúncia do seu titular[537].

[535] OLIVEIRA ASCENSÃO, *Reais*, p. 405, e CARVALHO FERNANDES, *Direitos Reais*, pp. 255-256, defendem a aplicação desta disposição apenas à impossibilidade provisória, o que não nos parece de sufragar, ainda que defendamos o seu carácter excepcional.

[536] Neste sentido, PIRES DE LIMA/ANTUNES VARELA, *op. cit.*, sub art. 1318º, nº 5, p. 125, e JOSÉ ALBERTO VIEIRA, *Direitos Reais*, p. 396. Em sentido contrário, atribuindo ao abandono natureza negocial, ainda que não assentando numa declaração mas antes numa operação, o que o qualificaria como negócio de actuação de vontade, cfr. INOCÊNCIO GALVÃO TELLES, *Manual dos Contratos em Geral*, 4ª ed., Coimbra, Coimbra Editora, 2002, pp. 126-127, MANUEL HENRIQUE MESQUITA, *Obrigações reais e ónus reais*, Coimbra, Almedina, 1990, pp. 366 e ss., RUI PINTO DUARTE, *Direitos Reais*, p. 56, e nota (155), e LUÍS CARVALHO FERNANDES, *Direitos Reais*, p. 257, e LUÍS CARVALHO FERNANDES, "Da renúncia nos direitos reais", em RUY DE ALBUQUERQUE/ANTÓNIO MENEZES CORDEIRO, *Estudos em memória do Professor Doutor José Dias Marques*, Coimbra, Almedina, 2007, pp. 571-592 (577 e ss).

[537] Cfr. sobre esta, OLIVEIRA ASCENSÃO, *Reais*, pp. 406 e ss., MENEZES CORDEIRO, *Direitos Reais*, pp. 547 e ss., LUÍS CARVALHO FERNANDES, *Estudos Dias Marques*, Coimbra, Almedina, 2007, pp. 571-592, JOSÉ ALBERTO VIEIRA, *Direitos Reais*, pp. 393 e ss.

Em relação à renúncia tem-se distinguido entre a *renúncia abdicativa*, em que a extinção do direito se realiza sem qualquer contrapartida para o titular, e a *renúncia liberatória*, em que a extinção do direito tem como contrapartida a exoneração do titular em relação a certas obrigações *propter rem*, sendo consequentemente dependente dessa mesma exoneração.

A renúncia abdicativa aparece prevista especificamente em relação a certos direitos reais de gozo menores, como o usufruto (art. 1476º, nº 1, e)), o uso e habitação (art. 1485º) e as servidões prediais (art. 1569º, nº 1, d)), bem como a todos os direitos reais de garantia, como a hipoteca (art. 730º, d)), a consignação de rendimentos (art. 664º), o penhor (art. 677º), o privilégio (art. 752º) e o direito de retenção (art. 761º). Inversamente não há quaisquer referências à renúncia a propósito da propriedade, da propriedade horizontal e do direito de superfície, o que tem feito surgido a controvérsia sobre a admissibilidade ou não da extinção desses direitos através da renúncia[538]. A renúncia abdicativa aparece como resultado de um negócio jurídico dirigido directamente à extinção do direito, o qual, no entanto, não é qualificado como doação, ainda que possa beneficiar outrem (art. 940º, nº 2). A renúncia não depende de aceitação do destinatário (cfr. quanto ao usufruto e às servidões, arts. 1467º, nº 2, e 1569º, nº 5).

[538] A doutrina dominante entre nós sustenta a admissibilidade da renúncia ao direito de propriedade com fundamento na livre disposição desse direito (art. 1305º). Neste sentido, cfr. OLIVEIRA ASCENSÃO, *Direitos Reais*, pp. 406-407, MENEZES CORDEIRO, *Direitos Reais*, p. 547, RUI PINTO DUARTE, *Direitos Reais*, p. 57, FRANCISCO MANUEL DE BRITO PEREIRA COELHO, *A renúncia abdicativa no Direito Civil (Algumas notas tendentes à definição do seu regime)*, Coimbra, Universidade de Coimbra, Coimbra Editora, 1995, p. 17, nota (15) e JOSÉ ALBERTO VIEIRA, *Direitos Reais*, pp. 397 e ss.
Em sentido contrário, MANUEL HENRIQUE MESQUITA, *Obrigações reais*, pp. 375-378, considera que, além de não estar prevista na lei a admissibilidade da renúncia à propriedade e ao direito de superfície, o regime do art. 88º, nº 1, da Constituição, que admite a expropriação dos bens em situação de abandono, é incompatível com a admissibilidade da renúncia à propriedade. Também CARVALHO FERNANDES, *Direitos Reais*, pp. 263 e ss., e *Estudos Dias Marques*, pp. 583 e ss., considera que a *função social* que é pelo nosso sistema jurídico atribuída à propriedade é incompatível com o reconhecimento da faculdade de renúncia a esse mesmo direito.
Já em relação ao direito de superfície, tem sido pacificamente admitida a possibilidade da sua renúncia, enquanto ele se mantiver como faculdade de construir ou plantar, uma vez que não se vê razão para nesses casos excluir a renúncia. Porém, a partir do momento em que a superfície passa a ser um direito incidente sobre a construção ou a plantação, para MANUEL HENRIQUE MESQUITA, *Obrigações Reais*, p. 373, já não é possível a renúncia, nos mesmos termos em que esta não se admite para a propriedade. Pelo contrário, para CARVALHO FERNANDES, *Estudos Dias Marques*, pp. 588 e ss., dado o facto de que ainda se trata neste caso de um direito real menor, não faria sentido proscrever a possibilidade de renúncia, passando o implante a ser adquirido pelo proprietário do solo.
Por nossa parte, entendemos que nem a propriedade, nem o direito sobre o implante na superfície se podem extinguir por renúncia, uma vez que tal se apresenta contrário à função social desempenhada por estes direitos, não fazendo sentido a sua atribuição ao Estado.

Já a renúncia liberatória aparece prevista a propósito da compropriedade (art. 1411º), usufruto (art. 1472º, nº 3), uso e habitação (art. 1485º), e servidão (art. 1567º, nºs 2 e 4). A renúncia liberatória tem normalmente carácter unilateral, salvo no caso da compropriedade, em que exige o consentimento dos demais interessados (art. 1411º, nº 1), devendo obedecer nesse caso à forma prescrita para a doação (arts. 1411º, nº 3, e 947º). Também no caso das servidões, a renúncia liberatória pode ser recusada pelo proprietário do prédio dominante, sem que isso o libere de custear as obras (art. 1567º, nº 4, *in fine*).

7. Prescrição

A prescrição pode igualmente constituir uma causa de extinção dos direitos reais.

A mesma não se aplica, no entanto, em relação aos direitos reais de gozo, face ao que se dispõe no art. 298º, nº 3, que estão sujeitos a uma causa de extinção própria, o não uso, que se rege pelo regime da caducidade. Há, porém, uma excepção em relação à superfície, uma vez que a sua extinção nos casos previstos nos arts. 1536º, nº 1, a) e b) é regulada pelo regime da prescrição (art. 1536º, nº 3).

A prescrição determina, porém, a extinção de alguns direitos reais de garantia como a hipoteca (art. 730º, b)), os privilégios creditórios (art. 752º), e o direito de retenção (art. 761º). Já, no entanto, em relação à consignação de rendimentos e ao penhor, a lei exclui expressamente que os mesmos se possam extinguir por prescrição (arts. 664º e 677º).

Já em relação aos direitos reais de aquisição não se encontra nenhuma norma a excluir a sua sujeição à prescrição, pelo que a mesma lhes deve ser considerada aplicável (art. 298º, nº 1)[539].

8. Caducidade

A caducidade corresponde à extinção do direito em virtude da superveniência de um facto jurídico *stricto sensu*, como o decurso do tempo ou a morte. A caducidade operará no caso dos direitos reais temporários, ocorrendo a sua extinção em consequência desses factos.

Existem efectivamente direitos reais com natureza temporária, ainda que vitalícia, como o usufruto (art. 1476º, nº 1, a)) e o uso e habitação (art. 1485º). Outros direitos reais, como a superfície ou as servidões prediais tanto podem ser perpétuos como temporários (arts. 1536º, nº 1, c) e 1569º, nº 1, e)). Já em relação à propriedade, ela constitui em princípio um direito perpétuo, só sendo a proprie-

[539] Neste sentido, cfr. Oliveira Ascensão, *Reais*, p. 408, Menezes Cordeiro, *Direitos Reais*, p. 552, e José Alberto Vieira, *Direitos Reais*, p. 405.

dade temporária admitida nos casos expressamente previstos na lei (art. 1307º, nº 2º), como é exemplo a substituição fideicomissária no testamento e na doação (arts. 2286º e 962º). Todos os direitos reais com natureza temporária extinguir-se-ão por caducidade.

9. Não uso

Outra causa de extinção dos direitos reais de gozo é o não uso. Efectivamente, o art. 298º, nº 3, estabelece que os direitos de propriedade, usufruto, uso e habitação, enfiteuse, superfície e servidão não prescrevem, mas podem extinguir-se pelo não uso nos casos especialmente previstos na lei, sendo aplicáveis, na falta de disposição em contrário, as regras da caducidade.

A lei prevê a extinção pelo não uso em relação ao usufruto (art. 1476º, nº 1, c)), ao uso e habitação (art. 1485º) e às servidões prediais (art. 1569º, nº 1, b)). Já em relação à propriedade, o não uso apenas está previsto relativamente à extinção do direito sobre águas originariamente públicas (art. 1397º). Consequentemente, o não uso não é causa de extinção da propriedade sobre outros bens, nem da propriedade horizontal ou do direito de superfície.

O não uso constitui assim uma causa de extinção de certos direitos reais baseada na inércia do titular do direito real de gozo em relação ao exercício das faculdades integrantes desse direito. O não uso distingue-se da prescrição dos créditos, pois a inércia do titular não consiste no não exercício dos seus poderes em relação a terceiros. Por esse motivo, o não uso também nada tem a ver com uma eventual usucapião por terceiro, uma vez que esta pressupõe a violação do direito em consequência do seu exercício por terceiro, enquanto que o não uso se basta com a mera omissão das faculdades integrantes do direito[540].

10. Confusão

Outra causa de extinção dos direitos reais é a confusão, a qual não se confunde com a expressão equivalente que usamos em relação à extinção das obrigações (art. 868º). Efectivamente, no âmbito dos direitos reais, verifica-se a confusão sempre que na mesma pessoa se reúnem as qualidades de titular de um direito real maior e de um direito real menor, o que determina a extinção do direito real menor por já não se justificar a compressão do direito real maior nessa situação.

A lei prevê a confusão como causa de extinção do usufruto (art. 1476º, nº 1, b)), do uso e habitação (art. 1485º), da superfície (art. 1536º, nº 1, d)) e das servidões prediais (art. 1569º, nº 1, a)).

[540] Cfr. Pugliese, *Usufrutto*, pp. 570 e ss.

11. Perda da posse

A perda da posse da coisa não constitui normalmente causa de extinção do direito real incidente sobre ela, enquanto não decorrer o prazo necessário para a usucapião por parte do novo possuidor. No entanto, a lei fixa o momento da aquisição por usucapião no início da posse (art. 1317º, c)), ocorrendo assim uma retroacção dos efeitos da aquisição ao momento da perda da posse pelo titular.

Em certos casos, no entanto, a posse da coisa desempenha uma função de publicidade, essencial à manutenção de certos direitos reais de garantia, como o penhor ou o direito de retenção, pelo que nestes casos a restituição da coisa implica igualmente a perda do direito (arts. 677º e 761º).

12. *Usucapio libertatis*

Uma outra forma de extinção do direito real encontra-se na *usucapio libertatis,* caso em que o titular do direito real maior, por via da oposição pelo tempo necessário à usucapião, ao exercício de um direito real menor, consegue obter a liberação do seu direito real maior daquele direito menor que o onerava.

A *usucapio libertatis* encontra-se apenas prevista como forma de extinção das servidões prediais (art. 1547º), mas a doutrina tem-na considerado uma forma geral de extinção dos direitos reais menores, com o argumento de que não há razão para que o proprietário, quando exerce o seu direito em contrariedade com esse direito real menor, adquira a liberação desse ónus, quando essa liberação ocorreria igualmente, caso fosse a propriedade plena adquirida por um terceiro por via da usucapião[541].

Ao contrário do que refere o art. 1574º, a *usucapio libertatis* não constitui uma forma de aquisição da liberdade da coisa por usucapião, uma vez que a liberdade não é um bem que se adquira, mas antes uma forma de extinção dos direitos reais menores, moldada sobre o regime da usucapião.

Assim, para que a *usucapio libertatis* possa ocorrer, são necessários os seguintes pressupostos:

a) oposição ao exercício do direito real menor por parte do titular do direito real maior;
b) decurso do prazo legal para a usucapião;
c) invocação pelo beneficiário.

Em relação à oposição ao exercício do direito real menor, exige-se que ocorra um desapossamento do direito real menor por parte do titular do direito real

[541] Neste sentido, cfr. Oliveira Ascensão, *Reais*, pp. 413 e ss., e José Alberto Vieira, *Direitos Reais*, pp. 417 e ss.

maior, passando este a impedir a posse daquele direito. Não basta o simples criar de dificuldades ao exercício do direito, tendo a oposição que se traduzir num impedimento efectivo.

A *usucapio libertatis* apenas ocorre após o decurso do prazo necessário à usucapião (arts. 1294º e ss. e 1298º e ss.), sendo esses prazos sujeitos às mesmas regras de suspensão e interrupção que vigoram para a prescrição (arts. 1292º e 318º e ss., e 323º e ss.). O prazo para a usucapião só começa a contar desde a oposição (art. 1574º, nº 2).

Finalmente, a *usucapio libertatis* necessita de ser invocada, judicial ou extrajudicialmente, nos termos estabelecidos para a usucapião (arts. 1292º e 303º).

Preenchidos todos estes requisitos, a *usucapio libertatis* produz a extinção do direito real menor, devendo considerar-se que esta ocorre no momento do início da oposição, nos termos dos arts. 1288º e 1317º, c)[542].

13. Constituição de um direito real incompatível

Um outro caso em que se verifica a extinção dos direitos reais é o que ocorre na hipótese de ser constituído um direito real com ele incompatível. Assim sucede nas hipóteses da usucapião e da aquisição tabular.

Em relação à usucapião, quando esta se verifica, nos termos do art. 1287º e ss., como aquisição originária, faz extinguir todos os direitos que incidiam sobre a coisa, retroagindo os seus efeitos ao início da posse.

A mesma situação ocorre em caso de aquisição tabular, resultante do efeito atributivo do registo. Efectivamente, o adquirente com base no registo nos termos dos arts. 5º, nº 1, 17º, nº 2 CRP ou do art. 291º, ao prevalecer sobre o titular do direito com base na realidade substantiva, faz extinguir o direito que anteriormente existia sobre a coisa.

14. Extinção do direito real maior com base no qual o direito se constituiu

A última hipótese de extinção dos direitos reais reside na extinção do direito real maior com base no qual aquele direito se constituiu. Esta solução é uma consequência da regra de que ninguém pode atribuir a outrem mais direitos do que aqueles que tem (*nemo pluris iuris in alium transferre potest quam ipse habet*). Em consequência, o titular de um direito não pode onerar o seu direito com encargos que extravasem da sua duração (cfr. para o usufruto, art. 1460º, nº 1, *in fine*), e se o fizer esses direitos extinguem-se com a extinção do direito sobre o qual se constituíram.

542 Neste sentido, cfr. José Alberto Vieira, *Direitos Reais*, p. 422.

A regra da extinção do direito real menor em consequência da extinção do direito real maior encontra-se estabelecida para as relações entre a hipoteca e o usufruto no art. 699º, nº 2, bem como para a superfície no art. 1539º, nº 1.

Há que salientar que esta solução não é aplicável a casos inesperados de extinção do direito que afectem a sua duração normal, em ordem a evitar que as legítimas expectativas do titular do direito real menor venham a ser lesadas. Assim, se o usufruto se extinguir por renúncia ou por confusão, a hipoteca subsiste, como se essa extinção não se tivesse verificado (art. 699º, nº 3). Fenómeno semelhante ocorre em caso de extinção do direito de superfície perpétuo, ou do temporário antes do decurso do seu prazo (art. 1541º).

Secção IX
A publicidade dos direitos reais

1. Generalidades. O registo predial

Devido à especial eficácia dos direitos reais perante terceiros, torna-se necessário dar publicidade aos mesmos. Para essa situação, existe, no caso dos prédios rústicos e urbanos, o registo predial[543]. Nos termos do art. 1º CRP, "o registo predial destina-se essencialmente a dar publicidade à situação jurídica dos prédios, tendo em vista a segurança do comércio jurídico imobiliário". Não são assim objecto do registo predial todas as coisas imóveis enumeradas no art. 204º, nº 1, mas apenas os prédios rústicos e urbanos[544].

O registo predial português está a cargo das conservatórias do registo predial, as quais por sua vez constituem serviços do Instituto dos Registos e Notariado, I.P., o qual constitui um instituto público integrado na administração indirecta do Estado, que prossegue atribuições do Ministério da Justiça sob a superintendência e tutela do respectivo Ministro. A orgânica desse instituto consta do D.L. 148/2012, de 12 de Julho, constando os seus estatutos da Portaria 387/2012, de 27 de Novembro. Pelo D.L. 116/2008, de 4 de Julho, foi eliminada a competência territorial das conservatórias do registo predial, podendo agora os actos do

[543] Sobre o registo predial, cfr. Oliveira Ascensão, *Reais*, pp. 333 e ss., Carvalho Fernandes, *Direitos Reais*, pp. 100 e ss., Santos Justo, *Direitos Reais*, pp. 55 e ss., José Alberto Vieira, *Direitos Reais*, pp. 234 e ss. e 247 e ss., Henrique Sousa Antunes, *Direitos Reais*, pp. 79 e ss., Bonifácio Ramos, *Direitos Reais*, pp. 216 e ss., J. de Seabra Lopes, *Direito dos Registos e do Notariado*, 5ª ed., Coimbra, Almedina, 2009, pp. 363 e ss. e Armindo Saraiva Matias, "Registo predial: princípios estruturantes e efeitos", em Ruy de Albuquerque/António Menezes Cordeiro (org.), *Estudos em memória do Professor Doutor José Dias Marques*, Coimbra, Almedina, 2007, pp. 31-55.

[544] Carvalho Fernandes, *Direitos Reais*, p. 100, salienta, no entanto, que "a partir dos actos de registo relativos a prédios é possível estabelecer a situação jurídica das demais coisas imóveis *per relationem*, uma vez que estas mantêm sempre uma ligação com um prédio, seja ele rústico ou urbano".

registo predial ser requeridos em qualquer conservatória do território nacional, independentemente do lugar da situação dos prédios.

Actualmente, o registo predial português continua a ser organizado com base num sistema real, baseado em descrições, que referem a situação dos prédios, havendo, no entanto, alguma concessão ao sistema pessoal, ao se estabelecer igualmente um ficheiro relativo às pessoas que são titulares destes. Assim, cada conservatória possui um ficheiro real e um ficheiro pessoal (art. 24º, nº 1, CRP), sendo o ficheiro real constituído por verbetes indicativos da situação dos prédios (art. 24º, nº 2, CRP) e o ficheiro pessoal por verbetes indicadores dos proprietários ou possuidores dos prédios (art. 24º, nº 3, CRP).

Para suporte documental dos respectivos ficheiros, existem nos serviços de registo, um diário, em suporte informático, destinado à anotação cronológica dos pedidos de registo e respectivos documentos e fichas de registo, em suporte informático, destinadas a descrições, inscrições, averbamentos e anotações (art. 22º CRP). As fichas de registo são ordenadas por freguesias e, dentro de cada uma delas, pelos respectivos números de descrição (art. 23º CRP).

Em complemento ao registo predial, foi instituído pelo D.L. 224/2007, de 31 de Maio, em regime experimental, o Sistema Nacional de Exploração e Gestão da Informação Cadastral (SINERGIC). Esse regime procura assegurar uma identificação única dos prédios, que permita unificar os conteúdos cadastrais e submetê-los a uma gestão uniforme e informática, em ordem a assegurar que a descrição predial é acompanhada de um suporte informático, acessível por via electrónica à administração, cidadãos e empresas (art. 2º D.L. 224/2007). Institui-se assim o cadastro predial, definido como "um registo administrativo, metódico e actualizado, de aplicação multifuncional, no qual se procede à caracterização e identificação dos prédios existentes em território nacional" (art. 4º, nº 1, D.L. 224/2007). Esse registo surge como complementar em relação ao registo predial (art. 3º, nº 1, b) D.L. 224/2007), na medida em que "a situação jurídica e fiscal dos prédios constante do registo predial e da matriz predial produz os efeitos previstos na legislação respectiva" (art. 3º, nº 2, D.L. 224/2007). Em consequência, "nos casos em que os titulares cadastrais não coincidam com aqueles em favor dos quais o prédio se encontra definitivamente inscrito no registo predial, prevalece a situação jurídica resultante do registo, nos termos do disposto no artigo 7º do Código do Registo Predial" (art. 10º, nº 6, D.L. 224/ /2007).

2. Princípios do registo predial

2.1. Generalidades

Cabe agora examinar os princípios do registo predial, os quais correspondem aos princípios da instância, da obrigatoriedade, da legalidade, da legitimação, do trato sucessivo e da prioridade.

Examinemos sucessivamente estes princípios:

2.2. Princípio da instância

O registo predial é sujeito, em primeiro lugar, ao princípio da instância, que significa que normalmente só se faz a requerimento dos interessados, salvo os casos de oficiosidade previstos na lei (art. 41º CRP). Deste princípio resulta que os serviços de registo não têm o dever de promover oficiosamente o registo, devendo o mesmo ser requerido por quem tem legitimidade para o efeito.

A lei estabece, no entanto, excepções ao princípio da instância admitindo casos de realização do registo a título oficioso, como sucede quando se verifica a conversão em definitivo do registo de que dependem outros actos ou registos (art. 92º, nº 7, 101º, nº 4, 119º, nº 3, 148º nº 4, e 149º CRP), quando se verifica o registo de factos constituídos simultaneamente com outros (art. 97º, nº 1, CRP), ou quando o registo implicar o cancelamento de outros registos (arts. 98º, nº 3 e 100º, nº 3 CRP). Um outro exemplo de registo oficioso corresponde ao procedimento especial de transmissão, oneração e registo imediato de imóveis, instituído pelo D.L. 263-A/2007, de 23 de Julho (art. 8º, nº 1, g)).

2.3. Princípio da obrigatoriedade

O D.L. 116/2008, de 4 de Julho, instituiu na nossa ordem jurídica o princípio da obrigatoriedade do registo predial, aditando ao CRP os arts. 8º-A a 8º-D, que alteraram o sistema anteriormente vigente, baseado no sistema do registo facultativo. Assim, apesar de o registo continuar a depender de pedido dos interessados, esse pedido passou a ser obrigatório. Essa obrigatoriedade foi reforçada pelo D.L. 125/2013, de 30 de Agosto.

Passou a ser assim obrigatório, nos termos do art. 8º-A CRP submeter a registo:

a) os factos referidos no art. 2º CRP;
b) as acções, decisões e providências referidas no art. 3º CRP.

Há, no entanto, algumas excepções em relação à obrigatoriedade do registo. Em relação aos factos, não é obrigatório registar aqueles que sejam provisórios por natureza (art. 92º, nº 1, CRP), a aquisição sem determinação de parte ou direito e os que incidam sobre direitos de algum ou alguns dos titulares da inscrição de bens integrados em herança indivisa, a constituição de hipoteca e o seu cancelamento com o consentimento do credor, a promessa de alienação, os pactos de preferência e a disposição testamentária de preferência, com eficácia real (art. 8º-A, nº 1, a) i), ii) iii, iv e v). Já em relação às acções e providências, não é obrigatório o registo das acções de impugnação pauliana, nem dos arrestos, arrolamentos ou providências que afectem a livre disposição dos bens (art. 8º-A, nº 1, b) *in fine*), nem genericamente o registo de qualquer providência cautelar, se já se encontrar pedido o registo da acção principal (art. 8º-A, nº 2).

Nos termos do art. 8º-B, nºs 1 e 3, a obrigação de registo incide sobre as entidades que celebrem a escritura pública, autentiquem os documentos particulares ou reconheçam as assinaturas neles apostas ou, quando tais entidades não intervenham, as seguintes entidades:

a) as entidades públicas, quer intervenham como sujeitos activos, quer como sujeitos passivos, e ainda quando pratiquem actos que impliquem alterações aos elementos da descrição para os efeitos da actualização oficiosa prevista no art. 90º, nº 1, CRP;
b) as entidades que celebrem a escritura pública, autentiquem os documentos particulares ou reconheçam as assinaturas neles apostas;
c) os agentes de execução ou o oficial de justiça que realize diligências próprias do agente de execução, quanto ao registo das penhoras, e os administradores judiciais, quanto ao registo da declaração de insolvência.

No entanto, essa obrigação cessa no caso de o registo já se encontrar promovido por outra entidade com legitimidade para o efeito (art. 8º-B, nº 5).

O prazo para o cumprimento da obrigação de registo é em princípio de dois meses a contar da data em que os factos tiverem sido titulados (art. 8º-C, nº 1). Já o registo das acções referidas nas alíneas a) e b) do nº 1 do artigo 3º, sujeitas a registo obrigatório, deve ser pedido até ao termo do prazo de 10 dias após a data da audiência de julgamento (art. 8º-C, nº 2), devendo o registo das respectivas decisões finais ser pedido no prazo de um mês a contar da data do respetivo trânsito em julgado (art. 8º-C, nº 3). Já o registo das providências cautelares decretadas nos procedimentos referidos na alínea d) do nº 1 do artigo 3º deve ser pedido no prazo de um mês a contar da data em que os factos tiverem sido titulado (art. 8º-C, nº 4). Finalmente, os factos sujeitos a registo titulados em serviço de registo competente devem ser imediatamente apresentados (art. 8º-C, nº 7). No entanto, a ultrapassagem desses prazos apenas implica o pagamento de um acréscimo de emolumentos (art. 8º-D, nº 1), o qual nem sequer se aplica aos tribunais e ao Ministério Público (art. 8º-D, nº 2).

2.4. Princípio da legalidade

O registo é ainda sujeito ao princípio da legalidade, o que significa que é objecto de controlo pelo conservador (art. 68º CRP), que pode recusá-lo ou realizá-lo como provisório por dúvidas (arts. 70º e 71º CRP)[545]. Como consequência do princípio da legalidade, o conservador pode ser sujeito a responsabilidade se registar acto falso ou juridicamente inexistente (art. 153º)

O conservador deve, nos termos do art. 68º CRP, averiguar da viabilidade do pedido de registo em face das disposições legais aplicáveis, dos documentos apresentados e dos registos anteriores, verificando especialmente a identidade do prédio, a legitimidade dos interessados, a regularidade formal dos títulos e a validade dos actos neles contidos. O controle da legalidade não é assim meramente formal, fazendo o conservador igualmente uma fiscalização da validade substancial do acto contido no título[546]. Tem-se, no entanto, entendido que essa fiscalização se limita à averiguação dos casos de nulidade dos actos (cfr. art. 69º, nº 1, d), CRP), já que o conservador não tem legitimidade para suscitar a questão da sua anulabilidade, uma vez que este valor negativo não é do conhecimento oficioso, dependendo de arguição dos interessados (art. 287º)[547].

O controle da legalidade realizado pelo conservador pode conduzir a que o pedido seja recusado ou lavrado provisoriamente por dúvidas.

A recusa do registo é sujeita a fundamentos taxativamente previstos no art. 69º CRP e que são os seguintes:

a) ser manifesto que o facto não está titulado nos documentos apresentados;
b) verificar-se que o facto já está registado ou não está sujeito a registo;
c) ser manifesta a nulidade do facto;
d) já ter sido o registo lavrado como provisório por dúvidas e as mesmas não se mostrarem removidas;
e) não ser possível fazer o registo como provisório por dúvidas, em virtude da falta de elementos ou pela natureza do acto.

[545] Cfr. sobre o princípio da legalidade, CLARA SOTTOMAYOR, *Invalidade*, pp. 629 e ss.

[546] OLIVEIRA ASCENSÃO, *Reais*, p. 339, critica esta solução, pois considera que o dinamismo da vida actual não se compadece com a sujeição de qualquer acto relativo a imóveis a um julgamento burocrático, devendo os litígios entre as partes ser resolvidos pelos tribunais. A isto acresce que a sujeição do conservador a responsabilidade civil é um incentivo à recusa e ao retardamento do registo mediante a multiplicação de exigências. Pelo contrário, CARVALHO FERNANDES, *Direitos Reais*, p. 120 considera que os entraves burocráticos podem, em contrapartida, evitar futuros litígios, e mais delongas, dado que afastam a incerteza no comércio jurídico.

[547] Neste sentido, cfr. OLIVEIRA ASCENSÃO, *Reais*, p. 338, nota (1) e CARVALHO FERNANDES, *Direitos Reais*, p. 118.

Já a *realização do registo como provisório por dúvidas* verifica-se quando, não sendo possível o suprimento oficioso de deficiências ao abrigo do art. 73º, existam motivos que obstem ao registo do acto tal como é pedido e que não sejam fundamento de recusa (art. 70º CRP).

A decisão de recusa da prática do acto de registo nos termos requeridos pode ser impugnada mediante a interposição de recurso hierárquico para o conselho diretivo do Instituto dos Registos e do Notariado, ou mediante impugnação judicial para o tribunal da área de circunscrição a que pertence o serviço de registo (art. 140º, nº 1, CRP), sendo o prazo de recurso hierárquico ou da impugnação judicial de 30 dias a contar da notificação a que se refere o art. 71º (art. 141º, nº 1, CRP). É, no entanto, ainda possível impugnar judicialmente a decisão de qualificação do acto de registo, caso o recurso hierárquico seja julgado improcedente (art. 145º, nº 1, CRP). Nesse caso, a impugnação judicial é proposta no prazo de 20 dias a contar da data da notificação que tiver julgado improcedente o recurso hierárquico (art. 145º, nº 2, CRP).

2.5. Princípio do trato sucessivo

O registo predial obedece ao princípio do trato sucessivo (art. 34º CRP), o qual estabelece que o registo deve instituir uma cadeia ininterrupta de transmissões ou onerações do bem, tendo assim as inscrições que ser contínuas entre si e não podendo fazer-se qualquer inscrição a favor de um adquirente do bem, sem que exista uma inscrição prévia a favor do transmitente. Em consequência do trato sucessivo, a consulta do registo permite apurar não apenas os actuais, mas também todos os anteriores titulares de inscrições relativamente ao prédio.

O art. 34º, nº 1, CRP estabelece assim que "o registo definitivo de constituição de encargos por negócio jurídico depende da prévia inscrição dos bens em nome de quem os onera", acrescentando o nº 2 que "o registo definitivo de constituição de encargos por negócio jurídico depende da prévia inscrição dos bens em nome de quem os transmite, quando o documento comprovativo do direito do transmitente não tiver sido apresentado perante o serviço de registo". Caso exista "sobre os bens registo de aquisição ou reconhecimento de direito susceptível de ser transmitido ou de mera posse, é necessária a intervenção do respectivo titular para poder ser lavrada nova inscrição definitiva, salvo se o facto for consequência de outro anteriormente inscrito" (art. 34º, nº 4, CRP).

O princípio do trato sucessivo admite, no entanto, algumas excepções. Assim, em primeiro lugar, a inscrição prévia é sempre dispensada no registo de aquisição com base em partilha (art. 34º, nº 3, CRP), sendo igualmente dispensada a inscrição intermédia em nome dos titulares de bens ou direitos que façam parte de herança indivisa (art. 35º CRP).

Em consequência do princípio do trato sucessivo, em caso de o mesmo ser interrompido, o adquirente do bem terá que proceder ao registo das inscrições intermédias, em ordem a obter o seu reatamento. No caso de tal não ser possível, por se tratar da primeira inscrição, por os títulos relativos às inscrições intermédias se terem extraviado ou perdido, ou ainda por o registo ter por base a usucapião, o adquirente terá que proceder à justificação por escritura notarial ou no âmbito do processo de justificação previsto nos arts. 116º e ss. CRP.

2.6. Princípio da legitimação

Em matéria de registo predial, vigora igualmente o princípio da legitimação, instituído no art. 9º, nº 1, do CRP, o qual estabelece que os factos de que resulte transmissão de direitos ou constituição de encargos sobre imóveis não podem ser titulados sem que os bens estejam definitivamente inscritos a favor da pessoa de quem se adquire o direito ou contra a qual se constitui o encargo. A legitimação reforça a protecção conferida pelo trato sucessivo, na medida em que veda que o próprio negócio seja titulado, sem que se encontre comprovado o registo prévio a favor do transmitente.

Desta solução são apenas exceptuados: a) a partilha, a expropriação, a venda executiva, a penhora, o arresto, a declaração de insolvência e outras providências que afectem a livre disposição dos imóveis; b) os actos de transmissão ou oneração por quem tenha adquirido no mesmo dia os bens transmitidos ou onerados; c) os casos de urgência devidamente justificada por perigo de vida dos outorgantes (art. 9º, nº 2, CRP). Para além disso, tratando-se de prédio situado em área onde não tenha vigorado o registo obrigatório, o primeiro acto de transmissão posterior a 1 de Outubro de 1984 pode ser titulado sem a exigência prevista no nº 1, se for exibido documento comprovativo, ou feita justificação simultânea, do direito da pessoa de quem se adquire (art. 9º, nº 3, CRP). A sanção para essa omissão não é, porém, a nulidade do negócio, uma vez que se coloca apenas um problema de legitimação formal e não de legitimação substantiva. Apenas o agente que o outorgar estará sujeito a sanções[548].

[548] Neste sentido, cfr. Oliveira Ascensão, *Reais*, p. 349, Carvalho Fernandes, *Direitos Reais*, pp. 125-126, Menezes Cordeiro, *Tratado de Direito Civil*, II – *Parte geral. Negócio Jurídico. Formação, conteúdo e interpretação, vícios da vontade, ineficácia e invalidades*, 4ª ed., Coimbra, Almedina, 2014, p. 932, Santos Justo, *Direitos Reais*, p. 62, José Alberto Vieira, *Direitos Reais*, p. 251, Pedro de Albuquerque, *Obrigações*, p. 85, e Saraiva Matias, *op. cit.*, pp. 36-37. Inicialmente Menezes Cordeiro, "Evolução juscientífica e direitos reais", publicado na *ROA* 45 (1985) pp. 71-112 e recolhido em ID, *Estudos de Direito Civil*, I, Coimbra, Almedina, 1987, pp. 201-237 (234 e nota (84)) defendeu que a sanção para essa infracção seria a nulidade do negócio, posição que é hoje sufragada igualmente por Gabriel Órfão Gonçalves, *Aquisição tabular*, Lisboa, AAFDL, 2004, p. 40.

2.7. Princípio da prioridade

O princípio da prioridade encontra-se previsto no art. 6º CRP, dele resultando que o direito inscrito em primeiro lugar prevalece sobre os que se lhe seguirem relativamente aos mesmos bens, por ordem da data dos registos e, dentro da mesma data, pela ordem temporal das apresentações correspondentes (art. 6º, nº 1, CRP). Desta solução são apenas exceptuadas as inscrições hipotecárias da mesma data, que concorrem entre si na proproção dos respectivos créditos (art. 6º, nº 2, CRP).

A prioridade do registo não é afectada pelos despachos de recusa ou de provisoriedade, caso os mesmos sejam procedentemente impugnados ou se verifique a conversão do registo em definitivo. Assim, a lei estabelece que "em caso de recusa, o registo feito na sequência de recurso julgado procedente conserva a prioridade correspondente à apresentação do acto recusado" (art. 6º, nº 4, CRP) e que "o registo convertido em definitivo conserva a prioridade que tinha como provisório" (art. 6º, nº 3, CRP).

3. Modalidades de actos de registo

3.1. Generalidades

Os diversos actos de registo podem ser agrupados com base em dois critérios. Com base no seu conteúdo, distingue-se entre descrições, inscrições, e seus averbamentos. Com base na sua eficácia, estabelece-se uma distinção entre actos de registo provisórios ou definitivos.

Examinemos sucessivamente estas classificações:

3.2. Descrição, inscrição e seus averbamentos

Relativamente ao conteúdo do registo, há a considerar em primeiro lugar *a descrição*, regulada nos arts. 79º e ss. CRP. A descrição tem por fim a identificação física, económica e fiscal dos prédios (art. 79º, nº 1, CRP), sendo efectuada uma descrição distinta para cada prédio (art. 79º, nº 2, CRP). Nos termos do art. 82º, nº 1, CRP, a descrição deve conter: o número de ordem privativo dentro de cada freguesia, seguido dos algarismos correspondentes à data da apresentação de que depende[549]; a natureza rústica, urbana ou mista do prédio; a denominação do prédio e a sua situação por referência ao lugar, rua, números de polícia ou confrontações; a composição sumária e a área do prédio; e a situação matricial do prédio expressa pelo artigo de matriz, definitivo ou provisório; ou pela menção de estar omisso.

[549] Assim, se na freguesia de Benfica, em Lisboa, for efectuada a descrição de um prédio com o número 1234, com apresentação em 30 de Abril de 2009, a ficha dessa descrição terá o número 01234/300409, da freguesia de Benfica.

A descrição pode ser genérica ou subordinada. É *genérica* a descrição feita para cada prédio ou empreendimento turístico. É *subordinada* a descrição que é efectuada nos casos de constituição da propriedade horizontal ou direito de habitação periódica, relativamente a cada fracção autónoma ou unidade de alojamento ou apartamento (art. 81º CRP). Na descrição genérica de prédio ou prédios em regime de propriedade horizontal é mencionada a série das letras correspondentes às fracções e na de empreendimento turístico as letras correspondentes às unidades de alojamento, quando existam (art. 82º, nº 2, CRP). As descrições subordinadas relativas às fracções autónomas ou unidades de alojamento contêm, além do número da descrição genérica do prédio ou do empreendimento turístico (art. 83º, nº 1, a) e nº 2 a) CRP), as menções destinadas à identificação da fracção ou da unidade de alojamento (art. 83º, nº 1, b) e nº 2, b) CRP). No caso das fracções autónomas, haverá ainda a menção do fim a que se destinam, se constar do título (art. 83º, nº 1, c) CRP). No caso das unidades de alojamento, haverá ainda menção das fracções temporais relativas ao início e fim de cada período de habitação (art. 83º, nº 3, CRP).

A descrição é feita na dependência de uma inscrição ou de um averbamento (art. 80º, nº 1, CRP), podendo ainda a descrição ser aberta em caso de recusa, tendo ainda que ser anotada na ficha do outro prédio, caso venha a ser desanexada deste (art. 80º, nº 2, CRP). No caso de registo de operações de transformação fundiária, há igualmente lugar à descrição dos lotes ou parcelas que já se encontrem juridicamente individualizados (art. 80º, nº 3, CRP).

Os *averbamentos à descrição* permitem alterar, completar ou rectificar os elementos das descrições (art. 88º, nº 1, CRP), ainda que não prejudiquem os direitos de quem neles não teve intervenção, desde que definidos em inscrições anteriores (art. 88º, nº 2, CRP). Os averbamentos devem conter, além do seu número de ordem privativo e do número e data da apresentação, ou da data em que são feitos, a menção dos elementos da descrição alterados, completados ou rectificados (art. 89º CRP). Os elementos da descrição devem, aliás, ser oficiosamente actualizados, quando a alteração possa ser comprovada através da base de dados da entidade competente ou de documento por esta emitido ou de documento efectuado com intervenção da pessoa com legitimidade para pedir a actualização (art. 90º, nº 1, CRP), podendo ocorrer mesmo a sua actualização automática por decisão do presidente do Instituto dos Registos e do Notariado, I.P. (art. 90º, nº 3, CRP).

Estão ainda previstas *anotações especiais à descrição*, relativas à existência de autorização da utilização, ficha técnica de habitação ou classificação como emprendimento turístico em propriedade plural (art. 90º-A, CRP).

Já a *inscrição* tem por função definir a situação jurídica do prédio mediante extracto dos factos a ele referentes (art. 91º, nº 1, CRP). As incrições só podem ser lavradas com referência a descrições genéricas ou subordinadas (art. 92º, nº 2, CRP), podendo, no entanto, um facto respeitar a várias descrições, caso em que a inscrição é lavrada na ficha de cada uma delas (art. 92º, nº 3, CRP). As incrições ou as correspondentes cotas de referência são lançadas no seguimento da descrição (art. 79º, nº 3, CRP), sendo que, quando forem canceladas, caducarem, ou os seus efeitos se transfiram mediante novo registo, devem as mesmas publicitar que a informação deixou de estar em vigor (art. 79º, nº 4, CRP).

Os requisitos gerais da inscrição encontram-se previstos no art. 93º CRP. O art. 94º CRP obriga ainda a que dela constem ainda certas cláusulas e convenções acessórias, enquanto que o art. 95º CRP estabelece as menções especiais que devem constar de certas inscrições, referindo ainda o art. 96º CRP a situação particular da inscrição hipotecária.

Da mesma forma que na descrição, também podem ser efectuados averbamentos à inscrição (arts. 100º e ss. CRP), os quais servem para completar, actualizar ou restringir as inscrições (art. 100º, nº 1, CRP). A lei especifica quais os factos que são registados por averbamento às respectivas inscrições, os quais são enumerados no art. 101º CRP. Os averbamentos devem obedecer aos requisitos gerais estabelecidos no art. 102º CRP, assim como aos requisitos especiais previstos no art. 103º CRP.

3.3. Actos de registo provisórios e definitivos

Em relação à sua eficácia, os actos de registo podem ser definitivos ou provisórios. Os registos definitivos são aqueles que produzem plenamente a sua eficácia, sem qualquer limitação de vigência. Já os registos provisórios são aqueles que têm um prazo de vigência limitado, em virtude da própria natureza do facto a inscrever (*registo provisório por natureza*) ou em virtude de existir algum vício no facto ou deficiência no processo de registo que impede o seu registo definitivo (*registo provisório por dúvidas*). Nos casos mais graves, referidos no art. 69º CRP, o conservador deve mesmo recusar o registo que lhe é requerido.

Os *registos provisórios por natureza* encontram-se enumerados no art. 92º CRP e correspondem às seguintes situações:

a) acções e procedimentos sujeitos a registo (art. 92º, nº 1, a) CRP);
b) constituição da propriedade horizontal antes de construído o prédio (art. 92º, nº 1, b) CRP);
c) negócio jurídico celebrado sem poderes de representação, antes da ratificação (art. 92º, nº 1, c) CRP);
d) aquisição ou oneração de bens, antes de emitido o título respectivo (art. 92º, nº 1, g), h) e i) CRP);

e) factos resultantes de decisão judicial antes de a mesma ter sido transitada em julgado (art. 92º, nº 1, j), l), m) e n) CRP);
f) dependência de registo não lavrado ou lavrado provisoriamente (art. 92º, nº 1, c) e d) e nº 2, b) e d) CRP);
g) inscrições de penhora, declaração de insolvência e arresto, relativamente a bens em que exista registo de aquisição ou reconhecimento da propriedade ou mera posse a favor de terceiro (art. 92º, nº 2, a) CRP);
h) inscrições que, em reclamação contra a reforma de suportes documentais, se alega terem sido omitidas (art. 92º, nº 2, d) CRP).

Já os *registos provisórios por dúvidas* encontram-se abrangidos pelo art. 70º CRP e correspondem a situações em que existem motivos que obstam ao registo do acto tal como é pedido e que não são fundamento de recusa, não podendo, por outro lado, as deficiências do processo ser sanadas nos termos do art. 73º CRP.

Os registos provisórios devem ser convertidos em definitivos, o que é realizado através de averbamento à inscrição (arts. 101º, nº 2, d) e 103º, nº 2). No caso de o registo ser provisório por natureza, o averbamento corresponde à indicação do novo facto, que afasta a provisoriedade do facto inscrito (emissão do título, trânsito em julgado da decisão judicial ou inscrição definitiva do registo de que aquele dependia). No caso de o registo ser provisório por dúvidas, a conversão efectua-se pela remoção das dúvidas que tinham surgido.

Os registos provisórios caducam se não forem convertidos em definitivos ou renovados no dentro do prazo da respectiva vigência (art. 11º, nº 2), sendo o prazo de vigência do registo provisório de seis meses, salvo disposição em contrário (art. 11º, nº 3). Apesar do aparente alcance geral esse prazo é, no entanto, principalmente aplicável em relação ao registo provisório por dúvidas, as quais devem ser esclarecidas dentro desse prazo, sem possibilidade de renovação. Em relação ao registo provisório por natureza vigoram prazos diferentes de caducidade para as diversas inscrições (art. 92º, nºs 3 a 6, CRP), sendo que certas inscrições nem sequer estão sujeitas a qualquer prazo de caducidade (art. 92º, nº 11, CRP).

4. O processo de registo

4.1. Legitimidade e representação no pedido de registo

Como corolário do princípio da instância, o registo só pode ser solicitado por quem tem legitimidade para o efeito, exigindo-se assim a *legitimidade registal*. Nos termos do art. 36º CRP "têm legitimidade para pedir o registo os sujeitos, activos ou passivos, da respectiva relação jurídica e, em geral, todas as pessoas que nele tenham interesse ou que estejam obrigadas à sua promoção". Em caso de contitularidade de direitos, a legitimidade é atribuída individualmente a cada um dos titulares, a favor de todos (art. 37º CRP).

Apenas no caso dos averbamentos às descrições, salvo quando se trate de factos que constem de documento oficial, essa legitimidade é restringida ao proprietário ou possuidor definitivamente inscrito ou com a sua intervenção (art. 38º, nº 1, a), CRP). Não havendo proprietário ou possuidor inscrito, a legitimidade é atribuída a qualquer interessado inscrito ou com a sua intervenção (art. 38º, nº 1, b) CRP). No caso contrário, o interessado inscrito ainda pode solicitar o registo, se requerer a notificação judicial do proprietário ou possuidor inscrito e este não deduzir oposição no prazo de 15 dias (art. 38º, nº 1, c) CRP).

O registo pode ser ainda pedido em representação do interessado por mandatário. Neste caso, exige-se normalmente uma procuração que confira poderes especiais para o acto (art. 39º, nº 1, CRP). Não carecem, no entanto, de procuração para pedir o registo aqueles que tenham poderes de representação para intervir no respectivo título (art. 39º, nº 2, a) CRP), e os advogados, notários e solicitadores (art. 39º, nº 2, b) CRP), não podendo, no entanto, estes últimos apresentar sem procuração pedidos de averbamento à descrição de factos que não constem de documento oficial (art. 39º, nº 3, CRP). "A representação abrangem sempre a faculdade de requerer urgência na realização do registo, subsiste até à feitura do registo e implica a responsabilidade solidária do representante no pagamento dos respectivos encargos" (art. 39º, nº 4, CRP).

4.2. O pedido de registo

O processo de registo inicia-se com o pedido de registo, regulado nos arts. 41º e ss. CRP. Nos termos do art. 41º-B CRP, o pedido de registo pode ser efectuado pessoalmente, por via electrónica ou pelo correio, devendo, em qualquer caso, conter os elementos referidos no art. 42º CRP. Os requisitos do pedido de registo, consoante a respectiva modalidade, encontram-se regulados nos arts. 41º-C a 41º-E e 42º-A, estando esta matéria regulamentada na Portaria 621/2008, de 18 de Julho.

Os documentos que servem de base à realização dos registos, bem como o comprovativo do pedido ficam arquivados pela ordem de apresentação (art. 26º, nº 1, CRP), podendo ser, no entanto, restituídos aos interessados no caso de as condições técnicas permitirem o seu arquivo em suporte electrónico (art. 26º, nº 2, CRP).

5. Efeitos do registo

5.1. A fé pública

Nos termos do art. 1º CRP "o registo predial destina-se essencialmente a dar publicidade à situação jurídica dos prédios, tendo em vista a segurança do comércio jurídico imobiliário". Daqui resulta a denominada *fé pública* do registo, nos termos do qual o registo deve estar em conformidade com a situação jurídica substantiva do imóvel, permitindo consequentemente o registo dar a conhecer essa situação jurídica[550].

Pode haver, porém, casos em que se verifique desconformidade entre a situação substantiva e a situação registal, os quais afectam a fé pública do registo. É o que sucede nas seguintes situações:

a) não realização do registo;
b) inexistência do registo;
c) invalidade do registo
d) inexactidão do registo;
e) invalidade do facto jurídico registado.

5.2. Presunção da titularidade do direito

Um dos mais importantes efeitos substantivos do registo é a atribuição ao seu titular a presunção da titularidade do direito, a que se corporiza em duas presunções: a) de que o direito existe, tal como consta do registo; b) a de que pertence, nesses precisos termos, ao titular inscrito (art. 7º CRP). Ambas as presunções são ilidíveis, nos termos gerais (art. 350º, nº 2, CC e arts. 3º, nº 1, b), 8º *a contrario*, e 13º CRP). Daqui resulta que o registo é normalmente meramente enunciativo (não dá nem tira direitos), estabelecendo, no entanto, uma presunção da titularidade do direito. Da presunção do art. 7º do CRP beneficia não apenas o titular do direito inscrito, mas também aquele que adquiriu o direito por negócio de transmissão resultante deste último titular[551].

A presunção da titularidade do direito resultante do registo pode, no entanto, entrar em conflito com a presunção da titularidade resultante da posse. Nesse caso, e conforme resulta do art. 1268º, nº 1, CC, a presunção resultante do registo apenas prevalecerá se esta for anterior ao início da posse, já que, no caso contrário, será a presunção a favor do possuidor que terá prevalência.

5.3. Registo consolidativo

O registo é igualmente consolidativo da posição do adquirente do imóvel, uma vez que a lei determina que os factos sujeitos a registo só produzem efeitos contra terceiros depois da data do respectivo registo (art. 5º, nº 1, CRP). Assim, uma vez realizado o registo o adquirente vê plenamente consolidada a sua posição, uma vez que passa a poder opor eficazmente o seu direito perante terceiros, o que antes lhe estava de alguma forma vedado.

[550] Sobre o princípio da fé pública do registo e a sua origem nos direitos prussiano e alemão, cfr. Clara Sottomayor, *Invalidade*, pp. 237 e ss., e 615 e ss.

[551] Neste sentido, Ac. STJ 9/10/2007 (Urbano Dias), em *CJ-ASTJ* 15 (2007), 3, pp. 90-94.

Tem sido, porém, objecto de alguma controvérsia qual o conceito de terceiros para efeitos do registo predial, tendo surgido na doutrina duas concepções: a concepção ampla e a concepção restrita.

A *concepção ampla* foi defendida na doutrina por GUILHERME MOREIRA, ANTUNES VARELA e HENRIQUE MESQUITA e CARVALHO FERNANDES[552], e considerava como terceiros todos aqueles que tenham adquirido e conservado direitos sobre os imóveis, que seriam lesados se o acto não registado produzisse efeitos em relação a eles.

Já a *concepção restrita* foi defendida por MANUEL DE ANDRADE e ORLANDO DE CARVALHO[553] e considerava que terceiros para efeitos do registo seriam apenas aqueles que tivessem adquirido de um autor comum direitos incompatíveis entre si.

A jurisprudência esteve dividida entre as duas posições, pelo que veio a ser uniformizada inicialmente a favor da concepção ampla. Assim, no AUJ 15/97, de 20 de Maio, o Supremo Tribunal de Justiça fixou a jurisprudência no sentido de que "terceiros, para efeito do registo predial, são todos aqueles que, tendo obtido registo de um direito sobre determinado prédio, vejam esse direito ser arredado por qualquer facto jurídico anterior não registado ou registado posteriormente"[554].

Considerando que a solução não tinha sido a melhor, o Supremo Tribunal de Justiça voltou em 18 de Maio de 1999, a uniformizar a jurisprudência agora no sentido da concepção restrita. Assim, o AUJ 3/99, de 18 de Maio, estabeleceu que "terceiros, para efeitos do disposto no art. 5º do Código do Registo Predial, são os adquirentes de boa fé, de um mesmo transmitente comum, de direitos incompatíveis sobre a mesma coisa"[555].

Posteriormente, o legislador viria igualmente a tomar partido na questão, tendo o D.L. 533/99, de 11 de Dezembro, acrescentado ao CRP o nº 4 do art. 5º a dispor que "terceiros, para efeitos do registo, são aqueles que tenham adquirido de autor comum direitos incompatíveis entre si", redacção que ainda hoje

[552] Cfr. GUILHERME MOREIRA, *Instituições do Direito Civil Português*, II – *Das Obrigações*, Coimbra, França Amado, 1916, p. 494, ANTUNES VARELA/HENRIQUE MESQUITA, "Anotação Ac. STJ 3/6/1962", na *RLJ* 126 (1993-1994), pp. 380-384 e 127 (1994-1995), pp. 19-32 (20 e ss.) e CARVALHO FERNANDES, "Terceiros para efeitos de registo predial. Anotação ao Acórdão 15/97", na *ROA* 57 (1997), pp. 1303-1320.

[553] Cfr., MANUEL DE ANDRADE, *Teoria Geral da Relação Jurídica*, II, reimp., Coimbra, Almedina, 1992, pp. 19-20, ORLANDO DE CARVALHO, "Terceiros para efeitos de registo", no *BFD* 70 (1994), pp. 97-106.

[554] Cfr. AUJ 15/1997, de 20 de Maio, publicado no DR, I Série-A, nº 152, de 4 de Julho de 1997 = *ROA* 57 (1997), pp. 1283-1303.

[555] Cfr. AUJ 3/1999, de 18 de Maio, publicado no DR, I Série-A, nº 159, de 10 de Julho de 1999.

se mantém[556]. Ficou assim definitivamente estabelecida a concepção restrita do registo, com a consequente limitação do seu efeito consolidativo[557].

A eficácia consolidativa do registo não tem, consequentemente, no nosso direito, um alcance tal que permita pôr em causa os princípios da consensualidade e da causalidade, resultantes do art. 408º. Efectivamente, o adquirente de um direito não registado pode opor eficazmente a sua aquisição à outra parte no negócio ou aos seus herdeiros (art. 4º, nº 1, CRP). Para além disso, dado que, nos termos do art. 5º, nº 4, CRP, apenas são terceiros os que tenham adquirido de um autor comum direitos incompatíveis com o seu, o direito poderá ser livremente oposto a quem tenha direitos sobre o bem não incompatíveis com o seu, como sucederá, por exemplo, com o locatário do imóvel, ou que cujos direitos não seja provenientes de uma disposição efectuada por autor comum, como na hipótese de esbulho[558] ou penhora efectuada pelos credores do alienante[559], ou mesmo a venda judicial realizada após a penhora[560]. E mesmo em relação a terceiros no sentido jurídico do termo, a inoponibilidade da sua aquisição dependerá de estes terem efectuado uma aquisição a título oneroso, procedido ao seu registo e estarem de boa fé. Em consequência, o titular de um direito não registado poderá sempre opor a sua aquisição a quem não tenha igualmente registado a sua aquisição, ou tenha adquirido a título gratuito, ou se encontre de má fé[561].

[556] Assim, se A vendeu a B e depois vendeu a C, e C registou primeiro, beneficia da protecção do art. 5º, pois é terceiro.

[557] O que não deixou de suscitar críticas na doutrina. Menezes Cordeiro, *Direitos Reais. Sumários*, p. 92, considera que "ficaremos com o registo predial mais arcaico da Europa, com um risco acrescido no comércio jurídico". No mesmo sentido, Carvalho Fernandes, *Direitos Reais*, p. 138.

[558] Assim, se A comprou a B sem registar, não está impedido de invocar a sua propriedade perante C, caso tenha vindo a ser objecto de esbulho por este.

[559] Assim, se A vende a B, que não registou, e os credores de A executam esse bem, B não é afectado pelo anterior registo da penhora, podendo pedir o seu cancelamento.

[560] Assim, se A vende a B, que não registou, e os credores de A executam esse bem, que depois é vendido em hasta pública a C, B não é afectado pelos anteriores registos da penhora e da venda judicial, podendo pedir o seu cancelamento. Neste sentido, cfr. Ac. STJ 25/11/2008 (Silva Salazar), em *CJ-ASTJ* 16 (2008), pp. 139-142. Em sentido contrário, veja-se, porém, o Ac. RC 14/7/2010 (Cecília Agante), em *CJ* 35 (2010), 3, pp. 32-38.

[561] Cfr., perante a lei anterior, Oliveira Ascensão, *Reais*, p. 361, e Menezes Cordeiro, *Direitos Reais*, pp. 279-280. Perante a lei actual, cfr. Pedro de Albuquerque, *Obrigações*, I-1, p. 86. Esta posição não é, porém, unânime na doutrina. Carvalho Fernandes, *Direitos Reais*, pp. 141 e ss., exige apenas a boa fé do terceiro, admitindo que ele seja protegido, mesmo em caso de aquisições gratuitas. Já Antunes Varela, "An. Ac. STJ 4/3/1982" na *RLJ* 118 (1985-1986), pp. 285-288 e 307-316 (308 e 316) dispensava tanto os requisitos da gratuitidade como o da boa fé, por considerar que não se se deve impor ao terceiro maior diligência do que a consulta do registo, onde o direito aparece inscrito em nome do alienante.

5.4. Registo enunciativo

Em certos casos, o registo não atribui qualquer eficácia consolidativa ao direito, uma vez que este pode ser oposto a terceiros, independentemente do registo. Nessa hipótese, a função do registo consiste apenas em dar publicidade à situação, o que implica dizer-se que o registo é meramente *enunciativo*.

Nos termos do art. 5º, nº 2, CRP constituem hipóteses de registo meramente enunciativo as seguintes:

a) a aquisição, fundada na usucapião, dos direitos referidos na alínea a) do nº 1 do art. 2º;
b) as servidões aparentes;
c) os factos relativos a bens indeterminados, enquanto estes não forem devidamente especificados e determinados.

Em relação à aquisição fundada na usucapião, o facto de o seu registo ser meramente enunciativo justifica-se em virtude de a mesma não ser afectada pelas vicissitudes registrais, dado que, uma vez verificada, suplanta todos os registos (*usucapio contra tabulas*). Por isso, mesmo que seja registada, o seu registo em nada altera a situação daquele que a invoca, que também não é prejudicada se omitir o registo.

Em relação às servidões aparentes, o seu registo é igualmente apenas enunciativo, uma vez que estas têm uma publicidade assegurada pela existência de sinais vísiveis e permanentes que as demonstram, os quais permitem assim o seu conhecimento por terceiros independentemente do registo.

Por último, é enunciativo o registo de factos relativos a bens indeterminados, antes da sua especificação e determinação, o que se justifica pelo facto de não fazer sentido dar eficácia consolidativa ao registo, enquanto o bem se encontrar indeterminado.

5.5. Registo constitutivo

A regra no nosso sistema é a de que o registo não tem eficácia constitutiva ou extintiva de direitos, não podendo consequentemente atribuí-los nem retirá-los. Há, no entanto, um caso de registo constitutivo, uma vez que o art. 4º, nº 2, CRP, estabelece na sequência do art. 687º CC, que, em relação aos factos constitutivos da hipoteca, a sua eficácia entre as próprias partes, depende do registo.

A formulação legal parece indicar que a hipoteca já estaria constituída antes do registo, sendo este apenas condicionante da sua eficácia, até entre as partes. A doutrina não tem aceitado, porém, esta formulação, dado que não faz sentido considerar constituído um direito real que não possui eficácia alguma, até entre as partes. Deve, assim, considerar-se a constituição da hipoteca como um facto complexo, sendo que o registo é, neste caso, um dos elementos necessários para que essa constituição ocorra[562].

5.6. Registo aquisitivo

5.6.1. A aquisição tabular

Finalmente, o registo pode ter como efeito a aquisição de um direito em desconformidade com a realidade substantiva. Fala-se, nesse caso, em aquisição tabular, a qual se encontra prevista nos arts. 5º, nº 1, 17º, nº 2, e 122º, CRP e no art. 291º CC[563].

Examinemos sucessivamente estas disposições.

A primeira hipótese de aquisição tabular encontra-se prevista no art. 5º, nº 1, CRP, e resulta da circunstância de os factos sujeitos a registo só produzirem efeitos contra terceiros depois da data dos respectivo registo[564]. Uma vez que, de acordo com a concepção restrita de terceiros, consagrada no art. 5º, nº 4, CRP são apenas terceiros "aqueles que tenham adquirido de um autor comum direitos incompatíveis entre si", esta disposição vai ser aplicável essencialmente à dupla alienação ou oneração de um bem, levando a que a disposição posterior que tenha sido previamente registada prevaleça sobre a anterior, que não foi registada. Ora, como após a primeira disposição o alienante perde a legitimidade para tornar a dispor do mesmo bem, a segunda disposição é nula, e não poderia permitir a aquisição da propriedade. É assim o registo nessas condições que permite que a propriedade seja adquirida pelo adquirente na segunda disposição, através da aquisição tabular.

Para a aquisição tabular prevista no art. 5º, nº 1, CRP, a lei exige apenas uma dupla alienação ou oneração e o prévio registo da segunda disposição[565]. Por analogia com os restantes casos de aquisição tabular, a doutrina maioritária exige, no entanto, que a segunda disposição seja realizada a título oneroso e de boa fé,

[562] Cfr. Oliveira Ascensão, *Reais*, p. 358 e Carvalho Fernandes, *Direitos reais*, p. 134.

[563] Conforme escreve Oliveira Ascensão, "A desconformidade do registo predial com a realidade e o efeito atributivo", em *CDP*, nº 31 (Julho-Setembro 2010), p. 3-21 (5) "este conjunto de previsões é desconexo e casuístico. Tem originado interpretações igualmente casuísticas, sem se subir à coerência de um critério geral".

[564] Contestando a existência de aquisição tabular neste preceito veja-se, porém, Bonifácio Ramos, *Direitos Reais*, pp. 253 e ss.

[565] No Ac. STJ 21/4/2009 (Sebastião Póvoas), em *CJ-ASTJ* 17 (2009), 2, pp. 37-41, considerou-se, porém, inaplicável a aquisição tabular num caso em que por erro dos serviços de registo um mesmo prédio veio a ser duplicado em duas descrições prediais, tendo cada um dos adquirentes registado a aquisição em descrições distintas.

sem o que se entende que o direito do primeiro adquirente não poderá ser posto em causa[566].

A segunda hipótese de aquisição tabular encontra-se prevista no art. 17º, nº 2, CRP, o qual estabelece que a declaração de nulidade do registo não afecta os direitos adquiridos a título oneroso por terceiro de boa fé, se o registo dos correspondentes actos for anterior ao registo da acção de nulidade. Está assim aqui em causa uma situação de invalidade registal relativamente a uma inscrição (cfr. art. 16º CRP), a qual determinou, no entanto, que fosse realizado um acto de disposição, com base nesse pseudo-direito a favor de terceiro, sub-adquirente em relação a essa inscrição. No caso de existir boa fé do terceiro e a sua aquisição tiver ocorrido a título oneroso, o seu direito como sub-adquirente não é posto em causa pela declaração de nulidade da prévia inscrição, em virtude da necessidade de proteger aqueles que confiaram na validade do registo. Ora, como é manifesto que a aquisição do sub-adquirente tinha sido efectuada a *non domino*, e era consequentemente inválida, temos aqui mais uma vez uma hipótese de aquisição tabular, resultante do registo.

A terceira hipótese de aquisição tabular encontra-se prevista no art. 122º CRP, o qual estabelece que "a rectificação do registo não prejudica os direitos adquiridos a título oneroso por terceiros de boa fé, se o registo dos factos correspondentes for anterior ao registo da rectificação ou da pendência do respectivo processo". A situação é semelhante à que se acabou de referir, estando mais uma vez em causa a necessidade de protecção daquele que confiou na exactidão de um registo, tendo efectuado com base no mesmo uma aquisição de boa fé e a título oneroso. Assim, o direito do sub-adquirente, que tenha registado a sua aquisição antes da rectificação ou da pendência do respectivo processo, não vê o seu direito afectado pela posterior rectificação da prévia inscrição. Está-se mais uma vez perante um caso de registo com eficácia aquisitiva de direitos.

Falta finalmente examinar a situação prevista no art. 291º CC. Nos termos desta disposição, a invalidade do negócio jurídico que respeite a bens imóveis ou móveis sujeitos a registo não prejudica aos direitos adquiridos sobre os mesmos bens, a título oneroso, por terceiro de boa fé, que tenha registado a sua aquisição, antes do registo da acção de invalidade ou do acordo das partes sobre a mesma (art. 291º, nº 1). Os direitos do terceiro não são todavia reconhecidos, se a acção

[566] Neste sentido, cfr. Oliveira Ascensão, *Reais*, p. 361, e *CDP*, nº 31 (Julho-Setembro 2010), pp. 8 e ss., Menezes Cordeiro, *Direitos Reais*, pp. 279-280, Santos Justo, *Direitos Reais*, pp. 73-74, e Pedro de Albuquerque, *Obrigações*, I-1, p. 86. Referimos já as posições divergentes de Carvalho Fernandes, *Direitos Reais*, pp. 141 e ss., que exige apenas a boa fé do terceiro, dispensando o requisito da onerosidade e de Antunes Varela, *RLJ* 118 (1985-1986), pp. 308 e 316, que dispensa tanto o requisito da onerosidade como o da boa fé.

for proposta e registada dentro dos três anos posteriores à conclusão do negócio (art. 291º, nº 2 CC).

Este caso já não se refere à invalidade registal, mas antes à invalidade substantiva. Nesta situação, está antes em causa um conflito entre o transmitente no primeiro negócio inválido e um subadquirente num segundo contrato, que vem a ser afectado em consequência da invalidade do primeiro contrato[567]. É, no entanto, estranho que o terceiro seja neste caso menos protegido do que nos casos de invalidade registal, uma vez que os seus direitos podem ser afectados se a acção de invalidade for proposta e registada no prazo de três anos após a celebração do negócio inválido. Oliveira Ascensão procura resolver a questão aplicando analogicamente, por maioria de razão, o art. 291º, nº 2, CC a casos de invalidade registal, exigindo assim igualmente um prazo de três anos neste último caso[568], sustentando ainda que o art. 291º tem como requisito implícito a prévia existência de um registo desconforme[569]. Menezes Cordeiro e Carvalho Fernandes entendem que a explicação do prazo de três anos reside no facto de o art. 291º não exigir a prévia existência de um registo desconforme, pelo que merece menos protecção a confiança do terceiro em relação à regularidade da sua aquisição. Neste entendimento, o art. 291º CC não se aplicaria aos casos em que já existisse um registo desconforme a favor do adquirente no negócio inválido, valendo antes nessa situação o regime previsto no art. 17º, nº 2, CRP[570]. Já Pinto Duarte vem sustentar que o art. 17º, nº 2, CRP não trata do cancelamento do registo em consequência da invalidade dos negócios, que é regulada pelo art. 291º, mas antes da nulidade do registo nos termos do art. 16º CRP[571]. Também Saraiva Matias vem sustentar que o art 17º, nº 2, CRP apenas se pode aplicar quando se verifique e seja declarada a nulidade do registo ao abrigo do art. 16º CRP. Assim, sempre que não haja registo ou este seja válido seria antes aplicável o art. 291º CC[572].

Parece-nos que a melhor posição é a de Menezes Cordeiro e Carvalho Fernandes. Efectivamente, não se justifica aplicar o art. 291º sempre que se verifique a prévia existência de um registo desconforme, caso em que a situação jurídica do terceiro merece protecção antes do prazo de três anos. Todos os casos de

[567] Cfr. Ac. STJ 26/6/2008 (Salvador da Costa), em *CJ-ASTJ* 16 (2008), 2, pp. 127-131.

[568] Cfr. Oliveira Ascensão, *Reais*, p. 372 e *CDP*, nº 31 (Julho-Setembro 2010), p. 17.

[569] Cfr. Oliveira Ascensão, *Reais*, p. 370, e CDP, nº 31 (Julho-Setembro 2010), pp. 15 e ss. A esta posição veio aderir Clara Sottomayor, *Invalidade*, pp. 315 e 330.

[570] Cfr. Menezes Cordeiro, *Direitos Reais*, pp. 277-278, e Carvalho Fernandes, *Direitos Reais*, pp. 151-152. Este último autor reconhece que, por força do princípio da legitimação, essa interpretação reduz consideravelmente o campo de aplicação do art. 291º.

[571] Cfr. Pinto Duarte, *Direitos Reais*, p. 172.

[572] Cfr. Saraiva Matias, *op. cit.*, pp. 45-46.

existência de um prévio registo desconforme deverão ser antes regulados pelo art. 17º, nº 2, CRP.

5.6.2. Posição do titular do direito real preterido pela aquisição tabular do terceiro

Tem sido objecto de bastante controvérsia na nossa doutrina em que situação fica o titular do direito real preterido em virtude da aquisição tabular de terceiro.

Para Oliveira Ascensão, a aquisição tabular funciona como facto resolutivo em relação à primeira aquisição, extinguindo consequentemente o respectivo direito[573].

Já para Menezes Cordeiro, não se verifica a extinção do direito, mas antes uma mera inoponibilidade, uma vez que quem registou previamente beneficia de uma presunção *iuris et de iure* de titularidade do direito, enquanto subsistirem as condições de que ela depende. Em consequência, o proprietário poderia recuperar outra vez a coisa em caso de devolução, renúncia do terceiro ou transmissão para adquirente de má fé[574].

Para Carvalho Fernandes, as hipóteses de reviviscência do direito referidas por Menezes Cordeiro podem ser julgadas de difícil verificação, mas não são inadmissíveis e devem ser ponderadas. Nesse caso existiria, porém, um acto jurídico praticado pelo adquirente com base no registo que funcionaria como facto impeditivo pleno da verificação da presunção *iuris et de iure*, e que permitiria a recuperação do direito, mas apenas após a verificação desse acto[575].

A tese da sobrevivência do direito real preterido não nos parece, no entanto, aceitável. A aquisição tabular atribui o direito real em termos definitivos ao adquirente com base no registo, sendo em consequência extinto o direito real anterior, por ser com ele incompatível. Mesmo que o adquirente com base no registo optasse por devolver a coisa ao adquirente substantivo, haveria aí um novo facto aquisitivo do direito, que não elidiria a extinção anterior. Rejeitamos, por isso, qualquer hipótese de permanência do direito anterior.

[573] Cfr. Oliveira Ascensão, *Reais*, p. 362.

[574] Cfr. Menezes Cordeiro, *Direitos Reais*, pp. 302 e ss.

[575] Cfr. Carvalho Fernandes, *Direitos Reais*, pp. 149-150.

Parte III

Dos Direitos Reais de Gozo

Secção I
A propriedade

1. Generalidades

O primeiro dos direitos reais de gozo é o direito de propriedade[576]. É comum definir a propriedade como o direito real máximo, quer no sentido de ser o direito real com o maior conteúdo possível, quer no sentido de ser o mais importante dos direitos reais. Efectivamente, o direito de propriedade assume-se como o paradigma não apenas dos direitos reais, mas também dos direitos subjectivos em geral[577].

2. Conteúdo do direito de propriedade

Em termos de conteúdo do direito de propriedade, o art. 1305º refere-nos que este abrange as faculdades de uso, fruição e disposição do direito, de modo pleno e exclusivo. Esta disposição inspira-se na fórmula romana que qualificava a propriedade como o *ius utendi, fruendi et abutendi*, abrangendo assim o uso, a fruição, e a disposição.

No uso compreendem-se todas as modalidades de aplicação directa da coisa. Através do uso o proprietário pode assim determinar o aproveitamento da coisa para os fins que pretender, sem prejudicar essa mesma coisa. No caso particular das coisas consumíveis, o seu uso regular importa, no entanto, a sua destruição ou alienação (art. 208º), pelo que o uso destas coisas é indissociável da disposição.

[576] Cfr. sobre este, MOTA PINTO, *Direitos Reais*, pp. 217 e ss., OLIVEIRA ASCENSÃO, *Reais*, pp. 443 e ss., J. FRANÇA PITÃO/J. BORGES PINTO, *Direito das Coisas*, pp. 15 e ss., MENEZES CORDEIRO, *Direitos Reais*, pp. 616 e ss., CARVALHO FERNANDES, *Direitos Reais*, pp. 331 e ss., RUI PINTO DUARTE, *Direitos Reais*, pp. 47 e ss., SANTOS JUSTO, *Direitos Reais*, pp. 217 e ss., e JOSÉ ALBERTO VIEIRA, *Direitos Reais*, pp. 579 e ss. Na doutrina alemã, cfr. BAUR/STÜRNER, *Sachenrecht*, §§ 24 e ss., pp. 306 e ss., e §§ 50 e ss., pp. 630 e ss. e JAN WILHELM, *Sachenrecht*, nºs 733 e ss., pp. 313 e ss.

[577] Cfr. JOSÉ ALBERTO GONZÁLEZ, *Direitos Reais*, p. 15, que chama a atenção para o facto de que doutrinas como a do abuso de direito terem sido construídas a propósito do direito de propriedade.

Já a fruição compreende a percepção de todos os frutos e produtos de uma coisa, sem prejuízo da sua substância (art. 212º, nº 1). A fruição poderá ser natural, quando os frutos provêm directamente da coisa, ou civil, quando a coisa permite a obtenção de rendas ou interesses em virtude de uma relação jurídica (art. 212º, nº 2). Em ambos os casos, a fruição caracteriza-se por permitir ao proprietário obter determinado rendimento da coisa, melhorando assim a sua condição económica.

Já a disposição compreende, quer a transformação da coisa, quer a sua alienação ou oneração, quer mesmo a extinção do seu direito sobre ela. Em relação à transformação da coisa, a mesma decorre da alteração da sua forma ou substância, sendo que, no caso dos imóveis, uma importante forma de transformação reside na realização de construções ou edificações (cfr. arts. 1360º e ss.). A alienação consiste na transmissão da coisa para terceiro, enquanto que a oneração implica a constituição de direitos reais limitados sobre a coisa. Finalmente, a extinção do direito de propriedade pode ocorrer através do abandono, no caso das coisas móveis, ou da destruição da coisa, que pode ser decidida pelo proprietário.

Sendo genericamente indeterminado, o conteúdo do direito de propriedade não é, porém, ilimitado, dado que o art. 1305º obriga o proprietário a respeitar os limites da lei e as restrições por ela impostas. Estas limitações e restrições são genéricas aos direitos reais, já tendo sido por nós acima referidas.

3. Características do direito de propriedade

Enquanto direito real, a propriedade caracteriza-se essencialmente através de três características: o seu *cariz indeterminado*, a sua *exclusividade*, e a sua *elasticidade*.

O *cariz indeterminado* do direito de propriedade resulta de a propriedade abranger uma série ilimitada de faculdades, permitindo ao proprietário não apenas excluir os outros de qualquer ingerência em relação à coisa, mas também dispor dela como quiser, sem outras restrições que não as que resultem da lei ou do respeito de outros direitos subjectivos. Neste sentido se pode dizer que o proprietário tem poderes indeterminados sobre a coisa, ao contrário dos direitos reais limitados, que têm um conteúdo preciso[578].

A *exclusividade* do direito de propriedade significa que o direito de propriedade não necessita de concorrer com qualquer outro direito incidente sobre a coisa, sendo assim um direito de gozo exclusivo sobre a mesma. Efectivamente, enquanto que os outros direitos reais, como por exemplo o usufruto e a super-

[578] Neste sentido, MOTA PINTO, *Direitos Reais*, pp. 234-235, e SANTOS JUSTO, *Direitos Reais*, p. 220. Em sentido contrário, OLIVEIRA ASCENSÃO, *Reais*, p. 446, contesta que exista indeterminação dos poderes do proprietário, entendo que em relação ao usufruto acresce apenas um núcleo qualitativo, a raiz da propriedade, difícil de definir, mas que não se pode considerar indeterminado.

fície, se vêm forçados a concorrer com a propriedade, reduzida a uma nua propriedade ou à propriedade do solo, o direito de propriedade é independente de qualquer outro direito real. Por por isso dizer-se que é um direito exclusivo em relação à coisa.

A *elasticidade* significa que o proprietário pode privar-se ou ser privado de alguma das faculdades integrantes do seu direito, como sucede no usufruto ou na requisição administrativa, em que o seu domínio fica reduzido a quase nada, mas o direito de propriedade mantém-se potencialmente intacto, recuperando a sua integral extensão logo que se extingam os vínculos ou limitações que o tinham contraído. A elasticidade permite assim que o direito de propriedade possa ver o seu conteúdo sucessivamente comprimido ou dilatado, à medida que vão sendo constituidos ou extintos ónus e limitações que sobre ele incidam[579].

Tem sido ainda apontada como característica do direito de propriedade a sua *perpetuidade*. Mas esta característica não é defensável no direito português, que admite a propriedade temporária nos casos especialmente previstos na lei (art. 1307º, nº 2). Efectivamente, como exemplo de uma propriedade a termo, temos a situação do fiduciário, referida no art. 2290º, em que a propriedade se extingue com a sua morte (art. 2293º). A lei admite ainda que a propriedade se possa constituir sob condição (art. 1307º, nº 1).

4. As formas de aquisição específicas da propriedade

4.1. Generalidades

A propriedade tem formas específicas de aquisição, para além das que são comuns aos direitos reais. Entre essas formas, encontramos a ocupação, o achamento e a aquisição de imóveis pelo Estado.

Examinemos sucessivamente essas formas de aquisição.

4.2. A ocupação

A ocupação aparece-nos referida no art. 1318º, o qual admite que sejam adquiridas por essa via os animais e as coisas móveis que nunca tiveram dono, ou foram abandonados, perdidos ou escondidos pelos seus proprietários.

A faculdade de ocupação reconduz-se assim apenas às coisas móveis, uma vez que as coisas imóveis sem dono conhecido são consideradas como património do Estado, nos termos do art. 1345º.

Entre as coisas móveis, há que distinguir entre as que nunca tiveram dono (*res nullius*) e as que foram abandonadas (*res derelictae*), existindo em ambos os casos uma coisa que não pertence a ninguém, quer porque nunca teve titular, quer porque esse direito se extinguiu em virtude do abandono. Já em relação às

[579] Cfr. JOSÉ TAVARES, *Os princípios*, I, pp. 603-604.

coisas perdidas ou escondidas pelos seus proprietários, uma vez que estes não perderam o seu direito, a situação não é normalmente de ocupação, mas antes de achamento, regulado autonomamente nos arts. 1323º e 1324º. Nestes casos, existe apenas a possibilidade de ocupação, no caso de animais selvagens com guarida própria (art. 1320º).

É incontestável a natureza voluntária da ocupação, devendo esta consequentemente ser qualificada como um acto jurídico. Tem sido, porém, discutido se a ocupação pressupõe uma intenção aquisitiva específica, o que levaria a que esta fosse qualificada como negócio jurídico, ou se dispensa essa intenção, sendo assim um acto jurídico simples. A melhor doutrina é a de que não é exigida essa intenção, sendo consequentemente a ocupação um acto jurídico simples (art. 295º). Efectivamente, a lei não exige a capacidade de exercício, nem sequer o exercício da razão, para atribuir a posse ao ocupante (art. 1266º), pelo que não pode a mesma regra deixar de valer em relação à aquisição da propriedade[580].

A lei estabelece, no entanto, um regime especial em relação à ocupação dos animais.

Em primeiro lugar, a caça e a pesca dos animais bravios são reguladas por extensa legislação extravagante (art. 1319º).

No caso, porém, de os animais bravios terem sido domesticados por um dono e passarem para a guarida de outro dono, ficam pertencendo a este, se não puderem ser individualmente reconhecidos. No caso contrário, o antigo dono pode recuperá-los, se o fizer sem prejuízo do outro (art. 1320º, nº 1). Provando-se, porém, que os animais foram atraídos por fraude ou artifício do dono da guarida onde se hajam acolhido, é este obrigado a entregá-los ao antigo dono, ou a pagar-lhes em triplo o valor deles, se não lhe for possível restituí-los (art. 1320º, nº 2).

Finalmente os enxames de abelhas são sujeitos a um regime particular, que atribui ao proprietário o direito de perseguir e capturar o enxame em prédio alheio, sendo, no entanto, responsável pelos danos que causar (art. 1322º, nº 1). No entanto, se o dono da colmeia não perseguir o enxame logo que saiba terem as abelhas enxameado, ou se decorrerem dois dias sem que o enxame tenha sido capturado, pode ocupá-lo o proprietário do prédio onde ele se encontre, ou consentir que outrem o ocupe (art. 1322º, nº 2).

4.3. O achamento

O achamento encontra-se regulado nos arts. 1323º e 1324º, distinguindo-se da ocupação por não dizer respeito a *res nullius*, mas antes a animais e coisas móveis que o dono perdeu ou escondeu. Nestes casos, uma vez que ainda não se verificou

[580] Neste sentido, cfr. MENEZES CORDEIRO, *Direitos Reais*, p. 484, e CARVALHO FERNANDES, *Direitos Reais*, p. 334.

um acto voluntário dirigido à extinção da propriedade, esta ainda não se perdeu, pelo que a sua aquisição pelo achador é sujeita a um regime particular.

Os direitos do achador variam consoante se trate de animais ou coisas móveis perdidas, ou antes de tesouros.

Em relação aos *animais e coisas móveis perdidas*, o art. 1323º, nº 1, na redacção da Lei 8/2017, de 3 de Março, estabelece que, se alguém os encontrar e souber a quem pertencem, deve restituí-los ao seu dono, ou avisar deste do achado; se não souber a quem pertencem, deve anunciar o achado pelo modo mais conveniente, atendendo ao valor da coisa e às possibilidades locais, ou avisar as autoridades, observando os usos da terra, sempre que os haja. Após o anúncio, o achador faz sua a coisa perdida, se não for reclamada pelo dono dentro do prazo de um ano, a contar do anúncio ou aviso (art. 1323º, nº 2). Tratando-se de animais, deve o achador do animal, quando possível, recorrer aos meios de identificação existentes, através de médico veterinário (art. 1323º, nº 3). Caso haja lugar à restituição do animal ou da coisa, o achador tem direito à indemnização do prejuízo havido e das despesas realizadas (art. 1323º, nº 4). O achador goza do direito de retenção para garantia do seu direito ao reembolso de despesas e indemnização (art. 1323º, nº 5) e a sua responsabilidade pela perda ou deterioração do animal ou da coisa limita-se ao dolo ou culpa grave (art. 1323º, nº 6). O achador de animal pode ainda retê-lo no caso de fundado receio de que o animal achado seja vítima de mais-tratos por parte do seu proprietário (art. 1323º, nº 7).

Já em relação aos *tesouros*, os quais correspondem a coisas móveis de algum valor, escondidas ou enterradas, sempre que não se possa determinar o respectivo dono, a lei determina a atribuição ao achador de metade do achado, cabendo a outra metade ao proprietário da coisa móvel ou imóvel onde o tesouro estava escondido ou enterrado (art. 1324º, nº 1). Neste caso, o achador deve anunciar o achado nos mesmos termos e avisar as autoridades, excepto quando seja evidente que o tesouro foi escondido ou enterrado há mais de vinte anos (art. 1324º, nº 2). Se, no entanto, o achador não cumprir essa obrigação ou fizer seu o achado ou parte dele, sabendo quem é o dono, ou o ocultar do proprietário da coisa onde ele se encontrava, perde em benefício do Estado os direitos conferidos no nº 1 deste artigo, sem exclusão dos que lhe possam caber como proprietário.

4.4. A aquisição dos imóveis pelo Estado

Uma outra forma de aquisição específica, esta relativa aos imóveis, corresponde à sua aquisição pelo Estado, sempre que estes não tenham dono conhecido, nos termos do art. 1345º.

A tese maioritária defende que esta norma consagra a existência de uma reversão automática para o Estado, passando os imóveis, a partir do momento em que se desconhece o seu dono, a fazer parte do seu domínio privado. Esta posição foi defendida por MENEZES CORDEIRO, HENRIQUE MESQUITA e FRANCISCO BRITO PEREIRA COELHO[581].

Para OLIVEIRA ASCENSÃO, no entanto, o art. 1345º instituiria apenas uma simples presunção da propriedade do Estado, que qualquer pessoa poderia elidir, uma vez que a aquisição pelo Estado verifica-se nos termos gerais com a usucapião[582]. A esta posição veio aderir CARVALHO FERNANDES[583].

Pensamos, no entanto, ser a primeira posição a correcta. Efectivamente, o art. 1345º dispensa o Estado de preencher os requisitos da usucapião, inserindo no seu domínio privado todos os imóveis cujo dono seja desconhecido. Tal não impede, no entanto, a sua aquisição posterior pelos particulares, quando estes invoquem a usucapião.

5. O regime especial da propriedade sobre as águas

A propriedade das águas é sujeita a um regime especial, constante dos arts. 1385º e ss. do Código Civil, onde, depois de se determinar quais são as águas pertença de particulares (arts. 1385º e ss.), se esclarece quais os direitos que competem ao seu titular.

Em princípio, o proprietário do prédio onde surgem as águas tem a faculdade de as aproveitar. Efectivamente, em relação ao aproveitamento das águas, a regra constante do art. 1389º é a de que o dono do prédio onde surja a fonte ou nascente de água, adquire direito ao aproveitamento da mesma, podendo servir-se dela e dispor do seu uso livremente, salvas as restrições previstas na lei ou direitos que terceiro haja adquirido ao uso de águas por título justo.

Nos termos do art. 1390º, nº 1, considera-se título justo de aquisição da água das fontes e nascentes, conforme os casos, qualquer meio legítimo de adquirir a propriedade de coisas imóveis ou de constituir servidões. Esta disposição rejeitou assim a doutrina de GUILHERME MOREIRA, segundo a qual o direito à água que nasce num prédio alheio é sempre um direito de propriedade e não um direito de servidão, dado que as utilidades "só podem ser consideradas como direitos de servidão, quando sejam tais que só possam ser gozadas por intermédio do prédio dominante. Sempre que tais utilidades possam separar-se deste prédio, sempre que o seu gozo não pertença ao respectivo proprietário como tal, não haverá servidão"[584]. Conforme defendem PIRES DE LIMA e ANTUNES VARELA, a configuração do direito à água que nasce do prédio alheio depende do título da sua

[581] Cfr. MENEZES CORDEIRO, *Direitos Reais*, p. 548, HENRIQUE MESQUITA, *Obrigações reais*, p. 379, em nota, e FRANCISCO BRITO PEREIRA COELHO, *A renúncia*, p. 17.

[582] Cfr. OLIVEIRA ASCENSÃO, *Direitos Reais*, pp. 453 e ss.

[583] Cfr. CARVALHO FERNANDES, *Estudos Dias Marques*, p. 587.

[584] Cfr. GUILHERME MOREIRA, *As águas*, I, p. 33.

constituição. Esse direito "pode ser um direito ao uso pleno da água, sem qualquer limitação, e pode ser apenas o direito de a aproveitar noutro prédio, com as limitações inerentes, por conseguinte, às necessidades deste. No primeiro caso a figura constituída é a da propriedade da água; no segundo é o da *servidão*"[585].

A constituição do direito de propriedade sobre as águas de fontes e nascentes depende naturalmente da verificação dos factos aquisitivos previstos no art. 1316º em relação aos bens imóveis, ou seja, o contrato, sucessão por morte, usucapião e acessão. Já as servidões sobre essas águas podem ser constituídas por contrato, testamento, usucapião, destinação do pai de família, sentença e decisão administrativa (art. 1547º). Em relação à usucapião, no entanto, esta só é atendida quando for acompanhada da construção de obras, visíveis e permanentes, no prédio onde exista a fonte ou nascente, que revelem a captação e posse de água nesse prédio; sobre o significado das obras é admitida quaquer espécie de prova (art. 1390º, nº 2)[586]. Pelo contrário, em caso de divisão ou partilha de prédios sem intervenção de terceiro, a constituição de servidão por destinação do pai de família (art. 1549º) não depende da existência de sinais reveladores da destinação do antigo proprietário (art. 1390º, nº 3).

Mesmo em caso de ausência de título justo, o art. 1391º permite aos donos dos prédios para onde se derivam as águas vertentes de qualquer fonte ou nascente efectuar o seu aproveitamento nestes prédios, estabelecendo, no entanto, que a privação desse uso, em virtude de novo aproveitamento que faça o proprietário da fonte ou nascente não constitui violação do direito[587].

O proprietário da fonte ou nascente sofre, no entanto, algumas restrições em relação ao seu direito de aproveitamento das águas, uma vez que não lhe é permitido "mudar o seu curso costumado, se os habitantes de uma povoação ou casal há mais de cinco anos se abastecerem dela ou das suas águas vertentes para gastos domésticos" (art. 1392º, nº 1). Nesse caso, "se os habitantes da povoação ou casal não tiverem adquirido por título justo o uso das águas, o proprietário tem

[585] Cfr. PIRES DE LIMA/ANTUNES VARELA, *Código*, III, sub art. 1390º, nº 1, p. 395.

[586] Na jurisprudência foram consideradas como obras visíveis e permanentes de uma servidão de aqueduto a existência de um cano subterrâneo capeado ou mina feita em pedra por onde a água é conduzida dentro de um prédio (Ac. RG 17/4/2008 (CARVALHO GUERRA), em *CJ* 33 (2008), 2, pp. 291-294), assim como a existência de um rego a céu aberto e de um tubo subterrâneo para condução da água (Ac. RG 6/2/2014 (HELENA MELO), em *CJ* 39 (2014), 1, pp. 295-299) ou a divisão de um tanque e colocação de tubos de capatação das águas (Ac. STJ 28/10/2014 (MARTINS DE SOUSA), processo 750/03.0TCGMR.G1.S1, na *CJ-ASTJ* 22 (2014), 3, pp. 90-98).

[587] No Ac. RG 26/6/2008 (AUGUSTO CARVALHO), em *CJ* 33 (2008), 3, pp. 285-287, que o facto de o proprietário abandonar as águas sobrantes, permitindo o seu aproveitamento pelos titulares dos outros prédios, representa um acto facultativo ou de mera tolerância, a que ele pode sempre pôr termo.

direito a indemnização, que será paga, conforme os casos, pela respectiva junta de freguesia ou pelo dono do casal" (art. 1392º, nº 2).

Nos termos do art. 1393º, o regime estabelecido para as fontes e nascentes é igualmente aplicável, com as necessárias adaptações, às águas pluviais referidas na alínea a) do nº 1 do art. 1386º e às águas dos lagos e lagoas compreendidas na alínea c) do mesmo número.

Existe, porém, um regime particular para as águas subterrâneas. Efectivamente, refere o art. 1394º, nº 1, que "é lícito ao proprietário procurar águas subterrâneas no seu prédio, por meio de poços ordinários ou artesianos, minas ou quaisquer escavações, contanto que não prejudique direitos que terceiro haja adquirido por título justo". O proprietário tem assim a faculdade de explorar livremente as águas subterrâneas, só deixando de o poder fazer se existir algum direito sobre essas águas resultantes de título justo[588].

Consideram-se títulos justos de aquisição das águas subterrâneas os constantes dos nºs 1 e 2 do art. 1390º (art. 1395º, nº 1), ou seja, qualquer meio legítimo de adquirir a propriedade de coisas imóveis ou de constituir servidões, e só sendo a usucapião atendida quando for acompanhada da construção de obras visíveis e permanentes. Uma vez que o art. 1395º não remete para o disposto no art. 1390º, nº 3, a constituição neste caso de servidão por destinação do pai de família só poderá verificar-se nos termos gerais do art. 1549º. Esclarece ainda o art. 1395º, nº 2, que "a simples atribuição a terceiro do direito de explorar águas subterrâneas não importa, para o proprietário, privação do mesmo direito, se tal abdicação não resultar claramente do título".

Face ao poder atribuído ao proprietário de explorar a água subterrânea, a diminuição do caudal de qualquer água pública ou particular em resultado dessa exploração não constitui violação de direitos de terceiro, excepto se a captação se fizer por meio de infiltrações provocadas e não naturais (art. 1394º, nº 2)[589]. No entanto, "o proprietário que, ao explorar águas subterrâneas, altere ou faça diminuir as águas de fonte ou reservatório destinado a uso público é obrigado a repor as coisas no estado anterior; não sendo isso possível, deve fornecer, para o

[588] No Ac. STJ 9/12/2008 (NUNO CAMEIRA), em *CJ-ASTJ* 16 (2008), 3, pp. 175-178, sustenta-se que, em caso de inexistência de justo título, só a expropriação ou requisição temporária podem limitar o direito do proprietário de explorar as águas subterrâneas no prédio que lhe pertence.

[589] GUILHERME MOREIRA, *As águas*, I, pp. 561-562 referia que "...as águas subterrâneas consideram-se compreendidas no direito de propriedade do prédio, que abrange o solo em toda a sua profundidade (artigo 2288º) e se estende até à sua linha divisória (art. 2322º). Dentro desses limites pode, em princípio, o proprietário explorar essas águas, embora por essa exploração vá cortar as veias que alimentam as fontes ou nascentes existentes em prédios vizinhos. As águas subterrâneas, do mesmo modo que as águas superficiais, pertencem ao proprietário do prédio enquanto neste correm".

mesmo uso, em local apropriado, água equivalente àquela de que o público ficou privado" (art. 1396º).

6. O regime especial da propriedade dos animais

Conforme acima se salientou, o facto de a Lei 8/2017, de 3 de Março ter autonomizado o estatuto dos animais em relação ao das coisas, passando os mesmos a ser qualificados como "seres vivos dotados de sensibilidade e objeto de proteção jurídica em virtude da sua natureza" (art. 201º-B), não impede que enquanto tais possam ser objecto de propriedade, conforme resulta expressamente do art. 1302º, nº 2, do Código Civil.

A propriedade dos animais é, no entanto, objecto de um regime especial (cfr. art. 201º-C), que limita consideravelmente os poderes atribuídos ao proprietário e o onera com deveres especiais.

Assim, em primeiro lugar, em relação à limitação aos poderes do proprietário, o art. 1305º-A, nº 3, praticamente lhe retira o *ius abutendi* em relação aos animais, já que estabelece que "o direito de propriedade de um animal não abrange a possibilidade de, sem motivo legítimo, infligir dor, sofrimento ou quaisquer outros maus-tratos que resultem em sofrimento injustificado, abandono ou morte". O proprietário é assim proibido de causar sofrimento injustificado, abandonar ou matar os animais que são sua propriedade, salvo existindo um motivo legítimo para o fazer.

Em segundo lugar, o proprietário é onerado com deveres específicos de protecção dos animais que lhe pertencem, determinando o art. 1305º-A, nº 1, que "o proprietário de um animal deve assegurar o seu bem-estar e respeitar as características de cada espécie e observar, no exercício dos seus direitos, as disposições especiais relativas à criação, reprodução, detenção e proteção dos animais e à salvaguarda de espécies em risco, sempre que exigíveis". O nº 2 acrescenta que o dever de assegurar o bem-estar inclui, nomeadamente, "a garantia de acesso a água e alimentação de acordo com as necessidades da espécie em questão", bem como "a garantia de acesso a cuidados médico-veterinários sempre que justificado, incluindo as medidas profiláticas, de identificação e de vacinação previstas na lei".

7. Natureza do direito de propriedade

A propriedade é tradicionalmente concebida de acordo com duas teorias, a *teoria do domínio* ou do *senhorio* e a *teoria da pertença* ou da *sujeição*. Os romanos traduziam os dois conceitos através das expressões *dominium* e *proprietas*. No âmbito da primeira toma-se em consideração as faculdades que sobre a coisa são atribuídas ao seu titular, enquanto que na segunda teoria se toma antes em consideração a relação que se estabelece entre a pessoa e a coisa. A teoria do senhorio corresponde assim a uma concepção quantitativa da propriedade, identificado como o direito mais amplo que se pode ter sobre as coisas. Já a teoria da pertença corresponde a uma concepção qualitativa, expressando a relação de subordinação da coisa ao seu titular.

A teoria da pertença, sendo mais antiga, não tem hoje praticamente defensores, tendo sido defendida na pandectística por NEUNER[590]. Já a teoria do senhorio foi adoptada no célebre art. 544º do *Code Civil*, tendo sido igualmente sido defendida na pandectística por WINDSCHEID[591], DERNBURG[592] e VON GIERKE[593].

A concepção dominante entre nós tem sido a da teoria do senhorio, tendo aderido a esta concepção GUILHERME MOREIRA[594], HENRIQUE MESQUITA[595] CARLOS MOTA PINTO[596], OLIVEIRA ASCENSÃO[597], CARVALHO FERNAN-

[590] Cfr. NEUNER, *Wesen*, p. 55: "Das Wesen des Eigenthumsrechts muß man, wie das Wesen eines jeden Sachenrechts, lediglich in dem *Zugehören* der Sache gerade zu dierser Person suchen, nicht in der Vollständigkeit und Ausslieẞlichkeit über die Sache".

[591] Cfr. WINDSCHEID/KIPP, *op. cit.*, § 167, p. 857: "Das Eigentum ist die Fülle des Rechts an der Sache und die einzelnen in ihm zu unterscheidenden Befugnisse sind nur Außerungen und Manifestationen dieser Fülle".

[592] Cfr. HEINRICH DERNBURG, *Pandekten*, I-2, § 192, p. 54: "Das Eigenthumsrecht ist das Recht allgemeiner Herrschaft über die körperliche Sache. Es gewährt seiner Bestimmung nach jedwede Macht über die Sache, welche nach Natur und Recht möglich ist".

[593] Cfr. OTTO VON GIERKE, *Deutsches Privatrecht, 2 – Sachenrecht*, Leipzig, 1905, § 120, pp. 347-348: "Unter den Sachenrecht nimmt das Eigentum eine besondere Stellung ein. Es ist das dingliche Recht, das auf Beherrschung der Sache gerichtet ist".

[594] Cfr. GUILHERME MOREIRA, *Instituições*, III, p. 48: "O conceito de propriedade perfeita resulta da reunião na mesma pessoa de todas as faculdades que o homem pode exercer sobre a coisa".

[595] Cfr. HENRIQUE MESQUITA, *Direitos Reais*, pp. 134-135, que sustenta que o que diferencia a propriedade dos restantes direitos reais de gozo é "antes de mais, a indeterminação dos poderes do proprietário", tendo este "nestes termos, a soberania ou o domínio pleno sobre o objecto, em relação ao qual dispõe de uma espécie de poder omnímodo".

[596] Cfr. CARLOS MOTA PINTO, *Direitos Reais*, pp. 234-235: "Como notas que se possam inferir para caracterizar a propriedade, diríamos em primeiro lugar que o proprietário tem poderes indeterminados. Em face disso, é legítimo dizer-se que a base é o "ius utendi, fruendi, et abutendi"; é o direito de propriedade em termos individualistas; não se limitam os poderes do proprietário senão através das concretas restrições pela lei impostas. Há uma indeterminação na delimitação dos poderes, ao contrário dos de um usufrutuário ou dos de um titular de um outro direito real limitado que são apenas aqueles especificamente atribuídos por lei. No direito de propriedade, o titular tem, em princípio, todos os poderes".

[597] Cfr. OLIVEIRA ASCENSÃO, *Reais*, pp. 448-449, o qual refere que "a propriedade é o *direito real que outorga a universalidade dos poderes que à coisa se podem referir*". O autor defende que os poderes relativos à coisa não são atribuídos ao proprietário individualmente (*uti singuli*), mas antes globalmente (*uti universi*), noção que considera ter uma base qualitativa, ainda que não seja insensível a considerações quantitativas.

DES[598]. PIRES DE LIMA adoptou uma concepção mista[599]. MENEZES CORDEIRO, tendo criticado a adopção por OLIVEIRA ASCENSÃO da teoria do senhorio, por considerar que o usufrutuário tem mais poderes sobre a coisa do que o nu proprietário, acabou por definir a propriedade apenas como "a permissão normativa plena e exclusiva de aproveitamento de uma coisa corpórea"[600]. Já JOSÉ ALBERTO VIEIRA não julga necessário optar por nenhuma das formulações[601].

Consideramos claramente preferível a teoria do senhorio, o que nos leva a definir a propriedade como *o direito real, que permite ao seu titular, dentro dos limites da lei, o aproveitamento pleno e exclusivo de todas e quaisquer utilidades proporcionadas por uma coisa corpórea.*

[598] Cfr. CARVALHO FERNANDES, *Direitos Reais*, p. 334: "Pode assim definir-se o direito de propriedade como *o direito real máximo, mediante o qual é assegurada a certa pessoa, com exclusividade, a generalidade dos poderes de aproveitamento global das utilidades de uma coisa*".

[599] Cfr. PIRES DE LIMA, *Direitos Reais*, p. 66, onde refere que "várias definições têm sido dadas do direito de propriedade, mas parece-nos que a mais verdadeira é a que resulta da combinação de três elementos: o *poder* de dispor da coisa, a *pertença* da coisa ao titular do poder, com a exclusão de todos os indivíduos, e o fim *jurídico* ou *lícito* do exercício do poder". Não concordamos, por isso, com MENEZES CORDEIRO, *Direitos Reais*, p. 623, ou CARVALHO FERNANDES, *Direitos Reais*, p. 333, quando incluem PIRES DE LIMA entre os defensores da teoria do senhorio.

[600] Cfr. MENEZES CORDEIRO, *Direitos Reais*, p. 630.

[601] Cfr. JOSÉ ALBERTO VIEIRA, *Direitos Reais*, p. 586.

Secção II
A propriedade horizontal

1. Generalidades

A propriedade horizontal constitui um novo direito real, regulado nos arts. 1414º e ss., que faz coexistir sobre o mesmo edifício dois tipos de faculdades distintas dos condóminos: as faculdades correspondentes à propriedade exclusiva sobre uma fracção autónoma do prédio e as faculdades correspondentes à compropriedade sobre as partes comuns do edifício[602].

[602] Cfr. Luís da Cunha Gonçalves, *Da propriedade horizontal ou por andares*, Lisboa, Ática, 1956, Armando Guerra, *Da propriedade horizontal e da propriedade superficiária*, 2ª ed., Coimbra, Coimbra Editora, 1964, Armindo Ribeiro Mendes, "A propriedade horizontal no Código Civil de 1966," na *ROA* 30 (1970), p. 5-78, Mota Pinto, *Direitos Reais*, pp. 269 e ss., e *RDES* 21 (1974), pp. 104 e ss., Oliveira Ascensão, *Reais*, pp. 456 e ss., Henrique Mesquita, "A propriedade horizontal no Código Civil Português", na *RDES* 33 (1976), nºs 1 a 4, pp. 79-152, Cfr. J. França Pitão/J. Borges Pinto, *Direito das Coisas*, pp. 19-29, Menezes Cordeiro, *Direitos Reais*, pp. 634 e ss., Carvalho Fernandes, *Direitos Reais*, pp. 369 e ss., António Magro Borges de Araújo, *A propriedade horizontal e o notariado – minutas e comentários*, Coimbra, Almedina, 1990, L. P. Moitinho de Almeida, *Propriedade horizontal*, 3ª ed., Coimbra, Almedina, 2001, Jorge Alberto Aragão Seia, *Propriedade Horizontal. Condóminos e condomínios*, 2ª ed., Coimbra, Almedina, 2002, Pinto Duarte, *Direitos Reais*, pp. 111 e ss., Sandra Passinhas, *A Assembleia de condóminos e o Administrador na propriedade horizontal*, 2ª ed., Coimbra, Almedina, 2002, Santos Justo, *Direitos Reais*, pp. 319 e ss., José Alberto Vieira, *Direitos Reais*, pp. 635 e ss., Henrique Sousa Antunes, *Direitos Reais*, pp. 368 e ss., e Bonifácio Ramos, *Direitos Reais*, pp. 380 e ss

2. Evolução histórica da propriedade horizontal

Ainda que existam referências históricas na Antiguidade[603], e no Direito Intermédio[604], a história da propriedade horizontal é relativamente curta, encontrando-se associada ao êxodo das populações rurais para as cidades a partir do séc. XIX, que se acentuou fortemente no séc. XX. A falta de solos disponíveis para a construção, com o consequentemente encarecimento dos terrenos, levou ao crescimento das cidades não apenas em extensão, com a multiplicação de subúrbios, mas também em altura, com a construção de grandes edifícios destinados a instalar várias famílias.

Com essa construção em altura evitou-se assim um crescimento descomunal das cidades, que causaria enormes custos com o transporte das pessoas e bens. A construção em altura foi acentuada nos casos em que existiam limites geográficos à expansão das cidades, nomedamente um rio ou o mar, como em New York ou no Rio de Janeiro, o que levou à construção de enormes arranha-céus. A construção em altura gerou consequentemente a necessidade de atribuir a propriedade separada do seu andar (apartamento) a cada proprietário, que é o que está na base do surgimento do instituto da propriedade horizontal[605].

Em França, a propriedade horizontal aparece pela primeira vez regulada no art. 664 do *Code Civil* de 1804. Em Itália, o *Codice Civile* de 1942 regula o instituto nos seus arts. 1117º e ss.

Entre nós, a propriedade horizontal aparece, depois de uma breve menção nas Ordenações Filipinas[606], prevista pela primeira vez no art. 2335º do Código Civil

[603] Cunha Gonçalves, *Da propriedade horizontal*, p. 9, e Armindo Ribeiro Mendes, *ROA* 30 (1970), pp. 12 e ss. admitem a existência da divisão de partes de edifícios entre vários titulares nos direitos babilónico, grego e greco-egípcio. Já em relação ao Direito Romano a questão é controvertida. Para Cunha Gonçalves, *loc. cit.*, não existia propriedade horizontal em Roma, pois embora fossem admitidas construções sobre telhados alheios (*insulae*), estas não eram consideradas como propriedade, mas antes como *servitutes oneri ferendi* do proprietário da casa térrea (*crypta*) e do respectivo solo, de acordo com o princípio *aedificium solo caedit et jus soli sequitur.* No mesmo sentido, Sandra Passinhas, *A assembleia*, pp. 88 e ss. Pelo contrário, Armindo Ribeiro Mendes, *loc. cit.*, admite que alguns fragmentos do Digesto (D.8.2.36. e D.43.17.3.7.) se refiram a hipóteses *sui generis* de propriedade por andares.

[604] Armindo Ribeiro Mendes, *ROA* 30 (1970), pp. 15 e ss. refere a existência de propriedade por andares em certos burgos nos últimos séculos da Idade Média e nos sécs. XVI, XVII, e XVIII, como seria o caso de Grenoble, Bruxelas, Paris, Clermont-Ferrand, Bretagne, Auxerre, Berry, Orléans, Auxerre, e Milão. Essa realidade encontra-se especialmente documentada no art. 215º do costume de Orléans e no estatuto de Milão.

[605] Cfr. Cunha Gonçalves, *Da propriedade horizontal*, pp. 5 e ss., e Armindo Ribeiro Mendes, *ROA* 30 (1970), pp. 9 e ss.

[606] Efectivamente, as *Ordenações Filipinas*, no Livro I, título LXVIII (Dos almotacés), § 34 referiam que "se huma casa for de dous senhorios, de maneira que de hum delles seja o sótão, e de outrem

de 1867, que regulou o modo de reparação e o conserto dos diversos andares dos edifícios pertencentes a diversos proprietários, quando tal não se encontrasse previsto nos respectivos títulos.

A Lei 2030, de 22 de Junho de 1948, no seu art. 30º da Parte III, faz referência ao instituto, denominando-o de "propriedade por andares", determinando que o Governo deveria, num prazo de seis meses, proceder à revisão e regulamentação do art. 2335º do Código Civil, estabelecendo o regime da propriedade por andares ou propriedade horizontal.

Tal regulamentação só veio, porém, a surgir com o Decreto-Lei 40333, de 14 de Outubro de 1955, elaborado na sequência de um notável parecer da Câmara Corporativa, relatado por MANUEL DUARTE GOMES DA SILVA[607]. Depois de uma definição do instituto (art. 1º), o diploma em questão regulava sucessivamente as formas de constituição da propriedade horizontal (art. 2º), o título constitutivo (arts. 3º e ss.), a inscrição no registo predial (arts. 6º e ss.) e na matriz predial (art. 9º), os direitos dos proprietários (arts. 10º e ss.), as suas obrigações (arts. 16º e ss.), a destruição do edifício (arts. 20º e ss.) e a administração dos bens comuns (arts. 27º e ss.).

A propriedade horizontal veio depois a ser regulada no Código Civil de 1966. Posteriormente o Código Civil viria a ser revisto nesta matéria pelo D.L. 267/94, de 25 de Outubro, surgindo igualmente com a mesma data os D.L. 268/94 e 269/94.

3. Requisitos legais da propriedade horizontal

Para se poder constituir um edifício em propriedade horizontal, é necessário que o mesmo tenha condições adequadas para esse efeito, designadamente que o mesmo possa ser dividido em fracções e que estas sejam susceptíveis de constituir unidades independentes.

O art. 1414º apenas prevê a constituição do condomínio em relação a um edifício, admitindo o art. 1438º-A, que esse regime seja aplicado, com as necessárias adaptações, a conjuntos de edifícios contíguos funcionalmente ligados entre si pela existência de partes comuns afectadas ao uso de todas ou algumas das unidades ou fracções que os compõem[608]. Inversamente, a lei nada refere quanto à possibilidade de num mesmo edifício se constituirem vários condomínios,

o sobrado, não poderá aquelle cujo for o sobrado fazer janella sobre o portal daquelle, cujo for o portão, ou logea, nem outro edifício algum".

[607] Tanto o diploma como o parecer em questão se encontram publicados em apêndice à obra de CUNHA GONÇALVES, *Da propriedade horizontal*, respectivamente a pp. 73-131 e 135-165.

[608] Antes da introdução desta disposição, a doutrina era contrária a essa possibilidade. Cfr. HENRIQUE MESQUITA, *RDES* 33 (1976), nºs 1 a 4, pp. 86-87.

em virtude de algumas partes comuns servirem apenas certas partes do edifício (torres, blocos ou conjuntos de fracções), apesar de estar constituída apenas uma propriedade horizontal[609]. Igualmente nada se encontra estabelecido em relação à possibilidade de agrupamento de vários condomínios no âmbito de um super-condomínio, ou condomínio complexo, quando existam ligações entre os imóveis que não justifiquem o estabelecimento de um único condomínio.

Dispõe ainda o art. 1415º do Código Civil que "só podem ser objecto de propriedade horizontal as fracções autónomas que, além de constituírem unidades independentes, sejam distintas e isoladas entre si, com saída própria para uma parte comum do prédio ou para a via pública". Exige-se assim que as fracções autónomas sejam idóneas a constituir objecto do gozo exclusivo por parte dos condóminos.

4. As partes comuns do prédio

É essencial à propriedade horizontal a existência de partes comuns, dado que, não existindo autonomia estrutural das diversas fracções do prédio, a autonomia funcional das mesmas resulta necessariamente da utilização de partes do edifício afectas a todas as fracções[610].

As partes comuns do prédio encontram-se previstas no art. 1421º, havendo que distinguir entre as partes do prédio que são obrigatoriamente comuns, as quais se encontram referidas no art. 1421º, nº 1, e as que são apenas presuntivamente comuns, referidas no art. 1421º, nº 2. Em relação às primeiras, uma vez que são fundamentais para o uso comum do prédio, não é possível estipular a sua atribuição em propriedade exclusiva a qualquer condómino. Já em relação às segundas, vigora apenas uma presunção, podendo o título constitutivo dispor de forma diferente. A lei admite, para além disso, que o título constitutivo possa afectar ao uso exclusivo de um dos condóminos certas zonas das partes comuns (art. 1421º, nº 3), caso em que, apesar de essa parte se manter comum, fica afecta à utilização exclusiva por um condómino.

São obrigatoriamente comuns em primeiro lugar o solo, bem como os alicerces, colunas, pilares, paredes mestras e todas as partes restantes que constituem a estrutura do prédio (art. 1421º, º 1, a)). Em relação ao solo, este compreende a área sobre a qual assenta o edifício, a qual é necessariamente comum a todos

[609] Admitindo esta situação, cfr. Ac. RP 31/3/2008 (Sousa Lameira), em *CJ* 33 (2008), 2, pp. 186-188.

[610] Cfr. Sandra Passinhas, "Partes comuns na propriedade horizontal", em Antunes Varela/ Diogo Freitas do Amaral/Jorge Miranda/J. J. Gomes Canotilho (org.), *Ab Uno ad Omnes. 75 Anos da Coimbra Editora*, Coimbra, Coimbra Editora, 1998, pp. 641-660 (641).

os condóminos. Mas já não compreende os pátios e jardins anexos (art. 1421º, nº 2, a)), os quais, embora se presumam comuns, podem no título constitutivo ser atribuídos a uma só fracção. Já o subsolo, dado que segue a mesma condição do solo, é igualmente considerado parte comum, não podendo, em consequência, o proprietário do piso térreo, escavar profundamente no subsolo. Em relação aos alicerces, eles compreendem todas as construções realizadas no subsolo com o fim de elevar e regulador o edifício, designadamente as obras de sustentação e as caves. Já as colunas e pilares constituem os esteios de sustentação do edifício, sendo as primeiras de forma cilíndrica e as colunas de forma facetada. Em relação às paredes mestras, estas constituem as paredes que servem de esqueleto ao edifício, desde as fundações até à cobertura, e que por isso lhe dão o seu suporte[611]. Apesar de a lei apenas se referir às paredes mestras, a doutrina e a jurisprudência têm entendido que constituem obrigatoriamente partes comuns do edifício todas as paredes exteriores ao mesmo (paredes perimetrais), mesmo que não desempenhem a função de paredes mestras[612]. Já em relação às janelas e varandas existentes nas paredes perimetrais, a sua natureza de parte comum tem sido controvertida[613]. São, em qualquer caso, comuns todas as partes que correspondam à estrutura externa do prédio.

Em segundo lugar, são obrigatoriamente comuns o telhado ou os terraços de cobertura, ainda que destinados ao uso do último pavimento (art. 1421º, nº 1, b)). Daqui resulta que, mesmo que afectados ao uso do último morador, que o pode utilizar para recreio, depósito de coisas ou outros fins, a propriedade dos telhados e terraços é comum a todos os condóminos, pelo que, por exemplo, a decisão de construir sobre eles compete ao conjunto dos condóminos e não a quem beneficia da sua utilização[614]. O telhado, que normalmente corresponde a um conjunto de traves cobertas por telhas, é necessariamente comum, em virtude de servir de cobertura a toda a construção[615]. Já em relação aos terraços a obrigatoriedade da sua comunhão verifica-se, desde que eles sejam de cobertura, independente-

[611] Cfr. L. P. Moitinho de Almeida, *Propriedade horizontal*, pp. 37-38.

[612] Cfr. Sandra Passinhas, *A Assembleia*, p. 33, L. P. Moitinho de Almeida, *Propriedade horizontal*, p. 32, e, na jurisprudência Ac. RP 17/1/2008 (Amaral Ferreira), em *CJ* 33 (2008), 1, pp. 171-173 e Ac. STJ 19/2/2008 (Azevedo Ramos), em *CJ* 16 (2008), 1, pp. 114-116.

[613] Sandra Passinhas, em Antunes Varela/Diogo Freitas do Amaral/Jorge Miranda/J. J. Gomes Canotilho (org.), *Ab Uno ad Omnes*, p. 645 sustenta que estas "são excluídas da presunção de comunhão pois pela sua natureza e fim a que se destinam não são idóneas ao gozo promíscuo dos outros condóminos". Qualificando, no entanto, as varandas como partes comuns, cfr. Ac. STJ 6/11/2018 (Ana Paula Boularot), processo 572/15.5T8SSB.E1.S1.

[614] Cfr. Mota Pinto, *Direitos reais*, p. 286, nota (58).

[615] Cfr. L. P. Moitinho de Almeida, *Propriedade horizontal*, p. 43.

mente de assentarem sobre o último piso ou sobre piso intermédio[616]. Em relação aos espaços entre o terraço e o último piso, habitualmente designados sótãos, vãos do telhado, ou águas-furtadas, entendemos que não são obrigatoriamente comuns, presumindo-se, no entanto, como tal, salvo se o título constitutivo os afectar a certos condóminos[617].

Em terceiro lugar, são obrigatoriamente comuns "as entradas, vestíbulos, escadas e corredores de uso ou passagem comum a dois ou mais condóminos" (art. 1421º, nº 1, c)). Basta assim que alguma zona de comunicação sirva mais de um condómino para se considerar parte comum.

Por último, são obrigatoriamente comuns "as instalações gerais de água, electricidade, aquecimento, ar condicionado, gás, comunicações e semelhantes" (art. 1421º, nº 1, d)).

Já em relação às partes que se presumem comuns, estas compreendem, nos termos do art. 1421º, nº 1;

a) os pátios e jardins anexos ao edifício;
b) os ascensores;
c) as dependências destinadas ao uso e habitação do porteiro;
d) as garagens e outros lugares de estacionamento;
e) em geral, as coisas que não sejam afectadas ao uso exclusivo de um dos condóminos.

A presunção de comunhão é nestes casos ilidível, podendo a ilisão resultar do título constitutivo ou das próprias características do imóvel[618]. Assim, por exemplo, é hoje em dia extremamente comum o título constitutivo não consagrar a comunhão dos lugares de estacionamento, atribuindo-lhes antes a natureza de partes componentes das fracções autónomas, ou mesmo de verdadeiras fracções

[616] Neste sentido, cfr. Ac. RG 25/9/2008 (Raquel Rego), em *CJ* 33 (2008), 5, pp. 285-286. No Ac. STJ 15/5/2012 (Hélder Roque), processo 218/2001.C3.S1, considerou-se por esse motivo proibida a instalação de uma marquise num terraço de cobertura afecto a um andar recuado.

[617] Neste sentido, também Henrique Sousa Antunes, *Direitos Reais*, p. 373, nota (659), e na jurisprudência Ac. STJ 28/9/1999 (Machado Soares), processo 703/99 e Ac. STJ 8/2/2000 (Garcia Marques), processo 1115/99.

[618] Em sentido contrário, Sandra Passinhas, *A Assembleia*, p. 43, entende que a afectação prevista na alínea e) é uma afectação formal que tem de constar do título constitutivo, não bastando uma simples afectação de facto. Mas essa posição não parece correcta. Como referem Pires de Lima/Antunes Varela, *op. cit.*, III, sub art. 1421º, nº 11, p. 423, "a afectação a que se alude aqui é uma afectação material – uma *destinação objectiva – existente à data da constituição do condomínio*". Esta última é igualmente a posição da jurisprudência. Cfr. Ac. STJ 19/5/2009 (Salazar Casanova), processo 1793/05.4TBFIG.C1.S1, e Ac. RC 30/6/2015 (Luna de Carvalho), processo 4461/11.4TJCBR.C1, em *CJ* 40 (2015), 3, pp. 31-34

autónomas[619]. Para além disso, se um pátio ou jardim apenas tiver acesso pela habitação de um dos condóminos, é manifesto que não se lhe pode atribuir natureza de parte comum[620].

Tem sido questionada a possibilidade de usucapião das partes comuns em ordem a passarem a ser propriedade exclusiva de um dos condóminos. Em relação às partes obrigatoriamente comuns, é manifesto que tal não é possível, por violar as disposições legais relativas à propriedade horizontal. Já em relação às partes que se presumem comuns, a usucapião é possível, podendo ser invocada para afastar a presunção de comunhão. No entanto, por força do art. 1406º, nº 2, para a usucapião não é suficiente a utilização exclusiva da parte comum por um dos conóminos, tendo que ocorrer a inversão do título da posse[621].

É ainda possível atribuir o gozo de uma parte comum a terceiro, através de arrendamento ou comodato, como às vezes sucede com o terraço, o logradouro, ou com as dependências afectas ao uso e habitação do porteiro. Uma vez que esse contrato priva, pelo menos parcialmente, os restantes condóminos do uso da parte comum, o mesmo só se pode considerar válido, havendo acordo de todos os condóminos (cfr. art. 1024º, nº 2)[622].

5. Constituição da propriedade horizontal

5.1. Generalidades

Nos termos do art. 1417º, nº 1, a propriedade horizontal pode ser constituída por negócio jurídico, usucapião, decisão administrativa, ou decisão judicial proferida em acção de divisão de coisa comum ou em processo de inventário. O art. 1526º admite, porém, ainda um outro caso de constituição da propriedade horizontal, que é a realização de uma construção sobre edifício alheio, ao abrigo de um direito de superfície com esse conteúdo.

Os factos jurídicos que determinem a constituição da propriedade horizontal estão sujeitos a registo (art. 2º, nº 1, b) CRP).

619 Já Manuel Baptista Dias da Fonseca, "Propriedade Horizontal – Quando poderão as garagens ser parte comum de um edifício em regime de propriedade horizontal?", em *O Direito* 124 (1992), I-.II, pp. 171-177, salientava que, apesar da presunção do art. 1421º, nº 2, d), as garagens e os lugares de estacionamente surgiam habitualmente no título constitutivo como partes componentes de fracções autónomas. Actualmente, no entanto, gerou-se a prática de qualificar no título constitutivo as garagens e os lugares de estacionamento como fracções autónomas, permitindo assim a sua alienação separada dos apartamentos.

620 Neste sentido, Carvalho Fernandes, *Direitos Reais*, p. 374.

621 Cfr. Sandra Passinhas, em Antunes Varela/Diogo Freitas do Amaral/Jorge Miranda/J. J. Gomes Canotilho (org.), *Ab Uno ad Omnes*, pp. 650-651.

622 Sandra Passinhas, Antunes Varela/Diogo Freitas do Amaral/Jorge Miranda/J. J. Gomes Canotilho (org.), *Ab Uno ad Omnes*, p. 657.

Examinemos sucessivamente as formas de constituição da propriedade horizontal:

5.2. Negócio jurídico

A lei admite a constituição da propriedade horizontal por negócio jurídico. O negócio jurídico pode naturalmente ser celebrado *inter vivos* ou *mortis causa*. O negócio *mortis causa* é o testamento, sujeito à forma dos arts. 2204º e ss. Em relação aos negócios *inter vivos*, eles podem corresponder a um contrato, como no caso da divisão amigável da coisa comum, com a sua constituição em propriedade horizontal (art. 1413º, nº 1), ou a um negócio jurídico unilateral, no caso de ser o proprietário único do edifício a promover a sua constituição em propriedade horizontal. Em ambos os casos, o negócio constitutivo da propriedade horizontal deverá ser celebrado por escritura pública ou documento particular autenticado (art. 22º D.L. 116/2008), podendo ainda ser celebrado por documento particular ao abrigo do procedimento especial de transmissão, oneração e registo de imóveis, constante do D.L. 263-A/2007, de 23 de Julho e da Portaria 794-B/2007, de 23 de Julho, que foi estendido à constituição da propriedade horizontal pela Portaria 1167/2010, de 10 de Novembro.

A forma mais comum de constituição negocial da propriedade horizontal é, no entanto, a que resulta de um negócio jurídico unilateral do proprietário, podendo tal ocorrer até antes da própria constituição do edifício, caso em que o registo respectivo é lavrado como provisório por natureza (art. 92º, nº 1, b) CRP). O negócio jurídico constitutivo da propriedade horizontal pode ser objecto de uma obrigação voluntariamente assumida, designadamente no âmbito de um contrato-promessa incidente sobre fracção autónoma a constituir. Neste caso, o art. 10º do D.L. 268/94, de 25 de Outubro, estabelece ser obrigação do promitente vendedor exercer as diligências necessárias relativas à constituição da propriedade horizontal e à obtenção da correspondente licença de utilização.

O negócio jurídico unilateral de constituição da propriedade horizontal é, porém, sujeito a uma condição suspensiva de verificação da alienação de uma das fracções a terceiro, uma vez que só haverá constituição da propriedade horizontal a partir do momento em que haja fracções pertencentes a proprietários diversos. Até lá, o dono do prédio permanece como seu proprietário pleno, uma vez que, enquanto não existirem outros condóminos, não faz sentido aplicar as restrições da propriedade horizontal[623].

[623] Cfr. Henrique Mesquita, *RDES* 33 (1976), nºs 1 a 4, p. 97, Borges De Araújo, *A propriedade horizontal*, p. 24, e L. P. Moitinho de Almeida, *Propriedade horizontal*, p. 20, e Carvalho Fernandes, *Direitos Reais*, p. 377.

5.3. Usucapião

É complexa a situação da constituição da propriedade horizontal por usucapião, uma vez que neste caso a usucapião verificar-se-á normalmente apenas em relação a uma fracção autónoma. Só que a aquisição por usucapião dessa fracção autónoma implicará a sujeição de todo o edifício ao regime da propriedade horizontal. A usucapião da fracção autónoma levará assim à constituição indirecta da propriedade horizontal sobre todo o edifício[624].

A constituição da propriedade horizontal por uscapião pressupõe, no entanto, naturalmente o preenchimento em relação às fracções autónomas dos requisitos do art. 1415º. No caso contrário, a usucapião implicará apenas a constituição de uma situação de compropriedade[625].

5.4. Decisão judicial

A propriedade horizontal pode constituir-se por sentença judicial, designadamente a proferida em acção de divisão de coisa comum ou em processo de inventário (art. 1417º, nº 2). A propriedade horizontal pode igualmente constituir-se por sentença, sempre que haja execução específica de um contrato-promessa de compra e venda de uma fracção-autónoma de edifício ainda não sujeito a esse regime (art. 830º)[626].

Em todos estes casos, no entanto, a propriedade horizontal só poderá ser constituída se as fracções autónomas satisfizerem os requisitos do art. 1415º.

5.5. Construção sobre edifício alheio

Conforme se referiu, consideramos igualmente como constitutiva da propriedade horizontal a construção sobre edifício alheio com base num direito de superfície com esse conteúdo (art. 1526º)[627]. Neste caso a propriedade horizontal é constituída em resultado de um facto complexo de formação sucessiva: o negócio constitutivo de um direito de superfície relativo à construção sobre edifício alheio e a realização da construção sobre o edifício ao abrigo desse direito.

6. O título constitutivo

O título constitutivo da propriedade horizontal é um acto modelador do estatuto da propriedade horizontal e as suas determinações têm natureza real[628]. Como

[624] Cfr. Armindo Ribeiro Mendes, *ROA* 30 (1970), p. 59.

[625] Cfr. Carvalho Fernandes, *Direitos Reais*, p. 376.

[626] Neste sentido, cfr. Henrique Mesquita, *RDES* 33 (1976), nºs 1 a 4, pp. 89-90.

[627] Cfr. Armindo Ribeiro Mendes, *ROA* 30 (1970), pp. 60 e ss. e L. P. Moitinho de Almeida, *Propriedade horizontal*, p. 12.

[628] Cfr. Henrique Mesquita, *RDES* 33 (1976), nºs 1 a 4, pp. 94-95, nota (41) e Aragão Seia, *Propriedade horizontal*, p. 25.

negócio jurídico, o título constitutivo está sujeito às regras de interpretação constantes dos arts. 236º a 237º, exigindo-se especificamente dado que, se trata de um negócio formal, um mínimo de correspondência com o texto do documento, ainda que imperfeitamente expresso (art. 238º)[629].

Nos termos do art. 1418º, nº 1, "no título constitutivo serão especificadas as partes do edifício correspondentes às várias fracções, por forma que estas fiquem devidamente individualizadas, e será fixado o valor relativo de cada fracção, expresso em percentagem ou permilagem, do valor total do prédio".

Além dessas especificações, o título constitutivo pode, porém, "ainda conter designadamente:

a) Menção do fim a que se destina cada fracção ou parte comum;
b) Regulamento do condomínio, disciplinando o uso, fruição e conservação, quer das partes comuns, quer das fracções autónomas;
c) Previsão do compromisso arbitral para a valorização dos litígios emergentes da relação do condomínio" (art. 1418º, nº 2).

O art. 59º, nº 1, do Código do Notariado vem estabelecer que "os instrumentos de constituição da propriedade horizontal só podem ser lavrados se for junto documento, passado pela câmara municipal, comprovativo de que as fracções autónomas satisfazem os requisitos legais", sendo que "tratando-se de prédio construído para transmissão em fracções autónomas, o documento a que se refere o número anterior pode ser substituído pela exibição do respectivo projecto de construção e, sendo caso disso, dos posteriores projectos de alteração aprovados pela câmara municipal" (art. 59º, nº 2). Para além disso, "o documento autêntico que se destine a completar o título constitutivo da propriedade horizontal, quanto à especificação das partes do edifício correspondentes às fracções autónomas ou ao seu valor relativo, expresso em percentagens ou permilagem não pode ser lavrado sem observância do disposto nos números anteriores" (art. 59º, nº 3).

Por sua vez, o art. 62º, nº 1, do Código do Notariado estabelece que "nenhum instrumento pelo qual se transmitam direitos reais ou contraiam encargos sobre fracções autónomas de prédios em regime de propriedade horizontal pode ser lavrado sem que se exiba documento comprovativo da inscrição do respectivo título constitutivo no registo predial", só não se aplicando essa exigência quando "os actos de transmissão de direitos ou de constituição de encargos sejam lavrados no mesmo dia e com o conhecimento pessoal do notário de que foi lavrada o

[629] No Ac. STJ 11/12/2014 (Abrantes Geraldes), processo 833/11.2TVPRT.P1S1, na *CJ-ASTJ* 22 (2014), 3, pp. 162-165 aceitou-se como elemento de interpretação do título constutivo o projecto de licenciamento camarário.

título constitutivo de propriedade horizontal, circunstância que deve ser expressamente mencionada" (art. 62º, nº 2 do Código do Notariado).

A incrição do título constitutivo no registo predial obriga a estabelecer uma descrição genérica do prédio ou prédios em regime da propriedade horizontal, com menção da série de letras correspondentes às fracções para efeitos da sua individualização (art. 82º, nº 2, CRP). Realiza-se depois uma descrição subordinada de cada fracção autónoma, com menção do número da descrição genérica do prédio, seguido da letra ou letras das fracções por ordem alfabética (art. 83º, nº 1, a) CRP), as menções relativas às características do prédio (art. 83º, nº 1, b) CRP) e o fim a que se destina a fracção, se constar do título (art. 83º, nº 1, c) CRP). O extracto da inscrição deve ainda conter as menções especiais relativas ao valor relativo de cada fracção, expresso em percentagem ou permilagem, a existência de regulamento, caso este conste do título constitutivo, e os direitos dos condóminos neste título especialmente regulados (art. 95º, nº 1, q) CRP).

Caso sejam incumpridos os requisitos legalmente exigidos para a constituição do prédio em propriedade horizontal a consequência é a nulidade do título constitutivo e a sujeição do prédio ao regime da compropriedade, pela atribuição a cada consorte da quota que lhe tiver sido fixada nos termos do art. 1418º ou, na falta de fixação, da quota correspondente ao valor relativo da sua fracção (art. 1416º, nº 1)[630]. Trata-se neste caso de uma conversão legal automática distinta do instituto geral da conversão previsto no art. 293º[631]. Alguma doutrina tem, porém, sustentado que, no caso de os requisitos faltarem apenas em relação a algumas fracções, essa sanção apenas se aplica em relação às fracções irregularmente constituídas, continuando a vigorar o regime da propriedade horizontal em relação às outras[632]. É uma solução com que não podemos concordar, uma vez que o regime da propriedade horizontal tem necessariamente que abranger todo o edifício.

O título constitutivo é igualmente nulo no caso de faltar a especificação exigida pelo art. 1418º, nº 1 ou não for coincidente o fim referido na alínea a) do nº 2 com o que foi fixado no projecto aprovado pela entidade pública compe-

[630] Conforme escrevem Pires de Lima/Antunes Varela, *op. cit.*, III, sub art. 1416º, nº 4, p. 401, neste caso a fixação da quota de cada condómino "será calculada de harmonia com o valor relativo *atribuído* à sua fracção, nos termos do art. 1418º. Na falta desta fixação, o valor relativo da fracção, destinado a determinar a quota do antigo condómino na nova propriedade, terá de ser estabelecido por acordo ou por arbitramento (art. 1052º e segs. do Cód. Proc. Civil)". Cfr. ainda L. P. Moitinho de Almeida, *Propriedade horizontal*, p. 14.

[631] Neste sentido, cfr. Armindo Ribeiro Mendes, *ROA* 30 (1970), p. 53.

[632] Cfr. Henrique Mesquita, *Direitos Reais*, p. 276, nota (1), Pires de Lima/Antunes Varela, *op. cit.*, III, sub art. 1416º, nº 6, p. 402, e L. P. Moitinho de Almeida, *Propriedade horizontal*, p. 12.

tente, considera-se nulo o título constitutivo (art. 1418º, nº 3)[633]. Como exemplo desta situação temos a hipótese de, contra o disposto no projecto aprovado pela câmara municipal, for aplicado um espaço comum destinado a porteiro para fracção autónoma.

Têm legitimidade para arguir a nulidade do título os condóminos, e também o Ministério Público sobre participação da entidade pública a quem caiba a aprovação ou fiscalização das construções (art. 1416º, nº 2).

7. O regulamento do condomínio

Para além do título constitutivo, a propriedade horizontal é regulada pelo regulamento do condomínio, que disciplina o uso, a fruição e a conservação das partes comuns, e das fracções autónomas. Existindo mais de quatro condóminos, é obrigatória a elaboração do referido regulamento, sempre que ele não faça parte do título constitutivo (art. 1429º-A, nº 1), como a lei permite (cfr. 1418º, nº 2, b)). Nesse caso, a feitura do regulamento compete à assembleia dos condóminos ou ao administrador, se aquela não o houver elaborado (art. 1429º-A, nº 2).

8. Poderes dos condóminos

8.1. Generalidades

Nos termos do art. 1420º, cada condómino é considerado proprietário exclusivo da sua fracção e comproprietário das partes comuns do prédio, sendo o conjunto dos direitos considerado como incindível, não podendo ocorrer a sua alienação separada ou a renúncia às partes comuns. É possível assim separar analiticamente os poderes de cada condómino relativos à sua fracção, que a lei qualifica como propriedade exclusiva, dos poderes relativos às partes comuns, legalmente qualificados como compropriedade. Deve, no entanto, referir-se que a propriedade horizontal não é um mero somatório destes dois direitos, mas uma figura autónoma, que em certos aspectos até se afasta muito dos direitos com base no qual se molda.

Examinemos sucessivamente estes poderes.

[633] Anteriormente à actual redacção deste artigo, dada pelo D.L. 267/94, de 25 de Outubro, já o Assento do STJ de 10/5/1989 (Menéres Pimentel), no *BMJ* 387 (1989), pp. 79-88, tinha estabelecido a seguinte jurisprudência: "Nos termos do art. 294º do C. Civil, o título constitutivo ou modificativo da propriedade horizontal é parcialmente nulo ao atribuir à parte comum ou a fracção autónmoma do edifício, destino ou utilização diferentes dos constantes do respectivo projecto aprovado pela câmara municipal".

8.2. Poderes relativos à fracção

Por força da qualificação dos poderes relativos à fracção como propriedade exclusiva, deveriam ser atribuídos ao condómino, de modo pleno e exclusivo, os poderes de uso, fruição e disposição da fracção (art. 1305º). É manifesto, porém, que tal não sucede, em virtude das limitações aos poderes dos condóminos que *infra* se referirão. Salienta-se apenas que o direito de uso da fracção por parte dos condóminos se encontra extremamente limitado, especialmente em virtude de terem que respeitar o fim a que a fracção se destina (art. 1422º, nº 2, b)). Pelo mesmo motivo, também a fruição não é absoluta, uma vez que o condómino pode obter frutos civis através do arrendamento da fracção, mas não o pode fazer para qualquer fim, em virtude dessa limitação. Finalmente, também os poderes de transformação dos condóminos se encontram extremamente limitados, uma vez que não podem prejudicar, quer com obras novas, quer por falta de reparação, a segurança, a linha arquitectónica ou o arranjo estético do edifício (art. 1422º, nº 2, a)).

Assim, os poderes dos condóminos sobre as suas fracções são muito inferiores aos poderes que o proprietário possuiria sobre as mesmas partes do edifício, se este não estivesse constituído em propriedade horizontal.

8.3. Poderes relativos às partes comuns

O art. 1420º, nº 1, remete os poderes dos condóminos sobre as partes comuns para o regime da compropriedade. Essa remissão tem, no entanto, um alcance bastante mais restrito do que possa parecer. Efectivamente, embora se admita a renúncia liberatória na compropriedade (art. 1411º, nºs 2 e 3), esta é expressamente excluída na propriedade horizontal (art. 1420º, nº 2). Enquanto o comproprietário tem direito de preferência (art. 1409º) e pode solicitar a divisão da coisa comum (art. 1411º), o mesmo não sucede com o condómino (art. 1423º). A administração das partes comuns não obedece às regras dos arts. 1407º e 985º, havendo um sistema de órgãos administrativos legalmente previsto, a quem compete exercer a gestão do condomínio (arts. 1430º e ss.).

Por força da remissão legal para o regime da compropriedade (art. 1420º, nº 1, *in fine*) deve entender-se que é permitido a qualquer dos condóminos servir-se das partes comuns, contanto que não as empregue para fim distinto daquele a que elas se destinam nem prive os outros condóminos do uso a que igualmente têm direito (art. 1406º, nº 1). O uso por um dos condóminos das partes comuns não constitui posse exclusiva ou posse de quota superior à sua, salvo se tiver havido inversão do título (art. 1406º, nº 2)[634]. Em qualquer caso, a inversão do

[634] Em consequência, sendo as garagens partes comuns, o uso continuado de lugares de estacionamento por um dos condóminos não constitui posse exclusiva dos mesmos. Cfr. Ac. STJ 3/6/2008 (Cardoso de Albuquerque), em *CJ-ASTJ* 16 (2008), 2, pp. 95-97.

título nunca poderia constituir à usucapião das partes comuns, uma vez que tal se mostraria contrário ao regime da propriedade horizontal[635].

A lei admite, no entanto, que o título constitutivo afecte a um dos condóminos o uso exclusivo de certas zonas das partes comuns (art. 1421º, nº 3). Trata-se de uma situação peculiar, em que embora a parte se mantenha comum, o condómino é o único que tem o direito de a utilizar, podendo assim impedir o mesmo uso pelos outros condóminos. Nessa situação já se deve considerar existir posse exclusiva desse condómino sobre aquela parte do prédio.

9. Limitações aos poderes dos condóminos

9.1. Generalidades

Por força do art. art. 1422º, nº 1, os condóminos estão naturalmente sujeitos a todas as restrições que incidem sobre os proprietários dos imóveis (arts. 1346º e ss.), as quais neste caso são especialmente acentuadas em virtude da grande proximidade física das fracções. Em relação às partes comuns, vêm a ser aplicadas as restrições resultantes do regime da compropriedade (art. 1422º, nº 1, *in fine*).

Mas para além disso, em virtude da natureza especial da propriedade em questão, surgem limitações específicias aos direitos dos condóminos, que não se verificam na propriedade em geral (art. 1422º, nº 2)[636]. É assim especialmente vedado aos condóminos:

a) Prejudicar, quer com obras novas, quer por falta de reparação, a segurança, a linha arquitectónica ou o arranjo estético do prédio;
b) Destinar a sua fracção a usos ofensivos dos bons costumes;
c) Dar-lhe uso diverso do fim a que é destinada;
d) Praticar quaisquer actos ou actividades que tenham sido proibidos no título constitutivo ou, posteriormente, por deliberação da assembleia de condóminos, aprovada sem oposição.

Examinemos sucessivamente estas situações.

9.2. A proibição de prejudicar a segurança, a linha arquitectónica, ou o arranjo estético do prédio

Em primeiro lugar, é proibido aos condóminos prejudicar, por obras novas ou por falta de reparação, a segurança, a linha arquitectónica, ou o arranjo estético do prédio (art. 1422º, nº 2 a)). A lei admite, no entanto, que as obras que modifiquem a linha arquitectónica ou o arranjo estético do prédio possam ser autori-

[635] Neste sentido, cfr. Ac. STJ 20/10/2011 (Martins de Sousa), em *CJ-ASTJ* 19 (2011), 3, pp. 79-82.
[636] Cfr. Mota Pinto, *Direitos Reais*, p. 261.

zadas pela assembleia de condóminos por maioria representativa de dois terços do valor total do prédio (art. 1422º, nº 3).

9.3. A proibição de destinar a fracção a usos ofensivos dos bons costumes

Em segundo lugar, os condóminos não podem destinar a sua fracção a usos ofensivos dos bons costumes (art. 1422º, nº 2 b)). Neste âmbito será por exemplo proibida a utilização da fracção para exercício da prostituição.

9.4. A proibição de dar à fracção uso diverso daquele a que é destinada

Outra conduta vedada aos condóminos é a de dar à fracção uso diverso do fim a que é destinada (art. 1422º, nº 2, c)). Esse fim é o que se encontra estabelecido no título constitutivo, que delimita a função atribuída a cada fracção autónoma[637], não podendo o condómino utilizá-la para fim distinto[638]. Embora o título constitutivo não tenha que especificar o fim a que se destinam as fracções, se o fizer, o seu conteúdo prevalece "dada a natureza real – e portanto a eficácia *erga omnes* do estatuto que nele se contém"[639]. Nesse caso, esse fim é oponível a terceiros, se estiver registado (art. 83º, nº 1, c) CRP). O título constitutivo não pode, porém, sob pena de nulidade, atribui à fracção um fim distinto do que aquele que foi fixado pela entidade pública competente (art. 1418º, nº 3). Em qualquer caso, mesmo que o título constitutivo não disponha sobre o fim de cada fracção autónoma, a alteração ao seu uso carece da autorização da assembleia de condóminos, aprovada por maioria representativa de dois terços do valor total do prédio (art. 1422º, nº 4). Essa autorização também não poderá, no entanto,

[637] É por conseguinte irrelevante para este efeito que o condómino tenha obtido a competente licença camarária para alterar o destino da sua fracção. Neste sentido, Ac. RC 15/4/2008 (ALEXANDRE REIS), em *CJ* 33 (2008), 2, pp. 30-35 e Ac. STJ 19/2/2008 (CUSTÓDIO MONTES), em *CJ-ASTJ* 16 (2008), 1, pp. 104-109.

[638] Assim, se as fracções forem destinadas a habitação, os condóminos não poderão afectá-las a escritórios. Se forem destinadas ao comércio não poderão ser afectas a actividades industriais, e se forem destinadas a garagem, não poderá ser neles exercido o comércio. Neste sentido, cfr. PIRES DE LIMA/ANTUNES VARELA, *op. cit.*, III, sub art. 1422º. nº 7, p. 426, SANDRA PASSINHAS, *A assembleia*, pp. 131 e ss., e SANTOS JUSTO, *Direitos Reais*, p. 336, nota (1722). No Ac. STJ 4/12/2008 (PIRES DA ROSA), em *CJ-ASTJ* 16 (2008), 3, pp. 173-175, considerou-se que, se o título constitutivo afectar uma fracção a comércio, não poderá o condómino utilizá-la para restaurante, que constitui uma actividade industrial. Da mesma forma, no Ac. STJ 22/9/2009 (SANTOS BERNARDINO), em *CJ-ASTJ* 17 (2009), 3, pp. 62-66, considerou-se que, se o título constitutivo destinar uma fracção a loja, não pode o condómino utilizá-la para explorar a actividade de jogo do bingo.

[639] Cfr. HENRIQUE MESQUITA, *RDES* 33 (1976), nºs 1 a 4, p. 102, e ARAGÃO SEIA, *Propriedade Horizontal*, p. 46, nota (3).

desrespeitar o eventual fixado no projecto pela entidade pública competente (art. 1418º, nº 3)[640].

Tem sido objecto de controvérsia se existe desvio de fim de uma fracção autónoma destinada à habitação se o condómino a aplicar para alojamento local. Pelo menos em relação aos «hostels» determina o art. 4º, nº 4, D.L. 128/2014, que "*não pode haver lugar à instalação e exploração de «hostels» em edifício em que coexista habitação sem autorização dos condóminos para o efeito, devendo a deliberação respetiva instruir a comunicação prévia com prazo*". A lei não esclarece, no entanto, qual a maioria que se exige para a aprovação desta deliberação, parecendo que, por força do art. 1432º, nº 4, CC bastará a maioria do capital do prédio.

Já em relação às outras categorias de alojamento local, a situação é mais complexa, tendo havido uma intensa discussão jurisprudencial sobre se o alojamento local pode ou não ser utilizado em fracções destinadas em habitação, e se a afectação de uma fracção habitacional a essa actividade constitui desvio de fim das fracções, para efeitos do art. 1422º, nº 2, c) do Código Civil[641]. Já na doutrina tem prevalecido a posição de que o destino das fracções autónomas para habitação não é compatível com a utilização das mesmas para alojamento local[642].

[640] Neste sentido, ARAGÃO SEIA, *Propriedade horizontal*, p. 48.

[641] Inicialmente, a posição foi a de permitir o alojamento local nas fracções autónomas destinadas a habitação. Assim, no Ac. RP 15/9/2016 (RODRIGUES DE ALMEIDA), processo 4910/16.5T8PRT-A.P1 considerou-se que o conceito de alojamento está contido no conceito de habitação, pelo que, se no título constitutivo da propriedade horizontal apenas se estabelece que determinada fracção se destina à habitação, não existe, em princípio, impedimento a que o seu proprietário a afecte a alojamento local de turistas.
Esta posição veio, porém, a ser alterada no Acórdão RL 28/10/2016 (ILÍDIO SACARRÃO MARTINS), processo 12579-16.0T8LSB.L1-8, onde pela primeira vez se considerou que "destinando-se a fracção autónoma, segundo o título constitutivo, a habitação, não lhe pode ser dado outro destino (alojamento mobilado para turistas) sendo para tanto irrelevante o licenciamento do local para a actividade comercial acima referida por aquelas entidades". Este acórdão foi, porém, objecto de recurso para o Supremo Tribunal de Justiça, o qual no Ac. 28/3/2017 (SALRETA PEREIRA), considerou que "na cedência onerosa de fracção mobilada a turistas, a fracção destina-se à respectiva habitação e não ao exercício de actividade comercial".
Esta decisão, a única até agora conhecida do Supremo sobre esta matéria não convenceu, no entanto, a Relação do Porto. Esta, no acórdão RP 27/4/2017 (ANA LUCINDA CABRAL), processo 13721/16.7T8PRT.P1, voltou a considerar proibido o alojamento local nas fracções autónomas, condenando o proprietário a deixar de utilizar a sua fracção para alojamento local, bem como numa sanção pecuniária compulsória de €150 por dia enquanto o fizesse. Essa posição foi seguida recente no Ac. RP 11/4/2018 (RUI MOREIRA), processo 24471/16.4T8PRT.P1, onde se escreveu que "o exercício da actividade de alojamento local numa fracção destinada a habitação viola o fim que lhe foi fixado no título de propriedade horizontal".

[642] Cfr. FERNANDA PAULA OLIVEIRA/DULCE LOPES/SANDRA PASSINHAS, *Alojamento local e uso de fração autónoma*, Coimbra, Almedina, 2017, pp. 65-66 e BONIFÁCIO RAMOS, *Direitos Reais*, pp. 392 e ss.

Por nossa parte, consideramos que os títulos constitutivos da propriedade horizontal não costumam destinar as fracções a usos específicos, falando antes genericamente em habitação, comércio ou serviços. Ora, tendo a fracção sido destinada a comércio ou serviços, é manifesto que a mesma não está apta a albergar turistas, uma vez que não possui as características necessárias ao seu alojamento. Considerar que o alojamento local não poderia ser praticado em fracções destinadas a habitação implicaria que ele fosse proibido em todos os prédios que não fossem construídos para esse fim específico, o que nos parece excessivo. O facto de o actual art. 3º, nº 7, D.L. 128/2014 prever expressamente a existência de alojamento local com disponibilização de quartos na habitação própria do locador confirma a inclusão do alojamento local no âmbito da habitação. Para além disso, hoje o art. 20º-A desse diploma determina apenas que o condomínio possa elevar as contribuições em caso de exploração do alojamento local numa fracção autónoma, o que parece excluir a possibilidade de o condomínio determinar a sua proibição. Entendemos assim que é permitido aos condóminos o uso das fracções autónomas destinadas à habitação para alojamento local.

9.5. A proibição de praticar actos ou actividades que tenham sido proibidos no título constitutivo ou, posteriormente, por deliberação da assembleia de condóminos, aprovada sem oposição

Finalmente, os condóminos não podem praticar quaisquer actos que tenham sido proibidos no título constitutivo ou, posteriormente, por deliberação da assembleia de condóminos aprovada sem oposição (art. 1422º, nº 2, d)). Os condóminos dispõem assim de uma certa autonomia nas limitações que podem estabelecer em relação aos seus próprios poderes. Neste âmbito, tem-se entendido que os condóminos poderão proibir o arrendamento para determinados fins, a posse de certos animais domésticos[643], a emissão de ruídos a partir de determinadas horas, ou o acto de estender roupa nas varandas ou janelas da fachada principal[644].

10. Obrigações dos condóminos

10.1. Generalidades

A propriedade horizontal impõe ainda várias obrigações aos condóminos. Neste âmbito, podemos distinguir entre encargos de conservação, uso e fruição das par-

[643] Não será admissível a proibição indiscriminada de possuir todo e qualquer animal doméstico, o que se apresentaria como contrária aos direitos dos condóminos, podendo apenas proibir-se a posse de animais susceptíveis de perturbar a vizinhança. Neste sentido, cfr. SANDRA PASSINHAS, *A assembleia*, pp. 142-143 e "Os animais e o regime português da propriedade horizontal", na *ROA* 66 (2006), 2, pp. 833-873.

[644] Cfr. PIRES DE LIMA/ANTUNES VARELA, *op. cit.*, III, sub art. 1422º. nº 7, p. 426, SANDRA PASSINHAS, *A assembleia*, pp. 141 e ss., e SANTOS JUSTO, *Direitos Reais*, pp. 336-337, nota (1723).

tes comuns, pagamento de serviços de interesse comum, seguro do condomínio, e encargos com inovações.

Examinemos essas diversas situações.

10.2. Encargos de conservação, uso e fruição das partes comuns

Em relação aos encargos de conservação, uso e fruição das partes comuns, dispõe o art. 1424º, nº 1, que estes são pagos pelos condóminos em proporção do valor das suas fracções. Esta solução é, no entanto, exceptuada em relação às despesas relativas aos diversos lanços de escadas ou às partes comuns do prédio que sirvam exclusivamente algum dos condóminos, as quais ficam a cargo dos que dela se servem (art. 1424º, nº 3). Também nas despesas dos ascensores só participam os condóminos cujas fracções por eles possam ser servidas (art. 1424º, nº 4). Já se estiver em causa a colocação de rampas de acesso e plataformas elevatórias, para permitir o acesso a pessoas de mobilidade condicionada, as despesas com as mesmas ficam a cargo dos condóminos que tiverem procedido à sua colocação (art. 1424º, nº 5).

Caso a fracção esteja a ser utilizada para alojamento local, o art. 20º-A, do D.L. 128/2014, aditado pela Lei 62/2018, admite a possibilidade de o condomínio poder fixar o pagamento de uma contribuição adicional correspondente às despesas decorrentes da utilização acrescida das partes comuns, com um limite de 30 % do valor anual da quota respetiva, a deliberar nos termos do artigo 1424º do Código Civil.

Compete ao administrador cobrar as receitas e efectuar as despesas comuns (art. 1436º, nº 1, d)). Quando se trate, porém, de reparações indispensáveis e urgentes nas partes comuns do edifício, estas podem ser levadas a efeito, na falta ou impedimento do administrador por iniciativa de qualquer condómino (art. 1427º).

Na prática social, tem-se vindo a instituir a regra de os condóminos fazerem provisão para pagamento das despesas relativas ao condomínio, através de uma prestação mensal, habitualmente chamada condomínio. O pagamento dessa prestação funciona, no entanto, apenas como adiantamento, não ficando o administrador inibido de reclamar o pagamento do excesso por parte dos condóminos quando essas prestações não cheguem para cobrir as receitas.

A lei obriga ainda os condóminos a constituir, em cada condomínio, um fundo comum de reserva para custear as despesas de conservação (art. 4º, nº 1, D.L. 268/94), devendo cada condómino contribuir para esse fundo com uma quantia correspondente a pelo menos 10% da sua quota-parte nas restantes despesas do condomínio (art. 4º, nº 2, D.L. 268/94). O fundo comum de reserva deve ser depositado em instituição bancária, competindo à assembleia de condóminos a respectiva administração (art. 4º, nº 3, D.L. 268/94).

10.3. Pagamento de serviços de interesse comum

Também as despesas relativas ao pagamento de serviços de interesse comum são pagas pelos condóminos em proporção do valor das suas fracções (art. 1424º, nº 1, *in fine*). Essas despesas podem, no entanto, "mediante disposição do regulamento do condomínio, aprovada sem oposição por maioria representativa de dois terços do valor total do prédio, ficar a cargo dos condóminos em partes iguais ou em proporção à respectiva fruição, desde que devidamente especificadas e justificados os critérios que determinam a sua imputação" (art. 1424º, nº 2).

10.4. Seguro de condomínio

Outro encargo dos condóminos é o seguro obrigatório contra o risco de incêndio do edifício, quer quanto às fracções autónomas, quer relativamente às partes comuns (art. 1429º, nº 1). "O seguro deve ser celebrado pelos condóminos; o administrador deve, no entanto, efectuá-lo quando os condóminos o não hajam feito dentro do prazo e pelo valor que, para o efeito, tenha sido fixado em assembleia; nesse caso, ficará com o direito de reaver deles o respectivo prémio" (art. 1429º, nº 2).

Uma vez celebrado, o seguro deve ser ainda objecto de actualizaçao anual, nos termos do art. 5º, nº 1, D.L. 268/94. Compete à assembleia de condóminos deliberar o montante de cada actualização (art. 5º, nº 2, D.L. 268/94), mas se esta não o fizer, deverá o administrador actualizar o seguro de acordo com o índice publicado trimestralmente pelo Instituto de Seguros de Portugal (art. 5º, nº 3, D.L. 268/94).

10.5. Encargos com inovações

Diferente é, porém, o regime relativamente aos *encargos com inovações*. São consideradas inovações as obras que impliquem alterações na forma ou substância do imóvel. Entre elas encontram-se, por exemplo, a construção de arrecadações apoiadas nas paredes exteriores do prédio[645], a colocação de escadas exteriores em ferro amovíveis nessas mesmas paredes[646], e a instalação de um monta autos[647]. As inovações dependem da aprovação da maioria dos condóminos, devendo essa maioria representar dois terços do valor total do prédio (art. 1425º, nº 1)[648], não sendo, porém, as mesmas permitidas nas partes comuns do edifício sempre que sejam susceptíveis de prejudicar a utilização, por parte de algum dos

[645] Cfr. Ac. RL 13/9/2007 (Lima Gonçalves), em *CJ* 32 (2007), 4, pp. 92-94.

[646] Cfr. Ac. RP 17/1/2008 (Amaral Ferreira), em *CJ* 33 (2008), 1, pp. 171-173.

[647] Cfr. Ac. RC 10/3/2009 (Gonçalves Ferreira), em *CJ* 34 (2009), 2, pp. 14-17.

[648] Conforme refere Carvalho Fernandes, *Direitos Reais*, p. 391, trata-se de uma dupla maioria, relativa quer aos condóminos, quer ao valor total do prédio, sendo esta última qualificada.

condóminos, tanto das coisas próprias como das comuns (art. 1425º, nº 2). No caso de algum condómino as realizar sem autorização da assembleia, poderão os outros condóminos exigir a sua demolição, às custas do autor da inovação, nos termos gerais[649].

As despesas com as inovações ficam a cargo dos condóminos, nos mesmos termos já expostos em relação aos encargos de conservação, uso e fruição (art. 1426º, nº 1, e 1424º), nelas participando também os condóminos que não aprovaram a inovação. Admite-se que estes últimos deixem de contribuir para essas despesas se a sua recusa for judicialmente havida como fundada (art. 1426º, nº 2). A lei considera sempre fundada a recusa, quando as obras tenham natureza voluptuária ou não sejam proporcionadas à importância do edifício (ar. 1426º, nº 3). O condómino que efectue essa recusa deixa, porém, de participar nas vantagens da inovação, admitindo-se, no entanto, que volte a todo o tempo a participar, mediante o pagamento da quota correspondente às despesas de conservação e manutenção da obra (art. 1426º, nº 4).

11. A administração das partes comuns do edifício

11.1. Generalidades

A administração das partes comuns do edifício compete à assembleia de condóminos e a um administrador (art. 1430º, nº 1). Temos assim em primeiro lugar um órgão deliberativo, a assembleia dos condóminos, e em segundo lugar um órgão executivo, o administrador do condomínio. Através destes são exercidas todas as competências do condomínio relativas às partes comuns, que deixa assim de competir aos condóminos individualmente. No entanto, a competência dos órgãos do condomínio não se estende às fracções autónomas, as quais constituem propriedade exclusiva de cada condómino, cabendo ao proprietário decidir a forma como são administradas. Por isso qualquer deliberação da assembleia ou decisão do administrador relativa às fracções autónomas deve considerar-se absolutamente ineficaz[650].

A obrigação que incide sobre o conjunto dos condóminos relativamente à administração das partes comuns, torna-os naturalmente responsáveis se, por

[649] Uma vez que está em causa uma violação do estatuto real do condomínio, o qual é de interesse e ordem pública, não pode a destruição das obras ser substituída por indemnização de dinheiro, não sendo aplicável o disposto nos arts. 566º, nº 1, *in fine*, e 829º, nº 2. Neste sentido, cfr. Aragão Seia, *Propriedade Horizontal*, p. 143, e na jurisprudência, o Ac. STJ 1/6/2010 (Azevedo Ramos), na *CJ-ASTJ* 18 (2010), 2, pp. 99-101.

[650] Neste sentido, cfr. Pires de Lima/Antunes Varela, *op. cit.*, III, sub art. 1430º, nº 2, p. 442. Na jurisprudência, cfr. o Ac. RL 1/3/2011 (Luís Lameiras), em *CJ* 34 (2011), 2, pp. 83-87.

deficiente administração, o prédio vier a causar danos a terceiros. A culpa presume-se, nos termos do art. 493º, nº 1[651].

11.2. A assembleia dos condóminos

A assembleia dos condóminos é o órgão deliberativo composto por todos os comdóminos, tendo cada condómino tantos votos quanto for o valor da percentagem ou permilagem referida no art. 1418º (art. 1430º, nº 2). Enquanto órgão deliberativo compete à assembleia tomar posição sobre todas as questões relativas às partes comuns, encarregar o administrador de executar as suas deliberações (cfr. art. 1436º, h)), e fiscalizar a sua actividade, quer através da aprovação das suas contas (art. 1431º), quer revogando os seus actos por via de recurso (art. 1438º).

A assembleia dos condóminos reúne em sessões ordinárias ou extraordinárias. A reunião ordinária ocorre na primeira quinzena de Janeiro, mediante convocação do administrador, para discussão e aprovação das contas respeitantes ao último ano e aprovação do orçamento das despesas a efectuar durante o ano (art. 1431º, nº 1). As reuniões extraordinárias ocorrem por convocação do administrador ou por condóminos que representem, pelo menos, 25% do capital investido (art. 1431º, nº 2).

A convocatória para a assembleia dos condóminos deve constar de carta registada, enviada com 10 dias de antecedência, ou mediante aviso convocatório feito com a mesma antecedência, desde que haja recibo de recepção assinado pelos condóminos (art. 1432º, nº 1). A convocatória tem que indicar o dia, hora, local e ordem de trabalhos da reunião e informar sobre os assuntos cujas deliberações só podem ser aprovadas por unanimidade dos votos (art. 1432º, nº 2).

Em primeira convocação, a assembleia pode deliberar se estiverem presentes condóminos que perfaçam a maioria dos votos representativos do capital investido, considerando-se aprovadas as deliberações que obtenham essa maioria (art. 1432º, nº 3). Na ausência desse *quorum*, se na convocatória não tiver sido fixada outra data[652], considera-se convocada nova reunião para uma semana depois, na mesma hora e local, podendo neste caso a assembleia deliberar por maioria dos votos dos condóminos presentes, desde que estes representem, pelo menos, um quarto do valor total do prédio (art. 1432º, nº 4). Já as deliberações que careçam de ser aprovadas por unanimidade dos votos podem ser aprovadas por unanimidade dos condóminos presentes, desde que estes representem, pelo menos,

[651] Neste sentido, cfr. Ac. RG 23/10/2008 (Augusto Carvalho), em *CJ* 33 (2008), 4, pp. 297-299.

[652] A convocatória pode fixar desde logo a data da segunda reunião, mas a mesma não pode ocorrer em prazo tão curto que impeça os condóminos ausentes de estarem presentes, como sucederá se a convocatória estipular a segunda reunião para a meia hora seguinte. Neste sentido, cfr. Ac. RL 31/3/2011 (Márcia Portela), em *CJ* 36 (2011), 2, pp. 115-120.

dois terços do capital investido, sob condição de aprovação da deliberação pelos condóminos ausentes (art. 1432º, nº 5).

As deliberações aprovadas na assembleia têm que ser comunicadas a todos os condóminos ausentes, por carta registada com aviso de recepção, no prazo de 30 dias (art. 1432º, nº 6). Os condóminos têm 90 dias após a recepção dessa carta para comunicar por escrito à assembleia de condóminos o seu assentimento ou a sua discordância (art. 1432º, nº 7), sendo o silêncio dos condóminos considerado como aprovação da deliberação que lhes tenha sido comunicada (art. 1432º, nº 8).

As deliberações da assembleia contrárias à lei ou a regulamentos anteriormente aprovados são anuláveis a requerimento de qualquer condómino que as não tenha aprovado (art. 1433º, nº 1)[653], podendo igualmente ser requerida a suspensão das deliberações nos termos gerais (art. 1433º, nº 5 e art. 383º CPC). No prazo de 10 dias contado da deliberação, para os condóminos presentes, ou contado da sua comunicação, para os condóminos ausentes, pode ser exigida ao administrador a convocação de uma assembleia extraordinária, a ter lugar no prazo de 20 dias, para revogação das deliberações inválidas ou ineficazes (art. 1433º, nº 2), podendo ainda qualquer condómino no prazo de 30 dias sujeitar a deliberação a um centro de arbitragem (art. 1433º, nº 3). O direito de propor a acção caduca no prazo de vinte dias a contar da deliberação e, quanto aos proprietários ausentes, no mesmo prazo a contar da comunicação da deliberação da assembleia extraordinária ou, caso esta não seja solicitada, no prazo de 60 dias sobre a data da deliberação (art. 1433º, nº 4). Parece resultar do art. 1433º, nº 6, que é contra os condóminos que votaram favoravelmente as deliberações que devem ser propostas as acções, cabendo a sua representação judiciária ao administrador ou à pessoa que a assembleia designar[654].

[653] Não compete ao tribunal apreciar do mérito das deliberações, mas apenas averiguar se elas violam regras legais que se imponham ao condomínio. Neste sentido, Pires de Lima/Antunes Varela, *op. cit.*, III, sub art. 1433, nº 5, p. 449, e, na jurisprudência, Ac. RL 4/11/2008 (António Abrantes Geraldes), em *CJ* 33 (2008), 5, pp. 73-82. Em consequência, e conforme se decidiu no Ac. STJ 8/6/2010 (Oliveira Rocha), em *CJ-ASTJ* 18 (2010), 2, pp. 102-103, o tribunal apenas pode decretar a anulação da deliberação e não reapreciar o mérito ou substituir a sua matéria dispositiva.

[654] Apesar de o condomínio ter personalidade judiciária, nos termos do art. 12º e) CPC, não é neste caso quem tem legitimidade passiva para esta acção, uma vez que a mesma não se insere no âmbito das competências do administrador. Neste sentido, Ac. STJ 6/11/2008 (Santos Bernardino), em *CJ-ASTJ* 16 (2008), 3, pp. 126-130, e Ac. RL 31/3/2011 (Márcia Portela), em *CJ* 36 (2011), 2, pp. 115-120. Em sentido contrário, sustentando que é o condomínio, representado pelo administrador, que deve ser demandado, cfr. Ac. RL 25/6/2009 (Ilídio Sacarrão Martins), em *CJ* 34 (2009), 3, pp. 114-116, e em *CDP* nº 35 (Julho-Setembro 2011), pp. 41-43, com anotação concordante de Miguel Mesquita, "A personalidade judiciária do condomínio nas acções de impugnação de deliberações de assembleia de condóminos – Ac. do TRL de 25.6.2009, Proc. 4838/07", *ibid*, pp. 43-56.

11.3. O administrador

O administrador é o órgão executivo de administração das partes comuns do condomínio, cabendo-lhe desempenhar as funções previstas no art. 1436º, assim como outras constantes de outros preceitos legais, e ainda as funções de que venha a ser encarregado pela assembleia. O cargo de administrador é remunerável, tanto podendo ser desempenhado por um dos condóminos como por terceiro (art. 1435º, nº 4).

O administrador é eleito pela assembleia de condóminos (art. 1435º, nº 1), sendo o período de funções, salvo disposição em contrário, de um ano renovável (art. 1435º, nº 4).

Se a assembleia de condóminos não eleger administrador, será este nomeado pelo tribunal a requerimento de qualquer dos condóminos (art. 1435º, nº 2). Caso tal não venha a ocorrer, as funções de administrador são desempenhadas, a título provisório, pelo condómino cuja fracção ou fracções representem a maior percentagem do capital investido, salvo se outro condómino tiver manifestado vontade de exercer o cargo e houver comunicado tal propósito aos demais condóminos (art. 1435º-A, nº 1). Quando, nos termos do número anterior, houver mais de um condómino em igualdade de circunstâncias, as funções recaem sobre aquele a que corresponda a primeira letra na ordem alfabética utilizada na descrição das fracções constante do registo predial (art. 1435º-A, nº 2). Nestes casos, logo que seja eleito ou judicialmente nomeado um administrador, o condómino que nos termos do presente artigo se encontre provido na administração cessa funções, devendo entregar àquele todos os documentos respeitantes ao condomínio que estejam confiados à sua guarda (art. 1435º-A, nº 3).

As funções do administrador, para além da convocação da assembleia (art. 1436º, a)) reconduzem-se essencialmente a quatro categorias:

a) administração corrente das partes comuns do edifício;
b) gestão financeira do condomínio;
c) execução do regulamento e das disposições legais e administrativas relativas ao condomínio, bem como das deliberações da assembleia;
d) representação do conjunto dos condóminos[655].

Relativamente às funções de *administração corrente das partes comuns do edifício*, compete ao administrador verificar a existência de seguro contra o risco de incêndio, propondo à assembleia o respectivo montante (art. 1436º, c)), realizar os actos conservatórios dos direitos relativos às partes comuns (art. 1436º, f)), regular o uso das coisas comuns e a prestação dos serviços de interesse comum

[655] Seguimos a classificação adoptada por Carvalho Fernandes, *Direitos Reais*, p. 395.

(art. 1436º, g)) e guardar e manter todos os documentos que digam respeito ao condomínio (art. 1436º, m)). Apesar de não estar expressamente prevista na lei, compete igualmente ao administrador do condomínio providenciar pela realização das obras necessárias à conservação das partes comuns, designadamente as obras de conservação previstas no art. 89º do RJUE, pelo que o mesmo se constituirá em responsabilidade civil se em consequência do incumprimento desse dever ocorrerem danos para qualquer condómino ou terceiro[656].

Relativamente às funções de *gestão financeira do condomínio*, compete ao administrador elaborar o orçamento das receitas e despesas relativas a cada ano (art. 1436º b)), cobrar as receitas e efectuar as despesas comuns (art. 1436º, d), exigir dos condóminos a sua quota-parte nas despesas aprovadas (art. 1436º, e)) e prestar contas à assembleia.

Relativamente às *funções de execução* atribuídas ao administrador, compete-lhe assegurar a execução do regulamento e das disposições legais e administrativas relativas ao condomínio (art. 1436º, l)), assim como executar as deliberações da assembleia de condóminos (art. 1436º, h)).

Finalmente, o administrador tem *poderes de representação do conjunto dos condóminos*, quer perante as autoridades administrativas (art. 1436º, i)), quer em juízo (art. 1437º). O administrador tem assim legitimidade para agir em juízo, quer contra qualquer dos condóminos, quer contra terceiro, na execução das funções que lhe pertencem ou quando autorizado pela assembleia (art. 1437º, nº 1), podendo ser demandado nas acções relativas às partes comuns do edifício (art. 1437º, nº 2), sendo nesse caso atribuída personalidade judiciária ao condomínio (art. 12º e) CPC). Exceptuam-se, no entanto, as questões relativas à propriedade e posse dos bens comuns, salvo se a assembleia atribuir poderes especiais ao administrador (art. 1437º, nº 3). Não pode, por outro lado, o administrador substituir-se aos condóminos, pelo que não poderá exercer os direitos que a estes competem relativamente às suas fracções, designadamente reclamando os danos que lhes tenham sido causados[657]. Efectivamente, a autorização da assembleia apenas pode abranger as questões que cabem na competência da própria assembleia, ou seja, as relativas às partes comuns, pelo que o administrador nunca tem competência relativamente às questões que respeitem exclusivamente às fracções autónomas dos condóminos[658].

[656] Admitindo a responsabilidade do condomínio pela privação do uso de uma fracção, resultante da não reparação da rotura da rede de esgotos do prédio, cfr. Ac. RP 16/1/2014 (Aristides Rodrigues de Almeida), em *CJ* 39 (2014), 1, pp. 176-181.

[657] Neste sentido, cfr. Ac. RC 15/4/2008 (Alexandre Reis), em *CJ* 33 (2008), 2, pp. 30-35.

[658] Assim, por exemplo, se um dos condóminos afectar a fracção a finalidade não conforme com o título constitutivo ou a lei, são os outros condóminos que poderão reagir e não o administrador, nem a assembleia. Cfr. Henrique Mesquita, *RDES* 33 (1976), nºs 1 a 4, pp. 136-137.

O administrador pode ser exonerado pela assembleia (art. 1435º, nº 1) ou pelo tribunal, a requerimento de qualquer condómino, quando se mostre que praticou irregularidades ou agiu com negligência no exercício das suas funções (art. 1435º, nº 2). No entanto, as funções do administrador apenas cessam com a eleição ou nomeação do seu sucessor (art. 1435º, nº 5).

12. Modificação da propriedade horizontal

O regime da propriedade horizontal pode ser modificado, através de alterações ao título constitutivo, ainda que, de acordo com o princípio da autonomia privada, se exija o acordo de todos os condóminos. Efectivamente, refere o art. 1419º, nº 1, que "sem prejuízo do disposto no nº 3 do artigo 1422º-A e do disposto em lei especial, o título constitutivo da propriedade horizontal pode ser modificado por escritura pública ou por documento particular autenticado, havendo acordo de todos os condóminos". Nesse caso, o administrador, em representação do condomínio, pode outorgar a escritura ou elaborar e subscrever o referido documento particular, desde que o acordo conste de acta assinada por todos os condóminos (art. 1419º, nº 2). O acordo em questão tem, no entanto, que respeitar o disposto no art. 1415º, sob pena de nulidade (art. 1419º, nº 3).

Em relação à modificação da propriedade horizontal, dispõe o art. 60º, nº 1, do Código do Notariado que "os instrumentos de modificação do título constitutivo da propriedade horizontal que importem alteração da composição ou do destino das respectivas fracções só podem ser lavrados se for junto documento camarário comprovativo de que a alteração está de acordo com os correspondentes requisitos legais". Apenas no caso de a modificação exigir obras de adaptação, a exibição do projecto devidamente aprovado dispensa o referido documento (art. 60º, nº 2, do Código do Notariado).

A lei estabelece, no entanto, um regime especial para a junção e divisão de fracções autónomas. Quanto à junção de fracções autónomas, estabelece o art. 1422º-A, nº 1, que "não carece de autorização dos restantes condóminos a junção, numa só, de duas ou mais fracções do mesmo edifício, desde que estas sejam contíguas", sendo mesmo a contiguidade das fracções "dispensada quando se trate de fracções correspondentes a arrecadações e garagens" (art. 1422º-A, nº 2). Já em relação à divisão das fracções autónomas, esta é em princípio proibida, salvo autorização do título constitutivo ou da assembleia de condóminos, aprovada sem qualquer oposição (art. 1422º-A, nº 3). Quando permitida, a junção ou divisão de fracções autónomas permite aos condóminos que a realizaram proceder à competente alteração do título constitutivo por escritura pública ou documento particular autenticado (art. 1422º-A, nº 4), devendo a escritura pública ou o documento particular autenticado em questão ser comunicados ao administrador no prazo de 30 dias (art. 1422º-A, nº 5). Já a divisão das partes comuns é expressamente proibida (art. 1423º, *in fine*).

A modificação do título constitutivo da propriedade horizontal ainda pode ser realizada por simples documento particular ao abrigo do procedimento especial de transmissão, oneração e registo de imóveis, constante do D.L. 263-A/2007, de 23 de Julho e da Portaria 794-B/2007, de 23 de Julho, que a Portaria 1167/2010, de 10 de Novembro, estendeu à alteração do título constitutivo da propriedade horizontal.

Os factos jurídicos que importem a modificação da propriedade horizontal estão sujeitos a registo (art. 2º, nº 1, b) CRP). A alteração do título constitutivo constitui uma menção especial ao extracto da inscrição (art. 95º, nº 1, q) CRP).

13. Extinção da propriedade horizontal

A propriedade horizontal pode extinguir-se em razão das seguintes situações:

a) acordo entre os condóminos;
b) concentração de todas as fracções autónomas na propriedade de uma pessoa;
c) destruição do edifício.

Em relação ao acordo entre os condóminos, é manifesto que por essa via se pode extinguir a propriedade horizontal, passando a aplicar-se a todo o edifício o regime da compropriedade.

Também determina a extinção da propriedade horizontal a concentração de todas as fracções na propriedade de uma pessoa, dada a circunstância de ser pressupostos essencial do instituto a existência de proprietários diversos. Tal situação pode resultar de negócio jurídico aquisitivo das outras fracções ou da usucapião das mesmas.

Finalmente, a destruição do edifício importará igualmente a extinção da propriedade horizontal, nos termos do art. 1428º.

14. Natureza da propriedade horizontal

A natureza da propriedade horizontal é controvertida[659]. Em abstracto poderemos indicar as seguintes teorias:

a) a teoria do condomínio como pessoa colectiva;

[659] Cfr. especialmente Armindo Ribeiro Mendes, *ROA* 30 (1970), pp. 26 e ss., Henrique Mesquita, *RDES* 33 (1976), nºs 1 a 4, pp. 142 e ss. Menezes Cordeiro, *Direitos reais*, pp. 636 e ss., e Luís Carvalho Fernandes, "Da natureza jurídica do direito de propriedade horizontal" em *CDP* nº 15 (Julho/Setembro 2006), pp. 3-14, e *Direitos Reais*, pp. 396 e ss.

b) a teoria da compropriedade;
c) a teoria da propriedade especial;
d) a teoria dualista;
e) a teoria do direito real complexo;
f) a teoria do direito real de gozo típico.

A *teoria do condomínio como pessoa colectiva* tem antecedentes na legislação dos países anglo-saxónicos. Efectivamente, em Inglaterra, desde 1874, com o *Building Societies Act*, que a propriedade horizontal foi baseada na ideia de sociedade, a *building society*. Nos Estados Unidos, a propriedade horizontal foi organizada em cooperativas, que ficam titulares do imóvel, sendo os seus utilizadores configurados como arrendatários por longos períodos[660]. Esta teoria não tem actualmente defensores entre nós. No entanto, PINTO DUARTE sustentou a sua qualificação como pessoa rudimentar devido aos poderes representativo do administrador, à sua capacidade judiciária activa e passiva e à personalidade judiciária que a lei reconhece ao condomínio[661].

A *teoria da compropriedade* foi defendida entre nós por CUNHA GONÇALVES, para quem a propriedade horizontal não passaria de uma hipótese de compropriedade. Para este autor, embora as fracções e apartamentos pertençam isoladamente a cada um dos condóminos, que as podem alienar e onerar, tal não prejudica a existência de uma compropriedade sobre o condomínio no seu conjunto, tanto mais que partes importantes do imóvel permanecem em estado de indivisão perpétua e forçada. Por outro o lado, o direito dos condóminos sobre as fracções não poderia considerar-se como propriedade exclusiva, atenta a retirada do direito de transfomação e as limitações ao seu uso que resultam do regime da propriedade horizontal[662]

A teoria da *propriedade especial* foi defendida entre nós por PIRES DE LIMA e ANTUNES VARELA e OLIVEIRA ASCENSÃO. PIRES DE LIMA e ANTUNES VARELA sustentam que na propriedade horizontal existem limitações que vão além do que a lei estabelece para a propriedade singular e comum, e que as limitações que se verificam na propriedade em geral ganham especial aplicação em matéria de condomínio, o que leva a que este seja qualificado como uma propriedade especial[663]. Também OLIVEIRA ASCENSÃO depois de ter inicialmente qualificado a propriedade horizontal como um direito real complexo e mais precisamente um direito real composto, rejeita actualmente esta qualificação, sustentando estar-se

[660] Cfr. ARMINDO RIBEIRO MENDES, *ROA* 30 (1970), pp. 23 e ss.
[661] Cfr. PINTO DUARTE, *Direitos Reais*, p. 134.
[662] Cfr. CUNHA GONÇALVES, *Da propriedade horizontal ou por andares*, pp. 14 e ss.
[663] Cfr. PIRES DE LIMA/ANTUNES VARELA, *op. cit.*, III, sub art. 1414º, nº 7, p. 397.

antes perante uma forma de propriedade especial, dado que embora se conjuguem propriedade e compropriedade, a propriedade é que é essencial, sendo a compropriedade meramente instrumental[664].

A *teoria dualista* foi defendida entre nós por Carlos Mota Pinto e França Pitão e Borges Pinto. Para estes autores, a propriedade horizontal é resultante de um concurso entre dois direitos, a plena propriedade sobre as fracções e uma compropriedade forçada sobre as partes comuns[665].

A teoria do *direito real complexo* foi defendida por Oliveira Ascensão numa primeira fase do seu pensamento[666]. Posteriormente defenderam essa posição Armindo Ribeiro Mendes[667], Menezes Cordeiro[668], e L. P. Moitinho de Almeida[669]. Esta teoria qualifica a propriedade horizontal como um direito real que combina a propriedade e a compropriedade, fundindo-se tais direitos para constituir uma unidade nova.

A teoria do *direito real de gozo típico* foi defendida por Manuel Henrique Mesquita[670], Carvalho Fernandes[671], José Alberto González[672], Sandra Passinhas[673] e Bonifácio Ramos[674]. Para estes autores, a propriedade horizontal constitui um novo modelo de direito real de gozo que, embora mantenha similitudes com a propriedade singular e a compropriedade, traduz uma síntese que se espelha num regime jurídico específico, com particularidades que não encontram justificação em nenhuma daquelas figuras, sendo, portanto, um direito real de gozo típico.

A teoria do condomínio como pessoa colectiva é criticável em virtude de o condomínio não ter património próprio, integrando-se as fracções e as partes comuns no património dos condóminos. O condomínio também não tem, por isso, obrigações, sendo estas atribuídas aos condóminos. Nem as contribuições dos condóminos nem o fundo comum de reserva, instituído pelo 4º do D.L.

[664] Cfr. Oliveira Ascensão, *Reais*, p. 464.

[665] Cfr. Mota Pinto, *Direitos Reais*, p. 274 e J. França Pitão/J. Borges Pinto, *Direito das Coisas*, p. 19.

[666] Cfr. Oliveira Ascensão, *As relações jurídicas reais*, Lisboa, Livaria Morais, 1962, pp. 131 e ss. (136-138) e *Direitos Reais*, 3ª ed., Coimbra, Almedina, 1978, p. 498.

[667] Cfr. Armindo Ribeiro Mendes, *ROA* 30 (1970), pp. 36-37.

[668] Cfr. Menezes Cordeiro, *Direitos Reais*, pp. 636 e ss. (639).

[669] Cfr. L. P. Moitinho de Almeida, *Propriedade horizontal*, pp. 11.

[670] Cfr. Henrique Mesquita, *RDES* 33 (1976), nºs 1 a 4, pp. 148 e ss.

[671] Cfr. Carvalho Fernandes, em *CDP*, nº 15 (Julho/Setembro 2006), pp. 13 e ss. e em *Direitos Reais*, pp. 399 e ss.

[672] Cfr. José Alberto González, *Direitos Reais*, pp. 28-29.

[673] Cfr. Sandra Passinhas, *A Assembleia*, pp. 160-161.

[674] Cfr. Bonifácio Ramos, *Direitos Reais*, pp. 395 e ss. Este autor pretende evitar mesmo a expressão "propriedade horizontal", substituindo-a por "direito real de condomínio".

268/94, de 25 de Outubro, constituem receitas próprias do condomínio, sendo antes pagamentos de despesas comuns[675].

A teoria da compropriedade deve ser criticada, uma vez que, para além de existir uma propriedade exclusiva sobre as fracções autónomas, mesmo o regime das partes comuns se afasta muito do regime da compropriedade, atento o facto de não serem reconhecidos aos condóminos o direito de renúncia liberatória (art. 1420º, nº 2) e o direito de preferência ou à divisão (art. 1423º). Para além disso, as partes comuns têm uma função instrumental em relação ao gozo exclusivo das fracções autónomas. Finalmente não se reconhece a todos os condóminos o uso comum, uma vez que as partes comuns podem estar ao uso exclusivo de alguns condóminos ou servir apenas algumas fracções (art. 1421º, nº 3 e 1424º, nºs 3 e 4).

A teoria da propriedade especial é criticável em virtude de existir uma relação de vizinhança muito mais intensa do que na propriedade comum, a qual gera grandes limitações aos direitos dos condóminos (arts. 1422º). Para além disso, a existência de órgãos do condomínio destinados à administração das partes comuns é dificilmente conciliável com a propriedade especial.

A teoria dualista é criticável devido à incindibilidade da propriedade e da compropriedade (art. 1420º, nº 2), que demonstra não haver um mero somatório dos dois direitos, mas antes um direito completamente novo.

Também não faz sentido sustentar a existência de um direito real complexo, na medida em que o regime da propriedade horizontal não é apenas uma conjugação dessas duas realidades para formar uma unidade nova, nem faz grande sentido proceder a essa decomposição analítica, atenta a tipicidade dos direitos reais. A propriedade horizontal tem um regime legalmente estabelecido, só sendo aplicáveis as regras da propriedade e da compropriedade na medida da remissão realizada para esses direitos.

Aderimos, por isso, à tese do direito real de gozo típico.

[675] Cfr. Carvalho Fernandes, em *CDP*, nº 15 (Julho/Setembro 2006), p. 7, e *Direitos Reais*, pp. 397-398.

Secção III
O usufruto

1. Generalidades

Cabe agora examinar o usufruto[676]. Nos termos do art. 1439º "o usufruto é o direito de gozar temporária e plenamente uma coisa ou direito alheio, sem alterar a sua forma e substância". Esta definição inspira-se na célebre definição de PAULUS, em relação ao usufruto constante de D.7.1.1.: "*Usus fructus est ius alienis rebus utendi fruendi salva rerum substantia*". O usufruto é assim um direito real menor, que embora atribua a plenitude das faculdades de gozo relativas à coisa, só o faz temporariamente, e não permite ao usufrutuário a alteração da sua forma e substância.

2. Evolução histórica do usufruto

O usufruto tem antecedentes no antigo direito grego[677], mas os seus traços fundamentais foram-lhe conferidos pelo direito romano. Neste ordenamento, o usufruto surge entre os sécs. III e II a. C., com o fim de atribuir à viúva um rendimento adequado à sua subsistência, sem afectar a quota dos descendentes e outros herdeiros, sendo controvertido entre os romanistas se seria visto inicial-

[676] Cfr. sobre o usufruto, MOTA PINTO, *Direitos Reais*, pp. 349 e ss, e *RDES* 21 (1974), pp. 152 e ss., OLIVEIRA ASCENSÃO, *Reais*, pp. 470 e ss., J. FRANÇA PITÃO/J. BORGES PINTO, *Direito das Coisas*, pp. 20 e ss., MENEZES CORDEIRO, *Direitos Reais*, pp. 645 e ss., CARVALHO FERNANDES, *Direitos Reais*, pp. 403 e ss., RUI PINTO DUARTE, *Direitos Reais*, pp. 191 e ss., SANTOS JUSTO, *Direitos Reais*, pp. 351 e ss., JOSÉ ALBERTO VIEIRA, *Direitos Reais*, pp. 653 e ss. HENRIQUE SOUSA ANTUNES, *Direitos Reais*, pp. 405 e ss. e BONIFÁCIO RAMOS, *Direitos Reais*, pp. 347 e ss. Na doutrina alemã, cfr. BAUR/STÜRNER, *Sachenrecht*, § 32, pp. 409 e ss., e § 54, pp. 744 e ss. e JAN WILHELM, *Sachenrecht*, nºs 1911 e ss., pp. 766 e ss. Na doutrina italiana, veja-se principalmente GIOVANNI PUGLIESE, *Usufrutto, uso e abitazione*, vol. IV, t. 5, da obra de FILIPPO VASSALLI, *Trattato di Diritto Civile Italiano*, 2ª ed., Torino, Utet, 1972, passim.

[677] Cfr. PUGLIESE, *Usufrutto*, pp. 4 e ss.

mente como um direito real sobre coisa alheia, ou antes como uma propriedade sobre os frutos da coisa. Entre o fim do séc. II e o princípio do séc. I o usufruto adquire a natureza de *ius in re aliena*, distinguindo-se assim da propriedade, de que era vista como componente[678]. O pretor estabeleceu em consequência a *cautio fructuaria*, pelo qual o usufrutuário assumia a obrigação de gozar a coisa *boni viri arbitratu* e de a restituir no fim do usufruto *quod inde extabit* (D.7.9.1.pr.)[679].

A época justinianeia veio a estabelecer algumas modificações no âmbito do usufruto, qualificando-o como uma servidão pessoal (*servitus personarum*, D.8.1.1.), e equiparando o usufruto de coisas deterioráveis (*usu minuuntur*) ao usufruto de coisas consumíveis, reconhecido o usufruto a favor de pessoas colectivas e estabelecido limites máximos para a sua duração. O direito justinianeu qualificou ainda como usufruto o direito atribuído na época pós-clássica ao *pater familias* sobre os bens recebidos em herança pelo filho. O exercício de facto do usufruto passou a ser considerada uma quase-posse (*possessio iuris*)[680].

O usufruto não sofreu grandes modificações no direito intermédio, não tendo recebido influência dos direitos germânicos[681].

Nas diversas codificações, o usufruto aparece sucessivamente disciplinado no código civil francês (arts. 578-624), no código civil austríaco de 1811 (§§ 509-520 e 523-529), no código civil alemão de 1896 (§§ 1030-1089) e no código civil italiano de 1942 (arts. 978-1020).

3. Características do usufruto

Da definição constante do art. 1439º resultam logo as seguintes características do usufruto:

a) é um direito que atribui o gozo pleno de uma coisa;
b) é um direito não exclusivo:
c) é um direito temporário;
d) encontra-se limitado pela proibição de alteração da forma ou substância da coisa.

Examinemos sucessivamente estas características:

O usufruto é, em primeiro lugar, *um direito que atribui o gozo pleno de uma coisa*. O usufrutuário tem assim a possibilidade de servir-se da coisa e receber os respectivos frutos, sejam eles naturais ou civis, podendo trespassar o usufruto ou onerá-lo (art. 1444º). O gozo da coisa é pleno, no sentido de que compreende

678 Cfr. a formulação de PAULUS em D.7.1.4: "Usufructus in multis casibus pars dominii est...".

679 Cfr. PUGLIESE, *Usufrutto*, pp. 23 e ss.

680 Cfr. PUGLIESE, *Usufrutto*, pp. 28 e ss.

681 Cfr. PUGLIESE, *Usufrutto*, pp. 13 e ss.

qualquer utilidade a retirar dela, seja usando-a ou apropriando-se dos seus frutos, seja permitindo a terceiro esse gozo[682]. O usufrutuário beneficia assim da generalidade dos poderes de gozo que a coisa seja susceptível de proporcionar, não sendo o seu gozo circunscrito a determinadas faculdades, ao contrário do que acontece noutros direitos reais menores.

Em segundo lugar, o usufruto é um *direito não exclusivo*, uma vez que incide sobre coisa ou direito alheio, concorrendo por isso necessariamente com outro direito, normalmente a propriedade. Por esse motivo, embora atribua o gozo pleno de uma coisa, o usufruto não constitui um direito pleno, mas antes limitado, em virtude de concorrer necessariamente com outro direito.

Em terceiro lugar, o usufruto é um *direito de gozo temporário*, uma vez que tem limites máximos de duração, que não podem ultrapassar a vida do seu titular ou, no caso de pessoa colectiva, a duração de trinta anos (art. 1443º). Em consequência, a morte do titular ou o decurso do prazo extinguem o usufruto (art. 1476º, nº 1, a)).

Admite-se todavia o usufruto simultâneo e o usufruto sucessivo a favor de várias pessoas, podendo consequentemente nesses casos o usufruto passar por morte para os outros usufrutuários, designadamente através do direito de acrescer, no caso de usufruto conjunto (art. 1442º). Exige-se, no entanto, que essas pessoas existam ao tempo em que o direito do primeiro usufrutuário se torne efectivo (art. 1441º), em ordem a evitar o prolongamento do usufruto que resultaria da designação de concepturos como novos titulares.

Por último, *o usufruto encontra-se limitado pela proibição de alterar a forma ou substância da coisa* (art. 1439º). Esta disposição tem, no entanto, que ser articulada com o disposto no art. 1446º, que não faz referência à forma e substância, mas antes ao destino económico da coisa. A doutrina tem, por isso, discutido qual a disposição prevalecente. Para Oliveira Ascensão, a exigência mais genérica é a do art. 1439º, que faz parte do próprio tipo de usufruto. Já a disposição do art. 1446º está integrada entre as disposições supletivas, pelo que poderia por isso ser afastada[683]. Em sentido contrário, Menezes Cordeiro, sustenta que, sendo uma definição legal, o art. 1439º não tem natureza imperativa, pelo que o usufrutuário não está vinculado a respeitar a forma e substância, mas apenas o destino económico da coisa[684]. A nosso ver, é preferível a primeira posição, uma vez que

[682] Cfr. Pugliese, *Usufrutto*, p. 1.

[683] Cfr. Oliveira Ascensão, *Direitos Reais*, p. 476. Em consequência, o autor sustenta que "seria ilícito o «usufruto» em que se estabelecesse que o usufrutuário poderia demolir o prédio urbano sobre que recai o direito e construir um novo. É porém válido aquele em que se estipula que o prédio, até então adstrito à exploração pecuária, será utilizado para culturas hortícolas".

[684] Cfr. Menezes Cordeiro, *Direitos Reais*, pp. 652 e ss. (654). O autor interpreta, porém, a referência ao respeito pelo destino económico apenas como a não impossibilitação do regresso ao

a proibição da alteração da forma e substância da coisa é que faz parte do tipo legal do usufruto, sendo o respeito pelo seu destino económico uma disposição supletiva, cuja observância não se afigura essencial.

A proibição de alterar a forma ou substância da coisa não existe no caso do usufruto de coisas consumíveis (art. 1451º). Este constitui, porém, uma modalidade especial de usufruto, a que nos referiremos *infra*.

4. Objecto do usufruto

O art. 1439º refere que o usufruto tanto pode ter objecto uma coisa como um direito. A lei regula especificamente usufrutos sobre diversas coisas, como árvores e arbustos (arts. 1453º e ss.), matas e árvores de corte (arts. 1455º e ss.), plantas de viveiro (arts. 1456º e ss.), e universalidades de animais (art. 1463º). Em relação aos direitos, a lei prevê usufrutos sobre créditos (arts. 1463º e ss.), títulos de créditos (arts. 1465º) e participações sociais (art. 1467º).

No entanto, o direito do usufrutuário apenas tem natureza real se incidir sobre coisas corpóreas, uma vez que só neste caso pode ser exercido directamente sobre a coisa e é oponível a qualquer terceiro, incluindo o proprietário de raiz. Se não incidir sobre coisas corpóreas, o usufruto perde a sua natureza real, podendo corresponder a um direito sobre bens imateriais ou mesmo a um direito de crédito.

Enquanto direito real, o usufruto tem assim sempre por objecto uma coisa corpórea, ainda que os poderes do usufrutuário possam vir a ser limitados em consequência do direito real sobre a coisa de que é titular quem constitui o usufruto em virtude do princípio *nemo pluris iuris in alium tranferre quam ipse habet*. Assim, por exemplo, não apenas o proprietário, como também o usufrutuário, o proprietário do solo ou o superficiário podem constituir usufrutos a favor de terceiro[685], mas os direitos do usufrutário sobre a coisa ficam limitados pelo direito com base no qual se constitui o usufruto. Assim, um usufruto constituído sobre um direito de superfície não atribui ao usufrutário qualquer direito sobre o solo, apenas lhe permitindo exercer temporariamente sobre a coisa as faculdades que competiam ao superficiário[686].

O usufruto pode igualmente ser constituído sobre uma quota em compropriedade, caso em que o usufrutuário participa das vantagens e encargos da coisa

destino económico anterior, podendo assim o usufrutuário alterar transitoriamente esse destino.

[685] Já os titulares do direito de uso e habitação não podem constituir usufruto sobre a coisa, em face da proibição do art. 1489º. Também devido à inseparabilidade das servidões (art. 1545º), o usufruto não pode incidir autonomamente sobre estas, ainda que as abranja quando incidente sobre o prédio dominante (art. 1449º).

[686] Cfr. PUGLIESE, *Usufrutto*, pp. 133-134.

paralelamente com os outros comproprietários durante o prazo de duração do usufruto (art. 1405º, nº 1)[687]. O comproprietário não pode, porém, sem o consentimento dos outros, constituir usufruto sobre a totalidade ou parte especificada da coisa comum, a qual será vista como oneração de coisa alheia, e consequentemente nula (art. 1408º e 892º)[688].

5. Constituição do usufruto

5.1. Generalidades

O art. 1440º refere que o usufruto pode ser constituído por contrato, testamento, usucapião ou disposição da lei. No caso da aquisição por contrato ou testamento, a constituição do usufruto corresponde a uma aquisição derivada constitutiva. Já no caso da constituição por usucapião, trata-se de um caso de constituição originária.

Examinemos sucessivamente essas modalidades.

5.2. Contrato

Em relação à constituição por contrato, o usufruto pode resultar de qualquer contrato de alienação (compra e venda, doação ou permuta), de uma entrada em sociedade, ou de um contrato de renda perpétua ou vitalícia. A constituição do usufruto pode nesse caso ocorrer por duas vias: a atribuição do usufruto ou a reserva do usufruto. A atribuição do usufruto, ou constituição *per translationem*, ocorre sempre que alguém constitui a favor de outrem um usufruto, reservando para si a nua propriedade. Já a reserva de usufruto, ou constituição *per deductionem*, ocorre sempre que alguém atribua a nua propriedade a outrem, reservando para si o usufruto[689]. Pode ainda ocorrer a atribuição simultânea do usufruto e da nua propriedade a adquirentes distintos, caso em que o alienante deixa de ter qualquer direito sobre a coisa.

5.3. Testamento

O usufruto pode igualmente resultar de testamento, o qual pode da mesma forma estabelecer uma atribuição ou uma reserva de usufruto. É de notar que o usufrutuário é sempre havido como legatário, mesmo que o seu direito incida sobre a totalidade da herança (art. 2030º, nº 4). O art. 2258º estabelece que a deixa de

[687] Cfr. Pugliese, *Usufrutto*, pp. 80 e ss.

[688] Cfr. Pugliese, *Usufrutto*, pp. 138 e ss., que admite que a posterior divisão da coisa, com atribuição da propriedade ou transmitente, possa neste caso sanar a nulidade da constituição do usufruto.

[689] A lei apenas refere a reserva do usufruto no âmbito da doação (art. 958º), mas esta é naturalmente aplicável em todas as hipóteses de constituição do usufruto por contrato.

usufruto, na falta de indicação em contrário, considera-se feita vitaliciamente, ou pelo prazo de trinta anos no caso de o beneficiário ser uma pessoa colectiva.

5.4. Usucapião

O usufruto pode igualmente ser constituído por usucapião, nos termos gerais (art. 1287º e ss.), bastando para tal que a respectiva posse não seja exercida em termos de propriedade, mas apenas em termos de usufruto (art. 1251º).

5.5. Disposição da lei

A constituição do usufruto por disposição da lei não se encontra actualmente prevista em nenhuma disposição legal. Na versão original do Código Civil, admitiam-se dois casos de usufruto legal: o usufruto dos pais sobre os bens dos filhos menores sujeitos à responsabilidade parental (art. 1893º) e o do cônjuge sobrevivo sobre os bens da herança, quando concorresse à sucessão juntamente com os irmãos do *de cujus* e seus descendentes (art. 2146º). Estas duas situações foram, porém, abolidas, dado que os pais passaram a ser meros administradores dos bens dos filhos e o cônjuge viu a sua posição na classe de sucessíveis passar para o primeiro ou segundo lugar, juntamente com os descendentes ou ascendentes.

6. Poderes do usufrutuário

6.1. Generalidades

Nos termos do art. 1446º, o usufrutuário pode usar, fruir e administrar a coisa ou o direito. O usufrutuário tem assim a faculdade de usar a coisa, administrá-la, fazê-la produzir frutos, colher os frutos naturais e exigir os frutos civis. Para além disso, o usufrutuário tem ainda a possibilidade de proceder à alienação ou oneração do seu direito (art. 1444º).

Examinemos sucessivamente estes poderes.

6.2. Poder de uso da coisa

O usufrutário tem, em primeiro lugar, o poder de usar a coisa. O poder de uso da coisa tem grande amplitude e é indeterminado, sendo praticamente equiparado ao poder de uso do proprietário do qual se distingue apenas pela limitação relativa ao respeito pela forma e substância da coisa (art. 1439º) e supletivamente pelo seu destino económico (art. 1446º). Essas limitações não corrrespondem, porém, a obrigações específicas do usufrutuário, mas antes a limites ao seu poder de uso, pelo que se o usufrutuário os infringir, viola o direito do proprietário, sendo responsável nos termos da responsabilidade delitual (art. 483º), de acordo com o critério da diligência do bom pai de família (arts. 1446º e 487º, nº 2)[690].

[690] Cfr. Pugliese, *Usufrutto*, p. 295.

O limite em relação à forma e substância compreende-se em função do cariz temporário do usufruto, que justifica a imposição desse limite a qualquer uso da coisa que possa alterar essa forma ou substância, prejudicando a futura restituição dessa coisa. Esse limite é, no entanto, excluído no caso do usufruto de coisas consumíveis (art. 1451º) e atenuado no caso de usufruto de coisas deterioráveis (art. 1452º), em termos que examinaremos quando tratarmos particularmente dessas figuras.

Já o limite em relação ao respeito pelo destino económico da coisa tem cariz supletivo, podendo discutir-se se o mesmo corresponde ao destino económico a que objectivamente a coisa seja idónea ou àquele destino que lhe tinha anteriormente sido atribuído pelo proprietário. A melhor interpretação parece ser a segunda, uma vez que, aquando da constituição do usufruto, a expectativa do proprietário é que a função económica que tinha atribuído à coisa não venha a ser alterada, sendo este o critério legalmente utilizado em vários exemplos de usufruto (cfr. arts. 1455º, nº 1, 1456º, 1457º, nº 1, e 1458º, nº 1). Nada impede, porém, o proprietário de raiz, no título constitutivo ou numa sua alteração posterior, consentir em atribuir à coisa um destino económico diferente, passando a ser esse que o usufrutário fica vinculado a respeitar.

O usufrutário tem ainda que respeitar outros limites ao seu uso que tenham sido estipulados no título constitutivo (art. 1445º).

São naturalmente abrangidos pelo poder de uso da coisa as coisas acrescidas e todos os direitos inerentes à coisa usufruída (art. 1449º). A extensão do usufruto às acessões compreende-se naturalmente em função de esta ser uma forma geral de aquisição dos direitos reais. Já o exercício dos direitos inerentes explica-se em virtude de competir ao usufrutuário todas as atribuições jurídicas correspondentes à utilização e frutificação da coisa, nelas se compreendendo naturalmente as servidões activas do prédio, que podem ser assim exercidas pelo usufrutuário.

6.3. Poder de fruição da coisa

O poder de fruição da coisa compreende a faculdade de perceber os frutos da mesma, nos termos amplos em que o conceito de fruto é reconhecido pelo direito (art. 212º). Em consequência desse poder, o usufrutuário adquire a propriedade dos frutos a partir do momento em que eles são separados da coisa-mãe, podendo exercer desde esse momento todos os poderes que competem ao proprietário.

O poder de fruição da coisa pelo usufrutuário abrange tanto a sua fruição natural como a sua fruição civil.

Relativamente à *fruição natural da coisa*, deve referir-se que, enquanto permanecem ligados à coisa-mãe, os frutos naturais da coisa pertencem ao proprietário, tendo o usufrutuário apenas o seu usufruto. No poder de fruição que compete ao usufrutuário compreendem-se dois elementos: a faculdade de perceber os frutos e a aquisição automática da sua propriedade a partir do momento em que ocorre a sua separação da coisa, ocorra esta por acção do usufrutuário ou por causas naturais[691].

Nrmalmente, no entanto, a aquisição da propriedade dos frutos apenas deve ocorrer no momento da colheita. Essa solução explica o regime estabelecido no art. 1448º. Se o usufrutuário tiver alienado frutos antes da colheita, e o usufruto se extinguir antes de serem colhidos, a alienação subsiste, mas o respectivo produto pertence ao proprietário, deduzida a indemnização por despesas da colheita. Efectivamente, uma vez que a transmissão da propriedade só se dá no momento da colheita (art. 408º, nº 2, *in fine*), a extinção do usufruto antes da mesma leva a que o usufrutuário não adquira a propriedade dos frutos, tendo feito uma disposição eficaz de um bem, que afinal foi atribuído a outrem. A alienação é conservada, mas nos termos gerais do enriquecimento sem causa, o valor da colheita tem que ser atribuído ao proprietário[692].

Apesar de no Direito Romano se atribuir ao usufrutuário o rendimento da caça e da pesca no terreno (D.7.1.9.5.), actualmente essa solução é inaceitável, atento o facto de a caça e a pesca serem reguladas por legislação especial (art. 1319º).

O usufrutuário tem igualmente o poder de fruição civil da coisa. Esta corresponde a um rendimento de substituição, na medida em que a fruição civil da coisa pelo usufrutuário implica necessariamente alguma substituição no gozo da coisa, que é dada a outrem em troca de determinada contrapartida, como no caso de constituição sobre ela de uma locação[693]. Ao contrário do que sucede nos frutos naturais, a fruição pelo usufrutuário não depende de actos materiais de separação da coisa, mas antes da atribuição de um direito de crédito à contrapartida pela concessão do seu uso, tenha o respectivo contrato sido celebrado pelo usufrutuário ou previamente pelo proprietário[694].

[691] Cfr. Pugliese, *Usufrutto*, pp. 345. A pp. 348 este autor salienta que, em virtude da existência do direito do usufrutuário à percepção dos frutos, embora estes não sejam sua propriedade enquanto não se verificar a separação da coisa-mãe, é manifesto que, no caso de essa percepção não ocorrer, em virtude de acto de terceiro que impede a sua maturação, os destrói ou danifica, o direito à indemnização incumbe exclusivamente ao usufrutuário, dado que o nu proprietário não sofre qualquer dano.

[692] Cfr. Pugliese, *Usufrutto*, pp. 349. Entendemos que o usufrutuário apenas tem que restituir o valor real da colheita, e não a contrapartida da venda, pois o *commodum ex negotiatione* deve pertencer-lhe.

[693] Cfr. Pugliese, *Usufrutto*, p. 340.

[694] Cfr. Pugliese, *Usufrutto*, p. 346.

6.4. Poderes de disposição

O usufrutuário tem igualmente poderes de disposição do seu direito[695].

O primeiro poder de disposição do usufrutuário reconduz-se ao trespasse do seu direito (art. 1444º, nº 1). O usufrutuário pode assim proceder à alienação do seu direito a outrem, seja a título oneroso ou gratuito[696]. Essa transmissão pode ser temporariamente limitada ou estender-se a toda a futura duração do usufruto. Naturalmente que não poderá, no entanto, extravasar dos limites temporais desse direito. No entanto, a lei estabelece uma responsabilidade objectiva do usufrutuário pelos danos que as coisas padecerem por culpa da pessoa que o substituir (art. 1444º, nº 2).

O usufrutário têm ainda a possibilidade de onerar o seu direito (art. 1444º, nº 1), por exemplo, através da constituição sobre ele de direitos reais de gozo menores como o sub-usufruto[697], o uso e habitação, ou as servidões prediais (cfr. art. 1460º, nº 1), ou de direitos reais de garantia, como a consignação de rendimentos, o penhor ou a hipoteca, ou ainda de direitos pessoais de gozo, como a locação ou o comodato[698]. Todos esses encargos ficam, porém, limitados pela duração do próprio usufruto, extinguindo-se em resultado da sua extinção.

Por último, o usufrutuário tem a possibilidade de extinguir o seu direito através da renúncia (art. 1476º, nº 1, e)).

7. Obrigações do usufrutuário

7.1. Generalidades

O usufrutário tem determinadas obrigações, que se integram no conteúdo do seu direito real, tendo consequentemente natureza *propter rem*[699]. As obrigações do usufrutuário reconduzem-se às seguintes:

[695] Cfr. PUGLIESE, *Usufrutto*, pp. 419 e ss.

[696] A possibilidade de cessão do usufruto é resultado de uma evolução histórica dado que originalmente no Direito Romano, o usufruto era inalienável, em virtude de a sua primitiva função ser a satisfação das necessidades alimentares de pessoa determinada. Em consequência, o trespasse de usufruto era nulo (Gai Inst. 2.30). Essa regra só veio a ser quebrada pelo *Code Civil* francês de 1804, cujo art. 595 estabeleceu que "l'usufruitier peut (...) vendre ou céder son droit a titre gratuit", regra essa que foi seguida pelo art. 980º do Código Civil italiano. Cfr. PUGLIESE, *Usufrutto*, pp. 421-422.

[697] O sub-usufruto não se confunde com o trespasse do usufruto, já que naquele o sub-usufrutuário torna-se usufrutuário do usufrutuário, enquanto que neste assume por transmissão a posição de usufrutuário directamente em relação ao nu proprietário.

[698] Em rigor não existe uma oneração do direito, uma vez que não existem direitos sobre direitos. A oneração incide sobre a coisa objecto do usufruto, que é o verdadeiro objecto desses direitos. Os mesmos encontram-se, no entanto, limitados e circunscritos pelo usufruto, uma vez que é com base neste que foram constituídos, comprimindo em consequência esse direito. Cfr. PUGLIESE, *Usufrutto*, p. 436.

[699] Cfr. PUGLIESE, *Usufrutto*, pp. 448 e ss., e MENEZES CORDEIRO, *Direitos Reais*, pp. 656 e ss.

a) antes de tomar conta dos bens, relacioná-los com citação ou assistência do proprietário, declarando o estado deles, bem como o valor dos móveis se os houver (art. 1468º a));
b) na mesma altura, prestar caução, se esta lhe for exigida (art. 1468º, b)), salvo se dela estiver dispensado (art. 1469º);
c) tolerar as obras e melhoramentos que o proprietário queira realizar na coisa (art. 1471º);
d) suportar as reparações ordinárias indispensáveis para a conservação da coisa, bem como as despesas de administração (art. 1472º);
e) avisar o proprietário da necessidade de realizar reparações extraordinárias, salvo se essa necessidade resultar de má administração do usufrutuário, caso que em que deve ser ele a suportar esse encargo (art. 1473º);
f) pagar os impostos e outros encargos anuais que incidam sobre o rendimento dos bens usufruídos (art. 1474º);
g) avisar o proprietário de qualquer facto de terceiro de que tenha notícia, sempre que ele possa lesar os direitos do proprietário (art. 1475º)
h) restituir a coisa, findo o usufruto (art. 1483º).

Examinemos sucessivamente estas obrigações.

7.2. Obrigação de inventariar os bens objecto do usufruto

O usufrutuário tem, em primeiro lugar, a obrigação de enumerar e descrever as coisas móveis e imóveis objecto do usufruto (art. 1468º a)). Esta obrigação é instrumental em relação à definição do âmbito do seu direito de usufruto, bem como do objecto a restituir após a sua extinção. O seu cumprimento deve ser feito com assistência do proprietário de raiz, ou pelo menos com a citação deste para estar presente, em ordem a evitar divergências entre os dois.

A lei não refere quais as consequências da omissão deste dever por parte do usufrutuário. A melhor posição parece ser a de que o usufrutuário não poderá legalmente "tomar conta dos bens", ou seja, exercer as faculdades correspondentes ao usufruto e se o fizer, responde perante o proprietário de raiz[700].

7.3. Obrigação de prestação de caução

A outra obrigação do usufrutuário, prevista no art. 1468º, b) é a de prestar caução, se esta lhe for exigida, tanto para a restituição dos bens ou do respectivo valor, sendo bens consumíveis, como para a reparação das deteriorações que venham a padecer por sua culpa, bem como para o pagamento de qualquer outra indem-

[700] Neste sentido, PUGLIESE, *Usufrutto*, pp. 466 e ss.

nização que seja devida. Estamos assim perante a chamada *cautio usufructuaria*[701], que pode ser prestada nos termos gerais do art. 623º.

A caução não é, em qualquer caso, exigida ao alienante com reserva de usufruto (usufruto *per deductionem*), podendo, nos outros casos, ser dispensada no título constitutivo do usufruto (art. 1469º).

A não prestação da caução tem as consequências previstas no art. 1470º, nº 1, as quais parecem exceptuar as consequências gerais da não prestação de caução, estabelecidas no art. 625º.

Assim, incidindo o usufruto sobre bens imóveis, o proprietário pode exigir que os mesmos sejam arrendados ou postos em administração, ficando o usufrutuário sem a faculdade de os usar, e limitando-se a sua fruição a receber as rendas ou quantias pagas pela administração.

Tratando-se de bens móveis, o proprietário pode exigir que os mesmos lhe sejam entregues ou vendidos, o que tem como consequência não se permitir ao usufrutuário o uso da coisa, seja ela ou não deteriorável (art. 1452º) e muito menos o seu consumo, caso se trate de coisa consumível (art. 1451º). O proprietário deve, no entanto, entregar ao usufrutuário o valor da fruição da coisa ou os rendimentos do produto da venda.

Em relação aos capitais ou produtos das vendas, estes deixam de ser livremente administrados pelo usufrutuário, nos termos do nº 1 do art. 1465º, podendo o proprietário solicitar que os mesmos se dêem a juros ou sejam aplicados em título de crédito nominativos. Os juros e quaisquer outros rendimentos dos títulos serão naturalmente pertença do usufrutuário.

Quanto aos títulos ao portador, devido aos riscos que representa a sua fácil circulação, o proprietário pode exigir que os mesmos sejam convertidos em nominativos ou depositados[702].

A não prestação de caução legitima ainda o proprietário a solicitar outras medidas adequadas à tutela dos bens, em conformidade com a sua natureza e características.

O usufrutuário tem, no entanto, que dar o seu acordo a essas aplicações dos bens, uma vez que pode considerar que há investimentos mais rendosos do que os propostos pelo proprietário. Cabe ao tribunal decidir na falta de acordo (art. 1470º, nº 2).

[701] Explica PUGLIESE, *Usufrutto*, p. 471, que esta *cautio*, referida em D.7.9.1.2. e 3. resultava de uma *stipulatio*, por meio da qual o usufrutuário se obrigava a gozar a coisa em usufruto *boni viri arbitratu*, a não a deteriorar e a restituí-la, findo o usufruto. Essa *stipulatio* era garantida por *sponsores*, que se obrigavam em conjunto com o usufrutuário.

[702] Cfr. PIRES DE LIMA/ANTUNES VARELA, *op. cit.*, III, sub art. 1470º, nº 3, p. 521.

7.4. Obrigação de consentir a realização pelo proprietário de obras e melhoramentos na coisa

Nos termos do art. 1471º, nº 1, o usufrutuário é obrigado a consentir ao proprietário quaisquer obras ou melhoramentos de que seja susceptível a coisa usufruída, e também quais novas plantações, se o usufruto recair em prédios rústicos, contanto que dos actos do proprietário não resulte diminuição do valor do usufruto.

Nesse caso, o usufrutuário tem direito ao usufruto das obras e melhoramentos realizados, sem ser obrigado a pagar juros das somas desembolsadas pelo proprietário, nem qualquer outra indemnização. Porém, na hipótese de as obras e melhoramentos aumentarem o rendimento líquido da coisa usufruída, o aumento pertence ao proprietário (art. 1471º, nº 2).

7.5. Obrigação de suportar as despesas de administração e as reparações ordinárias

O usufrutário é obrigado a suportar as despesas de administração e as reparações ordinárias indispensáveis para a conservação da coisa (art. 1472º, nº 1), devendo considerar-se como tais as que são previsíveis e normais durante o período de duração do usufruto, sendo extraordinárias aquelas que se possam considerar anormais ou imprevisíveis[703]. As reparações ordinárias estão, no entanto, sujeitas a um limite máximo legal, uma vez que não se consideram como tais as reparações que, no ano em que forem necessárias, excedam dois terços do rendimento líquido desse ano (art. 1472º, nº 2).

Em qualquer caso, o usufrutuário pode eximir-se das reparações ou despesas a que é obrigado, renunciando ao usufruto (art. 1472º, nº 3).

7.6. Dever de avisar o proprietário em relação a reparações extraordinárias

O usufrutuário já não é, porém, obrigado a realizar reparações extraordinárias na coisa, devendo considerar-se como tais aquelas que sejam anormais ou imprevisíveis, como as que importem alterações na estrutura essencial da coisa ou que extravasem do normal rendimento da coisa, implicando investimentos de capital[704], e ainda, nos termos do art. 1472º, nº 2, aquelas reparações que, no ano em que foram feitas, excedam dois terços do rendimento líquido desse ano.

Em relação às reparações extraordinárias, o usufrutuário tem assim apenas o dever de avisar em tempo o proprietário para que ele, querendo, as mande fazer (art. 1473º, nº 1, *in principio*). O usufrutuário passa, no entanto, ter que realizar as reparações extraordinárias, se elas se tiverem tornado necessárias devido à

[703] Cfr. Pugliese, *Usufrutto*, pp. 516 e ss.

[704] Cfr. Pugliese, *Usufrutto*, pp. 520 e ss.

sua má administração (art. 1473º, nº 1, *in fine*), ou seja, devido ao facto de não ter realizado em tempo as reparações ordinárias.

Sendo a obrigação de realização das despesas da conta do proprietário, se este, depois de avisado, não as fizer e estas forem de utilidade real, pode o usufrutuário fazê-las a expensas suas e exigir a importância despendida, ou o pagamento do valor que tiverem no fim do usufruto, se este valor for inferior ao custo (art. 1473º, nº 2). Se o proprietário fizer as reparações, o usufrutuário tem direito ao usufruto destas, sem ser obrigado a pagar juros das somas desembolsadas pelo proprietário ou qualquer outra indemnização; no caso, porém, de essas reparações aumentarem o rendimento líquido da coisa usufruída, o aumento pertence ao proprietário (art. 1473º, nº 3, e 1471º, nº 2).

7.7. Obrigação de pagar os impostos e outros encargos anuais que incidam sobre o rendimento dos bens usufruídos

Outra obrigação do usufrutuário em relação ao proprietário de raiz é a obrigação de pagar os impostos e outros encargos anuais que incidam sobre o rendimento dos bens usufruídos (art. 1474º). Efectivamente, dado que é o usufrutuário que aufere durante o período de duração do usufruto os rendimentos daquele bem, é justo que assuma os encargos correspondentes, como os impostos, as taxas, os encargos de condomínio, as despesas respeitantes ao bem. O usufrutuário está assim obrigado a entregar ou a reembolsar o proprietário de raiz, caso lhe venham a ser exigidos por terceiro esses encargos, sendo que muitas vezes a lei faz surgir essa obrigação directamente na esfera do usufrutuário. No caso de tal não acontecer, o terceiro que apenas tenha acção contra o proprietário poderá exercer a acção sub-rogatória, nos termos gerais, desde que estejam preenchidos os seus pressupostos (arts. 606º e ss.)[705].

7.8. Dever de avisar o proprietário de qualquer facto de terceiro de que tenha notícia, sempre que ele possa lesar os direitos do proprietário

O art. 1475º atribui ao usufrutuário o dever de avisar o proprietário de qualquer facto de terceiro de que tenha notícia, sempre que ele seja susceptível de lesar os direitos do proprietário, sob pena de responder pelos danos causados. O usufruto institui assim um dever específico de custódia da propriedade de raiz em relação ao usufrutuário, o qual se concretiza num dever de avisar o proprietário em relação a factos de terceiro, que possam ser lesivos para essa propriedade. É, no entanto, de referir que o usufrutuário só está obrigado a comunicar esses factos quando eles cheguem ao seu conhecimento, não tendo que procurar activamente

[705] Cfr. Pugliese, *Usufrutto*, pp. 529 e ss.

esse conhecimento. Se omitir o seu dever de aviso, o usufrutuário é sujeito à responsabilidade civil.

7.9. Dever de restituir a coisa, findo o usufruto

Nos termos do art. 1475º, o último dever do usufrutuário é o de restituir a coisa, findo o usufruto. Esse dever de restituição é, no entanto, excluído no caso de usufruto de coisas consumíveis. O dever de restituição pode ainda ser suspenso, se houver direito de retenção a favor do usufrutuário, designadamente em virtude de benfeitorias realizadas na coisa.

8. Direitos do proprietário de raiz

O proprietário de raiz permanece titular da propriedade sobre o bem, ainda que esteja seja consideravelmente comprimida em consequência do usufruto. Pode, em consequência, praticar todos os actos que não impeçam nem limitem o uso da coisa por parte do usufrutuário.

O proprietário de raiz pode ainda reagir contra o mau uso da coisa por parte do usufrutuário. Este não acarreta a extinção do usufruto, mas se o abuso se tornar consideravelmente prejudicial ao proprietário, pode este exigir que a coisa lhe seja entregue ou que se tomem as providências previstas no art. 1470º. Se optar pela entrega da coisa, fica obrigado a pagar anualmente ao usufrutuário o produto líquido dela, depois de deduzidas as despesas e o prémio que lhe for arbitrado pela sua administração (art. 1482º).

O proprietário de raiz pode ainda dispor do seu próprio direito, transmitindo-o a terceiro ou onerando-o nos termos gerais. O proprietário de raiz não pode, no entanto, constituir direitos que afectem o usufruto, a não ser com eficácia diferida ao termo do usufruto. Em relação às servidões prediais, o art. 1460º, nº 2, especifica mesmo que o proprietário não pode constituir servidões sem consentimento do usufrutuário, desde que delas resulte diminuição do valor do usufruto.

9. Extinção do usufruto

9.1. Generalidades

Nos termos do art. 1476º, nº 1, o usufruto pode extinguir-se pelas seguintes causas:

a) a morte do usufrutuário, ou chegado o termo do prazo por que o direito foi conferido, quando não seja vitalício;
b) a reunião do usufruto e da propriedade na mesma pessoa;
c) o seu não exercício durante vinte anos, qualquer que seja o motivo;
d) a perda total da coisa usufruída;
e) a renúncia.

Examinemos sucessivamente estas diversas causas.

9.2. Morte do usufrutuário

Em relação à morte do usufrutuário, a mesma produz naturalmente a extinção do usufruto (art. 1476º, nº 1, a)), uma vez que não se trata de um direito transmissível *mortis causa* (art. 2025º, nº 1). Pode, porém, a morte do usufrutuário desencadear a constituição de outro usufruto na esfera de terceiro, caso tenha sido estipulado o usufruto sucessivo (art. 1441º), havendo também habitualmente direito de acrescer entre usufrutuários, no caso ter ocorrido a constituição do usufruto em conjunto (art. 1442º).

A extinção do usufruto ocorre igualmente no caso de morte presumida (art. 115º, nº 1), ainda que o direito, ou o preço respectivo ou os bens sub-rogados, em caso de alienação, tenham que ser restituídos na hipótese de regresso do ausente (art. 119º).

No caso de o usufrutuário trespassar o seu usufruto vitalício a outrem (art. 1444º, nº 1), o usufruto continua a extinguir-se com a morte do alienante, não adquirindo o novo usufrutuário direito a um usufruto que extravase para além da vida do alienante. A doutrina tem, no entanto, discutido uma hipótese complexa, que é o facto de o usufrutuário vitalício ter trespassado o seu direito a outrem, vindo, no entanto, o novo usufrutuário a falecer antes do usufrutuário primitivo. Oliveira Ascensão sustenta que, uma vez que o termo de referência é a morte do usufrutuário primitivo, neste caso o direito de usufruto transmite-se aos sucessores do adquirente até à morte daquele[706]. Mas já Carvalho Fernandes considera, pelo contrário, que atento o facto de a lei consagrar o efeito extintivo do usufruto com a morte do usufrutuário, o qual é neste caso o adquirente e não o alienante, o usufruto extingue-se com o falecimento daquele. O autor aponta ainda como argumento nesse sentido o facto de o regime do art. 1444º, nº 2, se adequar mal à hipótese de o usufruto se transmitir para os sucessores do adquirente pois o alienante iria responder pelos danos causados por esses sucessores, quando não os tomou em consideração aquando do trespasse do usufruto[707].

Parece-nos, porém, que a primeira posição é que é a adequada. A extinção do usufruto vitalício toma sempre em consideração a vida da pessoa em relação à qual se constituiu o usufruto, o que não é alterado pelo trespasse a outro usufrutuário, seja para prolongar o usufruto, seja para o diminuir. Em relação ao art. 1444º, nº 2, este não estabelece uma responsabilidade por culpa *in eligendo* do alienante, mas antes uma responsabilidade objectiva, baseada no facto de o usufruto ter sido trespassado a terceiro. Naturalmente que o alienante continua a responder se houver um segundo trespasse do usufruto, pelo que não faz sentido

[706] Cfr. Oliveira Ascensão, *Direitos Reais*, p. 474.

[707] Cfr. Carvalho Fernandes, *Direitos Reais*, p. 424.

que tal deixe de ocorrer em caso de sucessão por morte. Entendemos, por isso, que o usufruto se transmite por morte neste caso aos sucessores do adquirente, só se extinguindo efectivamente com a morte do alienante.

9.3. Termo do prazo do direito

O usufruto pode igualmente extinguir-se pelo termo do prazo para que tenha sido constituído, quando não seja vitalício (art. 1476º, nº 1, a)). Efectivamente, sendo o usufruto constituído por prazo certo, naturalmente que o decurso desse prazo acarreta a extinção do direito correpondente, sendo que esse prazo em relação às pessoas colectivas não pode exceder trinta anos (art. 1443º). Em relação às pessoas singulares, pode ser estipulado um prazo certo superior (v.g. 50 anos), mas o usufruto não deixará de se extinguir com a morte do usufrutuário, se esta ocorrer antes desse prazo (art. 1443º)[708].

A lei resolve uma situação de qualificação duvidosa, que é a hipótese de o usufruto ter sido constituído até à idade de uma terceira pessoa. Nesse caso, considera-se que o usufruto durará pelos anos prefixos, mesmo que essa pessoa venha a falecer sem atingir essa idade, a menos que o usufruto tenha sido concedido, tomando em atenção a existência dessa pessoa (art. 1477º).

9.4. Reunião do usufruto e da propriedade na mesma pessoa

Outra causa de extinção é a reunião do usufruto e da propriedade na mesma pessoa (art. 1476º, nº 1, b)), o que constitui a aplicação ao usufruto da confusão como causa de extinção de direitos reais.

9.5. Não uso por vinte anos

Outra causa de extinção do usufruto é o não uso da coisa usufruída por vinte anos, qualquer que seja o motivo (art. 1476º, nº 1, c)), o que se encontra em conformidade com a possibilidade legal de extinção de certos direitos reais de gozo pelo não uso (art. 298º, nº 3).

Para que possa ocorrer a extinção do usufruto pelo não uso, exige-se que ocorra uma abstenção efectiva do exercício de todas as faculdades que competem ao usufrutuário, uma vez que o não uso já não se verifica se o usufrutuário se limita apenas a exercer apenas alguma dessas faculdades. O não uso tem que continuar ininterruptamente durante vinte anos, uma vez qualquer exercício dessas faculdades interrompe o prazo do não uso (art. 298º, nº 3 e 331º, nº 1). Para o não uso é, no entanto, irrelevante o motivo pelo qual o usufrutuário deixa de exercer

[708] Ressalvam-se, no entanto, as hipóteses de usufruto simultâneo e sucessivo, nos termos do art. 1441º.

o seu direito, pelo que ele não deixará de se verificar, mesmo em caso de justo impedimento.

Diferente do não uso é, no entanto, a hipótese de mau uso por parte do usufrutuário, que não acarreta a extinção do usufruto, mas permite ao proprietário reagir nos termos acima expostos (art. 1482º).

9.6. Perda total da coisa usufruída

A perda total da coisa usufruída extingue igualmente o usufruto (art. 1476º, nº 1, d)), de acordo com o critério geral que o perecimento do objecto de um direito produz naturalmente a extinção desse direito.

Tal já não acontece, porém, em caso de perda parcial, em que o usufruto continua na parte restante (art. 1478º, nº 1), nem no caso de *rei mutatio*, em que a coisa se transforma noutra que ainda tenha valor, embora com finalidade económica distinta (art. 1478º, nº 2)[709].

A lei regula ainda especialmente a hipótese de destruição de edifícios, incida ela sobre prédios urbanos (art. 1479º, nºs 1 e 2, ou sobre prédios rústicos (art. 1479º, nº 3). A destruição do edifício atribui ao usufrutuário direito a desfrutar o solo e os materiais restantes (art. 1479º, nº 1). O proprietário da raiz pode, porém, reconstruir o prédio, ocupando o solo e os materiais, desde que pague ao usufrutuário, durante o usufruto, os juros correspondentes ao valor do mesmo solo e dos materiais (art. 1479º, nº 2).

Para que o perecimento da coisa possa extinguir o usufruto é, no entanto, necessário que o mesmo seja fortuito[710], uma vez que se for devido à responsabilidade de outrem o usufruto passa a incidir sobre a indemnização (art. 1480º, nº 1). Esse regime é igualmente aplicável à indemnização resultante de expropriação ou requisição da coisa ou direito, à indemnização devida pela extinção do direito de superfície e outros casos análogos (art. 1480º, nº 2), bem como à hipótese de existir seguro que cubra esse risco (cfr. art. 1481º, nº 1). Neste último caso, tratando-se de um edifício, o proprietário pode reconstruí-lo, transferindo-se o usufruto para o novo edifício. Se, porém, a soma despendida na reconstrução for superior à indemnização recebida, o direito do usufrutuário será proporcional à indemnização (art. 1481º, nº 2). Se, no entanto, os prémios forem pagos pelo proprietário, a este pertence por inteiro a indemnização que for devida (art. 1481º, nº 3).

[709] No Direito Romano, no entanto, em virtude do princípio de que o usufruto só subsiste sobre a coisa originária, enquanto ela conservar a sua finalidade económica, vigorava a regra inversa, extinguindo-se o usufruto em caso de *rei mutatio* (D.7.4.5.2-3, D.7.4.5.10.1-8 e D.7.4.12.pr.-1). Cfr. Pugliese, *Usufrutto*, p. 613.

[710] Neste sentido, Pugliese, *Usufrutto*, p. 616.

9.7. Renúncia do usufrutuário

Finalmente o usufruto pode extinguir-se pela renúncia do usufrutuário (art. 1476º, nº 1, e)), a qual não requer aceitação do proprietário (art. 1476º, nº 2). O usufruto não faz excepção à regra geral de que os direitos privados são em princípio renunciáveis, pelo que admite a sua extinção por renúncia. A renúncia implica neste caso a recuperação da propriedade plena pelo radiciário em virtude da elasticidade que está associada à propriedade. No entanto, a renúncia não se deve considerar uma declaração receptícia, dado que, atenta a natureza real do usufruto, não tem como destinatário determinado o nu proprietário, devendo por isso produzir efeitos logo que é manifestada pela forma adequada (art. 224º, nº 1). Nos termos do art. 22º g) D.L. 116/2008, a renúncia deve ser celebrada por escritura pública ou documento particular autenticado.

10. Tipos especiais de usufruto

10.1. O usufruto de coisas consumíveis

Examinemos agora o usufruto de coisas consumíveis, também denominado de quase-usufruto[711]. Este usufruto caracteriza-se por incidir sobre coisas cujo uso regular importa a sua destruição ou alienação (art. 208º), pelo que os poderes do usufrutuário têm que compreender esses actos de disposição da coisa, sem o que a mera atribuição do uso não desempenharia qualquer função útil. Em consequência, o art. 1451º, nº 1, estabelece que "quando o usufruto tiver por objecto coisas consumíveis, pode o usufrutuário servir-se delas ou aliená-las, mas é obrigado a restituir o seu valor, findo o usufruto, no caso de as coisas terem sido estimadas; se o não foram, a restituição será feita pela entrega de outras coisas do mesmo género, qualidade ou quantidade, ou do valor destas na conjuntura em que findar o usufruto".

O art. 1451º, nº 2, estabelece que o usufruto de coisas consumíveis não importa transferência da propriedade para o usufrutuário. Esta solução é contrária ao que se expressamente se estabelece na legislação alemã (§ 1067 BGB) e suíça (§ 772 ZGB), e também à posição comum na doutrina italiana[712]. Pires de Lima e Antunes Varela explicam a sua consagração pelo objectivo de fazer atribuir o risco pelo perecimento da coisa ao proprietário de raiz (art. 796º), bem como devido à intenção de subtrair a raiz das coisas consumíveis ao concurso de credores, o que

[711] Cfr. Pugliese, *Usufrutto*, pp. 646 e ss., Menezes Cordeiro, *Direitos Reais*, pp. 659 e ss., Carvalho Fernandes, *Direitos Reais*, p. 411, e José Alberto Vieira, *Direitos Reais*, p. 666 e ss.

[712] Assim, Pugliese, *Usufrutto*, p. 87 e 653 e ss., sustenta que o usufruto de coisas consumíveis se resolve na sua propriedade, limitada economicamente pela obrigação de restituir, no fim do usufruto, o *tantundem* ou o seu valor em dinheiro.

não sucede com o crédito à restituição do seu valor[713]. Apesar de esta intenção legislativa ter sido aceite pacificamente na nossa doutrina[714], não deixou de haver quem tenha chamado a atenção para as dificuldades que suscita[715].

Por nossa parte, tendemos a interpretar o art. 1451º, nº 2, no sentido de que a constituição do usufruto não importa a transferência da propriedade, mas que esta ocorre com a entrega das coisas consumíveis ao usufrutuário, após este ter cumprido as suas obrigações de relacionamento dos bens e de prestação de caução para a restituição do seu valor, nos termos do art. 1468º[716]. Efectivamente, a partir do momento em que são cumpridas essas obrigações, o direito do nu proprietário passa a incidir apenas sobre a restituição do valor, passando naturalmente o usufrutuário a ser considerado proprietário das coisas consumíveis, pressuposto essencial para que as possa consumir ou alienar, como é sua função. Naturalmente que, a partir daí, também deve recair sobre ele o risco da sua perda ou deterioração.

Como consequência dessa situação, o usufruto de coisas consumíveis não está sujeito às causas gerais de extinção do usufruto referidas no art. 1476º, apenas se podendo extinguir pela morte do usufrutuário, pelo decurso do prazo (art. 1476º, nº 1 a), ou pela renúncia (art. 1476º, nº 1, e)), na medida em que estas provocam o vencimento da obrigação de restituição do valor das coisas entregues, em caso de elas terem sido estimadas, ou do *tantundem eiusdem generis*, ou do valor deste, na hipótese contrária. O usufruto de coisas consumíveis já não se extingue, porém, com a reunião do usufruto com a propriedade na mesma pessoa (art. 1476º, nº 1, b)), nem pelo não uso (art. 1476º, nº 1, c)), nem sequer com a perda total da coisa usufruída (art. 1476º, nº 1, d)), uma vez que em todos estes casos se mantém a obrigação de restituição do valor das coisas entregues, no caso de elas terem sido estimadas, ou do *tantundem eiusdem generis*, ou do valor deste, na hipótese contrária.

Extinto o usufruto, há então lugar à restituição do valor das coisas entregues, no caso de elas terem sido estimadas, ou, na hipótese contrária, de outras coisas do mesmo género, qualidade ou quantidade ou do seu valor, na conjuntura em que findar o usufruto (art. 1451º, nº 1, *in fine*). No primeiro caso, está-se perante uma obrigação pecuniária, nos termos gerais (arts. 550º e ss.). No segundo caso,

[713] Cfr. Pires de Lima/Antunes Varela, *op. cit.*, III, sub art. 1451º, nº 4, p. 486.

[714] Cfr. Mota Pinto, *Direitos Reais*, pp. 396 e ss., Menezes Cordeiro, *Direitos Reais*, p. 661, Carvalho Fernandes, *Direitos Reais*, p. 411, e Santos Justo, *Direitos Reais*, p. 364.

[715] Assim, José Alberto Vieira, *Direitos Reais*, p. 667, considera a solução ficciosa e que levanta dificuldades consideráveis. Também Nuno Aureliano, *O risco nos contratos de alienação. Contributo para o estudo do Direito Privado Português*, Coimbra, Almedina, 2009, pp. 41 e ss. (44), considera inexistir fundamento material convincente para a solução adoptada.

[716] Neste sentido, também Pugliese, *Usufrutto*, pp. 656 e ss.

trata-se de uma obrigação alternativa pelo que, nos termos gerais, compete a sua escolha ao devedor (art. 543º, nº 2). A opção realiza-se entre a entrega de outras coisas do mesmo género ou do valor destas, na conjuntura em que findar o usufruto. Em relação à restituição do valor, esta não constitui uma obrigação pecuniária, mas uma dívida de valor[717].

10.2. O usufruto de coisas deterioráveis

O usufruto de coisas deterioráveis encontra-se regulado no art. 1452º[718], abrangendo todas as coisas susceptíveis de se deteriorar pelo uso como as roupas, os animais, os veículos e os instrumentos de trabalho.

O usufruto de coisas deterioráveis distingue-se do usufruto de coisas consumíveis pelo facto de o seu uso regular não implicar a sua destruição ou alienação, pelo que não é necessário atribuir ao usufrutuário a propriedade dessas coisas, sendo o usufruto de coisas deterioráveis compatível com a proibição de alterar a forma ou a substância da coisa. No entanto, o proprietário sabe que ao constituir um usufruto sobre uma coisa dessa natureza, ela será habitualmente restituída com as deteriorações inerentes ao uso.

Em consequência, no usufruto de coisas deterioráveis o usufrutuário apenas é obrigado a restituir as coisas no fim do usufruto no estado em que se encontrarem, a não ser que tenham sido deterioradas por uso diverso daquele que lhes era próprio ou por culpa do usufrutuário (art. 1452º, nº 1). Só em caso de não apresentação das coisas que lhe foram entregues é que o usufrutuário responderá pelo valor que elas tinham na conjuntura em que começou o usufruto, salvo se provar que perderam o seu valor em uso legítimo (art. 1452º, nº 2).

10.3. O usufruto de árvores e arbustos

Outro tipo especial de usufruto é o usufruto de árvores e arbustos (arts. 1453º-1454º)[719]. Neste caso, não se tratando de árvores de corte, não é permitido ao usufrutuário o seu corte intencional, uma vez que as mesmas não correspondem a frutos, mas antes à própria coisa-mãe, afectando o corte a forma e a substância da coisa[720]. O usufrutuário apenas pode assim aproveitar-se das árvores e arbustos que perecerem.

A lei distingue, no entanto, consoante o perecimento seja natural ou acidental. Em caso de perecimento natural, o usufrutuário pode aproveitar-se das árvo-

[717] Cfr. Pugliese, *Usufrutto*, pp. 656 e ss.

[718] Cfr. Pugliese, *Usufrutto*, pp. 663 e ss. Carvalho Fernandes, *Direitos Reais*, p. 404, e Santos Justo, *Direitos Reais*, p. 365.

[719] Cfr. Carvalho Fernandes, *Direitos Reais*, p. 413, e Santos Justo, *Direitos Reais*, pp. 365-366.

[720] Neste sentido, Pugliese, *Usufrutto*, p. 334.

res e arbustos extintos (art. 1453º, nº 1), mas, no caso de eles serem frutíferos, é obrigado a plantar tantos pés como os que perecerem naturalmente, ou a substituir essa cultura por outra igualmente útil para o proprietário, se for impossível ou prejudicial a renovação de plantas do mesmo género (art. 1453º, nº 2). Já no caso de perecimento acidental, entende-se que o mesmo não é abrangido pelo direito de fruição do usufrutuário, pelo que nesse caso as árvores e arbustos caídas, arrancadas ou quebradas, pertencem ao proprietário (art. 1454º, nº 1), podendo todavia o usufrutuário aplicar essas árvores e arbustos às reparações que seja obrigado a fazer ou exigir que o proprietário as retire, desocupando o terreno (art. 1454º, nº 2).

10.4. O usufruto de matas e árvores de corte

Outro tipo especial de usufruto é o usufruto de matas e árvores de corte[721], o qual se distingue do caso anterior por ser permitido ao usufrutuário o corte das árvores e das matas. Efectivamente, o usufrutuário pode naturalmente cortá-las para a extracção de madeira ou lenha, uma vez que neste caso estamos perante frutos da coisa, periodicamente renováveis.

O usufrutuário deve, porém, observar, nos cortes, a ordem e as praxes usadas pelo proprietário ou, na sua falta, o uso da terra (art. 1455º, nº 1), o que é explicável pelo facto de a inobservância dessas regras poder implicar que o corte abranja uma parte de capital, prejudicando a sua futura capacidade reprodutiva. A lei estabelece, no entanto, que "se, em consequência de ciclone, incêndio, requisição do Estado ou outras causas análogas, vier a ser prejudicada consideravelmente a fruição normal do usufrutuário, deve o proprietário compensá-lo até ao limite dos juros da quantia correspondente ao valor das árvores mortas, ou até ao limite dos juros da importância recebida" (art. 1455º, nº 2).

10.5. O usufruto de plantas de viveiro

A lei regula de forma especial o usufruto de plantas de viveiro (art. 1456º)[722]. Neste caso, trata-se de plantas destinadas a ser arrancadas e plantadas noutro lugar, podendo mesmo a falta de arranque prejudicar ou destruir as plantas, pelo que é naturalmente permitido esse acto ao usufrutuário. Este é, porém, obrigado a conformar-se, no arranque das plantas com a ordem e praxes do proprietário ou, na sua falta, com o uso da terra, tanto pelo que toca ao tempo e modo do arranque como pelo que respeita ao tempo e modo de retanchar o viveiro (art. 1456º).

[721] Cfr. CARVALHO FERNANDES, *Direitos Reais*, p. 404, e SANTOS JUSTO, *Direitos Reais*, p. 366.

[722] Cfr. CARVALHO FERNANDES, *Direitos Reais*, p. 413, e SANTOS JUSTO, *Direitos Reais*, p. 366.

10.6. O usufruto de minas

Outro tipo especial de usufruto é o usufruto de minas (art. 1457º)[723]. A lei admite duas hipóteses de usufruto de minas: o usufruto de concessão mineira e o usufruto de terreno onde existam explorações mineiras de terceiro.

Tratando-se de *usufruto de concessão mineira*, cabe naturalmente ao usufrutuário a exploração do minério. Efectivamente, conforme acima se referiu, o minério pode ser considerado um fruto da coisa, na medida em que apesar de ocorrer alteração da sua substância, esta ocorre de forma imperceptível e prolongada no tempo. A recolha do minério é assim compreendida nos poderes de fruição do usufrutuário, exigindo a lei, no entanto, que o usufrutuário se conforme na exploração das minas, com as praxes seguidas pelo respectivo titular (art. 1457º, nº 1).

Diferente é, porém, o caso de *o usufruto incidir sobre o próprio terreno onde existam explorações mineiras de terceiros*. Nesse caso, é o terceiro que explora as minas com base num título próprio, como o arrendamento ou outro, adquirindo o usufrutuário o direito a receber as quantias devidas ao proprietário do solo, designadamente a título de renda, em proporção do tempo que durar o usufruto (art. 1457º, nº 2). Esta solução compreende-se em virtude de as rendas serem frutos civis da coisa, pelo que o usufrutuário adquire direito a elas enquanto durar o usufruto.

10.7. O usufruto de pedreiras

Constitui igualmente um caso particular de usufruto o usufruto de pedreiras (art. 1458º)[724]. A lei distingue consoante a pedreira já esteja ou não em exploração, aquando do começo do usufruto.

No caso de a pedreira já estar em exploração, o usufrutuário tem a faculdade de a continuar, conformando-se com as praxes observadas pelo proprietário (art. 1458º, nº 1, *in fine*), o que se compreende devido aos poderes de fruição que lhe são atribuídos. Efectivamente, as pedras de uma pedreira são consideradas frutos da coisa, nos mesmos termos em que o é o minério.

Já no caso de a pedreira não estar em exploração, o proprietário não pode abri-la (art. 1458º, nº 1, *in principio*), uma vez que tal violaria a sua obrigação de não afectar a forma ou a substância da coisa. No entanto, essa proibição não inibe o usufrutuário de extrair pedra do solo para reparar as obras a que seja obrigado (art. 1458º, nº 2).

[723] Cfr. Carvalho Fernandes, *Direitos Reais*, pp. 413-414, e Santos Justo, *Direitos Reais*, pp. 366-367.

[724] Cfr. Carvalho Fernandes, *Direitos Reais*, p. 414, e Santos Justo, *Direitos Reais*, p. 367.

10.8. O usufruto sobre universalidade de animais

Outro caso particular de usufruto é o usufruto sobre universalidade de animais, referido no art. 1462º[725]. Efectivamente, o regime do usufruto sofre algumas modificações quando está em causa uma universalidade de animais. Uma vez que os animais são coisas deterioráveis, vão perdendo o seu valor em consequência da sua utilização e da velhice, até ao momento em que morrem. Assim, se o usufruto fosse visto apenas como incidindo sobre uma soma de animais, o usufrutuário poderia haver os frutos de cada animal, como as crias, o leite, e a lã, tendo apenas que restituir no fim os animais supérstites e os respectivos despojos. Considerando que o usufruto incide sobre a universalidade, a lei pressupõe a substituição em contínuo dos animais que perecem pelos que nascem em idêntico número. O usufruto deixa de ser assim tratado como coisa deteriorável, mas os frutos limitam-se aos animais que excedam o número necessário à substituição dos que pereceram. Em consequência, a lei obriga o usufrutuário a substituir com as crias novas as cabeças que, por qualquer motivo, vierem a faltar (art. 1462º, nº 1).

É, no entanto, controverso relativamente às crias novas, cujo número não exceda as perecidas, se é atribuída automaticamente a sua nua propriedade ao proprietário, ou se essa atribuição depende de um acto do usufrutuário. No Direito Romano, a regra estabelecida em D.7.1.70.1. é a de que a atribuição da nua propriedade dependia de uma *summissio* por parte do usufrutuário. Perante o art. 821, I do *Codice Civile,* sustenta PUGLIESE que só são frutos as crias que nascem quando o rebanho se encontra completo, pelo que qualquer cria nascida na outra hipótese pertence em nua propriedade ao usufrutuário. Já as outras são consideradas frutos, sendo a sua propriedade adquirida pelo usufrutuário com a separação da coisa-mãe, sem prejuízo de o usufrutuário poder ter que as restituir no caso de outras virem a perecer[726]. Pensamos ser esta última a melhor posição, que se harmoniza com o conceito de frutos da universalidade de animais, estabelecido no art. 212º, nº 3.

Nos termos do art. 1462º, nº 2, se os animais se perderem na totalidade ou em parte, por caso fortuito, sem produzirem outros que os substituam, o usufrutuário é apenas obrigado a entregar as cabeças restantes. Efectivamente, o usufrutuário não suporta o risco do perecimento dos animais, uma vez que a sua nua propriedade se mantém no proprietário. Mas já se for por culpa do usufrutuário que se verificou a perda, total ou parcial, dos animais, este torna-se responsável perante o proprietário nos termos gerais.

[725] Cfr. PUGLIESE, *Usufrutto*, pp. 674 e ss., CARVALHO FERNANDES, *Direitos Reais*, pp. 414-415, e SANTOS JUSTO, *Direitos Reais*, p. 369.

[726] Cfr. PUGLIESE, *Usufrutto*, pp. 682-683.

A lei estabele que o usufrutuário é responsável pelos despojos dos animais, quando de tais despojos se tenha aproveitado (art. 1462º, nº 3). É, no entanto, de salientar que os despojos dos animais são considerados frutos da universalidade (art. 212º, nº 3), pelo que esta disposição só se pode aplicar no caso de ocorrer o perecimento casual de animais que não possam ser substituídos, cujos despojos pertenceriam assim ao radiciário. Neste caso, se o usufrutuário vier a aproveitar-se deles, a situação é tratada como usufruto de coisas consumíveis, obrigando à restituição do seu valor.

10.9. O usufruto de créditos

Em relação ao usufruto de créditos, a doutrina tem contestado a sua natureza real, uma vez que, por definição, os direitos reais têm por objecto coisas corpóreas e não prestações, e não há direitos sobre direitos[727]. O usufruto de créditos tem sido assim qualificado como uma forma de usufruto irregular[728].

Apesar disso, a lei portuguesa incluiu no título do usufruto certas modalidades de usufruto de créditos, como o usufruto de rendas vitalícias (art. 1463º), o usufruto de capitais postos a juro (art. 1464º), o usufruto sobre dinheiro e capitais levantados (art. 1465º) e o usufruto de títulos de crédito (art. 1466º). Nenhuma destas modalidades representa qualquer direito real, mas apenas uma forma de oneração do crédito, com a atribuição temporária de certas prestações periódicas, ou da obrigação de pagamento dos juros ou outros ganhos produzidos pelo crédito a outro credor.

11. Natureza do usufruto

Em relação à natureza do usufruto, apresentam-se as seguintes teorias:

a) teoria do desmembramento;
b) teoria da propriedade temporária;
c) teoria do direito real de gozo típico.

A primeira tese explicativa da natureza do usufruto é representada pela *teoria do desmembramento*. Para essa tese, no usufruto ocorre uma fragamentação do direito de propriedade em dois direitos distintos, o direito de usar e fruir a coisa (usufruto) e o direito de dispor ou transmitir a coisa a outrem (propriedade de raiz ou nua propriedade). Esta é a tese clássica sobre a natureza do usufruto,

[727] Cfr. Oliveira Ascensão, *Reais*, pp. 478-479, Menezes Cordeiro, *Direitos Reais*, p. 662, e Santos Justo, *Direitos Reais*, pp. 370 e ss.
[728] Neste sentido, Carvalho Fernandes, *Direitos Reais*, p. 407.

tendo sido defendida entre nós por José Tavares[729] e por Pires de Lima e Antunes Varela[730].

Uma outra teoria explicativa da natureza do usufruto é a *teoria da propriedade temporária* formulada em Itália por Allara[731]. Este autor considera que, embora a propriedade seja tendencialmente perpétua, pode em certos casos ser objecto de um limite temporal, o que corresponderia precisamente à situação do usufruto, uma vez que os poderes do usufrutuário coincidem com os do proprietário, sendo idênticos os deveres de não ingerência por parte de terceiros, que são, no entender do autor, o elemento característico do direito real. O facto de o usufrutuário ter que respeitar a forma e substância e o destino económico da coisa, suportar a execução de reparações extraordinário e ter outros deveres de conteúdo positivo e negativo corrresponderiam a obrigações *propter rem*, que não afastariam a qualificação do seu direito como de propriedade.

Finalmente, temos a *teoria do direito real de gozo típico*, defendida entre nós por Oliveira Ascensão[732], Menezes Cordeiro[733], Carvalho Fernandes[734], Santos Justo[735], José Alberto Vieira[736] e Bonifácio Ramos[737]. Esta teoria considera o usufruto como um direito real de gozo distinto da propriedade, não constituindo por isso nem um seu desmembramento nem uma propriedade especial. A autonomia do usufruto em relação à propriedade seria demonstrada pelo facto de, embora sendo um direito de gozo pleno, não atribuir a plenitude das faculdades relativa à coisa, atento os poderes de disposição do usufrutuário serem limitados. Por outro lado, enquanto a propriedade é um direito exclusivo, o direito do usufrutuário coincide sempre com outro direito, habitualmente a propriedade de raiz.

A teoria do desmembramento é inaceitável pois parte da concepção de que todos os direitos reais menores são figuras parcelares da propriedade, o que já tivemos ocasião de rejeitar. A propriedade não é desmembrada, antes se comprime, em virtude da elasticidade que a caracteriza, se sobre a mesma coisa vem a ser constituído um usufruto.

[729] Cfr. José Tavares, *Os princípios*, I, p. 599.

[730] Cfr. Pires de Lima/Antunes Varela, *op. cit.*, III, sub art. 1439º, nº 6, p. 459.

[731] Cfr. Allara, *op. cit.*, pp. 592-593, que sustenta que o usufruto constitui um complexo de relações jurídicas de base objectiva, em que o elemento real consiste numa propriedade temporária, a que acrescem obrigações *propter rem*.

[732] Cfr. Oliveira Ascensão, *Reais*, pp. 477 e ss.

[733] Cfr. Menezes Cordeiro, *Direitos Reais*, pp. 658-659.

[734] Cfr. Carvalho Fernandes, *Direitos Reais*, p. 404.

[735] Cfr. Santos Justo, *Direitos Reais*, pp. 357-358.

[736] Cfr. José Alberto Vieira, *Direitos Reais*, pp. 676 e ss.

[737] Cfr. Bonifácio Ramos, *Direitos Reais*, p. 363.

A teoria da propriedade temporária é igualmente incorrecta, uma vez que a posição do usufrutuário é manifestamente inferior à do proprietário, não sendo os dois direitos distinguíveis apenas pela limitação temporal. O usufrutuário está sujeito a limitações ao exercício do seu direito e a deveres específicos, cuja qualificação como obrigações *propter rem* não é suficiente para legitimar a sua integração no âmbito da propriedade, sabendo-se que as obrigações *propter rem* integram o conteúdo do direito real, não tendo existência separada do mesmo.

Aderimos, por isso, à teoria do direito real de gozo típico.

Secção IV
O uso e a habitação

1. Generalidades

O uso e a habitação constituem tipos de direitos reais próximos do usufruto, embora com algumas especificidades particulares[738]. A principal é o facto de não atribuirem um gozo pleno da coisa, mas antes um gozo limitado pelas necessidades do titular ou da sua família (art. 1484º, nº 1).

O uso e a habitação distinguem-se entre si pelo seu objecto. Enquanto que o direito de uso pode abranger qualquer coisa alheia, já o direito de habitação refere-se a casas de morada (art. 1484º, nº 2).

2. Evolução histórica do uso e da habitação

A origem histórica dos direitos de uso e habitação filia-se no direito romano[739]. O direito de uso desenvolveu-se a propósito do usufruto de coisas não frutíferas, em que a fruição era impossível, falando-se assim apenas em *usus* e não em *usus fructus*. Posteriormente, o uso foi sendo ampliado por forma a abranger a percepção de alguns frutos, passando a ser configurado como um usufruto de fruição limitada. Já a habitação apenas veio a ser reconhecida como direito autónomo no

[738] Cfr. MOTA PINTO, *Direitos* Reais, pp. 419 e ss., e *RDES* 21 (1974), pp. 195 e ss., OLIVEIRA ASCENSÃO, *Reais*, pp. 479 e ss., J. FRANÇA PITÃO/J. BORGES PINTO, *Direito das Coisas*, pp. 24-25, MENEZES CORDEIRO, *Direitos Reais*, pp. 663 e ss., CARVALHO FERNANDES, *Direitos Reais*, pp. 425 e ss., RUI PINTO DUARTE, *Direitos Reais*, pp. 203 e ss., SANTOS JUSTO, *Direitos Reais*, pp. 381 e ss., JOSÉ ALBERTO VIEIRA, *Direitos Reais*, pp. 679 e ss. HENRIQUE SOUSA ANTUNES, *Direitos Reais*, pp. 431 e ss. e BONIFÁCIO RAMOS, *Direitos Reais*, pp. 364 e ss. Na doutrina alemã, cfr. BAUR/STÜRNER, *Sachenrecht.*, § 34, pp. 425 e ss.

[739] Cfr. PUGLIESE, *Usufrutto*, pp. 29 e 802 e ss., MENEZES CORDEIRO, *Direitos Reais*, pp. 663-664, e JOSÉ ALBERTO VIEIRA, *Direitos Reais*, pp. 680 e ss.

direito justinianeu, tendo JUSTINIANUS, em 530 publicado uma constituição para regular especificamente a *habitatio*[740].

Em consequência da sua regulação no *Corpus Iuris Civilis*, os direitos de uso e habitação mantiveram-se durante todo o período intermédio, acabando por vir a ser regulados nas diversas codificações. Assim, o uso e habitação foram em primeiro lugar previstos nos arts. 625 e ss. e 632 do *Code Civil* francês de 1804. Da mesma forma, o BGB, em 1896 consagrou nos §§ 1090 e ss, os *beschränkte persönliche Dienstbarkeiten*, onde inclui o *Wohnungsrecht* (§ 1093). Também o *Codice Civile* italiano, de 1942, viria a prever, nos seus arts. 1021 e ss. os direitos de uso e habitação.

Em Portugal, os direitos de uso e habitação encontravam-se previstos nos arts. 2254º e ss., do Código Civil de 1867, tendo sido esta a fonte principal dos arts. 1484º e ss. do Código actual.

3. Conteúdo dos direitos de uso e habitação

O uso e habitação são direitos moldados sobre o regime do usufruto, mas em que os poderes de uso e fruição são mais limitados.

Nos termos do art. 1484º, nº 1, o uso consiste na faculdade de se servir de certa coisa alheia e haver os respectivos frutos, na medida das necessidades, quer do titular, quer da família, chamando-se esse direito de habitação quando se refere a casas de morada (art. 1484º, nº 2). Neste aspecto se encontra a distinção fundamental em relação ao usufruto, já que, enquanto este constitui um direito de gozo pleno da coisa, o direito do usuário e do morador usuário encontram-se limitados pelas necessidades do titular. No entanto, apesar de não serem direitos de gozo pleno, o uso e a habitação são direitos de gozo exclusivos, uma vez que não se concebe a partilha do gozo com o proprietário[741].

Essas necessidades são fixadas de acordo com a condição social do titular (art. 1486º) abrangendo a sua família apenas o cônjuge, não separado judicialmente de pessoas e bens, os filhos solteiros, outros parentes a quem sejam devidos alimentos e as pessoas que, convivendo com o respectivo titular, se encontrem ao seu serviço ou ao serviço das pessoas designadas (art. 1487º).

[740] Cfr. C.3.30.13.pr.: "Cum antiquitas dubitabat usu fructu habitationis legato, et primo quidem cui similis est, utrumne usui vel usui fructui an neutri eorum, sed ius proprium et specialem naturam sortita est habitatio".

[741] Efectivamente e conforme escreve JOSÉ ALBERTO VIEIRA, *Direitos Reais*, p. 684: "Quanto ao uso (...) estamos convictos que ele se reveste de exclusividade, mesmo que as necessidades do morador usuário ou da sua família se limitem a uma parte dela. Não vemos como fundamentar que o morador usuário deva tolerar na sua casa a presença do proprietário ou de um estranho ao qual o último cedeu o gozo da parte não usada só porque as necessidades da sua família não esgotam as possibilidades de uso do objecto"

4. Regime dos direitos de uso e habitação

O regime do uso e habitação é essencialmente o regime do usufruto, designadamente quanto às causas da sua constituição e extinção (arts. 1485º e 1490º). Há, no entanto, algumas especificidades a salientar.

Assim, em primeiro lugar, o uso e a habitação não se podem constituir por usucapião (art. 1293º, b)).

Em segundo lugar, os direitos de uso e habitação são absolutamente intransmissíveis, pelo que o usuário e o morador usuário não podem transmitir esses direitos, nem onerá-los de qualquer modo (art. 1488º).

No caso de o usuário ou o morador usuário consumirem todos os frutos do prédio ou ocuparem todo o edifício, compete-lhes o pagamento das reparações ordinárias, despesas de administração e impostos e encargos anuais, como se fossem usufrutuários (art. 1489º, nº 1). Se, no entanto, a ocupação do prédio ou do edifício for apenas parcial, o usuário e o morador usuário apenas são obrigados a contribuir na proporção da sua fruição (art. 1489º, nº 2).

Alguma doutrina sustentou que o uso e a habitação poderiam ser declarados extintos, a requerimento de qualquer interessado, designadamente do proprietário de raiz, no caso de desparecerem as necessidades pessoais do seu titular em relação à coisa[742]. A maioria da doutrina não tem acolhido, porém, essa possibilidade, sustentando a sua extinção apenas pelas mesmas causas do usufruto, nos termos gerais do art. 1485º[743]. Pensamos ser esta última a melhor posição, não havendo consequentemente lugar à extinção do uso e habitação por cessação das necessidades do titular. Efectivamente, defender essa solução equivaleria a consagrar, em relação ao uso e habitação, a causa de extinção da desnecessidade, a qual a lei apenas prevê para as servidões constituídas por usucupião (art. 1569º, nº 2) e para as servidões legais (art. 1569º, nº 3), não a prevendo para mais nenhum outro direito real. É por isso manifesto que a mesma não pode ser, sem qualquer base legal, aplicada em relação ao uso e habitação, em relação ao qual a lei é expressa no sentido de que o mesmo se extingue apenas pelo não exercício durante vinte anos qualquer que seja o motivo (arts. 1485º e 1476º, nº 1, c)).

[742] Foi esta a posição de Oliveira Ascensão, *Reais*, p. 481, depois seguida por Pires de Lima/Antunes Varela, *op. cit.*, III, sub art. 1490º, nº 3, p. 553, Carvalho Fernandes, *Direitos Reais*, p. 427 e Bonifácio Ramos, *Direitos Reais*, p. 280.

[743] Cfr. Carlos Mota Pinto, *Direitos Reais*, pp. 419-420, Menezes Cordeiro, *Direitos Reais*, p. 665, Santos Justo, *Direitos Reais*, p. 386, José Alberto Vieira, *Direitos Reais*, p. 691, e Henrique Sousa Antunes, *Direitos Reais*, pp. 434-435.

5. Tipos especiais de uso e habitação

5.1. Os direitos de uso e habitação atribuídos ao cônjuge sobrevivo de habitação da casa de morada de família e de uso do respectivo recheio

Um caso especial de uso e habitação é aquele que é atribuído pelos arts. 2103º-A e ss., ao cônjuge sobrevivo sobre a casa de morada de família e respectivo recheio[744]. Efectivamente, o art. 2103º-A, nº 1, estabelece que o cônjuge sobrevivo tem direito a ser encabeçado, no momento da partilha, no direito de habitação da casa de morada de família e no direito de uso do respectivo recheio, devendo tornas aos co-herdeiros se o valor recebido exceder o da sua parte sucessória e meação, se a houver. Se a casa de morada de família não fizer parte da herança aplica-se esse regime apenas em relação ao recheio (art. 2103º-B). É considerado como recheio o mobiliário e demais objectos ou utensílios utilizados ao cómodo, serviço e ornamentação da casa (art. 2103º-C).

A pedido dos proprietários, pode o tribunal, quando o considere justificado, impor ao cônjuge a obrigação de prestar caução (art. 2103º-A, nº 3).

Os direitos de habitação da casa de morada de família e de uso do recheio são, no entanto, sujeitos a uma causa de extinção especial, já que, nos termos do art. 2103º-A, nº 2, estes direitos caducam se o cônjuge não habitar a casa por período superior a um ano. Exceptuam-se apenas as situações anteriormente previstas no art. 1093º, nº 2, do Código Civil, hoje reguladas no nº 2 do art. 1072º do mesmo Código, em que a lei considera lícito ao arrendatário o não uso do prédio arrendado por mais de um ano.

5.2. Os direitos de habitação atribuídos ao membro sobrevivo da união de facto e em caso de morte de pessoa que viva em economia comum

Outro direito real de habitação, que se encontra especialmente regulado, respeita aos casos de dissolução da união de facto por morte de um dos seus membros, e de falecimento de pessoa que vivesse com outra em situação de economia comum.

Em caso de dissolução de uma união de facto por morte do membro que fosse proprietário da casa de morada de família, o membro sobrevivo adquire um direito real de habitação da casa pelo prazo de cinco anos, assim como um direito de uso do respectivo recheio (art. 5º, nº 1, da Lei 7/2001, de 11 de Maio, na redacção da Lei 23/2010, de 30 de Agosto), o qual é igualmente à situação de compropriedade (art. 5º, nº 3 do mesmo diploma). No caso de a união de facto

[744] Tem sido ainda comum constituir, nos acordos de divórcio, um direito de uso e habitação sobre a casa de morada de família a favor de um dos ex-cônjuges, o qual no entanto não está abrangido por este regime especial, sendo assim sujeito ao regime geral dos art. 1484º e ss. Cfr. Ac. RL 18/2/1993 (António Ferreira), na *CJ* 18 (1993), I, pp. 149-151.

ter começado há mais de cinco anos antes da morte, o prazo do direito de habitação estende-se por todo o tempo que tenha durado a união (art. 5º, nº 2, do mesmo diploma), podendo ainda esses prazos serem prorrogados pelo tribunal excepcionalmente, e por motivos de equidade (art. 5º, nº 4, do mesmo diploma). O direito real de habitação já não é, porém, conferido ao membro sobrevivo da união de facto se este tiver casa própria na área do respectivo concelho da casa de morada da família; no caso das áreas dos concelhos de Lisboa ou do Porto incluem-se os concelhos limítrofes (art. 5º, nº 6, do mesmo diploma). Da mesma forma, esses direitos caducam se o interessado não habitar a casa por mais de um ano, salvo se a falta de habitação for devida a motivo de força maior (art. 5º, nº 5, do mesmo diploma).

Também no caso de extinção de uma situação de economia comum por morte do proprietário da casa de morada comum, as pessoas que com o falecido vivessem em economia comum há mais de dois anos têm direito real de habitação pelo prazo de cinco anos sobre a mesma casa (art. 5º, nº 1, da Lei 6/2001, de 11 de Maio). Essa atribuição do direito real de habitação já não se verifica, no entanto, caso ao falecido sobrevivam descendentes com menos de 1 ano de idade ou que com ele convivessem há mais de um ano e pretendam habitar a casa, ou no caso de disposição testamentária em contrário (art. 5º, nº 2, da Lei 6/2001, de 11 de Maio). O direito também não é atribuído no caso de sobrevivência de descendentes menores que, não coabitando com o falecido, demonstrem ter absoluta carência de casa para habitação própria (art. 5º, nº 3, da Lei 6/2001, de 11 de Maio).

6. Natureza dos direitos de uso e habitação

Em relação aos direitos de uso e habitação tem sido discutido na doutrina se eles constituem apenas modalidades especiais de usufruto, ou direitos reais de gozo distintos deste. A tese da integração no usufruto é sustentada por MOTA PINTO, OLIVEIRA ASCENSÃO e MENEZES CORDEIRO[745]. A tese da autonomia é defendida por CARVALHO FERNANDES, SANTOS JUSTO e JOSÉ ALBERTO VIEIRA[746].

O Código Civil segue claramente a primeira orientação, como se comprova pela inserção do uso e da habitação no título relativo ao usufruto. Parece-nos, no entanto, ser preferível a segunda.

[745] Cfr. MOTA PINTO, *Direitos Reais*, p. 349 e pp. 417 e ss., que qualifica estes direitos como "diminutivos do usufruto" e OLIVEIRA ASCENSÃO, *Reais*, p. 480, que fala neste caso em "usufrutos limitados". No mesmo sentido MENEZES CORDEIRO, *Direitos Reais*, p. 664.

[746] Cfr. CARVALHO FERNANDES, *Direitos Reais*, p. 430, SANTOS JUSTO, *Direitos Reais*, p. 387, e JOSÉ ALBERTO VIEIRA, *Direitos Reais*, pp. 788-789.

Efectivamente, a autonomia dos direitos de uso e habitação em relação ao usufruto é confirmada pelo facto de eles não atribuirem um direito de gozo pleno sobre a coisa, atentas as limitações estabelecidas ao uso e fruição, sendo o uso funcionalizado às necessidades do titular e da sua família. Os poderes de disposição sobre a coisa são, por outro lado, absolutamente excluídos, ao contrário do que sucede no usufruto, em que é possível a alienação ou a oneração do d ireito.

Não há assim qualquer justificação para considerar estas figuras como modalidades de usufruto, devendo as mesmas ser qualificadas como direitos reais de gozo distintos. Neste sentido, até se pode dizer que eles se situam a meio termo entre o usufruto e a servidão, recolhendo do primeiro a sua atribuição a uma pessoa determinada, e do segundo a sua limitação a certas faculdades da coisa[747].

[747] Neste sentido, BAUR/STÜRNER, *Sachenrecht*, § 34 I 1, pp. 425-426.

Secção V
O direito de superfície

1. Generalidades

Nos termos do art. 1524º, a superfície consiste na faculdade de construir ou manter, perpétua ou temporariamente uma obra em terreno alheio, ou de nele fazer ou manter plantações[748]. Esta definição não cobre, no entanto, toda a realidade abrangida pelo direito de superfície. Efectivamente, a superfície pode abranger quer obras no subsolo (art. 1525º, nº 2), quer o direito de construir sobre edifício alheio (art. 1526º), e pode igualmente resultar da alienação separada das árvores em relação à propriedade do solo (art. 1528º), sendo que estes casos dificilmente se adequam à definição legal de superfície.

A definição legal expressa, no entanto, uma configuração específica da superfície que é o facto de ela se poder subdividir em duas fases distintas: o poder de realizar a obra ou a plantação e o poder de as manter no terreno ou no edifício alheio, sem sujeição às regras da acessão[749].

2. Evolução histórica do direito de superfície

De acordo com a visão romana da propriedade, todo o elemento imobilizado que se encontrasse dentro dos limites verticais de um prédio deveria pertencer a um só proprietário. Não se admitia assim que uma coisa implantada no chão pertencesse a pessoa diversa do proprietário, pelo que ocorrendo qualquer implante,

[748] Cfr. sobre a superfície, Armando Guerra, *op. cit.*, pp. 193 e ss., Mota Pinto, *Direitos Reais*, pp. 289 e ss., e *RDES* 21 (1974), pp. 116 e ss., Oliveira Ascensão, *Reais*, pp. 523 e ss., e J. França Pitão/J. Borges Pinto, *Direito das Coisas*, pp. 26 e ss., Menezes Cordeiro, *Direitos Reais*, pp. 706 e ss., Carvalho Fernandes, *Direitos Reais*, pp. 431 e ss., Santos Justo, *Direitos Reais*, pp. 389 e ss., José Alberto Vieira, *Direitos Reais*, pp. 693 e ss., Henrique Sousa Antunes, *Direitos Reais*, pp. 435 e ss., e Bonifácio Ramos, *Direitos Reais*, pp. 366 e ss.

[749] Cfr. Carvalho Fernandes, *Direitos Reais*, pp. 432-433.

a regra da acessão determinava que esse implante deveria passar a pertencer ao proprietário (*superficies solo cedit*). Já o princípio germânico era de sentido oposto (*solum cedit superficiei*).

Ocorreram, no entanto, razões de ordem prática e social que levaram a que, ainda no Direito Romano, se viesse a admitir que terrenos públicos em cidades viessem a ser concedidos a particulares para neles procederem à edificação de lojas ou albergues. O ente público não abdicava, no entanto, neste caso da sua propriedade, recebendo, como contrapartida da concessão, uma renda periódica, normalmente anual, a *pensio* ou *solarium*, sendo essa figura que estaria na origem da superfície, sendo concedidos ao superficiário o *interdictum de superficiebus* e o *interdictum uti possidetis*, por forma a tutelar a afectação material de que ele gozava.

É apenas no direito justinianeu que a superfície vem a ganhar autonomia como direito real, uma vez que, a par do desaparecimento da obrigação de pagar o *solarium* periódico, admitiu-se a possibilidade de constituir o direito de superfície a título perpétuo, com o simples pagamento de uma prestação inicial.

Esta concepção mantém-se durante a Idade Média, mas vem a ser ferozmente combatida no Código Napoleão, que considerou a existência de direitos reais menores, como a superfície, contrária à absolutização do direito de propriedade, vigente na época. Por esse motivo, o Código de Seabra apenas admitia no seu art. 2308º a existência de árvores alheias em terreno próprio, situação que, aliás, procurava eliminar.

A superfície viria a ser, no entanto, prevista em Códigos posteriores, como o Código Civil italiano (arts. 952º e ss.).

É por esse motivo que a superfície seria apenas regulada entre nós pela Lei 2030 de 22 de Junho de 1948. Essa lei, nos seus arts. 21º e ss., instituía uma figura especial de direito de superfície, a qual definia como "o direito real que consiste na faculdade de implantar e manter edifício em chão alheio, sem aplicação das regras da acessão imobiliária" (art. 21º, nº 3), considerando-o uma forma de propriedade imperfeita, sujeita a registo (art. 21º, nº 3). No entanto, o seu art. 22º reservava esse direito aos prédios do domínio privado do Estado, autarquias locais ou pessoas colectivas de utilidade pública administrativa.

Posteriormente o Código Civil de 1966 generalizou o direito de superfície a quaisquer prédios (arts. 1524º e ss.), passando, após, o D.L. 257/91, de 18 de Julho, o direito de superfície a poder também abranger a construção de uma obra sobre solo alheio.

Mas como o art. 1527º submeteu a legislação especial o direito de superfície constituído por Estado e por outras pessoas colectivas públicas em terrenos do seu domínio privado, tal significa que se manteve em vigor nesta sede a Lei 2030, de 22 de Junho de 1948. O direito de superfície nela previsto constitui assim hoje um tipo autónomo de superfície, sujeito apenas subsidiariamente às disposições do Código Civil.

Este tipo contém ainda um sub-tipo: o direito de superfície previsto no art. 30º da Lei dos Solos (Lei 31/2014, de 30 de Maio). Dispõe esta norma que o Estado, as regiões autónomas e as autarquias locais podem constituir o direito de superfície sobre bens imóveis integrantes do seu domínio privado para a prossecução de finalidades de política pública de solos, nos termos da lei, sendo o direito de superfície constituído a título oneroso. Constitui este um instrumento da política pública de solos (art. 26º LS), a que a administração pode recorrer para satisfação dos fins previstos no art. 2º LS.

3. Objecto do direito de superfície

O direito de superfície, enquanto se limita às faculdades de construção e plantação, incide esencialmente sobre o solo alheio, permitindo a sua transformação, em ordem a torná-lo idóneo a receber a construção e a plantação. O direito de superfície pode ainda abranger uma parte do solo não necessária à sua implantação, desde que ela tenha utilidade para o uso da obra (art. 1525º, nº 1). A mesma situação ocorre caso o direito incida sobre obra no subsolo, caso em que naturalmente o direito incide sobre a transformação do solo necessária à construção da obra no subsolo (art. 1525º, nº 2). Da mesma forma, no caso do direito de sobreelevação, o direito de superfície incide sobre a parte do edifício necessária à sua elevação (art. 1526º).

Após a realização da obra e plantação, estando a mesma incoporada no solo, o direito de superfície passa a incidir autonomamente sobre o implante, que não é adquirido pelo proprietário por acessão, sendo antes as faculdades de gozo exclusivo do implante atribuídas ao superficiário. Neste caso, uma vez que a superfície funciona como derrogação às regras da acessão, apenas os implantes que pudessem desencadear a acessão industrial imobiliária (arts. 1339º e ss.) poderão ser objecto do direito do superficiário[750].

Haverá que distinguir a superfície que incide sobre obras (superfície edificada) da superfície que incide sobre plantações (superfície vegetal).

Em relação às obras, a superfície não tem que implicar necessariamente a constituição de um prédio urbano, podendo ser uma construção de outra natureza, desde que tenha a autonomia suficiente para poder ser objecto das servidões activas previstas no art. 1529º[751].

[750] Neste sentido, Oliveira Ascensão, *Reais*, pp. 527-528, e Carvalho Fernandes, *Direitos Reais*, p. 438.

[751] Cfr. Oliveira Ascensão, *Reais*, p. 528.

Já em relação às plantações, o confronto com o regime da acessão, mostra que o objecto da superfície não podem ser sementeiras, mas apenas a introdução de árvores, arbustos, ou plantas em solo alheio, podendo a superfície abranger mesmo uma única árvore. Tem-se entendido, no entanto, que, para se poder constituir a superfície, se exige uma certa perenidade das plantas, não podendo as mesmas terem duração efémera, sazonal ou anual. Para além disso, a superfície só terá conteúdo económico se alterar a capacidade produtiva do prédio, pois se estiver em causa uma exploração nos mesmos termos em que vinha sendo realizada, o mais adequado será a celebração e contratos de arrendamento rural ou florestal[752].

4. Duração do direito de superfície

A lei admite a possibilidade de a superfície ser temporária ou perpétua. A opção por qualquer das modalidades resulta naturalmente do título constitutivo.

Sendo temporária, a superfície extingue-se por decurso do prazo (art. 1536 c)), dando-se a reversão para o proprietário do solo (art. 1538º, nº 1). A Lei 2030 admite, no seu art. 28º, nº 2 a possibilidade de prorrogação, uma ou mais vezes, e por tempo não inferior a vinte anos.

5. Constituição do direito de superfície

5.1. Generalidades

Nos termos do art. 1528º o direito de superfície pode ser constituído por contrato, testamento, ou usucapião, podendo ainda resultar da alienação de obra ou árvores já existentes, separadamente da propriedade do solo.

Examinemos sucessivamente eestas situações.

5.2. Contrato

O direito de superfície pode ser constituído por contrato, nos termos gerais, sempre que o proprietário do solo atribua a outrem o direito de construir ou realizar plantações no seu terreno. O contrato constitutivo do direito de superfície deve revestir a forma de escritura pública ou documento particular autenticado, nos termos do art. 22º, a) do D..L. 116/2008, estando sujeito a registo, nos termos do art. 2º, nº 1, a) CRP.

5.3. Testamento

O direito de superfície pode igualmente ser constituído por testamento, sempre que o testador decida instituir um legado, atribuindo a outrem o direito de realizar construções ou plantações em terreno constante do acervo hereditário.

[752] Cfr. Carvalho Fernandes, *Direitos Reais*, pp. 438-439.

Nesse caso, terá que ser naturalmente observada a forma dos testamentos (arts. 2204º e ss.).

5.4. Usucapião

A lei refere igualmente a possibilidade de a superfície se constituir por usucapião, ainda que esse ponto seja objecto de controvérsia. Para CARVALHO FERNANDES o direito de realizar a construção ou as plantações não se pode adquirir por usucapião, uma vez que não é fácil configurar uma situação de posse que revista a forma correspondente à faculdade de fazer uma construção ou uma plantação em solo alheio. A usucapião seria assim apenas possível em caso de exercício de uma posse sobre a obra ou plantações já existentes, bastando para isso que o possuidor não estenda a sua posse em relação ao solo[753].

Pensamos ser uma posição excessiva. É teoricamente possível o exercício de poderes sobre o solo correspondentes às faculdades de construção ou plantação, ainda antes de as mesmas estarem realizadas. Logo que essas faculdades comecem a ser exercidas, iniciar-se-á o prazo para a usucapião do direito de superfície, muito antes da realização da obra ou das plantações.

5.5. Alienação da obra ou da plantação separadamente da propriedade do solo

Há ainda um caso particular de constituição do direito de superfície, que consiste na alienação da obra ou plantação separadamente da propriedade do solo. Efectivamente, o proprietário tem a possibilidade de alienar autonomamente o solo e os implantes que nele existam. Pode assim alienar a terceiro a obra ou plantação, ficando com a propriedade do solo, ou alienar o solo, conservando a propriedade da obra ou plantação, e também pode aliená-los separadamente a pessoas distintas[754]. Neste caso, em virtude dessa alienação, dá-se automaticamente a constituição de um direito de superfície a favor do adquirente do implante, independentemente de qualquer declaração negocial nesse sentido.

A alienação da obra ou árvores separadamente da propriedade do solo é sujeita a escritura pública ou documento particular autenticado (art. 22º a) D.L. 116/2008), atenta a sua natureza imobiliária, uma vez que, mesmo em relação às árvores, embora sejam objecto de alienação separada, permanecem ligadas ao solo (art. 204º, nº 1, c)). A constituição do direito de superfície daí resultante está naturalmente sujeita a registo, o qual pode ser realizado apenas em virtude desse negócio transmissivo do implante (art. 2º, nº 1, a) CRP).

[753] Cfr. CARVALHO FERNANDES, *Direitos Reais*, pp. 447-448.

[754] Cfr. JOSÉ ALBERTO VIEIRA, *Direitos Reais*, p. 709.

6. Poderes e direitos do superficiário

6.1. Generalidades

Ao superficiário, são atribuídos os seguintes poderes e direitos:

a) Poder de construir ou plantar em terreno alheio;
b) Poder de manter a construção ou plantação realizada em terreno alheio;
c) Constituição das servidões necessárias ao exercício do direito de superfície;
d) Uso e fruição dos bens implantados;
e) Disposição do direito de superfície;
f) Indemnização em caso de aquisição do implante por outrem.

Examinemos sucessivamente estas situações.

6.2. Poder de construir ou plantar em terreno alheio

O primeiro poder atribuído ao superficiário é o poder de construir ou de plantar em terreno alheio, o qual corresponde a um poder de transformação do solo ou do subsolo alheios. Esse poder sofre, no entanto, uma limitação temporal pois se a construção ou a plantação não forem realizadas nos prazos estipulados ou, na falta de estipulação, no prazo de dez anos, ocorre a extinção do direito de superfície (art. 1536º, nº 1, a)).

Não é essencial à superfície que seja inicialmente exercido o poder de construir ou plantar em solo alheio, uma vez que a constituição da superfície pode resultar da alienação da obra ou árvores já existentes separadamente da propriedade do solo (art. 1528º *in fine*). Neste caso, a superfície limitar-se-à manutenção da obra ou árvores existentes. No entanto, o poder de construção ou plantação não deixa de subsistir, podendo vir a ser novamente exercido em caso de destruição da obra ou das plantações existentes (art. 1536º, nº 1, b)). Tal só será excluído vier a ser estipulada no título constitutivo a extinção da superfície em resultado da verificação desses factos (art. 1536º, nº 2).

6.3. Poder de manter a construção ou plantação em terreno alheio

Uma vez realizada a construção ou a plantação, o superficiário adquire o direito de as manter, sendo considerado como seu titular, sem sujeição às regras da acessão, não podendo assim o proprietário adquirir ou reivindicar o implante, apesar de ele se encontrar incorporado no seu terreno. Pelo contrário, o superficiário pode reivindicar o implante, caso este venha a ser objecto de esbulho pelo fundeiro.

O poder de manutenção da obra ou plantação em terreno alheio é assim essencial à superfície, impedindo a aquisição do implante por parte do proprietário do solo.

6.4. Constituição das servidões necessárias ao exercício do direito de superfície

Naturalmente que o direito de superficie, quer esteja em causa inicialmente a transformação do solo, quer posteriormente o aproveitamento do implante, não pode ser exercido sem que sejam obtidas utilidades através do solo do fundeiro, como a passagem ou a condução de água. Em consequência, nos termos do art. 1529º, nº 1, a constituição do direito de superfície importa a constituição das servidões necessárias ao uso e fruição da obra ou das árvores. Se no título não forem designadas o local e as demais condições de exercício das servidões, estas serão fixadas, na falta de acordo, pelo tribunal.

A constituição das servidões ocorre, em princípio, apenas sobre o terreno pertença do fundeiro. Em relação a prédio de terceiro, o art. 1529º, nº 2, estabelece que só é admitida a constituição coerciva da servidão de passagem se, à data da constituição do direito de superfície, já era encravado o prédio sobre que este direito recaía.

6.5. Uso e fruição dos bens implantados

O uso e fruição dos bens implantados pertencem naturalmente ao superficiário (cfr. art. 1529º). O superficiário pode assim exercer neste âmbito sobre o implante os mesmos poderes de gozo que competem ao proprietário. No entanto, para além das restrições que resultam das relações de vizinhança (arts. 1346º e ss.), não pode prejudicar o uso e fruição do subsolo pelo proprietário (art. 1533º), ou inversamente do solo quando a superfície incida antes sobre o subsolo.

6.6. Disposição do direito de superfície

Nos termos do art. 1534º, o direito de superfície é livremente transmissível por vida ou por morte, tendo assim o superficiário poderes de alienação do seu direito. Naturalmente que pode também onerar o seu direito, através da constituição de direitos reais de gozo ou de garantia sobre o mesmo (cfr. art. 1539º), prevendo expressamente o art. 688º, nº 1, e) a hipoteca do direito de superfície.

6.7. Indemnização em caso de aquisição do implante por outrem

Outro importante direito do superficiário é a indemnização em caso de aquisição do implante por outrem. Esta situação encontra-se prevista, salvo estipulação em contrário, para a hipótese de o proprietário adquirir a obra ou as árvores no fim do prazo da superfície, sendo a indemnização correspondente ao enriquecimento sem causa (art. 1538º, nº 2). Essa indemnização é igualmente atribuída em caso de expropriação (art. 1542º).

7. Poderes e direitos do proprietário do solo

7.1. Generalidades

Por sua vez, o proprietário do solo tem os seguintes poderes ou direitos:

a) uso e fruição da superfície, antes de o superficiário proceder ao implante;
b) uso e fruição do subsolo, ou do solo no caso de a superfície incidir sobre aquele;
c) disposição do direito;
d) direito ao cânon superficiário;
e) aquisição do implante, caso a superfície tenha sido constituída temporariamente;
f) direito de preferência na venda ou dação em cumprimento do direito de superfície.

Examinemos estas diversas situações.

7.2. Uso e fruição da superfície, antes de o superficiário proceder ao implante

O fundeiro tem, em primeiro lugar, os poderes de uso e fruição da superficie, antes de o superficiário proceder ao implante. Efectivamente, resulta do art. 1532º que enquanto não se iniciar a construção da obra, ou não se fizer a plantação das árvores, o uso e a fruição da superfície pertencem ao proprietário do solo, que conserva assim os poderes de uso e fruição correspondentes à propriedade.

A lei veda, no entanto, que o fundeiro possa impedir ou tornar mais onerosa a construção ou plantação (art. 1532º, *in fine*), estabelecendo assim um limite ao seu uso e fruição imposto pela necessidade de tutela do direito do superficiário. Tal demonstra que a constituição do direito de superfície onera imediatamente a propriedade do solo, mesmo antes de ter sido realizada qualquer construção ou plantação.

7.3. Uso e fruição do subsolo, ou do solo no caso de a superfície incidir sobre aquele

Mesmo após a construção do implante, o art. 1533º estabelece que o uso e a fruição do subsolo continuam a pertencer ao fundeiro, o que se compreende uma vez que o direito do superficiário apenas incide sobre a superfície. Há que salientar, no entanto, que desde a alteração do art. 1525º, nº 2, pelo D.L. 257/91, de 18 de Julho, o direito de superfície passou a poder ter igualmente uma obra no subsolo. Nesta hipótese, é manifesto que o fundeiro perde os poderes de uso e fruição do subsolo, mantendo, no entanto, os poderes de uso e fruição do solo.

Embora o fundeiro conserve esses poderes, os mesmos não podem ser exercidos por forma a causar prejuízos ao superficiário, respondendo o fundeiro objectivamente pelos danos que causar ao superficiário em consequência da exploração que fizer do subsolo, ou do solo quando a superfície incide antes sobre aquele (art. 1533º, *in fine*).

7.4. Disposição do direito

O fundeiro tem igualmente poderes de disposição do seu direito sobre o solo, podendo livremente transmiti-lo por acto entre vivos ou por morte (art. 1534º), bem como proceder à sua oneração.

7.5. Direito ao cânon superficiário

Outro direito do fundeiro é aquele que respeita ao cânon superficiário. Efectivamente, o art. 1530º, nº 1, admite que no acto da constituição do direito de superfície possa convencionar-se que o superficiário pague ao proprietário uma única prestação ou pague certa prestação anual, perpétua ou temporária. O pagamento dessa prestação anual pode ser temporário, ainda que o direito de superfície seja perpétuo (art. 1530º, nº 2). Essa prestação tem a natureza de obrigação *propter rem*, pelo que se transmite para quem adquira o direito de superfície. O seu objecto é sempre em dinheiro (art. 1530º, nº 3), correspondendo, portanto, a uma obrigação pecuniária.

O art. 1531º remete o regime desta obrigação para o disposto nos arts. 1505º e 1506º, disposições que se referem à enfiteuse, hoje abolida, mas cujo conteúdo se mantém em vigor no quadro específico da superfície.

Assim, em relação ao lugar do pagamento do cânon superficiário, ele corresponde ao que tiver sido convencionado pelas partes (art. 1505º, nº 1). Na falta de convenção, o cânon é pago na residência do fundeiro, se este morar no concelho da situação do prédio ou no da residência do superficiário, ou no domicílio do seu representante, se o fundeiro tiver em algum desses concelhos quem o represente para esse efeito. Em qualquer outro caso, o cânon é pago na residência do superficiário (art. 1505º, nº 2).

Em relação ao tempo do cumprimento, vigora igualmente o que for convencionado pelas partes (art. 1505º, nº 1). Na falta de convenção, o pagamento deve ser realizado no fim de cada ano, contado desde a data da constituição da superfície (art. 1505º, nº 3). Havendo mora no cumprimento, o proprietário do solo tem o direito de exigir o triplo das prestações em dívida (art. 1531º, nº 2).

Sendo dois ou mais os fundeiros ou os superficiários, é aplicável ao pagamento do cânon superficiário o regime das obrigações solidárias, enquanto durar a comunhão (art. 1506º).

No caso de falta de pagamento das prestações anuais durante vinte anos, verifica-se a extinção da obrigação de os pagar, mas o superficiário não adquire a propriedade do solo, salvo se tiver havido usucapião em seu benefício (art. 1537º, nº 1). A falta de pagamento dessas prestações é sujeita às regras da prescrição (art. 1537º, nº 2).

7.6. Direito de aquisição do implante, caso a superfície tenha sido constituída temporariamente

Outro direito atribuído ao fundeiro, nos termos do art. 1538º, nº 1, é o direito de aquisição do implante sempre que a superfície tenha sido constituída por certo tempo. Efectivamente, neste caso o decurso do prazo extingue o direito de superfície (art. 1536º, nº 1, c)), pelo que o proprietário do solo adquire a propriedade da obra ou das árvores.

A lei determina que, salvo estipulação em contrário, o superficiário adquire nesse caso direito a uma indemnização, calculada segundo as regras do enriquecimento sem causa (art. 1538º, nº 2). Não havendo lugar a indemnização, o superficiário responde pelas deteriorações da obra ou das plantações, quando haja culpa da sua parte (art. 1538º, nº 3).

7.7. Direito de preferência na venda ou dação em cumprimento do direito de superfície

Outro direito reconhecido ao fundeiro é o direito de preferência, em último lugar, na venda ou dação em cumprimento do direito de superfície (art. 1535º, nº 1). Visando este direito de preferência permitir a reunião da superfície com a propriedade do solo, é manifesto que o mesmo é atribuído em qualquer alienação do direito de superfície, estejam ou não a obra ou a plantação já realizadas.

O direito de preferência do fundeiro é, como todas as preferências legais, dotado de eficácia real, legitimando assim o recurso à acção de preferência (arts. 1535º, nº 2, e 1410º).

8. Extinção da superfície

8.1. Causas de extinção da superfície

8.1.1. Generalidades

Nos termos do art. 1536º, nº 1, o direito de superfície pode extinguir-se pelas seguintes causas:

a) Se o superficiário não concluir a obra ou não fizer a plantação dentro do prazo fixado ou, na falta de fixação, dentro do prazo de dez anos;
b) Se, destruída a obra ou as árvores, o superficiário não reconstruir a obra, ou não renovar a plantação dentro dos mesmos prazos a contar da destruição;
c) Pelo decurso do prazo, sendo constituído por certo prazo;
d) Pela reunião na mesma pessoa do direito de superfície e do direito de propriedade;

e) Pelo desaparecimento ou inutilização do solo;
f) Pela expropriação por utilidade pública.

Admite-se ainda a possibilidade de o título constitutivo estipular a extinção do direito de superfície em consequência da destruição da obra ou das árvores, ou da verificação de qualquer condição resolutiva (art. 1536º, nº 2).

Examinemos sucessivamente estas situações.

8.1.2. Não realização da obra ou plantação no prazo fixado ou, na falta de fixação, no prazo de dez anos

O art. 1536º, nº 1, a) estabelece a extinção do direito de superfície em caso de não realização da obra ou da plantação no prazo convencionado, ou na falta de fixação, no prazo de dez anos. Uma vez que o poder de realização da obra ou plantação se integra no conteúdo do direito de superfície, este constitui um caso particular de extinção do direito em resultado do não exercício de uma das faculdades que o constituem. Podemos configurar assim esta situação como um caso de não uso do direito de superfície (art. 298º, nº 3).

No entanto, ao contrário do que a lei habitualmente prevê para o não uso, em que a extinção do direito real se rege pelas regras da caducidade (art. 298º, nº 3), a extinção da superfície pela falta de conclusão da obra ou da plantação no prazo fixado é regulada pelas regras da prescrição (art. 1537º, nº 1), o que implica a necessidade da sua invocação (art. 303º), bem como a possibilidade de suspensão do respectivo prazo (arts. 318º e ss.) ou da sua interrupção (arts. 323º e ss.).

8.1.3. Não reconstrução da obra ou não renovação da plantação dentro dos mesmos prazos, após a sua destruição

O art. 1536º, nº 1, b) prevê ainda a extinção do direito de superfície se, destruída a obra ou as árvores, o superficiário não reconstruir a obra, ou não renovar a plantação dentro dos mesmos prazos a contar da destruição. Esta causa de extinção verifica-se após a destruição da obra ou das plantação realizadas, mas tal não constitui um facto extintivo do direito de superfície, a menos que tal seja expressamente convencionado (art. 1536º, nº 2). O que extingue o direito de superfície é a não reconstrução da obra ou a não renovação da plantação dentro dos prazos inicialmente concedidos para a sua realização. Está-se assim aqui igualmente perante uma extinção por não uso do direito de superfície (art. 298º, nº 3), neste caso, em virtude do não exercício por um certo lapso de tempo da faculdade de manter a obra ou plantação em solo alheio.

A extinção da superfície pela não reconstrução da obra ou não renovação da plantação dentro desse prazo é igualmente regulada pelas regras da prescrição (art. 1537º, nº 1), o que, conforme se referiu, implica a necessidade de invocação (art. 303º), bem como as possibilidades de suspensão (arts. 318º e ss.) ou interrupção do respectivo prazo (arts. 323º e ss.).

8.1.4. Decurso do prazo, sendo constituída por certo prazo

O direito de superfície pode igualmente extinguir-se no termo do prazo, caso ela seja constituída por certo tempo (art. 1536º, nº 1 c)). Ao contrário do que vimos suceder nas hipóteses anteriores, o decurso do prazo é regulado pelas regras da caducidade e não pelas da prescrição (art. 298º, nº 2)[755].

8.1.5. Reunião na mesma pessoa do direito de superfície e do direito de propriedade

Outra forma de extinção do direito de superfície é a reunião na mesma pessoa do direito de superfície e do direito de propriedade (art. 1536º, nº 1, d)), o que corresponde à aplicação do regime geral da confusão como causa de extinção dos direitos reais.

8.1.6. Desaparecimento ou inutilização do solo

O desaparecimento ou inutilização do solo constitui igualmente uma causa de extinção do direito de superfície (art. 1536º, nº 1, e)) a qual se enquadra na causa genérica de extinção dos direitos reais em virtude da impossibilidade de exercício do direito. Salienta-se, neste caso, que, embora o direito de superfície não incida sobre o solo, a subsistência e a aptidão do terreno para a construção ou plantação são essenciais para o exercício do direito de superfície. Assim, se o solo desaparecer ou se inutilizar, por exemplo por acção das águas, naturalmente que o direito de superfície se extingue por impossibilidade de ser exercido.

8.1.7. Expropriação por utilidade pública

A expropriação por utilidade pública constitui igualmente uma causa de extinção do direito de superfície (art. 1536º, nº 1, f)), como é regra nos direitos reais. A lei esclarece que nesse caso cabe a cada um dos titulares a parte da indemnização que corresponder ao valor do respectivo direito (art. 1542º).

8.1.8. Destruição da obra ou das árvores ou verificação de qualquer outra condição resolutiva, caso a mesma tenha sido estipulada no título constitutivo

A lei admite ainda, no art. 1536º, nº 2, a possibilidade de o título constitutivo estabelecer a extinção da superfície em caso de destruição da obra ou das árvores, ou da verificação de qualquer outra condição resolutiva que tenha sido estipu-

[755] Neste sentido, Carvalho Fernandes, *Direitos Reais*, p. 450, nota (1).

lada. No primeiro caso, a destruição da obra ou das árvores extingue o direito de superfície, sem que o superficiário adquira a faculdade de realizar nova construção ou renovar a plantação, ao contrário do que se prevê no art. 1536º, nº 1, b). No segundo caso, a verificação da condição resolutiva que tenha sido estipulada extingue igualmente o direito de superfície.

8.2. Regime da extinção da superfície

Em relação ao regime da extinção da superfície, há que distinguir consoante o direito de superfície tenha sido constituído como perpétuo ou como temporário e, neste último caso, se a extinção ocorre no fim do respectivo prazo ou antes da verificação deste.

Em caso de extinção do direito de superfície perpétuo os direitos reais constituídos sobre a superfície ou sobre o solo continuam a onerar separadamente as duas parcelas, como se não tivesse havido extinção. O mesmo regime é aplicável no caso de extinção do direito de superfície temporário antes do respectivo prazo, sem prejuízo dos efeitos normais associados ao termo do prazo (art. 1541º). Esta solução é explicável em virtude das legítimas expectativas dos titulares desses direitos, que contavam com a perpetuidade da superfície ou, pelo menos, com a duração do seu prazo normal.

Extinguindo-se o direito de superfície temporário pelo decurso do prazo, o proprietário do solo adquire o direito de propriedade sobre a obra e as ávores (art. 1538º, nº 1). O superficiário tem, porém, nesse caso, o direito a uma indemnização pelo incremento de valor recebido pelo proprietário, nos termos do enriquecimento sem causa, a menos que tenha sido estipulado o contrário (art. 1538º, nº 2). Não havendo lugar a indemnização, o superficiário responde pelas deteriorações da obra ou das plantações, quando haja culpa da sua parte (art. 1538º, nº 3).

Em virtude da extinção da superfície pelo decurso do prazo, e por força da elasticidade dos direitos reais, os direitos constituídos pelo proprietário sobre o solo estendem-se à obra e às árvores adquiridas (art. 1540º). Em consequência, extinguem-se os direitos reais de gozo e de garantia constituídos pelo superficiário em benefício de terceiro (art. 1539º, nº 1). Se, no entanto, o superficiário receber alguma indemnização pela extinção do seu direito, esses direitos transferem-se para a indemnização (arts. 1539º, nº 2, 1480º, nº 2, e 692º, nº 3).

9. Um tipo especial de direito de superfície: O direito de sobreelevação

Constitui um tipo especial de direito de superfície o direito de sobreelevação, que, na prática é, por vezes designado como "venda do prédio, com reserva do espaço aéreo". Este direito vem referido no art. 1526º e afasta-se do regime geral da superfície, quer quanto ao objecto (edifício alheio), quer quanto ao seu conteúdo (limitado ao poder de construir sobre ele)[756].

O afastamento do regime comum da superfície é muito acentuado, uma vez que o direito de sobreelevação não incide sobre um terreno, mas antes sobre um edifício, não sendo assim atribuídos ao superficiário quaisquer poderes de transformação do solo. Por outro lado, o conteúdo do direito limita-se à faculdade de construir, não abrangendo a faculdade de manter a construção sobre o edifício alheio, uma vez que, levantado o edifício, a contrução passa a ser considerada como fracção ou fracções autónomas do mesmo, adquirindo assim o construtor um direito de propriedade horizontal, sendo considerado um condómino dessa ou dessas fracções.

A superfície extingue-se consequentemente com a nova construção, surgindo a partir daí um direito de propriedade horizontal, atribuindo-se igualmente ao construtor um direito sobre as partes comuns do prédio (art. 1421º) para evitar que fossem defraudadas as regras desse instituto. O construtor acaba assim por adquirir uma comunhão no solo, devido a este ser considerado parte comum (art. 1421º, nº 1, a)), ao contrário do que sucede no direito de superfície.

10. Natureza do direito de superfície

Também em relação à superfície existe o debate entre várias teorias, podendo-se apontar as seguintes:

a) a teoria do desmembramento
b) a teoria do direito real de gozo autónomo;
c) a teoria dualista.

Segundo *a teoria do desmembramento*, na superfície passam a existir dois direitos de propriedade, um sobre o solo e outro sob o implante. Essa posição foi defendida entre nós por PIRES DE LIMA/ANTUNES VARELA e por OLIVEIRA ASCENSÃO. Para estes autores, o direito de superfície não seria assim um direito sobre coisa alheia, incidindo antes sobre coisa própria, o implante, que permanece em ter-

[756] Sobre o direito de sobreelevação cfr. especialmente MENEZES CORDEIRO, *Direitos Reais*, pp. 712 e ss., CARVALHO FERNANDES, *Direitos Reais*, pp. 439 e ss. e "Do direito de sobreelevação", em FACULDADE DE DIREITO DA UNIVERSIDADE DE COIMBRA (org.), *Nos 20 anos do Código das Sociedades Comerciais. Homenagem aos Profs. Doutores A. Ferrer Correia, Orlando de Carvalho e Vasco Lobo Xavier*, III – *Vária*, Coimbra, Coimbra Editora, 2007, pp. 61-88, PAULO NASCIMENTO, "O direito de superfície previsto no art. 1526º do Código Civil: Direito de sobreelevação", em JORGE MIRANDA (org.) *Estudos em homenagem ao Professor Doutor Martim de Albuquerque*, II, Coimbra, FDUL/Coimbra Editora, 2010, pp. 539-578, JOSÉ ALBERTO VIEIRA, *Direitos Reais*, pp. 701 e ss., BONIFÁCIO RAMOS, *Direitos Reais*, pp. 376 e ss.

reno ou prédio alheio, sem sujeição às regras da acessão. Deveria falar-se assim em propriedade superficiária, o que explicaria a possibilidade de a superfície ser perpétua. O facto de ela também ser temporária, não seria obstáculo à qualificação, uma vez que esta pode ocorrer nos casos previstos na lei (art. 1307º, nº 2), como acontece também na substituição fideicomissária (arts. 2286º e ss.)[757].

Já segundo *a teoria do direito real de gozo autónomo*, a superfície seria um direito real menor que comprimiria a propriedade do solo. Esta tese é defendida entre nós por Menezes Cordeiro, para quem o direito de superfície não se pode considerar como um direito de propriedade, uma vez que não é um direito exclusivo, dado que coexiste com o direito do proprietário do solo, nem um direito pleno, uma vez que não atribui uma permissão normativa geral relativa à coisa, mas apenas as faculdades de construir, plantar, e de manter as construções e plantações realizadas. Tratar-se-ia assim de um direito real complexo, onde se incluem faculdades que noutros tipos legais a lei autonomiza como direitos reais[758]. No mesmo sentido se pronunciaram José Alberto Vieira[759] e Bonifácio Ramos[760].

Finalmente, *a teoria dualista* distingue entre as faculdades de construção e plantação, e o direito incidente sobre as construções e plantações uma vez realizadas, que considera corresponderem a dois direitos distintos, de natureza diferente. Esta concepção foi defendida, em primeiro lugar, por Mota Pinto, que sustenta a existência na superfície tanto de um direito real autónomo, abrangendo a faculdade de construção ou plantação sobre solo alheio (concessão *ad plantandum* ou *ad aedificandum*), como de uma verdadeira propriedade, que incidiria sobre a construção e as plantações após a sua realização. O legislador integraria ambas as situações no direito de superfície, embora este só devesse abranger o direito de construir (ou plantar), uma vez que a construção (ou plantação), constitui antes uma propriedade que não abrange o solo[761]. Também Carvalho Fernandes atribui ao direito de superfície uma configuração dualista, mas em termos distintos, considerando as faculdades de construção e plantação como um direito real de aquisição, enquanto que o direito sobre a obra ou plantações realizadas corresponderia a um direito real de gozo autónomo, que não seria de propriedade por não ser exclusivo, pois não poderia ser concebido sem a propriedade do fundeiro, que possui mesmo direito de preferência na alienação do implante[762].

[757] Cfr. Pires de Lima/Antunes Varela, *op. cit.* III, sub art. 1524º, nº 3, pp. 587-588, e Oliveira Ascensão, *Reais*, p. 532.

[758] Cfr. Menezes Cordeiro, *Direitos Reais*, pp. 714 e ss.

[759] Cfr. José Alberto Vieira, *Direitos Reais*, pp. 716 e ss.

[760] Cfr. Bonifácio Ramos, *Direitos Reais*, p. 380.

[761] Cfr. Mota Pinto, *Direitos Reais*, pp. 291-292.

[762] Cfr. Carvalho Fernandes, *Direitos Reais*, pp. 433 e ss.

A teoria dualista não nos parece correcta, uma vez que quebra a unidade do direito de superfície. Ora, o direito é sempre o mesmo, quer quando abrange as faculdades de construção e plantação, quer quando incide sobre as construções e plantações já realizadas. Na verdade, o objecto do direito reconduz-se à incorporação de um implante em solo alheio, sem sujeição às regras da acessão, abrangendo assim quer a faculdade de transformação do solo, quer as faculdades relativas ao gozo do implante. Só que, uma vez realizado o implante, a faculdade de transformação do solo não desaparece, podendo voltar a ser exercida, em caso de destruição do implante (art. 1536º, nº 1, b)). Não faz, por isso, sentido qualificar o poder de construir ou plantar como um direito real autónomo, designadamente um direito real de aquisição. Trata-se antes de uma faculdade que se integra tanto na superfície como as faculdades relativas ao gozo do implante.

Também não nos parece que a superfície possa ser qualificada como um direito de propriedade, já que, embora o superfíciário adquira uma faculdade de gozo exclusiva de gozo do implante, a sua relação com a propriedade do solo não é uma mera relação de vizinhança, mas antes corresponde às relações de um direito real menor com o direito real maior. Efctivamente, a superfície atribui apenas o direito a uma parte do imóvel, mantendo o proprietário do solo direitos sobre o implante, para além da obrigação *propter rem* relativa ao cânone superficiário (arts. 1511º e ss.), como o direito de preferência (art. 1535º) e a expectativa da aquisição do implante no fim do prazo (art. 1538º).

Por estas razões, damos a nossa adesão à tese do direito real de gozo autónomo.

Secção VI
As servidões prediais

1. Generalidades

Outro direito real de gozo constitui a servidão predial, que o art. 1543º define como "o encargo imposto num prédio em proveito exclusivo de outro prédio pertencente a dono diferente", referindo que "diz-se serviente o prédio sujeito à servidão e dominante o que dela beneficia"[763].

A lei, ao definir a servidão como um encargo, atenta essencialmente no seu lado passivo, em relação ao prédio serviente. No entanto, a servidão deve ser definida tomando em consideração o seu lado activo, como um direito incidente sobre coisa alheia (*ius in re aliena*)[764]. O direito de servidão pode assim ser definido como *a atribuição ao titular de um prédio, dito dominante, de utilidades provenientes de outro prédio, dito serviente.*

Resulta ainda da definição legal que os dois prédios, dominante e serviente, devem pertencer a proprietários distintos, não podendo constituir-se uma ser-

[763] Cfr. Teixeira de Abreu, *Das servidões*, I, Coimbra, Imprensa Académica, 1895, e II – *Das servidões voluntárias*, Coimbra, Manuel d'Almeida Cabral, 1902, José Tavares, *Os princípios*, I, pp. 666 e ss., Luiz da Cunha Gonçalves, *Tratado de Direito Civil em comentário ao Código Civil Português*, XI, Coimbra, Coimbra Editora, 1936, pp. 573 e ss., Carlos do Nascimento Gonçalves Rodrigues, *Da servidão legal de passagem*, Coimbra, Almedina, 1962, pp. 7 e ss., Pires de Lima, "Servidões prediais (Anteprojecto de um título do futuro Código Civil)", no *BMJ* 64 (1957), pp. 5-39, "Actas da Comissão Revisora do Anteprojecto sobre servidões prediais do futuro Código Civil Português", BMJ 136 (1964), pp. 77-158, Mota Pinto, *Direitos Reais*, pp. 305 e ss., e *RDES* 21 (1974), pp. 126 e ss., Oliveira Ascensão, *Reais*, pp. 488 e ss., J. França Pitão/J. Borges Pinto, *Direito das Coisas*, pp. 27 e ss., Menezes Cordeiro, *Direitos Reais*, pp. 720 e ss., Carvalho Fernandes, *Direitos Reais*, pp. 457 e ss., Rui Pinto Duarte, *Direitos Reais*, pp. 214 e ss., Santos Justo, *Direitos Reais*, pp. 405 e ss., José Alberto Vieira, *Direitos Reais*, pp. 719 e ss. Henrique Sousa Antunes, *Direitos Reais*, pp. 456 e ss. e Bonifácio Ramos, *Direitos Reais*, pp. 406 e ss. Na doutrina alemã, cfr, Baur/Stürner, *Sachenrecht.*, § 33, pp. 415 e ss.

[764] Cfr. José Tavares, *Os princípios*, I, p. 667 e Gonçalves Rodrigues, *op. cit.*, p. 21.

vidão entre dois prédios pertencentes ao mesmo proprietário, em virtude da regra *nemini res sua servit*. O proprietário tem naturalmente o direito de afectar utilidades de um dos seus prédios em benefício do outro, mas essa afectação resultará do exercício da propriedade e não da servidão. Basta, no entanto, que a propriedade de um dos prédios não seja exclusiva para que se constitua a servidão, como sucede se o proprietário de um dos prédios for comproprietário do outro[765].

2. Características das servidões prediais

2.1. Generalidades

As servidões prediais possuem, como direito real de gozo as seguintes características:

a) ligação necessária a um prédio;
b) atipicidade do conteúdo;
c) inseparabilidade;
d) indivisibilidade.

Examinemos sucessivamente estas características:

2.2. Ligação necessária a um prédio

A primeira característica da servidão predial é *a ligação necessária a um prédio*, por intermédio do qual esta se exerce. Efectivamente, a atribuição da servidão faz-se sempre em função da titularidade de um prédio dominante, não sendo admitidas no nosso direito as servidões pessoais, em que a atribuição das utilidades do prédio se fizesse, independentemente de o seu beneficiário ser ou não titular de outro prédio[766]. Não obstante, ao contrário do que poderia resultar do art. 1543º o titular do direito de servidão não é o prédio dominante, dado que este não pode ser sujeito de relações jurídicas, mas antes a pessoa que seja seu titular[767]. O titular da servidão não tem que ser sequer necessariamente o proprietário do prédio, podendo as servidões ser constituídas igualmente em benefício do usufrutuário (art. 1575º) ou do superficiário (art. 1529º). A ligação da servidão ao prédio dominante é, no entanto, imprescindível, dado que apenas as utilidades que possam

[765] Cfr. Gonçalves Rodrigues, *op. cit.*, p. 24.

[766] Não pode, por exemplo, alguém adquirir pessoalmente um direito real de servidão de passagem sobre um prédio, não sendo titular de qualquer prédio vizinho. Terá que constituir neste caso um direito pessoal de crédito sobre o dono do referido prédio. Esse direito naturalmente não beneficiará de qualquer acção real que o tutele, podendo o titular recorrer apenas à acção de cumprimento.

[767] Cfr. Mota Pinto, *Direitos Reais*, pp. 306-307.

ser susceptíveis de ser gozadas por intermédio do prédio dominante podem ser objecto da servidão (art. 1544º).

2.3. Atipicidade do conteúdo

A segunda característica da servidão é a *atipicidade do seu* conteúdo. Efectivamente, o objecto da servidão pode ser variado, dado que o art. 1544º refere que o mesmo pode consistir em "quaisquer utilidades, ainda que futuras ou eventuais, susceptíveis de ser gozadas por intermédio do prédio dominante, mesmo que não aumentem o seu valor". As servidões constituem assim hoje um direito atípico.

Defendeu-se, no entanto, no Direito Romano que a servidão não poderia consistir numa prestação pessoal do proprietário do prédio serviente, não podendo consequentemente a mesma ter por objecto um *dare* ou um *facere* (*servitus in faciendo consistere nequit*). O encargo do prédio serviente apenas poderia consistir assim num *pati*, quando ao titular do direito de servidão fossem concedidas faculdades de uso e fruição do prédio serviente, ou num *non facere*, quando ao proprietário fosse vedada a prática de certos actos. No Direito Romano admitia-se como única excepção a servidão de apoio de edifícios (*servitus oneri ferendi*), em que o proprietário do prédio serviente tinha não apenas o dever de permitir o apoio de construção alheia sobre a sua, mas também o dever de reparar a coluna ou muro sempre que o apoio estivesse em causa[768]. No Direito actual, embora não seja essa a regra que vigora a título supletivo, é admitido que o proprietário do prédio serviente se obrigue a custear as obras, podendo, no entanto, eximir-se desse encargo, renunciando à propriedade em benefício do titular do prédio dominante (art. 1567º, nº 4).

Parece, porém, que, devido ao facto de servidão ter que consistir num encargo do prédio serviente e não numa obrigação pessoal assumida pelo proprietário, não podem ser objecto de servidão prestações de *dare* ou de *facere*. Uma obrigação de reparar ou custear as obras, eventualmente assumida pelo proprietário do prédio serviente, não afasta esta exigência, dado que nesse caso se estará perante uma obrigação *propter rem*, assumida a título acessório, e que não se confunde com o conteúdo da servidão[769].

Apesar da atipicidade das servidões, pode, no entanto, aproveitar-se a classificação romana que apresentou as categorias mais importantes de servidões como correspondendo às necessidades de trânsito, água, luz, vistas, apoio e suporte entre os prédios e outras. Temos assim a servidão de passagem (*servitus itineri*),

[768] Cfr. José Tavares, *Os princípios*, I, pp. 681-682.

[769] Cfr. Giuseppe Grosso, "Servitù ed obbligazioni propter rem" em *RDComm* 37 (1939), I, pp. 213-228.

que permite transitar por prédio alheio; a servidão de aqueduto (*servitus aqueductus*), que permite encanar a água sobre prédio alheio; a servidão de escoamento, que permite lançar as águas supérfluas sobre prédio alheio; a servidão de aproveitamento de águas (*servitus aquae haustus*), que permite recolher água de fonte alheia; a servidão de estilícidio (*servitus stillicidium*), que permite fazer gotejar as águas pluviais sobre prédio alheio; a servidão de apoio do edifício (*servitus oneris ferendi*), que permite apoiar o próprio edifício sobre edifício alheio; a servidão de introdução de traves (*servitus tigni immmitendi*), que permite introduzir traves ou barrotes na parede do edifício vizinho; a servidão de varandas (*servitus projiciendi*), que permite construir varanda, balcão ou sacada sobre o prédio vizinho; a servidão de não perturbação da luz (*servitus ne luminibus officiatur*), para impedir que as obras do vizinho diminuam a luz de uma casa; a servidão de não afectação da vista (*servitus ne prospectus officiatur*), para não permitir que se retire a vista a partir de um prédio; a servidão de vistas sobre um prédio (*servitus luminum*), que permite abrir janelas em parede própria, comum ou alheia, sem respeitar as distâncias legais; a servidão de não edificação (*servitus non aedificandi*), em ordem a retirar ao vizinho a faculdade de construir no seu prédio; a servidão de limitação em altura (*servitus altius non tollendi*), que se destina a evitar que o vizinho levante o seu prédio acima de certa altura; a servidão de apascentamento (*servitus pascendi*), que permite levar o gado a pastar em prédio vizinho; e as servidões que permitem retirar bens do prédio vizinho, como minerais (*servitus calcis coquendae*), areias (*servitus arenae fodiendi*), argila (*servitus cretae eximendae*), ou lenha e mato (*servitus silvae caedandae*), etc[770].

2.4. Inseparabilidade

A terceira característica da servidão é a sua *inseparabilidade* em relação ao prédio sobre que incide. Efectivamente, o art. 1545º, nº 1, refere que "salvas as excepções previstas na lei, as servidões não podem ser separadas dos prédios sobre que incidem, activa ou passivamente", acrescentando o nº 2, que "a afectação das utilidades próprias da servidão a outros prédios importa sempre a constituição de uma servidão nova e a extinção da antiga". A inseparabilidade acaba por constituir um corolário da regra de que as utilidades do prédio serviente devem ser gozadas através do prédio dominante[771].

Questionou-se, porém, se a inseparabilidade vedaria a constituição de qualquer servidão que abrangesse utilidades separáveis dos prédios. Guilherme Moreira pronunciou-se nesse sentido, entendendo que utilidades que abrangessem a fruição de um prédio não poderiam ser objecto de servi-

[770] Seguimos José Tavares, *Os princípios*, I, pp. 671-672.

[771] Cfr. Mota Pinto, *RDES* 21 (1974), pp. 128 e ss. e *Direitos Reais*, p. 310.

dão, uma vez que o seu exercício pressupunha por definição a separação dos frutos. Assim, no caso de extracção de madeira, barro, ou aproveitamento da água de nascente ou fonte situada em prédio alheio, não existiria possibilidade de constituição de servidão devido à separação dos proveitos em relação à coisa[772].

Esta concepção de GUILHERME MOREIRA veio, no entanto, a ser rejeitada por PIRES DE LIMA e ANTUNES VARELA[773]. Para estes autores, a inseparabilidade exige apenas que, em concreto, o direito a essas utilidades esteja ligado a um prédio dominante, sendo a inseparabilidade uma consequência dessa ligação. A inseparabilidade é assim uma característica meramente legal da servidão, uma vez que estas podem abranger utilidades separáveis dos prédios, existindo servidão sempre que as mesmas estejam afectas a um prédio dominante[774]. A esta posição vieram posteriormente aderir MOTA PINTO, OLIVEIRA ASCENSÃO e CARVALHO FERNANDES[775].

Em resultado da inseparabilidade da servidão, a mesma é intransmissível não podendo de *per si* ser objecto de alienação ou oneração. Efectivamente, o proprietário do prédio dominante não pode alienar a servidão a proprietário de prédio diverso, separadamente do prédio dominante, nem pode destacá-la do seu prédio e anexá-la a outro prédio seu. Se o fizer, extinguir-se-á a servidão anterior, embora possa constituir-se uma nova (art. 1545º, nº 2). Da mesma forma, não pode a servidão ser objecto autónomo de hipoteca ou penhora, atenta a sua inalienabilidade como tal (cfr. art. 736º, proémio, CPC). A servidão acompanha, no entanto, o prédio dominante ou serviente, caso algum deles seja alienado (*ambulant cum dominio*) ou onerado, podendo, por exemplo, em caso de constituição de usufruto ou arrendamento, o usufrutário ou o arrendatário exercerem a servidão (cfr. art. 1449º)[776].

772 Cfr. GUILHERME MOREIRA, *As águas*, II, pp. 30 e ss.

773 Cfr. PIRES DE LIMA/ANTUNES VARELA, *op. cit.*, III, sub art. 1545º, nº 3, pp. 622-623.

774 Como referem PIRES DE LIMA, "Anotação Ac. STJ 3/3/1967", em *RLJ* 100 (1967-1968), pp. 327-330 (328), e PIRES DE LIMA/ANTUNES VARELA, *op. cit.*, III, sub art. 1545º, nº 3, pp. 622-623, embora as águas sejam por natureza separáveis dos prédios, as mesmas podem ser objecto de servidão, sempre que o aproveitamento de uma fonte ou nascente alheia, se faça em função das necessidades de um prédio (arts. 1557º e 1558º). Pelo contrário, se o titular puder livremente utilizar a água em benefício de qualquer prédio, seu ou alheio, a situação será antes de direito de propriedade sobre a água (art. 1390º). Da mesma forma quanto à servidão de passagem, que é manifestamente um direito susceptível de separação. O que a lei não permite é que ele se separe do prédio dominante para servir outro prédio, ou para se transformar numa servidão pessoal.

775 Cfr. MOTA PINTO, *Direitos Reais*, pp. 311 e ss., OLIVEIRA ASCENSÃO, *Reais*, pp. 491-492, e CARVALHO FERNANDES, *Direitos Reais*, pp. 462-463.

776 Cfr. CUNHA GONÇALVES, *Tratado*, XI, p. 596 e GONÇALVES RODRIGUES, *op. cit.*, pp. 38-40.

2.5. Indivisibilidade

Como última característica das servidões, temos a sua indivisibilidade. Esta característica aparece referida no art. 1546º, que refere que "as servidões são indivisíveis; se o prédio serviente for dividido entre vários donos, cada porção fica sujeita à parte da servidão que lhe cabia; se for dividido o prédio dominante, tem cada consorte o direito de usar da servidão sem alteração nem mudança".

A indivisibilidade das servidões implica que as mesmas não sejam susceptíveis de ser repartidas por partes, incidindo sobre a totalidade do prédio serviente e não sobre uma parte deste, e sendo sempre exercidas por intermédio de todo o prédio dominante e não apenas sobre uma sua parte. O uso da servidão pode ser limitado, como sucede se se delimitar a área do terreno sobre que se faz a passagem e os dias e horas a que esta pode ocorrer, mas ocorre sempre o exercício *in totu* da servidão e não apenas de uma sua parte.

Daqui resulta que a divisão dos prédios não importa a multiplicação das servidões. Assim, se por exemplo, um prédio sobre o qual recaía uma servidão de passagem for dividido, apenas a fracção sobre o qual a passagem se exercia permanece onerada com a servidão, não surgindo duas servidões em resultado dessa divisão[777]. Se for o prédio dominante a ser dividido, também não passa a haver duas servidões de passagem, ocorrendo antes uma contitularidade na servidão, podendo qualquer dos consortes passar nos mesmos termos em que o fazia.

3. Modalidades de servidões

3.1. Servidões legais e voluntárias

A primeira classificação de servidões é a que distingue entre servidões legais ou voluntárias. A *servidão legal* (ou coactiva), a que pode ser constituída sem o consentimento do proprietário do prédio sujeito à servidão. A *servidão voluntária* é aquela que exige o consentimento do proprietário do prédio serviente para se poder constituir. A classificação não se baseia assim no facto de as servidões resultarem da lei ou de negócio jurídico, mas no facto de poderem ser ou não coercivamente constituídas.

Entre as servidões legais, encontram-se a servidão legal de passagem (arts. 1550º e ss.) e a servidão legal de águas (arts. 1557º e ss.).

Nos termos do art. 1547º, nº 2, as servidões legais podem ser objecto de constituição voluntária por negócio jurídico ou, em caso de recusa do proprietário do prédio serviente, através de sentença judicial ou decisão administrativa, conforme os casos.

[777] Cfr. Mota Pinto, *RDES* 21 (1974), pp. 132-133, e *Direitos Reais*, p. 316, que considera esta situação como uma expressão da aderência da servidão ao prédio.

As servidões legais têm ainda causas de extinção particulares como a desnecessidade (art. 1569º, nºs 2 e 3) ou a remição (art. 1569º, nº 4).

3.2. Servidões positivas, negativas e desvinculativas

Uma outra classificação de servidões é a que distingue entre servidões positivas, negativas ou desvinculativas.

Uma *servidão positiva* é aquela que atribui ao titular do prédio dominante o poder de realizar certos actos sobre o prédio serviente, como ocorre. Como exemplo de servidões positivas temos a servidão de passagem ou a servidão de apascentamento.

Pelo contrário, na *servidão negativa*, o titular do prédio serviente fica obrigado a se abster da prática de certos actos, em ordem a incrementar as utilidades do prédio dominante. São exemplos de servidões negativas a servidão de não edificação, a servidão de limitação em altura ou a servidão de não afectação da vista.

Por último, *servidões desvinculativas* são aquelas em que ocorre a libertação do prédio de uma restrição legal imposta em benefício do prédio serviente, como a proibição de certas emissões. Exemplos de servidões desvinculativas são a servidão de escoamento (art. 1563º) ou a servidão de estilicídio (art. 1365º, nº 2).

3.3. Servidões aparentes e não aparentes

Outra classificação de servidões distingue entre servidões aparentes e não aparentes[778]. São servidões aparentes aquelas que se revelam por sinais visíveis e permanentes. Pelo contrário, são servidões não aparentes aquelas que não se revelam por esses sinais (art. 1548º, nº 2).

É de salientar que a distinção entre servidões aparentes e não aparentes não se confunde com a questão relativa ao carácter público ou oculto da sua posse. Pode haver posse pública em servidões não aparentes, como na servidão de aproveitamento de água. Pelo contrário, pode haver posse oculta em servidões aparentes, como na servidão de passagem.

O que é decisivo para a qualificação de uma servidão como aparente é a verificação de sinais relativos à existência dessa servidão, tendo esses sinais que ser visíveis e permanentes, podendo encontrar-se quer no prédio dominante, quer no prédio serviente[779]. A visibilidade dos sinais significa que os mesmos devem manifestar a servidão *erga omnes*, podendo não apenas o dono do prédio serviente mas tambén qualquer outra pessoa observar esses sinais. A permanência dos sinais significa que os mesmos existem sempre, mesmo que se possa verificar a

[778] Cfr. Gonçalves Rodrigues, *op. cit.*, pp. 73 e ss.

[779] Cfr. José Tavares, *Os princípios*, I, p. 680.

sua substituição ou transformação[780]. Um exemplo de sinal visível e permanente será, na servidão de passagem, a existência de uma abertura ou carreiro, pelo qual a passagem se exerce. Qualquer pessoa pode ver esse sinal e o mesmo permanece, ainda que a abertura ou carreiro possam ser modificados.

As servidões não aparentes não podem ser adquiridas por usucapião (arts. 1548º, nº 1, e 1293º, nº 1, a)) e também não permitem a constituição por destinação do pai de família (art. 1549º).

Por outro lado, nos termos do art. 5º, nº 2, b) CRP, o registo das servidões aparentes é meramente enunciativo, pelo que o titular do direito de servidão aparente, mesmo que não haja registada a aquisição do seu direito, não pode ver o seu direito arredado por força da tutela registal dada ao terceiro de boa fé.

3.4. Servidões contínuas e descontínuas

Outra classificação de servidões é a que distingue entre servidões contínuas e descontínuas[781], a qual se deve a BARTOLUS[782] e se encontra prevista nos arts. 688º do Código Civil francês, tendo constado igualmente do art. 2270º do Código de Seabra. Servidões contínuas são aquelas que se exercem permanentemente, independentemente de qualquer acção do homem. Pelo contrário, servidões descontínuas são aquelas cujo exercício é intermitente, dependendo de acção humana.

Como exemplos de servidões contínuas temos a servidão de aqueduto, de estilicídio ou de vistas, uma vez que nelas o prédio dominante recebe permanentemente o benefício do prédio serviente sem necessidade de acção humana, respectivamente através do encanamento da água, do gotejar da mesma pelo beiral ou em virtude da localização da janela. Constituem, pelo contrário, servidões descontínuas as servidões de passagem, de aproveitamento de águas, ou de apascentamento, uma vez que para as exercer é necessário o acto de atravessar o terreno, de ir à fonte, ou de conduzir o gado[783].

A classificação das servidões em contínuas e descontínuas não se confunde com a classificação das servidões em aparentes e não aparentes. Na verdades, as servidões contínuas podem ser aparentes, como as servidões de aqueduto e vistas, ou não aparentes, como as servidões de limitação em altura ou de não edifica-

[780] Cfr. GONÇALVES RODRIGUES, *op. cit.*, p. 74.

[781] Cfr. sobre ela GONÇALVES RODRIGUES, *op. cit.*, pp. 62 e ss.

[782] Efectivamente BARTOLUS escreveu o seguinte: "Si quidem ad usum servitutis requiritur factum hominis, nunqum dicitur habere causam continuam, quia homo non potest operari continue. Si vero requiritur factum hominis dicitur tunc habere causam continuam vel quasi..." (citado *apud* CUNHA GONÇALVES, *Tratado*, XI, pp. 611-612).

[783] Cfr. JOSÉ TAVARES, *Os princípios*, I, p. 680.

ção. E também as servidões descontínuas podem ser aparentes ou não aparentes, como será o caso de a servidão de passagem ter ou não porta de acesso[784].

A classificação das servidões em contínuas e descontínuas teve grande utilidade prática até à Reforma de 1930 do Código Civil de 1867, dado que, na sua redacção originária, o seu art. 2272º não permitia que as servidões descontínuas se pudessem adquirir por usucapião. Como hoje apenas são excluídas da usucapião as servidões não aparentes (arts. 1293º, a) e 1548º, nº 1), a classificação perdeu algum interesse. Tem, no entanto, ainda relevo para efeitos do início do prazo para a extinção pelo não uso (art. 1570º).

4. A constituição das servidões

4.1. Generalidades

Nos termos do art. 1547º, nº 1, as servidões prediais podem ser constituídas por contrato, testamento, usucapião ou destinação do pai de família. Já as servidões legais, na falta de constituição voluntária, podem ser constituídas por sentença judicial ou por decisão administrativa, conforme os casos (art. 1547º, nº 2).

Examinemos sucessivamente essas situações.

4.2. Contrato

As servidões prediais podem ser constituídas por contrato, nos termos gerais, como sucede se os proprietários acordarem em atribuir, por intermédio de um dos prédios determinadas utilidades ao outro prédio. O contrato constitutivo da servidão deve ser celebrado por escritura pública ou documento particular autenticado, nos termos do art. 22º a) do D.L. 116/2008, estando sujeito a registo nos termos do art. 2º, nº 1, a) CRP.

4.3. Testamento

As servidões prediais podem igualmente ser constituídas por testamento, como sucede se alguém efectuar um legado de um prédio a favor de outrem, constituindo simultaneamente uma servidão a favor de terceiro. Neste caso, haverá naturalmente que observar a forma dos testamentos (arts. 2204º e ss.).

4.4. Usucapião

As servidões podem igualmente ser constituídas por *usucapião*, mas apenas no caso das servidões aparentes, atenta a proibição de se constituirem por usucapião as servidões não aparentes (art. 1293º a) e 1548º, nº 1). É um regime que se compreende, atento a circunstância de as servidões não aparentes, dado o facto de não se revelarem por sinais visíveis e permanentes, poderem estar a ser exercidas

[784] Cfr. José Tavares, *Os princípios*, I, p. 681.

na ignorância do proprietário do prédio serviente, ou serem confundidas com actos de mera tolerância deste[785]. A usucapião fica assim reservada às servidões aparentes, que se revelam por sinais visíveis e permanentes[786].

Não prejudica a aquisição de uma servidão de passagem por usucapião o facto de ocorrer, durante o respectivo prazo, alteração do traçado da servidão[787].

4.5. Destinação do pai de família

Uma hipótese particular de constituição das servidões é a destinação do pai de família[788]. A constituição da servidão por destinação do pai de família ocorre sempre que em dois prédios do mesmo dono, ou em duas fracções de um só prédio, houver sinal ou sinais visíveis e permanentes, postos em um ou em ambos, que revelem serventia de um para com outro. Esses sinais serão havidos como prova de servidão quando, em relação ao domínio, os dois prédios vierem a separar-se, salvo se ao tempo da separação outra coisa se houver declarado no respectivo documento (art. 1549º).

Exigem-se assim quatro requisitos para a constituição de uma servidão por destinação do pai de família:

a) que os dois prédios ou as duas fracções de um prédio tenham pertencido ao mesmo dono;
b) que existam sinais visíveis e permanentes reveladores de uma situação estável de serventia de um dos prédios em relação ao outro;
c) que os dois prédios ou as fracções de um prédio tenham vindo a ser separados do mesmo domínio;
d) que não haja no documento relativo a essa separação nenhuma declaração contrária à existência desse encargo.

[785] Assim, por exemplo, uma servidão de passagem, em que não existam sinais permanentes e visíveis reveladores do seu exercício, como um caminho, uma entrada ou uma porta de comunicação entre o prédio dominante e o prédio serviente, não pode ser adquirida por usucapião.

[786] Um exemplo de servidão aparente é a servidão de vistas, em que se verificam sinais visíveis e permanentes, como a existência de janelas, portas, varandas, terraços ou eiras em contravenção ao disposto na lei. Por esse motivo, a lei reconhece expressamente a possibilidade de aquisição dessas servidões por usucapião (art. 1362º, nº 1). Em relação à servidão de passagem, esta pode ser constituída por usucapião, se exitirem sinais visíveis e permanentes, como um caminho ou uma porta de comunicação para o prédio serviente. Cfr. Ac. RE 6/11/2008 (Eduarda Canas Mendes), em *CJ* 33 (2008), 5, pp. 243-247.

[787] Neste sentido, cfr. Ac. RP 26/3/2009 (Barateiro Martins), em *CJ* 34 (2009), 2, pp. 206-209.

[788] Cfr. sobre esta Mário Tavarela Lobo, *Destinação do pai de família. Servidões e águas*, Coimbra, Atlântida, 1964.

O primeiro pressuposto da constituição da servidão por destinação do pai de família é o de que os prédios ou fracções tenham pertencido ao mesmo dono. Efectivamente, a destinação do pai de família tem que resultar do uso anterior dos prédios por um antigo proprietário comum, pelo que, a partir do momento em que os prédios ou fracções pertencem a pessoas diversas, a servidão poderá ser constituída por usucapião, mas já não por destinação do pai de família.

O segundo pressuposto é a existência de sinais visíveis e permanentes, postos em um ou ambos os prédios, que revelem a intenção ou a consciência do antigo proprietário de criar uma situação de serventia estável de um dos prédios em relação ao outro, semelhante à de uma servidão aparente, no caso de os prédios pertencerem a donos diferentes[789]. Tem-se ainda entendido que esses sinais têm que ser inequívocos em relação à vontade ou consciência do proprietário de criar uma situação estável e duradoura de afectação das utilidades de um prédio em benefício de outro, uma vez que havendo equivocidade dos sinais não se pode considerar constituída a servidão por destinação do pai de família[790]. Não interessa, no entanto, a forma como o proprietário primitivo tinha utilizado o prédio, resultando a serventia apenas dos sinais visíveis e permanentes que demonstrem inequivocamente a concessão de uma utilidade de um prédio em benefício de outro[791].

[789] Sustentam Pires de Lima/Antunes Varela, *op. cit.*, III, sub art. 1549º, nº 5, p. 634, "que os sinais hão-de revelar a serventia de um prédio para com o outro. Isto significa que hão-de ter sido postos ou deixados com a intenção de assegurar certa utilidade a um, à custa ou por intermédio do outro". Já Mário Tavarela Lobo, *Manual*, II, p. 243, defende que "não é preciso demonstrar a intenção do proprietário no sentido de constituir uma eventual servidão futura, nem mesmo de criar o condicionalismo de sujeição de um prédio a outro. É suficiente a vontade ou consciência de criar uma situação de facto estável e duradoura, uma situação que *objectivamente* corresponda à de uma servidão aparente". Pensamos ser esta última a melhor posição. Rejeitando a constituição da servidão por destinação do pai de família por considerar demonstrado não ter o proprietário tido intenção de constitui a servidão, cfr. Ac. STJ 13/9/2011 (Fonseca Ramos), em *CJ-ASTJ* 19 (2011), 3, pp. 24-30.

[790] A equivocidade dos sinais pode ser, no entanto, destruída com recurso a quaisquer meios de prova, desde que os mesmos incidam sobre o seu significado e não sobre a vontade do antigo dono. Neste sentido, cfr. Antunes Varela, "An. Ac. 15/1/1981", na *RLJ* 115 (1982-1983), pp 218-224 (223), e, na jurisprudência, Ac. STJ 25/11/2008 (Nuno Cameira), em *CJ-ASTJ* 16 (2008), 3, pp. 143-146.

[791] Assim, no Ac. RE 13/3/2008 (Tavares de Paiva), em *CJ* 33 (2008), 3, pp. 254-257, foi considerada demonstrativa da existência de serventia o facto de um poço num dos prédios poder aproveitar ao outro. Também, no Ac. RP 2/12/2008 (Maria José Simões), em *CJ* 33 (2008), 5, pp. 185-187 foi considerada demonstrativa da serventia a existência de uma abertura numa muro por onde se exercia a passagem. No Ac. STJ 14/5/2009 (Fonseca Ramos), em *CJ-ASTJ* 17 (2009), 2, pp. 60-65, considerou-se como sinais visíveis e permanentes relativos a uma serventia de aqueduto a existência de um motor para bombar a água e tubos que a conduziam de um prédio para o outro.

O terceiro pressuposto é o de que os dois prédios ou fracções de um tenham vindo a ser separados do mesmo domínio. Essa separação pode ocorrer por alienação de um dos prédios ou fracção a outra pessoa, por alienação deles a pessoas diferentes ou por acto de divisão ou partilha.

Finalmente, o quarto pressuposto é o de que no documento de separação nada se preveja em sentido contrário à existência desse encargo. Efectivamente a constituição da servidão por destinação do pai de família tem carácter supletivo, pelo que as partes poderão dispor em sentido contrário no respectivo documento.

No caso, porém, de divisão ou partilha de prédios sem intervenção de terceiro, a constituição por destinação do pai de família relativamente às servidões de águas não depende da existência de sinais reveladores da destinação do antigo proprietário (art. 1390º, nº 3)[792]. Trata-se de um caso particular de constituição por destinação do pai de família, que dispensa esse requisito.

4.6. Sentença judicial ou decisão administrativa

As servidões legais têm ainda duas hipóteses particulares de constituição, na falta de constituição voluntária: a sentença judicial e a decisão administrativa, consoante os casos[793].

A constituição da servidão por sentença judicial verifica-se sempre que o proprietário do prédio sujeito à servidão legal não decida voluntariamente realizar a sua constituição. Assim, por exemplo, em caso de oposição à constituição de servidão legal de passagem sobre prédio encravado, poderá o proprietário desse prédio exigir judicialmente a constituição da respectiva servidão.

Finalmente, podem ocorrer casos de constituição da servidão por decisão administrativa, como sucede com as servidões legais de águas, ligadas a concessões de águas públicas[794].

5. Conteúdo das servidões

Nos termos do art. 1564º, as servidões são reguladas, no que respeita à sua extensão e exercício, pelo respectivo título, sendo as disposições dos arts. 1565º e ss.,

[792] É exemplo de constituição de uma servidão por destinação do pai de família a existência do aproveitamento por um prédio das águas surgidas noutro prédio do mesmo proprietário. Cfr. Ac. RP 17/4/2008 (Manuel Capelo), em *CJ* 33 (2008), 2, pp. 199-202.

[793] Sempre que se verifiquem os pressupostos de constituição de uma servidão legal, a mesma deve considerar-se sujeita a esse regime, mesmo que tenham sido constituídas voluntariamente. Neste sentido, Oliveira Ascensão, *Reais*, p. 260 e Henrique Mesquita, "Anotação Ac. RP 27/11/1995" na *RLJ* 129 (1996-1997), pp. 254-256 e 271-274 (255).

[794] Cfr. Mota Pinto, *Direitos Reais*, p. 329.

apenas aplicáveis supletivamente. É assim o título constitutivo o elemento modelador determinante em relação ao exercício da servidão.

Nos termos do art. 1565º, nº 1, o direito de servidão compreende tudo o que é necessário para o seu uso e conservação, havendo assim uma extensão da servidão a todos os poderes necessários para o uso e conservação da mesma. O art. 1565º, nº 2, especifica que em caso de dúvida quanto à extensão ou modo de exercício, entender-se-á constituída a servidão por forma a satisfazer as necessidades normais e previsíveis do prédio dominante com o menor prejuízo do prédio serviente, no que tem sido designado como a lei do mínimo meio.

Entre os poderes que são conferidos ao proprietário do prédio dominante, nos termos do art. 1566º, nº 1, encontra-se o de realizar obras no prédio serviente, desde que não torne mais onerosa a servidão[795]. As obras devem ser feitas no tempo e pela forma que sejam mais convenientes para o proprietário do prédio serviente (art. 1566º, nº 2).

Relativamente ao encargo dessas obras, estabelece o art. 1567º, nº 1, que as mesmas são feitas à custa do proprietário do prédio dominante, salvo se outro regime tiver sido convencionado (art. 1567º, nº 1). Sendo diversos os prédios dominantes, todos os proprietários são obrigados a contribuir, na proporção da parte que tiverem nas vantagens da servidão, para as despesas das obras, sendo, no entanto, possível a qualquer deles renunciar à servidão para se eximir desse encargo (art. 1567º, nº 2).

Se o proprietário do prédio serviente também auferir utilidades da servidão é obrigado a contribuir pela mesma forma (art. 1567º, nº 3). No entanto, se ele se tiver obrigado a custear as obras só lhe será possível eximir-se desse encargo pela renúncia ao seu direito de propriedade em benefício do proprietário do prédio dominante. No caso de a servidão onerar apenas uma parte do prédio, pode a renúncia limitar-se a essa parte. Recusando-se, no entanto, o proprietário do prédio dominante a aceitar a renúncia, não fica por isso o proprietário do prédio serviente, dispensado de custear as obras (art. 1569º, nº 4).

6. Mudança das servidões

A lei admite no art. 1568º a possibilidade de mudança da servidão para sítio diferente do primitivamente assinado ou para outro prédio, o qual pode inclusivamente pertencer a terceiro, se existir acordo deste[796]. A mudança pode ocorrer a requerimento do titular do prédio serviente ou do titular do prédio dominante.

[795] No Ac. STJ 6/3/2008 (Custódio Montes), em *CJ-ASTJ* 16 (2008), 1, pp. 163-165, considerou-se mais onerosa para o prédio serviente a transformação de uma servidão de aqueduto com um rego encanado subterraneamente num rego a céu aberto.

[796] Cfr. Pires de Lima, *RLJ* 98 (1965-1966), pp. 172-176 e 179-180.

Em ambos os casos, basta que a mudança seja conveniente, seja feita à custa do proprietário que a requer e não prejudique os interesses do proprietário do outro prédio dominante (art. 1568º, nºs 1 e 2). Para além da mudança da servidão, pode igualmente ser alterados o seu modo e tempo de exercício, desde que se verifiquem os pressupostos acima referidos (art. 1568º, nº 3).

A faculdade de mudança da servidão ou do seu modo e tempo de exercício justifica-se em função da denominada lei do mínimo meio, nos termos da qual se entende que a servidão, como encargo sobre o prédio, deve implicar as maiores vantagens para o prédio dominante com o menor prejuízo possível para o proprietário do prédio serviente. Assim, se o proprietário do prédio serviente tiver menores prejuízos ou o proprietário do prédio dominante maiores vantagens com a alteração da servidão, sem que tal afecte o outro proprietário, justifica-se a alteração da servidão. Esta faculdade aparece como essencial ao direito de servidão, tanto assim que a lei não admite que a mesma possa ser renunciada ou limitada por negócio jurídico (art. 1568º, nº 4).

7. As servidões legais

7.1. Servidões legais de passagem

7.1.1. Generalidades

Uma hipótese de servidão legal é a denominada servidão legal de passagem[797]. O nosso legislador prevê para esta servidão duas hipóteses: a servidão de passagem em benefício de prédio encravado (arts. 1550º e ss.) e a servidão de passagem para o aproveitamento de águas (art. 1556º).

7.1.2. Servidão de passagem em benefício de prédio encravado

A servidão de passagem em benefício de prédio encravado encontra-se prevista no art. 1550º[798]. É concedida aos proprietários de prédios que não tenham comunicação com a via pública, nem condições que permitam estabelecê-la sem excessivo incómodo ou dispêndio, ou possuam comunicação insuficiente através de terreno próprio ou alheio. Estes proprietários podem constituir a servidão de passagem através dos terrenos vizinhos[799]. Nesse caso, e mais uma vez por força da lei do mínimo meio, a passagem deve ser concedida através do prédio ou prédios

[797] Cfr. Gonçalves Rodrigues, *Da servidão*, maxime pp. 177 e ss.

[798] Cfr. Manuel Rodrigues, *RLJ* 56 (1923-1924), pp. 145-147, 161-163, 177-180, 209-210, 273-275 e 289-291, e Gonçalves Rodrigues, *Da servidão*, passim.

[799] Terrenos vizinhos para este efeito não são apenas os terrenos confinantes, mas antes todos aqueles que seja necessário atravessar para atingir a via pública. Neste sentido, cfr. Gonçalves Rodrigues, *Da servidão*, p. 235.

que sofram menor prejuízo, e pelo modo e lugar menos inconvenientes para os prédios onerados (art. 1553º).

A lei prevê, no entanto, que os proprietários de quintas muradas, quintais, jardins ou terreiros adjacentes a prédios urbanos podem subtrair-se ao encargo de ceder passagem, adquirindo o prédio encravado pelo seu justo valor (art. 1551º, nº 1), solução que se compreende em função dos maiores prejuízos que neste caso provoca a constituição da servidão. Na falta de acordo sobre o preço de aquisição do prédio encravado, o mesmo é fixado judicialmente. Se forem dois ou mais os proprietários interessados, abrir-se-á licitação entre eles, revertendo o excesso para o alienante (art. 1551º, nº 2).

O art. 1554º estabelece que pela constituição da servidão de passagem é devida a indemnização correspondente ao prejuízo sofrido. Esta formulação, já constante do art. 2309º do Código anterior, provocou divergências na doutrina. Manuel Rodrigues entendeu que se abrangia aqui não apenas a desvalorização suportada pelo prédio vizinho, mas também o valor de uso da passagem, em termos de benefício adquirido pelo prédio dominante[800]. Pires de Lima e Antunes Varela e Gonçalves Rodrigues sustentam pelo contrário que no conceito de prejuízo apenas se insere a desvalorização do prédio vizinho e os lucros cessantes perdidos pelo seu titular, mas não os benefícios recebidos pelo prédio dominante[801]. Pensamos ser esta última a melhor posição, face à consagração legal da subsidiariedade da acção de enriquecimento (art. 474º).

No caso, porém, de ser o proprietário que, sem justo motivo, tenha provocado o encrave absoluto ou relativo do prédio, ele só poderá constituir a servidão mediante o pagamento de indemnização agravada (art. 1552º, nº 1), a qual é fixada, de harmonia com a culpa do proprietário, até ao dobro da que normalmente seria devida (art. 1552º, nº 2). Em casos mais graves, deve até considerar-se que a constituição da servidão pode envolver abuso de direito (art. 334º), por *venire contra factum proprium*.

O art. 1555º atribui ao proprietário do prédio onerado com a servidão legal de passagem, qualquer que tenha sido o seu título constitutivo, direito de preferência na alienação do prédio encravado. É de salientar, no entanto, que o direito de preferência só é atribuído no caso de a servidão legal de passagem já estar constituída, não bastando a mera possibilidade de a constituir em resultado da situação de encrave[802].

[800] Cfr. Manuel Rodrigues, *RLJ* 56 (1923-1924), p. 210.

[801] Cfr. Pires de Lima/Antunes Varela, *op. cit.*, III, sub art. 1554º, nº 2, p. 643, e Gonçalves Rodrigues, *Da servidão*, pp. 236 e ss.

[802] Cfr. Gonçalves Rodrigues, *Da servidão*, p. 148.

7.1.3. Servidão de passagem para o aproveitamento de águas

Outra hipótese legalmente prevista de servidão legal de passagem, corresponde à servidão de passagem para o aproveitamento de águas. Efectivamente, o art. 1556º, nº 1, estabelece a possibilidade de constituir uma servidão de passagem sobre terreno alheio sempre que, para os seus gastos domésticos, os proprietários não tenham acesso às fontes, poços e reservatórios públicos destinados a esse uso, nem às correntes do domínio público. No entanto, a servidão legal de passagem só pode neste caso ser constituída depois de se verificar que os proprietários que as reclamam não podem haver água suficiente de outra proveniência sem excessivo incómodo ou dispêndio (art. 1556º, nº 2).

7.1.4. Atravessadouros e caminhos públicos

Encontramos alguma conexão com a servidão legal de passagem na situação dos atravessadouros ou atalhos, os quais, no entanto, não constituem servidões. Os atravessadouros são caminhos pelos quais o público faz passagem através de prédios particulares, com o fim essencial de encurtar o percurso entre determinados locais, sendo os seus leitos parte integrante desses prédios. Distinguem-se dos caminhos públicos porque estes se destinam a estabelecer ligações de maior importância entre povoações e os seus leitos fazem parte integrante do domínio público.

Os atravessadouros constituem uma espécie de servidões irregulares, dado que não se estabelecem em benefício de prédios determinados, mas antes em benefício de qualquer pessoa. Precisamente por esse motivo, a lei tem vindo a procurar reprimir os atravessadouros. Estes foram genericamente abolidos pela Lei de 9 de Julho de 1773, cujo § 12º, confirmado pelo Decreto de 17 de Julho de 1778, só os permitia quando possibilitassem o acesso através de prédios particulares a fontes, pontes ou fazendas, que não pudessem ter outra serventia. Esta disposição foi mantida em vigor pelo art. 2286º do CC 1867, o qual apenas regulava atravessadouros em proveito directo de certos prédios, os quais constituiam verdadeiras servidões (art. 2267º CC 1867), como a servidão em benefício de prédio encravado[803].

Actualmente, o regime dos atravessadouros consta dos arts. 1383º e 1384º, considerando a primeira disposição "abolidos os atravessadouros, por mais antigos que sejam, desde que não se mostrem estabelecidos em proveito de prédios determinados, constituindo servidões". A disposição seguinte reconhece, porém, "os atravessadouros com posse imemorial, que dirijam a ponte ou fonte de manifesta utilidade, enquanto não existirem via públicas destinadas à utiliza-

[803] Cfr. Gonçalves Rodrigues, *Da servidão*, pp. 53-54.

ção ou aproveitamente de uma ou outra, bem como os admitidos em legislação especial".

Diferente dos atravessadouros são os chamados caminhos públicos, os quais fazem parte do domínio público. Estes correspondem àqueles caminhos que, embora atravessando prédios particulares, se encontram no uso directo e imediato do público desde tempos imemoriais e se encontram afectos a fins de utilidade pública, visando a satisfação de interesses colectivos de certo grau ou relevância[804].

Os caminhos públicos permanecem no domínio público enquanto não se verificar a sua desafectação desse mesmo domínio. Essa desafectação pode ocorrer expressa ou tacitamente exigindo-se, porém, no caso de desafectação tácita, que se verifique a modificação das circunstâncias que determinaram a afectação, não bastando, para tal, que o caminho deixe de ser utilizado pelo público[805].

7.2. Servidões legais de águas

7.2.1. Generalidades

Outra modalidade específica de servidões legais corresponde à das servidões legais de águas. Neste caso, encontram-se previstas a servidão de aproveitamento de águas (arts. 1557º e 1558º), a servidão de presa (art. 1559º e 1560º), a servidão de aqueduto (arts. 1561º e 1562º) e a servidão de escoamento (art. 1563º).

Examinemos sucessivamente estas servidões.

7.2.2. Servidão de aproveitamento de águas

A servidão legal de aproveitamento de águas é atribuída ao titular de um prédio que não tenha água suficiente para as suas necessidades, e não a possa obter sem excessivo incómodo ou dispêndio, sendo-lhe por isso reconhecido o direito de constituir uma servidão para aproveitar as águas existentes no prédio vizinho. A lei estabelece um regime diferenciado consoante o aproveitamento das águas se destine a gastos domésticos (art. 1557º) ou para fins agrícolas (art. 1558º).

[804] Cfr. Assento STJ 19/4/1989 (Solano Viana), no *BMJ* 386 (1989), pp. 121-125: "São públicos os caminhos que, desde tempos imemoriais, estão no uso directo e imediato do público". Sobre este Assento, veja-se detalhadamente Pinto Duarte, *Direitos Reais*, pp. 100 e ss. Este Assento, hoje com valor de acórdão de uniformização de jurisprudência, tem vindo a ser objecto de interpretação restritiva no sentido de a publicidade dos caminhos exigir ainda a sua afectação a fins de utilidade pública. Cfr. Ac. STJ 13/7/2010 (Azevedo Ramos), em *CJ-ASTJ* 18 (2010), 2, pp. 166-169.

[805] Cfr. neste sentido, Ac. RG 13/9/2007 (António Magalhães), em *CJ* 32 (2007), 4, pp. 281-284. No Ac. STJ 13/7/2010 (Azevedo Ramos), em *CJ-ASTJ* 18 (2010), 2, pp. 166-169 considerou-se como hipótese de desafectação tácita haver razões de impossibilidade física, resultantes de construções no local, para o caminho deixar de ser usado para fins de utilidade pública.

Estando em causa *o aproveitamento de águas para gastos domésticos*, a servidão legal de águas só é atribuída quando não seja possível ao proprietário, sem excessivo incómodo ou dispêndio, obter água através da servidão legal de passagem prevista no art. 1556º, funcionando assim como subsidiária em relação a esta. Apenas nesse caso os proprietários dos prédios vizinhos podem ser compelidos a permitir, mediante indemnização, o aproveitamento das águas sobrantes das suas nascentes ou reservatórios, na medida do indispensável para aqueles gastos (art. 1557º, nº 1). Estão, no entanto, isentos da servidão os prédios urbanos e as quintas muradas, quintais, jardins ou terreiros adjacentes a prédios urbanos (arts. 1557º, nº 2, e 1551º, nº 1).

Já se estiver em causa o *aproveitamento de águas para fins agrícolas*, a lei atribui ao proprietário que não tiver nem puder obter, sem excessivo incómodo ou dispêndio, água suficiente para a irrigação do seu prédio, a faculdade de aproveitar as águas dos prédios vizinhos, que estejam sem utilização, pagando o seu justo valor (art. 1558º, nº 1). A servidão não se estende, porém, às águas provenientes de concessão, nem faculta a exploração de águas subterrâneas em prédio alheio (art. 1558º, nº 2).

7.2.3. Servidão de presa

A servidão de presa distingue-se da servidão de aproveitamento de águas pelo facto de não se limitar à recolha de águas em prédio alheio, atribuindo antes a faculdade de represar a água e a fazer derivar desse prédio. A lei distingue consoante estejam em causa águas particulares (art. 1559º) ou águas públicas (art. 1560º).

Estando em causa águas particulares, a atribuição da servidão de presa surge como consequência da existência de um direito ao uso das águas particulares existentes em prédio alheio, de que sejam titulares os proprietários ou os donos de estabelecimentos industriais. Poderá esse direito ao uso das águas particulares corresponder a uma servidão de aproveitamento de águas, se a utilização destas se relacionar com as necessidades de uma determinado prédio, ou mesmo à propriedade das águas, se o titular puder utilizá-las livremente[806]. Em qualquer caso, resulta desse direito a possibilidade de o titular constituir coercivamente uma servidão de presa, que lhe permita fazer no prédio alheio as obras necessárias ao represamento e derivação da respectiva água, medianto o pagamento da indemnização correspondente ao prejuízo causado (art. 1559º).

[806] Cfr. Pires de Lima/Antunes Varela, *op. cit.*, III, sub art. 1559º, nº 4, p. 654. Não podemos concordar com a posição defendida no Ac. RP 30/3/2009 (Maria de Deus Correia), na *CJ* 34 (2009), 2, pp. 209-213, segundo o qual a constituição da servidão de presa não depende da demonstração da existência de um direito do dono do prédio dominante sobre as águas.

Já se *estiverem em causa águas públicas*, nos termos do art. 1560º, nº 1, a servidão de presa só pode ser imposta coercivamente nos casos seguintes:

a) quando os proprietários, ou os donos de estabelecimentos industriais, sitos na margem de uma corrente não navegável nem flutuável, só possam aproveitar a água a que tenham direito, fazendo presa, açude ou obra semelhante que vá travar no prédio fronteiro;
b) quando a água tenha sido objecto de concessão, considerando neste caso a servidão constituída em virtude desta, sem prejuízo de a indemnização, na falta de acordo, ser fixada pelo tribunal (art. 1560º, nº 3).

Quer na primeira situação, quer no caso de concessão de interesse privado, não estão sujeitas à servidão as casas de habitação, nem os quintais, jardins ou terreiros que lhes sejam contíguos. No caso de concessão de utilidade pública, estes prédios só estão sujeitos ao encargo se no respectivo processo administrativo se tiver provado a impossibilidade material ou económica de executar as obras sem a sua utilização (art. 1560º, nº 2).

Se o proprietário do prédio fronteiro sujeito à servidão de travamento quiser utilizar a obra realizada, pode torná-la comum, provando que tem direito a aproveitar-se da água e pagando uma parte da despesa proprocional ao benefício que receber (art. 1560º, nº 4).

7.2.4. Servidão de aqueduto

Uma outra categoria de servidão legal de águas é a servidão de aqueduto, a qual se reconduz à faculdade de conduzir sobre prédio alheio as águas a que o titular da servidão tenha direito. A servidão de aqueduto tem igualmente um regime distinto, consoante estejam em causa águas particulares (art. 1561º) ou águas públicas (art. 1562º).

Estando em causa águas particulares, o art. 1561º, nº 1, admite a constituição dessa servidão, permitindo, em proveito da agricultura ou da indústria ou para gastos domésticos, aos proprietários encanar, subterraneamente ou a descoberto, as águas particulares a que tenham direito, através de prédios rústicos alheios, não sendo quintais, jardins ou terreiros contíguos a casas de habitação. No entanto, as quintas muradas só estão sujeitas ao encanamento quando o aqueduto seja constituído subterraneamente. Mais uma vez, de acordo com a lei do mínimo meio, a natureza, a direcção e forma do aqueduto serão as mais convenientes para o prédio dominante e as menos onerosas para o prédio serviente (art. 1561º, nº 3).

A constituição da servidão obriga a indemnizar o proprietário do prédio serviente pelo prejuízo que das obras resulte para o seu prédio (art. 1561º, nº

1). Para além disso, o proprietário tem, a todo o tempo, o direito de ser também indemnizado do prejuízo que venha a resultar da infiltração ou erupção das águas ou da deterioração das obras feitas para a sua condução (art. 1561º, nº 2).

Se a água do aqueduto não for toda necessária ao seu proprietário, e o proprietário do prédio serviente quiser ter parte no excedente, ser-lhe-á concedida essa parte a todo o tempo, mediante prévia indemnização e, pagando ele, além disso, a quota proporcional à despesa feita com a sua condução até ao ponto em que pretende derivá-la (art. 1561º, nº 4).

Já *se estiverem em causa águas públicas*, a constituição forçada da servidão de aqueduto só é admitida no caso de haver concessão de água (art. 1562º, nº 1). A servidão de aqueduto considera-se constituída em resultado da concessão, sem prejuízo de a indemnização, na falta de acordo, ser fixada pelo tribunal (arts. 1562º, nº 2, e 1560º, nº 3). No entanto, no caso de concessão de interesse privado, não estão sujeitas à servidão as casas de habitação, nem os quintais, jardins ou terreiros que lhes sejam contíguos. No caso de concessão de utilidade pública, estes prédios só estão sujeitos ao encargo se no respectivo processo administrativo se tiver provado a impossibilidade material ou económica de executar as obras sem a sua utilização (arts. 1562º, nº 2, e 1560º, nº 2).

7.2.5. Servidão de escoamento

Uma outra servidão legal é a denominada servidão de escoamento, a qual consiste na faculdade de fazer escoar sobre prédio vizinho as águas que existem em excesso em determinado prédio. A servidão de escoamento não se confunde com a obrigação resultante das relações de vizinhança de permitir o escoamento natural das águas (art. 1351º, nº 1), uma vez que implica a realização de actos ou obras que extravasem desse escoamento natural (cfr. art. 1351º, nº 2).

Nos termos do art. 1563º, nº 1, a servidão de escoamento pode ser constituída forçadamente nos seguintes casos:

a) Quando, por obra do homem, e para fins agrícolas ou industriais, nasçam águas em algum prédio ou para ele sejam conduzidas de outro prédio;
b) Quando se pretenda dar direcção definida à águas que seguiam o seu curso natural;
c) Em relação a águas provenientes de gaivagem, canos falsos, valas, guarda-matos, alcorcas ou qualquer outro modo de enxugo de prédios;
d) Quando haja concessão de águas públicas, relativamente às sobejas.

A servidão de escoamento só pode ser constituída sobre os prédios que possam ser onerados com a servidão legal de aqueduto (art. 1563º, nº 4). Assim, e por força do art. 1561º, nº 1, não será possível constituir uma servidão de escoamento sobre quintais, jardins ou terreiros contíguos a casas de habitação[807].

Uma vez constituída a servidão de escoamento, os proprietários onerados adquirem direito ao uso das águas escoadas nos seus prévios, mas a privação desse uso, em virtude de novo aproveitamento da água efectuado pelo titular do prédio dominante não constitui violação do seu direito (arts. 1563º, nº 2, e 1391º).

A constituição da servidão de escoamento pressupõe, no entanto, o pagamento prévio da indemnização (art. 1563º, nº 1, *in principio*). Na liquidação da indemnização será levada em conta o valor dos benefícios que para o prédio serviente advenham do uso da água e, no caso da alínea b), será atendido o prejuízo que já resultava do decurso natural das águas (art. 1563º, nº 4).

8. A extinção das servidões

8.1. Generalidades

O art. 1569º admite as seguintes causas específicas de extinção da servidão:

a) Confusão de propriedades;
b) Não uso durante vinte anos, qualquer que seja o motivo;
c) *Usucapio libertatis*;
d) Renúncia;
e) Desnecessidade, no caso das servidões constituídas por usucapião e das servidões legais;
f) Remição, no caso das servidões legais de aproveitamento de águas.

Examinemos sucessivamente estas causas.

8.2. Confusão de propriedades

A primeira causa de extinção das servidões, referida no art. 1569º, nº 1, a) é a confusão de propriedades, ou seja, a reunião dos dois prédios, dominante e serviente, no domínio da mesma pessoa. Essa situação pode ocorrer tanto na hipótese de o titular de um dos prédios adquirir o outro, como na hipótese de um terceiro adquirir os dois prédios, podendo, em ambos os casos, a aquisição resultar, quer de sucessão, quer de contrato, quer de usucapião. A lei prevê um caso particular de aquisição do prédio serviente pelo titular do prédio dominante, em caso de renúncia liberatória à propriedade por parte do titular do prédio serviente, para se eximir do encargo das obras, sendo essa renúncia aceite pelo titular do prédio dominante (art. 1567º, nº 4).

[807] Foi negada, com esse fundamento, a constituição da servidão de escoamento, no Ac. RP 13/9/2007 (Deolinda Varão), na *CJ* 32 (2007), 4, pp. 176-180.

A razão para a extinção da servidão nestes casos resulta do brocardo *neminem res sua servit*. Naturalmente que a relação de serventia se pode manter entre os dois prédios, mas tal passa a resultar do exercício da propriedade, e não do direito de servidão[808].

Ao se referir ao domínio, a lei exige que a reunião se verifique em virtude da aquisição da propriedade plena sobre os dois prédios. Assim, se o titular de um dos prédios adquirir o usufruto ou o direito de superfície sobre o outro prédio, manter-se-á a servidão. Também a servidão se manterá se apenas for adquirida a compropriedade ou parte especificada de outro prédio, atento o princípio da indivisibilidade da servidão[809].

8.3. Não uso

Nos termos do art. 1569º, nº 1, b), importa igualmente a extinção da servidão o "não uso durante vinte anos, qualquer que seja o motivo". O não uso extingue todas as servidões, sejam elas contínuas ou descontínuas, aparentes ou não aparentes, positivas ou negativas, ainda que naturalmente o mesmo revista natureza diferente, consoante o tipo de servidão em causa. Assim, nas servidões positivas, o não uso consiste em o proprietário do prédio dominante deixar de gozar o direito adquirido. Nas servidões negativas, o não uso resulta do facto de o titular não se ter oposto à violação do dever de *non facere* por parte do titular do prédio serviente[810]. Finalmente, nas servidões desvinculativas, o não uso consiste em voltar a observar as restrições habituais nos prédios.

A impossibilidade de exercício da servidão não importa a sua extinção, enquanto não decorrer o prazo de vinte anos, exigido legalmente para o não uso (art. 1571º). A lei nega assim relevo autónomo à impossibilidade de exercício como causa de extinção da servidão, considerando-a apenas como um motivo para o não uso.

O art. 1570º esclarece-nos quando se inicia o prazo para a extinção pelo não uso, estabelecendo uma distinção entre servidões contínuas e descontínuas[811].

Nas *servidões contínuas*, o prazo corre desde a verificação de algum facto que impeça o seu exercício (art. 1570º, nº 1, *in fine*), como na hipótese de uma servidão de vistas, em que o não uso se inicia logo que seja colocado algum impedimento à vista sobre o prédio serviente. Não há, porém, não uso se não houver impedimento, mesmo que a servidão não esteja a ser aproveitada. Assim, numa servidão de aqueduto, o facto de a água deixar de passar não implicará o não uso da servi-

[808] Cfr. Gonçalves Rodrigues, *Da servidão*, pp. 141-142.

[809] Cfr. Gonçalves Rodrigues, *Da servidão*, p. 143.

[810] Cfr. Gonçalves Rodrigues, *Da servidão*, p. 148.

[811] Seguimos Gonçalves Rodrigues, *Da servidão*, pp. 148 e ss.

dão, sendo necessário que surja um obstáculo que impeça essa passagem como a obstrução do aqueduto ou a destruição do rego.

Nas *servidões descontínuas*, o prazo inicia-se a partir do momento em que a servidão deixa de ser usada (art. 1570º, nº 1, *in principio*). Assim, se alguém tem uma servidão de passagem, verificar-se-á o não uso da servidão a partir do momento em que o titular do prédio dominante deixar de atravessar o prédio serviente. No caso, porém, de se tratar de servidões descontínuas exercidas a intervalos de tempo, o prazo apenas corre desde o dia em que poderiam exercer-se e não foi retomado o seu exercício (art. 1570º, nº 2). Assim, por exemplo, se alguém tiver uma servidão de passagem para, de dez em dez anos, vir recolher madeiras de um pinhal, o prazo iniciar-se-á, não no momento do último acto de uso, mas no momento em que poderia ter sido retomado o exercício da servidão e tal não ocorreu.

Uma vez iniciado o prazo para o não uso, seguem-se as regras da caducidade para calcular o seu decurso (art. 298º, nº 3) pelo que não se aplicam neste caso as regras relativas à suspensão (arts. 318º e ss.) ou interrupção da prescrição (art. 323º e ss.). É manifesto, no entanto, que qualquer acto de uso da servidão interrompe o decurso do prazo do não uso.

Se houver vários titulares do prédio dominante, o uso que um deles fizer da servidão aproveita aos demais (art. 1570º, nº 3).

A servidão não deixa de se considerar exercida por inteiro, quando o proprietário do prédio dominante aproveite apenas uma parte das utilidades que lhe são inerentes (art. 1572º), não se verificando assim neste caso o não uso da servidão. Tal explica-se porque o exercício parcial da servidão é sempre uma reafirmação do direito que assiste ao seu titular[812]. Assim, se por exemplo alguém tiver uma servidão de passagem, que lhe permita atravessar esse terreno a pé ou de carro, e durante vinte anos apenas o atravessar a pé, a servidão não é por isso afectada, podendo o titular a qualquer momento voltar a atravessá-la de carro. Da mesma forma, se alguém tiver uma servidão de presa de águas, a mesma não se extingue se for reduzido o acesso à água, desde que seja possível continuar a aproveitar dela em menor medida[813].

Diferente, no entanto, é a solução para a hipótese de exercício da servidão em época diversa da fixada no título. Nos termos do art. 1573º, tal não impede a sua extinção pelo não uso, sem prejuízo da possibilidade de aquisição de uma nova servidão por usucapião. Assim, por exemplo, se alguém deveria exercer uma servidão no Verão e passa a fazê-lo no Inverno, a servidão pode ser extinta por não

[812] Cfr. Pires de Lima, *BMJ* 64 (1957), p. 38.

[813] Cfr. Ac. RP 30/10/2008 (Barateiro Martins), em *CJ* 33 (2008), 4, pp. 206-209.

uso, sem garantia de que ocorra a aquisição de uma nova servidão por usucapião, o que só se verificará se estiverem preenchidos os pressupostos da mesma.

8.4. *Usucapio libertatis*

Outra causa específica de extinção das servidões é a *usucapio libertatis*, nos termos dos arts. 1569º, nº 1, c) e 1574º. Analisámos já detalhadamente esta causa de extinção no âmbito da extinção em geral dos direitos reais.

8.5. Renúncia

Outra forma de extinção das servidões, referida no art. 1569º, nº 1, d) é a renúncia do proprietário do prédio dominante, a qual não requer aceitação do proprietário do prédio serviente (art. 1569º, nº 5).

Uma hipótese de renúncia à servidão legalmente prevista é a renúncia liberatória à servidão para o proprietário de um dos prédios dominantes se eximir do encargo de custear as obras (art. 1567º, nº 2).

8.6. Decurso do prazo

As servidões podem ainda extinguir-se pelo decurso do prazo, de tiverem sido constituídas temporariamente, nos termos gerais (art. 1569º, nº 1, e)).

8.7. Desnecessidade, no caso das servidões constituídas por usucapião e das servidões legais

Uma das causas específicas da extinção das servidões constituídas por usucapião, bem como das servidões legais, é a desnecessidade. Efectivamente, estabelece o art. 1569º, nº 2, que "as servidões constituídas por usucapião serão judicialmente declaradas extintas, a requerimento do proprietário do prédio serviente, desde que se mostrem desnecessárias ao prédio dominante". Acrescenta a este propósito o art. 1569º, nº 3, que "o disposto no número anterior é aplicável às servidões legais, qualquer que tenha sido o título da sua constituição; tendo havido indemnização, será esta restituída, no todo ou em parte, conforme as circunstâncias".

Pelo contrário, nem as servidões constituídas por contrato ou testamento, nem as servidões constituídas por destinação do pai de família se podem extinguir por desnecessidade[814].

A razão para a extinção por desnecessidade destas servidões resulta do facto de a sua manutenção desvalorizar os prédios servientes, sem beneficiar os prédios

[814] Neste sentido, quanto às servidões constituídas por destinação do pai de família, cfr. Ac. RP 17/4/2008 (Manuel Capelo), em *CJ* 33 (2008), 2, pp. 199-202 e Ac. STJ 14/5/2009 (Fonseca Ramos), em *CJ-ASTJ* 17 (2009), 2, pp. 60-65.

dominantes. A lei vem assim extinguir estas servidões atenta a sua inutilidade para o prédio dominante.

A desnecessidade tem necessariamente que ser superveniente, uma vez que se for originárias, a constituição da servidão não atribuiria qualquer utilidade ao prédio dominante, pelo que a sua constituição por negócio jurídico violaria a tipicidade dos direitos reais (art. 1306º, com a consequência da sua nulidade (art. 294º). A desnecessidade, para produzir a extinção da servidão, tem que resultar de uma alteração das circunstâncias verificada em relação ao prédio dominante após a constituição da servidão[815].

A desnecessidade implica que a servidão perca toda e qualquer utilidade que até aí vinha tendo para o prédio dominante, uma vez que se verificar a manutenção de utilidades, ainda que por forma mais reduzida, não se justifica a extinção da servidão[816]. No entanto, para que se verifique essa extinção, basta que desapareçam as utilidades que a servidão vinha proporcionando e que justificaram a sua constituição, não sendo obstáculo à extinção por desnecessidade a possibilidade de virem a surgir posteriomente utilidades futuras ou eventuais[817].

A desnecessidade não implica, no entanto, a extinção automática da servidão, uma vez que apenas atribui ao proprietário o direito de a requerer judicialmente.

8.8. Remição, no caso das servidões legais de aproveitamento de águas

Uma outra forma de extinção das servidões consiste na remição, prevista no art. 1569º, nº 4. Esta forma de extinção tem, no entanto, um âmbito muito restrito, uma vez que é apenas aplicável às servidões legais de aproveitamento de águas para gastos domésticos (art. 1557º) ou para fins agrícolas (art. 1558º). Nem as servidões voluntárias, nem as servidões constituídas por usucapião ou por destinação do pai de família, nem as outras servidões legais estão sujeitas a esta causa de extinção.

A remição judicial destas servidões pode ser solicitada passados dez anos sobre a sua constituição, desde que o proprietário do prédio serviente demonstre que pretende fazer da água um aproveitamento justificado. Caberá então ao tribunal avaliar se, perante o motivo invocado pelo proprietário do prédio ser-

[815] Cfr. Oliveira Ascensão, *Direitos Reais*, pp. 511-512. Na jurisprudência, cfr. Ac. RC 25/10/1983 (Ataíde das Neves), em *CJ* 8 (1983) 4, p. 62-64, e Ac, RC 13/6/1995 (Cardoso de Albuquerque), na *CJ* 20 (1995), 3, pp. 41-44, e Ac. RC 16/4/2002 (Silva Freitas), na *CJ* 27 (2002), 2, pp. 23-27.

[816] Assim decidiu-se no Ac. RC 8/4/2008 (Jorge Arcanjo), em *CJ* 33 (2008), 2, pp. 15-18, que não determina a extinção de uma servidão de passagem constituída por usucapião provar que o prédio está dotado de acesso à via pública, se não ficar demonstrado que esse acesso proporciona as mesmas utilidades do que as que resultavam da servidão legal de passagem. No mesmo sentido, cfr. o Ac. RC 17/6/2008 (Ana Lucinda Cabral), em *CJ* 33 (2008), 3, pp. 35-39.

[817] Neste sentido, cfr. o Ac. STJ 25/10/2011 (Moreira Alves), em *CJ-ASTJ* 19 (2011), 3, pp. 91-93.

viente, se justifica ou não pôr fim ao aproveitamento da água que vinha fazendo o proprietário do prédio dominante[818].

Se o tribunal decretar a remição, cabe-lhe ainda ordenar a restituição pelo proprietário do prédio serviente da indemnização que recebeu do proprietário do prédio dominante, no todo ou em parte, consoante as circunstâncias (art. 1569º, nºs 4 e 3).

9. A natureza do direito de servidão

Em relação à natureza do direito de servidão, surgem-nos as seguintes teorias:

a) Teoria do desmembramento da propriedade;
b) Teoria da propriedade especial;
c) Teoria da limitação ao exercício do direito;
d) Teoria dualista;
e) Teoria do direito real menor.

Examinemos sucessivamente estas teorias.

A *teoria do desmembramento de propriedade* corresponde à explicação clássica da servidão. Entre nós, manifestam-lhe a sua adesão TEIXEIRA DE ABREU[819] e JOSÉ TAVARES[820]. Esta teoria defende que na servidão se verifica um desmembramento da propriedade, pelo que a servidão é um direito real que incide, não sobre coisa alheia, mas antes sobre coisa própria. Sobre a mesma coisa passam a incidir dois direitos: o direito de propriedade sobre o prédio e o direito de servidão. As servidões seriam assim fracções da propriedade, mesmo no caso das servidões negativas, já que, quando o proprietário do prédio serviente se obriga a não fazer alguma coisa, transfere para o prédio dominante aquela parte do direito de propriedade de que se despojou. É o que sucede, por exemplo, com a servidão *altius non tollendi*, dado que o proprietário pode, em princípio, construir no seu prédio como lhe aprouver, deixando de o poder fazer apenas se se obrigar com a servidão, para conservar as vistas do outro prédio. Nesse caso, a faculdade de edificação passou, como omissão, a ser transferida para o outro prédio. Naturalmente que tal não implica que o proprietário do prédio dominante possa construir no prédio serviente, pois isso resultaria num prejuízo seu e a servidão destinava-se ao seu benefício.

Uma outra teoria qualifica a servidão como um *direito de propriedade especial*, abrangendo apenas uma faculdade integrante da propriedade. Esta teoria foi defendida na pandectística por BÜCHEL, ELVERS e NEUNER. Para BÜCHEL a ser-

818 Cfr. PIRES DE LIMA/ANTUNES VARELA, *op. cit.*, III, sub art. 1569º, nº 9, p. 678.

819 Cfr. TEIXEIRA DE ABREU, *Das servidões*, I, pp. 35 e ss.

820 JOSÉ TAVARES, *Os princípios*, I, p. 599.

vidão seria uma parte retirada da extensão do direito de propriedade, que seria atribuída como propriedade e em exclusividade a outrem. O titular da servidão teria assim igualmente um direito próprio e exclusivo àquelas competências que teriam sido retiradas da propriedade, que subsistiria de forma independente desse direito. Sendo um *ius in corpore*, na medida em que atribuiria ao seu titular faculdades relacionadas com uma coisa corpórea, não recairia imediatamente como a propriedade sobre a própria coisa, não sendo assim um *corpus* nem uma *pars corpore*, mas antes um *ius in re*. A servidão seria assim uma faculdade retirada da extensão intelectual da propriedade para constituir um direito independente, ou seja, um *quasi dominium iuris*[821]. Já para ELVERS, a servidão seria um direito de propriedade sobre uma coisa incorpórea, considerada de *per si* ou como independente da coisa corpórea que é objecto do direito de propriedade. A servidão seria assim um direito sobre uma coisa fictícia, uma *res, quae in iure consistit*, que atribuiria enquanto qual um poder de domínio semelhante ao da propriedade[822]. Finalmente, para NEUNER a servidão seria um direito de propriedade sobre determinada possibilidade de uso da coisa, separada da mesma coisa como um bem autónomo ou um bem especial, que teria também o carácter de coisa[823].

Um outra tese concebe a servidão como uma *limitação ao exercício do direito de propriedade*. Esta teoria foi defendida na pandectística por WINDSCHEID[824] e THIBAUT[825], tendo a ela aderido entre nós GUILHERME MOREIRA[826] e PIRES DE LIMA e ANTUNES VARELA[827]. Para estes autores, a servidão não pode corresponder a um desmembramento do direito de propriedade, já que nesse caso teria que haver uma correspondência entre o conteúdo daquilo que o proprietário do prédio serviente perdeu e aquilo que o proprietário do prédio dominante adquiriu, o que não sucede[828]. O que ocorre na servidão é antes uma limitação ao exercício do direito do proprietário do prédio serviente, que não afecta o seu conteúdo,

[821] Cfr. KONRAD BÜCHEL, *Ueber jura in re und deren Verpfändung*, Marburg, Garth, 1834, pp. 7 e ss.

[822] Cfr. RUDOLF ELVERS, *Die römische Servitutenlehre*, Marburg, Elwert, 1856, pp. 29 e ss.

[823] Cfr. NEUNER, *Wesen*, pp. 58 e ss.

[824] Cfr. WINDSCHEID/KIPP, *op. cit.*, § 200, p. 1022.

[825] Cfr. THIBAUT, *op. cit.*, I, § 296, p. 238.

[826] Cfr. GUILHERME MOREIRA, *Das águas*, II, pp. 4 e ss.

[827] Cfr. PIRES DE LIMA/ANTUNES VARELA, *op. cit.*, III, sub art. 1543º, nº 3, p. 614.

[828] Assim, por exemplo, na servidão de passagem, embora o proprietário do prédio dominante adquira o direito de passar no terreno alheio, o proprietário do prédio serviente não fica desprovido dessa faculdade. Também nas servidões negativas, como a não edificação, o facto de o titular do prédio serviente ficar adstrito a não praticar certos actos, tal não implica que os mesmos possam ser exercidos pelo titular do prédio dominante.

mas que permite ao titular do prédio dominante aproveitar de certas utilidades proporcionadas por coisa alheia.

A *teoria dualista* defende a existência de um desmembramento nas servidões positivas e uma limitação nas servidões negativas. Esta teoria deve-se a BIANCHI[829]. Para este autor, nas servidões positivas verifica-se um efectivo fraccionamento do direito de propriedade, mas tal já não ocorre nas servidões negativas, em que existe apenas uma limitação ao exercício desse direito. Isto porque nas servidões positivas ocorre a atribuição, através do prédio dominante, de um especial direito de uso do prédio serviente, como as servidões de passagem ou de aqueduto ou a sua fruição, como no caso da servidão de presa de água ou de extracção de minério, o que implica uma substituição do titular do prédio serviente pelo titular do prédio dominante em relação ao uso da coisa. Já pelo contrário, as servidões negativas, exteriorizando-se numa mera abstenção imposta ao proprietário do prédio gravado, não podem produzir o efeito de atribuir ao titular da servidão aquele particular elemento da propriedade que foi diminuído ao prédio gravado. Próximo desta posição parece estar, entre nós, JOSÉ ALBERTO VIEIRA[830].

A última teoria é a *teoria do direito real menor*, que qualifica a servidão como um direito real de gozo incidente sobre coisa alheia, ainda que o gozo que a servidão proporciona incida sobre coisa diferente daquela que constitui o seu objecto. Esta é a posição dominante entre nós, tendo sido defendida por OLIVEIRA ASCENSÃO[831], CARVALHO FERNANDES[832], SANTOS JUSTO[833] e BONIFÁCIO RAMOS[834].

A teoria do desmembramento encontra-se hoje ultrapassada, em virtude de se reconhecer que os direitos reais menores não correspondem a um desmembramento da propriedade, mas apenas a uma sua compressão. No âmbito das servidões, essa teoria nunca foi explicativa, atento o facto de a atribuição de determinadas faculdades sobre a coisa ao titular do prédio dominante não impedir que as mesmas continuem a ser exercidas pelo titular do prédio serviente. A teoria da propriedade especial falha igualmente por a servidão não ser, ao contrário da propriedade, um direito exclusivo, na medida em que concorre com a propriedade, e muito menos um direito pleno, dado que são muito limitadas as faculdades que atribui. Quanto à teoria da limitação ao exercício da propriedade, de alguma forma presente no art. 1543º quando este qualifica a servidão como

[829] Citado *apud* TEIXEIRA DE ABREU, *Das servidões*, I, pp. 32-33 e GONÇALVES RODRIGUES, *Da servidão*, pp. 12-13.

[830] Cfr. JOSÉ ALBERTO VIEIRA, *Direitos Reais*, pp. 747-748.

[831] Cfr. OLIVEIRA ASCENSÃO, *Reais*, p. 489.

[832] Cfr. CARVALHO FERNANDES, *Direitos Reais*, p. 457.

[833] Cfr. SANTOS JUSTO, *Direitos Reais*, p. 408.

[834] Cfr. BONIFÁCIO RAMOS, *Direitos Reais*, pp. 422-423.

encargo, esta caracteriza a servidão apenas pelo lado passivo, quando a mesma constitui manifestamente um direito sobre um prédio, atribuido ao titular de outro prédio. Quanto à teoria dualista, para além das críticas apontadas às teorias em que se baseia, a mesma padece do defeito de pôr em causa o conceito unitário de servidão.

Damos consequentemente a nossa adesão à tese do direito real de gozo sobre coisa alheia.

Secção VII
O direito real de habitação periódica

1. Generalidades

Outro direito real de gozo é o direito real de habitação periódica[835], habitualmente designado por *time-sharing*. O direito real de habitação periódica foi instituído entre nós pelo D.L. 355/81, de 31 de Dezembro, sendo actualmente regulado pelo D.L. 275/93, de 5 de Agosto, sucessivamente alterado pelo D.L. 180/99, de 22 de Maio, DL 22/2002, de 31 de Janeiro, DL 76-A/2006, de 29 de Março, DL 116/2008, de 4 de Julho, pelo D.L. 37/2011, de 10 de Março, que o republicou integralmente, e pelo D.L. 245/2015, de 20 de Outubro.

O direito real de habitação periódica foi instituído em ordem a potenciar um aproveitamento mais intensivo dos empreendimentos com fins turísticos. Sabendo-se que habitualmente os proprietários das respectivas fracções apenas as utilizam em certos períodos do ano, pretendeu-se estabelecer direitos sobre os prédios que apenas permitissem a sua utilização periódica durante certo período de tempo (v.g. uma semana no mês de Agosto).

2. Objecto do direito real de habitação periódica

O direito real de habitação periódica tem por objecto uma coisa imóvel específica: as unidades de alojamento integradas em hóteis-apartamentos, aldeamentos turísticos e apartamentos turísticos (art. 1º DL 275/93, republicado pelo D.L. 37/2011).

O direito real de habitação periódica poderia, por isso, aproximar-se da propriedade horizontal, em virtude dos requisitos legais das unidades de alojamento

[835] Cfr., sobre este, Oliveira Ascensão, *Reais*, pp. 513 e ss., Carvalho Fernandes, *Direitos Reais*, pp. 477 e ss., Rui Pinto Duarte, *Direitos Reais*, pp. 226 e ss., Santos Justo, *Direitos Reais*, pp. 431 e ss., José Alberto Vieira, *Direitos Reais*, pp. 749 e ss., Henrique Sousa Antunes, *Direitos Reais*, pp. 491 e ss., e Bonifácio Ramos, *Direitos Reais*, pp. 398 e ss.

serem idênticos aos das fracções autónomas (art. 4º, nº 1, a) D.L. 275/93, republicado pelo D.L. 37/2011) e de atribuir igualmente a faculdade de utilização de partes comuns do empreendimento (art. 21º, nº 1, b)) DL 275/93, republicado pelo D.L. 37/2011). Dela se distingue, no entanto, uma vez que subsiste um direito do proprietário sobre o empreendimento, sendo que sobre uma parte das unidades que o compõem não podem sequer ser constituídos direitos reais de habitação periódica (art. 4º, nº 1, b) D.L. 275/93 republicado pelo D.L. 37/2011). Assim, ao contrário do que sucede na propriedade horizontal, o conjunto de direitos dos titulares de habitação periódica não esgota a totalidade de direitos sobre o edifício, não sendo por isso a administração do empreendimento atribuída ao conjunto desses titulares, mas antes ao proprietário (art. 25º, nº 1, D.L. 275/93, republicado pelo D.L. 37/2011)[836].

3. Extensão temporal do direito real de habitação periódica

O direito real de habitação periódica apenas permite uma utilização temporária e periódica (anual) dos referidos apartamentos, que é limitada a um período de tempo determinado ou determinável em cada ano (art. 3º, nº 2, DL 275/93, na redacção do D.L. 37/2011). O direito real incidente sobre as unidades de alojamento tem assim uma extensão temporal limitada, ainda que a mesma se renove anualmente.

4. Duração do direito real de habitação periódica

A duração do direito é tendencialmente perpétua, mas o título constitutivo pode limitá-la a um prazo, que tem que ser no mínimo de um ano. Esse prazo é contado a partir da data da celebração do acto de constituição do direito, excepto se o empreendimento estiver ainda em construção, caso em que o prazo começa a contar desde a data da sua abertura ao público (art. 3º, nº 1, do DL 275/93, na redacção do D.L. 37/2011).

5. Constituição do direito real de habitação periódica

O direito real de habitação periódica constitui-se após a afectação do empreendimento à exploração em regime de direito real de habitação periódica, a qual está sujieta a comunicação prévia com prazo, conforme definida pela alínea a) do nº 2 do artigo 8º do D.L. 92/2010, de 26 de Julho, ao Instituto do Turismo de Portugal, I.P. (art. 5º, nº 1, do D.L. 275/93, na redacção do D.L. 37/2011). A comunicação prévia deve ser acompanhada dos elementos previstos no art. 5º, nº 2, do D.L. 275/93, na redacção do D.L. 37/2011, podendo o Turismo de Portugal, I.P., em caso de falta ou desconformidade de algum dos elementos solicitar no prazo

[836] Cfr. Carvalho Fernandes, *Direitos Reais*, p. 480.

de 10 dias o envio daqueles que estejam em falta (art. 5º, nº 3, do D.L. 275/93, na redacção do D.L. 37/2011), sem o que o processo não se considerará devidamente instruído (art. 5º, nº 4, do D.L. 275/93, na redacção do D.L. 37/2011). Caso o Turismo de Portugal, I.P., não se pronuncie no prazo de 30 dias a contar da data de apresentação da comunicação prévia, o proprietário das unidades pode promover a constituição de direitos reais de habitação períodica nos termos e condições constantes da comunicação prévia (art. 5º, nº 5, do D.L. 275/93, na redacção do D.L. 37/2011).

Salvo o disposto em lei especial, o direito real de habitação periódica é constituído por escritura pública ou por documento particular autenticado (art. 6º, nº 1, D.L. 275/93, republicado pelo D.L. 37/2011). O acto constitutivo do direito real de habitação periódica sobre o prédio é sujeito a registo (art. 2º, nº 1, b) CRP), fazendo-se descrições subordinadas para todas as unidades de alojamento (art. 83º, nº 2, CRP), bem como para as fracções temporais (art. 83º, nº 3, CRP).

Após a constituição do direito real é emitido um certificado predial pela conservatória do registo predial competente, que titula o direito e legitima a transmissão ou oneração deste, que é entregue ao titular o direito real registado juntamente com o código de acesso à certidão permanente do registo predial (art. 10º, nº 1, do D.L. 275/93, na redacção do D.L. 37/2011). O certificado predial só pode emitido a favor do proprietário de unidades de alojamento sujeitas ao regime de direitos reais de habitação periódica, devendo ser precedido do registo definitivo do título de constituição do regime do direito real de habitação periódica (art. 10º, nº 2, D.L. 275/93, republicado pelo D.L. 37/2011). O certificado predial constitui um título do direito real, uma vez que o respectivo direito vem a ser incorporado nele, à semelhança do que se verifica com os títulos de crédito[837], podendo entrar em circulação livremente, sem ficar sujeitos aos condicionalismos habituais relativos à transmissão de direitos reais. O certificado predial deve conter todas as menções previstas no art. 11º, nº 1, D.L. 275/93, republicado pelo D.L. 37/2011, em ordem a fornecer toda a informação relativa ao direito e remeter para documento complementar outras menções (art. 11º, nº 2, D.L. 275/93, na redacção do D.L. 37/2011).

6. Poderes do titular do direito real de habitação periódica

O conteúdo do direito real de habitação periódica consiste nas seguintes faculdades:

a) utilizar para habitação a unidade de alojamento pelo período a que respeita o seu direito (art. 21º, nº 1, a) DL 275/93, republicado pelo D.L. 37/2011);

[837] Neste sentido, Oliveira Ascensão, *Reais*, pp. 517-518.

b) usar as instalações e equipamentos de uso comum do empreendimento e beneficiar dos serviços prestados pelo titular do empreendimento (art. 21º, nº 1, b)) DL 275/93, republicado pelo D.L. 37/2011);
c) exigir ao proprietário alojamento alternativo de categoria idêntica ou superior num local próximo da unidade de alojamento, caso se verifique uma impossibilidade de utilização desta por força de caso fortuito ou de força maior (art. 21º, nº 1, c) DL 275/93, republicado pelo D.L. 37/2011);
d) fruição da coisa durante o período a que respeita o direito, uma vez que a lei lhe concede a possibilidade de a arrendar a terceiro ou prestar de outra forma o seu uso;
e) disposição do direito, uma vez que pode onerar e alienar o seu direito, nos termos do art. 12º D.L. 275/93, republicado pelo D.L. 37/2011;
f) votar deliberações em assembleia geral de titulares de direitos de habitação periódica (art. 35º D.L. 275/93, republicado pelo D.L. 37/2011).

7. Limitações impostas aos titulares de direito real de habitação periódica
O titular do direito real de habitação periódica está sujeito a certas limitações ao exercício do seu direito. Assim, em primeiro lugar, o art. 21º, nº 2, do D.L. 275/93, republicado pelo D.L. 37/2011, estabelece que o titular deve agir nesse exercício como o faria um bom pai de família, estando-lhe especialmente vedadas a utilização da unidade de alojamento e das partes do empreendimento de uso comum para fins diversos daqueles a que se destinam e a prática de actos proibidos pelo título constitutivo ou pelas normas reguladoras do funcionamento do empreendimento.

8. Obrigações do titular do direito real de habitação periódica
O titular do direito real de habitação periódica tem como obrigação principal o dever de pagar a prestação periódica prevista no título constitutivo (art. 22º, nº 1, D.L. 275/93, republicado pelo D.L. 37/2011), a qual constitui uma obrigação *propter rem*. O seu valor pode variar consoante a época do ano a que respeita, mas deve ser proporcional à fruição do empreendimento pelo titular do direito (art. 22º, nº 3, D.L. 275/93, republicado pelo D.L. 37/2011).

Nos termos do art. 22º, nº 2, D.L. 275/93, republicado pelo D.L. 37/2011, essa prestação destina-se exclusivamente a compensar o proprietário das despesas com os serviços de utilização e exploração turística das unidades de alojamento, contribuições e impostos e quaisquer outras previstas no título de constituição, bem como a remunerá-lo da sua gestão, não lhe podendo ser dada qualquer outra aplicação. A parte destinada a remunerar a gestão não pode exceder 20% do valor total da prestação (art. 22º, nº 4, D.L. 275/93, republicado pelo D.L. 37/2011).

A falta de pagamento da prestação periódica até dois meses antes de iniciado o período de utilização legitima o proprietário a opor-se ao exercício do direito (art. 23º, nº 3, D.L. 275/93, republicado pelo D.L. 37/2011) e a afectar a unidade de alojamento à exploração turística, caso em que a prestação se considera liquidada (art. 23º, nº 4, DL 275/93, republicado pelo D.L. 37/2011). Para além disso, o proprietário do empreendimento goza de privilégio creditório imobiliário sobre o direito (art. 23º, nº 1, D.L. 275/93, republicado pelo D.L. 37/2011).

9. Obrigações do proprietário do empreendimento

A constituição do direito real de habitação periódica representa uma importante oneração para o proprietário das unidades de alojamento, a quem passa a ser vedado constituir quaisquer outros direitos reais sobre as mesmas (art. 2º, nº 1, D.L. 275/93, republicado pelo D.L. 37/2011), com excepção da sujeição prévia do edifício ao regime da propriedade horizontal (art. 2º, nº 2, D.L. 275/93, republicado pelo D.L. 37/2011). Para além disso, após a constituição do direito real de habitação periódica, o proprietário do emprendimento fica onerado com uma série de deveres, que são instrumentais ao gozo da unidade de alojamento pelo titular do direito real de habitação periódica.

Assim, em primeiro lugar, o proprietário é obrigado a administrar e conservar as respectivas unidades de alojamento (art. 25º, nº 1, D.L. 275/93, republicado pelo D.L. 37/2011). Para esse efeito compete-lhe especificamente proceder à conservação e limpeza das unidades de alojamento em termos compatíveis com a classificação do empreendimento (art. 26º D.L. 275/93, republicado pelo D.L. 37/2011) e efectuar as reparações indispensáveis ao exercício normal do direito (art. 27º D.L. 275/93, republicado pelo D.L. 37/2011). O proprietário só pode, no entanto, realizar inovações nas unidades de alojamento, ainda que por sua conta, com o consentimento dos titulares, a prestar em assembleia geral (art. 28º D.L. 275/93, republicado pelo D.L. 37/2011).

O proprietário é ainda obrigado a pagar as contribuições, taxas, impostos e quaisquer outros encargos anuais que incidam sobre a propriedade e respectivas obrigações acessórias, não podendo os titulares de direitos reais de habitação periódica ser responsabilizados por esse pagamento (art. 29º D.L. 275/93, republicado pelo D.L. 37/2011).

O proprietário deve igualmente afectar uma percentagem não inferior a 4% do valor da prestação periódica paga pelos titulares de direitos reais de habitação periódica à constituição de um fundo de reserva destinado exclusivamente à realização de obras de reparação e conservação das instalações e equipamentos de uso comum e das respectivas unidades de alojamento, seu mobiliário e equipamento (art. 30º D.L. 275/93, republicado pelo D.L. 37/2011).

O proprietário tem ainda o dever de prestar caução de boa administração e conservação do empreendimento (art. 31º D.L. 275/93, na redacção do D.L. 37/2011) e efectuar a prestação de contas (art. 32º D.L. 275/93, republicado pelo D.L. 37/2011).

Finalmente, o proprietário do empreendimento tem ainda o dever de elaborar anualmente um programa de administração e conservação da parte sujeita ao direito real de habitação periódica, a enviar anualmente aos titulares juntamente com a convocatória para a assembleia geral (art. 33º D.L. 275/93, republicado pelo D.L. 37/2011).

A lei admite que o proprietário possa ceder a exploração do empreendimento, caso em que se transferem para o cessionário os poderes e deveres a ela ligados. Neste caso, o proprietário mantém, no entanto, subsidiariamente a sua responsabilidade perante os titulares de direitos reais de habitação periódica, pela boa administração e conservação do empreendimento (art. 25º, nº 2 D.L. 275/93, republicado pelo D.L. 37/2011). A cessão de exploração deve ser, no entanto, notificada ao Instituto de Turismo de Portugal e aos titulares de direitos reais de habitação periódica sob pena de ineficácia (art. 25º, nº 3, D.L. 275/93, republicado pelo D.L. 37/2011).

Se o proprietário do empreendimento ou o cessionário da exploração deixarem de cumprir a obrigação de administrar ou a cumprirem de forma negligente podem os titulares de direitos reais de habitação periódica deliberar a sua destituição da administração do empreendimento, sem prejuízo da responsabilidade daqueles (arts. 36º, nº 1, D.L. 275/93, republicado pelo D.L. 37/2011). A destituição é realizada por tribunal arbitral, após aprovação da assembleia geral dos titulares de direitos, por 2/3 dos votos, o qual designa um administrador substituto, podendo, quando tal se justifique, fixar previamente um prazo para o cumprimento das obrigações por parte da administração visada (art. 37º D.L. 275/93, republicado pelo D.L. 37/2011). Caso o tribunal arbitral não venha a ser constituído no prazo de 60 dias após a deliberação dos titulares, poderá ser solicitada oa tribunal a nomeação de um administrador judicial (art. 40º D.L. 275/93, republicado pelo D.L. 37/2011).

10. Transmissão do direito real de habitação periódica

O direito real de habitação periódica é livremente transmissível por acto entre vivos ou por morte.

A oneração ou a transmissão por acto entre vivos do direito real de habitação periódica faz-se mediante declaração das partes no certificado predial, com reconhecimento presencial das assinaturas do constituinte do ónus ou do alienante (art. 12º, nº 1, D.L. 275/93, republicado pelo D.L. 37/2011), devendo ser indicado o valor, no caso de a transmissão ser a título oneroso (art. 12º, nº 2, D.L. 275/93, republicado pelo D.L. 37/2011). O vendedor deve ainda entregar ao adquirente o documento complementar relativo ao direito bem como o formulário de resolução do contrato (art. 13º D.L. 275/93, republicado pelo D.L. 37/2011).

A transmissão está sujeita a registo, nos termos gerais (art. 12º, nº 1, *in fine* D.L. 275/93, republicado pelo D.L. 37/2011), o que implica a aplicação dos efeitos normais do registo, designadamente a oponibilidade a terceiros[838].

Por razões de tutela do consumidor, a lei impõe quer o fornecimento de informação pré-contratual prévia, quer o reconhecimento de um direito de livre resolução do contrato.

Em relação à informação contratual prévia, a mesma encontra-se prevista no art. 9º, nº 1, do D.L. 275/93, na redacção do D.L. 37/2011, o qual obriga o proprietário ou o vendedor de direitos reais de habitação periódica a entregar ao consumidor, antes de este ficar vinculado por contrato ou por contrato-promessa, a entregar-lhe de forma gratuita, em papel ou noutro suporte duradouro facilmente acessível, informações exactas que, de uma forma clara, precisa e compreensível, descrevam o empreendimento turístico, bem como os direitos e as obrigações decorrentes do contrato. Essas informações costam de um formulário normalizado de informação pré-contratual, que inclui designada e obrigatoriamente os elementos referidos no art. 9º, nº 2, do D.L. 275/93, na redacção do D.L. 37/2011.

A lei reconhece ainda ao adquirente do imóvel um direito de livre resolução do contrato de aquisição, sem indicar o motivo e sem quaisquer encargos, no prazo de 14 dias seguidos da data da celebração do contrato ou data em que este ou o formulário de resolução lhe foram entregues, consoante o que for posterior (art. 16º, nº 1, do D.L. 275/93, na redacção do D.L. 245/2015). A declaração de resolução deve ser comunicada ao vendedor em papel ou noutro suporte duradouro, enviada até ao termo desse prazo (art. 16º, nº 2, do D.L. 275/93, na redacção do D.L. 245/2015). Esse prazo passa, no entanto, a ser fixado em um ano e 14 dias seguidos a contar da data da celebração do contrato, se não for entregue ao adquirente o formulário de resolução ou em 94 dias seguidos, se o contrato não tiver as menções exigidas pelo nº 2 do art. 11º (art. 16º, nº 3 do D.L. 275/93, na redacção do D.L. 245/2015). O prazo é, no entanto, novamente reduzido a catorze dias seguidos a partir do momento em que esses elementos sejam fornecidos (art. 16º, nº 4, D.L. 275/93, na redacção do D.L. 245/2015). Se, associado ao contrato de aquisição, for celebrado um contrato de adesão a sistemas de troca, o prazo para resolução é o mesmo para ambos os contratos, contado nos mesmos termos (art. 16º, nº 5, D.L. 275/93, na redacção do D.L. 245/2015). Se o preço estiver total ou parcialmente coberto por um crédito concedido pelo

[838] Cfr. Oliveira Ascensão, *Reais*, p. 521.

vendedor ou por terceiro com base num acordo com este, o contrato de crédito fica igualmente resolvido, sem direito a indemnização ou pagamento de quaisquer encargos (art. 16º, nº 6, D.L. 275/93, na redacção do D.L. 245/2015). Um vez resolvido o contrato, o vendedor fica obrigado a restituir todas as importâncias recebidas.

A lei disciplina ainda particularmente os contratos-promessa relativos à transmissão de direitos reais de habitação periódica (art. 17º D.L. 275/93, republicado pelo D.L. 37/2011), garantindo a possibilidade de livre resolução do contrato e a prestação de caução para esse efeito (art. 19º D.L. 275/93, republicado pelo D.L. 37/2011), e obrigando a menções destinadas a fonecer informação ao promitente-adquirente (art. 18º D.L. 275/93, na redacção do D.L. 37/2011).

Da mesma forma, a transmissão por morte está sujeita a inscrição no certificado predial, devendo a assinatura do sucessor ser reconhecida presencialmente, após exibição ao notário de documento comprovativo daquela qualidade (art. 12º, nº 3, D.L. 275/93, republicado pelo D.L. 37/2011).

A transmissão do direito real de habitação periódica implica a cessão dos direitos e obrigações do respectivo titular em face do proprietário do empreendimento ou do cessionário da exploração, considerando-se como não escritas quaisquer cláusulas em contrário (art. 12º, nº 4, D.L. 275/93, republicado pelo D.L. 37/2011).

11. Extinção do direito real de habitação periódica

O direito real de habitação periódica está sujeito às causas de extinção gerais dos direitos reais que lhe sejam especificamente aplicáveis[839]. A lei regula especificamente, no entanto, a renúncia ao direito.

A renúncia ao direito real de habitação periódica pode ser efectuada através de declaração de renúncia no certificado predial, com reconhecimento presencial da assinatura (art. 42º, nº 1, D.L. 275/93, republicado pelo D.L. 37/2011). Esta carece de ser notificada ao proprietário e ao Instituto de Turismo de Portugal, I. P., devendo ainda ser registada nos termos gerais (art. 42º, nº 2, D.L. 275/93, republicado pelo D.L. 37/2011). A renúncia apenas produz efeitos seis meses após essas notificações (art. 42º, nº 3, D.L. 275/93, republicado pelo D.L. 37/2011).

[839] Ao contrário do defendido por José Alberto Vieira, *Direitos Reais*, p. 755, não cremos, porém, que o direito real de habitação periódica se possa extinguir pelo não uso, uma tal não se encontra especificamente previsto no seu regime, ao contrário do que exige o art. 298º, nº 3. A extinção pelo não uso retiraria, por outro lado, fiabilidade ao certificado predial.

12. Natureza do direito real de habitação periódica

Em relação à natureza do direito real de habitação periódica, tem sido pacífica na doutrina a sua qualificação como um direito real de gozo menor, não sendo uma forma de propriedade, na medida em que não se trata de um direito exclusivo, já que coincide necessariamente com a propriedade do titular do empreendimento[840].

[840] Neste sentido, Oliveira Ascensão, *Reais*, pp. 514-515, Carvalho Fernandes, *Direitos Reais*, p. 480, José Alberto Vieira, *Direitos Reais*, p. 755, e Bonifácio Ramos, *Direitos Reais*, p. 406.

Parte IV
Dos Direitos Reais de Garantia

Secção I
A consignação de rendimentos

1. Generalidades

Entre os direitos reais de garantia encontra-se a consignação de rendimentos[841]. A consignação de rendimentos pode ser definida como a afectação dos rendimentos de determinados bens imóveis ou móveis sujeitos a registo à garantia do cumprimento de obrigações, sejam estas principais, de juros ou ambas, e podendo ser quer presentes quer futuras ou condicionais (art. 656º). Assim, ao contrário do penhor e da hipoteca, que permitem ao credor pagar-se pelo valor dos bens objecto da garantia, a consignação de rendimentos apenas permite ao credor pagar-se através dos rendimentos de uma coisa ou pelo uso dela, e já não pelo valor da mesma.

2. Legitimidade para a constituição da consignação de rendimentos

Consistindo numa oneração dos rendimentos dos bens, a consignação pressupõe a legitimidade para dispor desses rendimentos (art. 657º, nº 1), ainda que não necessariamente do próprio bem. A consignação pode naturalmente ser constituída por terceiro (art. 658º, nº 2), caso em que se extingue sempre que por

[841] Seguiremos neste ponto MENEZES LEITÃO, *Garantias das Obrigações*, 5ª ed., Coimbra, Almedina, 2018, pp. 179 e ss. Cfr. ainda ADRIANO VAZ SERRA, "Consignação de rendimentos", em *BMJ* 65 (1957), pp. 263-316, PAULO CUNHA, *Da Garantia nas Obrigações*, lições recolhidas por Eudoro Pamplona Côrte-Real, II, Lisboa, polic., 1938-1939, pp. 239 e ss., MENEZES CORDEIRO, *Direitos reais*, pp. 766 e ss., CARVALHO FERNANDES, *Direitos Reais*, pp. 154 e ss., ROMANO MARTINEZ/FUZETA DA PONTE, *Garantias de cumprimento*, 5ª ed., Coimbra, Almedina, 2006, pp. 46 e ss., PINTO DUARTE, *Direitos Reais*, pp. 274 e ss., SANTOS JUSTO, *Direitos Reais*, pp. 461 e ss., A. LUÍS GONÇALVES, "Consignação de rendimentos", na *RDES* 32 (1990), nºs 1 a 4, pp. 269-281, SALVADOR DA COSTA, *O concurso de credores*, 3ª ed., Coimbra, 2005, pp. 28 e ss., JOSÉ ANDRADE MESQUITA, "Consignação de rendimentos ou anticrese: alguns aspectos do seu regime e natureza jurídica", em *BCNP*, nº 21 (1990), pp. 139-155.

facto positivo ou negativo do credor, não possa dar-se a sub-rogação daquele nos direitos deste (art. 717º, nº 1, aplicável por força do art. 657º, nº 2).

3. Modalidades da consignação de rendimentos

A consignação pode ser voluntária ou judicial, sendo voluntária a consignação constituída pelo devedor ou por terceiro que resulte de negócio entre vivos ou de testamento, e judicial a que resulta de decisão do tribunal (art. 658º). A consignação judicial encontra-se regulada nos arts. 803º e ss. do CPC, sendo uma forma de satisfação do crédito, que é admitida por requerimento do exequente, enquanto os bens não tiverem sido vendidos ou adjudicados. Já a consignação voluntária depende de escritura pública, de documento particular autenticado, ou de testamento, se abranger imóveis, ou de simples escrito particular, se abranger móveis, devendo em qualquer caso ser sujeita a registo, salvo se tiver por objecto títulos de crédito nominativos, caso em que basta a simples menção nos títulos e averbamento (art. 660º, na redacção do D.L. 116/2008, de 4 de Julho).

4. Prazo da consignação de rendimentos

Dispõe o art. 659º que a consignação de rendimentos pode fazer-se por um certo número de anos ou até ao pagamento da dívida garantida, mas que, quando incida sobre os rendimentos de bens imóveis, nunca poderá exceder o prazo de 15 anos. A existência do limite máximo comprende-se, dado que a oneração que representa a consignação de rendimentos de um imóvel prejudica a livre alienação do bem.

5. Forma e publicidade da consignação de rendimentos

Dispõe o art. 660º, nº 1, na redacção do D.L. 116/2008, de 4 de Julho, que "salvo o disposto em lei especial, o acto constitutivo da consignação voluntária deve constar de escritura pública, de documento particular autenticado ou de testamento, se respeitar a coisas imóveis, e de escrito particular, quando recaia sobre móveis", estabelecendo o nº 2 que "a consignação está sujeita a registo, salvo se tiver por objecto os rendimentos de títulos de crédito nominativos, devendo neste caso ser mencionada nos títulos e averbada, nos termos da respectiva legislação". A sujeição a registo encontra-se igualmente referida no art. 2º, nº 1, h) do CRP. No caso de se tratar da consignação judicial de rendimentos de bens imóveis objecto de inscrição de penhora, o registo da consignação de redimentos é efectuado por averbamento à inscrição da penhora sobre o imóvel (art. 101º, nº 1 i) CRP). No caso de se tratar de consignação voluntária de rendimentos, o registo é efectuado por inscrição, a qual mencionará o prazo de duração ou, se for por tempo indeterminado, a quantia para cujo pagamento se fez a consignação e a importância a descontar em cada ano, se tiver sido estipulada uma quantia fixa (art. 95º, nº 1, o) CRP).

6. Objecto da consignação de rendimentos

Conforme resulta do art. 656º, nº 1, a consignação de rendimentos apenas pode incidir sobre os rendimentos de certos bens imóveis, ou de móveis sujeitos a registo, incluindo-se nestes últimos os títulos de crédito nominativos, conforme se dispõe no art. 660º, nº 2. Salienta-se, no entanto, que relativamente a bens móveis não registáveis, é possível constituir um penhor e afectar os respectivos frutos ao pagamento do capital em dívida (art. 672º), o que permite por essa via que seja obtida uma função idêntica à da consignação de rendimentos[842].

7. Regime da consignação de rendimentos

Em termos de efeitos, a consignação de rendimentos atribui ao credor na execução a preferência sobre os demais credores pelos rendimentos do bem sobre que incide e permite exigir esses rendimentos mesmo que o bem seja alienado a terceiro.

A consignação é, no entanto, uma figura maleável, uma vez que nela é possível estipular, tanto que continuem em poder do concedente os bens cujos rendimentos são consignados, como que esses bens passem para o poder do credor, o qual fica, na parte aplicável, equiparado ao locatário, sem prejuízo da faculdade de por seu turno os locar; quer que os bens passem para o poder de terceiro, por título de locação ou outro, ficando o credor com o direito de receber os respectivos frutos (art. 661º, nº 1, als. a), b) c)). Os deveres a que as partes estão sujeitas variarão consoante a situação em causa.

Assim, *se os bens continuarem em poder do concedente*, o credor fica com direito de exigir dele a prestação anual de contas, se não for estipulado o recebimento de um importância fixa (art. 662º, nº 1). O concedente mantém assim os bens em seu poder, sendo ele que entrega os respectivos rendimentos ao credor.

Se os bens passarem para o poder do credor, este fica equiparado ao locatário, sem prejuízo da faculdade que possui de efectuar nova locação desses bens[843]. Temos

[842] Cfr. PIRES DE LIMA/ANTUNES VARELA, *op. cit.*, I, sub art. 672º, nº 1, p. 692 e J. ANDRADE MESQUITA, *BCNP* nº 21 (1990), p. 143.

[843] Salienta, porém, INOCÊNCIO GALVÃO TELLES, *Arrendamento. Lições ao Curso do 5º ano jurídico no ano lectivo de 1944/1945*, publicadas pelos alunos Bento Garcia Domingues e Manuel A. Ribeiro, Lisboa, Pro Domo, 1945/1946, p. 61, que a equiparação do consignatário de rendimentos ao arrendatário não significa "que o contrato celebrado tenha sido de arrendamento. O consignatário adquire um direito real de garantia, que em caso de concurso com outros credores lhe dará preferência sobre a própria raiz dos bens. E mais, não paga renda ou qualquer retribuição, o que é exigido pela

assim que os bens são entregues ao credor, sendo este que os administra para obter os rendimentos que são objecto da garantia, sendo o seu estatuto equiparado ao do locatário, com exclusão da obrigação de pagamento da renda. Nesta situação, passa a ser sobre o credor que incide o dever de efectuar ao concedente a prestação de contas (art. 662º, nº 2). No caso de os bens passarem para o poder do credor este fica vinculado a administrá-los como um proprietário diligente e a pagar as contribuições e demais encargos das coisas (art. 663º, nº 1), dever que só pode elidir renunciando à garantia (art. 663º, nº 2).

Se os bens passarem para o poder de terceiro, por título de locação ou outro, o credor fica com o direito de haver os respectivos frutos. Nesta hipótese, os bens não ficam nem em poder do devedor, nem em poder do credor. São colocados na posse de terceiro, através de um título específico, como a locação, cabendo ao terceiro a faculdade de gozo desses bens mediante a contrapartida de uma prestação que é entregue ao credor, a título de garantia.

A consignação pode garantir tanto dívidas já existentes, como dívidas condicionais ou futuras (art. 656º, nº 1). Nos termos do art. 656º, nº 2, a consignação de rendimentos pode garantir o cumprimento da obrigação e o pagamento dos juros, ou apenas o cumprimento da obrigação ou só o pagamento dos juros. No caso de garantir tanto o cumprimento da obrigação como o pagamento dos juros, os frutos da coisa são imputados primeiro nos juros e só depois no capital (art. 661º, nº 2). A extinção da obrigação garantida vai assim ocorrendo através da entrega desses rendimentos ao credor, a qual não implica novação e como que se reconduz a uma dação em cumprimento[844].

Face a este regime, é manifesto que o titular da consignação não tem a faculdade de executar a coisa, podendo apenas pagar-se através dos seus rendimentos, o que obtém gradualmente sem necessidade de aguardar que o devedor incumpra a obrigação garantida. O seu direito é naturalmente oponível a terceiros, em caso de alienação da coisa, continuando o credor a ter direito aos rendimentos desta, mas não parece poder sobreviver à venda executiva (art. 824º, nº 2)[845].

Por força do art. 665º, à consignação aplica-se o regime da hipoteca, quanto à transferência do direito para indemnizações em caso de perda ou deterioração (art. 692º) pacto comissório (art. 694º), cláusulas de inalienabilidade (art. 695º), indivisibilidade (art. 696º), substituição ou reforço (art. 701º) e seguro (art. 702º).

própria finalidade do instituto – pagamento sucessivo de determinada dívida e seus juros, ou só da dívida, ou só dos juros, por meio da aplicação dos rendimentos de certos bens imobiliários".

[844] Cfr. Salvador da Costa, *op. cit.*, p. 29.

[845] Cfr. Romano Martinez/Fuzeta da Ponte, *op. cit.*, p. 47 e Pinto Duarte, *Direitos Reais*, p. 274.

8. Extinção da consignação de rendimentos

A consignação de rendimentos extingue-se pelo decurso do prazo, pela extinção da obrigação a que serve de garantia, pelo perecimento da coisa consignada e ainda pela renúncia do credor (art. 664º e 730º).

A primeira hipótese de extinção da consignação resulta do decurso do prazo. Efectivamente, se as partes estipularam um prazo de vigência da consignação de rendimentos, o decurso desse prazo faz extinguir a consignação, mesmo que a dívida não esteja paga. O crédito subsistirá, nessa parte, como crédito comum.

Outra hipótese de extinção da consignação é a extinção da obrigação, a que serve de garantia. Efectivamente, sendo a consignação de rendimentos uma garantia acessória, a extinção da obrigação a que serve de garantia determina naturalmente a extinção da consignação.

O perecimento da coisa consignada é naturalmente causa de extinção da consignação de rendimentos, dado que o desaparecimento do objecto de um direito extingue esse direito.

Finalmente, a consignação de rendimentos extingue-se com a renúncia do credor, uma vez que sendo a garantia estabelecida em seu benefício, naturalmente que não se justifica mantê-la contra a sua vontade.

9. Natureza da consignação de rendimentos

É controvertida a natureza jurídica da consignação de rendimentos. A posição dominante é a de que esta constitui uma garantia real das obrigações, por força da qual o credor se paga pelos rendimentos de certos bens imóveis ou móveis sujeitos a registo[846]. Há quem, no entanto, considere que a figura não tem uma natureza real verdadeira ou completa, na medida em que ao credor é retirada a possibilidade de executar o bem, e a garantia não sobrevive à venda executiva[847]. Finalmente, há quem lhe negue mesmo o cariz de garantia, considerando que representa antes um meio de realização actual do crédito, reconduzível à *datio pro solvendo*[848].

A consignação não se apresenta como um meio de satisfação do crédito, uma vez que através dela não ocorre a extinção da obrigação, mas antes uma garantia suplementar que consiste na afectação dos rendimentos de uma coisa ou do seu

[846] Cfr. Antunes Varela, *Obrigações*, p. 520, e nota (3), Menezes Cordeiro, *Direitos Reais*, p. 767, Romano Martinez/Fuzeta da Ponte, *op. cit.*, p. 47 (que no entanto inserem a figura entre os acordos destinados a facilitar o cumprimento das obrigações) e A. Luís Gonçalves, *RDES* 32 (1990), pp. 270-271. Para Santos Justo, *Direitos Reais*, p. 463, trata-se "dum direito real de garantia, embora complexo, porque compreende poderes de fruição e de uso e faculdades importadas da locação e da hipoteca".

[847] Cfr. Pinto Duarte, *Direitos Reais*, pp. 274 e 277-278.

[848] Cfr. Andrade Mesquita, *BCNP* nº 21 (1990), pp. 149 e ss.

uso à satisfação do crédito. Essa garantia, apesar de incidir sobre os rendimentos da coisa, não deixa de representar uma oneração real da mesma, na medida em que é oponível a terceiros. Não vemos, por isso, razão para afastar a consignação de rendimentos das garantias reais das obrigações. Há, no entanto, que reconhecer que, para além de ser uma garantia, a consignação pode funcionar como um meio de permitir a satisfação do crédito. Tal depende, no entanto, da vontade do devedor que pode em qualquer altura optar por cumprir a obrigação garantida, extinguindo a consignação (art. 664º e 730º, a)).

Secção II
O penhor

1. Generalidades

Constitui outro direito real de garantia o penhor[849]. Este é objecto de regulação, não apenas pelos arts. 666º e ss. do Código Civil, relativos ao penhor civil, mas

[849] Cfr. entre nós, PAULO CUNHA, *Da garantia*, II, pp. 175 e ss., VAZ SERRA, "Penhor", em *BMJ* 58 (1956), pp. 17-292 e 59 (1956), pp. 13-269, MENEZES CORDEIRO, *Direitos Reais*, pp. 741 e ss. CARVALHO FERNANDES, *Direitos Reais*, pp. 156 e ss., PINTO DUARTE, *Direitos Reais*, pp. 259 e ss., SANTOS JUSTO, *Direitos Reais*, pp. 463 e ss., e SALVADOR DA COSTA, *O concurso*, pp. 38 e ss.
Na doutrina alemã, veja-se HARALAMBOS DIMOPOULOS-VOSIKIS, *Die Legalobligation beim Pfandrecht an beweglichen Sachen nach dem BGB*, Diss. Münster, 1959, HEINZ PIKART, "Die Rechtsprechung des BGH zum Pfandrecht an beweglichen Sachen", em *WM* 1962, pp. 98-104, KONSTANTIN SIMITIS, "Das besitzlose Pfandrecht. Eine rechstvergleichende Untersuchung", em *AcP* 171 (1971), pp. 94-154, KARL-HEINZ GURSKY, "Die neuere höchstrichterliche Rechtsprechung zum Mobiliarsachenrecht", em *JZ* 1991, pp. 496-503 e 650-657 (655 e ss.), ERNST WOLF, *Lehrbuch des Sachenrechts*, 2ª ed., Köln/Bonn/Berlin/München, Carl Heymanns, 1979, pp. 294 e ss., HARRY WESTERMANN, *Sachenrecht. Ein Lehrbuch*, 7ª ed., por Harm Peter Westermann/Karl-Heinz Gursky/Dieter Eickmann, Heidelberg, Müller, 1998, §§ 125 e ss., pp. 887 e ss., FRITZ BAUR/ROLF STÜRNER, *Sachenrecht*, § 55, pp. 747 e ss., HANSJÖRG WEBER, *Kreditsicherheiten. Recht der Sicherungsgeschäfte*, 7ª ed., München, Beck, 2002, pp. 130 e ss., e MANFRED WOLF, *Sachenrecht*, 20ª ed., München, Beck, 2004, § 31, nºs 862 e ss., pp. 363 e ss.
Na doutrina espanhola, veja-se ANGÉL CARRASCO PERERA/ENCARNA CORDERO LOBATO/MANUEL JESUS MARÍN LOPEZ, *Tratado de los derechos de garantía*, Cizur Menor (Navarra), Aranzadi, 2002, pp. 807 e ss.
Na doutrina francesa, cfr. ALEX WEILL, *Les sûretés. La publicité foncière*, Paris, Dalloz, 1979, pp. 65 e ss., GABRIEL MARTY/PIERRE RAYNAUD/PHILIPPE JESTAZ, *Les sûretés. La publicité foncière*, 2ª ed., Paris, Sirey, 1987, pp. 48 e ss., HENRI MAZEAUD/LÈON MAZEAUD/JEAN MAZEAUD/FRANÇOIS CHABAS, *Leçons de Droit Civil*, tome III, volume 1 – *Sûretés. Publicité foncière*, 7ª ed., por Yves Picot, Paris, Montechrestien, 1999, pp. 141 e ss., JACQUES MESTRE/EMMANUEL PUTMAN/MARC BILLIAU, *Droit Spéciel des Sûretés Réelles*, em JACQUES GHESTIN (org.), *Traité de Droit Civil*, Paris, LGDJ, 1996, pp. 174 e ss., LAURENT AYNÈS/PIERRE CROCQ, *Les sûretés. La publicité foncière*, Paris, Defrénois, 2003,

também pelos arts. 397º e ss. do Código Comercial relativos ao penhor mercantil. Para além disso ocupam-se ainda do penhor o Decreto-Lei 29 833, de 17 de Agosto de 1939 e o Decreto-Lei 32032, de 22 de Maio de 1942, relativos ao penhor bancário, e ainda o Decreto-Lei 365/99, de 17 de Setembro que, em relação à actividade de prestamista, regula o mútuo garantido por penhor (arts. 10º e ss.). Em bom rigor, deverá reconhecer-se que o regime do Código Civil surge apenas como referência geral do penhor, uma vez que a grande maioria dos penhores encontra-se sujeita a regimes especiais (cfr. art. 668º).

2. Evolução histórica do penhor

O actual regime do penhor tem por base uma evolução histórica a partir do Direito Romano[850]. Inicialmente a forma usada para constituir as garantias residia na *fiducia cum creditore* (Gai Inst. 2.59-60 e 3.201), mediante a qual o devedor efectuava ao credor, por via da *mancipatio*, a transmissão de uma coisa sua, obrigando-se simultaneamente o credor a restituir-lha quando a obrigação fosse cumprida. Esta via era, no entanto, demasiado onerosa para o devedor, que perdia logo a propriedade da coisa, pelo que veio a ser substituída pela *datio pignoris*, a qual não transferia a propriedade, mas apenas a posse da coisa que lhe era entregue. O credor adquiria consequentemente o *ius possidendi* e para além disso o *ius distrahendi*, mediante o qual poderia vender a coisa em caso de não cumprimento da obrigação garantida, podendo também fazer sua essa mesma coisa em caso de não cumprimento (*lex comissoria*). Essa última faculdade viria, no entanto, a ser abolida por uma constituição do Imperador Constantino, por se ter considerado demasiado gravosa para o devedor, uma vez que o objecto dado em penhor vale normalmente mais do que a dívida garantida (C.8.34.3.). O *ius possidendi* do credor pignoratício veio posteriormente a ser reforçado através de uma *actio serviana utilis* mediante o qual se admitiu a possibilidade de ele reclamar a restituição da coisa, caso ele se encontre ilegitimamente na detenção de terceiro.

pp. 193 e ss., Stéphane Piedelièvre, *Les sûretés*, 3ª ed., Paris, Colin, 2001, pp. 174 e ss., Dominique Legeais, *Sûretés et garanties du crédit*, 3ª ed., Paris, LGDJ, 2002, pp. 295 e ss.
Na doutrina italiana, veja-se Gino Gorla/Pietro Zanelli, *Pegno. Ipoteche*, no *Commentario del Codice Civile Scialoja-Branca*, Libro IV – *Tutela dei diritti art. 2784-2899*, 4ª ed., Bologna/Roma, Zanichelli/Il Foro Italiano, 1992, pp. 1 e ss.

[850] Cfr., sobre ela Kaser, *Das Römische Privatrecht*, I – *Das altrömische, das vorklassiche und klassische Recht*, 2ª ed., München, Beck, 1971, § 108, pp. 457 e ss., e II – *Die nachklassichen Entwicklungen*, 2ª ed., München, Beck, 1975, § 250, pp. 312 e ss., Gino Gorla, *Le garanzie reale delle obbligazzione*, Milano, Giuffrè, 1935, pp. 35 e ss., Lucio Bove, "Pegno-Diritto Romano", em *NovissDI* 12 (1965) pp. 763-766, e Menezes Cordeiro, *Direitos Reais*, pp. 742 e ss. e Eduardo Vera-Cruz Pinto, *O Direito das Obrigações em Roma*, I, Lisboa, AAFDL, 1997, pp. 173 e ss.

Essas características manter-se-iam no direito intermédio, vindo consequentemente o mesmo a ser consagrado nas diversas codificações. Assim, o *Code Civil* francês de 1804 consagra o penhor (*gage*) nos seus arts. 2073-2084). O BGB regula o penhor (*Pfandrecht*) nos §§ 1204 e ss. Finalmente, também o Código Civil italiano regula o penhor nos arts. 2784 e ss.

3. Características do penhor

Nos termos do art. 666º, nº 1, do Código Civil, "o penhor confere ao credor o direito à satisfação do crédito, bem como dos juros, se os houver, com preferência sobre os demais credores, pelo valor de certa coisa móvel, ou pelo valor de créditos ou outros direitos não susceptíveis de hipoteca, pertencentes ao devedor ou a terceiro". O penhor constitui assim uma garantia real, dado que atribui uma preferência sobre bens determinados, cuja especificidade consiste em ter por objecto os bens não susceptíveis de hipoteca. No caso do penhor de créditos, dado que estes não podem ser objecto de direitos reais, o penhor perde a sua natureza real, sendo uma garantia de outro tipo.

Apesar da sua natureza real, o penhor é considerado uma garantia acessória do crédito, pelo que a sua constituição, manutenção e extinção ficam dependentes da constituição, manutenção e extinção do crédito garantido. O penhor pode, porém, ser constituído em relação a uma obrigação futura ou condicional (art. 666º, nº 3), caso em que o autor do penhor transmite a posse da coisa a outrem na expectativa de que este venha a ser constituído como seu credor[851].

Ao contrário da hipoteca, o penhor resulta sempre de um contrato (contrato de penhor), o qual pode ser celebrado, quer pelo devedor, quer por terceiro (art. 666, nº 1, *in fine*). No caso de alguém ser obrigado ou autorizado por lei a prestar caução e o fizer por meio de depósito de dinheiro, títulos de crédito, pedras ou metais preciosos, esse depósito é havido como penhor (art. 666º, nº 2 e 623º, nº 1).

4. Modalidades de penhor: o penhor com ou sem desapossamento

O penhor pode ser constituído com ou sem desapossamento. No seu enquadramento tradicional, o penhor é realizado com desapossamento, exigindo-se a entrega da coisa ou de documento que atribua a exclusiva disponibilidade dela ao credor ou a terceiro (art. 669º, nº 1), podendo essa entrega consistir na simples atribuição da composse ao credor, se essa atribuição privar o devedor da possibilidade de dispor materialmente da coisa (art. 669º, nº 2). Essencial é assim que o credor seja privado da diponibilidade material da coisa, o que desempenha uma

[851] Cfr. Eccius, "Fahrnispfand für künftige Forderungen", em *GruchotsBeitr* 50 (1906), pp. 500--503.

função de publicidade, visando-se com ela assegurar que os terceiros possam ter conhecimento da existência do penhor, e que terão que suportar o exercício do direito do credor pignoratício, caso a coisa seja objecto de alienação[852]. Essa especialidade de o penhor implicar a subtracção da posse da coisa ao seu titular leva a que este desempenhe uma função económica específica como garantia, sendo especialmente utilizado em bens de que o devedor não carece para fins comerciais ou industriais e que pode dispensar por um certo período, como bens de luxo, jóias e metais preciosos[853].

Estão porém, contempladas legalmente situações especiais em que se verifica um penhor sem desapossamento, como sucede no penhor mercantil, onde se prevê uma tradição meramente simbólica (arts. 398º e ss. CCom.), e no penhor constituído em garantia de créditos de estabelecimentos bancários autorizados, em que se dispensa mesmo essa tradição (art. 1º do D.L. 29.833, de 17 de Agosto de 1939 e art. único do Decreto-Lei 32032, de 22 de Maio de 1942)[854].

Para além deste caso especial encontram-se ainda previstas em lei especial certas modalidades particulares de penhor de direitos que dispensam o desapossamento, admitindo outras forma de publicidade, como por exemplo o registo[855]. Estão nestas condições, designadamente o penhor de participações sociais (art. 23º, nº 3 e 4 CSC), o penhor de valores mobiliários (art. 81º e 103º CVM) e o penhor do conteúdo patrimonial dos direitos de autor (art. 46º, nº 1, CDADC e 215º, nº 1 a) da Lei 45/85, de 7 de Setembro).

No âmbito desta obra, estudar-se apenas o regime geral do penhor.

5. Legitimidade para a constituição do penhor

Refere o art. 667º que só tem legitimidade para constituir o penhor quem puder alienar os bens, podendo naturalmente ser terceiro em relação à obrigação respectiva. O penhor constituído por terceiro encontra-se sujeito, nos termos art. 717º, aplicável por força do art. 667º, nº 2, à extinção sempre que um facto positivo ou negativo do credor tenha impossibilitado a sub-rogação do devedor, nos termos do art. 592º.

[852] A alienação torna-se aliás mais difícil com a subtracção da coisa ao credor pignoratício.

[853] Cfr. Ulrich Drobnig, "Security rights in movables", em Arthur Hartkamp/Martijn Hesselink/Ewoud Hondius/Carla Joustra/Edgar du Perron, *Towards an european civil code*, 2ª ed., The Hague/London/Boston, Kluwer Law International, 1998, pp. 511-524 (512 e ss.).

[854] Sobre o penhor sem desapossamento, veja-se Inocêncio Galvão Telles, "O Penhor sem entrega no Direito luso-brasileiro", em *SI* 4 (1955), nº 15, pp. 199-216.

[855] Cfr. Salvador da Costa, *O concurso*, pp. 41 e ss.

6. Forma do contrato de penhor

A lei não exige forma especial para o penhor de coisas, apenas referindo em relação ao penhor de direitos que ele deve revestir a forma necessária à transmissão dos direitos empenhados (art. 681º, nº 1). Há, porém, exigências de forma nos regimes especiais de penhor (cfr. art. 400º CCom e art. 11º, nº 1 D.L. 365/99).

7. Âmbito do crédito garantido

O penhor pode ser constituído para garantia de quaisquer obrigações, incluindo futuras e condicionais (art. 666º, nº 3). Não há, por outro lado, limites legais à obrigação garantida, podendo esta abranger tanto o capital como os juros da obrigação, independentemente do seu montante, dado que não é aplicável ao penhor o limite estabelecido no art. 693º, nº 2, relativo à hipoteca.

8. Objecto do penhor

Podem ser objecto de penhor quaisquer coisas móveis, desde que não susceptíveis de hipoteca. Já os bens imóveis, assim como certos bens móveis, como os automóveis, navios e aeronaves, não poderão ser objecto de penhor, uma vez que se encontram abrangidos pela hipoteca. O entendimento tradicional é o de que não é admissível penhor sobre universalidades de facto, como uma colecção de selos, nem sobre coisas fungíveis, como o dinheiro, já que apenas se admite o penhor sobre coisas determinadas[856]. A prática entre nós tem vindo, porém, a admitir certas universalidades como objecto de penhor, tal como o estabelecimento comercial[857], bem como de penhor irregular[858], considerando expressamente o art. 666º, nº 2, que é havido como penhor o depósito a que se refere o art. 623º, nº 1, onde se inclui o dinheiro[859].

[856] Neste sentido, cfr. Weber, *Kreditsicherheiten*, § 6 3, p. 139. Vaz Serra, *BMJ* 58 (1956), pp. 76 e ss., admitia, *de iure condendo*, o penhor sobre universalidades de facto, propondo ou que estas fosse entregue a terceiro, com o encargo de a gerir, ou a sua sujeição a registo.

[857] Cfr. sobre este, Menezes Leitão, *Garantias*, pp. 300 e ss.

[858] Cfr., sobre este, Weber, *op. cit.*, § 7 III, p. 154.

[859] A interpretação a dar ao art. 666º, nº 2, apenas se pode explicar em função do seu contexto histórico. Efectivamente, para Cunha Gonçalves, *Tratado*, V, p. 232, a entrega de dinheiro constitui uma caução por depósito e não um penhor, uma vez que caso contrário este teria que ser vendido como qualquer penhor, o que é absurdo. Para José Gabriel Pinto Coelho, "O 'depósito' como caução na legislação portuguesa", em *RLJ* 62 (1929-1930), pp. 17-20 e 33-37, a caução constituída por depósito em dinheiro não constitui um depósito, para efeitos do Código Civil, mas antes um contrato de penhor, sendo um penhor de coisas incidindo sobre a quantia depositada abstractamente. Já Paulo Cunha, *Da Garantia*, II, pp. 237 e ss. vem sustentar que que se o dinheiro é tratado como bem não fungível, então estaremos perante um penhor de coisas simples. Se o dinheiro é tratado como coisa fungível, haverá que distinguir se o depósito se coloca em poder de terceiros, caso em que o que se empenha é o crédito à restituição, havendo assim um penhor de créditos, ou

A lei admite ainda a possibilidade de o penhor ter por objecto direitos (arts. 679º e ss.), sempre que estes tenham por objecto coisas móveis e sejam susceptíveis de transmissão (art. 680º). O penhor de direitos, designadamente o penhor de créditos, não constitui, porém, um direito real de garantia, uma vez que não incide sobre coisas corpóreas, sendo antes uma garantia especial sobre direitos[860].

9. Constituição do penhor

O penhor com desapossamento tem vindo a perder importância no universo das garantias reais, apenas tendo lugar no âmbito do pequeno crédito, como o que resulta de empréstimos privados ou do negócio das casas de penhores[861]. Essencial para a constituição do penhor é neste caso a tradição da coisa, uma vez que o art. 669º, nº 1, refere que "o penhor só produz os seus efeitos pela entrega da coisa empenhada, ou de documento que confira a exclusiva disponibilidade dela, ao credor ou a terceiro", acrescentando o nº 2 que "a entrega pode consistir na simples atribuição da composse ao credor, se essa atribuição privar o autor do penhor da possibilidade de dispor materialmente da coisa".

Essencial ao penhor com desapossamento é assim a atribuição da posse sobre a coisa ao credor pignoratício, a qual deve resultar da tradição da coisa, a qual normalmente será material, podendo ainda ser simbólica, quando consista na tradição do documento que confira a exclusiva disponibilidadade da coisa, devendo ainda admitir-se a possibilidade de ocorrer uma *traditio brevi manu*, nos casos em que o credor pignoratício já esteja na detenção da coisa, antes da sua constituição em penhor. A posse do credor pignoratício é uma posse em nome próprio, nos termos do seu direito de penhor[862].

se o depósito é feito nas mãos do credor, caso em que ficam a existir dois créditos de sinal contrário, ficando o crédito à restituição a servir de garantia ao outro (o que parece indicar igualmente no sentido da qualificação como penhor de créditos). Tomando em consideração a discussão Vaz Serra, *BMJ* 59 (1956) pp. 105-106, nota (878), apenas admite a qualificação como penhor de créditos em relação ao depósito nas mãos de terceiro, considerando ser uma questão meramente doutrinal saber se existe um penhor de coisas sobre a quantia ou um penhor de créditos. No entanto, o autor pareceu excluir nos arts. 61º e 62º do seu anteprojecto a qualificação como penhor de coisas do penhor de dinheiro não considerado na sua individualidade, bem como do depósito de dinheiro (pp. 172-174). Parece, assim, que do art. 666º, nº 2, não resulta a qualificação do depósito de dinheiro como penhor de coisas, mas antes a aplicação do respectivo regime.

860 Cfr. Menezes Leitão, *Garantias*, pp. 277 e ss.

861 Cfr. Weber, *op. cit.*, § 6, p. 131, que refere que na Alemanha a prática do penhor com desapossamento tem vindo a ser substituída pela transmissão da propriedade em garantia.

862 Neste sentido, já Paulo Cunha, *Da garantia*, II, p. 207, Manuel Rodrigues, *A posse*, pp. 159 e ss. e Menezes Cordeiro, *Direitos Reais*, p. 752. Em sentido contrário, Guilherme Moreira, *Instituições*, II, nº 121, p. 356, considera que o credor pignoratício não tem posse em nome próprio,

Em lugar da atribuição da posse integral sobre a coisa, pode ainda ser atribuída meramente a composse, desde que ela prive o proprietário da possibilidade de dispor materialmente da coisa (art. 669º, nº 2). Conforme refere o § 1206 BGB essa situação pode ocorrer quando a coisa seja encerrada em local onde não possa ser aberta sem intervenção do credor, ou quando esteja na detenção de terceiro, que apenas a poderá restituir conjuntamente aos dois.

10. Direitos do credor pignoratício

O principal direito do credor pignoratício aparece-nos referido no art. 666º, nº 1, e consiste em poder obter a satisfação do seu crédito e eventuais juros, com preferência sobre os demais credores do devedor, pelo valor da coisa objecto do penhor. Esse direito compreende duas faculdades principais: a possibilidade de dar à execução a coisa empenhada, cumpridas as normas processuais estabelecidas para a execução do penhor, e a obtenção de uma preferência especial, já que em caso de concurso de credores o credor pignoratício obtém prioridade no pagamento sobre o valor da coisa empenhada, só podendo os credores comuns obter pagamento após a integral satisfação do seu direito[863].

Assim, a lei prevê que, vencida a obrigação a que serve de garantia, o credor adquire o direito de se pagar pelo produto da venda judicial da coisa empenhada, podendo a venda ser efectuada extraprocessualmente se as partes assim o tiverem convencionado (art. 675º, nº 1, na redacção do D.L. 38/2003, de 8 de Março[864]),

mas um mero direito de detenção, resultante do penhor. Já Oliveira Ascensão, *Reais*, p. 547, vem sustentar que a entrega no âmbito do penhor não corresponde propriamente a uma tradição, sendo a publicidade desempenhada pela privação de o autor do penhor dispor materialmente da coisa.

[863] Cfr. Paulo Cunha, *Da garantia*, II, p. 205.

[864] Na sua anterior redacção, referia-se a que a venda poderia ser feita extrajudicialmente, o que poderia suscitar algumas dúvidas de interpretação. Efectivamente, anteriormente à Reforma de 2003, a venda em processo executivo tanto poderia ser feita judicial como extrajudicialmente, sendo assim qualificadas a venda em bolsa, directa, por negociação particular ou em leilão. Cfr. Miguel Teixeira de Sousa, *Acção executiva singular*, Lisboa, Lex, 1998, pp. 363-364. Daí resultava que se pudesse discutir se a menção à venda extrajudicial no art. 675º se referia ainda a uma venda dentro do processo executivo, ainda que extrajudicial, ou contemplava antes uma venda fora do próprio processo executivo. A doutrina era, porém, concordante no sentido de que essa disposição não se referia à venda extrajudicial em processo executivo, mas antes a uma venda fora do processo. Cfr. Vaz Serra, *BMJ* 58 (1956), pp. 241 e ss., Pires de Lima/Antunes Varela, *op. cit.*, I, sub art. 675º, nº 1, pp. 694-695, e José Pedro Fazenda Martins, "Direitos reais de gozo e garantia sobre valores mobiliários", em aavv, *Direito dos Valores Mobiliários*, Lisboa, FDL/Lex, 1997, pp. 99-119 (112). Actualmente, desapareceu a distinção entre venda judicial e venda extrajudicial, já que toda a venda é realizada por agente de execução. Cfr. Miguel Teixeira de Sousa, *A reforma da acção executiva*, Lisboa, Lex, 2004, pp. 192 e ss., Paula Costa e Silva, *A reforma da acção executiva*, Coimbra, Coimbra Editora, 2003, p. 124 e Rui Pinto, *A acção executiva depois da reforma*, Lisboa, Lex, 2004, p. 124. O art. 675º não sofreu, porém, alteração de interpretação, continuando

tendo ainda os interessados a possibilidade de convencionar que a coisa empenhada seja adjudicada ao credor pelo valor que o tribunal fixar (art. 675º, nº 2). No âmbito do penhor mercantil o art. 401º CCom prevê que a venda poderá efectuar-se por meio de corretor, notificado o devedor, sendo que no caso de penhor efectuado a prestamista, os arts. 19º e ss., do D.L. 365/99 admitem igualmente uma venda extrajudicial.

A regra é assim a venda processual do penhor, sendo mesmo proibido o pacto comissório (art. 694º, aplicável por força do art. 678º), o que se encontra em conformidade com a proibição da livre apropriação do objecto das garantias reais[865]. No caso do penhor, esta regra é, no entanto, atenuada pelo facto de se permitir por convenção a venda extraprocessual ou mesmo a adjudicação, mediante prévia avaliação judicial[866]. Sendo realizada a venda processualmente, ela efectua-se nos termos gerais do processo executivo, tendo sido eliminado pelo D.L. 329-A/95, de 12 de Dezembro, o anterior processo judicial de venda e adjudicação do penhor, já que o aumento do elenco dos títulos executivos tornou inútil a correspondente fase declarativa, destinada à obtenção de título executivo[867].

Quando houver fundado receio de que a coisa empenhada se perca ou deteriore, o credor, ou o autor do penhor, pode mesmo proceder à sua venda antecipada, mediante autorização judicial (art. 674º, nº 1), podendo o autor do penhor impedir essa venda, desde que ofereça outra garantia idónea (art. 674º, nº 3). Os direitos do credor pignoratício passam então a incidir sobre o produto da venda, podendo o tribunal, no entanto, ordenar que o preço seja depositado (art. 674º, nº 2).

Para além desse direito principal, o art. 670º vem atribuir outros direitos em relação ao credor pignoratício. O primeiro, referido na alínea a), é o de usar, em relação à coisa empenhada, das acções destinadas à defesa da posse, ainda que seja contra o próprio dono. Efectivamente, implicando o penhor o desapossamento ao menos parcial do dono da coisa, e a concomitante atribuição de posse

a referir-se à venda efectuada fora do processo executivo, e consequentemente sem a intervenção do agente de execução.

865 A *lex comissoria* encontrava-se inicialmente associada ao penhor, admitindo que o credor se pudesse apropriar da coisa empenhada, em caso de não cumprimento por parte do devedor. Essa *lex comissoria* veio, porém, a ser abolida por uma constituição de Constantino (C.8.34.3), com a justificação de que a cláusula seria habitualmente muito gravosa para o devedor, já que habitualmente o objecto empenhado seria de valor superior ao crédito garantido. Cfr., sobre a proibição do pacto comissório, Leo Raape, *Die Verfallklausel bei Pfand und Sicherungsübereignung*, Berlin, Franz Vahlen, 1913.

866 Cfr. Paulo Cunha, *Da garantia*, II, pp. 215 e ss.

867 Cfr. o relatório do D.L. 329-A/95.

ao credor pignoratício[868], são-lhe conferidos os meios de conservação da referida posse, podendo este excercê-los, quer contra o próprio dono, quer contra terceiros.

Para além desse direito, o art. 670º, b) confere ainda ao credor pignoratício o direito de ser indemnizado das benfeitorias necessárias e úteis e de levantar estas últimas, nos termos do art. 1273º. Trata-se de uma solução que se compreende, em função da atribuição da posse ao credor pignoratício. É, no entanto, de referir que a garantia do penhor não se estende ao crédito por benfeitorias, cabendo, no entanto, em relação a estas o direito de retenção[869].

O art. 670º, c) confere também ao credor pignoratício o direito de exigir a substituição ou o reforço do penhor ou o cumprimento imediato da obrigação, se a coisa empenhada perecer ou se tornar insuficiente para segurança da dívida, nos termos fixados para a garantia hipotecária. Aplica-se, assim, também ao penhor o regime estabelecido no art. 701º para a hipoteca, admitindo-se a possibilidade de se exigir a substituição o reforço da garantia, ou o cumprimento imediato da obrigação, em caso de perecimento ou insuficiência da coisa prestada para o cumprimento da obrigação. Essa solução está genericamente prevista no art. 780º, em relação a todas as garantias, para o caso de a diminuição ou insuficiência da garantia resultar de causa imputável ao devedor, estendendo esta disposição o regime também a causas não imputáveis ao devedor.

Para além destes direitos, há que acrescentar-se uma faculdade restrita de uso da coisa empenhada, sempre que o uso for indispensável à conservação da coisa ou o autor do o penhor nele tenha consentido (art. 671º, b) *a contrario*). Para além disso, resulta do art. 672º, nº 1, que a lei atribui também na prática um poder de fruição ao credor pignoratício ao permitir-lhe haver os frutos da coisa, que serão encontrados nas despesas feitas com ela, e nos juros vencidos, devendo o excesso, na falta de convenção em contrário, ser abatido no capital que for devido. Tal permite ao credor pignoratício em termos práticos a recolha dos frutos, uma vez que pode compensar a obrigação da sua restituição com o crédito que tenha sobre despesas, juros vencidos e capital. Se tiver que restituir os frutos, eles não se considerarão abrangidos pelo penhor (art. 672º, nº 2).

[868] No sentido de que o credor pignoratício tem direito à posse da coisa dada em penhor, cfr. na doutrina alemã Rudolf Schmidt, "Der Pfandbesitz", em *AcP* 134 (1931), pp. 1-80 e 129-196, Frank Peters, "Das Pfandrecht als Recht zum Besitz", em *JZ* 1995, pp. 390-392. Entre nós, veja-se Vaz Serra, *BMJ* 58 (1956), pp. 150 e ss.

[869] Cfr. Paulo Cunha, *Da garantia*, II, p. 208, Pires de Lima/Antunes Varela, *op. cit.*, I, sub art. 670º, nº 2, p. 690 e Salvador da Costa, *O concurso*, p. 45.

11. Deveres do credor pignoratício

A relação de penhor implica ainda a atribuição de certos deveres ao credor pignoratício, referidos no art. 671º.

O primeiro dever que recai sobre o credor pignoratício é o de custódia e administração da coisa empenhada. Efectivamente, o art. 671º, a) refere que o credor pignoratício é obrigado a "guardar e administrar como um proprietário diligente a coisa empenhada, respondendo pela sua existência e conservação". Daqui resulta que se a coisa empenhada perecer ou se deteriorar o credor pignoratício será responsável nos termos gerais da responsabilidade obrigacional (art. 798º), pelo que a sua culpa naturalmente se presume (art. 799º, nº 1). Para além disso, e uma vez que lhe cabem poderes de administração, o credor pignoratício deve fazer frutificar a coisa, respondendo pelos frutos que um proprietário diligente teria obtido.

O segundo dever que recai sobre o credor pignoratício, é o de não usar a coisa empenhada sem consentimento do autor do penhor, excepto se o uso for indispensável à conservação da coisa (art. 671º, b)). Efectivamente, tendo o credor pignoratício uma faculdade de uso que é apenas instrumental em relação ao seu dever de conservação da coisa, cabe-lhe o dever de não exceder os limites dessa faculdade, até porque o uso poderia implicar a desvalorização da coisa.

Finalmente, recai sobre o credor pignoratício o dever de restituir a coisa empenhada, extinta a obrigação a que serve de garantia (art. 671º, c)). A extinção da obrigação garantida determina, até por força do princípio da acessoriedade, a imediata extinção do penhor. Por força do art. 670º, b), o credor pignoratício poderá ainda reclamar o direito à restituição de benfeitorias necessárias e úteis, mas elas já não serão abrangidas pelo penhor, cabendo ao credor antes o direito de retenção (art. 754º)[870].

12. Direitos do autor do penhor

O penhor constitui um direito real de garantia, que onera a coisa empenhada, ficando em consequência o autor do penhor com todas as faculdades que lhe competem, enquanto proprietário da coisa empenhada, que não sejam incompatíveis com o direito atribuído ao credor pignoratício. Entre essas faculdades inclui-se a de alienar ou onerar a coisa empenhada, dado que nesse caso o credor pignoratício pode opor eficazmente o seu direito ao novo proprietário[871]. A lei veda aliás que se convencione qualquer proibição de o dono da coisa alienar ou onerar os bens empenhados, apenas permitindo a convenção de que a dívida se

[870] Cfr. PAULO CUNHA, *Da garantia*, II, pp. 212-213.

[871] Cfr. PAULO CUNHA, *Da garantia*, II, pp. 213-214.

vencerá logo que esses bens sejam alienados ou empenhados (art. 695º, aplicável por força do art. 678º).

No caso de o autor do penhor ser o próprio devedor, o art. 697º, aplicável por força do art. 678º, estabelece que este tem o direito de se opor, não só a que outros bens sejam penhorados na execução enquanto não se reconhecer a insuficiência da garantia, mas ainda a que, relativamente aos bens onerados, a execução se estenda além do necessário à satisfação do penhor.

No caso de o autor do penhor ser pessoa diferente do devedor, ele tem a faculdade, por força do art. 698º, aplicável por força do art. 678º, de opor ao credor, ainda que o devedor a eles tenha renunciado, os meios de defesa que o devedor tiver contra o crédito, com exclusão das excepções que são recusadas ao fiador. Para além disso, o autor do penhor tem ainda a faculdade de se opor à execução enquanto o devedor puder impugnar o negócio donde provém a sua obrigação, ou o credor puder ser satisfeito por compensação com um crédito do devedor, ou este tiver a possibilidade de se valer da compensação com uma dívida do credor.

13. Extinção do penhor

A extinção do penhor aparece-nos regulada no art. 677º, o qual determina que "o penhor extingue-se pela restituição da coisa empenhada, ou do documento a que se refere o nº 1 do art. 669º, e ainda pelas mesmas causas por que cessa o direito de hipoteca, com excepção da indicada na alínea b) do artigo 730º".

Temos assim que a primeira causa de extinção do penhor é a restituição da coisa empenhada ou do documento que confira a exclusiva disponibilidade dela, a credor ou a terceiro. A lei autonomiza actualmente esta causa de extinção do penhor em relação à renúncia, estabelecida na alínea d) do art. 730º[872]. Efectivamente, desempenhando a tradição no penhor de coisas um requisito específico de publicidade dessa garantia, compreende-se que a restituição da coisa empenhada ou do respectivo documento, na medida em que faz cessar essa publicidade, importe igualmente a extinção da garantia. Esta situação ocorre, quer a restituição seja voluntária quer involuntária por parte do credor (como seria o caso de a restituição ser determinada por fraude ou violência). Efectivamente, caso o autor do penhor subtraia a coisa ao credor, poderá dispor dela a favor de terceiros, não sendo aceitável que a estes fosse oponível o penhor, uma vez que não teriam qualquer publicidade relativa ao mesmo[873]. Da mesma forma, se o cre-

[872] Pelo contrário, o art. 871º do Código Civil de 1867 estabelecia antes que a restituição da coisa empenhada fazia apenas presumir a remissão do direito de penhor, se o credor não provasse o contrário.

[873] Neste sentido, Vaz Serra, *BMJ* 59 (1956), p. 69, e Oliveira Ascensão, *Reais*, p. 550. Na doutrina alemã, cfr. Rolf Kamp, *Besitzverlust der Pfandsache als Erlöschengrund des Pfandrechts*, Diss. Köln,

dor restituir a coisa ao devedor, mesmo que a título temporário e sem intenção de extinguir o penhor, este não deixa de se extinguir[874]. A restituição da coisa empenhada não é considerada um negócio jurídico, sendo antes um acto jurídico simples, pelo que não poderá ser resolvida pelo administrador da insolvência[875].

Para além disso, e por força da remissão do art. 677º para a alínea a) do art. 730º, o penhor extingue-se em resultado da extinção da obrigação a que serve de garantia. Esta solução aparece como consequência do princípio da acessoriedade, uma vez que sendo o penhor uma garantia acessória de um crédito, extingue-se naturalmente com o próprio crédito que assegura[876].

Igualmente por força da remissão do art. 677º para a alínea c) do art. 730º, o penhor extingue-se pelo perecimento da coisa empenhada, sem prejuízo do disposto nos arts. 692º e 701º, preceitos esses igualmente aplicáveis ao penhor por força da remissão do art. 678º. Assim, se o perecimento da coisa empenhada implicar para o respectivo dono o direito a uma indemnização – o que pode ocorrer em resultado de responsabilidade civil, ou em virtude de seguro – o titular da garantia conserva sobre o crédito respectivo ou sobre as quantias pagas a título de indemnização, a preferência que lhe competia em relação à coisa empenhada. Para além disso, o credor pode exigir a substituição da garantia, e não o fazendo o devedor, exigir o imediato cumprimento da obrigação, ou tratando-se de obrigação futura, registar hipoteca sobre outros bens do devedor.

Nos termos do art. 730º, d), aplicável por força do art. 677º importa igualmente extinção do penhor a renúncia do credor pignoratício à garantia. Essa renúncia que, nos termos do art. 867º, não faz presumir a remissão da dívida, resulta sempre de um negócio unilateral abdicativo do credor, mesmo que seja estabelecida no âmbito de um acordo com o garante ou com o devedor, eventualmente mediante a contrapartida de outras garantias[877].

Finalmente, pode ainda importar a extinção do penhor, a reunião na mesma pessoa das qualidades de credor e de proprietário da coisa empenhada, se não existir interesse justificado do credor na subsistência da garantia (art. 871º, nº 4).

1936. O credor poderá interpor acção possessória ou de reivindicação (art. 670º, a)), o que lhe permitirá reconstituir o penhor. No entanto, os direitos constituídos entretanto a favor de terceiro de boa fé prevalecem.

[874] Assim, por exemplo, se alguém empenha um anel e depois pede que o credor pignoratício lho empreste para ir a uma festa, o penhor extinguir-se-á. Cfr. Wilhelm Weimar, "Die Rückgabe der Pfandsache", em *MDR* 1969, pp. 906-908.

[875] Cfr. Weimar, *MDR* 1969, p. 907.

[876] Cfr. Paulo Cunha, *Da garantia*, II, p. 219.

[877] Já Paulo Cunha, *Da garantia*, II, p. 220, autonomizava o distrate do contrato pignoratício, da renúncia por parte do respectivo credor.

14. Natureza do penhor

A doutrina tem discutido a natureza jurídica do penhor[878]. Em relação a esta têm sido apontadas as seguintes teorias:

a) o penhor como figura processual;
b) o penhor como direito de crédito;
c) o penhor como direito misto;
d) o penhor como direito real de garantia.

A doutrina do *penhor como figura processual* deve-se a CARNELUTTI e a LIEBMAN[879]. Para estes autores, em virtude da distinção entre o débito e a responsabilidade, o penhor nada acrescentaria à dívida, fazendo, no entanto, incrementar a responsabilidade. Ora, como esta só poderia ser exercida por via processual, através da acção executiva, o penhor não passaria de uma figura de cariz processual.

A doutrina do *penhor como direito de crédito* foi defendida na pandectística por SINTENIS e VANGEROW, que sustentaram, com base nas fontes romanas, que o penhor não consistia num *ius in re aliena*, mas antes numa *obligatio rei*, um direito de crédito incidente sobre quem fosse proprietário da coisa[880]. Esta tese é igualmente defendida entre nós por JOSÉ TAVARES, para quem não faz sentido a qualificação do penhor como direito real de garantia, uma vez que não passa de um mero acessório do direito de crédito, absolutamente dependente deste, partilhando assim da mesma natureza creditícia[881].

A doutrina do penhor como direito misto deve-se a COSENTINO[882]. Para este autor, o penhor situar-se-ia a um nível intermédio entre os direitos reais e os direitos de crédito, uma vez que, embora tendo carácter absoluto, ao contrário do que sucede nos créditos, não beneficiaria de um poder imediato sobre a coisa, ao contrário do que ocorre nos direitos reais, já que o credor necessita de recorrer à acção executiva para exercer as faculdades que detém em relação à coisa.

Finalmente, a teoria do penhor como direito real de garantia é a posição mais comum, tendo sido defendida pela maioria da doutrina estrangeira desde

[878] Cfr. especialmente WOLFGANG WIEGAND, "Zur Entwicklung der Pfandrechtstheorien im 19. Jahrhundert", em *ZNR* 3 (1981), pp. 1-15, e, entre nós, MENEZES CORDEIRO, *Direitos Reais*, pp. 744 e ss., e SANTOS JUSTO, *Direitos Reais*, pp. 468 e ss.

[879] Cfr. FRANCESCO CARNELUTTI, "Diritto e processo nella teoria delle obbligazioni", em AAVV, *Studi di Diritto Processuale in onore di Giuseppe Chiovenda*, Padova, Cedam, 1927, pp. 221-341 (311 e ss.) e ENRICO TULLIO LIEBMAN, "Il titolo esecutivo riguardo ai terzi", na *RDProc* 11 (1934), I, pp. 126-153 (146 e ss.).

[880] Cfr. CARL FRIEDRICH FERDINAND SINTENIS, *Handbuch des gemeinen Pfandrechts*, Halle, Schwertschke und Sohn, 1836, § 2º, pp. 5 e ss., e VANGEROW, *Pandekten*, 1, § 363, pp. 797-798, nota (2).

[881] Cfr. JOSÉ TAVARES, *Os princípios*, I, p. 601.

[882] Citado *apud* MENEZES CORDEIRO, *Direitos Reais*, p. 746.

a pandectística[883] e entre nós por Menezes Cordeiro e Santos Justo[884]. Para estes autores, as faculdades de execução e venda da coisa e de preferência no pagamento sobre o produto desta à frente dos credores comuns correspondem claramente a um direito real que, por ter por função garantir a satisfação de um crédito, representa um direito real de garantia.

Naturalmente que o penhor não pode ser concebido como uma figura processual, na medida em que atribui uma série de faculdades meramentre substantivas. O facto de ser acessório de um crédito não lhe retira a sua natureza real, na medida em que possui as características dos direitos reais, como o carácter absoluto, a inerência, a sequela e a prevalência. Não se justifica, por esse motivo, sequer a sua qualificação como direito misto, sendo antes manifestamente um direito real de garantia.

883 Cfr. Puchta, *Pandekten*, § 193, pp. 296 e ss., Heinrich Dernburg, *Pandekten*, I-2, § 262, pp. 253 e ss., Windscheid/Kipp, *op. cit.*, I, § 224, p. 1128, e nota (8), e Alberto Montel, "Sulla natura giuridica del pegno e dell'ipoteca", em *FI* 62 (1937), IV, pp. 235-243.

884 Cfr. Menezes Cordeiro, *Direitos Reais*, p. 748, e Santos Justo, *Direitos Reais*, p. 469.

Secção IV
A hipoteca

1. Generalidades

O art. 686º, nº 1, do Código não define a hipoteca, limitando-se a prever que ela "confere ao credor o direito de ser pago pelo valor de certas coisas imóveis, ou equiparadas, pertencentes ao devedor ou a terceiro, com preferência sobre os demais credores que não gozam de privilégio especial ou de prioridade de registo"[885].

[885] Seguimos neste ponto MENEZES LEITÃO, *Garantias*, pp. 201 e ss. Cfr. ainda VAZ SERRA, "Hipoteca", no *BMJ* 62 (1957) pp. 5-356 e 63 (1957), pp. 193-396, MENEZES CORDEIRO, *Direitos Reais*, pp. 754 e ss., CARVALHO FERNANDES, *Direitos Reais*, pp. 158 e ss., ROMANO MARTINEZ/FUZETA DA PONTE, *op. cit.*, pp. 186 e ss. SALVADOR DA COSTA, *O concurso*, pp. 72 e ss., PINTO DUARTE, *Direitos Reais*, pp. 247 e ss., SANTOS JUSTO, *Direitos Reais*, pp. 470 e ss., e MARIA ISABEL HELBLING MENÉRES CAMPOS, *Da Hipoteca. Caracterização, constituição e efeitos*, Coimbra, Almedina, 2003.
Na doutrina francesa, cfr. ALEX WEILL, *op. cit.*, pp. 238 e ss., MICHEL DAGOT, *op. cit.*, pp. 283 e ss., MARTY/RAYNAUD/JESTAZ, *op. cit.*, pp. 105 e ss., MAZEAUD/CHABAS, *Sûretés*, pp. 281 e ss., AYNÈS/CROCQ, *op. cit.*, pp. 261 e ss. e MESTRE/PUTMAN/BILLIAU, *Droit Spécial*, p. 604 e ss., THÉRY, *op. cit.*, pp. 185 e ss., DOMINIQUE LEGEAIS, *op. cit.*, pp. 338 e ss., e PIEDELIÉVRE, *op. cit.*, pp. 254 e ss.
Na doutrina alemã, cfr. HEINZ K. KLINKHAMMER/FRIEDBERT RANCKE, "Hauptprobleme des Hypothekenrechts", em *JuS* 1973, pp. 665-672, ERNST WOLF, *op. cit.*, § 11, pp. 431 e ss., SIEGFRIED RÄFLE, "Die neuere Rechsprechung des Bundesgerichtshofes zu Hypothek und Grundschuld", em *WM* 1983, pp. 806-816, DAGMAR COESTER-WALTJEN, "Die Durchsetzung des Hypothek: Einreden und Einwendungen des Eigentümers", em *Jura* 1991, pp. 186-190, ULRICH BÜDENBENDER, "Grundsätze des Hypothekenrechts", em *JuS* 1996, pp. 665-674, HARRY WESTERMANN, *op. cit.*, §§ 94 e ss., pp. 687 e ss., RIMMELSPACHER, *op. cit.*, § 11, pp. 158 e ss., nºs 658 e ss., BAUR/STURNER, *op. cit.*, § 37, pp. 473 e ss., WEBER, *op. cit.*, § 11, pp. 214 e ss., MANFRED WOLF, *Sachenrecht*, § 35, pp. 428 e ss., nºs 982 e ss., JAN SCHAPP, "Die Reform des Rechts der Löschungsvormerkung und das System des Grundpfandrechts", em *JuS* 1979, pp. 544-548, KARL-BERNHARD SCHMITZ, "Die neuere Rechtsprechung des Bundesgerichtshofes zu Hypothek und Grundschuld", em *WM* 1991, pp. 1061-1069, WILHELM SCHÜTZ, "Zur Reform des Hypothekenrechts", em *WM* 1968, pp.

O traço distintivo desta garantia é assim o seu objecto, na medida em que se restringe às coisas imóveis ou equiparadas (automóveis, navios e aeronaves), mais precisamente certos bens registáveis, bem como o facto de ter que ser registada, sendo o registo que confere a prioridade, salvo perante certos privilégios[886].

2. Evolução histórica da hipoteca

A hipoteca teve uma evolução histórica semelhante ao penhor[887], tendo igualmente origem na *fiducia cum creditore* do Direito Romano, embora tenha sofrido igualmente influência de um instituto de origem grega, aplicável nas províncias orientais, a *hypothéké*, de onde retiraria o nome, instituto esse que consistia numa venda em garantia, subordinada à condição suspensiva do incumprimento do devedor[888].

Efectivamente, após a evolução da *fiducia cum creditore* para a *datio pignoris*, que representou a passagem da transferência da propriedade para a mera transmissão da posse, admitiu-se a possibilidade de nem sequer ocorrer essa transmissão da posse, havendo apenas uma convenção a estabelecer a garantia. Essa convenção obteve o nome de *conventio pignoris*, distinguindo-se da *datio pignoris*, por não envolver a transmissão da posse, não adquirindo consequentemente o credor o *ius possidendi*, mas apenas o *ius distrahendi*, ou seja, a faculdade de vender a coisa em caso de incumprimento. A hipoteca no Direito Romano não era restrita aos imóveis, podendo abranger quaisquer bens, tendo essa restrição posteriormente, em virtude da necessidade de conferir publicidade à garantia, que levou a que esta se limitasse aos bens sujeitos a registo.

818-823, PETER SCHWERDTNER, "Grundprobleme des Hypotheken- und Grundschuldrechts", em *Jura* 1986, pp. 259-265, e 370-380.

Na doutrina italiana, veja-se GORLA/ZANELLI, *op. cit.*, pp. 170 e ss., e CRISTIANO CICERO, *L'ipoteca*, Milano, Giuffrè, 2000.

Na doutrina espanhola, cfr. CARRASCO PERERA/CORDERO LOBATO/MARÍN LOPEZ, *op. cit.*, pp. 449 e ss.

Para um perspectiva genérica da hipoteca em diversos Estados europeus, cfr. CRISTOPH GRAF VON BERNSTORFF, "Das Hypothekenrecht in den EU-Staaten", em *RIW* 43 (1997), p. 181-188.

886 A diferença essencial entre a hipoteca e o privilégio especial reside na necessidade de aquela ser registada para se constituir, enquanto que este vale perante terceiros, independentemente do registo.

887 Cfr. GORLA, *Le garanzie reale*, pp. 35 e ss., LUIGI DE SARLO, "Ipoteca (diritto romano)", em *NDI* 7 (1938), pp. 151-156 e ELIO PALMIERI, "Ipoteca (diritto romano)", em *NovissDI* 9 (1963), pp. 48-50, CICERO, *op. cit.*, pp. 8-9 e MENEZES CORDEIRO, *Direitos Reais*, pp. 755 e ss. e EDUARDO VERA-CRUZ PINTO, *op. cit.*, pp. 178 e ss.

888 A equivocidade do termo *hypothéké* leva, no entanto, a que se questione se designaria alguma garantia específica ou antes toda e qualquer garantia real. Cfr. J. PH. LEVY, "Coup d'oeil historique d'ensemble sur les sûretés réelles", em *TR* 55 (1987), pp. 231-266 (233).

A expressão "Hypothéque" apenas aparece no séc. XVI em França, tendo-se, no entanto, a partir do séc. XIII admitido com a designação de *obligatio bonorum*, a convenção pela qual o devedor afectava os seus bens à garantia de uma dívida, permitindo ao credor vendê-los e pagar com o seu preço. A partir do séc. XVI esta convenção deixou de ser aplicável aos móveis, como consequência da sua exclusão da reivindicação, apenas se admitindo a *obligatio bonorum* sobre imóveis, ainda que com o defeito de não se prever qualquer publicidade. Exigia-se, no entanto, a forma de um acto notarial para a hipoteca, entendendo-se que quer os actos notariais, quer as condenações judiciais implicavam hipoteca geral sobre todos os imóveis presentes e futuros do devedor. É apenas a Revolução Francesa, com as leis de 9 de Messidor do Ano III (27 de Junho de 1795), e 11 de Brumário do ano VIII (1 de Novembro de 1798), que vem a instituir o registo das hipotecas, permitindo a sua plena consagração no *Code Civil* (arts. 2114 e ss.)[889].

Em consequência, a hipoteca veio a ser igualmente consagrada nas restantes codificações europeias, como o BGB (§§ 1113 e ss.) e o Código Civil italiano (arts. 2808 e ss.).

3. Características da hipoteca

A hipoteca constitui um direito real de garantia que se caracteriza por, ao contrário do privilégio, não estabelecer a preferência em atenção à causa do crédito, vigorando antes o princípio da prioridade na constituição. Para além disso, a hipoteca constitui uma garantia acessória do crédito, ficando dependente da sua constituição e acompanhando as suas vicissitudes[890]. No entanto, e conforme se prevê no art. 686º, nº 2, a obrigação garantida pela hipoteca pode ser futura ou condicional[891].

4. A constituição da hipoteca

4.1. Generalidades

Em relação às formas de constituição da hipoteca, o art. 703º estabelece uma distinção entre hipotecas legais, judiciais e voluntárias, consoante resultem da lei, de sentença judicial, ou de negócio jurídico.

[889] Cfr. Alex Weill, *op. cit.*, pp. 239 e ss. e Marty/Raynaud/Jestaz, *op. cit.*, pp. 106 e ss.

[890] Para uma análise detalhada, veja-se Büdenbender, *JuS* 1996, pp. 669 e ss. e Weber, *Kreditsicherheiten*, § 11 II 2, pp. 217 e ss.

[891] A hipoteca não deixa de ser nessa situação acessória em relação ao crédito a constituir, pelo que não poderá ser aplicada a outro crédito que se venha a constitui entre as mesmas partes. Cfr. Harry Westermann, "Die nachträgliche Entstehung der durch die Hypothek gesicherten Forderung", em *JZ* 1962, pp. 302-303.

4.2. A hipoteca legal

O art. 704º define a hipoteca legal como a que resulta imediatamente da lei, sem dependência da vontade das partes, e pode constituir-se desde que exista a obrigação a que serve de garantia. De acordo com o disposto no art. 687º e 4º, nº 2, C.R.P., também a hipoteca legal só se constitui mediante o registo, o qual é efectuado com base em certidão do título de que resulte a garantia e em declaração que identifique os bens, se necessário[892].

A hipoteca legal distingue-se do privilégio creditório por não atender à causa do crédito, sendo antes uma garantia conferida tendo em específica atenção a especial qualidade dos credores. Nos termos do art. 705º, os credores que beneficiam da hipoteca legal são:

a) O Estado e as autarquias locais, sobre os bens cujos rendimentos estão sujeitos à contribuição predial, para garantia do pagamento desta contribuição;
b) O Estado e as demais pessoas colectivas públicas, sobre os bens dos encarregados da gestão de fundos públicos, para garantia do cumprimento das obrigações por que se tornem responsáveis;
c) O menor, o interdito e o inabilitado, sobre os bens do tutor, curador e administrador legal, para assegurar a responsabilidade que nestas qualidades vierem a assumir;
d) O credor por alimentos;
e) O co-herdeiro, sobre os bens adjudicados ao devedor de tornas, para garantir o pagamento destas;
f) O legatário de dinheiro ou outra coisa fungível sobre os bens sujeitos ao encargo do legado ou, na sua falta, sobre os bens que os herdeiros responsáveis houverem do testador.

Relativamente à hipoteca legal a favor de menor, interdito e inabilitado, face à dificuldade que estes teriam em determinar o valor e designar os bens objecto da hipoteca, vem o art. 706º estabelecer que essa determinação e designação cabe ao conselho de família, podendo o registo ser requerido pelo tutor, curador, administrador legal de bens, vogais do conselho de família e qualquier dos parentes do incapaz.

Nos termos do art. 708º, sem prejuízo do direito de redução, as hipotecas legais podem ser registadas em relação a quaisquer bens do devedor, quando

[892] É, portanto, claro que as hipotecas legais não resultam imediatamente da lei, uma vez que, como todas as hipotecas, necessitam do registo para se constituirem. Neste sentido, Pires de Lima/Antunes Varela, *op. cit.*, I, sub art. 704º, nº 1, p. 726, Antunes Varela, *Obrigações*, II, p. 557, Menezes Cordeiro, *Direitos Reais*, p. 761 e Pinto Duarte, *Direitos Reais*, 248.

não forem especificados na lei ou no título respectivo os bens sujeitos à garantia. Sendo insuficientes os bens registados para efeitos da garantia, esta poderá ser objecto de reforço, nos termos gerais (art. 701º). No entanto, relativamente às hipotecas destinadas a garantir o pagamento das tornas ou do legado de dinheiro ou outra coisa fungível, o art. 709º vem estabelecer que o credor só goza do direito de as reforçar, se a garantia puder continuar a incidir sobre os bens aí especificados.

O art. 707º estabelece que o tribunal pode autorizar, a requerimento do devedor, a substituição da hipoteca legal por outra caução, podendo igualmente essa substituição ser exigida pelo credor, no caso de o devedor não ter bens susceptíveis de hipoteca suficientes para garantir o crédito, salvo nos casos das hipotecas destinadas a garantir o pagamento das tornas ou do legado de dinheiro ou outra coisa fungível.

4.3. A hipoteca judicial

A hipoteca judicial encontra-se estabelecida no art. 710º[893], o qual estabelece que a sentença que condenar o devedor à realização de uma prestação em dinheiro ou outra coisa fungível é título bastante para registar hipoteca sobre quaisquer bens do obrigado, mesmo que não haja transitado em julgado (nº 1). Se a prestação for ilíquida, pode a hipoteca ser registada pelo quantitativo provável do crédito (nº 2). Se o devedor for condenado a entregar uma coisa ou a prestar um facto, só pode ser registada a hipoteca havendo conversão da prestação numa indemnização pecuniária (nº 3).

O registo de hipoteca judicial pode ser igualmente obtido com base em sentenças estrangeiras, depois de revistas e confirmadas, desde que a lei do país em que foram proferidas lhes reconheça igual valor (art. 711º). A revisão e confirmação é dispensada relativamente a sentenças oriundas de países comunitários, com base no 33º do Regulamento (CE) 44/2001, do Conselho, de 22 de Dezembro de 2000, relativo à competência judiciária e ao reconhecimento e execução de decisões em matéria civil e comercial (Bruxelas I).

A hipoteca judicial funciona como uma penhora antecipada, podendo recair sobre quaisquer bens do devedor susceptíveis de penhora, e é admissível independentemente do trânsito em julgado da decisão condenatória, bastando que ela tenha sido proferida[894]. Por esse motivo, e à semelhança do que sucede com a

[893] Cfr. Vaz Serra, "Algumas considerações sobre a hipoteca judicial", no *BFD Suplemento* 15 (Homenagem ao Doutor José Alberto dos Reis, I), pp. 263-285.

[894] Tem sido, no entanto, controvertido se é admissível a constituição de hipoteca judicial, perante uma condenação *in futurum*, ao abrigo do art. 610º CPC, antes do vencimento da obrigação respectiva. Em sentido afirmativo, cfr. Pires de Lima/Antunes Varela, *op. cit.*, I, sub art. 710º,

penhora, a preferência respectiva deixa de ser atendida no caso de ser declarada a insolvência do devedor, mas as custas pagas pelo credor constituem dívidas da massa insolvente (art. 140º, nº 3 CIRE).

4.4. A hipoteca voluntária

Nos termos do art. 712º, a hipoteca voluntária é a que resulta de contrato ou declaração unilateral. Esta pode ser constituída, quer pelo devedor, quer por terceiro (art. 717º).

Estando em causa um negócio jurídico de oneração de bens, naturalmente que a legitimidade para a constituição da hipoteca é restrita a quem possa alienar os respectivos bens (art. 715º). No entanto, a legimitidade do proprietário não é prejudicada pelo facto de já existir uma hipoteca anterior sobre os bens, já que o art. 713º vem-nos referir que "a hipoteca não impede o dono dos bens de os hipotecar de novo; neste caso, extinta uma das hipotecas, ficam os bens a garantir na totalidade, as restantes dívidas hipotecárias".

Em termos de forma, estabelece o art. 714º, na redacção do D.L. 116/2008, de 4 de Julho, que, sem prejuízo do disposto em lei especial, o acto de constituição ou modificação da hipoteca voluntária, quando recaia sobre bens imóveis, deve constar de escritura pública, de testamento ou de documento particular autenticado. Este regime sofre, porém, uma excepção relativamente às hipotecas constituídas para garantia de contratos de compra e venda com mútuo, referente a prédio urbano destinado a habitação, ou fracção autónoma para o mesmo fim, desde que o mutuante seja uma instituição de crédito autorizada a conceder crédito à habitação (art. 1º do D.L. 255/93, de 15 de Julho), bem como em relação a contratos pelos quais se titulem novos empréstimos relativos ao mesmo prédio ou fracção celebrados pelo respectivo proprietário com instituição de crédito autorizada a conceder crédito à habitação (art. 2º, nº 2, D.L. 255/93, de 15 de Julho. Efectivamente, o art. 2º, nº 1, do D.L. 255/93, de 15 de Julho estabelece que os referidos contratos podem ser celebrados por documento particular com reconhecimento de assinaturas, segundo modelo oficialmente aprovado, o qual consta da Portaria 669-A/93, de 16 de Julho, alterada pela Portaria 882/94, de 1 de Outubro.

Já relativamente à hipoteca sobre bens móveis, os vários diplomas sobre registo exigem a forma escrita[895].

nº 5, p. 733. Em sentido negativo, cfr. VAZ SERRA, "Anotação Ac. 23/3/1971", na *RLJ* 105 (1972-1973), pp. 71-79 (78-79).

[895] Cfr. PINTO DUARTE, *Direitos Reais*, p. 257.

4.5. O registo da hipoteca

O art. 687º determina que a hipoteca deve ser registada, sob pena de não produzir efeitos, mesmo em relação às partes. Resulta assim desta disposição, reiterada no art. 4º, nº 2, do C.R.P., que, ao contrário da regra geral, de que o registo é mera condição de eficácia em relação a terceiros dos actos a ele sujeitos (art. 5º C.R.P.), a eficácia da hipoteca entre as próprias partes depende da sua sujeição a registo[896]. O registo da hipoteca aparece, portanto, como condicionante da sua eficácia absoluta em relação às hipotecas voluntárias, as quais têm um outro título como constitutivo do direito. Precisamente por isso, estas hipotecas podem ser registadas provisoriamente antes de titulado o negócio (arts. 47º e 92º, nº 1, i) CRP), sendo que o direito de hipoteca só se adquire com a sua celebração. Já em relação às hipotecas legais e judiciais, o registo corresponde ao próprio facto constitutivo da garantia (cfr. art. 50º CRP)[897], podendo, no entanto, o registo de hipoteca judicial ser lavrado provisoriamente antes de passada em julgado a sentença (art. 92º, nº 1, l) CRP).

5. Âmbito do crédito garantido

Como todos os direitos reais de garantia, a hipoteca é constituída para garantia de um crédito, podendo esse crédito ser futuro ou condicional (art. 686º, nº 2). No entanto, o art. 693º, nº 1, vem ainda estabelecer a extensão da garantia hipotecária aos acessórios do crédito que constem do registo, admitindo-se assim que, além do crédito principal, a hipoteca possa garantir outros acessórios do crédito, como sejam, os juros moratórios e remuneratórios, as claúsulas penais, e as despesas de constituição e registo, bastando que a menção a esses acessórios conste do registo (cfr. o art. 96º, nº 1, a) do C.R.P.). No entanto, em relação aos juros, estabelece o art. 693º, nº 2, que a hipoteca nunca abrange, não obstante convenção em contrário, mais do que os relativos a três anos, podendo, no entanto, ser sucessivamente registada nova hipoteca em relação a juros em dívida (art. 693º, nº 3). Esta limitação, que abrange tanto juros remuneratórios como moratórios, destina-se

[896] O actual Código resolveu a controvérsia existente na vigência do Código de Seabra, já que, enquanto Guilherme Moreira, *Instituições*, II, nº 143, p. 423, sustentava, baseado no art. 951º do C.C. 1867, que a hipoteca não registada poderia ser invocada entre as partes, posição que nos parece ser seguida por José Tavares, *Os princípios*, I, pp. 572-573. Já Cunha Gonçalves, *Tratado de Direito Civil Português*, V, Coimbra, Coimbra Editora, 1932, p. 367 e Paulo Cunha, *Da garantia*, II, p. 303, defendiam, invocando a definição do art. 888º C. C. 1867, que o registo na hipoteca seria uma formalidade para a sua constituição, não produzindo esta efeitos, mesmo entre as partes, sem esse registo.

[897] Neste sentido, cfr. Pires de Lima/Antunes Varela, *op. cit.*, I, sub art. 687º, p. 706, Almeida Costa, *Obrigações*, p. 875, e nota (3) e Salvador da Costa, *O concurso*, p. 75. Em sentido diferente, Pinto Duarte, *Direitos Reais*, p. 250, considera que o registo da hipoteca é sempre constitutivo.

a proteger terceiros, que poderiam ser surpreendidos com uma extraordinária extensão da hipoteca, ao mesmo tempo que estimula o credor hipotecário a não dilatar excessivamente a execução, em virtude da existência de garantia hipotecária. Consequentemente, a limitação ocorre, mesmo que a execução se prolongue anormalmente para além desse prazo[898].

6. Objecto da hipoteca

Como direito real de garantia que é, a hipoteca só pode incidir sobre bens determinados, pertencentes ao devedor ou a terceiro. Em consequência, o art. 716º vem estabelecer a regra da especialidade, exigindo que no título constitutivo das hipotecas voluntárias conste quais são os bens hipotecados, estabelecendo a nulidade das hipotecas voluntárias que incidam sobre todos os bens do devedor ou de terceiro sem os especificar. No caso das hipotecas legais estabelece o art. 708º que, sem prejuízo do direito de redução, podem ser registadas em relação a todos os bens do devedor, enquanto não forem especificados por lei ou no título respectivo os bens sujeitos à garantia. Também em relação às hipotecas judiciais, estabelece o art. 710º a possibilidade de o registo da hipoteca sobre quaisquer bens do obrigado. Tal não significa, porém, que nestes casos existam hipotecas gerais, respeitantes a bens indeterminados, uma vez que sendo o registo requisito de constituição da hipoteca, este terá sempre que ser realizado em relação a bens determinados[899].

O elenco dos bens susceptíveis de hipoteca consta do art. 688º, abrangendo os seguintes:

1) os prédios rústicos e urbanos (art. 688º, nº 1, a)), abrangendo-se nesta sede as respectivas partes susceptíveis de propriedade autónoma sem prejuízo da sua natureza imobiliária (art. 688º, nº 2).
2) o direito de superfície (art. 688º, nº 1, c));
3) o direito resultante de concessões do domínio público, observadas as disposições legais relativas à transmissão dos direitos concedidos (art. 688º, nº 1, d));

[898] Cfr. Pires de Lima/Antunes Varela, *op. cit.*, I, sub art. 693º, nº 2, pp. 716-717, Almeida Costa, *Obrigações*, pp. 880-881 e nota (4), Menezes Cordeiro, *Direitos Reais*, p. 764, Romano Martinez/Fuzeta da Ponte, *op. cit.*, pp. 192-193, e nota (412), Rui Pinto Duarte, *Direitos Reais*, pp. 251-252. Na jurisprudência, veja-se Ac. STJ 5/11/1980 (Abel de Campos), no *BMJ* 301 (1980), pp. 395-398, Ac. RL de 11/12/1972, sumarizado no *BMJ* 222 (1973), pp. 463-464, e Ac. RL 22/3/1974, sumarizado no *BMJ* 235 (1974), pp. 346-347, e Ac RP 8/10/1981 (Matos Fernandes), em *CJ* 16 (1991), 4, pp. 261-263.

[899] Cfr. Paulo Cunha, *Da garantia*, II, p. 312.

4) o usufruto das coisas e direitos e direitos acima referidos (art. 688º, nº 1, e));
5) as coisas móveis que, para este efeito sejam por lei equiparáveis às imóveis (art. 688º, nº 1, f)).

Por aqui se pode verificar que elenco de bens susceptíveis de hipoteca não coincide com o elenco de coisas imóveis, referido no art. 204º, só fazendo a lei referência às árvores, arbustos e frutos naturais ligados ao solo, direitos inerentes aos imóveis, e partes integrantes dos prédios rústicos e urbanos relativamente à extensão da hipoteca (art. 691º, nº 1, a)), não parecendo assim considerá-los como bens susceptíveis de ser autonomamente hipotecados. Relativamente às águas, em face da sua inseparabilidade do prédio estabelecida no art. 1397º, as águas a que se referem as alíneas d, e) e f) do nº 1 do art. 1386º nunca poderiam ser autonomamente hipotecadas, parecendo que esta proibição se estende igualmente às outras categorias de águas. Quanto às árvores, arbustos e frutos naturais ligados ao solo, parece que apenas poderá ser hipotecado o direito de superfície incidente sobre plantações. Já relativamente aos direitos inerentes sobre os imóveis, parece que apenas poderão ser hipotecados o usufruto e a superfície, já que outros direitos, como as servidões, não podem ser separados do prédio (art. 1545º), pelo que, sendo abrangidos na hipoteca do prédio, não são susceptíveis de ser autonomamente hipotecados. Apesar de a lei não o referir expressamente, parece que quer a nua propriedade, quer o direito do proprietário do solo podem ser objecto de hipoteca[900]. Já relativamente ao direito real de habitação periódica não parece ser ele susceptível de hipoteca[901]. Já as partes integrantes dos prédios rústicos e urbanos são abrangidas pela hipoteca, mas não podem ser autonomamente hipotecadas, uma vez que perderiam a sua natureza imobiliária (art. 688º, nº 2).

A hipoteca pode incidir sobre fracções dos prédios constituídos em propriedade horizontal (arts. 1414º e ss.), uma vez que estas são susceptíveis de propriedade autónoma sem perda da sua natureza imobiliária (art. 688º, nº 2). O art. 689º admite ainda a possibilidade de ser objecto de hipoteca a quota de coisa ou direito comum, sendo que, se a coisa for dividida, a hipoteca ficará limitada à parte que for atribuída ao devedor. Face à exigência de determinação que caracteriza a hipoteca, enquanto direito real, não é susceptível de hipoteca a meação de bens comuns do casal, nem a quota em herança indivisa (art. 690º).

[900] Neste sentido, quanto ao proprietário do solo, Salvador da Costa, *O concurso*, p. 78.

[901] Neste sentido, cfr. Almeida Costa, "A hipoteca do direito real de habitação periódica", em *RLJ* 127 (1994-1995), pp. 9-14, que apenas admite o penhor de certificados prediais.

No caso de ser constituída uma hipoteca sobre bens insusceptíveis da mesma, o respectivo negócio será nulo por impossibilidade do objecto (art. 280º, nº 1).

7. Extensão da hipoteca

O art. 691º opera uma extensão da hipoteca para além do seu objecto inicialmente referido, na medida em que faz inserir no objecto da garantia outras situações como as coisas imóveis referidas nas alíneas c) a e) do artigo 204º, as acessões naturais e as benfeitorias, salvo o direito de terceiros.

A hipoteca sobre o prédio é assim extensiva às árvores, arbustos e frutos naturais, que nele se encontrem, enquanto estiverem ligadas ao prédio, direitos inerentes e partes integrantes dos prédios rústicos e urbanos. Relativamente a estas situações, o art. 700º, vem estabelecer que "o corte de árvores ou arbustos, a colheita de frutos naturais e a alienação das partes integrantes ou coisas acessórias abrangidas pela hipoteca só são eficazes em relação ao credor hipotecário se forem anteriores ao registo da penhora e couberem nos poderes de administração ordinária".

A hipoteca estende-se igualmente às benfeitorias que sejam efectuadas na coisa hipotecada[902], havendo, no entanto, que respeitar os direitos de terceiro. Esses direitos correspondem aos direitos do possuidor ao reembolso de benfeitorias necessárias e levantamento ou restituição de benfeitorias úteis, referidos nos arts. 1273º e ss., sendo-lhe inclusivamente atribuído direito de retenção (art. 754º), se tiver efectuado as benfeitorias de boa fé (art. 756º, b) *a contrario*), o qual prevalece sobre a hipoteca, mesmo que anteriormente constituída (art. 759º, nº 2).

No caso específico da hipoteca de fábricas refere-se que se consideram abrangidos pela garantia os maquinismos e demais móveis inventariados no título constitutivo, mesmo que não sejam parte integrante dos respectivos imóveis (nº 2)[903], o que constitui uma grande aproximação com o penhor de estabelecimento comercial, dele se distinguindo, no entanto, em face da necessidade de inventário dos bens que a integram, o que o penhor de estabelecimento não prevê (cfr. art. 96º, nº 1, b) C. R. P.). Nesse caso, os donos e possuidores dos maquinismos, móveis e utensílios destinados à exploração de fábricas, abrangidos no registo de hipoteca dos respectivos imóveis, não os podem alienar ou retirar sem consentimento escrito do credor e incorrem na responsabilidade própria dos

[902] Sobre a extensão da hipoteca às construções efectuadas no prédio, cfr. Vaz Serra, "Anotação Ac. STJ 9/12/1967", na *RLJ* 101 (1968-1969), pp. 294-304.

[903] Pretendeu-se com isso evitar as fraudes desencadeadas no âmbito do direito anterior, resultantes de na hipoteca de fábrica se subtrair os maquinismos e móveis, deixando apenas o edifício, normalmente o que menos vale. Cfr. Paulo Cunha, *Da garantia*, II, p. 219.

fiéis depositários (nº 3). Parece, no entanto, que em caso de alienação ou retirada dos bens móveis, o credor não perderá a possibilidade de executar a hipoteca, caso venha a encontrar esses bens[904].

8. A indivisibilidade da hipoteca

Estabelece o art. 696º que, salvo convenção em contrário, a hipoteca é indivisível daqui resultando duas características específicas de regime. A primeira é a de que a hipoteca é una, mesmo que abranja uma pluralidade de coisas, pelo que subsiste indiferenciadamente sobre cada uma das coisas que abrange, mesmo que estas venham a ser objecto de divisão, ficando as coisas resultantes da divisão integralmente oneradas (*est tota in toto, et tota in qualibet parte*). A segunda é a de que não há qualquer limitação do direito hipotecário, em virtude da amortização parcial da obrigação a que serve de garantia[905]. Em consequência da indivisibilidade, se por exemplo for constituída hipoteca sobre um prédio em ordem a permitir o funcionamento da construção e depois o referido prédio vier a ser constituído em propriedade horizontal, cada fracção autónoma responde por toda a dívida em causa, pelo que, mesmo que seja satisfeita a parte da dívida correspondente, só a renúncia do credor hipotecário permite que a fracção fique desonerada[906].

O princípio da indivisibilidade da hipoteca sobre, no entanto, alguma atenuação no caso de hipoteca de coisa ou direito comum, uma vez que, sendo efectuada a respectiva divisão com o consentimento do credor, fica a hipoteca limitada à parte que for atribuída ao devedor (art. 689º, nº 2).

9. Vicissitudes da hipoteca

9.1. Modificações na garantia hipotecária

9.1.1. Alteração do objecto da hipoteca

O art. 692º, nº 1, vem admitir a possibilidade de alteração do objecto da hipoteca, ao estabelecer que "se a coisa ou direito hipotecado se perder, deteriorar ou diminuir de valor, e o dono tiver direito a ser indemnizado, os titulares da garantia conservam, sobre o crédito respectivo ou as quantias pagas a título de

[904] Em sentido contrário, veja-se, no entanto, ROMANO MARTINEZ/FUZETA DA PONTE, *op. cit.*, p. 188 que sustentam que, em caso de alienação a terceiro de boa fé, o direito do credor hipotecário não pode prevalecer contra o direito de propriedade do alienante. A verdade, no entanto, é que essa solução pressuporia que tivesse sido consagrado o princípio posse vale título, o que não aconteceu, sendo certo que a alienação do bem a terceiro não constitui causa de extinção da hipoteca.

[905] Cfr. PAULO CUNHA, *Da garantia*, II, p. 310.

[906] Cfr. JOSÉ DE OLIVEIRA ASCENSÃO/ANTÓNIO MENEZES CORDEIRO, "Expurgação da Hipoteca", em *CJ* 11 (1986), pp. 37-47, PINTO DUARTE, *Direitos Reais*, p. 253, e na jurisprudência o Ac. STJ 12/2/2004 (PIRES DA ROSA), em *CDP*, nº 9 (Janeiro/Março 2005), pp. 12-15, com anotação de ISABEL MENÉRES CAMPOS, "Indivisibilidade da hipoteca", *ibid*, a pp. 15-22.

indemnização, as preferências que lhes competiam em relação à coisa onerada". Neste caso, o art. 692º, nº 2, estabelece que "depois de notificado da existência da hipoteca, o devedor da indemnização não se libera pelo cumprimento da sua obrigação com prejuízo dos direitos conferidos no número anterior", sendo o mesmo regime extensivo a outras categorias de indemnização como as devidas por expropriação ou requisição, extinção do direito de superfície e outros casos análogos (art. 692º, nº 3).

Apesar de estar em causa essencialmente uma ideia de sub-rogação real, consistente na substituição do objecto da hipoteca pelo crédito à indemnização, ou pelas quantias pagas para a sua satisfação, a verdade é que neste caso a lei vai permitir que a hipoteca tenha um objecto que não pode habitualmente ter, e que inclusivamente se molda sobre o regime do penhor de créditos, exigindo-se da mesma forma a notificação ao devedor (cfr. art. 681º, nº 2).

9.1.2. Reforço da hipoteca

Uma vez constituída, a hipoteca pode ser objecto de reforço, no caso de os bens sobre que incide se tornarem insuficientes para a garantia. Assim, o art. 701º, nº 1, vem estabelecer que, "quando, por causa não imputável ao credor, a coisa hipotecada perecer ou se tornar insuficiente para segurança da obrigação, tem o credor o direito de exigir que o devedor a substitua ou reforce; e, não o fazendo este nos termos declarados na lei de processo, pode aquele exigir o imediato cumprimento da obrigação ou, tratando-se de obrigação futura, registar hipoteca sobre outros bens do devedor". O nº 2 acrescenta que "não obsta ao direito do credor o facto de a hipoteca ser constituída por terceiro, salvo se o devedor for estranho à sua constituição; porém, mesmo neste caso, se a diminuição da garantia for devida a culpa do terceiro, o credor tem o direito de exigir deste a substituição ou o reforço, ficando o mesmo sujeito à cominação do número anterior em lugar do devedor".

Esta faculdade sofre, no entanto, uma restrição relativamente às hipotecas legais referidas no art. 705º, e) e f), em que o reforço só é permitido se a garantia puder continuar a incidir sobre os bens aí especificados.

9.1.3. Redução da hipoteca

Da mesma forma que pode ser reforçada, o art. 718º prevê que "a hipoteca pode ser igualmente reduzida voluntária ou judicialmente". Relativamente à redução voluntária, prevê o art. 719º que esta "só pode ser consentida por quem puder dispor da hipoteca, sendo aplicável à redução o regime estabelecido para a renúncia à garantia". Já relativamente à redução judicial, esta "tem lugar, nas hipotecas legais e judiciais, a requerimento de qualquer interessado, quer no que concerne aos bens, quer no que respeita à quantia designada como montante do crédito, excepto se, por convenção ou sentença, a coisa onerada ou a quantia assegurada tiver sido especialmente indicada" (art. 720º, nº 1).

O art. 720º, nº 2 acrescenta que neste último caso, bem como "no de hipoteca voluntária, a redução judicial só é admitida:

a) Se, em consequência do cumprimento parcial ou de outra causa de extinção, a dívida se encontrar reduzida a menos de dois terços do seu montante inicial;
b) Se, por virtude de acessões naturais ou benfeitorias, a coisa ou o direito hipotecado se tiver valorizado em mais de um terço do seu valor à data da constituição da hipoteca".

Daqui resulta que não são normalmente redutíveis as hipotecas voluntárias, solução que se apresenta coerente com o princípio da indivisibilidade da hipoteca (art. 696º).

Nos termos do art. 720º, nº 3, "a redução é realizável, quanto aos bens, ainda que a hipoteca tenha por objecto uma só coisa ou direito, desde que a coisa ou direito seja susceptível de cómoda divisão".

9.2. Transmissão dos bens hipotecados

9.2.1. Efeitos da alienação sobre o crédito hipotecário

A hipoteca não subtrai os bens ao comércio jurídico, pelo que estes podem livremente ser transmitidos para terceiro. A lei proíbe mesmo a cláusula de inalienabilidade dos bens hipotecados no art. 695º ao estabelecer que "é igualmente nula a convenção que proíba o respectivo dono de alienar ou onerar os bens hipotecados, embora seja lícito convencionar que o crédito hipotecário se vencerá logo que os respectivos bens sejam alienados ou onerados". Mesmo sem esta última convenção, o art. 725º permite ao credor hipotecário, antes do vencimento do prazo, exercer o seu direito contra o adquirente da coisa ou direito hipotecado se, por culpa deste, diminuir a segurança do crédito[907].

9.2.2. Possibilidade de expurgação da hipoteca

Um efeito importante da transmissão dos bens hipotecados é a atribuição ao adquirente dos bens da possibilidade de expurgar a hipoteca. Efectivamente, nos termos do art. 721º do Código Civil é permitida a expurgação da hipoteca a quem "adquiriu bens hipotecados, registou o título de aquisição e não é pessoalmente responsável pelo cumprimento das obrigações garantidas", quer através

[907] Em alternativa, o credor pode exigir ao devedor a substituição ou o reforço da hipoteca, nos termos do art. 701º.

do pagamento integral aos credores hipotecários das dívidas a que os bens estão hipotecados, quer através da declaração de "está pronto a entregar aos credores, para pagamento dos seus créditos, até à quantia pela qual obteve os bens, ou aquela em que os estima, quando a aquisição tenha sido feita por título gratuito ou não tenha havido fixação do preço"[908]. O art. 722º atribui igualmente o direito de expurgação "ao doador ou aos seus herdeiros, relativamente aos bens hipotecados pelo donatário que venham ao poder daqueles em consequência da revogação da liberalidade por ingratidão do donatário, ou da sua redução por inoficiosidade".

Há assim duas formas de expurgação da hipoteca. A primeira consiste no pagamento integral aos credores das dívidas hipotecárias. A segunda forma de expurgação da hipoteca consiste na entrega aos credores hipotecários do valor de aquisição ou do valor por que são estimados. Anteriormente cada uma destas formas de expurgação da hipoteca possuía um processo especial estabelecido nos arts. 998º e ss. de nos arts. 1002º e ss. CPC 1961. Actualmente, no CPC 2013 foram extintas sem justificação visível estas duas formas de processo, pelo que a expurgação de hipoteca terá que seguir o processo comum.

Em qualquer caso, prevê no entanto o art. 723º, nº 1, que "a sentença que declarar os bens livres de hipotecas em consequência da expurgação não será proferida sem se mostrar que foram citados todos os credores hipotecários". Assim, "o credor que, tendo a hipoteca registada, não for citado nem comparecer espontaneamente em juízo não perde os seus direitos de credor hipotecário, seja qual for a sentença proferida em relação aos outros credores" (art. 723º, nº 2).

Há que referir que para efeitos de expurgação da hipoteca referida no art. 721º pode ser solicitada pelo promitente adquirente na própria acção de execução específica referida no art. 830º, em caso de promessa de transmissão ou constituição de direito real sobre edifício ou fracção autónoma dele, a condenação do promitente alienante a entregar ao promitente adquirente a quantia necessária para expurgar a hipoteca, sempre que a extinção de tal garantia não preceda a transmissão ou constituição do direito ou não coincida com esta (art. 830º, nº 4). Trata-se, consequentemente, de um caso especial de expurgação da hipoteca[909].

[908] No caso de a hipoteca ter sido constituída sobre todo o prédio, antes da constituição da propriedade horizontal, face ao princípio da indivisibilidade da hipoteca, a expurgação só se pode efectuar pelo pagamento total da dívida ou pela oferta do valor da fracção. Cfr. José de Oliveira Ascensão/António Menezes Cordeiro, *CJ* 11 (1986), pp. 37 e ss.

[909] Neste sentido, cfr. Pinto Duarte, *Direitos Reais*, p. 256.

9.2.3. Renascimento dos direitos em caso de venda judicial ou expurgação da hipoteca

No caso de o adquirente da coisa hipotecada ser, previamente à aquisição, titular de um direito real sobre a mesma, este direito vem a extinguir-se em virtude da sua reunião no mesmo titular com a propriedade plena (cfr. art. 1476º, nº 1, b), 1536º, nº 1, d) e 871º, nº 4 *a contrario*). No caso das servidões estas extinguem-se igualmente com a reunião dos dois prédios, dominante e serviente na mesma pessoa (art. 1569º, nº 1, a)). No entanto, como desvio a essa regra, o art. 724º vem admitir o renascimento desse direito em caso de venda em processo de execução ou de expurgação da hipoteca, sendo atendido de harmonia com as regras legais relativas a essa venda, renascimento que vem igualmente a ocorrer relativamente às servidões incidentes sobre o prédio do terceiro adquirente em benefício do prédio hipotecado.

Esta solução determina, no caso de venda em execução (art. 824º), por força do art. 824º, nº 2, que esses direitos venham a caducar, se não tiverem registo anterior ao de qualquer arresto, penhora ou garantia, salvo se, tendo sido constituídos em data anterior, produzam efeitos em relação a terceiros independentemente do registo, verificando-se que, em caso de caducidade, esses direitos se transferem para o produto da venda dos bens (art. 824º, nº 3).

9.2.4. Equiparação do terceiro adquirente ao possuidor de boa fé

O art. 726º vem estabelecer para efeitos dos arts. 1269º, 1270º e 1275º uma equiparação do terceiro adquirente ao possuidor de boa fé, na execução, até ao registo da penhora, e, na expurgação da hipoteca, até à venda judicial da coisa ou direito. Consequentemente, até ao momento em que se efectua o registo da penhora, na acção executiva, ou até à venda judicial, na acção de expurgação de hipoteca, o terceiro adquirente só responde pela perda ou deterioração da coisa hipotecada se tiver procedido com culpa (art. 1269º), adquire o direito aos frutos dessa coisa até ao momento em que cessa a boa fé (art. 1270º) e tem o direito de levantar as benfeitorias efectuadas na coisa se o puder fazer sem detrimento da mesma (art. 1275º).

9.3. Transmissão da hipoteca

A transmissão da hipoteca aparece-nos regulada nos arts. 727º e ss., onde se distingue entre a cessão da hipoteca (arts. 727º e 728º) e a cessão do grau hipotecário (art. 729º). Ambas estão sujeitas a registo, nos termos do art. 2º, nº 1, h) do CRP, o qual se efectua por averbamento à inscrição hipotecária (art. 101º, nº 1, c) CRP)[910].

[910] Sobre a cessão do grau de prioridade de registo, cfr. VAZ SERRA, "Anotação Ac. STJ 28/11/1969", na *RLJ* 103 (1970-1971), pp. 575-576.

A cessão da hipoteca sem o crédito assegurado é admissível, desde que esta não seja inseparável da pessoa do devedor, podendo ser efectuada para garantia de crédito pertencente a outro credor do mesmo devedor, observadas as regras próprias da cessão de créditos. No caso de se tratar de hipoteca sobre coisa ou direito de terceiro, é necessário o consentimento deste (art. 727º, nº 1). A cessão é, no entanto, apenas permitida se for efectuada na sua totalidade à mesma pessoa, sendo vedada a cessão parcial, mesmo que a hipoteca incida sobre mais do que uma coisa ou direito (art. 727º, nº 2). Verificada a cessão, o novo crédito fica a ser garantido pela hipoteca, mas apenas nos limites em que era garantido o crédito originário, sendo que, após o registo da cessão, a extinção do crédito originário não afecta a subsistência da hipoteca (art. 728º).

Uma vez que é sujeita às regras da cessão de créditos, a cessão da hipoteca tem por base um determinado tipo negocial, no qual se integra (art. 578º, nº 1), sendo sujeito à respectiva forma. No caso de a hipoteca incidir sobre bens imóveis, a cessão deverá constar de escritura pública ou documento particular autenticado (art. 578º, nº 2). A sua eficácia em relação ao devedor depende da notificação ou aceitação (art. 583º, nº 1)[911].

Da mesma forma que se permite a cessão da hipoteca, "é também permitida a cessão do grau hipotecário a favor de qualquer outro credor hipotecário posteriormente inscrito sobre os mesmos bens, observadas igualmente as regras respeitantes à cessão do mesmo crédito" (art. 729º). Não será necessário o consentimento do devedor, mas se a hipoteca incidir sobre bem de terceiro parece ser necessário o consentimento deste (art. 727º, nº 1, *in fine*, por analogia). Em qualquer caso, são também aplicáveis as regras da cessão de créditos (art. 577º e ss.), o que implica que a cessão de grau hipotecário seja um efeito de um negócio no qual se integra (art. 578º, nº 1), obedecendo à forma desse negócio, embora, no caso de bens imóveis, tenha que constar de escritura pública ou documento particular autenticado (art. 22º e) D.L. 116/2008).

10. Execução da hipoteca

A hipoteca pode ser naturalmente executada, em caso de incumprimento da obrigação a que serve de garantia. A execução não pode ser dispensada, já que a lei proíbe o pacto comissório no art. 694º, ao estabelecer que "é nula, mesmo que seja anterior ou posterior à constituição da hipoteca, a convenção pela qual o credor fará sua a coisa onerada no caso de o devedor não cumprir".

Se o bem hipotecado pertencer ao devedor, o art. 752º, nº 1, CPC estabelece que a penhora recai, independentemente de nomeação sobre a coisa hipotecada

[911] Cfr. Salvador da Costa, *O concurso*, p. 123.

e só pode recair noutros bens quando se reconheça a insuficiência daquela para conseguir o fim da execução.

A defesa do proprietário da coisa hipotecada na execução varia consoante ele seja o próprio devedor ou um terceiro em relação à obrigação garantida. No caso de ser o próprio devedor, o art. 697º estabelece que ele "tem o direito de se opor não só a que outros bens sejam penhorados na execução enquanto não se reconhecer a insuficiência da garantia, mas ainda a que, relativamente aos bens onerados, a execução se estenda além do necessário à satisfação do direito do credor". No caso de ser um terceiro, "é-lhe lícito opor ao credor, ainda que o devedor a eles tenha renunciado, os meios de defesa que o devedor tiver contra o crédito, com excepção das excepções que são recusadas ao fiador" (art. 698º, nº 1). Para além disso, "tem a faculdade de se opor à execução enquanto o devedor puder impugnar o crédito donde provém a sua obrigação, ou o credor puder ser satisfeito por compensação com um crédito do devedor, ou este tiver a possibilidade de se valer da compensação com uma dívida do credor " (art. 698º, nº 2).

11. Extinção da hipoteca

O art. 730º indica-nos as causas de extinção da hipoteca sendo a primeira a extinção da obrigação a que serve de garantia. Efectivamente, constituindo a hipoteca uma garantia acessória, naturalmente que se extinguirá com a extinção da obrigação a que serve de garantia[912]. É, no entanto de referir que a causa extintiva da obrigação pode ser declarada nula ou anulada, caso em que se verificará o renascimento da hipoteca, a menos que esta tenha sido constituída por terceiro, e a causa da invalidade seja imputável ao credor, caso em que o renascimento só ocorrerá se este conhecer o vício na data em que teve conhecimento da extinção da obrigação (arts. 766º, 839º, 856º, 860º, nº 2, 866º, nº 3 e 873º, nº 2). Se, no entanto, a inscrição hipotecária no registo tiver sido cancelado, o renascimento apenas ocorre desde a data da nova inscrição (art. 732º).

A segunda causa de extinção da hipoteca, referida no art. 730º, b), é a prescrição, a favor de terceiro adquirente do prédio hipotecado, decorridos vinte anos sobre o registo da aquisição e cinco sobre o vencimento da obrigação. Trata-se de prescrição relativa à própria garantia, a qual não se confunde com a prescrição

[912] Admite-se, porém, que essa extinção possa nem sempre ocorrer. Assm, por exemplo, em caso de novação da obrigação, havendo reserva expressa, as garantias da obrigação antiga transitam para a nova obrigação (art. 861º a contrario).

relativa ao crédito assegurado[913]. Tem sido, por isso, questionado se a figura não seria mais adequadamente qualificável como caducidade[914].

A terceira causa de extinção da hipoteca, referida no art. 730º, c) é o perecimento da coisa hipotecada, se prejuízo da eventual transferência do direito, ou para o crédito da indemnização, ou para a importância paga a esse título, ou para a coisa que veio substituir a que perecera, nos termos dos arts. 692º e 701º. Efectivamente, é sabido que o perecimento da coisa que era objecto de determinado direito acarreta logicamente a extinção desse mesmo direito.

Outra forma de extinção da hipoteca, referida no art. 730º, d), é a renúncia do credor. Apesar de a expressão "renúncia do credor" tanto poder considerar-se como referida ao crédito, provocando a sua extinção, como à própria hipoteca, tornando o credor mero credor comum, a melhor interpretação é a que a considera como referida apenas à hipoteca[915], a qual não determina a remissão do crédito (cfr. art. 867º). Efectivamente, independentemente da controvérsia sobre se a renúncia se poderia considerar como verdadeira causa extintiva dos direitos de crédito, ou se apenas se pode aplicar a remissão, com carácter contratual (art. 863º, nº 1), a verdade é a que a extinção da obrigação garantida aparece genericamente referida no art. 730º, a), pelo que o art. 730º, d) deve-se considerar restrito à renúncia à hipoteca. Em relação a esta o art. 731º, nº 1 (redacção do D.L. 163/95, de 13 de Julho), vem referir que ela "deve ser expressa e exarada em documento autenticado, não carecendo de aceitação do devedor ou do autor da hipoteca para produzir os seus efeitos", acrescentando o nº 2 que "os administradores de patrimónios alheios não podem renunciar às hipotecas constituídas em benefício de pessoas cujos patrimónios administram". No caso de a renúncia ser considerada inválida, opera-se o renascimento da hipoteca, mas se a inscrição

913 A prescrição relativa ao crédito assegurado determina naturalmente a extinção da hipoteca, mas por força do art. 730º a). Sobre esse fenómeno, no anterior direito alemão, cfr. CHRISTOPH SCHUCH, *Der Einfluß der Forderungsverjährung auf dingliche Schuldversicherungsrecht*, Berlin, Duncker & Humblot, 2002. Entre nós, na vigência do Código de Seabra, questionava-se se a referência à prescrição no art. 1026º, nº 3, aplicável à hipoteca, por força do art. 1027º, nº 3, seria referente à hipoteca ou antes ao próprio crédito. Para GUILHERME MOREIRA, *Instituições*, II, nº 169, pp. 509 e ss., a disposição referia-se antes à prescrição do crédito, uma vez que enquanto subsistisse a obrigação deveria subsistir a hipoteca. Mas já PAULO CUNHA, *Da garantia*, II, pp. 352 e ss., salientava o interesse de se admitir a autónoma prescrição da hipoteca, dado que, quando ela fosse constituída por terceiro, os factos suspensivos e interruptivos da prescrição relativamente ao devedor não se aplicam ao terceiro.

914 Cfr. PIRES DE LIMA/ANTUNES VARELA, I, sub art. 730º, nº 2, p. 751 e PINTO DUARTE, *Direitos Reais*, p. 258, e nota (730).

915 Cfr. PAULO CUNHA, *Da garantia*, II, pp. 351.

tiver sido entretanto cancelada, o renascimento apenas se verifica após a nova inscrição (art. 732º)[916].

Apesar de não prevista no art. 730º, deve ainda ser considerada como causa de extinção, a expurgação da hipoteca no caso de transmissão dos bens hipotecados[917]. Conforme resulta do art. 721º, a expurgação pode ser efectuada por dois meios: ou pelo pagamento integral da dívida hipotecária aos credores respectivos, ou pelo pagamento do preço ou do valor dos bens hipotecados. No caso de ocorrer o pagamento integral dos créditos, a hipoteca extingue-se em resultado da extinção da obrigação principal, integrando-se, assim, esta situação na referida no art. 730º, a). Já na outra hipótese, parece haver um caso autónomo de extinção da hipoteca em consequência da expurgação.

Existe igualmente uma causa autónoma de extinção da hipoteca constituída por terceiro, já que o art. 717º, nº 1, vem prever que "a hipoteca constituída por terceiro extingue-se na medida em que, por facto positivo ou negativo do credor, não possa dar-se a sub-rogação daquele nos direitos deste".

Outra causa de extinção da hipoteca não prevista no art. 730º é a caducidade, o que pode ocorrer, por exemplo, em caso de verificação da condição resolutiva ou de não verificação da condição suspensiva que tenha sido aposta ao negócio relativo à sua constituição[918].

Finalmente, é igualmente causa de extinção da hipoteca a extinção do direito sobre que a hipoteca incide, como acontece se o usufruto ou a superfície que foram objecto de hipoteca se vierem a extinguir (art. 699º, nº 2 e 1539º, nº 1). No caso do usufruto, no entanto, o art. 699º, nº 3 vem estabelecer que se a sua extinção "resultar de renúncia, ou da transferência dos direitos do usufrutuário para o proprietário, ou da aquisição da propriedade por parte daquele, a hipoteca subsiste, como se a extinção do direito se não tivesse verificado".

12. Natureza da hipoteca

A doutrina tem discutido a natureza da hipoteca em termos muito semelhantes aos do penhor[919], tendo sido igualmente sustentado o seu enquadramento como

[916] OLIVEIRA ASCENSÃO, *Direito Civil. Reais*, p. 546, infere desta disposição que qualquer reconstituição da situação registal implica o surgimento de nova hipoteca.

[917] Cfr. PAULO CUNHA, *Da garantia*, II, pp. 349 e ss.

[918] Cfr. PIRES DE LIMA/ANTUNES VARELA, *op. cit.*, I, sub art. 730º, nº 5, p. 752 e SALVADOR DA COSTA, *O concurso*, p. 126.

[919] Cfr. MENEZES CODEIRO, *Direitos Reais*, p. 758 e SANTOS JUSTO, *Direitos Reais*, p. 479.

figura processual[920], como direito de crédito, como direito misto, ou como direito real de garantia[921].

A contestação da natureza real da hipoteca é, no entanto, reforçada em relação ao penhor pelo facto de o credor hipotecário não possuir qualquer poder material sobre a coisa, de que não chega a adquirir a posse. A hipoteca limita-se às faculdades de executar a coisa e de obter pagamento sobre o seu valor, com preferência em relação aos demais credores do devedor.

Apesar disso, pensamos, no entanto, que estas faculdades bastam para caracterizar a hipoteca como direito real de garantia. Efectivamente, a hipoteca possui, como todos os direitos reais o carácter absoluto, a inerência, a sequela e a prevalência.

[920] A qualificação da hipoteca como figura processual deve-se a FRANCESCO CARNELUTTI, em *Studi Chiovenda*, pp. 335 e ss., e "Natura giurica dell'Ipoteca", em *RDProc* 16 (1939), I, pp. 3-21, que rejeita a qualificação da hipoteca como direito real, por considerar que a mesma não priva o proprietário de quaisquer poderes relativos à coisa, nem é oponível *erga omnes*, tendo apenas o credor a faculdade de executar um bem pertencente a terceiro. Para além disso, ao contrário do que sucederia no Direito Romano, a execução hipotecária não permite ao credor apoderar-se do imóvel, sendo a execução conduzida pelos órgãos do Estado. Assim, a hipoteca corresponderia a uma mera sujeição processual à execução, uma extensão da acção executiva concedida para tutela do direito de crédito, nada mais representando do que uma situação processual activa e passiva. No mesmo sentido, cfr. ENRICO TULLIO LIEBMAN, na *RDProc* 11 (1934), I, pp. 146 e ss.

[921] É esta a tese claramente dominante. Para uma sua defesa convincente em relação às objecções que lhe têm sido colocadas, cfr. na doutrina italiana LEONARDO COVIELLO, "L'ipoteca è un diritto reale?", em *RDCiv* 28 (1936), pp. 1-14, ALBERTO MONTEL, *FI* 62 (1937), IV, pp. 235-243 e REMO FRANCESCHELLI, "L'ipoteca come diritto reale", em *RDComm* 36 (1938), I, pp. 274-303.

Secção V
Os privilégios creditórios

1. Generalidades

De acordo com a definição do art. 733º, o privilégio creditório "é a faculdade que a lei, em, atenção à causa do crédito, concede a certos credores, independentemente do registo, de serem pagos com preferência a outros"[922].

2. Evolução histórica

Os privilégios creditórios já existiam no Direito Romano, sob a designação de *privilegium exigendi*, representando uma preferência no pagamento, conferida a certos credores, em atenção à natureza do crédito em si (*privilegium causae*, como no caso do privilégio resultante de despesas de funeral, ou por se ter produzido aumento de valor), ou à qualidade do credor (*privilegium personae*, como no caso do pupilo em relação ao tutor)[923]. Os privilégios podiam ser gerais ou especiais. Entre os privilégios gerais encontravam-se os do fisco ou

[922] Seguimos neste ponto, MENEZES LEITÃO, *Garantias*, pp. 226 e ss. e 292 e ss. Cfr., ainda ANTÓNIO CARNEIRO PACHECO, *Dos privilégios creditórios*, 2ª ed., Rio de Janeiro, Ribeiro dos Santos, 1914, maxime, pp. 39 e ss., VAZ SERRA, "Privilégios", no *BMJ* 64 (1957), pp. 41-337, SALVADOR DA COSTA, *O concurso*, pp. 163 e ss., MENEZES CORDEIRO, *Direitos Reais*, pp. 768 e ss., CARVALHO FERNANDES, *Direitos Reais*, pp. 161 e ss., A. LUÍS GONÇALVES, "Privilégios creditórios: Evolução histórica. Regime. Sua inserção no tráfego creditício" em *BFD* 67 (1991), pp. 29-46, MIGUEL LUCAS PIRES, *Dos privilégios creditórios: regime jurídico e sua influência no concurso de credores*, Coimbra, Almedina, 2004, PINTO DUARTE, *Direitos Reais*, pp. 279 e ss. SANTOS JUSTO, *Direitos Reais*, pp. 479 e ss., e PEDRO ROMANO MARTINEZ, "Privilégios creditórios", em DIOGO LEITE DE CAMPOS (org.), *Estudos em Homenagem ao Prof. Doutor Manuel Henrique Mesquita*, II, Coimbra, Universidade de Coimbra/Coimbra Editora, 2009, pp. 111-130. Na doutrina francesa, veja-se ALEX WEILL, *op. cit.*, pp. 178 e ss., MAZEAUD/CHABAS, *Sûretés*, pp. 206 e ss., MARTY/RAYNAUD/JESTAZ, *op. cit.*, pp. 156 e ss., e MESTRE/PUTMAN/BILLIAU, *Droit Spécial*, p. 104 e ss. e 668 e ss., PIEDELIÈVRE, *op. cit.*, pp. 144 e ss. e 223 e ss., e THÉRY, *op. cit.*, pp. 331 e ss.

[923] Cfr. SALVADOR DA COSTA, *O concurso*, p. 163.

mais genericamente do Estado (D.49.14 e C.7.73), das cidades (D.42.5.38.1), para o reembolso de despesas funerárias (Paul. Sent. 1.21.15. e D.42.5.17.pr.), da mulher casada para a recuperação do seu dote pela *actio rei uxoriae* (C.7.74 e C.8.17(18).12.pr.), dos incapazes contra o tutor ou curador, e dos depositantes em banca (D.45.2.24.2.). Entre os privilégios especiais encontravam-se os privilégios de quem financiou a reconstrução de um edifício (D.42.5.24.1.) e eventualmente o do locador do imóvel sobre os bens para ele trazidos pelo locatário (Gai Inst. 4.147)[924].

Os privilégios gerais não incidiam sobre bens determinados, nem afectavam terceiros proprietários dos bens, sendo a especificidade do privilégio entre as garantias das obrigações o facto de estar totalmente dependente da qualidade do crédito, o que justificava que prevalecesse sobre garantias constituídas anteriormente (*privilegia non ex tempore aestimantur sed ex causa*)[925].

O antigo direito francês veio atribuir ao privilégio uma natureza diversa, considerando-o como uma garantia real preferível à hipoteca em função da sua causa.

É essencialmente o Código francês que vai moldar o actual regime dos privilégios (arts. 2095 e ss.), distinguindo entre privilégios sobre móveis e sobre imóveis (arts. 2100 e ss. e 2103 e ss.), bem como entre privilégios gerais e especiais, consoante incidiam sobre a generalidade dos bens móveis (art. 2101) ou imóveis (art. 2104) do devedor ou sobre bens móveis (art. 2102) e imóveis determinados (art. 2103). Os privilégios caracterizam-se por prevalecerem sobre a hipoteca (art. 2095), e por se graduarem com base na qualidade dos créditos. Já o BGB preferiu abolir os privilégios, por os considerar contrários a uma boa organização da propriedade e do crédito, processo esse que foi seguido pelo Código Suíço[926].

O Código Civil Português de 1867 optou por manter os privilégios creditórios nos seus arts. 878º e ss., o que levou a que os mesmos tivessem sido conservados nos arts. 733º e ss. do Código actual.

3. Características dos privilégios creditórios

Os privilégios creditórios representam uma atribuição legal de preferência no pagamento, tendo em atenção a valoração que o legislador faz da fonte do crédito, considerando que esse crédito deve ser pago à frente dos outros. Assim, os privilégios só podem ser atribuídos por lei, sendo vedada às partes a sua criação

[924] Cfr. J. Ph. Levy, *TR* 55 (1987), p. 234, notas (22) e (23).

[925] Cfr. Paulo Cunha, *Da garantia*, II, pp. 258 e ss.

[926] Cfr. Carneiro Pacheco, *Dos privilégios*, pp. 33 e ss.

através de negócios jurídicos e dispensam qualquer publicidade, designadamente a resultante do registo[927].

A sua criação legal não deixa, porém, de suscitar críticas na doutrina, designadamente pela insegurança que causam no comércio jurídico, prejudicando a concessão de crédito, na medida em que o credor beneficiário de outra garantia real pode vê-la preterida pelo privilégio[928]. A lei procurar atenuar essas consequências decretando a extinção de alguns privilégios em caso de insolvência do devedor (art. 97º, nº 1, a) e b) CIRE).

4. Modalidades de privilégios creditórios

4.1. Privilégios gerais e privilégios especiais

Nos termos do art. 735º os prilégios creditórios podem ser gerais ou especiais, consoante incidem sobre uma categoria geral de bens do devedor ou sobre bens determinados.

4.2. Privilégios mobiliários e imobiliários

Nos termos do art. 735º, nº 1, os privilégios podem ser mobiliários ou imobiliários, consoante a natureza das coisas sobre que incidem. São mobiliários os privilégios que incidam sobre bens móveis, podendo ser gerais ou especiais, consoante abranjam o valor de todos os bens móveis do devedor à data da penhora ou acto equivalente, ou apenas o valor de certos bens móveis (art. 735º, nº 2). São imobiliários aqueles que incidam sobre o valor de bens imóveis, sendo que neste caso todos os previstos no Código Civil são especiais (art. 735º, nº 3), encontrando-se, porém, privilégios creditórios imobiliários gerais em legislação especial.

5. Exemplos de privilégios

5.1. Privilégios mobiliários especiais

Os privilégios mobiliários especiais encontram-se referidos nos arts. 738º e ss. do Código Civil e compreendem os seguintes:

a) o privilégio por despesas de justiça feitas directamente no interesse dos credores para a conservação, execução, ou liquidação dos bens móveis, sobre esses bens (art. 738º, nº 1)[929], e para créditos do Estado resultantes do

[927] Esta característica aparece como fundamental para distinguir o privilégio creditório de outras figuras, como a hipoteca legal, a qual, apesar de ser também conferida por lei, necessita de ser registada para se poder constituir.

[928] Cfr. ANTUNES VARELA, *Obrigações*, II, p. 572 e PINTO DUARTE, *Direitos Reais*, pp. 280-281.

[929] O conteúdo útil desta disposição encontra-se posto em causa, já que as despesas de justiça integram o conceito de custas e portanto saem precípuas dos bens penhorados (art. 541º CPC), não sendo por isso necessário o privilégio.

imposto sobre sucessões e doações (art. 738º, nº 2) actualmente referente ao imposto de selo (art. 47º CIS);

b) o privilégio sobre frutos de prédios rústicos pelos fornecimentos de sementes, plantas e adubos, e de água ou energia para irrigação ou outros fins agrícolas (art. 739º)[930];

c) o privilégio do crédito à indemnização por parte da vítima sobre a indemnização paga pelo segurador de responsabilidade (art. 741º);

d) o privilégio do crédito do autor de obra intelectual, fundado em contrato de edição, sobre os exemplares da obra existentes em poder do editor (art. 742º).

Existem também privilégios sobre navios, constantes dos arts. 574º e ss. CCom[931]. havendo também que tomar em consideração a Convenção Internacional para a Unificação das Regras Relativas aos Privilégios e Hipotecas Marítimos de 1926, conhecida com a Convenção de Bruxelas de 1926.

Em diplomas avulsos encontram-se ainda outros privilégios mobiliários especiais, como o dos titulares das obrigações hipotecárias[932], sobre os créditos hipotecários afectos à respectiva emissão (art. 6º do D.L. 125/90, de 16 de Abril), e o do transportador sobre as mercadorias transportadas (art. 15º do D.L. 239/2003, de 4 de Outubro).

5.2. Privilégios imobiliários especiais

Os privilégios imobiliários especiais encontram-se previstos nos arts. 743º e 744º. O art. 743º atribui um privilégio imobiliário especial aos créditos por despesas de justiça feitas directamente no interesse comum dos credores, para a conservação, execução dos referidos bens imóveis, assim se aplicando igualmente em sede de

[930] A abolição da enfiteuse determina a caducidade do privilégio conferido por dívidas de foros, quer sobre os frutos de prédios rústicos, quer sobre as rendas de prédios urbanos (arts. 739º, b), e 740º)

[931] Apesar do art. 8º do D.L. 47.344, que aprovou o Código Civil ter determinado a revogação de todos os privilégios não constantes do Código, mesmo que resultantes de legislação especial, tem sido defendida a subsistência em vigor destes privilégios, uma vez que se trata de lei especial comercial e não de lei especial civil. Cfr. Fernando Olavo, "Privilégios creditórios sobre o navio. Um feixe de questões", em *CJ* 9 (1984), 5, pp. 13-17, Salvador da Costa, *O concurso*, p. 196, e, na jurisprudência, Ac. RL de 10/3/1987 (Zeferino Faria), na *CJ* 12 (1987), 2, pp. 134-135, Ac. RP 17/5/1999 (Caimoto Jácome), sumarizado no *BMJ* 478, pp. 365-366, e Ac. TC 470/2001 (Tavares da Costa), de 24/10/2001, no D.R. II Série, de 17/7/2002. Para mais desenvolvimentos, cfr. Menezes Leitão, *Garantias*, p. 230.

[932] Cfr., sobre estas, Armindo Ribeiro Mendes, "Um novo instrumento financeiro: as obrigações hipotecárias", na *RB* nº 15 (1990), pp. 59-100.

imóveis o que se estabelece no art. 738º quanto aos móveis[933]. O art. 744º, nº 1, atribui também um privilégio imobiliário especial aos "créditos sobre contribuição predial devida ao Estado ou às autarquias locais, inscritos para cobrança no ano corrente na data da penhora, ou acto equivalente e nos dois anos anteriores (...) sobre os bens cujos rendimentos estão sujeitos àquela tributação"[934]. Actualmente, a contribuição predial, que era um imposto sobre os rendimentos dos prédios, encontra-se substituída pelo imposto municipal sobre imóveis, que é um imposto sobre o valor patrimonial dos mesmos (art. 1º CIMI). No entanto, o art. 122º, nº 1, CIMI determina que o imposto municipal sobre imóveis goza das mesmas garantias estabelecidas pelo Código Civil para a contribuição predial, pelo que o privilégio conferido pelo art. 744º, nº 1, se mantém em vigor, sendo aplicável a esse imposto. O art. 744º, nº 2, atribui ainda um privilégio sobre os bens transmitidos aos créditos do Estado pela sisa e pelo imposto sobre sucessões e doações, o qual é igualmente mantido pelo art. 39º do CIMT e pelo art. 47º, nº 1 CIS.

Para além destes privilégios, encontram-se ainda previstos em legislação especial alguns privilégios imobiliários especiais[935], como por exemplo o do Estado, resultante de garantia no quadro dos seguros de crédito (art. 17º, nº 6, do D.L. 183/88, de 24 de Maio).

5.3. Privilégios mobiliários gerais

No Código Civil atribui-se privilégio mobiliário geral nas seguintes situações:

a) para garantia dos créditos fiscais do Estado e das autarquias locais (art. 736º),
b) ao credor por despesas do funeral (art. 737º, a));
c) por despesas com doenças do devedor ou dos seus alimentandos, relativas aos últimos seis meses (art. 737º, b));
d) por despesas indispensáveis ao sustento do devedor e dos seus alimentandos, relativas aos últimos seis meses (art. 737º, c))
e) aos créditos emergentes do contrato de trabalho ou da violação ou cessação deste, pertencentes ao trabalhador (art. 737º, d), substituído pelo art. 333º, nº 1, a) CT).

[933] Também aqui é de questionar a utilidade deste privilégio, face à regra da precipuidade das custas, estabelecida no art. 455º.

[934] Para além deste privilégio, com limites temporais, existe ainda a hipoteca legal, conferida pelo art. 705º, a).

[935] Cfr. A. Luís Gonçalves, *BFD* 67 (1991), pp. 31 e ss. e Miguel Lucas Pires, *Dos privilégios*, pp. 334 e ss.

Na legislação especial encontram-se ainda outros privilégios mobiliários gerais, como o do Estado relativamente ao imposto do rendimento das pessoas singulares (art. 111º C.I.R.S.) ou relativamente ao rendimento sobre o imposto das pessoas colectivas (art. 108º CIRC)[936], o do Estado resultante de aval (art. 22º da Lei 112/97, de 13 de Setembro), o conferido à segurança social (art. 204º CRCSS)[937], aos trabalhadores por créditos emergentes do contrato de trabalho e da sua violação ou cessação (art. 377º, a) CT) e por indemnizações devidas por acidentes de trabalho (art. 302º CT)[938] e ao credor requerente da insolvência do devedor (art. 98º CIRE).

Salvo no caso do privilégio dos créditos por impostos, do Estado e das autarquias locais, e ainda o do Estado resultante de aval, que prevalecem sobre qualquer outro privilégio mobiliário, os privilégios mobiliários gerais são graduados depois dos privilégios mobiliários especiais (art. 747º CC e 22º, nº 2, da Lei 112/97) e não valem contra terceiros, titulares de direitos que, recaindo sobre as coisas abrangidas pelo privilégio, sejam oponíveis ao exequente (art. 749º, nº 1). Exceptua-se, porém, o privilégio da segurança social, que vale contra qualquer penhor, ainda que de constituição anterior (art. 204º CRCSS).

5.4. Privilégios imobiliários gerais

Uma nova figura instituída por legislação especial foi a dos privilégios imobiliários gerais, como o das instituições de segurança social sobre os bens imóveis existentes no património do contribuinte à data da instauração do processo executivo (art. 205º CRCSS) e o do Estado, relativo aos impostos sobre o rendimento (art. 111º do C.I.R.S, e art. 108º do C.I.R.C.). Ocorria ainda um privilégio imobiliário geral por salários em atraso no art. 12º da Lei 17/86, de 14 de Junho, mas essa

[936] Cfr. ainda que sobre o regime anterior, Domingos Martins Eusébio, *O privilégio creditório da Fazenda Nacional*, Lisboa, CEF, 1964.

[937] Anteriormente, as instituições de previdência beneficiavam de um privilégio mobiliário geral, criado pelo art. 14º do D.L. 38.538, de 24/11/1951 e mantido pelo art. 167º do Decreto-Lei 45266, de 23/9/1963. No entender de Fernando Pessoa Jorge, *Privilégio creditório a favor de instituições de previdência*, Lisboa, Separata da CTF 169-170, 1974, esse privilégio não tinha sido abolido pelo art. 8º do D.L. 47344, de 25/11/1969, que aprovou o Código Civil. Posteriormente esse privilégio foi reafirmado pelo art. 1º do D.L. 512/76, de 3 de Julho, e pelo art. 10º do D.L. 103/80, de 9 de Maio. Actualmente consta do art. 204º CRCSS.

[938] Sobre os privilégios creditórios relativos a créditos laborais, cfr. António Menezes Cordeiro, "Anotação Ac. STJ 3/3/1998", em *Dir.* 130 (1998), III-IV, pp. 389-399, Catarina Serra, "A crise da empresa, os trabalhadores e a falência", em *RDES* 42 (2001), pp. 419-445 (434 e ss.), Luís Miguel Lucas Pires, "Os privilégios creditórios dos créditos laborais, em *QL* ano 9 (2002), nº 20, pp. 164-202 e Joana Vasconcelos, em Monteiro Fernandes (org.), *Estudos Alonso Olea*, pp. 322 e ss.

disposição foi revogada pelo Código do Trabalho, sendo que o seu art. 377º, b) apenas contempla agora um privilégio imobiliário especial.

A instituição de privilégios imobiliários gerais foi altamente controversa, na medida em que os privilégios imobiliários, por força do art. 751º, prevalecem sobre a hipoteca, embora fosse controverso que se pudesse sustentar a mesma solução em relação aos privilégios imobiliários gerais[939]. A posição que prevaleceu no âmbito da jurisprudência tem sido no sentido da inconstitucionalidade da solução da prevalência dos privilégios gerais sobre a hipoteca, por violação dos princípios constitucionais da confiança e da proporcionalidade[940], a qual já passou efectivamente pela declaração pelo Tribunal Constitucional da inconstitucionalidade com força obrigatória geral dessa interpretação de normas que conferem privilégios gerais[941].

A questão veio a ser de certa forma resolvida pela alteração ao Código Civil efectuada pelo D.L. 38/2003, de 8 de Março. Efectivamente, essa alteração, além de reconhecer a existência de privilégios imobiliários gerais não previstos no Código (cfr. a nova redacção do art. 735º, nº 3), veio determinar a aplicação aos privilégios imobiliários gerais do regime do art. 749º, em lugar do art. 751º, que agora é expressamente restringido aos privilégios imobiliários especiais, ficando

[939] No sentido de que os privilégios imobiliários gerais não prevalecem sobre a hipoteca, cfr. na doutrina, A. Luís Gonçalves, *BFD* 67 (1991), pp. 39 e ss. e na jurisprudência, Ac. RL 14/3/2002 (Cruz Broco, com o voto de vencido de Olindo Geraldes), em *CJ* 27 (2002), 2, pp. 77-80, Ac. STJ 25/6/2002 (Azevedo Ramos), em *CJ-ASTJ* 10 (2002), 2, pp. 135-138 e Ac. STJ 27/6/2002 (Quirino Soares, com voto de vencido de Araújo Barros), em *CJ-ASTJ* 10 (2002), 2, pp. 146-147, e Ac. RP 26/1/2004 (Sousa Lameira), em *CJ* 39 (2004), 1, pp. 170-172.

[940] No Ac. STJ de 5/2/2002 (Reis Figueira), em *CJ-ASTJ* 10 (2002), 1, pp. 71-74., considerou-se como inconstitucional a aplicação do art. 751º a privilégios imobiliários gerais, como o da Segurança Social, instituído pelo art. 11º do D.L. 103/80, de 9 de Maio, por violação dos princípios constitucionais da confiança e da proprocionalidade. A mesma posição foi defendida pelo Tribunal Constitucional que no Ac. 160/2000, de 22 de Março de 2000 (processo 843/98) considerou inconstitucionais, por violação do princípio da protecção da confiança, ínsito no princípio do Estado de Direito democrático, as normas constantes do art. 2º do D.L. 512/76, de 3 de Julho, e 11º do D.L. 103/80, de 9 de Maio, quando interpretadas no sentido de que os privilégios imobiliários gerais prevalecem sobre a hipoteca.

[941] Foi assim declarado inconstitucional com força obrigatória geral o art. 111º (anteriormente art. 104º) CIRS na interpretação de que o privilégio imobiliário geral conferido à Fazenda Nacional prevalece sobre a hipoteca, nos termos do art. 751º CC, pelo Ac. Tribunal Constitucional 362/02, publicado no D.R. I-A, de 16 de Outubro de 2002, pp. 6774 e ss. Foi também declarado inconstitucional com força obrigatória geral o art. 2º do D.L. 512/76, de 20 de Julho, na interpretação de que o privilégio imobiliário geral conferido à Segurança Social prevalece sobre a hipoteca, nos termos do art. 751º, pelo Ac. Tribunal Constitucional 363/02, publicado no D.R. I-A, de 16 de Outubro de 2002, pp. 6777 e ss.

assim estabelecido que qualquer privilégio geral não vale contra terceiros titulares de direitos sobre a coisa, que sejam oponíveis ao exequente.

6. Regime dos privilégios creditórios

6.1. Regime geral

Os privilégios constituem-se exclusivamente em virtude da lei, que estabelece os termos da sua atribuição.

O privilégio garante naturalmente o crédito que dele beneficia, podendo, nos termos do art. 734º, garantir igualmente os juros relativos aos últimos dois anos, se forem devidos.

Os privilégios extinguem-se pelas mesmas causas de extinção da hipoteca (arts. 752º e 730º).

São ainda aplicáveis aos privilégios as disposições dos arts. 692º, e 694º a 699º, relativos à hipoteca (art. 753º).

É conveniente distinguir em virtude da sua diferente natureza, os regimes particulares dos privilégios especiais e dos privilégios gerais.

6.2. Regime dos privilégios especiais

O privilégio especial goza de sequela, pelo que vale sempre contra terceiros. No caso de existir conflito entre o privilégio mobiliário especial e um direito de terceiro prevalece o que mais cedo se houver adquirido (art. 750º), salvo no caso do privilégio relativo a despesas de justiça, o qual prevalece não só sobre os demais privilégios, mas também sobre outras garantias, mesmo anteriores, que onerem os mesmos bens e vale contra terceiros adquirentes (art. 746º). Tratando-se, no entanto, de privilégio mobiliário geral, este é graduado depois dos privilégios imobiliários especiais (art. 747º, nº 1, f)), salvo se se tratar do privilégio mobiliário geral relativo a dívidas fiscais conferido pelo art. 736º ao Estado e às autarquias locais (cfr. art. 747º, nº 1, a)), o qual prevalece sobre os outros privilégios mobiliários especiais, salvo os relativos a despesas de justiça[942]. Já em se tratando de privilégio imobiliário especial, determina o art. 751º que eles são oponíveis a terceiros que adquiram o prédio ou algum direito real sobre ele e preferem à consignação de rendimentos, à hipoteca ou ao direito de retenção, ainda que estas garantias sejam anteriores.

Se houver concurso entre privilégios, este é resolvido, não com base na ordem da sua constituição, mas antes com base na natureza do privilégio (cfr arts. 745º e ss.), efectuando-se o rateio dos bens no caso de ocorrência de créditos igualmente privilegiados (art. 745º, nº 2). Assim, o privilégio sobre despesas de justiça,

[942] No sentido de que o art. 747º, nº 1, a) abrange todos os privilégios do Estado e das autarquias por impostos e não apenas os privilégios especiais, cfr. Salvador da Costa, *O concurso*, p. 184.

seja mobiliário ou imobiliário, tem preferência não só sobre os demais privilégios, como sobre as outras garantias, mesmo anteriores, que onerem os mesmos bens, e vale contra os terceiros adquirentes (art. 746º). Relativamente aos privilégios mobiliários, graduam-se sucessivamente os créditos por impostos, primeiro em relação ao Estado e depois às autarquias locais, os créditos por fornecimentos destinados à produção agrícola, os créditos da vítima de um facto que dê lugar à responsabilidade civil, e os créditos de autor de obra intelectual (art. 747º). Quanto aos privilégios sobre o navio, eles preferem a qualquer privilégio geral ou especial sobre móveis estabelecido no Código Civil (art. 574º CCom).

Relativamente aos privilégios imobiliários especiais são graduados em primeiro lugar os créditos fiscais do Estado e depois os das autarquias (art. 748º).

A eficácia dos privilégios especiais como garantias é no entanto mais reduzida pelo facto de que aqueles de que sejam titulares o Estado, as autarquias locais e as instituições de segurança social, vencidos mais de 12 meses antes da data do início do processo de insolvência, se extinguirem com a declaração de insolvência (art. 97º, nº 1, b) do CIRE).

6.3. Regime dos privilégios gerais

O regime dos privilégios gerais não varia muito do dos privilégios especiais.

O concurso entre eles é regulado nos arts. 745º e ss., sabendo-se, porém, que que o privilégio geral não vale contra terceiros, titulares de direitos que, recaindo sobre as coisas abrangidas pelo privilégios, sejam oponíveis ao exequente (art. 749º, nº 1), estabelecendo ainda o art. 749º, nº 2 que "as leis de processo estabelecem os limites ao objecto e à oponibilidade do privilégio geral ao exequente e à massa falida, bem como os casos em que ele não é invocável ou se extingue na execução ou perante a declaração de falência". Efectivamente, após a reforma da acção executiva, o art. 788º, nº 4, CPC veio determinar que não é admitida a reclamação do credor com privilégio geral, mobiliário ou imobiliário, quando: a) a penhora tenha incidido sobre bem só parcialmente penhorável, renda, outro rendimento periódico ou veículo automóvel ou bens móveis de valor inferior a 25 UC; b) sendo o crédito do exequente inferior a 190 UC, a penhora tenha incidido sobre moeda corrente ou depósito bancário em dinheiro; c) sendo o crédito do exequente inferior a 190 UC este requeira procedentemente a consignação de rendimentos, ou a ajudicação, em dação em cumprimento do direito de crédito no qual a penhora tenha incidido, antes de convocados os credores. Em caso de insolvência, determina o art. 97º, nº 1 a), do CIRE, que se extinguem com a declaração de insolvência "os privilégios creditórios gerais que forem acessórios de créditos sobre a insolvência de que forem titulares o Estado, as autarquias locais e as instituições de segurança social, constituídos mais de 12 meses antes da data do início do processo de insolvência".

Há que salientar, relativamente aos privilégios gerais, que o facto de não possuirem cariz de garantia real impede que lhes seja aplicado o art. 752º, nº 1, CPC[943], não estando assim o seu titular dispensado de nomear bens à penhora, o que pode fazer independentemente de ocorrer ou não a insuficiência dos bens sobre que incide o privilégio.

7. Natureza dos privilégios

A natureza jurídica dos privilégios não pode ser examinada de forma unitária, havendo que distinguir entre os privilégios gerais e os privilégios especiais.

Os privilégios especiais são direitos reais, uma vez que incidem sobre coisas determinadas, e gozam de sequela, sendo oponíveis a terceiros e concedem preferência no pagamento ao credor que deles beneficia, assemelhando-se nestes termos ao penhor e à hipoteca[944]. Devem ser por isso qualificados como direitos reais de garantia, cuja única especialidade resulta de serem atribuídos por lei, em atenção à causa do crédito.

Já os privilégios gerais não podem ser considerados como direitos reais de garantia, uma vez que não incidem sobre coisas determinadas, nem gozam de sequela, só podendo ser exercidos em relação aos bens que se encontrem à data da penhora no património do devedor. Temos vindo por isso a qualificá-los por isso como garantias especiais sobre universalidades[945].

[943] Cfr. Pires de Lima/Antunes Varela, *op. cit.*, I, sub art. 745º, nº 3, p. 766 e Salvador da Costa, *O concurso*, p. 182.

[944] Neste sentido, já Carneiro Pacheco, *Dos privilégios*, pp. 44 e ss.

[945] Cfr. Menezes Leitão, *Garantias*, pp. 292 e ss.

Secção VI
O direito de retenção

1. Generalidades

Contitui igualmente um direito real de garantia o direito de retenção[946]. O direito de retenção encontra-se previsto no art. 754º do Código Civil, prevendo-se ainda casos especiais deste direito no art. 755º, em ordem a abranger o transportador, o albergueiro, o mandatário, o gestor de negócios, o depositário[947], o comodatário, e o beneficiário da promessa de transmissão ou constituição de direito real que obteve a tradição da coisa[948]. O art. 1323º, nº 4 atribui ainda direito de retenção ao achador da coisa.

[946] Seguimos neste ponto, MENEZES LEITÃO, *Garantias*, pp. 232 e ss. Cfr. ainda ANTÓNIO FARIA CARNEIRO PACHECO, *Do direito de retenção na legislação portuguesa*, Coimbra, Imprensa da Universidade, 1911, passim, PAULO CUNHA, *Da garantia*, II, pp. 357 e ss., VAZ SERRA, "Direito de retenção", no *BMJ* 65 (1957), pp. 103-261, MENEZES CORDEIRO, *Direitos Reais*, pp. 770 e ss., CARVALHO FERNANDES, *Direitos Reais*, pp. 163 e ss., CALVÃO DA SILVA, *Cumprimento e sanção pecuniária compulsória*, Coimbra, Separata do BFD, 1987, pp. 339 e ss. 345, SALVADOR DA COSTA, *O concurso*, pp. 213 e ss., PINTO DUARTE, *Direitos Reais*, pp. 289 e ss. e SANTOS JUSTO, *Direitos Reais*, pp. 485 e ss. Na doutrina francesa, veja-se ALEX WEILL, *op. cit.*, pp. 114 e ss., MICHEL DAGOT, *op. cit.*, pp. 73 e ss., MARTY/RAYNAUD/JESTAZ, *op. cit.*, pp. 22 e ss., MAZEAUD/CHABAS, *Sûretés.*, pp. 185 e ss., PIEDELIÈVRE, *op. cit.*, pp. 155 e ss., e THÉRY, *op. cit.*, pp. 361 e ss., DOMINIQUE LEGEAIS, *op. cit.*, pp. 429 e ss., e NICOLE CATALA-FRANJOU, "De la nature juridique du droit de retention", em *RTDCiv* 65 (1967), pp. 10-44 e CHRISTIAN SCAPEL, "Le droit de rétention en droit positif. Un îlot de résistance au contrôle du juge", em *RTDC* 80 (1981), pp. 539-570.

[947] O direito de retenção do depositário parece abranger igualmente o depositário judicial. Cfr. ADELINO DA PALMA CARLOS, "Depósito judicial e direito de retenção" em *O Direito* 95 (1963), pp. 12-20.

[948] Tem sido, no entanto, bastante criticada na doutrina a atribuição do direito de retenção ao beneficiário do contrato-promessa que obteve a transmissão da coisa (art. 755º, nº 1 f)), pelo facto de pôr em causa a garantia hipotecária. Cfr. PIRES DE LIMA/ANTUNES VARELA, *op. cit.*, I, sub art. 755º, nº 3, p. 778, ANTUNES VARELA, *Sobre o contrato-promessa*, 2ª ed., Coimbra, Coimbra Editora, 1989, pp. 109 e ss., MENEZES CORDEIRO, "O novíssimo regime do contrato-promessa", na

Apesar de não se encontrar expressamente contemplado no art. 754º, tem sido ainda reconhecido pela doutrina o direito de retenção ao empreiteiro[949], sendo minoritária a posição contrária[950]. Actualmente ainda há uma justificação suplementar que é o facto de o art. 25º do DL 201/98, de 10 de Julho, conferir direito de retenção ao construtor do navio, o que constitui manifestamente um caso de empreitada.

Fora do Código Civil encontram-se ainda casos especiais de direito de retenção, como o direito de retenção do transportador (art. 21º do D.L. 352/86, de 21 de Outubro e art. 14º do D.L. 239/2003, de 4 de Outubro), o direito de retenção atribuído a advogado, nos termos do art. 101º, nº 3, do Estatuto da Ordem dos Advogados, aprovado pela Lei 145/2015, de 9 de Setembro) e o direito de retenção do agente comercial (art. 35º do D.L. 178/86, de 3 de Julho).

O direito de retenção nunca está sujeito a registo, mesmo quando incida sobre bens a ele sujeitos. Apesar dessa não sujeição a registo, goza de uma publicidade específica resultante da posse da coisa pelo retentor, que permite que os outros se apercebam da garantia. É, por outro lado, uma garantia acessória, na medida em que pressupõe um crédito garantido, cujas vicissitudes acompanha, sendo igualmente indivisível, nos mesmos termos da hipoteca (art. 696º) e do penhor (art. 678º), por cujo regime se rege (arts. 758º e 759º)[951].

2. Pressupostos do direito de retenção

2.1. Generalidades

Conjugando os arts. 754º, 755º e 756º, verificamos que o direito de retenção apresenta genericamente como pressupostos:

a) que o devedor esteja obrigado a entregar uma coisa susceptível de penhora;

CJ 12 (1987), 2, recolhido em ID, *Estudos de Direito Civil*, Coimbra, Almedina, 1987, pp. 59-94 (87 e ss.), CALVÃO DA SILVA, *Sinal e contrato-promessa*, 8ª ed., Coimbra, Almedina, 2001, p. 218, PEDRO SAMEIRO, "O direito de retenção e a situação do credor hipotecário", na *RB* nº 26, 1993, pp. 89-97, ANA PRATA, *O contrato-promessa e o seu regime civil*, Coimbra, Almedina, 1995, pp. 846 e ss. e SALVADOR DA COSTA, *O concurso*, p. 220. Apenas RIBEIRO DE FARIA, *Obrigações*, I, p. 281, considera correcta a solução legislativa, na medida em que faz prevalecer os interesses do consumidor final sobre os interesses das instituições de crédito.

[949] Neste sentido, cfr. GALVÃO TELLES, "O direito de retenção no contrato de empreitada", em *O Direito* 106-119 (1974-1987), pp. 13-34, CALVÃO DA SILVA, *Cumprimento*, pp. 342 e ss., FERRER CORREIA/SOUSA RIBEIRO, "Direito de retenção. Empreiteiro", na *CJ* 13 (1988), 1, pp. 15-23, SALVADOR DA COSTA, *O concurso*, p. 215 e, na jurisprudência, o Ac. RL de 6/4/2000 (GRANJA DA FONSECA), em *CJ* 25 (2000), 2, pp. 130-132.

[950] Em sentido contrário à atribuição de direito de retenção ao empreiteiro, cfr. PIRES DE LIMA/ANTUNES VARELA, *op. cit.*, II, sub art. 1211º, nº 4, pp. 875-876 e, na jurisprudência, o Ac. RL 5/6/1984 (JOSÉ SARAIVA), em *CJ* 9 (1984) 3, pp. 137-140.

[951] Cfr. CARNEIRO PACHECO, *Do direito de retenção*, pp. 60 e ss.

b) que seja simultaneamente titular de um crédito sobre a pessoa a quem esteja obrigado a entregar essa coisa, crédito esse exigível, ainda que com base na perda do benefício do prazo, mas não necessariamente líquido;
c) que exista uma conexão causal entre a coisa e o crédito sobre a pessoa que a deva receber, podendo essa conexão resultar de despesas feitas por causa da coisa ou danos por ela causados (art. 754º) ou de uma relação legal ou contratual que tenha implicado a detenção da coisa, a cuja garantia que a lei atribua esse efeito (art. 755º).
d) que nem a aquisição da detenção da coisa tenha resultado de meios ilícitos, com o conhecimento do adquirente, nem a constituição do crédito tenha resultado de despesas efectuadas de má fé.
e) que a outra parte não preste caução suficiente.

Examinemos sucessivamente esses pressupostos:

2.2. Obrigação de entregar certa coisa susceptível de penhora

O primeiro pressuposto do direito de retenção é que o devedor esteja obrigado a entregar certa coisa (art. 754º), devendo essa coisa ser susceptível de penhora (art. 756º, c)). Efectivamente, sendo o direito de retenção uma garantia real, naturalmente que só podem ser objecto do mesmo as coisas susceptíveis de penhora, pelo que se alguém estiver obrigado a entregar algum dos bens referidos nos arts. 736º e 737º CPC, naturalmente que não pode exercer o direito de retenção, dado que nos casos em que a coisa retida seja impenhorável será impossível constituir sobre ela qualquer garantia.

2.3. Titularidade de um crédito sobre a outra parte, crédito esse exigível, ainda que com base na perda do benefício do prazo, mas não necessariamente líquido

Em regra, o direito de retenção só pode ser exercido em caso de vencimento do crédito, podendo o vencimento ser desencadeado pelo credor, no caso das obrigações puras (art. 805º, nº 1) ou resultar do prazo estipulado pelas partes (art. 805º, nº 2, a)). Pode, porém, neste último caso, ocorrer a perda do benefício do prazo, caso ocorra a insolvência ou diminuição das garantias prestadas (art. 780º), ou a não realização de uma prestação nas dívidas a prestações (art. 781º), o que torna o crédito imediatamente exigível e consequentemente permite ao credor exercer o direito de retenção (art. 757º, nº 1).

Não obsta ao exercício do direito de retenção a iliquidez do crédito garantido (art. 757º, nº 2), dado que a eficácia do direito de retenção como garantia não depende da determinação exacta do montante do crédito, sendo essa iliquidez uma circunstância comum na hipótese de danos causados pela coisa.

2.4. Conexão causal entre o crédito e a coisa

Outro pressuposto do direito de retenção é a existência de uma conexão causal entre o crédito e a coisa, a qual nos termos do art. 754º se exprime genericamente pelo facto de o crédito resultar de despesas feitas por causa da coisa ou de danos por ela causados. Assim, por exemplo, quem efectua benfeitorias numa coisa (cfr. art. 1273º), tem o direito de a reter até ser reembolsado das mesmas. Quem sofre danos em resultado da acção de um animal pertencente a outrem pode retê-lo até ser indemnizado desses danos.

Essa conexão causal pode ainda ser estabelecida pelo facto de a detenção da coisa resultar de uma relação legal ou contratual à qual a lei atribua como garantia esse direito. É o que sucede nas situações previstas no art. 755º, que confere esse direito ao transportador, albergueiro, mandatário, gestor de negócios, depositário, comodatário, e beneficiário da promessa de transmissão ou constituição de direito real que obteve a tradição da coisa. É também o que sucede na hipótese de achado da coisa (art. 1323º, nº 4). Essa mesma situação ocorre ainda nos casos de transporte, referidos no art. 21º do D.L. 352/86, de 21 de Outubro e art. 14º do D.L. 239/2003, de 4 de Outubro), advocacia (art. 101º, nº 3, do EOA, aprovado pela Lei 145/2015, de 9 de Setembro) e agência comercial (art. 35º do D.L. 178/86, de 3 de Julho).

2.5. Não aquisição, com o conhecimento do retentor, por meios ilícitos da detenção da coisa que se deveria entregar, nem realização de má fé das despesas de onde tenha resultado o crédito

Nos termos do art. 756º, a) e b), o direito de retenção é excluído quando a detenção da coisa tenha sido adquirida por meios ilícitos, com o conhecimento do retentor, ou quando tenham sido realizadas de má fé as despesas que determinaram a aquisição do crédito. Temos assim um pressuposto geral do direito de retenção que é a não actuação de má fé por parte do retentor, podendo essa má fé resultar, quer da aquisição ilícita da coisa, com o conhecimento do retentor, quer da própria constituição do crédito fazendo despesas em coisa que se sabia não lhe pertencer. A má fé é aqui entendida em sentido subjectivo, como a consciência da ilicitude da aquisição da coisa ou da lesão do credor em face da realização da despesa[952].

[952] Neste sentido, Pires de Lima/Antunes Varela, *op. cit.*, I, sub art. 756º, nº 2, p. 779, e Salvador da Costa, *O concurso*, p. 224.

2.6. Não prestação de caução suficiente pela outra parte

O direito de retenção surge como uma garantia provisória, pelo que cessa se a outra parte prestar caução suficiente (art. 756º, d))[953]. A caução poderá ser prestada por qualquer das formas referidas no art. 623º, incluindo por fiança, caso em que ocorrerá a substituição de uma garantia real por uma garantia pessoal.

3. Direitos do retentor

A posição jurídica do retentor é equiparada à do credor pignoratício, quando recai sobre coisa móvel (art. 758º), e à do credor hipotecário, quando recai sobre coisa imóvel (art. 759º), sendo aplicável consequente o regime já exposto sobre estas garantias.

Consequentemente, o retentor não pode, em caso algum, apropriar-se da coisa retida, apenas podendo proceder à sua alienação no âmbito da execução da garantia.

4. Transmissão do direito de retenção

Nos termos do art. 760º, o direito de retenção não é transmissível sem que seja transmitido o crédito que ele garante. A não admissibilidade de uma transmissão autónoma do direito de retenção, justifica-se pelo facto de ele ser conferido por lei, tendo em atenção a particular conexão existente entre o crédito garantido e a coisa retida, conexão que deixaria de existir se fosse transmitido sem esse crédito[954].

5. Extinção do direito de retenção

Nos termos do art. 761º, o direito de retenção extingue-se pelas mesmas causas por que cessa o direito de hipoteca, e ainda pela entrega da coisa.

Assim, para além dos casos já referidos no art. 730º, a extinção do direito de retenção pode ocorrer em resultado da entrega da coisa. À semelhança do que

[953] A possibilidade de substituição da retenção por caução já era defendida na vigência do Código de Seabra por Guilherme Moreira, *Instituições*, II, nº 175, p. 527 e, em seu seguimento, por Carneiro Pacheco, *Do direito de retenção*, pp. 180-181. A tal opunha-se, porém, Paulo Cunha, *Da garantia*, II, p. 363, com o argumento de que fosse qual fosse a forma de prestação de caução, a situação do retentor piorava, uma vez que o seu crédito ficava colocada em posição menos segura. A actual redacção do art. 756º, d) não deixa dúvidas quanto à adopção da posição de Guilherme Moreira e Carneiro Pacheco, ainda que a referência a "caução suficiente" possa levar à conclusão que se deverá exigir uma caução que se aproxime dos benefícios concedidos pela retenção. Assim, por exemplo, prevalecendo o direito de retenção sobre uma hipoteca constituída anteriormente (art. 759º, nº 2), constituiria manifesta fraude à lei ser aceite como caução uma hipoteca constituída posteriormente.

[954] Cfr. Salvador da Costa, *O concurso*, p. 230. Já Carneiro Pacheco, *Do direito de retenção*, p. 65, retira essa solução simplesmente da natureza acessória do direito de retenção.

se referiu para o penhor, parece que essa extinção ocorre, quer a entrega seja voluntária, quer involuntária, como na hipótese de resultar de fraude ou violência. Efectivamente, os terceiros que contratam com o dono da coisa terão que ver a sua situação protegida, a qual prevalece por isso sobre a do retentor que tenha entregue a coisa[955]. No entanto, em caso de esbulho da coisa, o retentor pode utilizar das acções possessórias para a recuperar, nos termos dos arts. 758º, 759º, nº 3 e 670º, a), o que lhe permite retomar o exercício do direito de retenção, após a recuperação da coisa.

Uma outra causa de extinção do direito de retenção é a sua substituição por caução, face ao que se dispõe no art. 756º, d)[956]. Efectivamente, uma vez caucionado o crédito, o retentor passa a possuir uma garantia de cumprimento pelo que a retenção da coisa deixa de ser legítima.

Apesar de não expressamente prevista na lei, tem-se entendido que o direito de retenção se pode extinguir por confusão, quando a propriedade da coisa a reter é adquirida pelo retentor. No, entanto, caso a aquisição seja realizada pelo retentor em acção executiva instaurada contra o devedor, parece que se deverá aplicar analogicamente o art. 724º, nº 1, estabelecendo-se o renascimento do direito e o seu atendimento no quadro do art. 824º, nº 2[957].

É controversa a questão sobre se o direito de retenção sobrevive à venda executiva. Em sentido negativo, pronunciaram-se Pires de Lima/Antunes Varela sustentando que todos os direitos reais de garantia caducam com a venda executiva, uma vez que a excepção prevista na parte final do art. 824º relativamente aos direitos que produzem efeitos em relação a terceiros independentemente de registo não se refere a direitos reais de garantia[958], sendo esta posição igualmente seguida por grande parte da jurisprudência[959]. Em sentido afirmativo, pronuncia-se Menezes Cordeiro, considerando que a excepção da parte final do art. 824º

[955] Cfr. Oliveira Ascensão, *Reais*, pp. 550-551. Em sentido contrário, Salvador da Costa, *O concurso*, p. 231, defende que só a entrega voluntária extingue o direito de retenção. No mesmo sentido, cfr. na jurisprudência o Ac. STJ 27/11/2008 (Santos Bernardino), em *CJ-ASTJ* 16 (2008), pp. 150-154.

[956] Cfr. Guilherme Moreira, *Instituições*, II, nº 177, p. 534.

[957] Cfr. Ac. STJ 25/3/1999 (Lúcio Teixeira), em *CJ-ASTJ* 7 (1999), 2, pp. 40-43, e Ac. STJ 24/10/1994 (Silva Caldas), em *CJ-ASTJ* 2 (1994), 3, pp. 100-101, e Salvador da Costa, *O concurso*, p. 231.

[958] Cfr. Pires de Lima/Antunes Varela, *Código Civil Anotado*, II, 4ª ed., Coimbra, Coimbra Editora, 1997, sub art. 824º, nº 2, p. 97.

[959] Cfr. Ac. RL 17/2/2004 (Abrantes Geraldes), em *CJ* 39 (2004), 1, pp. 120-125 e Ac. RE 22/1/2004 (Conceição Bento), em *CJ* 39 (2004), 1, pp. 242-244.

abrange os direitos reais de garantia que produzam efeitos em relação a terceiros independentemente do registo[960].

6. Natureza do direito de retenção

Conforme acima se salientou, o direito de retenção é moldado sobre o regime do penhor ou da hipoteca, consoante incida respectivamente sobre coisas móveis (art. 758º) ou sobre imóveis (art. 759º). O direito de retenção constitui assim um verdadeiro direito real de garantia, na medida em que, tal como aqueles direitos, possui as características do carácter absoluto, da inerência, da sequela e da prevalência.

Sendo uma garantia muito forte, na medida em que até pode prevalecer sobre a hipoteca constituída anteriormente (art. 759º, nº 2), o direito de retenção assume, no entanto, cariz provisório, na medida em que pode ser excluído pela prestação de caução suficiente (art. 756º, d)). O direito de retenção assume, por outro lado, essencialmente uma função compulsória, visando compelir o devedor a realizar a prestação em dívida, em ordem a recuperar o objecto retido[961].

[960] Cfr. Menezes Cordeiro, "Da retenção do promitente na venda executiva", na *ROA* 57 (1997), pp. 547-563 (560 e ss.).

[961] Cfr. Menezes Cordeiro, *Direitos Reais*, p. 771, e Santos Justo, *Direitos Reais*, p. 488.

Secção VII
A penhora

1. Generalidades

A penhora consiste numa apreensão dos bens do executado (seja ele o devedor ou terceiro) afectos à garantia da obrigação exequenda, em ordem a que eles possam ser sujeitos aos fins da acção executiva, a saber, a satisfação do direito do credor exequente e, eventualmente, do dos outros credores com garantia real sobre esses bens[962]. Apesar de resultar de um acto judicial, não deixa de constituir em termos substantivos uma garantia das obrigações, na medida em que, além de impedir o executado de continuar a dispor dos bens penhorados, atribui ao exequente preferência na satisfação do seu créditos sobre esses bens, preferência essa que apenas cessa no caso de insolvência do executado. A penhora integra-se assim entre as garantias reais das obrigações.

2. Objecto da penhora

Relativamente ao objecto da penhora, a regra constante dos arts. 601º, 817º e 818º CC e 735º CPC é a de poderem ser penhorados todos os bens do devedor que respondem pela dívida exequenda, bem como bens de terceiro vinculados à garantia do crédito, ou objecto de acto praticado em prejuízo do credor, que este haja procedentemente impugnado. Exige-se, no entanto, que quer o devedor,

[962] Seguimos neste ponto, MENEZES LEITÃO, *Garantias*, pp. 239 e ss. Cfr. ainda ARTUR ANSELMO DE CASTRO, *A acção executiva singular, comum e especial*, 2ª ed., Coimbra, Coimbra Editora, 1973, pp. 155 e ss., MIGUEL TEIXEIRA DE SOUSA, *Acção executiva singular*, pp. 197 e ss., ID, *A reforma da acção executiva*, Lisboa, Lex, 2004, pp. 139 e ss., JOSÉ LEBRE DE FREITAS, *A acção executiva depois da reforma*, 4ª ed., Coimbra, Coimbra Editora, 2004, pp. 205 e ss., PINTO DUARTE, *Direitos Reais*, pp. 301 e ss., SALVADOR DA COSTA, *O concurso*, pp. 21 e ss., RUI PINTO, *Penhora, venda e pagamento*, Lisboa, Lex, 2003, pp. 11 e ss., ID, *A acção executiva depois da reforma*, Lisboa, Lex, 2004, pp. 79 e ss.

quer o terceiro, sejam executados no processo, uma vez que a penhora só pode incidir sobre bens do executado (art. 735º CPC).

Há, no entanto, certos bens do executado que não podem ser penhorados. Entre eles encontram-se os bens absoluta ou totalmente impenhoráveis (art. 736º CPC), os bens relativamente impenhoráveis (art. 737º CPC) e os bens parcialmente impenhoráveis (art. 738º CPC). Nestes casos, a lei considera que estes bens desempenham no património do executado funções superiores àquela de satisfação do direito do exequente, pelo que não admite a sua nomeação à penhora.

Também não podem ser executados bens do executado que pertençam a um património autónomo em relação à dívida exequenda (art. 601º, *in fine*; cfr. art. 744º CPC), sendo ainda admitida a limitação da responsabilidade por convenção das partes (art. 602º) ou por determinação de terceiro (art. 603º).

3. Regime processual da penhora

Em relação ao regime processual da penhora, convém começar por referir que a penhora ocorre em sede de acção executiva, e esta não pode ser instaurada sem que exista um título executivo (art. 10º, nº 5, CPC). Se, em face do título a obrigação não for certa, líquida e exigível, haverá que proceder como preliminar da execução à liquidação da obrigação exequenda (arts. 713º e ss. do CPC). Apenas após essa fase, deve o credor ou o seu mandatário apresentar o requerimento executivo (art. 724º CPC), o qual é concluso ao juiz para despacho liminar (art. 726º CPC). Nessa fase, é possível ao devedor opor-se à execução mediante embargos de executado (arts. 728º e ss. CPC), a qual pode ser igualmente cumulada com a oposição à penhora caso o executado a pretenda deduzir (art. 856º, nº 3, CPC). Os embargos, porém, não suspendem a execução, a menos que: a) o embargante preste caução; b) tratando-se de execução fundada em documento particular, o embargante tiver impugnado a a genuidade da respectiva assinatura, apresentando documento que constitua princípio de prova e o juiz entender, ouvido o embargado, que se justifica a suspensão sem prestação de caução; c) tiver sido impugnada, no âmbito da oposição deduzida, a exigibilidade ou a liquidação da quantia exequenda e o juiz considerar, ouvido o embargado, que se justifica a suspensão sem prestação de caução (art. 733º, nº 1, a) b) e c) CPC). Se a execução prosseguir, passa-se então à fase da penhora (arts. 735º e ss. CPC).

A apreensão de bens existente na penhora vai determinar a sua posterior entrega a um depositário judicial. Para este efeito, haverá que distinguir entre a penhora de bens imóveis (arts. 755º e ss. CPC), a penhora de bens móveis (arts. 764º e ss. CPC) e a penhora de direitos (arts. 773º e ss. CPC). A penhora de bens imóveis faz-se mediante comunicação electrónica à conservatória do registo predial competente, a qual vale como apresentação ao registo (art. 755º CPC), sendo os bens entregues a um depositário, que normalmente é o agente de execução (arts. 755º e 756º CPC). A penhora de bens móveis não sujeitos a registo faz-se com efectiva apreensão dos bens (art. 764º, nº 1 CPC). Quanto à penhora de direitos, as formas de a executar variam[963]. Se se tratar de direitos de crédito, direitos ou expectativas de aquisição, depósitos bancários, direitos a bens indivisos ou quotas em sociedades, a penhora realiza-se com a notificação respectivamente ao devedor, ao actual titular dos bens, à instituição de crédito, ao administrador ou contitulares e à sociedade de que o direito em causa fica à ordem do agente de execução (arts. 773º, 778, 770º e 781º CPC). Se se tratar de títulos de crédito, a penhora realiza-se por efectiva apreensão do título (art. 774º CPC). Se se tratar de um estabelecimento comercial, a penhora é feita por auto (art. 782º CPC).

4. Efeitos da penhora

Em relação aos efeitos da penhora, podem apontar-se os seguintes:

Em primeiro lugar, a penhora desempenha uma *função individualizadora dos bens* que irão ser submetidos ao poder de execução do credor. Efectivamente, enquanto que antes da penhora o credor dispõe apenas da garantia geral incidente sobre o património do devedor, após a penhora adquire uma garantia especial incidente sobre bens determinados.

Para além disso, a penhora desempenha uma *função conservatória dos bens*, na medida em que o proprietário perde os poderes de gozo sobre os bens penhorados, sendo esses bens entregues a um depositário judicial, bem como os poderes de disposição sobre esses bens, ficando estes numa situação de indisponibilidade, sendo considerados ineficazes em relação ao exequente os actos que envolvam alienação ou oneração dos bens penhorados (art. 819º). Na penhora de créditos, é também considerada ineficaz em relação ao exequente a extinção do crédito por causa dependente da vontade do executado ou do seu devedor, verificada depois da penhora (art. 820º). A indisponibilidade jurídica pode inclusivamente afectar negócios celebrados pelo executado antes da penhora, mas que venham a pôr em causa rendimentos obtidos após a mesma, sendo assim também considerada ineficaz em relação ao exequente a liberação ou cessão de rendas ou alugueres respeitantes a períodos de tempo posteriores à penhora (art. 821º).

Finalmente, a penhora desempenha uma *função de garantia*, na medida que em confere ao exequente o direito de ser pago, com preferência a qualquer outro

[963] A penhora de direitos já não constitui naturalmente uma garantia real, uma vez que não incide sobre bens corpóreos.

credor que não tenha garantia real anterior sobre os bens penhorados (art. 822º, nº 1). A anterioridade da garantia é determinada pela data do registo, no caso de bens imóveis e móveis sujeitos a registo (cfr. art. 2º, nº 1, n) e 6º, nº 1, C.R.P.), pela data da hora da diligência, no caso de a penhora incidir sobre bens móveis não registáveis e pela data da notificação ao obrigado em relação a direitos. Caso, porém, a penhora seja precedida de arresto, a sua anterioridade é reportada à data do arresto (art. 822º, nº 2). Precisamente para admitir a graduação das outras garantias reais em confronto com a penhora vem o art. 786º, nº 1, b) CPC prever a citação dos credores com garantia real sobre os bens executados, os quais são admitidos a reclamar o seu crédito na acção executiva, caso disponham de título executivo (art. 788º CPC). A preferência resultante da penhora deixa, porém, de ser atendida, caso venha a ser decretada a insolvência do executado (art. 140º, nº 3 CIRE).

5. Extinção da penhora

Apesar de a lei nada prever sobre a extinção da penhora, parece poder aplicar-se-lhe analogicamente as disposições do art. 730º, relativa à hipoteca, quando incida sobre imóveis ou móveis sujeitos a registo, e do art. 677º, relativa ao penhor, quando incida sobre móveis.

Assim, a penhora extinguir-se-á naturalmente em resultado da extinção da obrigação a que serve de garantia (art. 730º, a) e 677º). Uma das formas de tal ocorrer é pelo pagamento da dívida referida no âmbito da execução (cfr. arts. 795º e ss. CPC).

Também parece dever ser considerada causa de extinção da penhora, no caso em que esta recaia sobre bens imóveis, a prescrição, a favor de terceiro adquirente do prédio penhorado, decorridos vinte anos sobre o registo da aquisição e cinco sobre o vencimento da obrigação (art. 730º, b)). Já a penhora de bens móveis não estará sujeita a esta específica causa de extinção (art. 677º).

Será naturalmente também causa de extinção da penhora o perecimento da coisa penhorada (art. 730º, c) e 677º). O art. 823º dispõe, no entanto, que "se a coisa penhorada se perder, for expropriada ou sofrer diminuição de valor, e, em qualquer dos casos, houver lugar a indemnização de terceiro, o exequente conserva sobre os créditos respectivos, ou sobre as quantias pagas a título de indemnização, o direito que tinha sobre a coisa".

Finalmente, parece também dever-se considerar causa de extinção da penhora a renúncia do credor (art. 730º, d) e 677º).

6. Natureza da penhora

A natureza da penhora é controvertida. Para uma parte da doutrina, a penhora constitui um direito real de garantia, uma vez que atribui uma preferência no pagamento sobre os credores que não disponham de melhor garantia anterior, bem como a sequela, uma vez que o exequente continua a poder executar os bens penhorados, mesmo que estes tenham sido transmitidos para terceiro. Tratar-se-ia, porém, de um direito real de garantia imperfeito, dado que se extingue em caso de insolvência do devedor[964].

A inserção da penhora entre os direitos reais de garantia foi, no entanto, rejeitada por vários autores. Para MIGUEL TEIXEIRA DE SOUSA, as garantias reais permitem, por força da sequela, executar o bem no património daquele que for o seu proprietário ou possuidor. Ora, "a penhora resolve o mesmo problema – a afectação do bem onerado à realização dos fins da execução e, em especial à satisfação do crédito do exequente – de modo totalmente oposto. Em vez de acompanhar o bem transmitido e de sujeitar o seu adquirente à execução, a penhora ignora a transmissão do bem (cfr. art. 819º CC) e rejeita qualquer substituição do executado. Enquanto o direito real se adapta à dinâmica, a penhora ficciona a estática". Assim, o autor defende que "a penhora não é um direito real de garantia, porque, embora seja inerente a uma coisa e afecte a execução desta à satisfação do crédito do exequente a sua função é conservatória", sendo apenas "uma situação em que são colocados certos bens ou direitos"[965]. Também ALMEIDA COSTA considera que "em rigor não se trata de uma garantia real, mas de um acto processual que visa criar a indisponibilidade dos bens adstritos à execução, mediante a produção dos mesmos efeitos substantivos das garantias reais: a preferência e a sequela"[966].

A melhor posição parece ser, no entanto, a que defende a inserção da penhora no âmbito dos direitos reais de garantia. Efectivamente, independentemente da forma como se estabelece a garantia, não há dúvida que a penhora atribui ao exequente um direito sobre uma coisa corpórea, oponível *erga omnes*, que lhe atribui preferência no pagamento sobre a venda desse mesmo bem. Não há assim qualquer obstáculo à inserção da penhora entre as garantias reais.

[964] Cfr. PINTO DUARTE, *Direitos Reais*, pp. 301 e ss. e SALVADOR DA COSTA, *O concurso*, pp. 26-27.
[965] Cfr. MIGUEL TEIXEIRA DE SOUSA, *Acção executiva singular*, p. 250.
[966] Cfr. ALMEIDA COSTA, *Obrigações*, p. 919.

Parte V
Dos Direitos Reais de Aquisição

Secção I
A promessa real

1. Generalidades

O primeiro dos direitos reais de aquisição corresponde à promessa real[967]. Esta consiste num contrato-promessa (art. 410º) a que não é atribui eficácia meramente obrigacional, a qual se traduz apenas na possibilidade de execução específica (art. 830º) e na responsabilidade obrigacional por incumprimento (arts. 798º e ss.), mas antes eficácia real (art. 413º), o que permite opor eficazmente a promessa perante terceiros, sendo adquirido por essa via um direito real de aquisição.

2. Pressupostos da promessa real

A lei permite a atribuição de eficácia real ao contrato-promessa, no caso de a promessa respeitar a bens imóveis ou móveis sujeitos a registo, e as partes declarem expressamente a atribuição de eficácia real e procedam ao seu registo (art. 413º, nº 1). A atribuição de eficácia real tem que constar de declaração expressa, não se admitindo assim que a mesma seja declarada tacitamente, em excepção à relevância geral da declaração tácita prevista no art. 217º[968], e tem que ser registada.

[967] Seguiremos neste ponto MENEZES LEITÃO, *Obrigações*, I, pp. 243 e ss. Cfr. ainda OLIVEIRA ASCENSÃO, *Reais*, pp. 561 e ss., MENEZES CORDEIRO, *Direitos Reais*, pp. 779 e ss., CARVALHO FERNANDES, *Direitos Reais*, pp. 169 e ss, PINTO DUARTE, *Direitos Reais*, p. 318, e SANTOS JUSTO, *Direitos Reais*, pp. 454 e ss.

[968] Neste sentido, CARVALHO FERNANDES, *Direitos Reais*, pp. 169 e ss. Em sentido contrário, MENEZES CORDEIRO, "O novíssimo regime do contrato-promessa", na *CJ* 12 (1987), 2, recolhido em *Estudos de Direito Civil*, Coimbra, Almedina, 1987, pp. 59-94 (76) sustenta que a expressão deve ser entendida no sentido de declaração específica ou suplementar, podendo essa declaração ser tácita nos termos gerais.

O registo não parece, porém, ter neste caso eficácia constitutiva do direito real de aquisição, sendo apenas consolidativo, nos termos gerais[969].

O contrato-promessa com eficácia real está sujeito a uma forma mais solene, uma vez que é exigida escritura pública ou documento particular autenticado, a menos que não seja exigida essa forma para o contrato prometido, caso em que basta um simples documento particular, que a lei estranhamente continua a exigir que tenha reconhecimento de assinatura (art. 413º, nº 2, na redacção do D.L. 116/2008, de 4 de Julho), mas que, após a abolição dos reconhecimentos por semelhança sem menções especiais relativas aos signatários, deve nesse caso considerar-se substituída pela indicação, feita pelo signatário, do número, data e entidade emitente do seu bilhete de identidade ou documento equivalente emitido pela autoridade competente de um dos países da União Europeia ou do passaporte (art. 2º do D.L. 250/96, de 24 de Dezembro).

Cumpridos estes requisitos, o contrato-promessa adquire eficácia real, o que significa que o direito à celebração do contrato definitivo prevalecerá sobre todos os direitos reais que não tenham registo anterior ao registo da promessa com eficácia real. Neste caso, parece que o direito à celebração do contrato definitivo pode ser sempre exercido, mesmo que as partes decidam constituir sinal ou estabelecer penalizações para o incumprimento ou inclusivamente celebrar convenção contrária à execução específica[970].

3. Regime da promessa real

A lei não esclarece qual a forma de obter o cumprimento da promessa com eficácia real, em caso de ocorrer efectivamente a venda do prédio a terceiros. Segundo a posição de Antunes Varela, Almeida Costa e Ribeiro de Faria, deverá estabelecer-se da mesma forma a execução específica contra o obrigado, aplicando-se em relação ao terceiro o regime da venda de bens alheios, o que permitiria exigir imediatamente dele a restituição com base na nulidade da venda[971]. Segundo a opinião de Dias Marques deverá interpor-se uma acção de execução específica contra o terceiro[972]. Para Oliveira Ascensão e Carvalho Fernandes a acção de execução específica deve ser instaurada simultaneamente contra o obrigado e o terceiro adquirente[973]. Segundo a posição de Menezes Cordeiro,

969 Neste sentido, Oliveira Ascensão, *Reais*, pp. 562-563, Menezes Cordeiro, *Direitos Reais*, p. 778 e *Estudos*, pp. 76-77, e Carvalho Fernandes, *Direitos Reais*, p. 170.

970 Cfr. Galvão Telles, *Obrigações*, p. 149.

971 Cfr. Antunes Varela, *Obrigações*, I, pp. 374-375, Almeida Costa, *Obrigações*, pp. 412-413, Ribeiro de Faria, *Obrigações*, I, p. 273.

972 Citado *apud* Menezes Cordeiro, *Estudos*, p. 78.

973 Cfr. Oliveira Ascensão, *Reais*, pp. 566 e ss., e Carvalho Fernandes, *Direitos Reais*, pp. 170-171.

a forma adequada seria uma acção de reivindicação adaptada contra o terceiro (art. 1315º)[974].

Qualquer das posições nos parece criticável. Em primeiro lugar, a execução específica contra o obrigado faz pouco sentido quando ele já não é o dono do bem, sendo também de rejeitar a qualificação da alienação por ele efectuada como venda de bens alheios, já que ele era proprietário no momento da venda, a qual é plenamente válida, e só é posta em causa se a eficácia real for exercida, a qual não pode por isso consistir numa acção de nulidade. Mas a execução específica contra o terceiro coloca o problema de ele não se ter obrigado a celebrar qualquer contrato com o beneficiário da promessa, faltando por isso o pressuposto essencial da sua aplicação. A tese da execução específica contra os dois suscita estas duas objecções cumulativamente. Finalmente, a reivindicação (adaptada) contra o terceiro suscita a dificuldade de a reivindicação ser uma acção destinada a reconhecer um direito real e reclamar a restituição da coisa que é seu objecto (art. 1311º, nº 1), não tendo assim natureza constitutiva, enquanto o exercício da eficácia real teria que revestir essa natureza, uma vez que através dela se procede a uma aquisição potestativa do direito real.

Parece-nos, por isso, que o exercício da eficácia real não corresponde a uma acção judicial típica, devendo considerar-se como uma acção declarativa constitutiva, eventualmente cumulável com um pedido de restituição, a instaurar em litisconsórcio necessário contra o promitente e o terceiro adquirente, destinada a fazer prevalecer o direito de aquisição do promitente comprador sobre a aquisição desse terceiro.

4. Natureza jurídica da promessa real

É controvertida a natureza jurídica do direito do beneficiário da promessa com eficácia real.

Uma posição defendida por Galvão Telles, Oliveira Ascensão, Menezes Cordeiro e Carvalho Fernandes é a de que se trataria de um verdadeiro direito real de aquisição[975].

Pelo contrário, outra posição, onde se incluem os nomes de Antunes Varela, Almeida Costa, Pessoa Jorge, Henrique Mesquita e Santos Justo, sustenta tratar-se ainda de um direito de crédito, embora sujeito a um regime especial de oponibilidade a terceiros, em certa medida semelhante ao regime previsto no § 883 B.G.B., que amite a anotação prévia no registo (*Vormerkung*), de certos direitos de crédito sobre imóveis, por forma a permitir que não sejam afecta-

[974] Cfr. Menezes Cordeiro, *Obrigações*, 1º, p. 477.

[975] Cfr. Galvão Telles, *Obrigações*, p. 149, Oliveira Ascensão, *Reais*, pp. 567 e ss., Menezes Cordeiro, *Obrigações*, 2º, p. 475 e Carvalho Fernandes, *Direitos Reais*, p. 169.

dos, em caso de posteriormente serem praticados actos de disposição sobre esses bens[976].

A nosso ver, é manifesto que a promessa real, embora pressuponha um direito de carácter relativo, o direito à celebração do contrato prometido, acaba por extravasar desse direito, na medida em que atribui uma faculdade absoluta de aquisição da coisa, que a ela inere, beneficiando da sequela e prevalência que caracteriza os direitos reais. Defendemos, consequentemente, que se trata de um direito real de aquisição.

[976] Cfr. ANTUNES VARELA, *Contrato-promessa*, p. 61, e nota (2), ALMEIDA COSTA, *Obrigações*, pp. 129 e 412, PESSOA JORGE, *Obrigações*, I, p. 185, HENRIQUE MESQUITA, *Obrigações reais*, pp. 252 e ss., e SANTOS JUSTO, *Direitos Reais*, pp. 455-456.

Secção II
A preferência real

1. Generalidades

Outro direito real de aquisição consiste na preferência real[977]. Esta consiste na faculdade de adquirir um bem, suportando as mesmas condições de outro adquirente, que celebrou um contrato relativamente àquele bem.

Não devem, por isso, confundir-se com as preferências legais as situações em que se atribui a alguém a faculdade de adquirir determinado bem por quantia diferente daquela que se encontra estipulada no contrato preferível, como ocorre no âmbito dos arts. 27º e 28º da LS, em que a administração pode exercer a preferência com a declaração de não aceitação do preço convencionado, caso em que a transmissão para o preferente é feita nos termos da expropriação por utilidade pública. Efectivamente é essencial à preferência a igualdade de condições com o contratante em relação ao qual se pretende preferir, pelo que, sendo estabelecidas condições diferentes, já se não poderá falar em direito de preferência[978].

[977] Cfr. Carvalho Fernandes, *Direitos Reais*, pp. 167 e ss., Pinto Duarte, *Direitos* Reais, pp. 315 e ss., e Santos Justo, *Direitos Reais*, pp. 449 e ss. Em geral sobre o direito de preferência, cfr. Agostinho Cardoso Guedes, *O exercício do direito de preferência*, Porto, UC, 2006, passim.

[978] Cfr. Agostinho Cardoso Guedes, *O exercício*, pp. 98-99. Conforme salienta este autor, a doutrina tem hesitado na qualificação desta situação, reconhecendo, porém, unanimemente que não se trata de uma preferência. Assim, Pires de Lima/Antunes Varela, *op. cit.*, II, sub art. 28º RAU, nº 1, p. 463, sustentam que o direito de preferir pelo justo valor corresponde a uma "*contrafacção* do direito de preferência". Oliveira Ascensão, *Reais*, p. 579 entende que a possibilidade de as autarquias locais adquirirem um prédio por valor inferior ao preço de venda corresponde a uma forma de expropriação por utilidade pública. Seguindo esta orientação, Henrique Mesquita, *Obrigações reais*, p. 195, nota (117), fala num direito de expropriação conferido, ora para tutela do interesse público, ora para tutela de interesses particulares, que se concretiza na altura em que o proprietário pretende vender os bens.

A preferência real pode resultar da atribuição de eficácia real ao pacto de preferência, nos termos do art. 421º, assim como da concessão legal de direitos de preferência.

Examinemos sucessivamente estas situações:

2. O pacto de preferência com eficácia real

Nos termos do art. 421º, nº 1, o pacto de preferência pode, por convenção das partes, gozar de eficácia real se, respeitando a bens imóveis ou a móveis sujeitos a registo, forem observados os requisitos de forma e de publicidade exigidos no art. 413º. O pacto de preferência com eficácia real está sujeito aos mesmos requisitos de forma e publicidade da promessa com eficácia real, os quais examinámos *supra*.

Sendo atribuída eficácia real ao pacto de preferência, e por força do art. 421º, nº 2, o titular do direito de preferência não tem apenas a possibilidade de exercer os seus direitos como credor, em caso de incumprimento da obrigação de preferência (arts. 798º e ss.), mas também pode lançar mão da acção de preferência prevista no art. 1410º, a qual lhe permite adquirir o bem com prevalência sobre qualquer adquirente posterior.

3. As preferências legais

3.1. Generalidades

Encontram-se diversos casos de preferências legais, quer no Código Civil, quer em legislação especial. Limitaremos apenas a nossa análise às contantes do Código Civil. No âmbito deste, constituem preferências legais a preferência do arrendatário na venda e dação em cumprimento do local arrendado há mais de dois anos, prevista no art. 1091º, nº 1, a), a preferência recíproca dos proprietários de terrenos confinantes, estabelecidas nos arts. 1380º e 1381º, a preferência recíproca dos comproprietários, prevista no art. 1409º, a preferência do proprietário do solo, constante do art. 1535º, a preferência do proprietário de prédio onerado com a servidão legal de passagem, prevista no art. 1555º, e finalmente a preferência recíproca dos co-herdeiros, estabelecida no art. 2130º.

Examinámos já, quando estudámos esses direitos, a preferência dos comproprietários, do proprietário do solo, e do proprietário de prédio onerado com a servidão legal de passagem. Quanto à preferência dos co-herdeiros, esta deve ser tratada em Direito das Sucessões. Restringiremos, por isso, neste momento a nossa análise à preferência do arrendatário e dos proprietários de terrenos confinantes.

Examinemos sucessivamente estas preferências:

3.2. O direito de preferência do arrendatário urbano

No âmbito do arrendamento urbano, é atribuído ao arrendatário um direito real de preferência[979], no caso de compra e venda ou dação em cumprimento do local arrendado há mais de dois anos (art. 1091º, nº 1, a))[980]. O arrendatário tem assim a faculdade de obter a propriedade do local arrendado, seja este um prédio ou uma fracção autónoma, caso o senhorio proceda à sua alienação por qualquer destes negócios. Já no caso de se tratar de uma alienação de um prédio que só esteja parcialmente arrendado, o arrendatário não gozará em princípio do direito de preferência, uma vez que não se está perante uma alienação do local arrendado na sua totalidade.

No caso, porém, de contrato de arrendamento para fins habitacionais relativo a parte de prédio não constituído em propriedade horizontal, o arrendatário tem direito de preferência nos mesmos termos previstos para o arrendatário de fração autónoma, a exercer nas seguintes condições: a) O direito é relativo à quota-parte do prédio correspondente à permilagem do locado pelo valor proporcional dessa quota-parte face ao valor total da transmissão; b) A comunicação prevista no nº 1 do artigo 416º deve indicar os valores referidos na alínea anterior; c) A aquisição pelo preferente é efectuada com afectação do uso exclusivo da quota-parte do prédio a que corresponde o locado (art. 1091º, nº 8). Trata-se de uma solução bastante estranha, uma vez que estende o direito de preferência do arrendatário habitacional a uma situação, em que de acordo com o art. 1091º, nº 1, a), não há direito de preferência. Para além disso, não se vê como é que num prédio não constituído em propriedade horizontal pode permitir que seja exercida uma preferência idêntica ao de arrendatário de fracção autónoma, uma vez que nesse prédio, por definição, não existem fracções autónomas. A lei obriga o vendedor a comunicar uma permilagem do prédio por um valor proporcional, que não está por isso, definido, já que só o poderia ser no título constitutivo da propriedade horizontal. Para além disso, a lei determina que a aquisição do preferente é efectuada com afectação do uso exclusivo da quota-parte do prédio, quando na compropriedade o que existe é uma quota ideal, que não pode por isso ter afec-

[979] Cfr. José de Oliveira Ascensão, "Subarrendamento e direitos de preferência no novo regime do arrendamento urbano", na *ROA* 51 (1991), 1, pp. 45-73 (55 e ss.) e "Direito de preferência do arrendatário", em António Menezes Cordeiro/Luís Menezes Leitão/Januário da Costa Gomes, *Estudos em homenagem ao Prof. Doutor Inocêncio Galvão Telles,* III – *Direito do Arrendamento Urbano*, Coimbra, Almedina, 2002, pp. 249-273.

[980] Tem havido uma evolução considerável no âmbito de preferência do arrendatário. Enquanto que o art. 47º, nº 1, do RAU, bastava-se com o facto de o arrendamento durar há mais de um ano, o art. 1091º, nº 1, a) na versão inicial do NRAU, passou a exigir que o arrendamento tivesse sido celebrado há mais de dois anos. A Lei 64/2018, de 29 de Outubro, alterou este artigo, reduzindo o prazo necessário para dois anos.

tação exclusiva. Trata-se de uma solução bastante estranha, que não se adequa minimamente ao nosso sistema de direito de preferência.

A lei permite igualmente que no arrendamento habitacional, no caso de venda de imóvel não submetido ao regime da propriedade horizontal, os arrendatários do mesmo possam exercer o direito de preferência em conjunto, adquirindo, na proporção a totalidade do imóvel em compropriedade (art. 1091º, nº 9).

O direito de preferência do arrendatário é graduado imediatamente acima do direito de preferência conferido ao proprietário do solo pelo art. 1535º do Código Civil (art. 1091º, nº 3) e é sujeito ao regime geral dos arts. 416º a 418º e 1410º do mesmo Código (art. 1091º, nº 5). Há, porém, algumas especificidades a apontar. Assim, em primeiro lugar, a lei exige uma forma especial para a comunicação para preferência, que tem que ser através de carta registada com aviso de recepção, sendo o prazo de exercício do direito de preferência fixado em 30 dias a contar da comunicação (art. 1091º, nº 4). Para além disso, no caso de venda de coisa juntamente com outras, nos termos do artigo 417º, o obrigado tem que indicar na comunicação o preço que é atribuído ao locado bem como os demais valores atribuídos aos imóveis vendidos em conjunto (art. 1091º, nº 6). Por último, quando o obrigado invoque a existência de prejuízo apreciável na separação, para exigir que a preferência se faça pelo conjunto, a comunicação deve incluir a demonstração da existência de prejuízo apreciável, não podendo ser invocada a mera contratualização da não redução do negócio como fundamento para esse prejuízo (art. 1091º, nº 7).

3.3. O direito de preferência dos proprietários de terrenos confinantes

O primeiro caso de preferência legal é o direito de preferência dos titulares de terrenos confinantes[981], estabelecido nos arts. 1380º e ss. e no art. 18º do D.L. 384/88, de 25 de Outubro. Este direito foi instituído entre nós pela primeira vez pela Lei 2116, de 14 de Agosto de 1962, regulamentada pelo D.L. 44647 de 26 de Outubro de 1962.

A razão de ser da atribuição deste direito assenta na intenção de facilitar o emparcelamento de terrenos com área inferior à da unidade de cultura, em ordem a tornar tecnicamente rentável a sua exploração agrícola, dados que os minifúndios não proporcionam normalmente um eficiente aproveitamento dos terrenos[982].

[981] Cfr. Agostinho Cardoso Guedes, *O exercício*, pp. 112 e ss.

[982] Cfr. Antunes Varela, "Anotação Ac. STJ 13/10/1993 (Direito de preferência do proprietário de um minifúndio ma venda de terreno agrícola confinante com área superior à da unidade de cultura", em *RLJ* 127 (1994-1995), pp. 308-310, 326-335, e 365-378 (369 e ss.). Na jurisprudência, cfr. Ac. STJ 28/2/2008 (Fonseca Ramos), em *CJ-ASTJ* 16 (2008), 1, pp. 129-133.

Face ao art. 1380º, nº 1, a atribuição deste direito de preferência depende dos seguintes pressupostos:

a) Ter sido vendido ou dado em cumprimento um prédio com área inferior à da unidade de cultura;
b) que quem que se apresenta a preferir seja dono de um terreno confinante com o alienado;
c) que esse prédio tenha área inferior à unidade de cultura;
d) que o adquirente do prédio não seja proprietário confinante[983].

Todos estes pressupostos devem ser considerados como factos constitutivos do direito de preferência, cabendo por isso a sua alegação e prova ao autor[984].

A Portaria 202/70, de 21 de Abril define as áreas de cultura para as diversas regiões do país, sendo que o art. 27º do D.L. 73/2009, de 31 de Março estabelece que nas áreas da Reserva Agrícola Nacional a unidade de cultura corresponde ao triplo da fixada na lei geral para os respectivos terrenos e região.

O art. 1381º, exclui, porém, o direito de preferência dos proprietários de terrenos confinantes nas seguintes situações:

a) Quando algum dos terrenos constitua parte componente de um prédio urbano ou se destine a algum fim que não seja a cultura[985];
b) Quando a alienação abranja um conjunto de prédios que, embora dispersos, formem uma exploração agrícola de tipo familiar.

[983] Cfr. Pires de Lima/Antunes Varela, *op. cit.*, III, sub art. 1380º, nº 2, pp. 270-271, Henrique Mesquita, "Direito de Preferência (Parecer)", em *CJ* 11 (1986), 5, p. 49-54 (51) e Galvão Telles, "Anotação ao Assento do Supremo Tribunal de Justiça de 18 de Março de 1986", em *O Direito* anos 106º-119º (1974-1987), pp. 352-356, e Agostinho Cardoso Guedes, *O exercício*, p. 114.

[984] Neste sentido, considerando improcedente a acção de preferência por o autor não ter demonstrado que o réu não era proprietário de terreno confinante, cfr. Ac. STJ 15/5/2007 (Nuno Cameira), em *CDP* nº 30 (Abril-Junho 2010), pp. 16-19, com anotação discordante de José Lebre de Freitas, "A propriedade de prédio confinante na norma do art. 1380º, nº 1, do Código Civil. Facto constitutivo e facto impeditivo – Ac. do STJ de 15.5.2007, Proc. 958/07", *ibid*, pp. 20-25.

[985] Conforme escrevem Pires de Lima/Antunes Varela, *op. cit.*, sub art. 1381º, nº 3, p. 276, "o fim que releva, para efeitos de aplicação do disposto na alínea a), não é aquele a que o terreno esteja afectado à data da alienação, mas antes o que o adquirente pretende dar-lhe (...). Este fim não tem de constar necessariamente da escritura de alienação, podendo provar-se por outros meios (...)". A jurisprudência tem, porém, considerado que não basta provar a intenção do adquirente, exigindo-se ainda a demonstração de que essa intenção pode ser concretizada. Assim, no Ac. RP 2/3/2009 (Sousa Lameira), em *CJ* 34 (2009), 2, pp. 180-183, considerou-se que a preferência não era excluída pelo facto de o adquirente ter intenção de construir uma moradia no terreno, se essa construção não pudesse ser judicamente autorizada.

O Assento do STJ, de 18/3/1986 fixou a interpretação de que não constituía impedimento ao direito de preferência o facto de o terreno confinante ter uma cultura diversa do prédio que foi alienado[986]. Já é, no entanto, impedimento à preferência o facto de o terreno ser destinado a outro fim que não seja a cultura, designadamente o fim de construção[987].

O regime do Código Civil veio a ser ampliado pelo art. 18º, nº 1, do Decreto-Lei 384/88, de 25 de Outubro, o qual estabeleceu que "os proprietários de terrenos confinantes gozam do direito de preferência previsto no art. 1380º do Código Civil, ainda que a área daqueles seja superior à da unidade de cultura". O nº 2 desta disposição determina, porém, que os"preferentes referidos no número anterior não gozam do direito de preferência em relação aos terrenos que, integrados numa área a emparcelar, sejam adquiridos pela Direcção-Geral de Hidráulica e Engenharia Agrícola para fins de emparcelamento após a aprovação ou a autorização para elaboração do respectivo projecto". Este Decreto-Lei dilatou assim consideravelmente o direito de preferência, afastando a exigência constante do art. 1380º, nº 1, do Código Civil, de que tanto o terreno do preferente como o terreno objecto da preferência tivessem área inferior à da unidade de cultura. O direito de preferência só seria assim excluído se ambos os prédios possuíssem área superior à dessa unidade de cultura, uma vez que nesse caso não existiria a razão justificativa da sua atribuição, que era a de terminar com os minifúndios[988]. Era, porém, duvidoso se o proprietário de um terreno confinante com área inferior à da unidade de cultura teria direito de preferência em caso de alienação de prédios com área superior à da unidade de cultura[989], mas entendemos que a resposta deveria ser afirmativa, uma vez que o objectivo de eliminar

[986] Cfr. Assento STJ de 18/3/1986, publicado no DR I Série, de 17 de Maio de 1986, pp. 98-99: "O direito de preferência conferido pelo artigo 1380º do Código Civil não depende da afinidade ou identidade de culturas nos prédios confinantes". Aplaudindo esta interpretação, cfr. Galvão Telles, em *O Direito* 106º-119º (1974-1987), pp. 353 e ss., e Antunes Varela, "Anotação Ac. STJ de 18/3/1986, na *RLJ* 124 (1991-1992), pp. 373-384 125 (1992-1993), pp. 11-16 (12 e ss.).

[987] Entendeu, no entanto, o Ac. RC 18/3/1986 (Maria da Graça Santos Silva), em *CJ* 33 (2008, 5, pp. 5-9, que a exclusão do direito de preferência exige que o terreno seja legalmente apto para construção, não bastando que o adquirente manifeste essa intenção na escritura.

[988] Neste sentido, cfr. Henrique Mesquita, "Alienação de prédios minifundiários (Parecer)", em *CJ* 16 (1991), 2, pp. 35-39 (38).

[989] Henrique Mesquita, *CJ* 16 (1991), 2, p. 39 considerou tratar-se de uma questão omissa na lei. Oliveira Ascensão, *Reais*, p. 581, e Menezes Cordeiro, "Da preferência na alienação de prédios limítrofes", em *O Direito* 128 (1996), I-II, pp. 235-256, defenderam que o titular de um minifúndio não poderia preferir em caso de alienação de uma grande propriedade, uma vez que esta já preenche os requisitos para estar afastada do direito de preferência, não fazendo sentido por isso penalizar os seus titulares com essa oneração.

o minifúndio era igualmente assegurado por essa via[990]. O art. 18º, nº 1, do D.L. 348/88, viria, porém, a ser revogado pela Lei 111/2015, de 27 de Agosto (art. 64º), cujo art. 21º passou a limitar a preferência aos proprietários de parcelas e prédios rústicos abrangidos por um projecto de emparcelamento.

Para além desta situação, o art. 26º do D.L. 73/2009, de 31 de Março, diploma alterado pelo D.L. 199/2015, de 26 de Setembro, que regula o regime da Reserva Agrícola Nacional (RAN) veio estabelecer que "sem prejuízo dos direitos de preferência estabelecidos no Código Civil e em legislação complementar, os proprietários de prédios rústicos ou mistos incluídos numa área da RAN gozam do direito de preferência na alienação ou dação em cumprimento de prédios rústicos ou mistos confinantes". Neste caso, o direito de preferência é independente da área dos prédios.

Em virtude do objectivo de eliminação do minifúndio tem sido defendido que a preferência tem que ser exercida sobre toda a exploração agrícola confinante e não apenas sobre uma parte dela, ainda que mesma esteja dividida por várias inscrições matriciais[991].

4. Regime da preferência real

Existindo uma preferência real, o titular da preferência não possui apenas um direito de crédito à preferência, mas também um direito real de aquisição, que pode opor *erga omnes*, mesmo a posteriores adquirentes da propriedade.

A lei esclarece neste caso que o processo adequado para o exercício do direito de preferência é a denominada acção de preferência. Esta vem prevista no art. 1410º (redacção do D.L. 68/96, de 31 de Maio), a propósito da preferência do comproprietário, mas é extensível a qualquer titular de direitos reais de preferência (cfr. arts. 421º, nº 2, 1091º, nº 4, 1380º, nº 4, 1535º, nº 2, e 2130º, nº 1, *in fine*). Esta acção deve ser intentada no prazo de seis meses a contar da data em que o titular da preferência teve conhecimento dos elementos essenciais da alienação, tendo como condição de procedência que ocorra o depósito do preço devido nos quinze dias posteriores à propositura da acção[992].

[990] Neste sentido, também Antunes Varela, na *RLJ* 127 (1994-1995), pp. 371 e ss., e Agostinho Cardoso Guedes, *O exercício*, pp. 116 e ss. (119).

[991] Neste sentido, Ac. RC 27/5/2015 (Alexandre Reis), processo 141/11.9TBAMM.C1 em *CJ* 40 (2015), 3, pp. 13-16.

[992] O prazo de depósito do preço é um prazo de caducidade mas, como se refere a um acto a praticar em juízo, termina à hora de encerramento das secretarias judiciais. No caso de a preferência ser exercida ao abrigo do art. 417º, nº 1 e 2, o depósito deve ser realizado proporcionalmente ao preço praticado, apurando-se posteriormente o montante efectivo a depositar. Cfr. Ac. STJ 30/1/2001 (Aragão Seia) na CJ-ASTJ 9 (2001), I, pp. 84-85.

Uma dúvida que se colocou na doutrina diz respeito à legitimidade passiva para a acção de preferência. A posição maioritária, seguida por GALVÃO TELLES, ALMEIDA COSTA e MENEZES CORDEIRO, era a de que o obrigado à preferência não seria, enquanto tal, parte legítima para a acção de preferência, só o sendo caso o titular da preferência decida simultaneamente exigir uma indemnização. A fundamentação apresentada para esta solução é a de que na acção de preferência se discute unicamente se o bem é atribuído ao titular da preferência ou permanece na propriedade do terceiro, não podendo a acção afectar o obrigado, que normalmente já recebeu o preço que lhe era devido, nada mais tendo a ganhar ou a perder[993]. Pelo contrário, ANTUNES VARELA pronunciou-se no sentido de que o obrigado à preferência tinha necessariamente que ser demandado para a acção de preferência, existindo assim um litisconsórcio necessário passivo entre ele e o terceiro adquirente[994].

Pensamos que a razão está com ANTUNES VARELA. Efectivamente, o que dá causa à acção de preferência é o incumprimento da obrigação de preferência por parte do obrigado, não fazendo sentido que essa questão fosse apreciada sem que ele seja chamado à acção (art. 3º CPC). Parece-nos haver, assim, uma situação de litisconsórcio necessário passivo entre o obrigado à preferência e o terceiro adquirente (art. 33º CPC).

Uma questão que suscitou igualmente dúvidas residiu em determinar se o depósito do preço devido exigido no art. 1410º abrange apenas o preço propriamente dito, ou também as outras despesas que, por lei, devem ficar a cargo do comprador como a sisa ou os emolumentos notariais. A solução correcta deve ser a de que apenas é exigido o depósito do preço devido[995], ainda que o preferente deva, no caso de ficar também sujeito às mesmas despesas com a sisa e a escritura e na medida em que o ficar, reembolsar ao terceiro as despesas por ele suportadas, sem o que haveria enriquecimento sem causa[996].

[993] Cfr. GALVÃO TELLES, *Obrigações*, p. 169, ALMEIDA COSTA, *Obrigações*, pp. 455-456, e MENEZES CORDEIRO, *Direito das Obrigações*, 1º, Lisboa, AAFDL, 1980, p. 499 e *Tratado de Direito Civil Português*, VII – *Direito das Obrigações. Contratos. Negócios Unilaterais*, Coimbra, Almedina, 2010, reimp. 2016, pp. 514 e ss.

[994] Cfr. ANTUNES VARELA, *Obrigações*, I, pp. 384 e ss.

[995] Em sentido contrário, defendendo uma interpretação extensiva do art. 1410º, nº 1, por forma a abranger não apenas o preço, mas também o imposto de transacção e as despesas com o título, veja-se PIRES DE LIMA/ANTUNES VARELA, *op. cit*, I, sub art. 1410º, nº 5, pp. 374-375, e RIBEIRO DE FARIA, *Obrigações*, I, p. 291.

[996] Daí que se admita que o terceiro possa solicitar esse reembolso na acção de preferência em reconvenção ou posteriormente. Cfr. Ac. RP 17/5/1983 (JOAQUIM DE CARVALHO) em *CJ* 8 (1983), 3, pp. 232-235, Ac. STJ 27/6/1985 (SOLANO VIANA), no *BMJ* 348 (1985), pp. 422-426, Ac. STJ 20/5/1986 (CÔRTE-REAL), no *BMJ* 357 (1986), pp. 418-422, Ac. RL 15/12/1993 (MARTINS RAMI-

Uma vez que o direito de preferência tem eficácia *erga omnes*, e não está sujeito a registo, o titular do direito de preferência pode sempre opor o seu direito não apenas ao adquirente, mas também a eventuais sub-adquirentes do bem. Tal situação não é prejudicada pelo facto de a acção de preferência, enquanto acção constitutiva de direitos reais estar sujeita a registo (art. 3º, nº 1, a) CRP). Efectivamente, se a acção for registada o preferente adquire a possibilidade de opor a sentença a qualquer terceiro que adquira direitos sobre os bens, mas se a acção não for registada não perde o direito de continuar a opor o seu direito de preferência em relação ao terceiro, tendo, no entanto, que instaurar uma nova acção contra este[997].

5. Natureza da preferência real

Em relação à natureza jurídica da preferência real, tem-se colocado da mesma forma que em relação à promessa real, a discussão sobre se a mesma constitui um direito de crédito oponível a terceiros[998], ou um direito real de aquisição. Pelas razões acima expostas, preferimos esta última posição.

RES), na *CJ* 18 (1993), 5, pp. 161-163, Ac. RL 22/1/1998 (PAIXÃO PIRES), na *CJ* 23 (1998), pp. 87-88 e Ac. RL 6/11/2001 (ROQUE NOGUEIRA), na *CJ* 26 (2001), 5, pp. 72-74.

[997] Neste sentido PIRES DE LIMA/ANTUNES VARELA, *op. cit*, I, sub art. 1410º, nº 13, p. 383, e na jurisprudência Ac. STJ 29/4/2014 (AZEVEDO RAMOS), em *CJ-ASTJ* 22 (2014), 2, pp. 84-87.

[998] É esta, por exemplo, a posição de CARLOS LIMA, "Direitos legais de preferência", em ANTÓNIO MENEZES CORDEIRO/LUÍS MENEZES LEITÃO/JANUÁRIO DA COSTA GOMES, *Estudos em homenagem ao Prof. Doutor Inocêncio Galvão Telles*, IV – *Novos Estudos de Direito Privado*, Coimbra, Almedina, 2003, pp. 495-517 (512 e 514) = *ROA* 65 (2005), 3, pp. 599-624 (618 e 620).

BIBLIOGRAFIA

ABREU, ABÍLIO VASSALO, "A necessidade de uma mudança jurisprudencial em matéria de acessão da posse (art. 1256º do Código Civil)", na *ROA* 72 (2012), pp. 1247-1322

ABREU, TEIXEIRA DE, *Das servidões*, I, Coimbra, Imprensa Académica, 1895, e II – *Das servidões voluntárias*, Coimbra, Maaeul d'Almeida Cabral, 1902

– *Das águas*, Coimbra, França e Arménio, 1917

"Actas da Comissão Revisora do Anteprojecto sobre servidões prediais do futuro Código Civil Português", BMJ 136 (1964), pp. 77-158

ALBUQUERQUE, PEDRO DE, *Direito das Obrigações. Contratos em especial*, I-1, Coimbra, Almedina, 2008

ALLARA, MARIO, *Le nozioni fondamentali del dirittto civil*, I, 5ª ed., Torino, Giapicchelli, 1958, pp. 783-784

ALMEIDA, L. P. MOITINHO DE, *Propriedade horizontal*, 3ª ed., Coimbra, Almedina, 2001

AMARAL, DIOGO FREITAS DO, "Apreciação da dissertação de doutoramento do licenciado Fernando Alves Correia", em *RFDUL* 32 (1991), pp. 91-105

ANDRADE, MANUEL DE, *Teoria geral das obrigações*, 3ª ed., com a colaboração de Rui de Alarcão, Coimbra, Almedina, 1966

– *Teoria Geral da Relação Jurídica*, II, reimp., Coimbra, Almedina, 1992

ANTUNES, HENRIQUE SOUSA, *Direitos Reais*, Lisboa, UCE, 1917

ARAÚJO, ANTÓNIO MAGRO BORGES DE, *A propriedade horizontal e o notariado – minutas e comentários*, Coimbra, Almedina, 1990

ARAÚJO, FERNANDO, *A tragédia dos baldios e dos anti-baldios. O problema económico do nível óptimo de apropriação*, Coimbra, Almedina, 2008

ARNDTS RITTER VON ARNESBERG, KARL LUDWIG, *Lehrbuch der Pandekten*, 11ª ed., por L. Pfaff e F. Hofmann, Stuttgart, Cotta, 1883

ASCENSÃO, JOSÉ OLIVEIRA, *As relações jurídicas reais*, Lisboa, Livaria Morais, 1962

– *A tipicidade dos direitos reais*, Lisboa, s.e., 1968

– *Direitos Reais*, 3ª ed., Coimbra, Almedina, 1978

– "O urbanismo e o direito de propriedade", em AAVV, *Direito do Urbanismo*, Oeiras, INA, 1989, pp. 319-344

– "Subarrendamento e direitos de preferência no novo regime do arrendamento urbano", na *ROA* 51 (1991), 1, pp. 45-73

– *Direito Civil. Reais*, 5ª ed., Coimbra, Coimbra Editora, 1993

– *Teoria Geral do Direito Civil*, I – *Introdução. As pessoas. Os bens*, 2ª ed., Coimbra, Coimbra Editora, 2000

– *Direito Civil. Sucessões*, 5ª ed., Coimbra, Coimbra Editora, 2000

– "Direito de preferência do arrendatário", em António Menezes Cordeiro/LUÍS Menezes Leitão/Januário da Costa Gomes, *Estudos em homenagem ao Prof. Doutor Inocêncio Galvão Telles*, III – *Direito do Arrendamento Urbano*, Coimbra, Almedina, 2002, pp. 249-273

– "A desconformidade do registo predial com a realidade e o efeito atributivo", em *CDP*, nº 31 (Julho-Setembro 2010), p. 3-21

Ascensão, José de Oliveira/Cordeiro, António Menezes, "Expurgação da Hipoteca", em *CJ* 11 (1986), pp. 37-47

Ataíde, Rui, *Posse e detenção*, Lisboa, AAFDL, 2015

Aynès, Laurent/Crocque, Pierre, *Les sûretés. La publicité fonciére*, Paris, Defrénois, 2003

Azevedo, Bernardo, *Servidão de Direito Público. Contributo para o seu estudo*, Coimbra, Coimbra Editora, 2005

Barbosa, Paula, *Doações entre cônjuges. Enquadramento jus-sucessório*, Coimbra, Coimbra Editora, 2008

Baur, Fritz/Stürner, Rolf, *Sachenrecht*, 18ª ed., München, Beck, 2009

Bernstorff, Cristoph Graf Von, "Das Hypothekenrecht in den EU-Staaten", em *RIW* 43 (1997), p. 181-188

Biondi, Biondo, "Cosa semplice e composta (Diritto romano)", em *NovissDI* IV, pp. 1039-1041, "Cosa semplice e composta (Diritto intermedio)", em *NovissDI* IV, p. 1041

Bove, Lucio, "Pegno-Diritto Romano", em *NovissDI* 12 (1965), pp. 763-766

Bruns, Carl Georg, *Das Recht des Besitzes im Mittelalter und in der Gegenwart*, Tübingen, Laupp & Siebeck, 1848

Buckle, Stephen, *Natural law and the theory of property. Grotius to Hume*, Oxford, Clarendon Press, 1993

Büchel, Konrad, *Ueber jura in re und deren Verpfändung*, Marburg, Garth, 1834

Büdenbender, Ulrich, "Grundsätze des Hypothekenrechts", em *JuS* 1996, pp. 665-674

Caetano, Marcello, *Manual de Direito Administrativo*, II, 10ª ed., reimp. Coimbra, Almedina, 1991

Campos, Maria Isabel Helbling Menéres, *Da Hipoteca. Caracterização, constituição e efeitos*, Coimbra, Almedina, 2003

– "Indivisibilidade da hipoteca", em *CDP*, nº 9 (Janeiro/Março 2005), pp. 12-15 a pp. 15-22

Carlos, Adelino da Palma, "Depósito judicial e direito de retenção" em *O Direito* 95 (1963), pp. 12-20

Carnelutti, Francesco, "Diritto e processo nella teoria delle obbligazioni", em aavv, *Studi di Diritto Processuale in onore di Giuseppe Chiovenda*, Padova, Cedam, 1927, pp. 221-341

– "Natura giurica dell'Ipoteca", em *RDProc* 16 (1939), I, pp. 3-21

Carrasco Perera, Angél/Cordero Lobato, Encarna/Marín Lopez, Manuel Jesus, *Tratado de los derechos de garantía*, Cizur Menor (Navarra), Aranzadi, 2002

Carvalho, Orlando de, *Critério e estrutura do estabelecimento comercial*, I – *O problema da empresa como objecto de negócios*, Coimbra, Atlântida, 1967

– *Direito das Coisas*, Coimbra, polic., 1969

– "Introdução à posse", na *RLJ* 122 (1989-1990), pp. 65-69, 104-108, 262-266, e 292-294, *RLJ* 123 (1990-1991), pp. 72-74 e 353-355, e *RLJ* 124 (1991-1992), pp. 259-264 e 292-294

– "Terceiros para efeitos de registo", no *BFD* 70 (1994), pp. 97-106

Castro, Artur Anselmo de, *A acção executiva singular, comum e especial*, 2ª ed., Coimbra, Coimbra Editora, 1973

Catala-Franjou, Nicole, "De la nature juridique du droit de retention", em *RTDCiv* 65 (1967), pp. 10-44

Cattaneo, Giovanni, "Riserva della proprietà e aspettativa reale", na *RTDPC* 19 (1965), pp. 945-1004

Caupers, João, "Estado de direito, ordenamento do território e direito de propriedade", na *RJUA* nº 3 (Junho 1995), pp. 87-115

Coelho, Francisco Manuel de Brito Pereira, *A renúncia abdicativa no Direito Civil (Algumas notas tendentes à definição do seu regime)*, Coimbra, Universidade de Coimbra, Coimbra Editora, 1995

Coelho, José Gabriel Pinto, *Direito Civil. Noções fundamentais*, por João Rui P. Mendes de Almeida e José Agostinho de Oliveira, I, Lisboa, s.e., 1937

– "O 'depósito' como caução na legislação portuguesa", em *RLJ* 62 (1929--1930), pp. 17-20 e 33-37

Coelho, Luís Pinto, *Da compropriedade no Direito Português*, Lisboa, s.e., 1939

– *Direitos Reais.* Lições publicadas por Pedro da Câmara Rodrigues de Freitas e Carmindo Sousa Ferreira, Lisboa, FDUL, 1940

– *Da compropriedade (comunhão) no Direito Português*, II, Lisboa, s.e., 1943

Coester-Waltjen, Dagmar, "Die Durchsetzung des Hypothek: Einreden und Einwendungen des Eigentümers", em *Jura* 1991, pp. 186-190

Cordeiro, António, *A protecção de terceiros em face das decisões urbanísticas*, Coimbra, Almedina, 1995

Cordeiro, António Menezes, *Direitos Reais*, 1979, reprint Lisboa, Lex, 1993

– *Direito das Obrigações*, 1º, Lisboa, AAFDL, 1980

– "Evolução juscientífica e direitos reais", publicado na *ROA* 45 (1985) pp. 71-112 e recolhido em ID, *Estudos de Direito Civil*, I, Coimbra, Almedina, 1987, pp. 201-237

– "O novíssimo regime do contrato--promessa", na *CJ* 12 (1987), 2, recolhido em ID, *Estudos de Direito Civil*, Coimbra, Almedina, 1987, pp. 59-94

– "Da preferência na alienação de prédios limítrofes", em *O Direito* 128 (1996), I-II, pp. 235-256

– "Da retenção do promitente na venda executiva", na *ROA* 57 (1997), pp. 547-563

– "Anotação Ac. STJ 3/3/1998", em *O Direito* 130 (1998), III-IV, pp. 389--399

– *Direitos Reais. Sumários*, Lisboa, AAFDL, 2000

– *A Posse: perspectivas dogmáticas actuais*, 3ª ed., Coimbra, Almedina, 2000

– *Tratado de Direito Civil*, II- *Parte geral. Negócio Jurídico. Formação, conteúdo e interpretação, vícios da vontade, ineficácia e invalidades*, 4ª ed., Coimbra, Almedina, 2014, III – *Parte Geral. Coisas*, 3ª, ed., Coimbra, Almedina, 2013, reimp. 2016, VII – *Direito das Obrigações. Contratos. Negócios Unilaterais*, Coimbra, Almedina, 2010, reimp. 2016,

– "Da nacionalização do BPN", em *RDS 1* (2009), nº 1, pp. 57-91

Correia, António Ferrer/Ribeiro, Joaquim Sousa, "Direito de retenção. Empreiteiro", na *CJ* 13 (1988), 1, pp. 15-23

CORREIA, FERNANDO ALVES, *O plano urbanístico e o princípio da igualdade*, Coimbra, Almedina, 1989
– *Manual de Direito do Urbanismo*, 4ª ed., Coimbra, Almedina, 2008

COSTA, MÁRIO JÚLIO DE ALMEIDA, "A hipoteca do direito real de habitação periódica", em *RLJ* 127 (1994-1995), pp. 9-14
– *Direito das Obrigações*, 12ª ed., Coimbra, Almedina, 2009

COSTA, SALVADOR DA, *O concurso de credores*, 3ª ed., Coimbra, 2005

COVIELLO, LEONARDO, "L'ipoteca è un diritto reale?", em *RDCiv* 28 (1936), pp. 1-14

CUNHA, PAULO, *Da Garantia nas Obrigações*, lições recolhidas por Eudoro Pamplona Côrte-Real, II, Lisboa, polic., 1938-1939
– *Curso de Direito Civil: Direitos Reais*, por Maria Fernanda Santos e João de Castro Mendes, Lisboa, FDL, 1950

DEMOGUE, RENÉ, *Les notions fondamentales de droit privé. Essai critique*, Paris, Arthur Rousseau, 1911

DERNBURG, HEINRICH, *Pandekten*, 1,2 – *Sachenrecht*, 6ª ed., com a colaboração de Johannes Biermannm, Berlin, Müller, 1900

DIMOPOULOS-VOSIKIS, HARALAMBOS, *Die Legalobligation beim Pfandrecht an beweglichen Sachen nach dem BGB*, Diss. Münster, 1959

DÖRNER, HEINRICH, *Dynamisch Relativität*, München, Beck, 1985

DOSSETTO, MARIO, *Teoria della comunione. Studio sulla comunione dei diritti reali*, Padova, Cedam, 1948

DROBNIG, ULRICH, "Security rights in movables", em ARTHUR HARTKAMP/MARTIJN HESSELINK/EWOUD HONDIUS/CARLA JOUSTRA/EDGAR DU PERRON, *Towards an european civil code*, 2ª ed., The Hague/London/Boston, Kluwer Law International, 1998, pp. 511-524

DUARTE, RUI PINTO, *Curso de Direitos Reais*, 3ª ed., Lisboa, Principia, 2013

ECCIUS, "Fahrnispfand für künftige Forderungen", em *GruchotsBeitr* 50 (1906), pp. 500-503

ELVERS, RUDOLF, *Die römische Servitutenlehre*, Marburg, Elwert, 1856

EUSÉBIO, DOMINGOS MARTINS, *O privilégio creditório da Fazenda Nacional*, Lisboa, CEF, 1964

FERNANDES, LUÍS DE CARVALHO, *Teoria Geral do Direito Civil*, I, 3ª ed., Lisboa, UCE, 2001
– *Lições de Direitos Reais*, 6ª ed., Lisboa, Quid Juris, 2009
– "Terceiros para efeitos de registo predial. Anotação ao Acórdão 15/97", na *ROA* 57 (1997), pp. 1303-1320
– "Da renúncia nos direitos reais", em RUY DE ALBUQUERQUE/ANTÓNIO MENEZES CORDEIRO, *Estudos em memória do Professor Doutor José Dias Marques*, Coimbra, Almedina, 2007, pp. 571-592
– "Do direito de sobreelevação", em FACULDADE DE DIREITO DA UNIVERSIDADE DE COIMBRA (org.), *Nos 20 anos do Código das Sociedades Comerciais. Homenagem aos Profs. Doutores A. Ferrer Correia, Orlando de Carvalho e Vasco Lobo Xavier*, III – *Vária*, Coimbra, Coimbra Editora, 2007, pp. 61-88
– "Aquisição do direito de propriedade na acessão industrial imobiliária", em ANTÓNIO MENEZES CORDEIRO/PEDRO PAIS DE VASCONCELOS/PAULA COSTA E SILVA, *Estudos em Honra do Professor Doutor José de Oliveira Ascensão*, I, Coimbra, Almedina, 2008, pp. 637-665

Ferreira, José Dias, *Código Civil Portuguez Annotado*, I, 2ª ed. Coimbra, Imprensa da Universidade, 1894

Feuerbach, Paul Johann Anselm, "Ueber actio in rem und actio in personam, jus in rem und jus in personam. Gegen Hrn. Prof. Thibaut" em ID, *Civilistische Versuche*. Erster Theil, Gießen, Tasché et Müller, 1803, pp. 213-274

Fonseca, Manuel Baptista Dias da, "Propriedade Horizontal – Quando poderão as garagens ser parte comum de um edifício em regime de propriedade horizontal?", em *O Direito* 124 (1992), I-.II, pp. 171-177

Franceschelli, Remo, "L'ipoteca come diritto reale", em *RDComm* 36 (1938), I, pp. 274-303

Freitas, José Lebre de, *A acção executiva depois da reforma*, 4ª ed., Coimbra, Coimbra Editora, 2004

– "A propriedade de prédio confinante na norma do art. 1380º, nº 1, do Código Civil. Facto constitutivo e facto impeditivo – Ac. do STJ de 15.5.2007, Proc. 958/07", em *CDP* nº 30 (Abril-Junho 2010), pp., pp. 20-25.

Fuchs, Eugen, *Das Wesen der Dinglichkeit*, Berlin, Heymanns, 1889

Ghestin, Jacques/Huet, Jerôme, *Traité de Droit Civil. Les principaux contrats spéciaux*, Paris, L.G.D.J., 1996

Gierke, Otto Von, *Deutsches Privatrecht*, 2 – *Sachenrecht*, Leipzig, 1905

Giorgianni, Michele, *La obligación (La parte general de las obligaciones)*, trad. espanhola de Evelio Verdera y Tuells, Barcelona, Bosch, 1958

Gonçalves, A. Luís, "Consignação de rendimentos", na *RDES* 32 (1990), nºs 1 a 4, pp. 269-281

– "Privilégios creditórios: Evolução histórica. Regime. Sua inserção no tráfego creditício" em *BFD* 67 (1991), pp. 29-46

Gonçalves, Augusto da Penha, *Curso de Direitos Reais*, Lisboa, Universidade Lusíada, 1993

Gonçalves, Gabriel Órfão, *Aquisição tabular*, Lisboa, AAFDL, 2004

Gonçalves, Luiz da Cunha, *Tratado de Direito Civil em comentário ao Código Civil Português*, V, Coimbra, Coimbra Editora, 1932, XI, Coimbra, Coimbra Editora, 1936, e XII, Coimbra, Coimbra Editora, 1938

– *Da propriedade e da posse*, Lisboa, Ática, 1952

– *Da propriedade horizontal ou por andares*, Lisboa, Ática, 1956

González, José Alberto, *Limitações de Vizinhança (de Direito Privado)*, Lisboa, SPB, 1997

– *Direitos Reais e Direito Registal Imobiliário*, 3ª ed., Lisboa, Quid Juris, 2005

Gorla, Gino, *Le garanzie reale delle obbligazzione*, Milano, Giuffrè, 1935

Gorla, Gino/Zanelli, Pietro, *Pegno. Ipoteche*, no *Commentario del Codice Civile Scialoja-Branca*, Libro IV – *Tutela dei diritti art. 2784-2899*, 4ª ed., Bologna/Roma, Zanichelli/Il Foro Italiano, 1992

Gouveia, Jaime de, *Direitos Reais*, Lições publicadas por António de Castro Guimarães, Emídio Pires da Cruz e João Lima Amaral Marques, Lisboa, s.e., 1935

Grosso, Giuseppe, "Servitù ed obbligazioni propter rem" em *RDComm* 37 (1939), I, pp. 213-228

Grotius, Hugo, *The Jurisprudence of Holland*, trad. inglesa de R. W. Lee, I, Oxford, Clarendon Press, 1926

Guedes, Agostinho Cardoso, *O exercício do direito de preferência*, Porto, UC, 2006

GUERRA, ARMANDO, *Da propriedade horizontal e da propriedade superficiária*, 2ª ed., Coimbra, Coimbra Editora, 1964

GURSKY, KARL-HEINZ, "Die neuere höchstrichterliche Rechtsprechung zum Mobiliarsachenrecht", em *JZ* 1991, pp. 496-503 e 650-657

HECK, PHILIPP, *Grundriß des Sachenrechts*, Tübingen, 1930, reimp. Scientia Verlag Aalen, 1970

HERNANDEZ-GIL, FRANCISCO, "Concepto y naturaleza jurídica de las obligaciones «propter rem»", em *RDP* 46 (1962), pp. 850-875

HUGO, GUSTAV, *Institutionen des heutigen römischen Rechts*, Berlin, Mylius, 1789

HUWILLER, BRUNO, *Der Begriff der Zession in der Gesetzgebung seit dem Vernunftrecht; zugleich ein Beitrag zur Entwicklung der vermögensrechtlichen Lehren*, Zurich, Schultess, 1975

JHERING, RUDOLF VON, "Zur Lehre von den Beschränkungen des Grundeigenthümers im Interesse der Nachbarn", em *JhJb* 6 (1883), pp. 81-130
– *Über den Grund des Besitzesschutzes. Eine Revision der Lehre vom Besitz*, 2ª ed., Jena, Mauke, 1869
– *Der Besitzwille. Zugleich eine Kritik der herrschenden juristischen Methode*, Jena, 1889, reimp. Scientia Verlag Aalen, 1968

JORGE, FERNANDO PESSOA, *Privilégio creditório a favor de instituições de previdência*, Lisboa, Separata da CTF 169-170 (1974)
– *Direito das Obrigações*, Lisboa, AAFDL, 1976

JUSTO, ANTÓNO SANTOS, *Direitos Reais*, 3ª ed., Coimbra, Coimbra Editora, 2011

KAMP, ROLF, *Besitzverlust der Pfandsache als Erlöschengrund des Pfandrechts*, Diss. Köln, 1936

KANT, IMMANUEL, *Die Metaphysik der Sitten*, 1797, em WILHELM WESCHEIDEL (org.). *Immanuel Kant: Werke in zwölf Banden*, Frankfurt am Main, Suhrkamp, 1977, t. 8, pp. 309-632

KASER, MAX, *Das Römische Privatrecht*, I – *Das altrömische, das vorklassiche und klassische Recht*, 2ª ed., München, Beck, 1971, II – *Die nachklassichen Entwicklungen*, 2ª ed., München, Beck, 1975

KLINKHAMMER, HEINZ K./RANCKE, FRIEDBERT, "Hauptprobleme des Hypothekenrechts", em *JuS* 1973, pp. 665--672

LEGEAIS, DOMINIQUE, *Sûretés et garanties du crédit*, 3ª ed., Paris, LGDJ, 2002

LEITÃO, JOÃO MENEZES, "Instrumentos de Direito Privado para protecção do Ambiente", na *RJUE*, nº 7 (Junho 1997), pp. 29-65

LEITÃO, LUÍS MENEZES, *O enriquecimento sem causa no Direito Civil*, Lisboa, CEF, 1996, reed., Coimbra, Almedina, 2005
– *Direito das Obrigações*, I – *Introdução. Da constituição das obrigações*, 15ª ed., Coimbra, Almedina, 2018 e III – *Contratos em especial*, 12ª ed., Coimbra, Almedina, 2018
– *Garantias das Obrigações*, 5ª ed., Coimbra, Almedina, 2018

LEVY, J. PH., "Coup d'oeil historique d'ensemble sur les sûretés réelles", em *TR* 55 (1987), pp. 231-266

LIEBMAN, ENRICO TULLIO, "Il titolo esecutivo riguardo ai terzi", na *RDProc* 11 (1934), I, pp. 126-153

LIMA, CARLOS, "Direitos legais de preferência", em ANTÓNIO MENEZES CORDEIRO/LUÍS MENEZES LEITÃO/JANUÁRIO DA COSTA GOMES, *Estudos em homenagem ao Prof. Doutor Inocêncio Galvão Telles*, IV – *Novos Estudos de Direito Privado*, Coimbra, Almedina, 2003, pp. 495-517 = *ROA* 65 (2005), 3, pp. 599-624.

Lima, Fernando Pires de, *Lições de Direito Civil (Direitos Reais)*, 4ª ed., por David Augusto Fernandes, Coimbra, Coimbra Editora, 1958
– "Servidões prediais (Anteprojecto de um título do futuro Código Civil)", no *BMJ* 64 (1957), pp. 5-39
– "Das coisas", no *BMJ* 91 (Dezembro 1959), pp. 207-222
– "Anotação ao Ac. RC 25/6/1965", na *RLJ* 98 (1965-1966), pp. 172-176 e 179-180
– "Anotação Ac. STJ 3/3/1967", em *RLJ* 100 (1967-1968), pp. 327-330

Lima, Fernando Pires de/Varela, João Antunes, *Código Civil Anotado*, I, 4ª ed., com a colaboração de M. Henrique Mesquita, Coimbra, Coimbra Editora, 1987 e III, 2ª ed., com a colaboração de M. Henrique Mesquita, Coimbra, Coimbra Editora, 1987

Lobo, Mário Tavarela, *Destinação do pai de família. Servidões e águas*, Coimbra, Atlântida, 1964
– *Manual do Direito das Águas*, I e II, 2ª ed., Coimbra, Coimbra Editora, 1999

Lopes, J. de Seabra, *Direito dos Registos e do Notariado*, 5ª ed., Coimbra, Almedina, 2009

Luzzatto, Ruggero, *La comproprietà nel Diritto Civile Italiano*, Torino, Fratelli Bocca, 1908

Machete, Rui, "Constitucionalidade do regime de caducidade previsto no DL nº 351/93 (parecer) na *RJUA* nº 3 (Junho 1995), pp. 241-260

Magalhães, José Maria Barbosa de, *Do estabelecimento comercial. Estudo de Direito Privado*, 2ª ed., Lisboa, Ática, 1964

Marques, José Dias, *Prescrição aquisitiva*, II, Lisboa, s.e., 1960
– *Direitos Reais (Parte Geral)*, Lisboa, s.e., 1960

Martinez, Pedro Romano, "Privilégios creditórios", em Diogo Leite de Campos (org.), *Estudos em Homenagem ao Prof. Doutor Manuel Henrique Mesquita*, II, Coimbra, Universidade de Coimbra/Coimbra Editora, 2009, pp. 111-130

Martinez, Pedro Romano/Ponte, Luís Fuzeta da, *Garantias de cumprimento*, 5ª ed., Coimbra, Almedina, 2006

Martins, José Pedro Fazenda, "Direitos reais de gozo e garantia sobre valores mobiliários", em aavv, *Direito dos Valores Mobiliários*, Lisboa, FDL/Lex, 1997, pp. 99-119

Marty, Gabriel/Raynaud, Pierre/Jestaz, Philippe, *Les sûretés. La publicité fonciére*, 2ª ed., Paris, Sirey, 1987

Mata, Caeiro da, *O Direito de propriedade e a utilidade pública. Das expropriações*, Coimbra, Imprensa da Universidade, 1906

Matias, Armindo Saraiva, "Registo predial: princípios estruturantes e efeitos", em Ruy de Albuquerque/António Menezes Cordeiro (org.), *Estudos em memória do Professor Doutor José Dias Marques*, Coimbra, Almedina, 2007, pp. 31-55

Mazeaud, Henri/Mazeaud, Lèon/Mazeaud, Jean/Chabas, François, *Leçons de Droit Civil*, tome III, volume 1 – *Sûretés. Publicité fonciére*, 7ª ed., por Yves Picot, Paris, Montechrestien, 1999

Mendes, Armindo Ribeiro, "A propriedade horizontal no Código Civil de 1966," na *ROA* 30 (1970), p. 5-78
– "Um novo instrumento financeiro: as obrigações hipotecárias", na *RB* nº 15 (1990), pp. 59-100

Mendes, João de Castro, *Teoria Geral do Direito Civil*, I, Lisboa, AAFDL, 1978, reed. 1983

MESQUITA, JOSÉ ANDRADE, "Consignação de rendimentos ou anticrese: alguns aspectos do seu regime e natureza jurídica", em *BCNP*, nº 21 (1990), pp. 139--155

MESQUITA, MANUEL HENRIQUE, *Direitos Reais*, Coimbra, polic., 1967

– "A propriedade horizontal no Código Civil Português", na *RDES* 33 (1976), nºs 1 a 4, pp. 79-152

– "Direito de Preferência (Parecer)", em *CJ* 11 (1986), 5, p. 49-54

– *Obrigações reais e ónus reais*, Coimbra, Almedina, 1990

– "Alienação de prédios minifundiários (Parecer)", em *CJ* 16 (1991), 2, pp. 35-39

– "Anotação Ac. STJ 3/4/1991", na *RLJ* 128 (1995-1996), pp. 126-128 e 149-154

– "Anotação Ac. RP 27/11/1995" na *RLJ* 129 (1996-1997), pp. 254-256 e 271-274

MESQUITA, MIGUEL, "A oposição às emissões nas relações de vizinhança", em DIOGO LEITE DE CAMPOS (org.), *Estudos em Homenagem ao Prof. Doutor Manuel Henrique Mesquita*, II, Coimbra, Universidade de Coimbra/Coimbra Editora, 2009, pp. 197-225

– "A personalidade judiciária do condomínio nas acções de impugnação de deliberações de assembleia de condóminos – Ac. do TRL de 25.6.2009, Proc. 4838/07", em *CDP* nº 35 (Julho--Setembro 2011), pp. 43-56

MESTRE, JACQUES/PUTMAN, EMMANUEL/BILLIAU, MARC, *Droit Spéciel des Sûretés Réelles*, em JACQUES GHESTIN (org.), *Traité de Droit Civil*, Paris, LGDJ, 1996

Motive zu dem Entwurf eines Bürgerlichen Gesetzbuchs, III – *Sachenrecht*, Berlin und Leipzig, Guttentag, 1888

MIRANDA, JOÃO, *A dinâmica jurídica do planeamento territorial* (A alteração, a revisão e a suspensão dos planos), Coimbra, Coimbra Editora, 2002

MIRANDA, JORGE, "Ordenamento do território e Constituição (Sobre a constitucionalidade do Decreto-Lei nº 351//93", em *RMP* ano 16, nº 61 (Janeiro/Março) 1995, pp. 83-101

MONTEL, ALBERTO, "Sulla natura giuridica del pegno e dell'ipoteca", em *FI* 62 (1937), IV, pp. 235-243

MOREIRA, GUILHERME, *Instituições de Direito Civil Português*, III – *Dos Direitos Reais*, pré-edição, s.l., s.e., s.d

– *Instituições do Direito Civil Português*, II – *Das Obrigações*, Coimbra, França Amado, 1916

– *As águas no Direito Civil Português*. I – *Propriedade das águas*, Coimbra, França e Arménio, 1921, e II – *Das servidões de águas. O regime das águas no Decreto 5.787 IIII*, Coimbra, França e Arménio, 1922.

NASCIMENTO, PAULO SOBRAL DO, "Acessão da posse e posse não titulada. Invocação, pelo herdeiro, de usucapião consumada em vida do *de cujus*. Acórdão do Supremo Tribunal de Justiça de 22.11.205, proc. 3304/05", no *CDP* 21 (2008), pp. 45-53

– "O direito de superfície previsto no art. 1526º do Código Civil: Direito de sobreelevação", em JORGE MIRANDA (org.) *Estudos em homenagem ao Professor Doutor Martim de Albuquerque*, II, Coimbra, FDUL/Coimbra Editora, 2010, pp. 539-578

NEUNER, GEORG KARL, *Wesen und Arten der Privatrechtsverhältnisse*, Kiel, Schwer, 1866

NOVAIS, JORGE REIS, "Ainda sobre o *jus aedificandi* (...mas agora como problema de direitos fundamentais", em AAVV, *Estudos Jurídicos e Económicos em*

Homenagem ao Prof. Doutor António de Sousa Franco, Lisboa, Faculdade de Direito da Universidade de Lisboa/ Coimbra Editora, 2006, pp. 493-521

Olavo, Fernando, "Privilégios creditórios sobre o navio. Um feixe de questões", em *CJ* 9 (1984), 5, pp. 13-17

Oliveira, Fernanda Paula, "O direito de edificar: dado ou simplesmente admitido pelo plano? – Ac. do STA de 1.2.2001", em *CJA* nº 43 (Janeiro/Fevereiro 2004) pp. 52-57

Oliveira, Fernanda Paula/Lopes, Dulce/Passinhas, Sandra, *Alojamento local e uso de fração autónoma*, Coimbra, Almedina, 2017

Oliveira, Mário Esteves de, "O direito de propriedade e o *jus aedificandi* no Direito Português", em *RJUA*, nº 3 (Junho 1995), pp. 161-239

Pacheco, António Carneiro, *Do direito de retenção na legislação portuguesa*, Coimbra, Imprensa da Universidade, 1911

– *Dos privilégios creditórios*, 2ª ed., Rio de Janeiro, Ribeiro dos Santos, 1914

Palmieri, Elio, "Ipoteca (diritto romano)", em *NovissDI* 9 (1963), pp. 48-50

Passinhas, Sandra, *A Assembleia de condóminos e o Administrador na propriedade horizontal*, 2ª ed., Coimbra, Almedina, 2002

– "Partes comuns na propriedade horizontal", em Antunes Varela/ Diogo Freitas do Amaral/Jorge Miranda/J. J. Gomes Canotilho (org.), *Ab Uno ad Omnes. 75 Anos da Coimbra Editora*, Coimbra, Coimbra Editora, 1998, pp. 641-660

– "Os animais e o regime português da propriedade horizontal", na *ROA* 66 (2006), 2, pp. 833-873

Peters, Frank, "Das Pfandrecht als Recht zum Besitz", em *JZ* 1995, pp. 390-392

Piedelièvre, Stéphane, *Les sûretés*, 3ª ed., Paris, Colin, 2001

Pikart, Heinz, "Die Rechtsprechung des BGH zum Pfandrecht an beweglichen Sachen", em *WM* 1962, pp. 98-104

Pinto, Carlos Mota, *Direitos Reais*, por Álvaro Moreira e Carlos Fraga, Coimbra, Almedina, 1971

– "Compropriedade, propriedade horizontal, direito de superfície, servidões prediais, usufruto, uso e habitação (Registo de seis lições)", na *RDES* 21 (1974), pp. 93-197

Pinto, Eduardo Vera-Cruz, *O Direito das Obrigações em Roma*, I, Lisboa, AAFDL, 1997

Pinto, Rui, *Penhora, venda e pagamento*, Lisboa, Lex, 2003

– *A acção executiva depois da reforma*, Lisboa, Lex, 2004

– *Direitos Reais de Moçambique*, Coimbra, Almedina, 2006

Pires, Luís Miguel Lucas, "Os privilégios creditórios dos créditos laborais, em *QL* ano 9 (2002), nº 20, pp. 164--202

– *Dos privilégios creditórios: regime jurídico e sua influência no concurso de credores*, Coimbra, Almedina, 2004

Pitão, J. França/Pinto,/J. Borges de, *Direito das* Coisas, Coimbra, polic., 1976

Planiol, Marcel, *Traité élémentaire du droit civil*, I, 6ª ed., Paris, LGDJ, 1911

Pothier, Robert-Joseph, *Traité du droit de domaine de proprieté*, em *Oeuvres de R.-J. Pothier contenant les traités du Droit Français*, nova edição por M. Dupin, V, Bruxelles, H. Tarlier, 1831

Prata, Ana, *O contrato-promessa e o seu regime civil*, Coimbra, Almedina, 1995

PROTETTI, ETTORE, *Le azione possessorie. La responsabilità e il procedimento in materia possessoria*, 3ª ed., Milano, Giuffrè, 1968

PUCHTA, CARL GEORG FRIEDRICH, *Pandekten*, 12ª ed., com base na anterior de A. F. Rudorff por Th. Schirmer, Leipzig, Johann Ambrosius Barth, 1877

PUFENDORF, SAMUEL, *De iure naturae et gentium*, Libri octo (1672), ed. Francofurti et Lipsiae, Knochio-Eslingeriana, 1759

PUGLIESE, GIOVANNI, *Usufruto, uso e abitazione*, vol. IV, t. 5, da obra de FILIPPO VASSALLI, *Trattato di Diritto Civile Italiano*, 2ª ed., Torino, Utet, 1972

RAAPE, LEO, *Die Verfallklausel bei Pfand und Sicherungsübereignung*, Berlin, Franz Vahlen, 1913

RÄFLE, SIEGFRIED, "Die neuere Rechsprechung des Bundesgerichtshofes zu Hypothek und Grundschuld", em *WM* 1983, pp. 806-816

RAIMUNDO, MIGUEL ASSIS, "Responsabilidade do adquirente de fracção autónoma por prestações de condomínio já vencidas. Ac. do TRP de 9.7.2007, Proc. 0753550", em *CDP* nº 26 (Abril/Junho 2009), pp. 48-63

REGELSBERGER, FERDINAND, *Pandekten*, I, Leipzig, Duncker & Humblot, 1893

RODRIGUES, CARLOS DO NASCIMENTO GONÇALVES, *Da servidão legal de passagem*, Coimbra, Almedina, 1962

RODRIGUES, MANUEL, "A compropriedade no Direito Civil Português", em *RLJ* 58 (1925-1926), pp. 17-20, 33-36, 49-51, 65-68, 81-83 e 97-99

– *A Posse. Estudo de Direito Civil Português*, Coimbra, Almedina, 1981

SACCO, RODOLFO, *L'arricchimento ottenuto mediante fatto ingiusto*, Torino, UTET, 1959

SALVADOR, MANUEL GONÇALVES, *Terceiro e os efeitos dos actos ou contratos. A boa fé nos contratos*, Lisboa, s.e., 1962

SAMEIRO, PEDRO, "O direito de retenção e a situação do credor hipotecário", na *RB* nº 26, 1993, pp. 89-97

SANTOS, ELSA SEQUEIRA, "Analogia e tipicidade em Direitos Reais", em ANTÓNIO MENEZES CORDEIRO/LUÍS MENEZES LEITÃO/JANUÁRIO DA COSTA GOMES, *Estudos em homenagem ao Prof. Doutor Inocêncio Galvão Telles*, IV – *Novos Estudos de Direito Privado*, Coimbra, Almedina, 2003, pp. 466-494

SARLO, LUIGI DE, "Ipoteca (diritto romano)", em *NDI* 7 (1938), pp. 151-156

SAVIGNY, FRIEDRICH KARL VON, *Das Recht des Besitzes: Eine civilistische Abhandlung*, 5ª ed., Giessen, Heyer, 1827

– *Das Recht des Besitzes: Eine civilistische Abhandlung*, 7ª ed., póstuma por Adolf Friedrich Rudorff, Wien, Gerold, 1865

– *System des heutigen römischen Rechts*, I, Berlin, 1840, reimp. Scientia Verlag Aalen, 1981

SCAPEL, CHRISTIAN, "Le droit de rétention en droit positif. Un îlot de résistance au contrôle du juge", em *RTDC* 80 (1981), pp. 539-570

SCHAPP, JAN, "Die Reform des Rechts der Löschungsvormerkung und das System des Grundpfandrechts", em *JuS* 1979, pp. 544-548

SCHMIDT, RUDOLF, "Der Pfandbesitz", em *AcP* 134 (1931), pp. 1-80 e 129-196

SCHMITZ, KARL-BERNHARD, "Die neuere Rechtsprechung des Bundesgerichtshofes zu Hypothek und Grundschuld", em *WM* 1991, pp. 1061-1069

SCHUCH, CHRISTOPH, *Der Einfluß der Forderungsverjährung auf dingliche Schuldversicherungsrecht*, Berlin, Duncker & Humblot, 2002

SCHÜTZ, WILHELM, "Zur Reform des Hypothekenrechts", em *WM* 1968, pp. 818-823

SCIALOJA, VITTORIO, "*L'actio ex stipulatu* in casu di evizione parziale e la L. 64. De evictionibus. 21. 2." em *Archivio Giuridico* 30 (1883), pp. 156-195 183-184

– *Teoria della proprietá nel Diritto Romano*, I, Roma, Anonima Romana Editoriale, 1928, p. 432

SCHWERDTNER, PETER, "Grundprobleme des Hypotheken- und Grundschuldrechts", em *Jura* 1986, pp. 259-265, e 370-380

SEIA, JORGE ALBERTO ARAGÃO, *Propriedade Horizontal. Condóminos e condomínios*, 2ª ed., Coimbra, Almedina, 2002

SENDIM, JOSÉ CUNHAL, *Responsabilidade civil por danos ecológicos. Da reparação do dano através da restauraução natural*, Coimbra, Coimbra Editora, 1998

SERRA, ADRIANO VAZ, "Algumas considerações sobre a hipoteca judicial", no *BFD Suplemento* 15 (Homenagem ao Doutor José Alberto dos Reis, I), pp. 263-285

– "Penhor", em *BMJ* 58 (1956), pp. 17-292 e 59 (1956), pp. 13-269

– "Hipoteca", no *BMJ* 62 (1957) pp. 5-356 e 63 (1957), pp. 193-396

– "Privilégios", no *BMJ* 64 (1957), pp. 41-337

– "Direito de retenção", no *BMJ* 65 (1957), pp. 103-261

– "Consignação de rendimentos", em *BMJ* 65 (1957), pp. 263-316

– "Anotação Ac. STJ 9/12/1967", na *RLJ* 101 (1968-1969), pp. 294-304

– "Anotação Ac. STJ 3/12/1968", na *RLJ* 103 (1970-1971), pp. 55-61

– "Anotação Ac. 6/5/1989", em *RLJ* 103 (1970-1971), pp. 374-380

– "Anotação Ac. STJ 28/11/1969", na *RLJ* 103 (1970-1971), pp. 575-576

– "Anotação Ac. 23/3/1971", na *RLJ* 105 (1972-1973), pp. 71-79 (78-79).

– "Anotação Ac. STJ 16/7/1974", em *RLJ* 108º (1975-1976), pp. 253-255 e 265-267

SERRA, CATARINA, "A crise da empresa, os trabalhadores e a falência", em *RDES* 42 (2001), pp. 419-445

SILVA, JOÃO CALVÃO DA, *Cumprimento e sanção pecuniária compulsória*, Coimbra, Separata do BFD, 1987

– *Sinal e contrato-promessa*, 8ª ed., Coimbra, Almedina, 2001

SILVA, MANUEL DUARTE GOMES DA, *Curso de Direitos Reais*, Lições publicadas por Maria de Jesus Lamas Moreira e Maria Teresa Pires Vicente, Lisboa, AAFDL, 1955

SILVA, PAULA COSTA E, *A reforma da acção executiva*, Coimbra, Coimbra Editora, 2003

– *Posse ou posses?*, Coimbra, Coimbra Editora, 2004

SIMITIS, KONSTANTIN, "Das besitzlose Pfandrecht. Eine rechstvergleichende Untersuchung", em *AcP* 171 (1971), pp. 94-154

SINTENIS, CARL FRIEDRICH FERDINAND, *Handbuch des gemeinen Pfandrechts*, Halle, Schwertschke und Sohn, 1836

SOARES, FERNANDO LUSO, "Ensaio sobre a posse como fenómeno social e instituição jurídica", pp. XI-CXXI, em prefácio a MANUEL RODRIGUES, *A Posse. Estudo de Direito Civil Português*, Coimbra, Almedina, 1981

SOTTOMAYOR, MARIA CLARA, *Invalidade e registo. A protecção do Terceiro Adquirente de Boa Fé*, Coimbra, Almedina, 2010

SOUSA, MARCELO REBELO DE, "Parecer sobre a constitucionalidade das normas constantes do Decreto-Lei nº 351/93 (Regime de Caducidade dos Actos de Licenciamento de Obras,

Loteamentos e Empreendimentos Turísticos)", na *RJUA* nº 1 (Junho 1994), pp. 132-148

SOUSA, MIGUEL TEIXEIRA DE, *Acção executiva singular*, Lisboa, Lex, 1998

– *A reforma da acção executiva*, Lisboa, Lex, 2004

TAVARES, JOSÉ, *Os princípios fundamentais do Direito Civil*, I, Coimbra, Coimbra Editora, 1922

TELLES, INOCÊNCIO GALVÃO, *Arrendamento. Lições ao Curso do 5º ano jurídico no ano lectivo de 1944/1945*, publicadas pelos alunos Bento Garcia Domingues e Manuel A. Ribeiro, Lisboa, Pro Domo, 1945/1946

– "O Penhor sem entrega no Direito luso-brasileiro", em *SI* 4 (1955), nº 15, pp. 199-216

– "O direito de retenção no contrato de empreitada", em *O Direito* 106-119 (1974-1987), pp. 13-34

– "Anotação ao Assento do Supremo Tribunal de Justiça de 18 de Março de 1986", em *O Direito* anos 106º-119º (1974-1987), pp. 352-356

– *Direito das Obrigações*, 7ª ed., Coimbra, Coimbra Editora, 1997

– *Manual dos Contratos em Geral*, 4ª ed., Coimbra, Coimbra Editora, 2002

THIBAUT, ANTON FRIEDRICH JUSTUS, *System des Pandektenrechts*, 9ª ed., I, Jena, 1846

THON, AUGUST, *Rechtsnorm und subjectives Recht. Untersuchung zur allgemeinen Rechtslehre*, 1878, Weimar, Hermann Böhlau, 1878

VANGEROW, KARL ADOLPH VON, *Lehrbuch des Pandekten*, 7ª ed., I, Marburg, Elwert, 1863, p. 170

VARELA, JOÃO DE MATOS ANTUNES, *Das Obrigações em geral*, I, 10ª ed., Coimbra, Almedina, 2000

– "An. Ac. STJ 4/3/1982" na *RLJ* 118 (1985-1986), pp. 285-288 e 307-316

– *Sobre o contrato-promessa*, 2ª ed., Coimbra, Coimbra Editora, 1989

– "Anotação Ac. STJ de 18/3/1986, na *RLJ* 124 (1991-1992), pp. 373-384 125 (1992-1993), pp. 11-16

– "Anotação Ac. STJ 13/10/1993 (Direito de preferência do proprietário de um minifúndio ma venda de terreno agrícola confinante com área superior à da unidade de cultura", em *RLJ* 127 (1994-1995), pp. 308-310, 326-335, e 365-378

VARELA, JOÃO ANTUNES/MESQUITA, MANUEL HENRIQUE, "Anotação Ac. STJ 3/6/1962", na *RLJ* 126 (1993--1994), pp. 380-384 e 127 (1994--1995), pp 19-32

VASCONCELOS, JOANA, "Sobre a garantia dos créditos laborais no Código do Trabalho", em ANTÓNIO MONTEIRO FERNANDES (org.), *Estudos de Direito do Trabalho em Homenagem ao Professor Manuel Alonso Olea*, Coimbra, Almedina, 2004, pp. 321-341

VIEIRA, JOSÉ ALBERTO, "Registo de usucapião titulada por escritura de justificação notarial e presunção da titularidade do direito. Acórdão de Uniformização de Jurisprudência nº 1 1/2008 de 4.12.2007, Proc. 2464/07", em *CDP* nº 24 (Outubro/Dezembro 2008), pp. 35-42

– *Direitos Reais*, 2ª ed., Coimbra, Almedina, 2018

– *A Posse. Estudo sobre o seu objecto e extensão. Perspectiva histórica e de Direito Português*, Coimbra, Almedina, 2018

WÄCHTER, CARL GEORG VON, *Pandekten*, II – *Besonderer Teil. 1. Sachenrecht. 2. Obligationenrecht. 3. Familienrecht. 4. Erbrecht*, Leipzig, Breitkopf und Härtel, 1881

WEBER, HANSJÖRG, *Kreditsicherheiten. Recht der Sicherungsgeschäfte*, 7ª ed., München, Beck, 2002

WEILL, ALEX, *Les sûretés. La publicité fonciére*, Paris, Dalloz, 1979

WEIMAR, WILHELM, "Die Rückgabe der Pfandsache", em *MDR* 1969, pp. 906-908

WESTERMANN, HARRY, "Die nachträgliche Entstehung der durch die Hypothek gesicherten Forderung", em *JZ* 1962, pp. 302-303

– *Sachenrecht. Ein Lehrbuch*, 7ª ed., por Harm Peter Westermann/Karl-Heinz Gursky/Dieter Eickmann, Heidelberg, Müller, 1998

WIEGAND, WOLFGANG, "Zur Entwicklung der Pfandrechtstheorien im 19. Jahrhundert", em *ZNR* 3 (1981), pp. 1-15

WILHELM, JAN, *Sachenrecht*, 4ª ed., Berlin/New York, de Gruyter, 2010

WINDSCHEID, BERNHARD/KIPP, THEODOR, *Lehrbuch des Pandektenrechts*, I, 9ª ed., Frankfurt a. M., 1906

WOLF, ERNST, *Lehrbuch des Sachenrechts*, 2ª ed., Köln/Bonn/Berlin/München, Carl Heymanns, 1979

WOLF, MANFRED, *Sachenrecht*, 20ª ed., München, Beck, 2004

ÍNDICE